Geschichte

der

Wissenschaften in Deutschland.

Neuere Zeit.

Erster Band.

Geschichte der neueren Statswissenschaft, Allgemeines Statsrecht und Politik.

Dritte Auflage.

AUF VERANLASSUNG
UND MIT
UNTERSTÜTZUNG
SEINER MAJESTÄT
DES KÖNIGS VON BAYERN
MAXIMILIAN II.

HERAUSGEGEBEN
DURCH DIE
HISTORISCHE COMMISSION
BEI DER
KÖNIGL. AKADEMIE DER
WISSENSCHAFTEN.

München und Leipzig 1881.
Druck und Verlag von R. Oldenbourg.

Geschichte

der

Neueren Statswissenschaft,

Allgemeines Statsrecht und Politik.

Seit dem 16. Jahrhundert bis zur Gegenwart.

Von

J. C. Bluntschli.

Dritte Auflage.

AUF VERANLASSUNG
UND MIT
UNTERSTÜTZUNG
SEINER MAJESTÄT
DES KÖNIGS VON BAYERN
MAXIMILIAN II.

HERAUSGEGEBEN
DURCH DIE
HISTORISCHE COMMISSION
BEI DER
KÖNIGL. AKADEMIE DER
WISSENSCHAFTEN.

München und Leipzig 1881.
Druck und Verlag von R. Oldenbourg.

Vorwort zur ersten und zweiten Auflage.

Es ist die Aufgabe dieses Buches, die Entwickelung der neueren Statslehre in ihren beiden Seiten, Allgemeines Statsrecht und Politik, dem Verständnis und dem Bewußtsein der Gebildeten klar zu machen.

Gemäß dem großen Plane, die Geschichte der deutschen Wissenschaft in einer Reihe selbständiger Werke darstellen zu lassen, welchen ein hochherziger für die Wissenschaft begeisterter deutscher Fürst unternommen hat, soll die Entwickelungsgeschichte der deutschen Geistesarbeit der Nation zur Kenntnis gebracht und dadurch zu fruchtbarem Gemeingut der gebildeten Klassen gemacht werden. Mit diesem Plane ist es wohl vereinbar, daß auch die Werke von Ausländern, welche auf die Entwickelung der deutschen Wissenschaft eingewirkt haben, die gebührende Beachtung finden. Da der Zusammenhang unter den verschiedenen Nationen auf keinem andern Gebiete inniger und lebensvoller ist als auf dem der Wissenschaft, d. h. der menschlichen Erkenntnis der Wahrheit, und da die deutsche Wissenschaft von jeher eben durch ihren weiten unbefangenen Weltblick sich ausgezeichnet hat, so darf selbstverständlich hier am wenigsten eine engherzige Beschränktheit oder eitle Selbstgenügsamkeit sich gegen das Fremde abschließen. Ich habe daher fortwährend dem großen, zuweilen entscheidenden Einfluß, den nicht-deutsche Denker über den Stat auf unsere Wissenschaft ausgeübt haben, die verdiente Rücksicht zugewendet und nur insofern den Anteil der deutschen Geistesarbeit mehr hervortreten lassen, als ich denselben ausführlicher und vielseitiger dargestellt habe.

Spät erst haben die Deutschen sich der allgemeinen Statswissenschaft zugewendet. Im sechzehnten Jahrhundert sind Italiener und Franzosen, im siebzehnten Holländer und Engländer und noch im achtzehnten Engländer und Franzosen meit voraus; aber allmählich holen die Deutschen jene ein, und bald glückt es ihnen, durch Fleiß und Gründlichkeit der Forschungen, durch sittlichen Ernst des Strebens und durch die Höhe ihres Standpunktes und die Energie ihres Denkens, auch den Vordersten gleich zu kommen und die allgemeine Anerkennung zu gewinnen.

Eine Geschichte der Litteratur habe ich nicht schreiben wollen und es mit Absicht unterlassen, dem Buche einen gelehrten Anstrich zu geben. Dagegen habe ich mich ernstlich und gewissenhaft bemüht, eine Geschichte der Ideen und der Richtungen zu schreiben, welche in der Entwickelung der Statswissenschaft sich geltend gemacht, mit einander gekämpft, einander ergänzt oder verdrängt haben. In diesem Sinne habe ich auch die Autoren ausgewählt, die ich als die vorzüglichsten Vertreter jener Ideen und Richtungen betrachte. Die meisten habe ich mit ihren eigenen Worten reden lassen und überall die charakteristischen Äußerungen hervorzuheben gesucht. Die Kritik habe ich nicht vermieden, aber nur insoweit geübt, als es für die Einheit und den Zweck des Werkes nötig erschien.

Die Entwickelung der Statswissenschaft ist zugleich Entwickelung des Statsbewußtseins. Wenn dieses Buch dazu mithilft, das statliche Bewußtsein des deutschen Volkes anzuregen, von Vorurteilen zu reinigen und geistig zu heben, so hat es seinen Zweck erfüllt. Darf man aus den Fortschritten der wissenschaftlichen Erkenntnis auf nachfolgende Fortschritte in der Anwendung schließen, so hat die zuversichtliche Hoffnung, daß die deutsche Statspraxis in der Zukunft große Fortschritte machen werde, einen sichern Grund. Diesen tröstlichen Glauben halte ich fest in der Verwirrung der Gegenwart.

Heidelberg, 7. März 1864.

Vorwort zur dritten Auflage.

Die neue Auflage unterscheidet sich von den früheren hauptsächlich dadurch, daß sowohl die Anfänge der allgemeinen Statswissenschaft als die gegenwärtigen Leistungen derselben sorgfältig beachtet worden sind. Deshalb hat das Buch manche Ergänzung erhalten und ist das Bild der wissenschaftlichen Entwickelung vervollständigt worden.

Inhaltsübersicht.

Seite

Erstes Kapitel.

Die klerikale Statslehre im Mittelalter. Thomas von Aquino. Die weltliche Opposition. Marsilius von Padua.

Das Mittelalter war der Statswissenschaft nicht günstig. Die Statspraxis machte wohl auch im Mittelalter insofern Fortschritte, als sie den Absolutismus der römischen Weltherrschaft zerbrach und die vielen von germanischen Fürsten und Stämmen gegründeten und regierten Länder und Reiche mit germanischer Volksfreiheit und ständischen Rechten erfüllte. Aber das Statsbewußtsein der Germanen, von dem doch alle Statswissenschaft ausgehen muß, war sehr unentwickelt und vielfältig durch falsche Autoritäten getrübt. Die Germanen vermochten eher, als Helden und Männer durch ihren mutigen Charakter den Stat zu beschützen und zu beherrschen, als über den Stat zu denken und ihre Gedanken wissenschaftlich zu begründen.

Die entscheidende Geistesmacht im Mittelalter war die Religion, und damals mehr als jetzt war die ganze ideale Richtung des religiös bewegten Geistes von der irdischen Welt und dem State abgewendet. Die Verachtung der Welt galt als christliche Tugend, die irdischen Genüsse waren mit dem Makel der Sünde behaftet. Die Flucht aus der Welt ins Kloster oder das fromme Sonderleben des Einsiedlers wurden als die höchsten Stationen auf dem Wege zur Seligkeit gepriesen. Hoch über dem State, der nur als ein irdisches Reich des Leibes geschätzt wurde, erhob sich in den Vorstellungen der Christenheit die Kirche, als das von Gott gestiftete Reich des Geistes.

Damit war aber die Erniedrigung des States und seine Unterordnung unter die Kirche im Prinzip ausgesprochen.

Der gesammte Klerus, der dem Dienste der Kirche geweiht war, fühlte sich um seiner Weihen willen erhaben über die Laien, und der Stat galt nur als niedere Laienordnung. Nach der herrschenden Lehre der Kirche war der Klerus daher außerhalb des States, nicht abhängig von dem Statsgesetze, weder gerichtspflichtig noch steuerpflichtig gegenüber der Statsgewalt, nur nach kanonischem Rechte der römischen Hierarchie unterthänig, des römischen Bürgerrechtes teilhaft.

Die Wissenschaft war im Mittelalter vorzugsweise der Pflege der Geistlichkeit anvertraut. Die meisten gelehrten Schulen waren ihr Werk und ihre Domäne; und selbst auf den wenigen freien oder Statsschulen, die es gab, durften die Lehrer es nicht wagen, die geistige Autorität der Kirche zu bestreiten oder abzuweisen.

Als die vornehmste Wissenschaft, welche alle anderen Wissenschaften beherrsche, wurde die Theologie geachtet. Was die Theologie als christlichen Glauben lehrte, durfte von keiner anderen Wissenschaft bestritten oder mißachtet werden. Nur innerhalb der so gezogenen Schranken konnten sich die Philosophie und die Geschichte mit einiger Freiheit bewegen. Widerspruch gegen die Kirchenlehre wurde als Verbrechen schwer gestraft, und schon der Verdacht einer abweichenden Meinung war höchst gefährlich für die ganze Existenz des selbständigen Denkers oder Forschers. Die Theologie kümmerte sich wenig um den Stat, außer inwiefern die Kirche ihre Interessen und ihre Herrschaft zu wahren hatte; aber dann behauptete sie wieder ihre Überordnung über die Stats- und Rechtswissenschaft. Ihre Statsansichten aber waren sehr erheblich beeinflußt von den heiligen Schriften. In dem alten Testamente aber war noch die uralte theokratische Statsauffassung eines kleinen asiatischen Semitenvolkes dargestellt, die für die europäisch-arische Statenbildung durchaus unanwendbar war; und in dem neuen Testamente waren die Spuren der absoluten Römerherrschaft zu finden, welche von den Germanen zerstört war. Die statlichen Grundansichten und Traditionen der Bibel paßten deshalb zu dem germanischen State des Mittelalters gar nicht und konnten die Statslehre nur verwirren, nicht erleuchten.

Jesus selber hatte religiöse Wahrheiten ausgesprochen und sittliche Gebote und Mahnungen hinterlassen, aber er war in keiner Weise als ein politischer Reformator aufgetreten und hatte keine Statsprinzipien, keine Statsgesetze verkündet. Er wollte die Menschen von der Sünde erlösen und mit Gott versöhnen, aber nicht den Stat einrichten und beherrschen. Höchst entschieden und vollkommen bewußt vermied er es, in das Statsleben einzugreifen; er wies die messianischen Erwartungen, wie sie von den Juden gehegt wurden, von sich, wie eine satanische Versuchung, und lehnte sich in keiner Weise auf weder gegen die jüdische Obrigkeit noch gegen die römische Oberherrschaft. Bis zum Tode am Kreuze verblieb er der Statsgewalt gehorsam und sprach es laut aus: „Mein Reich ist nicht von dieser Welt" und „Gebet dem Kaiser, was des Kaisers ist, und Gott was Gottes ist." Er stiftete die Kirche, und beschränkte insofern das Gebiet des States, aber er gab weder zu einer Statenbildung noch zu einer Statslehre den Anstoß. Ebenso wenig thaten dies seine Jünger, die Apostel. Die ganze christliche Religion war von Anfang unstatlich und daher, wie es den heidnischen Römern vorkam, deren Götter Statsgötter waren, antistatlich.

Die Unterscheidung von Kirche und Stat konnte daher in dem christlich gewordenen Europa nicht geleugnet werden. Der Stat war unzweifelhaft älter als die Kirche, die als religiöse Gemeinschaft ihm als der weltlichen Ordnung selbständig gegenüber trat und für sich selber eine höhere geistige Autorität in Anspruch nahm. Der Glaube, welcher die ersten Christen begeistert hatte, daß die persönliche Wiederkunft von Christus nahe sei, und daß dann in dem großen Weltgerichte auch die bisherige Weltordnung untergehen, jeder nach seiner Tugend oder seinen Sünden gerichtet und ein neues göttliches Reich der gereinigten Geister erstehen werde, hatte seine Macht verloren, als die Völker sahen, daß die getrübte Weltordnung fortdaure. Auch die phantasievollsten Gläubigen waren genötigt, die derbe Wirklichkeit der zahlreichen und mächtigen Staten anzuerkennen. Nur das Verhältnis der christlichen Kirche zu dem State konnte daher noch in Frage kommen, und eben darüber wurde der große, während Jahrhunderten fortgesetzte Weltkampf der Päpste mit den Kaisern gestritten.

Allerdings waren auch die antiken Statsideen der Römer und der Griechen nie völlig erloschen und vergessen. Seit dem zwölften Jahrhunderte war das römische Corpus Juris civilis wieder bekannt geworden. Die Doktoren lehrten auf den Universitäten nach diesen Quellen die Jurisprudenz. Die Glossatoren interpretierten die Fragmente aus den Schriften der alten klassischen Juristen, welche den Stat und das Recht auf den Volkswillen gründeten, dem römischen State die Weltherrschaft zuschrieben und den römischen Kaisern eine schrankenlose, unverantwortliche Statsgewalt beilegten. So trat der päpstlichen Lehre von der Oberherrlichkeit der Kirche doch die Juristenlehre von der obersten Statsgewalt, und der Theologie die Jurisprudenz und dem gelehrten Klerus die Laienwissenschaft gegenüber. Im dreizehnten Jahrhunderte wurde auch die Politik von Aristoteles wieder gefunden und gewann selbst unter den Theologen Autorität, obwohl sie nicht auf dem christlichen Glauben beruhte und den Stat nicht auf ein theologisches Fundament aufbaute, sondern aus der Menschennatur ableitete und sich auf die Philosophie und die geschichtliche Erfahrung stützte. Die wissenschaftliche Autorität des Aristoteles wurde in den gelehrten Schulen ähnlich verehrt wie die Autorität der Bibel. Nur wenn beide etwa sich zu widersprechen schienen und der Widerspruch unlösbar war, dann freilich mußte die Autorität des heidnischen Weisen nach der Ansicht des Mittelalters der göttlichen Autorität der heiligen Schriften weichen. Der europäisch-hellenische Stat des Aristoteles aber war von der alten asiatischen, jüdischen Theokratie von Grund aus verschieden, und es war schwer eine Brücke zu schlagen zwischen den beiden Statsbegriffen, die durch eine weite Kluft getrennt waren.

Der größte Theologe des Mittelalters, der Dominikaner **Thomas von Aquino** im Neapolitanischen (1225—1274), der sogenannte „Engel der Schule", ein Schüler des Albertus Magnus, Lehrer in Köln, Paris, Neapel, Berater der Päpste Urban IV. und Gregor X., hat gelegentlich seinen Schülern auch die Schriften des Aristoteles über die Ethik und die Politik erklärt. Ihm wird die Schrift von der **Regierung der Fürsten** (de regimine principum) zugeschrieben, in welcher jedenfalls seine Grundansicht dargestellt ist. Sie ist ein Versuch, der Aristotelischen Statslehre, als dem wilden Stamme, das theologische Ideal der Kirche und der Papsthoheit wie ein Edelreis aufzupfropfen. Er nimmt den Grundgedanken des Aristoteles: „der Mensch ist ein statliches Wesen" auf, aber schon mit einem Zusatze, der den mittelalterlichen korporativen Neigungen entspricht, indem er sagt: „Homo animal sociale et politicum": **Der Mensch ist ein geselliges und ein statliches Wesen.** Daraus folgert er die Notwendigkeit einer gesellschaftlichen Ordnung unter den Menschen und einer Regierung, welche diese Ordnung schützt. Es sind verschiedene Formen möglich, um diesen Schutz einzurichten. Aber Thomas hält die Regierung eines **Fürsten** für eine bessere und zweckmäßigere Einrichtung als die Herrschaft einer Aristokratie oder des ganzen Demos, weil sie die Einheit der Statsgewalt entschiedener wahrt und den Frieden besser sichert. Wenn aber die Regierung ausartet, weil die Regenten mehr ihre Genüsse als die gemeine Wohlfahrt anstreben, dann erscheint ihm die Herrschaft der Menge erträglicher als die Tyrannei eines einzelnen, weil dort die vielen, welche an dem Regimente Teil haben, doch sich wechselseitig beschränken, während der eine Mann seiner Willkür und seinen Leidenschaften freien Lauf läßt. Die vorzugsweise fürstlichen Eigenschaften sind ihm Seelengröße und Gerechtigkeit.

Thomas spricht den Gedanken aus: Der Fürst regiert im Reiche, wie die Seele im Körper und wie Gott in der Welt (I, 12): eine höchst gefährliche Gleichung, welche den Fürsten, der doch als Mensch von wesentlich gleicher Art ist wie die Unterthanen, diesen gleich einem übermenschlichen Wesen entgegen- und vorsetzt, weil sie den Fürsten zum Gotte macht, ohne ihm göttliche Allmacht und göttliche Allwissenheit und Allweisheit geben zu können.

So weit schließt sich, abgesehen von dem theokratischen Zusatze, die Statslehre des Thomas immer noch an die des Aristoteles an. Sie hat ein menschliches Fundament, wird abgeleitet aus der Menschennatur und beachtet die menschliche Erfahrung. Aber Thomas ist mehr Theologe als Philosoph und inniger der Kirche ergeben als dem State befreundet, ein Hauptverehrer und Förderer der päpstlichen Allgewalt, ein Verteidiger der päpstlichen Unfehlbarkeit. Nicht der König, sondern der Papst ist der wahre Stellvertreter Gottes auf Erden, das oberste Haupt aller geistlichen und weltlichen Ordnung. Der Aristotelisch-heidnische Stat hat keine Kirche neben oder über sich. Er genügt sich selbst und hat alle Statsgewalt frei und souverän in seiner Hand. Das geht aber nicht mehr an, seitdem es eine christliche Kirche gibt, die sich als das Reich des Geistes erhaben fühlt über den Stat als das Reich des Leibes. So empfindet Thomas das Bedürfnis, den menschlichen Stat der göttlichen Kirche unterzuordnen, und er baut eine künstliche Brücke, welche in das Reich der Priester hinüberführt.

Sein Gedankengang ist folgender: „Das Hauptziel des gemeinsamen Menschenlebens ist die ewige Seligkeit. Diesem Hauptziele müssen alle anderen Ziele, insbesondere die irdischen, untergeordnet sein und dienen. Wäre jenes Ziel durch die menschliche Tugend erreichbar, so müßten die Fürsten ihre Völker dahin führen. Da dies aber unmöglich ist und nicht die menschliche, sondern die *göttliche* Leitung und Herrschaft entscheidet, so ist jene Führung *nicht den Königen*, sondern *den Priestern* anvertraut. Deshalb müssen die, welche in den irdischen Dingen, d. h. im State die Führung haben, sich denen unterordnen, welche zu den höheren Zielen hinleiten"[1]).

Daraus folgert er dann die Abhängigkeit des States von der Kirche, der weltlichen Richter von den Priestern, der statlichen Könige von dem Papste. „Der Papst ist in höherem Sinne der Stellvertreter Christi als der König oder der Kaiser, und wie der Leib von der Kraft der Seele bewegt wird, so ist auch die weltliche Herrschaft abhängig von der göttlichen"[2]). Er bemerkt nicht, daß er kurz vorher die Könige mit der Seele verglichen hatte, die im Leibe herrsche. Jetzt sind sie ihm, wie der Stat, nur ein Leib, in dem der römische Klerus als Seele herrscht.

Man kann zugeben, daß in der Befreiung des religiösen und in weiterem Sinne des geistigen Lebens von der Statsgewalt ein Fortschritt lag gegenüber der Omnipotenz des antiken States; aber auch dieser Fortschritt wurde für die wirkliche Befreiung der Geister deshalb noch gefährlicher, weil nun die gemäßigte Herrschaft des States über das individuelle Geistesleben nur verdrängt und ersetzt wurde durch die schrankenlose Tyrannei der als göttlich verehrten Geistesautorität der Päpste[3]).

---

[1]) I, 14. Est ultimus finis multitudinis congregatae — per virtuosam vitam pervenire ad fruitionem divinam, Si quidem ad hunc finem pervenire posset virtute humanae naturae, necesse esset, ut ad officium regis pertineret, dirigere homines ad hunc finem. Sed quia finem fruitionis divinae non consequitur homo per virtutem humanam, sed virtute divina, producere ad illum finem non humani est, sed divini regiminis. Hujus ergo regni ministerium non terrenis regibus sed sacerdotibus est commissum. Sed ei, ad quem finis ultimi cura pertinet, subdi debent illi, ad quos pertinet cura antecedentium finium et ejus imperio dirigi.

[2]) II, 10. Cum enim summus pontifex sit caput in corpore mystico omnium fidelium Christi et a capite sit omnis motus et sensus in corpore vero, sic erit in proposito. — Quod si dicatur, ad solam referri spiritualem potestatem, hoc esse non potest, quia corporale et temporale ex spirituali et perpetuo dependet, sicut corporis operatio ex virtute animae.

[3]) Vgl. die Schriften über die Statslehre des Thomas ab Aquino von Baumann (Leipzig 1873) und von Nic. Thomas (Berlin 1874).

Die geistige Natur des States aber und seine Rechtshoheit wurden in dieser sogenannten christlichen Statslehre der Kirchenschulen gänzlich verkannt. In der Folge wurde auch der Rest einer freieren Grundansicht, wie sie sogar Thomas noch von Aristoteles ererbt hatte, von den römischen Theologen aufgegeben, und es blieb nur die absolute Priesterdespotie zurück; so in der Schrift von Egidius Romanus Colonna († 1316) „de regimine principum“ und in dem excentrischen Buche des Augustino Trionfo (1243—1328) „Fülle der Papstgewalt“, „Summa de potestate papae“, der geradezu den Papst zum Gott erklärt und mit aller Macht Gottes ausstattet.

Indessen war es auch zu der Zeit der größten Papstmacht nicht möglich, die klerikale Statstheorie vollständig durchzuführen, und immer wieder lehnte sich das statliche Selbstgefühl der Laienwelt und ihrer Fürsten wider die Anmaßung der Hierarchie auf. Die germanische Liebe zur Freiheit und der germanische Mut, wie der Stolz der Fürsten empörten sich oft gegen die schlaue Herrschsucht der Pfaffheit, und auch die Erinnerung an die antike Statshoheit wirkte nach und wurde von Zeit zu Zeit wieder aufgefrischt.

Der altrömische Statsgedanke hatte sogar eine selbständige Vertretung in der mittelalterlichen Laienwelt gefunden. Das Kaisertum, so sehr es auch im Besitze der fränkischen und der deutschen Könige etwas ganz anderes geworden war, hielt doch das Andenken an das altrömische Kaisertum und einen Teil seiner Ansprüche auf Weltherrschaft und auf höchste Majestät auch in den ungelehrten Völkern lebendig. Die ganze Folge der römischen Juristen auf den Universitäten von Italien, Frankreich, Deutschland berief sich auf die Autorität des Corpus Juris Romani in fast derselben Verehrung wie die Theologen auf ihre heiligen Bücher, und in dem Gesetzbuche Justinians erschien der römische Stat ausgerüstet mit aller Majestät und Macht der Römerherrschaft, auch den Bischöfen, den römischen Patriarchen nicht ausgenommen, als Obrigkeit übergeordnet. Die römische Kirche selbst lernte manches von dem alten weltlichen Rom, und die geistliche Weltherrschaft, das Ideal der größten Päpste, war zum Teil eine Nach- und Umbildung der untergegangenen römischen Statsherrschaft.

Dann erhoben sich auch einzelne denkende Männer über die gewöhnliche Weltansicht ihrer Zeitgenossen und vertraten die Selbständigkeit und Hoheit des States in ihren Schriften und Reden: Statsmänner, Philosophen, Juristen. Im dreizehnten Jahrhunderte und in der ersten Hälfte des vierzehnten besonders leuchteten derartige männliche Gedanken auf. Zuweilen war ein nationaler Schwung darin, wie in den deutschen und französischen Rechtsbüchern der Zeit, in dem deutschen Sachsenspiegel des trefflichen Eike von Repkow, in den Coutumes de Beauvoisis von Beaumanoir, in den Äußerungen und Gesetzen des deutsch-römischen Kaisers Friedrichs II. und des französischen Königs Ludwigs des Heiligen. In Versen und in Prosa, in dem „göttlichen Schauspiel" und in der Schrift über die Monarchie kämpfte der große Dichter und Philosoph Dante gegen die päpstliche Allgewalt und für die göttliche Majestät auch des Kaisertums und die Hoheit des States. Mutig verteidigte der Engländer Occam das Recht der französischen Könige wider die Ansprüche der römischen Kurie.

Die mittelalterliche Doktrin pflegte das Verhältnis der beiden Mächte Kirche und Stat unter dem Bilde der „beiden Schwerter" darzustellen, welche „Gott verliehen habe zum Schirme der Christenheit". Nach der klerikalen Auffassung hatte Gott beide Schwerter, das geistliche und das weltliche, zunächst dem Papste verliehen, aber mit der Auflage, daß der Papst das weltliche Schwert dem Kaiser weiter verleihe. So wurde der Papst allein unmittelbar von Gott, der Kaiser nur mittelbar durch den Papst mit der Gewalt betraut. Die kaiserlichen Juristen und ganz entschieden auch der Ritter Eike von Repkow vertraten die entgegengesetzte Meinung, daß der Kaiser seine Gewalt unmittelbar von Gott empfange, ebenso wie der Papst die seinige. Dante sprach es aus, das Unglück Italiens und das Unheil der Welt sei durch die Päpste verschuldet, welche sich, im Widerspruche mit der göttlichen Weltordnung, beider Gewalten zu bemächtigen gesucht und so eine verderbliche Verwirrung der Geister verursacht haben.

Keiner aber hat im Mittelalter entschiedener die Hoheit des States, auch der Kirche gegenüber, vertreten als Marsilius von Padua, Rektor der Universität Paris im Jahre 1312, der Berater des deutschen Königs Ludwig (von Bayern) in seinem Kampfe mit dem Papsttum.

Sein Hauptwerk, der „Defensor pacis“ (Verteidigung des Friedens) vom Jahre 1424, ist eine bewußte Wiederbelebung des antiken Statsbewußtseins in der christlichen Welt. Man sieht, er ist durch Aristoteles geistig befreit worden, und man erstaunt über die im Mittelalter unerhörte Kühnheit, mit der er die logischen Folgerungen aus dem Grundbegriffe zieht und die gesammte Papstherrschaft angreift.

Er betrachtet den Stat nach Aristoteles als ein belebtes Wesen, als die menschliche Gemeinschaft, die sich selbst genügt (I, 2; I, 4). Er folgt auch der Aristotelischen Lehre über die drei Hauptformen der Statsverfassungen und ihrer Abarten. Aber da die Welt seither christlich geworden ist, so unterscheidet er, der mittelalterlichen Grundansicht folgend, nun zwischen dem „Temporale“, d. h. dem zeitlichen, äußeren Gemeinleben der Menschen auf der Erde, und dem „Spirituale“, d. h. dem geistigen Leben, welches über die Erde hinausreicht, anders ausgedrückt zwischen Stat und Kirche. Gleich von Anfang tritt er nun der päpstlichen Anmaßung auch der weltlichen Gewalt entgegen, indem er ausführt, daß Christus selber niemals eine fürstliche Gewalt besessen, niemals Statsgewalt ausgeübt, sondern im Gegenteil alle statliche Herrschaft von sich gewiesen und sich selber der römischen Statsgewalt unweigerlich gefügt habe. Deshalb habe Christus auch den Päpsten keine weltliche Gewalt hinterlassen, vielmehr ausdrücklich erklärt, daß sein Reich nicht von dieser Welt sei. Um deswillen sei es den Priestern nicht erlaubt zu herrschen, noch Gericht zu halten, und seien dieselben verpflichtet, sich ebenso der weltlichen Herrschaft und dem weltlichen Gerichte zu unterwerfen, wie Christus das gethan habe.

Von diesem Standpunkte aus bekämpft Marsilius auch die Immunitäten des Klerus. Er spricht der Kirche geradezu alles Eigentum ab. Armut und nicht Reichtum sei das christliche Ideal. Christus selber habe kein Eigentum besessen, sondern sei arm durch die Welt gezogen. Die Aufgabe des Klerus sei, die Sakramente zu spenden, zu lehren, von Sünden zu befreien, die Sündigen zur Buße zu mahnen; gar nicht die, Reichtümer zu sammeln, in Genüssen zu schwelgen, ihre Herrschsucht zu befriedigen.

Marsilius verwirft den Primat des Papstes als grundlos. Zwischen dem römischen Bischofe und anderen Bischöfen besteht, nach seiner Meinung, kein wesentlicher Unterschied. Wenn die Päpste sich als Nachfolger des Petrus betrachten und diesen den Apostelfürsten nennen, so verwirft er diese Vorstellung als geschichtlich unbegründet. Er wagt es, zu sagen: Niemals hat Petrus eine Gewalt über die anderen Apostel erhalten. Paulus ist zum Apostel geworden ohne alles Zuthun von Petrus und hat diesem auch mit Erfolg widersprochen. Überdem war wohl Paulus in Rom, aber Petrus niemals. Die römische Bischofswürde des Petrus ist eine Fabel. Daher hat auch von Petrus keine Gewalt auf die Päpste übertragen werden können und am wenigsten eine Gewalt, die Petrus selber nirgends besessen hatte. Die päpstlichen Dekrete sind von den römischen Bischöfen in der Absicht gemacht worden, um ihre Herrschaft zu begründen und auszudehnen. Dieselben haben für sich keine bindende Kraft. Sie können nur rechtsverbindlich werden, wenn die gesetzgebende Gewalt des States sie genehmigt. Die päpstliche Machtfülle (plenitudo potestatis) ist eine Lüge. Christus hat den Päpsten diese Macht nicht verliehen, sondern im Gegenteil jede Zwangsgewalt untersagt.

Die Gesetzgebung ist ausschließlich eine Statssache. Das Gesetz ist menschliche Gemeinordnung und beruht auf dem Volkswillen. Die Gesamtheit der Bürger (universitas civium) schafft das Gesetz und gibt ihm Autorität. Die Päpste können daher weder Gesetze geben, noch von den Gesetzen dispensieren. Auch eine Exkommunikation, welche gegen die Gesetze gerichtet wird, ist unerlaubt. Die Rechtspflege ist ebenso ausschließliche Statssache. Wenn auch geistliche Gerichte von den Staten zugestanden werden, so muß doch immer gegen die Urteile der geistlichen Gerichte die Berufung an das eigentliche Statsgericht vorbehalten bleiben. Auch die Verhältnisse der frommen Stiftungen (piae causae) zu ordnen ist nach Marsilius ausschließlich eine Stats-, keine Kirchensache.

Aber auch dieser freieste Statslehrer des Mittelalters steht insofern immer noch auf mittelalterlichem Boden, als er den christlichen Glauben als Grundbedingung des christlichen States für den Fürsten wie für die vollberechtigten Unterthanen fordert und mit großem Nachdruck wiederholt das christliche Dogma des Gottmenschen: „Christus verus Deus et verus homo" als Fundamentalsatz auch für das statliche Gemeinleben betont. —

Der nicht zu ersättigende Hunger nach Autorität, welcher das geistige Leben des Mittelalters kennzeichnet, pflegte die verschiedenartigsten Dinge gläubig auch dann anzunehmen, wenn sie sich widersprachen. Mosaisches Gesetz und christlicher Glaube, hellenische Philosophie und römische Jurisprudenz, die Dekrete der Päpste und das Gewohnheitsrecht der germanischen Völker wurden mit einander vermengt und gemischt. Es gab keine historische Kritik, welche die Zeitalter unterschied, noch eine logische Dialektik, welche den Widerspruch der Prinzipien aufdeckte. In dem Halbdunkel, in dem allein zu denken erlaubt war, traten die Gegensätze nicht klar heraus, und in dem Wirrsal suchte sich jeder an diesen oder jenen Führer anzuschließen, oder je nach Umständen unter den Parteien zu wechseln, wie Neigung, Einsicht und Vorteil ihn dazu trieben[1]).

[1]) Die mittelalterlichen Ideen sind in dem Werke von Laurent: Études sur l'histoire de l'humanité Bd. 4—6 ausführlich dargestellt.

Zweites Kapitel.

Die Politik Machiavellis und die Statslehre Bodins.

Erst als der mittelalterliche, vorzugsweise religiös und kirchlich bestimmte Geist seine Höhe überschritten hatte und sich abwärts neigte, d. h. seit der zweiten Hälfte des fünfzehnten und in dem sechzehnten Jahrhunderte erfährt auch die lange vernachlässigte Statswissenschaft ihre Wiedergeburt. Mehr noch als die deutsche Kirchenreform wirkte schon vorher die erneuerte Bekanntschaft mit der antiken Philosophie und Geschichte und mit den antiken Statsideen befreiend auf die Geister. Seitdem die sogenannte Renaissance von Italien aus sich über Frankreich und Deutschland verbreitete und zugleich die Höfe und die litterarisch gebildeten Klassen beleuchtete, erhebt sich das Statsbewußtsein wieder aus der tiefen Erniedrigung. Die italienischen Humanisten, die französischen Legisten und die deutschen Juristen waren durchweg der Hoheit und dem souveränen Selbstgefühle des States günstig und geneigt, die Ansprüche der Priesterschaft zu bekämpfen.

Zwischen der wissenschaftlichen und der kirchlichen Reform dieses Zeitalters besteht wohl ein gewisser geistiger Zusammenhang, aber keineswegs ist die eine nur eine Wirkung der andern. Sie gehen selbständig neben einander her, sie unterstützen sich wohl zuweilen wechselseitig, aber sie wenden sich auch zuweilen mißtrauisch und sogar feindselig von einander ab.

Die kirchliche Reform war vornehmlich das Werk des deutschen Charakters und des deutschen Geistes. Die ersten aber, welche die Statswissenschaft zu einer selbständigen neuen

Wissenschaft erhoben, waren romanische Denker. Dort waren Theologen die Führer, hier Politiker und Rechtsgelehrte.

Noch entscheidender als auf die kirchliche Reform hat auf die Fortbildung der Statswissenschaft das neubelebte Studium der alten klassischen Litteratur eingewirkt, welches die zweite Hälfte des fünfzehnten Jahrhunderts charakterisirt und zu dem eigentlichen Zeitalter der Renaissance macht. In den Schriften der Römer und der Griechen war nichts zu finden von dem weltflüchtigen Mönchsgeiste; um so frischer sprudelten da die Quellen des freien Menschengeistes. Der öffentliche Dienst für das Vaterland wurde da weit höher geschätzt als die fromme Isolierung und Entsagung, die bürgerliche Freiheit höher als der Gehorsam; der Stat erschien da als das höchste Ideal des menschlichen Gesammtdaseins. Das begeisterte Studium dieser heidnischen, aber geistvollen Werke mußte die denkenden Leser zur Prüfung anregen, und wenn sie die Einrichtungen und die Lehren ihrer Gegenwart mit denen des Altertumes verglichen, so konnte der Vergleich nicht immer zu Gunsten der späteren Zeit ausfallen. Der philosophische, weltliche, politische Geist des damaligen Zeitalters empfing durch die Berührung mit dem Geiste des Altertums eine Taufe und eine Weihe, die von der Erfüllung der kirchlichen Autorität völlig verschieden war.

Wir finden die beiden romanischen Bahnbrecher für die neuere Statswissenschaft, Machiavelli und Bodin, ganz vorzüglich angeregt durch die klassischen Studien, und wollen wir ihnen die späteren Germanen Althusius und Hugo Grotius anreihen, so verdanken auch sie der Bekanntschaft mit dem antiken Geiste einen großen Teil ihrer statlichen Bildung.

Die leidenschaftlichen Urteile über und meistens gegen Machiavelli haben allmählich einer ruhigeren und gerechteren Würdigung des bedeutenden Mannes Platz gemacht[1]). Man hat

[1]) Einen ausführlichen Bericht über die sog. Machiavelli-Litteratur hat R. v. Mohl geliefert: Geschichte und Litteratur der Staatswissenschaften 3, 521 ff.

ihn in seinen große Eigenschaften ehren gelernt und dennoch die Schwächen und Gefahren seiner Lehre nicht verdeckt.

Selten war ein Mann von der Natur so ganz und ausschließlich auf den Stat angelegt wie Machiavelli. Wie das Wasser für den Fisch und die Luft für den Vogel, so ist für Machiavelli der Stat das einzige Element, in dem er leben kann. Geboren den 3. Mai 1469, ein Sohn der ruhmreichen Republik Florenz, war er schon von früher Jugend an in ein bewegtes Statsleben eingeführt und angeregt worden, über politische Interessen und über die Mittel zu ihrer Befriedigung nachzudenken. Er hatte es erlebt, daß die Bevölkerung der Stadt sich für den religiösen Reformator Savonarola begeisterte, und daß es dann wieder der List der Hierarchie und der Gewalt der Adelsreaktion glückte, den eifrigen Mönch zu stürzen und zu vernichten. An den nie erlöschenden inneren Parteikämpfen hatte auch er einen lebhaften Anteil genommen. Die glücklichste Zeit seines Lebens waren die vierzehn Jahre 1498—1512, in denen er als Statssekretär der Republik an den öffentlichen Geschäften einen amtlichen Anteil hatte und öfters zu Gesandtschaften verwendet wurde. Blieb auch seine Amtsstellung hinter den Erwartungen zurück, welche seiner ungewöhnlichen Begabung zusagten, und ging auch manches anders als er wünschte und hoffte, so entsprach doch die politische Wirksamkeit, die ihm eröffnet war, seinen Neigungen. Seine Talente, seine Gedanken, seine Leidenschaften waren dem State zugewendet. Wie den alten Hellenen und mehr noch den Römern war ihm der Stat das Höchste. Er opferte ihm seine Ruhe, sein Vermögen, seine Freunde, sich selbst, sogar seine Ehre und sein Gewissen. Politisches Handeln ist seine Liebe, seine Tugend; erst in zweiter Reihe widmet er sich der politischen Wissenschaft.

Den tiefsten Schmerz erfuhr er, als der schlaue Lorenz von Medici sich zum Fürsten der Republik aufwarf und mit der Demütigung der Republik auch er aus seinem Amte entlassen und genötigt ward, unthätig als Privatmann der fürstlichen

Herrschaft zu gehorchen. Er konnte diese unfreiwillige Muße in seiner vollen Manneskraft nicht ertragen. Wie rührend sind seine Klagen, die er seinem Freunde Vettori anvertraut. Wie elend kommt er sich vor, weil ihm nun die politische Thätigkeit verschlossen ist; wie unfruchtbar und armselig erscheint ihm alles, was er treibt. Kaum weiß er, wie er der Langeweile entfliehen soll. Er wird des Vogelfanges bald überdrüssig, dem er sich eine Zeit lang hingegeben hat; die Lektüre der Dichter und die Reize der Natur erheitern ihn nur auf kurze Zeit; im Unmut verbringt er die Stunden des Nachmittags mit Kartenspiel und Triktak in der Gesellschaft von Wirt, Metzger, Müller und Ziegelbrenner. Aber des Abends konzentriert sich sein Geist. Da legt er das gemeine und schmutzige Alltagskleid ab und zieht sein Statskleid an. Da bildet er sich einsam auf seinem Studierzimmer ein, wiederum ein praktischer Statsmann zu sein. Da führt er heimliche Gespräche mit den Statsmännern vergangener Zeiten, legt sich selber politische Probleme vor und übt sich in ihrer Lösung. Da er nicht wirkliche Geschäfte vollführen kann, so beschäftigt er sich mit gedachten Geschäften. Aus Not treibt er politische Wissenschaft. In ihr sucht er des inneren Dranges zum Handeln los zu werden.

Ein so gearteter Mann mußte die Wissenschaft der Politik vollständig losreißen aus der erdrückenden Umarmung der Theologie, welche sie während des ganzen Mittelalters umschlossen und beengt hatte. Seine ganze Grundanschauung ist so völlig weltlich, so durch und durch menschlich, die Erhabenheit und Selbständigkeit der Staten ist für ihn so unzweifelhaft, daß er der mittelalterlichen Abhängigkeit der Staten von der Kirchengewalt und Kirchenlehre nur mit souveräner Verachtung gedenkt. Obwohl die politische Praxis in Italien schon vor Machiavelli sich von der kirchlichen Leitung emancipiert hatte, so haben seine Schriften doch zuerst die Wissenschaft der Politik von der Bevormundung der Theologie frei gemacht. Es war das auch eine bedeutende bahnbrechende That, wenngleich zunächst in theoretischer Form.

Diese ganze weltlich-menschliche Begründung und Richtung seiner Politik tritt um so entschiedener in allen seinen Schriften hervor, je tiefer in ihm die Überzeugung wurzelt, daß das politische Unglück Italiens vornehmlich der Einwirkung des römischen Papsttumes zuzuschreiben sei. Wer kennt nicht die zwei Vorwürfe, welche er in jener bekannten Stelle der Discurse zu Livius (I, 12) gegen die römische Hierarchie schleudert: 1. das schlechte Beispiel des römischen Hofes habe Italien um alle Gottesfurcht und um alle Religion gebracht und deshalb unzählige Übel verursacht, und 2. ohne Einheit des ganzen Landes könne Italien unmöglich glücklich werden; das größte Hindernis aber dieser Einheit sei der Papst, der nicht mächtig genug sei, um selbst Italien unter seiner Herrschaft einigen zu können, und doch nicht so schwach sei, um nicht mit Hülfe der Fremden jeden anderen Fürsten an der Einigung behindern zu können.

Auch diejenigen mittelalterlichen Statsweisen, welche gegenüber der Kirche eine relative Selbständigkeit des States behaupteten, gestanden doch willig der Religion eine höhere Autorität und eine geistigere Bedeutung zu als der Politik. Auch diese Anschauung ist Machiavelli ganz fremd. Zwar ist er überzeugt, daß die Zustände und Erlebnisse der Völker und der Staten nicht ausschließlich von den Menschen abhängen, sondern daß auch das „Schicksal" eingreife und daß „der Himmel" seine Macht über die Menschen vielfältig bewähre. Die Menschen können wohl nach seiner Meinung das Schicksal unterstützen, aber nicht mit Erfolg demselben widerstehen. Sie können seine Fäden zusammenweben, nicht sie zerreißen. Er sieht in der Geschichte der Welt so wenig ein bloßes Spiel des Zufalles, als eine bloß willkürliche That der Menschen. Aber er verzichtet darauf, die Pläne einer höheren Weltleitung zu ergründen, und hält es für nützlich, wenn die Menschen sich anstrengen, das Zweckmäßige zu thun, und dann die Hoffnung nie aufgeben, daß auch das Glück ihnen hold sein werde (Exc. II, 29). Ganz in der antiken Weise der Römer betrachtet er die Religion mit Vorliebe von ihrer politisch wirksamen Seite. Sie erscheint ihm besonders wohlthätig, wenn sie im Dienste des States ist. Er schätzt die Klugheit der Fürsten und der Obrigkeiten sehr, welche die religiösen Gefühle des Volkes benutzen, um ihren Einrichtungen den Glanz der Heiligkeit zu verleihen, und gibt den Rat, auch den Aberglauben nicht zu verschmähen, wenn er die Anhänglichkeit und die Ehrfurcht der unwissenden Klassen bewahren hilft (Exc. I. II, 12). Da die christliche Religion mehr die Leidens- als die Thatkraft empfiehlt und weniger dem State als der Kirche dient, so ist dieselbe für seine Zwecke nicht ebenso brauchbar wie die alte heidnische Religion, welche nur Feldherren und Statsmänner erhob und den weltlichen Ruhm heiligte. Er wirft dem Christentum oder, wie er sich verbessert, der Art, wie das Christentum verstanden und geübt wurde, vor, daß es „die Menschheit entmannt und den Himmel entwaffnet" habe, und erklärt diese religiöse Richtung für eine Hauptursache, daß es weniger Republiken und weniger Freiheit gebe als in der alten Welt (II, 2). Aber zugleich sucht er auch dem Christentume, welches die Erhebung und Verteidigung des Vaterlandes empfehle, eine nützliche Wirkung für den Stat abzugewinnen und meint, die Staten wären um vieles glücklicher, wenn man die ursprünglichen Satzungen des Stifters der christlichen Religion besser verstanden und geübt hätte (I, 12).

Man sieht, die antike, vorzüglich die römische Weltanschauung zieht ihn gewaltig an und lebt in ihm wieder auf. Er ist in dieser Hinsicht von der großen Strömung der Renaissance ergriffen, welche damals von Italien aus die strebsamen Geister aller europäischen Völker mit fortriß.

In einer wesentlichen Beziehung aber überschreitet er die Schranken, welche die Römer noch — freilich mehr in der Theorie als in der Praxis — beachtet hatten. Seine Politik ist ebenso wenig von dem Rechte und von der Sittlichkeit als von der Religion bedingt. Äußerst selten spricht er von

Rechtsinstitutionen, nirgends gründet er seine Erwägungen auf das Fundament einer natürlichen oder historischen Rechtsordnung. Wenn er der Gesetze oder der Einrichtungen gedenkt, so sieht er darin nur politische Maßregeln, deren Wert lediglich nach dem Grade ihrer Zweckmäßigkeit für die politischen Ziele zu bemessen ist. Für die Ideen der Gerechtigkeit hat er kein Auge.

Man kann diese Scheidung der Politik vom Rechte für einen wissenschaftlichen Fortschritt insofern halten, als die Erkenntnis des States durch die abgeschlossene und konzentrierte Aufmerksamkeit auf die eine Seite des statlichen Lebens und Strebens im Gegensatze zu der andern unterläglichen Seite des statlichen Bestandes an Klarheit gewinnen mochte, wie sie durch die Mischung von Recht und Politik getrübt werden konnte. Die Einseitigkeit der Betrachtung fand leicht wieder ihre wissenschaftliche Ergänzung und ihre Korrektur in dem Hinzutritte der Rechtswissenschaft. Je mehr Fleiß auf diese bisher verwendet und je weniger die Politik als Wissenschaft gepflegt war, um so verdienstlicher war es, diesen Mangel zu verbessern, und das konnte kaum anders als in einseitiger Richtung geschehen. Aber man muß zugleich anerkennen, daß in dieser Scheidung, wenn sie auch in der Praxis vollzogen wurde, eine große Gefahr lag. Wenn die politische Theorie die Mächtigen in der Neigung bestärkte, bei ihren Handlungen oder Unterlassungen ebenso einseitig, nur durch Gründe der Zweckmäßigkeit sich bestimmen zu lassen und sich nichts um das bestehende Recht zu bekümmern, so wurde die Lehre verderblich. Man kann Machiavelli nicht von der Schuld freisprechen, daß er diesem bösen und schädlichen Irrtume der Praxis nicht entgegengewirkt, daß sogar er selber nicht davon frei geblieben sei und seine Nachfolger eher dazu mißleitet als davor gewarnt habe.

Noch gefährlicher und noch schädlicher wirkte die Ablösung und Trennung der Politik von den sittlichen Grundbedingungen und Zielen der Völker. Sie war auch wissenschaftlich nicht zu rechtfertigen, denn Politik und Sittlichkeit sind nicht wie Recht und Politik zwei verschiedene Seiten des States, sondern wie die gesunde Politik auch von sittlichen Kräften bewegt wird, so verfolgt sie auch sittliche Ziele. Indem der sittliche Zusammenhang abgerissen und die moralischen Elemente ausgeschieden werden, wird die ethische Natur und Bestimmung der menschlichen Natur verkannt und der Charakter der Politik dem Verderbnisse preisgegeben. Eine sittlich indifferente Klugheitslehre verdient nicht mehr den Namen Politik, da sie eher noch für eine Räuberbande oder eine Diebsgenossenschaft als für den Stat paßt.

Machiavelli gibt zwar der Tugend an sich den Vorzug vor dem Laster. Er weiß es zu schätzen, daß die Tugend geehrt werde und das Laster Schande bringe. Aber da die Menschen im Durchschnitt böse seien, so meint er, könne auch der Fürst nicht immer tugendhaft sein, und da manchmal der Schein der Tugend ihm nützlicher sei als die wirkliche Tugend, so habe er mehr darauf Bedacht zu nehmen, daß er diesen Schein wahre, als daß er die Tugend selber übe. Öfters aber ist das Laster förderlicher, und wenn das so ist, dann rät er, die zweckmäßige Missethat auszuüben. Betrug, Treubruch, Verrat, Grausamkeit, sogar der Mord sind ihm als Mittel, um Herrschaft zu gewinnen oder zu behaupten, untadelhaft. In seinem persönlichen Leben war Machiavelli moralischer als die meisten seiner Zeitgenossen, ein aufrichtiger Liebhaber der Wahrheit, ein treuer Freund, ein begeisterter Patriot. Aber man kann es nicht leugnen, daß er mit Vorliebe die beiden unsittlichsten, aber klug berechnenden Fürsten seiner Zeit, den Papst Alexander VI. und seinen Sohn Cäsar Borgia, rühmt und ihre scheußlichen Verbrechen insofern entschuldigt, als dieselben als Mittel zur Herrschaft dienen. Allerdings sind das nicht die höchsten Ideale großer Männer, die er kennt. Er stellt die tugendhaften Heroen der Geschichte höher und beklagt sein verdorbenes Zeitalter, das genötigt sei, auch ruchlosen Führern zu folgen. Aber er verhält sich doch äußerst unempfindlich und gleichgültig für eine moralische Beurteilung der politischen Handlungen. Die Zweckmäßigkeit der Mittel ist ihm der einzig entscheidende Maßstab, und die kluge Anwendung dieser Mittel gilt ihm als die preiswürdigste Eigenschaft des Statsmannes. In allen diesen Dingen spricht er im Grunde nur die Ansichten aus, welche in seinem Vaterlande die herrschenden waren. Aber weil er denselben in einer glänzenden Prosa einen bleibenden Ausdruck verliehen hat, so ist er zum Repräsentanten und Träger auch der sittlich verkommenen Weltanschauung seines Volkes und seiner Zeit geworden, und der verdiente Ruhm seiner lichtvollen Einsicht und seiner patriotischen Gesinnung kann doch nicht die dunkeln Flecken seiner Lehre reinigen.

Er untersucht die Gründe der ersten Statenbildung nicht, sondern begnügt sich mit der Annahme, die Menschen haben sich bei zunehmender Bevölkerung gruppenweise zusammengethan, um sich besser verteidigen zu können, und den Stärksten und Ausgezeichnetsten unter ihnen zu ihrem Fürsten erkoren. Aber an diese Vorstellung knüpft er an, um die natürliche Aufeinanderfolge der verschiedenen Statsformen psychologisch darzustellen. Wie die mittelalterliche Schule unterscheidet er nach Aristoteles die drei reinen Formen der Monarchie, Aristokratie und Demokratie, welchen die drei Ausartungen der Tyrannei, Oligarchie und Anarchie (Ochlokratie) entsprechen. Im Hinblick auf die hellenischen Städte und den Römerstat schildert er nun den Kreislauf, den die Staten durchzulaufen pflegen, wenn ihre Lebenskraft lange genug aushalte. Erst das Wahlfürstentum des stärksten und weisesten Mannes. Aus ihm entwickelt sich die Erblichkeit der Fürstenwürde, indem es dem Machthaber glückt, die Macht seinem Geschlechte zu sichern. Vergessen dann die späteren Erbfürsten ihren wahren Beruf und verstatten sie ihren persönlichen Leidenschaften und Begierden freien Lauf, so werden sie verhaßt, und suchen nun ihre angefeindete Herrschaft durch Schrecken und Gewalt zu befestigen. Es entsteht die Tyrannei. Dieser leisten zuerst die Männer Widerstand, welche sich durch Seelenadel und Ansehen, durch Reichtum und vornehme Geburt auszeichnen. Endlich brechen sie die tyrannische Gewalt, indem ihnen die Menge als den Befreiern zufällt, und es entsteht die Aristokratie, welche anfangs den eigenen Vorteil dem allgemeinen Wohle unterordnet und die Landesgesetze beachtet, aber in den folgenden Generationen wiederum ausartet und, indem sie der Habsucht, der Ehrsucht und der Gierde nach den Frauen und Töchtern der Unterthanen sich ohne Maß ergibt, zur Oligarchie wird. Dann ergeht es ihnen wie den Tyrannen. Die Menge wird ihrer Herrschaft überdrüssig und feind; wenn sich ein Führer erhebt, so folgt sie ihm und stürzt die Oligarchie. Nun versucht sie's mit der Demokratie, und eine Zeit lang geht es gut, indem die Menge vor den Gesetzen Ehrfurcht hat und sich selbst beherrscht. Aber es reißt später die Zügellosigkeit ein, niemand fühlt sich mehr vor Beleidigungen sicher. Um der Anarchie zu entgehen, wird wieder der Mann, von dem man Ordnung und Sicherheit hofft, zum Monarchen gewählt, und der alte Kreislauf beginnt von neuem.

Um den Übeln solcher Wandlung zu entgehen, haben weise Männer die einseitige Ausbildung der drei guten Statsformen dadurch zu verbessern gesucht, daß sie alle drei zu verbinden und in Einem State zu einigen unternahmen, damit sie sich wechselseitig bewachen und ergänzen. Als das größte Beispiel einer derartigen Verbindung von Monarchie, Aristokratie und Demokratie gilt ihm der römische Stat, der zwar alle jene Wandlungen auch durchmachte, aber in weniger schroffen Übergängen und mit weniger verderblichen Wirkungen (Disc. I, 2).

Man darf übrigens die politischen Schriften Machiavelli's nicht als eine allgemeine Statslehre verstehen. Er war überhaupt kein systematisch wissenschaftlicher Geist. Die Beweglichkeit und Dehnbarkeit seiner Natur macht ihm jede harte Folgerichtigkeit unmöglich. Die allgemeinen Sätze, die er aus einzelnen historischen Erfahrungen wie die Biene den Honig aus den

Blüten saugt, erscheinen ihm freilich als Wahrheiten, und er verkündigt sie als politische Maximen. Aber er kümmert sich doch weniger um ihre innere Begründung und ihre logische Rechtfertigung als um ihre Brauchbarkeit, und er ist jeden Augenblick bereit, im einzelnen Fall auch anders zu handeln und das Gegenteil der empfohlenen Maxime zu beachten, wenn das Gegenteil gerade nützlicher ist. Obwohl er den Lehrmeister spielt, so ist er doch der am wenigsten doktrinäre Lehrer, den es jemals gegeben hat. In seinen Schriften finden sich gelegentlich auffallende Widersprüche, zuweilen ganz nahe beisammen sogar in demselben Kapitel. Das genirt ihn nicht. Ein so gewandter Logiker er ist, so muß auch die Logik ihm nur als Mittel für die wechselnden Bedürfnisse des Momentes dienen.

Von seinen beiden politischen Hauptschriften, den „Discursen zum Livius" und „dem Fürsten", ist die erstere die umfangreichere und vorzüglichere. Seine wahre Meinung tritt in ihr freier und vollständiger ans Licht. Die zweite kürzere Schrift war zu sehr auf den Fürsten berechnet, dem er sie in der vergeblichen Hoffnung widmete, daß sie ihm das Thor zum praktischen Statsdienste wieder eröffne. Er wollte dem Mediceer durch dieselbe klar machen, wie groß das politische Talent sei, was jener brach liegen lasse, und wie geeignet er wäre, auch der Macht zu dienen, gegen die er vorher gekämpft hatte. Unter solchen Voraussetzungen sind sonst die Fürsten geneigt, den alten Gegnern zu verzeihen und sie als neue Werkzeuge zu gebrauchen. Wenn Lorenz Medici den großen Schriftsteller doch nicht zu Gnaden aufnahm, so waren sicher nicht die sittlichen Mängel der Lehre und ihres Urhebers die Ursachen solcher Ungunst, auch schwerlich die Unfähigkeit des Fürsten, das seltene Talent zu schätzen, sondern wohl eher ein tiefes Mißtrauen gegen dessen tiefer liegende Bestrebungen und die Besorgnis, der geistig überlegene Mann möchte als Fürstendiener auf die Erneuerung einer Republik hinarbeiten. Liest man die Bemerkung Machiavellis (Disc. III, 2) über die Verstellung des Brutus und erwägt man seinen Rat, daß der Freund der Freiheit, der zu schwach sei, den gehaßten Fürsten offen zu bekämpfen, seine Freundschaft durch alle Kunstmittel gewinnen müsse, um in Sicherheit für die Befreiung arbeiten zu können, so kann man jene Besorgnis nicht ganz ungegründet finden, wenngleich es ehrenvoller für den Fürsten gewesen wäre, ihn seinen Kräften gemäß zu beschäftigen.

Auch Machiavelli hat politische Ideale, obwohl seine ganze Lehre überwiegend realistisch ist. Immer dringt er wieder darauf, man müsse in der Politik die Menschen und die Zustände nehmen, nicht wie sie sein sollen, sondern wie sie sind, und darnach alle Maßregeln richten. Weil die Menschen großenteils schlecht und die Zustände verdorben seien, so, denkt er, können auch die politischen Handlungen, um wirksam zu werden, von diesem Verderbnis sich nicht rein und frei erhalten. Aber der kalt berechnende Realismus seiner politischen Mittel, den er zuweilen bis zur Niederträchtigkeit steigert, hindert ihn doch nicht, ideale Ziele mit aufopferndem Ernste anzustreben. Obwohl er auch den Tyrannen nützliche Maximen in Umlauf setzt, so ist sein Geist doch erfreut, die Vorzüge der Freiheit zu schildern, und lieber noch sucht er die Mittel auf, die Freiheit zu behaupten oder die verlorene wiederzugewinnen. Er weiß sehr wohl und spricht es aus, daß die freien Länder in jeder Volkswohlfahrt größere Fortschritte machen als die dienstbaren Länder, und daß je härter die Knechtschaft sei, um so tiefer das Volk in jedem Elend versinke (Disc. II, 2). Er hebt hervor, daß die Völker dankbarer zu sein pflegen als die Fürsten (I, 29), und behauptet im Widerspruch mit der gewöhnlichen Meinung, daß die Völker beständiger und weiser seien als die Fürsten (I, 58). Er macht dabei die feine Bemerkung: „Die ungünstige Meinung gegen die Völker entsteht daraus, daß jeder frei und ohne Scheu ihnen Übles nachsagen kann, auch während sie regieren, von den Fürsten hingegen immer voll Furcht und mit tausend Rücksichten gesprochen wird." Er findet, daß zwar Fürsten und Republiken, wenn es nötig erscheint, ihre Allianzen und Verträge brechen, aber daß die Fürsten sich doch leichter als die Republiken entschließen, diese Treue zu brechen (I, 59). Den Stiftern von Republiken bietet er den schönsten Lorbeerkranz des Ruhmes, er setzt sie über die großen Feldherren und zunächst den heiligen Gründern der Religionen. Die Zerstörer der Republiken und die Gründer der Tyrannei gibt er dem Abscheu preis. Sogar den großen Cäsar haßt er deshalb mit dem Hasse des Republikaners Brutus, der ihn ermordet, weil Cäsar die Republik Rom zerstört hat (I, 10). Dieses Urteil über Cäsar in dem Munde eines Autors, der das Buch vom Fürsten geschrieben und den Cäsar Borgia gefeiert hat, wird nur erklärlich, wenn man sich erinnert, welche leidenschaftliche Liebe zu der Freiheit Italiens das Herz des Mannes erfüllt, und wie sehr er geneigt ist, in der antiken Republik Rom, welche durch Cäsar ihren Abschluß erfahren hat, das Vorbild aller gesunden italienischen Politik und die Quelle der politischen Weisheit zu erkennen.

Er bewegt sich oft mit seinen Bemerkungen in den Grenzen eines kleinen Fürstentumes oder einer Stadt. Italien war damals so zerbröckelt und zerklüftet. Die Mittel, die er in Bewegung setzen möchte und die er berechnet, sind daher oft kleinlich und die Darstellung wird deshalb zuweilen enge und beschränkt. Aber er verliert trotzdem das weitere Ziel nicht aus den Augen, das ihm als das Ideal der Zukunft vorschwebt. Alle seine Mittel sollen doch zuletzt nur die Erreichung dieses fernen Zieles ermöglichen und fördern. Er will sein Volk erziehen zur Tapferkeit und Kriegstüchtigkeit, die ihm fehlt, damit es der fremden Söldner und Hülfstruppen entbehren könne und die fremden Herren vertreiben lerne; er will — mit den grausamsten Mitteln — die kleinen Tyrannen beseitigen, indem er sie dem größeren Tyrannen zur Speise vorwirft, damit ein größerer Stat heranwachse. Zu diesem Endzwecke will er selber dem neuen Fürsten dienen, der an dem großen Werke der Befreiung und Einigung Italiens entschlossen arbeite. Jedes Mittel ist ihm gerecht, welches diesem nationalen Zwecke dient. So ist Machiavelli der Vertreter der Nationalität, als eines neuen Statsprinzipes, wenn auch zunächst nur für Italien geworden. Wie in seiner stumpfen Gleichgültigkeit für den sittlichen Wert der Mittel die Schwäche und die Gefahr seiner Schriften zu erkennen ist, so ist die reformatorische und nationale Bedeutung seines ernsten Strebens sein bleibender Ruhm. Wie das Christentum dem viele Sünden vergibt, der viel geliebt hat, so sind die Völker geneigt, auch viele Frevel zu verzeihen, welche verübt werden, um ihre Freiheit und ihre nationale Erhebung zu fördern.

Es gereicht den Fürsten und den leitenden Statsmännern der nächsten Jahrhunderte nicht zur Ehre, daß so viele derselben vorzugsweise das an den Schriften Machiavellis schätzten, was darin verwerflich war, um ihre guten Seiten aber sich wenig kümmerten. Seine Schrift über den Fürsten wurde viel mehr gelesen und geschätzt als die wichtigeren und besseren Bemerkungen zu Livius. Gerade die Unempfindlichkeit für sittliche Rücksichten und die kalte Berechnung des Zweckmäßigen, wie sie in Italien von den Zeitgenossen Machiavellis geübt ward, galt den Späteren in ganz Europa als höchste Klugheit und als wahre Politik. Für die Freiheit des Volkes, die Machiavelli als ein großes Gut vor Verderbnis zu bewahren lehrte, interessierten sich wenige; um so eifriger aber befolgten die vielen seine Räte, wie die fürstliche Herrschaft zu verstärken und auszubreiten sei. Indessen blieb der wissenschaftliche Widerspruch schon im sechzehnten Jahrhunderte nicht aus.

Machiavelli starb am 22. Juni 1527, ohne wieder zu amtlicher Thätigkeit berufen zu werden.

Zwischen Machiavelli und Hugo de Groot, aber näher diesem als jenem steht der Franzose Jean Bodin (geb. 1530, gest. 1596), der gediegenere Vorgänger von Montesquieu. Auch Bodin war durch die religiösen und politischen Parteikämpfe seines Vaterlandes in der Tiefe seiner Seele aufgeregt, über den Stat zu denken, und sein berühmtes Werk: de la République (zuerst im Jahre 1576 erschienen, später von ihm selber ins Lateinische übersetzt, damit es auch den anderen Nationen lesbar werde) verband mit der wissenschaftlichen Bedeutung die praktische Tendenz. In Bodin vereinigen sich manche Gegensätze, welche sonst öfters in einseitiger Richtung vertreten sind. Er ist ein namhafter, in strengem und sicherem Denken geübter Rechtsgelehrter und ein Philosoph, der über die Rätsel der göttlichen und menschlichen Natur zu spekulieren liebt; ein Liebhaber des klassischen Altertumes, aber ein noch wärmerer Freund der neuen Zeit; ein sittlich ernster und religiöser Mann und der entschiedenste Vorfechter für die Toleranz; von dem Aberglauben seiner Zeit noch so gebunden, daß er eine eigene Schrift über Hexerei und Zauberei schrieb, und hinwieder so selten geistesfrei, daß er in einem andern bedeutenden Werke, dem Heptaplomeres[1]), den gewagten Versuch macht, die Repräsentanten der verschiedensten religiösen Glaubenssysteme in einer friedlichen Disputation sich wechselseitig aussprechen und belehren zu lassen. Da finden sich in dem Hause von Corini zu Venedig wie in einer Freimaurerloge beisammen der theistische, für die Reinheit der Gottesidee begeisterte Philosoph Toralba, der Jude Salomon, der die christlichen Glaubenssätze mit herber Kritik angreift, der versöhnliche und aufgeklärte Seramus, der für den Islam gewonnene Octavius und drei christliche Repräsentanten vorerst des Katholicismus, Coronäus, der immer bereit ist, sich unter den Schirm der kirchlichen Autorität zurückzuziehen, des Luthertumes, der dogmatisch eifrige Friederich, und der Zwinglisch-reformierten Konfession, Curtius, der das Recht der freien Prüfung energischer geltend macht. Man begreift es, wenn die Zeitgenossen Bodins ihn im Verdachte hatten, kein gläubiger Katholik und ein Freund der Reformation oder vielleicht gar ein heimlicher Jude zu sein. Seine religiöse Überzeugung war entschieden theistisch, mit Abstreifung der kirchlichen Zuthaten. Von Charakter war er recht-

[1]) Erst in unseren Tagen durch Gurauer veröffentlicht (Berlin 1841), aber von Groot und Leibniz wohl gekannt.

schaffen, gewissenhaft, unbeugsam, sogar hart und trotzdem zur Mäßigung und Versöhnung geneigt. Für das Recht stritt er wie ein Held, ohne Furcht vor der königlichen Ungnade und ohne den Leidenschaften der Menge nachzugeben. Aber zugleich war er so gewandt, um fortdauernd die Gunst seines prinzlichen Gönners, des Herzogs von Alençon, zu genießen und über ein Jahr lang einer der beliebtesten Gäste des Königs Heinrich III. zu sein. Er verfocht das öffentliche Recht der königlichen Domäne wider die Wünsche des Königs selbst, durch Veräußerung derselben sich Geld zu schaffen. In den Generalständen von Blois (1576—77), wo er als einer der ersten Führer des dritten Standes erschien, verteidigte er im Kampfe mit den glaubenswütigen Vertretern von Paris, welche mit allen Mitteln die Herstellung des einen katholischen Glaubens forderten, beharrlich bis ans Ende die letzten Hoffnungsanker des religiösen Friedens, indem er die bestrittenen und escamotierten Worte „sans guerre" in der öffentlichen Erinnerung wach erhielt. Aber so entschieden monarchisch gesinnt er war, so wenig gab er sich dazu her, die Rechte der Stände durch Ernennung bevollmächtigter Ausschüsse in Gefahr zu bringen, und widersetzte sich mit Erfolg den Planen der Regierung, welche bei der Aristokratie und dem Klerus willfährige Zustimmung gefunden und schon darauf gerechnet hatte, statt der eigenwilligen Stände einen gefügigen Ausschuß zu bekommen. Nur einmal in seinem Leben wich er von der beharrlich verfolgten Richtung ab, als er dem liguistischen Revolutionssturme, der 1589 über Frankreich dahinbrauste, sich beugte und die Stadt Laon, wo er als Prokurator des Königs waltete, zum Eintritte in das Bündnis der Ligue bewog. Aber sobald es ihm möglich schien, bewährte er wieder seinen Mut, indem er mit der Partei der Ligue brach und sich für Heinrich IV. von Navarra erklärte, zu dem er sich durch seine Natur und Denkart lebhaft angezogen fühlte.

Als er sein Buch über den Stat schrieb, hatte er die volle Reife seines Charakters und Geistes erreicht. Er hatte schon manche Kämpfe bestanden, einen litterarischen mit dem berühmtesten Juristen Cujas, gegen den er vor romanistischer Einseitigkeit in den Rechtsstudien gewarnt hatte, und einen anderen über die volkswirtschaftlichen Fragen des Geldes und der steigenden Preise. Überdrüssig des Haders unter dem Advokatenstande in Paris, hatte er sich den Wissenschaften und der Magistratur zugewendet. In der schrecklichen Bartholomäusnacht war er mit Not den Dolchen der fanatischen Mörder entgangen. An den Provinzialständen von Narbonne hatte er bereits Teil genommen und in der Partei der Politiker, welche die konfessionellen Extreme zu zügeln versuchten, eine hervorragende Stellung erworben. Erst damals ward er zu den Generalständen von Blois abgeordnet, in denen er nach dem Rücktritte der Pariser die einflußreichste Stimme gewann[1]).

Der Hugenottenmord hatte Frankreich weder Ruhe verschafft, noch die Einheit hergestellt. Nur um so heftiger war der konfessionell-politische Zwiespalt wieder ausgebrochen; die fanatische Wut der einen, die Rache der anderen waren noch nicht gesättigt. Die französische Nation war damals in einem ähnlichen selbstmörderischen Zerfleischungsprocesse begriffen wie die deutsche Nation ein halbes Jahrhundert später in ihrem dreißigjährigen Kriege. Die Autorität der Kirche und die Statsordnung schwankten auf dem untergrabenen Fundamente. In einer solchen Zeit sah sich Bodin nach den Rechtsgrundlagen der statlichen Macht um. Wenn es eine Rettung gab, so konnte sie seines Erachtens nur von da aus gefunden werden. Die Machiavellistische Klugheit reichte nicht aus. Eben diese rücksichtslose Wahl auch der schlechtesten, weil für den Augenblick nützlichen Mittel, zu welchen die Parteiführer allzugeneigt waren, hatten die Nation ins Verderben gestürzt. Mit sittlicher und patriotischer Entrüstung wendet sich daher Bodin gegen Machiavelli.

---

[1]) Vgl. das treffliche Buch: J. Bodin et son temps. Tableau des théories politiques et des idées économiques au seizième siècle, par Henri Baudrillart. Paris 1853.

Zehn Jahre früher hatte sich Bodin in der Schrift: Methodus ad facilem historiarum cognitionem über die wissenschaftliche Methode ausgesprochen, die er nun in seinem größeren Werke befolgte. Sie besteht in einer **Verbindung der Philosophie mit der Geschichte**, insbesondere der Rechts- und Statengeschichte. Er vertraut der philosophischen Spekulation für sich allein nicht. Im Hinblicke auf die Geschichte der Völker, in der Vergleichung ihrer Institutionen und ihrer Gesetze, in der Betrachtung der Entwickelung des Statslebens sucht er eine feste reale Grundlage für die Erkenntnis des vernünftigen Geistes, der sich darin offenbart. Mit der Begriffsschärfe und der logischen Analyse des Juristen versucht er in diese kaum übersehbare Stoffmasse Ordnung und Licht zu bringen. Seine Darstellung unterliegt zuweilen den Gefahren dieser gemischten Methode. Er unterscheidet nicht genug zwischen den logischen und den historischen Gründen, er beruhigt sich oft bei unerwiesenen Voraussetzungen, oder zieht auch aus einzelnen Erfahrungen allzurasche Schlüsse. Er vermengt die Autorität der religiösen Offenbarung mit den Beweisen des menschlichen Wissens. Aber die zweiseitige Methode bewahrt ihn auch vor manchen Mißgriffen und Einbildungen, in welche die so leicht sich verirren, welche die Geschichte ohne philosophischen Geist oder die Philosophie ohne Kenntnis der Geschichte betreiben. Die Untersuchung macht einen durchaus soliden Eindruck und führt zu bedeutenden Resultaten. Die besten, vorzüglich die konservativen Gedanken seiner Zeit und seines Volkes erhalten durch ihn einen wissenschaftlich systematischen Ausdruck. Wäre seine Sprache so glänzend wie die Machiavellis, so hätte er noch dauernder gewirkt. Aber sie hat etwas Starres, Schweres, Unbeholfenes und Weitschweifiges. Für viele Leser ist die Arbeit größer als der Genuß. Trotz dieses Mangels aber hat das Werk doch einen sehr bedeutenden Einfluß gehabt, und viele spätere Statsmänner und Statsgelehrte haben aus diesem Arsenale ihre Waffen geholt.

Bodin definiert den Stat, den er Republik nennt, um das Gemeinsame darin besser anzudeuten, als die „Rechtsordnung einer Mehrzahl von Familien und ihrer gemeinsamen Güter unter der souveränen Gewalt“[1]. An der Erklärung der Alten: der Stat sei die Einigung einer Mehrzahl von Menschen in der Absicht gut und glücklich zu leben, tadelt er, daß sie die drei wesentlichen Merkmale: Familie, Gemeingut, höchste Gewalt nicht erwähne, und daß sie auf das Glück und Wohlergehen zu viel Nachdruck lege, indem auch im Unglück und unter den Schlägen des Schicksals und der Feinde sich der Stat bewähren müsse.

Nicht in den einzelnen Menschen — sondern vorzüglich in den Familien erkennt er die Elemente des States. Die Familie ist ihm eine geordnete Gemeinschaft unter der Leitung des Hausvaters und daher das Vorbild der höheren Statsgemeinschaft. Die absolute Gewalt des römischen Hausvaters über die Frau und die Kinder, die er auch in dem alten Testamente wieder findet, entspricht seinem Ideal. Er meint sogar, sie lasse sich wieder herstellen, und er hofft eben davon die Wiederkehr einer festen Statsordnung. Wie die Familie durch den Hausvater, so wird das Volk durch die souveräne Gewalt geeinigt. Der Begriff der Nation ist ihm noch dunkel.

Ein öffentliches Gut ferner hält er für notwendig, im Gegensatze zu dem Privatgute der einzelnen Bürger. Er polemisiert eifrig gegen die Gütergemeinschaft Platons und der Wiedertäufer. Der Gegensatz von Stats- und Privatperson, Stat und Familie, Gemeingut und Privateigentum erscheint ihm als naturnotwendig und die Vermischung derselben für beide verderblich. Er unterscheidet also hier das öffentliche Recht und das Privatrecht, welche in dem Lehenssysteme des Mittelalters vermengt wurden; aber noch ist er sich der Konsequenzen dieses Unterschiedes nicht völlig bewußt geworden.

---

[1]) De la République I, 1. République est un droit gouvernement de plusieurs mesnages et de ce qui leur est commun avec puissance souveraine.

Von größter Wirkung war aber seine Betonung des dritten Merkmales, in dem er vornehmlich die Statseigenschaft aufzuzeigen unternahm, der Souveränetät. Bodin war der erste, welcher die Idee der Souveränetät zu definieren suchte und einer einläßlichen Untersuchung unterwarf. Er vornehmlich hatte dieselbe im Sinne des französischen States seiner Zeit zu einem abstrakten Begriffe ausgeprägt und in Umlauf gesetzt, einem Begriffe voll von Energie und voll von Anmaßung, dem auf Jahrhunderte hin die Herrschaft auf dem Gebiete des Statsrechtes beschieden war und der diese Herrschaft oft in despotischer Richtung geübt hat.

Nur in der französischen Sprache ist das Wort Souverän, Souveränetät heimisch[1]). Bodin selbst ist in Verlegenheit, wie er es in seiner lateinischen Darstellung übersetze. Er überschreibt das achte Kapitel des ersten Buches, worin er „de la souveraineté" handelt, in der lateinischen Version: „de jure majestatis", braucht dann aber häufig die Ausdrücke „summa potestas", „summum imperium" dafür. Er stellt die Souveränetät mit der griechischen *ἄκρα ἐξουσία* oder der *κυρία ἀρχή* zusammen und erinnert an die italienische Segnoria. In der deutschen Sprache klingen die Bezeichnungen Herrschaft und Obergewalt an. Aber alle diese verschiedenen Namen bedeuten auch verschiedene Auffassungen, während Bodin seiner französischen Anschauung die Alleingeltung verschaffen will.

In der Souveränetät sieht Bodin die Einheit der Statsgewalt und ihre höchste, niemandem als Gott unterthänige dauernde Machtfülle. Nur wem die oberste Macht dauernd angehört, den nennt er Souverän. Der römische Diktator, so unbeschränkt seine vorübergehende Macht war, wird daher von ihm nicht als Souverän anerkannt, so wenig als der Reichsregent, der an des Königs Statt die oberste Gewalt so lange

[1]) Da wir das Wort von der französischen Sprache bekommen haben, nicht aus dem Lateinischen (supremitas), so halte ich die Schreibart Souveränetät für richtiger als die Souveränität.

handhabt, als der König selbst verhindert ist. Das Volk oder die Aristokratie oder der Fürst kann die ihm zustehende oberste Gewalt durch Vollmacht übertragen, aber der Bevollmächtigte hat keinen Anspruch auf Souveränetät, weil er in dem Vollmachtgeber den wahren Souverän anerkennt und nur so lange dessen Rechte ausübt, als die Vollmacht nicht zurückgezogen wird. Nicht die Ableitung der Gewalt ist unverträglich mit dem Begriff der Souveränetät, denn auch die Wahlfürsten sind Souveräne, sondern die Abhängigkeit und Widerruflichkeit derselben ist es.

Erheblicher ist ein anderer Charakterzug, den er der Souveränetät zuschreibt, indem er sie als absolute Gewalt bezeichnet. Allerdings nicht absolut in dem Sinne, daß sie auch losgebunden wäre von der Herrschaft Gottes und daher von dem göttlichen Gesetze und von dem Gesetze der Natur, wohl aber in dem Sinne, daß sie durch keine andere statliche Macht und durch kein Statsgesetz beschränkt wird. Die souveräne Gewalt kann nicht einer anderen Gewalt untergeordnet sein, der souveräne Wille ist der oberste, der zuletzt entscheidende Statswille. Das Gesetz leitet von ihm seine Kraft ab, er ist daher nicht von dem Gesetze, sondern das Gesetz ist von ihm abhängig. Wie er das Gesetz schafft, so kann er auch davon absehen, er kann es außer Wirksamkeit setzen. Sogar wenn der Souverän schwört, die Gesetze zu halten, so wird er nicht ohne weiters von Rechtes wegen daran gebunden. Freilich macht Bodin hier eine Unterscheidung zwischen Gesetz und Vertrag. Der Vertrag bindet auch den Souverän gegenüber der andern Vertragspartei, sei diese ein fremder Fürst oder die eigenen Unterthanen, insoweit als diese Partei ein Interesse hat an der Erfüllung des Vertrages. Das natürliche Recht, das auch die souveräne Macht beachten muß, fordert, daß die Versprechen, die jemandem gemacht worden, auch gehalten werden, und würde der Souverän diese Forderung mißachten, so würde er den öffentlichen Glauben zerstören, dessen Schützer er ist. Gott selbst erachtet sich nach der Bibel durch seine Verträge gebunden. Insofern also der Eid des Souveräns, die Gesetze zu beobachten, zugleich die Bekräftigung eines den Unterthanen gegebenen Versprechens ist, d. h. so weit ein Vertrag da ist, wird der Souverän durch diesen Vertrag, nicht durch das Gesetz beschränkt, eben deshalb aber auch nur so weit, als die Unterthanen ein bestimmtes Interesse an der Erfüllung dieser Gesetze haben. Im übrigen hat er auch hier die freie Gewalt, die Gesetze zu ändern oder aufzuheben.

Bodin gibt sich viele Mühe, diese absolute Gewalt aus der Geschichte nachzuweisen. Aber er gerät dabei mit den Thatsachen ins Gedränge. Er kann sich mit Sicherheit fast nur auf die römische Statslehre aus der allerdings absoluten Kaiserzeit berufen und muß zugestehen, daß der römische Satz: „Princeps legibus solutus est“ selbst anfangs durch ein Gesetz des römischen Volkes eingeführt wurde, also die Souveränetät des römischen Volkes „majestas populi Romani“ voraussetzte, nicht aus der Institution des Kaisertumes folgte. Er meint daher, die ersten römischen Kaiser seien noch nicht souverän gewesen, erst die späteren seien es geworden. Die Bedenken, welche das Recht der Stände in den mittelalterlichen Fürstentümern, bei den neuen Landesordnungen mitzuwirken, seiner Lehre entgegensetzt, sucht er damit zu entkräften, daß er den Ständen nur ein Recht der Beratung, der Bitte und Empfehlung und den Landesfürsten das allein entscheidende Wort, das Recht der Verordnung und des Gesetzes zuschreibt: eine Behauptung, welche in der Zeit Karls I. und Philipps II. in Spanien, der späteren Valois in Frankreich und sogar Heinrichs VIII. in England eine relative Wahrheit hat, aber mit den älteren Gesetzen auch dieser Reiche und mit dem Herkommen in sämmtlichen germanischen Staten in offenbarem Widerspruch ist. Bodin selbst kann seine Zweifel bezüglich der englischen Verfassung nicht ganz unterdrücken. Er gibt ferner zu, daß der deutsch-römische Kaiser kein Recht habe, von sich aus Reichsgesetze zu erlassen oder aufzuheben, weshalb er die Souveränetät dem Kaiser abspricht und den Reichsständen zuschreibt. Er führt selber an, daß die Könige von Dänemark und von Polen diese absolute Gewalt nicht haben, und läßt daher diese Staten wieder nicht als Monarchien gelten.

Offenbar hat unter den historischen Motiven die Rücksicht auf sein französisches Vaterland wie an sehr vielen anderen Stellen seines Werkes am stärksten auf seine Meinung eingewirkt. Diese absolute, auf die Autorität des Corpus juris gestützte Gewalt des Königtumes war die Lieblingsidee nicht bloß des französischen Hofes, sondern vorzüglich auch des dritten Standes und seiner Juristen, weil sie von dieser Kraft aus die Beseitigung der feudalen Schranken, die Unterordnung der kleinen Herren, die Bändigung der konfessionellen Parteien, die Einigung der ganzen Nation, ein gleiches französisches Recht und eine energische französische Politik erwarteten. Der französische Gedanke erhob aber den Anspruch, eine allgemeine Wahrheit zu sein. Das war der verhängnisvolle Irrtum Bodins, der so viele Nachfolger bis auf den heutigen Tag mißleitete. Weniger noch als die historische Begründung reicht die logische aus.

Bodin hat die schon von Aristoteles dargelegte Wahrheit, daß es in jedem State eine *einheitliche oberste Macht* gebe, in welcher der Stat selbst seinen höchsten Ausdruck finde und welche daher den Grundcharakter der Statsform bestimme, sorgfältiger ergründet als keiner vor ihm und nachdrücklicher geltend gemacht als die meisten nach ihm. Aber er hat dabei, wie Unzählige vor und nach ihm, den Unterschied zwischen dem Ganzen und seinem Teile, dem Statskörper und dem obersten Organe in diesem Körper, außer Acht gelassen und ist in den Strudel der Verwechselung beider hineingeraten und von demselben umgetrieben worden. Er hat die Macht des *ganzen States*, welche als Anlage, als Kraft im letzten Grunde gleich ist der *gesamten Volkskraft*, mit der Macht des *obersten Statsorgans*, die er Souveränetät nennt, so völlig identifiziert, daß ihm, ehe er es merkt, jene ganz verschwindet und diese allein übrig bleibt. Weil jene nur durch ihre eigene Natur beschränkt ist, so, meint er, müsse auch diese unbeschränkt sein. Er sieht nicht, daß die zweite organisierte Macht durch den Organismus beschränkt wird, in welchem sie selbst nur ein Organ, wenn auch das herrschende Organ, also jedenfalls nur ein Teil des Ganzen ist. Er nimmt die souveräne Gewalt aus ihrem Zusammenhange mit den übrigen Statseinrichtungen heraus und stellt sie als ein Ding für sich hin, wie wenn sie selbst ein selbständiges Wesen und nicht bloß eine einzelne Eigenschaft eines anderen Wesens, des States, wäre. Die Verwirrung reißt ihn zu der logischen Absurdität fort, dem Teile, der nur in und mit dem Ganzen bestehen kann, auch über das Ganze eine unbegrenzte Macht zuzuschreiben. Obwohl er die Souveränetät für dauernd erklärt und eine Reihe von Folgerungen aus ihrer Unzerstörbarkeit zieht, insbesondere auch die nie erlöschende Möglichkeit einer Änderung der Gesetze, obwohl die Logik ihn daher nötigt, auch die Unveräußerlichkeit derselben zu behaupten, so fürchtet er doch durch diese Folgerung das Recht der obersten Gewalt zu beschränken und erkennt die im Mittelalter geübte Veräußerlichkeit der Souveränetät an, als ob sie wirklich eine Art Eigentum der souveränen Fürsten oder ihrer Familien wäre. An dieser Stelle vergißt er den Unterschied zwischen öffentlichem und Privatrecht, den er an einer anderen auch zur Begrenzung der souveränen Gewalt benutzt.

Auch die Souveränetät ist ihm nur Statsgewalt, das Privateigentum aber ist das Recht der Privatperson, nicht des States. Aus dem Satze von Seneca: „Ad reges potestas omnium pertinet, ad singulos proprietas“ leitet er den ständischen Satz des Mittelalters ab: „Steuern dürfen von dem Privateigentum nur mit Zustimmung der Eigentümer, d. h. mit Verwilligung der Stände erhoben werden.“ Er rühmt es den französischen Königen nach, daß sie das Privateigentum gewissenhaft respektieren, und den französischen Gerichten, daß sie in Civilprozessen den König wie jeden anderen Privatmann, ja eher noch strenger nach den Gesetzen behandeln, und meint, die Nichtbeachtung des Eigentumes wäre nicht ein königliches Recht, sondern das Recht der Diebe und der Räuber. Wenngleich es ihm noch nicht klar ist, daß das Steuerrecht seiner Natur nach öffentliches, nicht Privatrecht ist, so hat er doch schon das wichtige, einer unermeßlichen Ausbreitung fähige Prinzip erkannt: „Die Statsgewalt als öffentliche Gewalt findet in der Existenz des Privatrechtes ihre Schranke." Wie das Eigentum, so ist damit zugleich die persönliche Freiheit in ihrer Berechtigung auch dem State gegenüber prinzipiell anerkannt.

Als die Haupteigenschaften der Souveränetät bezeichnet er (I, 10): a) das Recht, den Bürgern insgesamt und den einzelnen Gesetze zu geben, und zwar ohne an die Zustimmung eines Höheren oder eines Niederen gebunden zu sein. Die Zustimmung eines Senates oder einer Volksversammlung oder der Stände kann auch in der Monarchie nützlich, aber sie kann nicht notwendig sein, wenn die monarchische Souveränetät unversehrt bleiben soll. Wir haben bereits gesehen, wie wenig diesem Satze des damaligen französischen Statsrechtes der Wert einer allgemeinen Wahrheit zukomme. b) das Recht, Krieg zu erklären und Frieden zu schließen; c) das Recht, die obersten Magistrate zu ernennen; d) das Recht der letzten Instanz. Wenn ein Vasall es erreicht, daß kein Zug und keine Berufung von ihm an den Oberherrn möglich ist, dann ist er auf dem Wege, die Souveränetät des letzteren abzustreifen und selber Souverän zu werden: eine Bemerkung, für welche die deutsche Reichsgeschichte noch viel mehr Belege liefert als die französische Statsgeschichte, auf die sich Bodin bezieht. e) das Recht der Begnadigung und der Restitution der Buße; f) das Recht, Münzen zu prägen.

Die Statsformen unterscheidet er (II, 1) noch ganz im Sinne des Aristoteles je nach dem eigentlichen Sitze der Souveränetät. Je nachdem dieselbe einem Fürsten oder einer vornehmen Minderheit oder dem ganzen Volke zusteht, ist das Monarchie oder Aristokratie oder Popularstat, Demokratie. Er verwirft daher auch die vierte von vielen verteidigte gemischte Statsform als unlogisch, weil sie die unerläßliche Einheit der obersten Autorität unnatürlich spalte und notwendig zu einem Kampfe zweier höchsten Autoritäten führe, von denen doch nur eine die Einheit des States darstellen könne. Wenn man eingesehen hat, daß er das Recht der souveränen Gewalt überspanne und daß das oberste Organ im State eine relative, nicht eine absolute Macht besitze, so kann man ihm nur um so leichter zugeben, daß in der übrigen Organisation eines States auch die übrigen politischen Kräfte zu untergeordneter Geltung kommen mögen, ohne daß dadurch die Statsform geändert werde. So kommt es allerdings vor, daß eine Republik monarchische Würden hat, wie z. B. die Republiken von Sparta, Rom und Venedig, oder daß eine Monarchie durch aristokratische und demokratische Institutionen wie die mittelalterlichen Fürstentümer durch ihre Stände ermäßigt werde. Deshalb unterscheidet er die Statsformen von den Regierungsformen (II, 1) und erklärt nur jene, nicht auch diese aus der verschiedenen Organisation der höchsten Gewalt. Bodin würde die heutige konstitutionelle Monarchie ohne Zweifel eine demokratische Statsform heißen mit monarchischer Regierungsform. Wir nennen sie unbedenklich Monarchie, weil die oberste — obwohl durch die Verfassung beschränkte — Statsautorität in dem Fürsten konzentriert ist; aber wir erkennen wie Bodin an, daß in der übrigen Organisation dieser Statsform auch die anderen aristokratischen und demokratischen Elemente berücksichtigt werden.

Die Monarchie hat nach Bodin drei Arten (II, 2): 1. Der Monarch ist der Herr von Land und Leuten, wie die ältesten asiatischen Herrscher, welche wie Götter geehrt wurden und wie Väter in der Familie regierten, obwohl die ersten unter ihnen glückliche Räuber und Eroberer waren (patriarchalische Despotie; er nennt sie monarchie seigneuriale). 2. Das Königtum oder die legitime (gesetzliche) Monarchie (II, 3), sei sie nun Wahl- oder Erbmonarchie, d. h. „die Unterthanen gehorchen den Gesetzen ihres Fürsten, und der Fürst gehorcht den Gesetzen der Natur, indem die natürliche Freiheit und das Vermögen der Unterthanen geschützt bleibt". Das ist Bodins französisches Ideal. Auf die volle Achtung der persönlichen Freiheit und des Eigentumes, d. h. im Grunde des Privatrechtes legt er den größten Nachdruck und verteidigt sie gegen die weitergehenden Anmaßungen der Königsmacht. Aber bis zur Anerkennung ebenso fester politischer Rechte dem Monarchen gegenüber erhebt er sich noch nicht. Da fürchtet er seinen Begriff der absoluten Souveränetät zu verletzen. 3. Die Tyrannei, die nur eine entartete Monarchie ist, indem der Monarch in Mißachtung des natürlichen Rechtes die freien Personen wie Sklaven behandelt und ihre Güter angreift, wie wenn sie sein Eigentum wären (II, 4). Nicht die Strenge und Härte macht den Fürsten zum Tyrannen, sie ist auch dem Gesetzesfürsten zuweilen unentbehrlich, „insbesondere, wenn er das untere Volk von der Herrschaft des Adels und der Reicheren befreien will, und der Tyrann wird am wenigsten verabscheut, welcher das Blut des armen Volkes verschont und seine Gewaltthat an den Großen verübt" — eine Stelle, die wohl von jedermann auf Ludwig XI. bezogen wurde. Nach der Sitte der Zeit erörtert auch er (II, 5) die Frage des „Tyrannenmordes", aber rechtfertigt denselben im Widerspruch mit den heftigeren Doktrinen der extremen Partei (Hugenotten und Liguisten) nur, wenn eine Tyrannei im Sinne der Alten, d. h. eine Usurpation der obersten Gewalt ohne Zustimmung des Volkes versucht werde, aber nicht, wenn der zunächst gesetzliche Fürst seine Gewalt mißbrauche und in die Tyrannei verfalle. Die Fremden mögen ihn wohl bekriegen und töten, aber die Unterthanen dürfen ihn nicht richten, weil ihm die Souveränetät zukommt.

In ähnlicher Weise bespricht er (II, 6) auch die übrigen Statsformen. In dem Kapitel von der Aristokratie führt er den Beweis für seine Behauptung, daß das deutsche Reich keine Monarchie, sondern eine Aristokratie sei. „Der Kaiser trägt den Scepter und die Krone, er geht in dem Ceremoniell den Königen vor; er führt den Titel der geheiligten Majestät. Aber man braucht nur die Wahlkapitulation zu lesen, um sich zu überzeugen, daß die Souveränetät des Reiches nicht die Souveränetät des Kaisers ist, sondern der Aristokratie der Reichsstände zusteht, und daß die deutsche Aristokratie ihrem Haupte wie die venetianische ihrem Dogen um so mehr Ehre zuweist, je weniger Macht sie ihm gestattet." Wie er empfohlen hat, die Monarchie durch volkstümliche Einrichtungen zu ermäßigen, so hält er auch den Popularstat für den besseren, in welchem die Regierung nicht von der Menge geübt, sondern nur den ausgezeichneten Bürgern anvertraut werde, und verhehlt seine Abneigung gegen die reine Demokratie nicht, welche die gleiche Verteilung der Macht auf alle Bürger anstrebe und in ihren Konsequenzen zu der Herrschaft der Roheit, zur Unterdrückung der edleren Elemente und (II, 7) gar zum Kommunismus führe.

Obwohl Bodin die souveräne Gewalt für absolut erklärt, so übersicht er doch die Gefahr des Absolutismus für die menschliche Natur nicht völlig und bemüht sich, durch verschiedene Einrichtungen dieselbe zu ermäßigen. Er glaubt nicht an die Unfehlbarkeit des Souveräns und will, daß derselbe durch andere Organe auf die Bahn der Vernunft und der Gerechtigkeit hingewiesen werde. In diesem Sinne verlangt er (III, 1) die Institution eines angesehenen politischen Körpers, den er bald Senat, bald Parlament nennt, in welchem die wichtigen Statssachen verhandelt und vorberaten werden, der mit seinen Räten den Souverän aufkläre und unterstütze und mit seinen Vorstellungen und Beschwerden ihn warne. Er gibt der Erklärung Cicero's seinen Beifall: der Senat sei die Statsvernunft.

Für die laufenden und für solche Geschäfte, welche insgeheim beraten werden müssen, bedarf es ebenso eines besonderen und engeren Rates (conseil privé, Geheimerat). In diesem Geheimerat sind die damals noch unentwickelten Keime der Ministerien zusammengefaßt. Ferner die Magistratur, vorzüglich zur Verwaltung der Rechtspflege. Er unterscheidet (III, 2. 3) die öffentlichen Ämter, welche auf Gesetz oder Verordnung beruhen, von den außerordentlichen Kommissionen, welche eine besondere Ermächtigung des Statshauptes erfordern, und sieht in der Ausbildung ordentlicher Ämter im Gegensatze zu solchen Kommissionen einen Fortschritt der Statsentwickelung und eine Korrektur der übermäßigen Statsgewalt. Innerhalb der Ämter (munera, officia publica) hebt er den Unterschied der Magistratur (ἀρχή), d. h. eines Amtes, mit welchem obrigkeitliche Gewalt verbunden ist (imperium oder doch jurisdictio) und der übrigen Ämter ohne Gewalt, öffentliche Dienste im engeren Sinn, unter welchem Ausdruck er indessen auch die der Magistratur untergeordneten Hülfsdienste, wie z. B. die Gerichtsdiener, die Polizeiwache, mit umfaßt, in dem aber auch die selbständigen Pflegeämter, z. B. die Verwaltung der öffentlichen Güter und Kulturämter, begriffen sind. Die Regierung ordnet er nach den drei Stufen: oberste (souveräne) Ämter, die nur dem Statshaupte unterthan, aber in ihrem Bereich oberste Autorität sind, mittlere, denen auch noch die unteren Ämter gehorchen müssen, und untere, die allen höheren gehorchen und nur von den Privaten Gehorsam fordern. Diese Unterordnung ist zwar mit der mittelalterlichen Amtshierarchie in Übereinstimmung, aber neu ist doch die energischere Unterwerfung jeder folgenden Stufe unter die höhere und aller unter die souveräne Centralgewalt.

Mit Umsicht erörtert (III, 4) Bodin die Frage, inwiefern der Magistrat ungerechte Befehle des Souveräns befolgen müsse. Wird ihm von dem Fürsten zugemutet, daß er das göttliche Gesetz und die Grundgesetze der Natur verletze und offenbar ungerechte und schändliche Dinge thue, so ist er keineswegs zum Gehorsam verbunden, denn in solchem Falle überschreitet das Statshaupt die Grenzen seiner Statsmacht. Ist aber der Befehl an den Magistrat nur gesetzwidrig, so hat der Magistrat wohl die Pflicht, ein-, zwei-, dreimal Remonstrationen zu machen und darin das Gesetz zu vertreten, aber schließlich muß er doch den illegalen Auftrag, wenn das Statshaupt beharrt, vollziehen. Im Notfall kann er sein Amt niederlegen, wenn die Übung desselben mit seinem Gewissen unverträglich wird. Bodin ist vorzugsweise der Mann der Autorität, aber er will sie ehrenhaft und sittlich berechtigt, nicht willkürlich und launisch.

Eine besondere Beachtung widmet (III, 7) Bodin auch den Körperschaften, Kollegien, Ständen, Gemeinden. Sie stehen zwischen dem State und der Familie in der Mitte. Die Gemeinde ist sogar älter als der Stat, sie ist eher eine bürgerliche Gemeinschaft als eine politische. Unzählige Kollegien sind aus dem Triebe freier Geselligkeit, aus Liebe und Brüderlichkeit entstanden, indem sie für mancherlei religiöse und weltliche Zwecke ein gemeinsames Vermögen zusammenlegten und sich zu gemeinsamer Thätigkeit verbanden. Trotzdem und obwohl er die reiche Mannigfaltigkeit der mittelalterlichen Innungen und Körperschaften aller Art vor Augen hat, läßt er doch nur die Kollegien als „legitim“ gelten, welche von dem Statshaupte erlaubt worden sind und von dessen Autorität geschützt werden. Ihre ganze Existenz auf dem Rechtsgebiete bleibt abhängig von der souveränen Gewalt, welche sie auch aus öffentlichen Gründen auflösen kann. In diesen Beziehungen vertritt Bodin wieder die Ansichten der absoluten Statsgewalt. Aber so lange die Körperschaften existiren, so ist ihnen auch innere Freiheit zu verstatten. Bodin ist ein Freund der körperschaftlichen Autonomie, so lange sie nicht die gemeinsamen Gesetze verletzt. Er bemerkt, von jeher sei den Tyrannen die korporative Freiheit verhaßt gewesen, das rechtmäßige Fürstentum aber habe keine festere Stütze als die Körperschaften. Obwohl er die königliche Souveränetät überspannt, so ist er doch ein Freund der Provinzial- und Reichstage. Nur auf solchen Versammlungen gelangen die gerechten Leiden und Klagen der Unterthanen zu einem Ausdrucke, der das Ohr der Fürsten erreiche. Da werden die mancherlei Räubereien, Erpressungen und Diebstähle, die unter dem Scheine der obrigkeitlichen Gewalt verübt werden, aufgedeckt. Auf solchen Versammlungen treten der König und das Volk sich näher. Wenn es nötig wird, Truppen auszuheben oder Steuern aufzuerlegen für öffentliche Zwecke, so wird alles williger geleistet und die Leistung richtiger verwendet, wo die Versammlungen der Stände ihre Billigung geben und ihre Kontrolle üben.

Die Bedeutung der verschiedenen Stände (ordines) für den Stat, die er anfangs übersehen hatte, ist ihm später klar geworden[1]). Er macht folgenden Vorschlag einer für seine Zeit und für Frankreich charakteristischen Ordnung: 1. der König; 2. die Priesterschaft; 3. der Senat; 4. die Heerführer; 5. der Feudal-Adel, von den Herzogen und Markgrafen, Provinzialpräsidenten an bis zu den Kastellanen und den unteren Vasallen; 6. der Adel der Robe: die Magistrate und Richter, Gerichtsredner, Rechtsgelehrte, Advokaten, Notare mit dem Gefolge der Gerichtsdiener, Gefängniswärter u. s. f.; ferner die Ärzte, Chirurgen, Apotheker, die Männer der Schule und der Wissenschaft, der Dichtkunst, der Litteratur überhaupt; 7. auf diese Männer der Toga folgt der Stand der Kaufleute, Wechsler, Mäkler, Krämer, denen er die Berufsklassen anreiht, welche für die Nahrung der Bürger sorgen, als Getreidehändler, Metzger, Bäcker, Fischer, Köche u. s. f.; dann die übrigen Handwerker je nach ihrer Kunstfertigkeit: Architekten, Waffenschmiede, Zimmerleute, Steinmetzen, Metallarbeiter, Goldschmiede u. s. f. Von den Künstlern, Malern, Bildhauern, Musikern, Schauspielern, Tänzern u. s. f. will der prosaische und puritanische Mann nichts

[1]) In den älteren Ausgaben fehlt das Kap. III, 8, das auch bei Baudrillart nicht berücksichtigt wird. Die lateinische Ausgabe von 1591 hat es.

wissen. Er meint, die gehören auf die unterste Stufe der Handwerker, noch hinter den Badern, Schenken, Fuhrleuten und sogar den Bütteln und Henkern, da ihre Thätigkeit unnütz sei, nur dem sinnlichen Genusse diene und die guten Sitten verderbe. Noch auffallender ist's, daß er den Bauern und den Hirten keine eigene Ordnung anweist, sondern sie nur den Getreidehändlern, Metzgern, Bäckern u. s. w. anfügt. Die politische Bedeutung des Bauernstandes für den Stat war also damals wie in der Verfassung so auch in der Doktrin für nichts geschätzt. Bodin warnt übrigens vor scharfen und schroffen Ausscheidungen der einzelnen Stände und Klassen, woraus leicht Unruhen entstehen, und empfiehlt dringend die Organisation der großen Versammlungen nach drei Ständen. Die Einteilung in zwei Stände (Kammern, Häuser) bringe leicht einen Zwiespalt hervor, der entweder zum Bürgerkriege führe oder jedes Resultat hindere, und die Vierzahl spalte sich ebenso leicht wie die Zweiheit. Eine dritte Abteilung dagegen stelle den Frieden und die Einigung her.

Bodin ist zunächst ein Repräsentant des ruhigen Statsrechtes, aber er ist zugleich Historiker und Politiker und weiß sehr wohl, daß auch das öffentliche Recht nichts Unveränderliches und Ewiges, sondern einer Entwickelung fähig und den Wandelungen ausgesetzt ist (IV, 1). Die Staten entstehen bald aus Erweiterung und Verbindung von Familien, bald indem eine Menge wie ein junger Bienenschwarm, der sich ablöst aus dem alten Bienenkorb, als Kolonie den Mutterstat verläßt und ein neues Gemeinwesen gründet. Dann wurzeln sie in dem gemeinsamen Land, gewinnen unter dem Schutz und der Leitung eines Machthabers Ausdehnung, bestehen äußere Kämpfe und innere Krankheiten, kommen zur Blüte, tragen Früchte, werden alt und gehen zuletzt wieder unter.

Mit statsmännischem Geiste betrachtet er die Wandelungen, denen der Stat ausgesetzt ist. Unter **Statswandelung** (conversio civitatis) versteht er den Wechsel der Souveränetät, nicht aber bloße Änderung in den Gesetzen oder in den übrigen Statseinrichtungen. Auch hier ist sein Souveränetätsbegriff so ganz entscheidend, daß er das monarchische Rom und das republikanische, und ebenso die Republik und das Fürstentum Florenz als zwei verschiedene Staten behandelt, obwohl der Zusammenhang der Rechtsordnung durch die Änderung des souveränen Organs nicht unterbrochen wurde. Wir würden im Gegenteil sagen: Der Stat bleibt derselbe, wenn auch die Statsform sich ändert.

Die Statswandelung (Revolution) kann wohlthätig oder verderblich sein, aus natürlicher Entwickelung oder gewaltsamer Störung hervorgehen, allmählich oder in plötzlichen Stößen vollzogen, von innen durch Änderung der Elemente und neue Parteirichtungen oder von außen durch den Einfluß fremder Mächte bewirkt werden. Am leichtesten geht die Wandelung von statten, wenn das Statshaupt sich selbst mit den Unterthanen darüber verständigt.

Da er nur drei Grundformen des States anerkennt, so gibt er auch nur sechs volle Wandelungen zu, indem jede Form sich möglicherweise in eine der beiden anderen, also z. B. die Monarchie in die Aristokratie oder den Popularstat umwandelt. Er ist in dieser Hinsicht vielseitiger und vorsichtiger als Machiavelli. Die einen Formen sind der Wandelung mehr ausgesetzt als andere; so ist es die Monarchie, besonders die Erbmonarchie, weniger als die beweglichere Demokratie, und es liegt näher, daß die Monarchie in die Aristokratie, als daß sie sofort in die Demokratie gewandelt werde, während die Demokratie eher zur Monarchie als zur Aristokratie übergeht und die Aristokratie leichter in die Demokratie umschlägt. Da Bodin die uranfängliche Entstehung der Staten für monarchisch hält, und zwar in den Übergängen von der tyrannischen Usurpation zur Despotie, die sich erst später zur Rechtsmonarchie veredelt, so kommt er im großen doch auf den Kreislauf des Machiavelli zurück und läßt nur den entgegengesetzten Richtungen und Änderungen auch ihr Recht widerfahren.

Jede dieser Statsformen hat ihre eigenen Gefahren, die sie vorzüglich beachten muß. Z. B. die Monarchie ist oft durch die Grausamkeit, aber öfter noch durch die Ausschweifungen der Monarchen zu Falle gekommen, denn die Grausamkeit reizt zum Haß, aber flößt auch Furcht ein, die Ausschweifung aber macht hassenswert und verächtlich zugleich. Für die Aristokratie und die Demokratie ist es besonders gefährlich, wenn Ein Mann oder Ein Haus eine ungewöhnliche Macht sich aneignen kann, denn „wer die Macht hat, wird leicht Herr des States". Siege stärken das Kraftgefühl des Volkes, Niederlagen machen es demütig. Daher gewinnt die Aristokratie noch eher die Macht in bedrängten Zeiten, und die Demokratie, wenn äußere Erfolge sie heben. Die Umwandelung der Demokratie in die Aristokratie geschieht oft allmählich, in kaum bemerkten Übergängen, der Sturz der Aristokratie in die Demokratie gewöhnlich plötzlich und gewaltsam.

Kleine Staten, wie die hellenischen und italienischen Republiken, erleiden leichter und öfter solche Wandelungen als große Reiche, wenngleich auch diese in längeren Zeiträumen sich wandeln. Hier bemerkt Bodin die große Bedeutung eines zahlreichen Mittelstandes, welcher die Extreme des Reichtumes und des Ansehens ausgleiche und die heftigen Wechsel ermäßige. Alle Staten sind im Laufe der Zeit den Wandelungen wie dem endlichen Untergange ausgesetzt; aber besser ist's, wenn die Änderung sich in allmählichen Übergängen und daher weniger schmerzhaft vollzieht, mag sie nun zum Guten oder zum Schlimmeren sich wenden. So ist Venedig leise aus der Monarchie in den Popularstat und aus diesem in die Aristokratie umgewandelt worden, und ebenso unbemerkt ist in Deutschland die Monarchie zur Aristokratie geworden.

Die Aufgabe des Statsmannes ist es, die drohenden Wandelungen vorherzusehen (IV, 3) und sie wo möglich durch weise Maßregeln zu vermeiden oder, wenn das unmöglich erscheint, zu ermäßigen und den Übergang zu erleichtern. Bodin ist zwar der Meinung (IV, 2), daß wie Gott, dessen Wille unergründlich ist, auch die große Natur eine Macht über das Schicksal der Staten übe. Er hält es für möglich, daß der Gang des Schicksals in der Bewegung der Sterne vorbestimmt sei; aber er behauptet zugleich (IV, 3), daß der vernünftige Wille des Menschen die Freiheit habe, auch der Macht des Schicksals auszuweichen, welche nur die Thoren und die Bösen erfasse. Wie das Leben der Menschen von den Naturgesetzen beherrscht werde und der Tod allen gewiß sei, und dennoch der Arzt eine Krankheit besiegen und unter Umständen das Leben länger erhalten könne, so könne auch der Statsmann zwar nicht die Sterblichkeit des States aufheben, aber seine Gesundheit erhalten und sein Leben verlängern.

So geht er von großen Ideen aus, indem er sich in die Irrgänge der kabbalistischen Mathematik verliert. Er streitet mit den Astrologen nicht über die Wahrheit der Astrologie, aber über die richtige Methode und behauptet, das siderische Lebensgesetz der Staten könne mit Sicherheit nur ermittelt werden, wenn man die Geschichte sämtlicher Staten überschaue und mit den Konjunkturen der Gestirne während Jahrtausenden genau vergleiche. Obwohl zweifelnd, ist er doch geneigt (IV, 2), das regelmäßige Lebensalter eines States auf ungefähr 500 Jahre, genauer auf die „vollkommene“ Zahl 496 zu bestimmen.

Als konservativer Statsarzt warnt er (IV, 3) vor gewaltsamen und heftig wirkenden Heilmitteln. Er zieht im Zweifel das hergebrachte Recht jeder gefährlichen Neuerung vor und empfiehlt die Mißbräuche abzuschaffen angelegentlicher als die Zerstörung schadhafter Einrichtungen. Freilich ist er kein Buchstabenjurist. Er verehrt die Gesetze nicht um ihrer willen, sondern um des States willen, dem die Gesetze dienen, und ist mit den Römern einverstanden, welche die Volkswohlfahrt als das oberste Gesetz aller Staten erklärt haben: „Salus populi suprema lex esto.“ Daher ist kein Statsgesetz so heilig, daß es nicht in der Not des States verändert werden dürfte.

Aber, meint er, wie Gott in der Natur ein allmähliches stilles Wachstum liebt und überall für Übergänge aus einem Zustande in den anderen sorgt, so soll auch der Politiker ihm im State nachahmen.

Die Stätigkeit und dennoch Veränderlichkeit der Gesetze führt ihn zu der Untersuchung, ob es zweckmäßiger sei, die Ämter in stätiger oder in veränderlicher Weise zu besetzen. Er erwägt die Gründe (IV, 4) für und gegen unparteiisch und kommt schließlich zu dem Resultate, daß ein öfterer Wechsel in der Besetzung der Ämter eher den Popularstaten, die Stätigkeit mit Ausnahme der höchsten Stellen, welche auch da von Zeit zu Zeit eine Änderung erfahren müssen, aber eher der Monarchie zusage. Gegen die in Frankreich eingerissene Verkäuflichkeit der Ämter spricht er sich mit Wärme aus. „Die, welche die Ämter feil bieten, denen ist auch die Gerechtigkeit und der Stat feil, die verkaufen auch das Blut der Unterthanen und die Gesetze."

Mehr noch beunruhigen den Stat die religiösen und die politischen Parteiungen. Man kann es Bodin nicht verargen, wenn er im Gefühl der Leiden seines Vaterlandes, dessen religiös-politische Parteien den Bürgerkrieg immer wieder neu entzündeten, die Parteien selbst für ein großes Übel hielt. Die Einheit und der Friede des States werde, meint er, durch die Parteien gefährdet (IV, 7). Aber er rät doch der souveränen Gewalt nicht, die Einheit der Religion durch gewaltsame Mittel zu erzwingen. Er erinnert an das Wort des Gotenkönigs Theodorich: „Die Religion läßt sich nicht befehlen, denn niemand kann gezwungen werden, wider seine Überzeugung zu glauben," und hält den christlichen Königen sogar das Beispiel des türkischen Sultans vor, der in seiner unmittelbaren Nähe vier Religionen unangefochten neben einander dulde, obwohl er selber ein gläubiger Muselmann sei.

Um Aufruhr zu hindern, rät er auf die Glocken ein wachsames Auge zu haben, damit sie nicht als Sturmglocken die

Massen aufregen, und das Tragen von Waffen zu verbieten; aber mehr noch empfiehlt er, die Ursachen der Unzufriedenheit zu studiren und dafür geeignete Heilmittel zu suchen.

Wenn einmal die Menge aufgestanden ist, dann läßt sie sich, wie ein wildes Tier, eher noch durch freundliche Schmeichelei zähmen als durch Schläge bändigen. Man muß ihr dann etwas zugestehen und darf auch die guten Worte und Versprechen nicht sparen, aber man darf auch nicht allzunachgiebig sein, um nicht die Begehrlichkeit zu steigern. Ganz thöricht aber ist es, mit Gewalt die Bewegung niederzuwerfen, wenn es möglich ist, mit Worten den Sturm zu besänftigen und die Menge zu ihrer Pflicht zurückzuleiten. Der Macht der Rede auf das Volk schreibt er eine hinreißende Wirksamkeit zu im Guten und im Bösen, freilich mehr noch in einer Demokratie als in einer Monarchie. Aber auch da verlangt er sorgfältige Benutzung dieser geistigen Waffen.

Er gibt zu, daß es in einer Republik nützlich sein könne, wenn jedermann, nach Solons Vorschrift, Partei ergreife; aber für die Monarchie empfiehlt er dem Fürsten, sich nicht selbst zu einer Partei zu bekennen, sondern über den Parteien erhaben zu bleiben, für den inneren Frieden und das Recht zu sorgen und die Versöhnung der Parteien anzustreben.

Nachdem Bodin die Grundsätze des allgemeinen Statsrechtes und der allgemeinen Politik aus dem Statsbegriff und der menschlichen Natur abgeleitet hatte, geht er zur Erwägung der **Mannigfaltigkeit** der Einzelstaten über (V, 1) und sucht die Ursachen derselben offen zu legen. Wie der Architekt bei seinen Bauten auf das Material des Ortes Rücksicht nimmt, so muß auch der Statsmann die eigentümliche Natur des Volkes beachten, für welches der Stat besteht. Der Unterschied der Klimate wirkt auf die Eigenschaften der Völker ein. Zwischen den Völkern der heißen, der gemäßigten und der kalten Zone sind Unterschiede, die auch politisch ins Gewicht fallen. „Die Völker der mittleren Länder haben mehr Körperkraft als die

Südländer und weniger List, und sie haben mehr Geist als die Nordländer, wenn auch weniger Leibeskraft; daher sind sie fähiger, Staten zu leiten, und gerechter in ihren Handlungen. Daher sieht man aus der Geschichte, daß die großen Heere und Mächte gewöhnlich aus dem Norden kommen, aber die Wissenschaften des Verborgenen, die Philosophie, die Mathematik, die Spekulation aus dem Süden, und die politischen Wissenschaften, die Gesetze, die Rechtswissenschaft, die Kunst der Rede vorzüglich den gemäßigten Ländern angehören. Die großen Reiche sind in der gemäßigten Zone entstanden, und leichter ist es, von da aus den Süden zu unterwerfen als den Norden. Die einen beugen sich der Stärke und suchen durch Schlauheit wieder Gewinn zu machen; die andern bewähren ihre Kraft im Kriege, aber werden im Frieden besiegt. Sogar die Römer haben den Norden nicht bezwingen können; die nördlicheren Engländer haben es den südlicheren Franzosen oft vorgehalten, daß es ihnen wenig helfe, in den Schlachten über die Franzosen zu siegen, weil diese sie im Friedensschluß überlisten, und ganz dasselbe können die Franzosen von den Spaniern sagen, die seit einem Jahrhunderte in jedem Vertrage die Schlauen gewesen.

Weil die nördlichen Völker weniger List und mehr Stärke haben, so haben die alten wie die neuen Fürsten ihre Leibwachen vorzugsweise aus Truppen aus dem Norden, mit Scythen, Thrakern, Deutschen, Schweizern gebildet. Die Grausamkeit findet sich häufiger im Süden und im Norden als in dem gemäßigten Klima, die Keuschheit ist dem Norden eigen. Der Norden verläßt sich auf das Schwert, die mittleren Völker auf die Rechtspflege, der Süden auf die Religion. Fast alle Religionen stammen aus dem Süden: in den sonnigeren Ländern ist der Mensch zu Betrachtung der göttlichen Dinge geneigt. Die Südländer werden daher leichter mit dem religiösen Glauben als mit der Vernunft oder mit der Gewalt beherrscht. Je weiter man nach dem Süden geht, um so frömmer, der Religion ergebener und vertrauender findet man die Leute. Die Rechtspflege hilft da nicht aus; die Prozesse werden durch Listen und Trug aller Art völlig unsicher gemacht.

Die mittleren Völker brauchen ihren Verstand mehr, um gut und bös, recht und unrecht zu unterscheiden, und sind deshalb eher geschickt zu regieren und zu richten. Die nördlichen Völker verstehen sich mehr auf das Handwerk, mechanische Fertigkeit, industrielle Arbeit.

Bodin leitet aus dieser Betrachtung sogar ein allgemeines Gesetz für den wohl eingerichteten Einzelstat und für die gesammte irdische Weltordnung ab, die er die Weltrepublik (république universelle, respublica mundana) nennt (V, 1). Es gibt dreierlei Geisteskräfte: die gewöhnliche sinnliche Auffassung und Einbildung (sensus communis seu *φαντασία*), den ordnenden Verstand (ratio) und die ideale Erkenntnis (intellectus). So sollen in dem wohl eingerichteten State die Priester und Philosophen die Wissenschaft der göttlichen Dinge und dessen pflegen, was den menschlichen Sinnen verborgen ist, die Fürsten und Magistrate die statliche Ordnung handhaben und die Politik verständig leiten; die Soldaten, Handwerker und Bauern aber ihre Sinneskräfte auf die äußeren Arbeiten verwenden. In dieser Weise hat Gott auch die Universalrepublik der Erde gegründet, indem er den südlichen Völkern die Aufgabe gestellt hat, die verborgenen Dinge zu ergründen und die anderen Völker darüber zu belehren, den mittleren Völkern die Herrschaft und die Rechtspflege, die Leitung und den Handel der Welt anvertraut hat und den übrigen die Metallschätze übergeben und sie für die Mannigfaltigkeit der Gewerbe befähigt hat. Man sieht, Bodin verirrt sich zuweilen auf den ungebahnten Wegen der Abstraktion und in den psychologischen Deutungen. Aber niemand kann ihm einen durchdringend scharfen Blick in einzelnen Beobachtungen und einen hohen idealen Schwung in seiner Weltansicht absprechen.

Ebenso macht er aufmerksam auf die Einwirkung des Bodens. Er bemerkt, daß die Gebirgsvölker jederzeit entschlossen sind, für ihre Freiheit zu kämpfen, und daher die popularstatlichen Formen für sie eher Anwendung finden als für die Bewohner der Ebenen. Die Küstenbewohner und die Bewohner großer Handelsstädte sind geschickter in Täuschungen und Listen, die Bewohner der Binnenländer schlichter und unverdorbener.

Auch die Lüfte sind von Einfluß. In Gegenden, die heftigen und wilden Stürmen ausgesetzt, sind die Leute weniger ruhig und stürmischer als die in einem Lande wohnen, wo gewöhnlich weiche und sanfte Lüfte wehen. Ist der Boden reich und fruchtbar, so werden die Bewohner leicht weibisch und genußsüchtig; ist der Boden wenig ergiebig, so zwingt das die Leute zur Mäßigkeit und zur Anspannung ihrer Kräfte. Da gedeiht die industrielle Arbeit und der Erwerb, wie das Athen und Nürnberg bezeugen, die, in unfruchtbaren Gegenden erbaut, sich durch Menschenkraft emporgeschwungen haben.

Aber die Natur und die Umstände sind nicht zwingend. Die menschliche Freiheit hat auch ihren Anteil. So sind die Engländer, vormals das unverträglichste und händelsüchtigste Volk, durch eine friedliebende Königin zur Humanität erzogen worden, und haben die Franzosen im Gegenteil, früher an höfliches und humanes Wesen gewöhnt, in ihren Bürgerkriegen einen wilden Charakter angenommen. Die Deutschen hatten zur Zeit von Tacitus weder Religion noch Wissenschaft, noch wahre Staten, und nun stehen sie in allen diesen Dingen hinter keiner andern Nation zurück. Allerdings kehrt jedes Volk, wenn nicht die bildenden Gesetze sorgfältig erhalten werden, in sein ursprüngliches Naturell zurück, und wenn es in ein anderes Land verpflanzt wird, so ändert es zwar nicht seine Art so schnell wie die Pflanzen, die in einen fremden Boden versetzt werden, aber es ändert ihn allmählich doch. So sind die Goten in Spanien und in Südfrankreich und die Gallier nach Cäsars Zeugnis im Schwarzwald und am Rhein ganz anders geworden. Bei diesem Anlasse ereifert er sich für den Charakter seiner Landsleute, deren lebhaften Geist und großherzigen Charakter er gegen den Vorwurf der Veränderlichkeit und Leichtfertigkeit in Schutz nimmt.

Hat Bodin in der Hinweisung auf die Einflüsse der äußeren Natur auf das Statsleben einen Schatz von Bemerkungen angehäuft, den später Montesquieu benutzt aber nicht erschöpft hat, so geht er ihm auch in der Forderung der Sonderung der Rechtspflege von der Regierung vorher (IV, 6). Er widmet dieser Frage ein besonderes Kapitel. Im Altertum und im Mittelalter waren die Fürsten persönlich zu Gerichte gesessen. Wer kann es leugnen, daß die unmittelbare Erscheinung der Gerechtigkeit in der Gestalt eines im Angesichte des Volkes prüfenden und richtenden Fürsten einen außerordentlichen und wohlthätigen Eindruck macht? Aber so viele und glänzende Gründe man auch dafür anführe, so sprechen doch die wichtigeren dafür, daß der Fürst sich persönlich des Richteramtes enthalte und die Übung desselben ganz den Magistraten überlasse. Die Majestät verliert an Ansehen, wenn man sieht, wie sie sich mit kleinen Dingen befaßt, wenn die geistigen Mängel und die moralischen Schwächen der Fürsten öffentlich in höchster Richterstellung zu Tage treten. In dem Gesetze ist der souveräne Wille ausgesprochen, das Gesetz anzuwenden wird daher am besten den Gesetzkundigen anvertraut. Wenn der Gesetzgeber selbst richtet, so mischt sich in ihm Gerechtigkeit und Gnade, Gesetzestreue und Willkür, und damit wird die Rechtspflege verdorben. Die Parteien erlangen nicht die gehörige Freiheit, sie werden von der Autorität des Souveräns gedrückt und geblendet. Die Schrecken des Strafgerichtes werden riesenhaft vergrößert, und hat der Fürst einige Anlage zur Grausamkeit, so schwimmt der Richterstuhl im Blute der Bürger und der Haß des Volkes wendet sich gegen den Fürsten. Am wenigsten ist es schicklich, daß der Fürst in eigener Sache und über Vergehen richte, die gegen ihn selber verübt worden sind. Eher ziemt es ihm und nützlicher ist es ihm, wenn er sich vorbehält, Gnaden zu erweisen und wohl zu thun.

Er hält es überhaupt für verderblich, wenn der Souverän, Fürst, Aristokratie oder Volk sich in zu viele Dinge einmengen, und für empfehlenswert, daß er nur die Majestätsrechte übe. Er rühmt es an Venedig, daß der Souverän nicht bloß von der Rechtspflege, sondern auch von den Geschäften sich fern halte, welche besser den Räten überlassen werden, und tadelt die Meinung Xenophon's, daß das Volk in der Demokratie sich alles zu thun und zu leiten vorbehalten müsse; vielmehr, meint er, sei gerade dadurch Athen zu Grunde gegangen, daß sich die Volksversammlung zu viel erlaubte, und seien die schweizerischen Freistaten glücklicher, wo das Volk seine Thätigkeit vornehmlich auf die Wahl der Magistrate beschränke.

Indem Bodin auf die statswirtschaftlichen Verhältnisse zu sprechen kommt, beklagt er die schädliche Vernachlässigung des Censoramtes in den neueren Staten (VI, 1). Zunächst in materieller Hinsicht und mit Bezug auf die sichere Ordnung der verschiedenen Klassen der gemeinsamen Zustände. Von der Censur erwartet er das, was wir heute Statistik nennen: den Überblick und Nachweis aller persönlichen Berufs- und Vermögensverhältnisse, so weit sie für das öffentliche Leben erheblich sind, und einen sicheren Kataster des Grundbesitzes. Nur darauf lasse sich ein gerechtes Steuersystem gründen, nur so dem schweren Übel Frankreichs wehren, daß gerade die Reichen sich den Steuern entziehen und die armen Klassen damit unverhältnismäßig belastet werden. In dem Mißverhältnisse zwischen Reichen und Armen aber erkennt er die größte Statsgefahr.

Sodann bedürfen wir der moralischen Autorität der Censur mehr noch als die Alten. Die ausgedehnte Gewalt des Hausvaters über die Frau, die Kinder und die Sklaven in dem antiken State wird in dem neueren State nicht mehr geübt; um so nötiger ist es nun, daß eine Sittencensur gegen die Impietät der Kinder, wie gegen den Mißbrauch der elterlichen Rechte da einschreite, wo die Gerichtsbarkeit nicht ausreicht. Den moralischen Übeln, welche den Stat bedrohen, läßt sich nur durch die Censur begegnen, und die sittlichen Kräfte werden voraus durch die Censur gereinigt und gestärkt. Die Achtung der Religion, die Erziehung der Jugend, die Aufsicht über die Theater und die öffentlichen

Vergnügungen, die Wahrung der guten Sitten, die Beschränkung des Luxus, all das ist Aufgabe des Censoramtes.

Aber er will den Censoren weder eine richterliche noch eine befehlende Gewalt verstatten. Sie sollen nur durch die Ehre, nicht mit Zwang wirken; sie sollen notiren, nicht strafen dürfen. In Rom ward die Censur den ehrwürdigsten Magistraten anvertraut. Später haben sich die Päpste der höchsten Sittencensur bemächtigt und dieselbe wirkungsvoll geübt. Aber dann haben sie den Kirchenbann so übertrieben und gemißbraucht, daß derselbe gegenwärtig ohne alle Kraft ist und aufs äußerste verachtet wird. Er läßt die Frage unentschieden, ob diese Censur eher der Kirche gegen Garantie zu überlassen sei oder besser von Statsbeamten verwaltet werde; aber daß eine Censur bestehe, erklärt er für unerläßlich.

Für die Statsfinanzen legt er im Sinne des Mittelalters ein großes Gewicht noch auf die Domänen, deren Erhaltung vorzüglich der Monarchie empfohlen wird, damit sie um so weniger der Steuern bedürfe (VI, 2). Bedenklich und schädlich erscheint es ihm, wenn der Stat den Verkauf der Lebensmittel als Monopol benutze. Dagegen verteidigt er die Besteuerung des Verkehrs mit dem Auslande und ist der Meinung, die Zölle seien so anzusetzen, daß das Ausland für die Stoffe, die es aus dem Inlande beziehe, Steuer zahle, die auswärtigen Stoffe, deren man bedürfe, im Inlande möglichst wohlfeil zu erwerben seien und der Arbeitslohn des Inlandes gesichert werde. Nur in der Not, wenn die übrigen Einkünfte nicht ausreichen und dringende Statsbedürfnisse befriedigt werden müssen, sollen direkte Steuern erhoben werden, dann aber gleichmäßig von jedermann. Er verwirft die Steuerfreiheit des Klerus und des Adels als ein Unrecht gegenüber dem dritten Stande. Steuern auf entbehrliche Dinge sind ihm lieber, weil weniger drückend, als Steuern auf das Unentbehrliche gelegt.

Er ist nicht geneigt, den unteren Volksklassen politische Rechte zuzugestehen, aber er hat ein Herz für ihre Leiden und bringt an vielen Stellen darauf, daß der Stat ihre Lasten zu erleichtern und ihren Wohlstand zu fördern sich bemühe. Ein Teil der öffentlichen Einkünfte soll jeder Zeit für die Unterstützung der dürftigen Leute verwendet werden. Das Heer soll gut besoldet, aber den Soldaten keine Plünderung der armen Bauern nachgesehen werden. Auch für öffentliche Arbeiten soll der Stat seine Gelder verwenden, für die Herstellung und Befestigung der Städte, für Grenzfestungen, für Straßen und Brücken, für die Marine, für öffentliche Gebäude, für Kollegien, welche das Verdienst beehren, die Tugend belohnen, die Wissenschaft fördern. So fließen auch die Steuern wieder in die Taschen der Bürger zurück und das allgemeine Wohl gedeiht. Aber in diesen Dingen will er das rechte Maß beobachtet wissen und warnt vor Ausschweifungen. Es ist ein Zeichen der Tyrannei, wenn glänzende Paläste von dem Blute der Unterthanen gebaut werden. Damit man wisse, wie die Finanzen stehen und darnach die Ausgaben regulirt werden, sind genaue Bücher und klare Register nötig (Budget und Statsrechnung).

Dem Münzwesen widmet er (VI, 3) große Aufmerksamkeit. Er warnt die Fürsten eindringlich vor jeder Verschlechterung der Münzen und verlangt, um die Sicherheit der Münzen zu erhöhen, die Anwendung möglichst ungemischter Metalle, Silber und Gold, deren Verhältnis zwar nicht unveränderlich, aber doch annähernd für ganz Europa auf 12½ : 1 zu bestimmen sei.

Indem er zum Schluß (VI, 4) noch die verschiedenen Statsformen in ihren Wirkungen mit einander vergleicht, führt er nochmals sein Ideal der absoluten Rechtsmonarchie aus, dessen Verwirklichung später Ludwig XIV. versucht hat, dessen Hauptfehler aber eben in dem Absolutismus der höchsten Gewalt liegt, welchen Bodin zum Grundbegriffe seiner Statslehre gemacht hat.

Drittes Kapitel.

Einfluß der Kirchenreform in Deutschland. Luther. Zwingli.

Die kirchliche Reform, welcher sich die deutsche Nation im sechzehnten Jahrhundert mit ganzer Seele hingab, übte wohl einen Einfluß, aber doch nur einen **mittelbaren** Einfluß aus auf die deutsche Statswissenschaft. Zunächst wurden die mittelalterlichen Theorien fortgepflanzt, wie man sie überkommen hatte, und selbst der labyrinthische Bau des heiligen römischen Reiches deutscher Nation mit seinen Fürstentümern, Reichsstädten, ritterschaftlichen Verbänden, mit seinen Reichstagen und Landständen dauerte ziemlich unverändert fort. Die politischen Reformversuche hatten nicht tief gegriffen und waren durch die mächtigere Kirchenreform verdrängt worden. Unter den Wissenschaften blieb die Theologie noch immer in ihrer herrschenden Stellung; nur die Jurisprudenz behauptete ihr zur Seite eine begrenzte Selbständigkeit; aber die Philosophie war genötigt, der gotterfüllten Theologie wie eine Magd zu dienen.

Aber die Stellung des **States** gegenüber der Kirche war doch nun gründlich verändert worden. Die Unabhängigkeit und die Autorität des States zogen großen Vorteil davon, daß die überragende Geistesmacht und Autorität des römischen Papsttums und der Hierarchie von den Protestanten bekämpft und verworfen ward und die neue Kirche nur unter dem Schutze des States eingerichtet werden konnte. Diese veränderte Stellung mußte auch in ihren Folgen befreiend auf das Statsbewußtsein wirken und dasselbe mit dem Gefühl der Hoheit und Überlegenheit erfüllen.

Die alte kirchliche Doktrin hatte den Klerus den Laien entgegengesetzt und übergeordnet. Der geringste Kleriker galt ihr mehr als der vornehmste Laie. Darin schon lag im Prinzip die Erniedrigung des States und seine Knechtschaft gegenüber der herrschenden Kirche. Indem Martin Luther, selber „ein Geweihter des Herrn", diese Überhebung des Klerus verwarf und die wesentliche Gleichheit des geistlichen und des weltlichen Standes, die zusammen den einen Körper der Christenheit bilden, verteidigte, stellte er, so viel es in seiner Macht lag, die Laienehre wieder her und entzog der Unterordnung des States unter die Kirche das Fundament, worauf sie gegründet war. Hatten die Kanonisten bisher gelehrt, daß die weltliche Obrigkeit nicht über die Geistlichen gesetzt sei, so widerlegte Luther auch diese Anmaßung des Klerus: „Das ist eben so vil gesagt, die hand sol nichts dazu thun, ob das aug groß not leidet. Ist's nit unnatürlich, schweig unchristlich, daß ein glied dem andern nit helfen, seinem verderben nit weren sol? Ja, je edler das gliedmaß ist, je mehr die andern ihm helfen sollen. Darum sag ich, dieweil weltlich gewalt von gott geordnet ist, die bösen zu strafen und die frommen zu schützen, so sol man ihnen ihr ampt laßen frei gehen und ungehindert durch den ganzen körper der Christenheit, niemands angesehen, sie treff Papst, Bischof, Pfaffen, Mönch, Nonnen oder was es ist. — Wer schuldig ist, der leide. Was geistlich recht dawider gesagt hat, ist lauter erdichtet römisch vermeßenheit, denn also sagt sanct Paul allen Christen: Ein iegliche seele (ich halt des babsts auch) sol unterthan sein der oberkeit, denn sie treyt nit umsonst das schwert, sie dienet Gott damit" (An den christlichen Adel).

Zwar ist diese theologisch-christliche Begründung der Rechtsgleichheit zwischen Priestern und Laien und der statlichen Unterordnung aller unter die obrigkeitliche Gewalt für den Juristen und den Politiker nicht zureichend, denn diese leiten jene Sätze nicht davon ab, daß die Christenheit Ein Körper sei, sondern vielmehr davon, daß der Stat Ein Körper sei, weshalb dieselben ebenso von den Nichtchristen wie von den Christen gelten und in dem heidnischen Römerstat nicht minder anerkannt waren als in dem neueren State der christlichen Völker; aber mit dem Resultate der Lutherischen Beweisführung konnten die Juristen und die Statsmänner sich wohl befriedigt erklären. Auch die katholische Kirche konnte nicht mehr mit Erfolg gegenüber dem wachsenden Statsbewußtsein ihre früheren Privilegien behaupten.

Obwohl Luther alle äußere Gewalt der Kirche als unchristlich verwirft und den Bereich der statlichen Autorität in weiterem Umfange willig anerkennt, so hat für ihn der Statsbegriff doch nur einen untergeordneten Wert. Das religiöse Leben erfüllt ihn so ganz, daß ihm für das politische nur wenig Neigung und Verständnis übrig bleibt. Er teilt die Adamskinder in zwei Klassen: die einen gehören zum Reiche Gottes, die andern zum Reiche der Welt.

Die ersten „sind alle rechten Gläubigen in Christo und unter Christo, denn Christus ist der König und Herr im Reiche Gottes". — Diese Leute bedürfen keines weltlichen Schwertes noch Rechtes. Würde alle Welt aus rechten Christen bestehen, so brauchte sie keinen Fürsten und Herrn. Denn die den heiligen Geist im Herzen haben, die leiden fröhlich Unrecht und thun selber niemandem Unrecht. Da ist kein Zank, Hader, kein Gericht und keine Strafe not. Dem Gerechten ist kein Gesetz gegeben, sondern dem Ungerechten, denn der Gerechte thut alles aus sich selbst, was das Recht fordert. Ein guter Baum bedarf keiner Lehre noch Rechtes, daß er gute Früchte trage, sondern seine Natur gibt's, daß er Früchte trägt, wie seine Art ist. Also sind alle Christen durch den Geist und Glauben so geartet, daß sie von Natur recht thun, mehr als man sie mit allen Gesetzen lehren kann."

Die alte katholische Kirchenlehre ging wohl von einer ähnlichen Idee aus, als sie den Klerus, in welchem sie vorzugsweise die rechten Christen erkannte, von der Statsgewalt und dem weltlichen Rechte frei erklärte. Aber Luther konnte sich mit der formalen Scheidung zwischen Klerus und Laien nicht befriedigt fühlen. Er achtete vorzugsweise auf die innere Religiosität und suchte seine rechten Christen — die seltenen Vögel, wie er sagte — unter der großen Masse der Geistlichen und der Weltlichen, welche auf diese Bezeichnung im vollen Sinne des Wortes keinen Anspruch haben und daher sämtlich des weltlichen Rechtes bedürfen.

Zum Reiche der Welt gehören nach Luther die, welche nicht Christen sind in diesem spezifischen Sinne. Da nur wenige in Glauben und Leben wahre Christen sind, so hat Gott außer dem Gottesreiche noch ein anderes Regiment aufgerichtet, das weltliche Regiment, und diesem das Schwert gegeben, die Bösen zur Ordnung zu nötigen. Für diesen weltlichen Stand ist das Gesetz gegeben. Christus regiert ohne Gesetz, allein durch den Geist; aber das weltliche Regiment schützt den Frieden mit dem Schwerte. Auch die wahren Christen, obwohl sie seiner um ihrer selbst willen nicht bedürfen, leisten doch auch diesem Regimente willig Gehorsam, aus Liebe zu den anderen Menschen, die seiner bedürfen. Auch ein Christ darf dieses Schwert führen, wenn er dazu berufen ist, damit der Friede unter den Menschen erhalten und das Unrecht gezüchtigt werde. Auch diese Gewalt, die Gottes Dienerin ist, wie Paulus sagt, ist nötig und gut, wie jeder andere weltliche Beruf. (Schrift: „Von weltlicher Überkeit.")

Der Stat ist also nach Luther eine mindere Ordnung, nicht auf den christlichen Glauben, sondern auf das Bedürfnis und die Schwäche der menschlichen Natur, aber ebenfalls von Gott gegründet. Ihr allein gebührt die Gewalt. Nur in ihr ist eine Obrigkeit. Die Priester und die Bischöfe sind keine Obrigkeit. Sie haben keine Gewalt, sondern einen Dienst; kein Schwert, sondern ein Amt. Sie sollen lehren und beten, nicht richten. Was der moderne Stat als sein ausschließliches Recht behauptet: Gesetzgebung, Regierung,

Gericht, worin er keine Konkurrenz der Kirche anerkennt, das hat ihm Luther — wenngleich aus religiösen Motiven — zugestanden. Er scheidet fortwährend, wie es das Augsburger Bekenntnis thut (Art. 28), die Autorität der Kirche und die Macht des States und unterwirft dieser letzteren vollständig alle äußeren Dinge. Seine Vorstellung vom State erhebt sich nur wenig über den beschränkten Bereich der Rechtspflege. Er folgt hierin den alttestamentlichen Überlieferungen. Seine ganze Denkweise ist fortwährend gebunden an die Autorität und an die Darstellung der Bibel, in der er die Quelle seines religiösen Glaubens gefunden hat. Sein Stat ist nicht viel mehr als eine unentbehrliche Zucht- und Friedensanstalt. Aber so ungenügend und lückenhaft diese Vorstellungen auch sind, so war dieser theologische Reformator doch ehrlich genug, zuzugestehen, daß das weltliche Recht nicht auf dem Christentume beruhe, und so bescheiden, um die allgemeine Wirksamkeit des statlichen Gesetzes zu achten. Die geistige Bedeutung des States war ihm noch dunkel, die sittliche Natur aber des States hob er mit gläubigem Nachdrucke hervor.

In diesem sittlich-religiösen Sinne verstand er denn auch den Paulinischen Satz: Alle Obrigkeit ist von Gott. Er verstand darunter keineswegs eine besondere göttliche Würdigkeit der Fürsten, durch welche sie über die anderen Menschen emporragen. Die Götzendienerei und Schmeichelei waren ihm in allen ihren Formen verhaßt. Er sieht in den Fürsten keine göttlichen Wesen, sondern schlichte Menschen, mit Schwächen und Mängeln behaftet wie ihre Unterthanen auch; „nicht Statthalter, sondern Diener und Handwerker Gottes". Vor den Personen der Mächtigen auf der Erde hat er keinen sonderlichen Respekt. Die erschreckende Grobheit, mit der er seine Meinung gegen den Papst und die Kardinäle ausspricht, verschont auch die weltlichen Fürsten nicht. „Von Anbeginn der Welt", schreibt er in dem Büchlein über die weltliche Obrigkeit, „ist ein kluger Fürst ein gar seltsamer Vogel und ein frommer Fürst noch viel seltsamer." Er erfrecht sich beizufügen: „Sie sind gemeiniglich die größten Narren oder die ärgsten Buben auf Erden", und meint gar, Gott habe ihnen in seinem Zorne die Gewalt gegeben.

Die christlichen Fürsten mahnt er eindringlich an ihre göttliche Pflicht. „Sie sollen alle ihre Sinne dahin richten, wie sie ihren Unterthanen dienlich und nützlich sein können. Keiner von ihnen denke: Land und Leute sind mein, ich will's machen, wie mir's gefällt, sondern jeder denke: Ich bin des Landes und der Leute und ich soll's machen, wie es ihnen nutz und gut ist. Er soll nicht suchen, wie er hochfahre und herrsche, sondern wie Land und Leute mit gutem Frieden beschützt und verteidigt werden." Der Einwendung: „wer wollte denn Fürst sein, wenn nur Mühe, Arbeit und Unlust das Los des Fürsten ist?" entgegnet er: „Wir lehren nicht, wie ein weltlicher Fürst leben soll, sondern wie ein weltlicher Fürst ein Christ sein soll, damit er in den Himmel komme." Er will keine Statslehre, sondern eine Christenlehre geben, kein Gesetz verkünden, sondern zu frommer Pflichterfüllung mahnen. Er ist in allen Dingen Theologe, nicht Jurist, Prediger und Seelsorger, nicht Statsmann.

Gegen die Männer des Rechtes und des States ist er sehr mißtrauisch. Er hält sie mit überaus seltenen Ausnahmen für „schlechte Christen" und schlägt in seinen Tischreden gern auf die „silbernen Juristen" los. Seiner Frau schrieb er einmal (1546) kurze Zeit vor seinem Tode, als er wider Willen genötigt worden, an Rechtsverhandlungen Teil zu nehmen: „Ich bin nun auch Jurist worden. Aber es wird ihnen nicht gedeihen. Es wäre besser, sie ließen mich einen Theologen bleiben. Käme ich unter sie, so ich leben soll, ich möcht ein Poltergeist werden, der ihren Stolz durch Gottes Gnade hemmen möchte." Aber das hindert ihn doch nicht, sie auf ihrem weltlichen Gebiete unangefochten gewähren zu lassen; er hütet sich vor pfäffischer Einmischung in die Dinge, die er nicht versteht, die nicht seines Amtes sind. Das tadelt er am schärfsten an den Mächtigen seiner Zeit, daß die geistlichen Fürsten weltlich regieren und daß die weltlichen Fürsten geistlich herrschen wollen. „Der Papst und die Bischöfe sollten Gottes Wort predigen, das lassen sie und sind weltliche Fürsten worden. Sie sollten innerlich die Seelen regieren durch Gottes Wort und regieren auswendig über Schlösser, Städte, Land und Leute und martern die Seelen mit unsäglicher Mörderei. Also sollten die weltlichen Fürsten äußerlich regieren, das lassen sie, indem sie die Leute schinden und schaben und keine Treue noch Wahrheit achten und wollen nun gar geistlich zufahren und über die Seelen regieren" (Von weltlicher Obrigkeit).

Das Recht der weltlichen Obrigkeit, obwohl er es von Gott ableitet, ist ihm kein absolutes. Er ist der Schranken desselben, eben weil sie dem weltlichen Rechte angehören, nicht überall bewußt. Aber mit heiligem Ernste eifert er aus Gründen der Religion und der heiligen Schrift gegen jede Ausdehnung dieser Gewalt auf den Glauben der Menschen. Das weltliche Gesetz darf sich nach seiner Ansicht nicht weiter erstrecken als über Leib und Gut und was äußerlich auf Erden. „Denn über die Seele kann und will Gott niemand regieren lassen als sich selbst. Wo weltlich Gewalt sich vermißt, der Seelen Gesetz zu geben, da greift sie Gott in sein Regiment und verführt und verdirbt nur die Seelen. Gott hat den Menschen keine Gewalt gegeben über die Seelen, der Mensch kann keine Seele töten noch lebendig machen, weder gen Himmel noch in die Hölle führen. Jede Gewalt kann nur da handeln, wo sie sehen, erkennen, richten, urteilen, wandeln und ändern kann. Da der Mensch nicht in die Herzen sieht und die Gedanken der Seelen ihm nicht offenbar sind, so kann er hier weder gebieten noch richten. So wenig als ein anderer für mich in die Hölle oder in den Himmel fahren kann, so wenig kann er für mich glauben oder nicht glauben, und so wenig er mir Himmel oder Hölle auf- oder zuschließen kann, so wenig kann er mich zum Glauben oder Unglauben treiben. Aller Zwang kann nur die Schwachen zur Lüge und zu falschem Bekenntnisse zwingen, aber ihren

Sinn nicht ändern." Der Einwendung, daß die weltliche Gewalt nicht zum Glauben zwinge, wenngleich sie äußerlich der Ausbreitung der Ketzerei wehre, entgegnet er: „Das sollen die Bischöfe thun, nicht die Fürsten. Denn der Ketzerei kann nimmermehr mit Gewalt gewehrt werden. Dazu gehört ein anderer Griff, es ist das kein Handeln mit dem Schwerte. Gottes Wort soll hier streiten; wenn es das nicht ausrichtet, so wird's wohl unausgerichtet bleiben von weltlicher Gewalt, ob sie gleich die Welt mit Blut erfüllte. Ketzerei ist ein geistlich Ding, das kann man mit keinem Eisen hauen, mit keinem Feuer verbrennen, mit keinem Wasser ertränken. Lieber, willst du Ketzerei vertreiben, so mußt du den Griff treffen, daß du sie vor allen Dingen aus dem Herzen reißest und gründlich mit Willen abwendest. Gottes Wort erleuchtet die Herzen, und damit fallen denn von selbst Irrtum und Ketzerei aus dem Herzen."

Freilich kam Luther selbst gegenüber der wild erregten Leidenschaft der religiösen und kirchlichen Parteien ins Gedränge mit seiner Verehrung der Glaubensfreiheit und blieb nicht immer konsequent. Er gab zu, daß die offenbaren Irrlehrer verbannt, aber nicht, daß sie getötet werden (Brief an Link vom 14. Juli 1528). Aber so viel es ihm irgend möglich schien, hielt er doch an einem Grundsatze fest, den erst spätere Zeiten mit vollwirksamem Rechtsschutze ausgerüstet haben. Zu der freieren Auffassung, der Kultusfreiheit, welche der heutige Stat gewährt, konnte er sich noch nicht erheben. Was ihm als „Götzendienst" erschien, wollte er so wenig als die offenkundige „Blasphemie" geduldet wissen (vgl. Brief an Spalatin vom 12. Nov. 1525).

Weit weniger interessirte er sich für die Beschränkung der obrigkeitlichen Gewalt innerhalb der weltlichen Dinge, aus Gründen des Statsrechtes oder des Privatrechtes. Die Autorität der Bibel verließ ihn hier, und er bemerkte wohl, daß das eher Fragen für die Rechtsgelehrten als für die Theologen seien. Er war als Christ, der auf die äußerlichen Dinge wenig Wert legte und den sein Glaube zum Gehorsam gegen die Obrigkeit mahnte, geneigt, in solchen Dingen ohne nähere Prüfung zu gehorchen und auch anderen Gehorsam zu predigen. Aber sein natürliches Rechtsgefühl vertrug sich auch hier nicht mit einer absoluten Gewalt der Obrigkeit, obwohl er ihre Grenzen nicht zu bestimmen wußte. Wir haben oben schon eine Stelle mitgeteilt, in welcher er die Fürsten davor warnte, ihr obrigkeitliches Recht mit dem Eigentum an Land und Leuten zu verwechseln. In seinen reiferen Jahren verwendete er sich mit großem Ernste für seine näheren Landsleute, welche von der Tyrannei des Grafen Albrecht von Mansfeld vielfältig geplagt und gedrückt wurden. Er schrieb deshalb an ihn selbst und an seine Vettern und ermahnte sie, das Unrecht abzustellen: „Denn daß mein gnädiger Herr Graf Albrecht vielleicht gedenkt, die Herrschaft und alle Güter seien sein eigen, da sagt Gott nein dazu und wird's nicht leiden. Denn Bauer, Bürger, Adel haben eigene Güter, doch unterworfen mit Lehen nach kaiserlichen Rechten, so von Gott bestätigt ist, und haben's also aus göttlichem Rechte. Wer nun also will die Güter zu sich reißen — da ist Gottes Gnade und Segen nicht, heißet auch gestohlen und geraubet vor Gott. Euer Gnaden haben es zu bedenken, wann solch Exempel sollte einreißen, den Unterthanen zu nehmen, was ihr eigen ist, so wird ein jeder Oberherr den Unterherrn auffressen und wie der Edelmann den Bauer, also der Fürst den Edelmann und Grafen. Was will dann zuletzt werden, denn ein Regiment ärger denn der Türke hat, ja ein teuflisch Regiment" (Brief von 1542).

Der ganze Kampf Luthers war in der Kirche wider „die Menschensatzungen" gerichtet und für Herstellung des „lauteren Gotteswortes". Das innere religiöse Leben wollte er wecken, die Zuversicht des Glaubens erneuern, von der Tiefe des gotterfaßten Gemütes aus das Christentum zu Ehren bringen. Von einem solchen Manne darf man nicht erwarten, daß ihm Recht und Stat besonders am Herzen liegen. Auch darin strebte er dem leuchtenden Vorbilde von Christus nach, daß er sich um das Reich der Welt wenig kümmerte und keinerlei Stats- und Rechtsgesetze gab. Demgemäß verwarf er das ganze kanonische Recht, wie es zu seiner Zeit auf den Universitäten gelehrt und in den geistlichen Gerichten gehandhabt wurde, ganz und gar. Auch das Corpus juris canonici opferte er mitsammt der pästlichen Bulle den Flammen, um damit seine Lossagung von der bisherigen Autorität zu erklären. In der berühmten Schrift an den Adel deutscher Nation (1520) sagte er der deutschen Nation, was er davon halte: „Es wäre gut, das geistlich Recht von dem ersten Buchstaben bis auf den letzten von Grund auszutilgen, besonders die Dekretalen. Es ist uns übrig genug in der Bibel geschrieben, wie wir uns in allen Dingen halten sollen. So hindert solches Studieren nur die heilige Schrift. Auch schmeckt das mehrere Teil darin nach Geiz und Hoffart; und obschon viel Gutes darin wäre, so sollte es doch billig untergehen, weil der Papst alle geistlichen Rechte in seines Herzens Kasten gefangen hält. Heut ist geistlich Recht nicht das in den Büchern, sondern was in des Papstes und seiner Schmeichler Mutwillen steht. Dieweil denn der Papst und die seinen selbst das ganze geistliche Recht aufgehoben und nicht achten, so sollen wir ihm folgen und die unnützen Bücher auch verwerfen."

„Das weltliche Recht ist auch eine Wildnis worden. Wiewohl es viel besser, künstlicher und redlicher ist als das geistliche Recht, so ist sein doch viel zu viel geworden. Fürwahr, vernünftige Regenten neben der heiligen Schrift wären übrig Recht genug, wie sanct Paul sagt: Ist niemand unter euch, der da mag seines Nächsten Sache richten, daß ihr vor den heidnischen Gerichten müßt hadern?" — Seine religiöse Natur reizt ihn wieder dazu, das Bedürfnis des Rechtes überhaupt zu beklagen. Dann aber faßt er sich rasch wieder und beruhigt sich dabei, daß „die kaiserlichen gemeinen Rechte (das römische Recht) doch nur zur Not gebraucht werden, indem die Landrechte und Landessitten vorgehen", und fügt den nationalen, aber noch immer nicht erhörten Wunsch bei: „Wollte Gott, es würde jedes

Land, wie es seine eigene Art und Gaben hat, auch mit eigenen kurzen Rechten regiert, wie es war, bevor man solch fern gesuchtes und weitläufiges Recht gefunden und damit die Leute beschwert hat."

Das „Recht der Liebe", welches alles Recht des Gesetzes entbehrlich machte, war nur deshalb nach Luthers Meinung auf der Erde unzureichend, weil die Liebe nicht in allen lebendig war. Unter der Voraussetzung eines vernünftigen Richters zog er daher das „natürliche Recht der Vernunft" allem nach Rechtsbüchern geschriebenen Rechte vor und verlangte, daß man „die geschriebenen Rechte unter der Vernunft halte, aus der sie geflossen sind, als aus dem rechten Brunnen, und nicht umgekehrt die Vernunft mit Buchstaben gefangen führe". So weit diese Mahnungen nur den Vorzug des wirklichen, in den natürlichen Verhältnissen sichtbaren und sittlichen Volksrechtes im Gegensatz zu dem bloßen Buchstabenrechte und Schreibstubenrechte bezwecken, dürfen wir uns dieselben auch heute noch wohl gesagt sein lassen. Aber Luther verstand doch den Begriff des wirklichen Rechtes nicht, indem er denselben nicht genug von der übrigen Moral abhob, und war sehr geneigt, die orientalische Willkür eines moralisch bewegten Gemütes für das Ideal der Rechtspflege anzusehen. So führt er mit großem Wohlgefallen folgendes Beispiel einer echt sultanischen Rechtspflege an: Ein Edelmann fing in der Fehde seinen Feind. Der Frau des Gefangenen, welche ihren Mann zu lösen kam, versprach er, den Mann zu geben, wenn sie zuvor ihm selber zu Willen sei. Die Frau beriet ihren Mann und gab sich dem Sieger hin, um jenen zu lösen. Darauf ließ der Edelmann seinem Gefangenen den Kopf abschlagen und gab ihn so tot der Frau. Die wandte sich an den Herzog Karl von Burgund um Gerechtigkeit. Der forderte von dem Edelmann, daß er die Witwe nun zur Ehe nehme; ließ ihm dann, als der Brauttag aus war, auch den Kopf abschlagen und setzte die Frau in seine Güter ein. „Siehe, solch ein Urteil hätte kein Papst, kein Jurist, noch kein Buch geben mögen, sondern es ist aus freier Vernunft über aller Bücher Recht gesprungen.“ (Von weltlicher Obrigkeit.)

Eine Menge von Theologen und auch manche Rechtsgelehrte haben aus dem Paulinischen Satze: „Alle obrigkeitliche Gewalt ist von Gott“ die Folgerung einer unveränderlichen und unzerstörbaren Legitimität gezogen. Obwohl die historische Wissenschaft Luthers sich nur auf ein enge begrenztes Feld erstreckt, so weiß er doch von der Geschichte der Völker und der Staten genug, um die Unwahrheit dieser Behauptung zu erkennen. Als ein verständiger Ausleger der Schrift übersieht er auch nicht, daß Paulus alle, und nicht bloß die legitim entstandene obrigkeitliche Gewalt, insbesondere auch die Gewalt der römischen Kaiser über Palästina für göttlich erklärt. Seine religiöse Denkweise läßt ihn in der Erhebung und dem Sturze der Mächtigen und der Fürsten gleichmäßig die weltleitende Hand Gottes erkennen. So sagt er: „Gott dem Herrn ist es ein klein Ding, Reich und Fürstentum hin und her zu werfen. Zuweilen gibt er einem bösen Buben ein Königreich und nimmt es einem Frommen, zuweilen durch Verräterei böser Menschen, zuweilen durch das Erbrecht. Er hat Gewalt in allen Reichen der Menschen, sie zu geben welchem er will.“

Den Deutschen redet er ins Gewissen, daß auch das Kaisertum nicht auf rechtmäßigem Wege an sie gekommen sei, denn der Papst habe kein Recht gehabt, das Reich dem rechten griechischen Kaiser in Konstantinopel zu rauben und es an die Deutschen zu verschenken. Er meint, die Deutschen haben keine sonderliche Ursache, sich dessen zu rühmen, denn vor den Augen Gottes sei die Gabe eines neuen Reiches gar gering, und näher besehen haben wir solches römische Reich viel zu teuer mit deutschem Blut und mit deutscher Freiheit bezahlt. „Wir haben des Reiches Namen, aber der Papst hat unser Gut, Ehre, Leib, Leben, Seele und alles was wir haben. Die Päpste haben Kaiser werden wollen, und da sich das doch nicht schicken mochte, so haben sie die Deutschen getäuscht, und indem sie den Deutschen das geraubte Kaisertum gaben, haben sie sich über die Kaiser gesetzt. Da wir vermeinten Herren zu werden, sind wir der allerlistigsten Tyrannen Knechte geworden. Wir haben den Namen, Titel und Wappen des Kaisertums, aber den Schatz, Gewalt, Recht und Freiheit desselben hat der Papst. So frißt der Papst den Kern, so spielen wir mit den ledigen Schalen.“ Im übrigen meint Luther, da wir das Reich nun haben, so sollen wir's nicht fahren lassen, sondern in Gottes Furcht redlich regieren, bis Gott es wieder nimmt. (An den christlichen Adel.)

In der „Ermahnung zum Frieden auf die XII Artikel der Bauerschaft in Schwaben“ (1525) wendet er sich gleichzeitig sowohl an die Fürsten und Herren als an die Bauern. Den ersteren führt er zu Gemüte, daß der Aufruhr die verdiente Strafe für sie sei; den letzteren empfiehlt er Gehorsam der Obrigkeit. Zu jenen sagt er: „Das sollt ihr wissen, liebe Herrn, Gott schafft es also, daß man nicht kann noch will noch soll eure Wüterei länger dulden. Ihr müßt anders werden und Gottes Wort weichen. Thut ihr's nicht durch freundliche willige Weise, so müßt ihr's thun durch gewaltige und verderbliche Weise. Thun's diese Bauern nicht, so müssen's andere thun. Und ob ihr sie alle schlüget, so sind sie noch ungeschlagen. Gott wird andere erwecken, denn er will euch schlagen und wird euch schlagen.“ Aber auch die Bauern bedroht er mit dem Zorne Gottes, weil sie gegen das göttliche Gebot sich der Gewalt frevelhaft unterwinden und unchristlichen Aufruhr treiben.

Es ist weltbekannt, wie unablässig und wie eifrig Luther wider den Aufruhr gepredigt und geschrieben hat. Auch das hat er nicht mit dem Rüstzeug des Rechtes, sondern mit den Gründen der christlichen Religion gethan. Die Frage: wenn ein Fürst unrecht hätte, ob ihm sein Volk zu folgen schuldig sei? beantwortet er noch mit Nein, denn wider das Recht gebührt niemandem zu thun. Gott will das Recht haben, daher gehorcht man Gott, wie man dem Rechte gehorcht. Aber wenn die Unterthanen ungewiß wären, ob der Fürst Recht habe oder nicht, dann ermahnt er sie im Zweifel zu thätigem Gehorsam. Aber da der wahre Christ wohl Unrecht leidet, aber nicht Unrecht thut, und der Apostel den Gehorsam empfiehlt, so kommt er als Theologe von dieser religiösen Anschauung aus nicht über den passiven Widerstand gegen die Tyrannei hinaus. Nicht einmal in solchen Dingen, die ihm ganz besonders am Herzen liegen, nicht einmal gegen Angriffe auf die Kirchenreform. Es war ihm auch da rechter Ernst mit jenem Prinzip.

Als er fürchtet, daß der Kaiser mit Gewalt wider die evangelischen Stände einschreiten werde, mahnt er die Fürsten dennoch ab, dem Kaiser mit den Waffen entgegenzutreten. Er meint: weil Karl V. Kaiser sei, so müsse der Spruch Christi gelten: „Gebet dem Kaiser, was des Kaisers ist", und wenn er auch alle Gebote Gottes überträte. Nicht bloß den gütigen und frommen, auch den bösen und ungeschlachten Herren soll der Christ unterthan sein, und nimmermehr schicke es sich, daß die Fürsten, die des Kaisers Unterthanen seien, mit Gewalt gegen ihn streiten. Die Kurfürsten können ihn wohl absetzen, dann sei er nicht mehr Kaiser. Aber so lange er Kaiser sei, dürfe man keine Rotterei und Aufruhr wider ihn erheben. (Brief an den Kurfürsten Johannes vom 6. März 1530.) Er selber ist bereit, sich dem Kaiser persönlich zu stellen, wenn er es durchaus fordere. (Brief an denselben vom 28. Nov. 1529.) Indessen diese Ermahnung zu bloß passivem Widerstand gegen den Kaiser stand mit dem Rechte der Fürsten und der Stände, wie es während des ganzen Mittelalters bestand, in so heftigem Widerspruche und die wichtigsten Interessen konnten dabei so wenig bestehen, daß die damaligen Juristen sich mit aller Macht gegen jene theologischen Schlußfolgerungen wehrten. Es kam zwischen Juristen und Theologen zu ernsten Erörterungen, und am Ende mußte auch Luther zugestehen, daß jene berechtigt seien, ihr weltliches Recht anzuwenden, und daß, wenn dieses den aktiven Widerstand gestatte, der Kaiser, der ja der Urheber des weltlichen Rechtes sei, sich denselben gefallen lassen müsse. Den juristischen Spruch: „Vim vi repellere licet“ wollte er freilich nicht gelten lassen, und mit gutem Grunde, denn der passe nicht auf das Verhältnis von Obrigkeit und Unterthanen. Aber wenn, meinte er, die Juristen behaupten können, das kaiserliche Recht gestatte, in offenbar ungerechten Dingen sein klares Recht auch mit Gewalt zu verfechten, so habe er als Theologe dagegen nichts zu sagen. Da mögen die Juristen zusehen und auf ihre Verantwortung hin handeln. (Briefe vom 15. Jan. und 15. Febr. 1531.)

Später ist er in dieser freieren Richtung noch entschiedener geworden. Im Januar 1539 erließen die Theologen Martin Luther, Justus Jonas, Martin Bucer und Philipp Melanchthon ein gemeinsames Gutachten, in welchem die Gegenwehr sehr bestimmt verteidigt wurde. Die erste Frage lautete: „ob die Obrigkeit schuldig sei, sich und ihre Unterthanen wider unrechte Gewalt zu schützen, wider gleiche Fürsten und wider den Kaiser, besonders in dieser Religionssache?“ Das Bekenntnis der Theologen bezeugte: „daß nicht allein die Defension zugelassen, sondern auch wahrhaftiglich und ernstlich einer jeden Partei jeder Potestat geboten sei, daß sie Gott diesen Dienst schuldig sind, sich zu wehren und zu schützen, so sich jemand, Obrigkeit oder andere, unterstünde, sie zu zwingen, Idolatrie und verbotene Gottesdienste anzunehmen, item so jemand unrechte Gewalt an ihren Unterthanen zu üben vornähme.“ Es findet sich darin der wichtige Satz ausgesprochen: „Wie das Evangelium der Obrigkeit Amt bestätigt, also bestätigt es auch natürliche und gesetzte Rechte. — Und ist nicht Zweifel, ein jeder Vater ist schuldig, nach seinem Vermögen Weib und Kind wider öffentlichen Mord zu schützen. Und ist kein Unterschied zwischen einem Privatmann und dem Kaiser, so er außer seinem Amt unrecht Gewalt und besonders öffentlich oder notorie unrechte Gewalt vornimmt; denn öffentliche violentia hebt auf alle Pflichten zwischen dem Unterthan und Oberhern, jure naturae.“

Man sieht, das deutsche männliche Rechts- und Freiheitsgefühl ist auch in Luther zum Durchbruch gekommen, und es ist ein arger Mißbrauch seiner Autorität, wenn die späteren und noch die neuesten Absolutisten seine fromme Ehrfurcht vor Gottes Macht, die auch in der obrigkeitlichen Gewalt zur Erscheinung kommt, zu knechtischer Unterwürfigkeit unter jegliche Tyrannei fälschlich ausdeuten.

Auch **Melanchthon** steht wesentlich auf demselben theologisch-christlichen Standpunkte wie Luther. Die Statswissenschaft hat durch ihn keinen neuen Impuls erhalten. Zwar wagte er es, den für orthodoxe Ohren bedenklichen Satz auszusprechen, in Sachen des **bürgerlichen** Rechts höre er lieber auf Cicero — ein Jurist hätte beigefügt: und auf das Corpus juris — als auf die heilige Schrift; er behauptete in seiner Ethik, das Naturrecht sei ein Strahl der göttlichen Weisheit und Gerechtigkeit in dem menschlichen Verstande und verpflichte alle Menschen, die Heiden wie die Christen. Aber die theologische Vorstellung von der großen Trübung der menschlichen Seelenkräfte durch den Sündenfall beherrschte damals noch so sehr die Gemüter, daß Melanchthon verzweifelte, die Gesetze der Gerechtigkeit in der verdorbenen Menschennatur mit Sicherheit aufzufinden, wenn nicht die Autorität der göttlichen Offenbarung in dem mosaischen Gesetze als Führer und Schranke diene[1]).

Ebenso sucht der Hamburger **Oldendorp** (1480—1564), der die juristische Laufbahn gewählt hatte und ein Gegner „der Pfaffen", aber ein Freund Melanchthon's war, die Quelle des Naturrechtes in der menschlichen Natur, der es von Gott eingepflanzt worden, und ist der Meinung, es sei durch die menschliche Vernunft zu erkennen. Aber auch er verliert wieder allen Mut der Forschung, indem er an die Verwirrung der Gesetze und an die Verdunkelung menschlicher Vernunft denkt, welche in Folge des Sündenfalles eingetreten sei. Auch er flüchtet in der

[1]) Vgl. die Ausführung bei **Hinrichs**, Geschichte der Rechts- und Statsprinzipien seit der Reformation bis auf die Gegenwart 1, 14 ff.

Verzweiflung wieder zum Glauben und sucht im Dekaloge Ruhe und Aufschluß[1]).

Die deutschen Reformatoren waren lediglich Theologen; in dem schweizerischen Reformator Zwingli aber verbindet sich mit der religiösen Natur die politische und mit der theologischen Bildung die republikanische Übung. Zwingli war zugleich ein Mann der Kirche und des States. Er nahm an den politischen Parteikämpfen einen unmittelbaren Anteil, und seine Reformen griffen tief ein in die Verfassung und in die Politik der Republik Zürich und der schweizerischen Eidgenossenschaft. Auch in seiner Geistesart ist ein moderner Zug: er hat sich vollständiger als Luther von den Anschauungen des Mittelalters befreit; er sieht die Welt mit nüchterneren, vorurteilsfreieren Augen an; die Volksfreiheit seines Vaterlandes reinigt und befruchtet seine Gedanken.

Den „geistlichen Stat" und alle „geistliche Gewalt" verwirft er unbedingt. „Alles so der geistlich staat im zugehören rechtes und rechtes schirm halb fürgibt, gehöret den weltlichen zu, ob sy christen syn wellind" (Thes. 36). Er will nichts mehr hören von kirchlicher Gerichtsbarkeit. Es ist ausschließlich Pflicht und Recht des States, die äußere Gerechtigkeit zu handhaben. Willig und aus Überzeugung erkennt er die Hoheit des States auch über die Kirche, als eine sichtbare, äußere Gemeinschaft, an. Nicht bloß die Kirchenhoheit, sogar das Kirchenregiment schreibt er der „christlichen Obrigkeit" zu, nicht etwa weil er sie für den Landesbischof erklärt — eine solche Verwechselung ist ihm fremd, der Pfarrer ist ihm der wahre Bischof —, sondern weil er die bischöfliche Jurisdiktion selbst bestreitet und alle äußere Gewalt in gemeinen Dingen in der einen, zwar weltlichen aber zugleich christlichen Obrigkeit geeinigt sieht: „Us disem grund der geschrift soll man nit gestatten, daß die geistlichen einigerlei oberkeit habend, die der weltlichen

[1]) Hinrichs a. a. O. S. 19 ff.

wider ist oder von gemeinem regiment abgesündert: denn sölches bringt zwitracht" (Werke 1, 346).

Aber er ist auf der anderen Seite ebenso wenig geneigt, der statlichen Obrigkeit eine absolute Herrschaft über die Kirche einzuräumen. Als die wahre, ideale Kirche verehrt er die „unsichtbare Gemeinschaft der Heiligen", deren Haupt Christus ist, und nicht das Statshaupt. Der Geist der Kirche also ist auch nach Zwingli unabhängig vom State; die geistige Autorität, welche auch die sichtbare Kirche, d. h. die Gemeinden erfüllt und zusammenhält, ist die Autorität Christi, wie sie in der heiligen Schrift geoffenbart ist: „Sint aber nit die bischof, die gemeinlich concilia haltend, auch dieselb kilch? Antwort: Sy sind allein glider der kilchen, wie ein ieder andrer christ, sofer sy Christum für ir haupt habend. Sprichst du: Sy sind aber ecclesia repraesentativa. Antwort: Von dero weißt die heilig schrift nüt" (Werke 1, 197).

Indem Zwingli der Obrigkeit auch die Regierung der Kirche zuspricht, setzt er voraus, daß sie selber eine christliche sei. „So sy aber untrüwlich und usser der schnur Christi faren würdind, mögend sy mit Gott entsetzt werden." So lautet eine seiner Thesen. Zwar mäßigt er das gefährliche Prinzip in der Auslegung, welche er dem Satze beifügt, er warnt vor Totschlag, Krieg und Aufruhr und empfiehlt gesetzliche Mittel. Aber selbst die gemäßigte Auslegung zeigt doch wieder, daß in der äußersten Not der christlichen Kirche, welche von einer abtrünnigen Obrigkeit bedrängt wird, auch die physische Gewalt des Volkes, welche „den Tyrannen abstoßt", seine Billigung findet.

Das entscheidende Gewicht findet er in der Gemeinde. Der Stat ist ihm die christlich-politische Volksgemeinde. Er nimmt die kirchliche Ordnung in sich auf und regiert sie äußerlich, aber nicht mit Willkür, sondern nach den Vorschriften des biblischen Christentums.

Im Grunde ist das noch immer die mittelalterliche, nicht die moderne Statsidee. Die Hierarchie ist gebrochen und die

Statshoheit anerkannt, aber der Stat ist doch von dem religiösen Geiste bedingt und beherrscht. Er ist noch nicht seines eigenen weltlichen Prinzipes bewußt geworden. Von einer selbständigen Statswissenschaft, welche jede Abhängigkeit von der Theologie abgestreift hat, ist noch nicht die Rede.

In dem von Calvin eingerichteten Genferstate ist diese reformirte Anschauung in eigentümlicher Weise verwirklicht worden. Zwingli ist eher ein Statsmann als Calvin. In der Politik ist er kein Doktrinär, mit großer Freiheit benutzt er die Umstände, er ist kühn in den Plänen, entschlossen in der Ausführung, unbedenklich zum Schwerte greifend, wo die Gewalt ihm nötig scheint, ein Freund der Volksfreiheit, ein schweizerischer Republikaner von ganzem Herzen. In Calvin aber mischt sich fast wie in dem Papste Innocenz III. der Theologe und der Jurist. Das gereinigte Gottesreich herzustellen, das ist das Ziel seines Strebens. Alttestamentliche Erinnerungen an die republikanische Theokratie des jüdischen States, christliche Ideen, mittelalterliche Vorstellungen von dem State als dem Leibe und der Kirche als der Seele des Gemeinwesens sind in seinem Geiste zu einem logischen, doktrinären Systeme geeinigt. Seine juristische Bildung dient ihm nur als ein Mittel, um dieses System schärfer zu formulieren und konsequenter durchzuführen. Er ist der Meister und das Vorbild der puritanischen Richtung in England, Schottland und Nordamerika. Eine aus aristokratischen und demokratischen Elementen gemischte, aber vorzugsweise dem religiösen Leben dienende und mit Strenge die Sittenzucht haltende bürgerlich-sittliche und fromme Republik, das ist sein Ideal.

Viertes Kapitel.

Germanen. Johannes Althusius. Hugo de Groot.

So lange die Kirchenreformation die germanischen Völker mit all ihrem Sinnen, Glauben und Denken beschäftigte, war die Teilnahme der Deutschen, der Niederländer, der Engländer an der Fortbildung der Statswissenschaft sehr gering. Erst im siebenzehnten Jahrhunderte treten die Germanen bedeutsamer hervor und übernehmen bald die Führung, besonders zur Zeit der englischen Revolution.

Während Jahrhunderten sind es wieder protestantische Deutsche, Holländer, Engländer, welche die Statswissenschaft bearbeiten und dieselbe mit dem Geiste der Volksfreiheit erfüllen. In ihrer Seele verbanden sich leicht der uralte, männliche Sinn für persönliche Freiheit, der oft genug bis zum Trotze gegen den Stat ausartete und den Germanen den Vorwurf unstatlicher Stämme zuzog, mit der Befreiung der Gewissen von der kirchlichen päpstlichen Oberherrlichkeit, die in den letzten Jahrhunderten die Selbständigkeit des States nicht aufkommen ließ. Den katholisch gebliebenen deutschen Fürsten und Völkern wurde es schwerer gemacht, sich der Abhängigkeit von der Kirche zu entwinden, und nur langsam folgten sie dem Vorgange ihrer protestantischen Brüder nach.

Der erste Deutsche, welcher unter den Begründern und Lehrern der neueren Statswissenschaft eine bedeutende Stellung einnimmt, ist ein deutscher Professor, Johannes Althusius. Auch das ist charakteristisch für den Charakter der deutschen Statswissenschaft. Wie die Kirchenreform vornehmlich von den Wittenberger Professoren ausging und überhaupt die deutschen

Universitäten die fruchtbarsten Pflanzstätten der deutschen Wissenschaft sind, so gehören die meisten Vertreter der Statswissenschaft in Deutschland von jeher dem Stande der Universitätsprofessoren an.

Die Erinnerung an Althusius ist in der Verwirrung und der Trübnis des dreißigjährigen Krieges untergegangen und erst in unseren Tagen durch Otto Gierke [1]) wieder dem Grabe der Vergessenheit entrissen und erneuert worden.

Johannes Althusius (Althus, Althaus) wurde im Jahre 1557 in Diedenshausen in Westfalen geboren. Seine Universitätsbildung scheint er vorzugsweise in der Schweiz, in Basel, wo er promovierte, und in Genf als Schüler von Dionysius Godofredus empfangen zu haben. Jedenfalls war er ein eifriger Reformierter und in die calvinistische Schule eingeweiht. In den Schweizerstädten konnte sich auch der republikanische Grundzug seiner Statsauffassung ungestört ausbilden. Dann folgte er im Jahre 1586 als Rechtslehrer einem Rufe nach der nassauischen Universität Herborn, wo eine Fakultät für reformierte Theologie bestand und nun eine rechtswissenschaftliche Fakultät neu gegründet wurde. Da hielt er Vorträge über Politik und veröffentlichte er sein Lehrbuch über Politik in lateinischer Sprache: Politica methodica digesta atque exemplis sacris et profanis illustrata. Das Buch erschien zuerst 1603 und erlebte acht Auflagen. Ich benutze die vierte von 1625. Außerdem verfaßte Althus auch damals geschätzte Lehrbücher über römische Jurisprudenz und über das geltende Recht in Vergleichung mit dem altjüdischen Rechte.

Im Jahre 1604 vertauschte er den Beruf eines Universitätsprofessors mit dem praktischen Amte eines Rechtsrates und Vertreters (Syndikus) der friesischen Handelsstadt Emden. Hier nahm er einen bedeutenden Anteil an den Kämpfen der Stadt für ihr

[1]) Otto Gierke, Johannes Althusius und die Entwickelung der naturrechtlichen Statstheorien. Breslau 1880. Es war für mich eine höchst willkommene und seltene Freude, als ich zu meinem Doktorjubiläum im Sommer 1879 dieses Buch als freundliche Festgabe empfing.

reformiertes Bekenntnis und für ihre städtische Freiheit sowohl mit dem Landesherrn als mit der Ritterschaft. Er war vorzugsweise der geistige Führer und Fürsprecher der Stadt und starb in hohem Alter am 12. August 1638.

Althus bewährt sich darin als deutschen Gelehrten und Professor, daß er die Statslehre als ein wohlgeordnetes System darlegt und die Statswissenschaft sowohl von der Theologie und Philosophie als von der Jurisprudenz abtrennt. Die Theologie und Philosophie haben wohl die religiösen und sittlichen Grundlagen festzustellen, auf denen die Statswissenschaft sich auferbaut, und die Jurisprudenz setzt ihrerseits die Grundlage des States voraus. Jene bereiten die Statswissenschaft vor, diese empfängt von ihr Autorität und Richtung.

Insofern steht er noch unter dem Banne der Theologie, als er nach der Weise der Reformierten der Bibel durchweg göttliche Autorität zuschreibt und fortwährend auch die Aussprüche des alten Testamentes, mit ihrem theokratischen Charakter, wie heilige, unverbrüchliche Gesetze betrachtet. Allerdings unterscheidet er zwischen den zehn Geboten, welche die großen religiösen, moralischen und rechtlichen Grundgesetze offenbaren, und den zahlreichen Ceremonialvorschriften des Dekaloges. Nur jenen legt er eine fortdauernde Autorität als ewigen Gottesgesetzen bei, diese hält er für veränderlich, weil mit Rücksicht auf ein besonderes Volk in bestimmter Zeit erlassen (9, 20). Aber er liebt es, wie die Puritaner in England und die Reformierten in Frankreich, sich auf die Aussprüche des alten Testamentes zu berufen und dem altjüdischen Statswesen seine Beispiele zu entnehmen, so daß gegen seine Absicht seine Statslehre doch öfters eine theologische Färbung erhält. Dieselbe ist noch gebunden an die Grundbedingung der Rechtgläubigkeit und der biblischen Autorität.

Unter Politik versteht er die ganze Statslehre, nach Art der Alten. Wenn er dieselbe auch als die Kunst des menschlichen Gemeinlebens definirt, so begreift er doch das Statsrecht darin, und haben seine Grundbegriffe einen Rechtscharakter. Aber ganz im Gegensatze zu der mittelalterlichen Doktrin weist er dem State nicht bloß leibliche, sondern voraus geistige und sittliche Aufgaben zu (Kap. 1).

Nicht wie die alten Hellenen geht er, um zum State zu kommen, begrifflich von dem Ganzen aus, das der Idee nach vor den Teilen, seinen Gliedern ist, sondern er folgt der Denkweise der Neueren, welche den Stat aus der Vereinigung der ursprünglich statenlosen Menschen allmählich entstehen lassen. Freilich drängt die Hülfsbedürftigkeit der menschlichen Natur dazu. Die Menschen können vereinzelt nicht bestehen. Ein heiliges, gerechtes, zweckmäßiges und glückliches Leben können sie nur in der Gemeinschaft erreichen. Insofern ist auch nach Althus der Stat, wie die Familie, nicht ein zufälliges Erzeugnis des freien Vertragswillens, sondern eine Wirkung der Naturnotwendigkeit; aber diese vollzieht sich in der Form der Vereinbarung, der „consociatio".

Von der späteren Naturrechtslehre, welche den Stat aus einem oder mehreren Gesellschaftsverträgen der Individuen unmittelbar hervorgehen läßt, ähnlich wie eine Aktiengesellschaft, ist die Ansicht von Althus sehr verschieden. Nicht sprungweise gelangen die Einzelmenschen zum State, sondern stufenweise, auf Übergängen und durch Zwischenbildungen hindurch. Es gibt unter den Menschen mancherlei Verbände und Einungen, die er alle „consociationes" nennt und ursprünglich auf Gesellschafts- oder Gemeinschaftsverträge zurückführt.

Schon der erste Verband der Familie setzt die Ehe als ursprüngliche Vertragsgemeinschaft voraus. Die Ehe erweitert sich aber nicht durch Vertrag, sondern durch die Abstammung der Kinder von den Eltern zu der Familie im engeren Sinne, und wieder in der Folge durch Vermehrung und neue Ehen zu der Verwandtschaft. Althus macht ausdrücklich darauf aufmerksam, daß dem Ehemanne eine naturgemäße Überordnung über die Ehefrau, und ebenso dem Vater über die Kinder und dem Patriarchen über das Geschlecht zukomme. Er weist auf die innerliche Zusammengehörigkeit und das gemeinsame Blut, wie auf das wechselseitige Ergänzungs- und Unterstützungsbedürfnis und daher die ökonomische Genossenschaft hin und erkennt im Grunde die organische Natur der Familie an, deren Glieder keineswegs auf dem Fuße gleichberechtigter und nach Belieben bald sich vereinbarender, bald wieder sich trennender Gesellschafter zu einander stehen (Kap. 2 u. 3).

Nicht ebenso naturnotwendig und nicht ebenso dauernd sind dann die mancherlei genossenschaftlichen Verbände der Menschen zu bestimmten gemeinsamen-, meistens ökonomischen und Berufszwecken, welche Althus „collegia" nennt. Er denkt dabei voraus an die Innungen und Zünfte der Handwerker und Gewerbsleute, welche auch ihre Vorsteher und ihre allgemeinen Versammlungen haben, aber auch an andere, wesentlich privatrechtliche Verbände einzelner Berufsklassen. Obwohl auch hier anfangs Verträge unter den Beteiligten abgeschlossen werden, liegt das Wesen doch wieder in einer gegliederten Genossenschaft, die freilich auflösbar ist.

Von dieser Stufe aus steigt Althus nun zu der einheitlichen Institution einer „universitas" empor, welche nicht mehr eine privatrechtliche, sondern schon eine öffentlich rechtliche Gemeinschaft ist. Die erste derartige Gestaltung ist die Gemeinde, welche die Familien und Kollegien eines Ortes zusammenfaßt und zu einem gemeinsamen Körper einigt, und dadurch zu einer repräsentativen Person wird. Er sagt, nicht die einzelnen Bewohner sind die Glieder der Gemeinde, sondern die Familien und die Kollegien. Die einzelnen Bürger haben öffentliche Rechte und Pflichten in der Gemeinde, welche als einheitliches Ganzes organisirt ist. Je nachdem der Ort ein Dorf, ein Flecken, eine Stadt ist, wird auch seine Verfassung verschieden sein. Die öffentlichen Bedürfnisse sind ebenso verschieden wie die Ämter der Vorsteher (Schulzen, Bürgermeister), der Räte (Senat) u. s. f. Die wichtigsten Gemeinden sind die Städte (civitates). Die einen sind Landstädte und daher einem Landesherrn untergeordnet, die andern sind Reichsstädte und daher selber im Besitze der obrigkeitlichen Gewalt und Reichsstände.

Ist der Verband der Gemeinde noch örtlich begrenzt, so werden wieder mehrere Städte und Landgemeinden zu größeren Bezirken oder Provinzen, bzw. Landschaften (territoria) verbunden, und es entsteht unter ihnen eine Rechtsgemeinschaft (Kap. 5 u. 6).

Die Provinz oder die Landschaft erklärt Althus als Einigung mehrerer Gemeinden und Bezirke zu einem Territorium und wie zu gemeinsamem Rechte, so auch zu gemeinsamer Verwaltung, mit ihren geistlichen und weltlichen Landständen. Bei Betrachtung des geistlichen Standes mit seinen Bischöfen, Pfarrern, Presbyterien und mit seiner Sorge für die kirchliche Lehre, den Gottesdienst und die guten Sitten tritt wieder seine Vorliebe für die reformierte Kirchenverfassung deutlich hervor. Den weltlichen Stand teilt er in drei: den Ritterstand, den städtischen Bürgerstand und den sogenannten Hausmanns- oder Bauernstand. Der erste ist ein Kriegerstand, der zweite Gelehrten- und Gewerbestand und der dritte landwirtschaftlicher Nährstand. Haupt der Provinz oder der Landschaft ist je nach Umständen ein Fürst oder Herr (Herzog, Fürst, Markgraf, Landgraf, Freiherr) oder unter Umständen ein gewählter Statthalter. In wichtigen Fällen muß derselbe aber den Landtag zusammenrufen und mit diesem Rates pflegen oder dessen Zustimmung einholen (Kap. 7 u. 8).

Erst von dieser landschaftlichen Grundlage aus gelangt Althus endlich zum State oder Reiche. Die früheren Verbände hatten immer noch einen partikulären Charakter. Nun erhebt sich darüber das universelle Wesen des States, als ein ganz und gar öffentliches Gemeinwesen, als höchste Rechtsperson. Nicht die einzelnen Bürger und Unterthanen sind die Glieder dieses States oder Reiches, sondern die Länder, die Stände, d. h. öffentliche Körperschaften, die in sich einen statlichen Charakter haben.

Man sieht, diese Vorstellung von dem Stateinigungsvertrage ist himmelweit verschieden von dem Rousseau'schen contrat social, oder selbst von dem pactum unionis des Pufendorf.

Ohne Zweifel denkt Althus in seiner Darstellung zunächst an die damalige Verfassung des deutschen Reiches, welches aus Länderstaten (Territorien) zusammengesetzt war, in denen wieder Stände, Städte, Gemeinden, Kollegien eine berechtigte Stellung hatten, und an die Verfassung der niederländischen Generalstaten, die ebenso aus partikulären Territorial- und Städtestaten zu einem Bunde geeinigt waren. Sein Statsbegriff ist föderalistisch. Die Statslehre von Althus verbindet überall in solcher Weise die begriffliche und philosophische Methode mit der erfahrungsmäßigen geschichtlichen Betrachtung. Er folgt darin dem Beispiele Bodins.

Aber nun tritt er der Lehre Bodins von der absoluten Königssouveränetät auf das entschiedenste entgegen und ist ein eifriger Verteidiger und der erste wissenschaftliche Vorkämpfer der Volkssouveränetät.

Er spricht mit vollem Bewußtsein und schneidiger Schärfe den entscheidenden, dem Mittelalter trotz vereinzelter Regungen fremden Satz aus: Das Reich ist Eigentum des Volkes, die Verwaltung kommt dem Könige zu[1]); oder an anderen Stellen: Das Recht der Herrschaft und der Majestät ist ursprünglich und grundsätzlich Recht des Volkes, und dem Könige ist nur die Ausübung dieses Rechtes anvertraut. Er beruft sich dabei auf die Römer und die Erklärung Ciceros, daß die respublica die res populi sei.

Was Bodin in dem französischen Texte seines Werkes Souveränetät genannt hatte, die Fülle der höchsten Statsgewalt und Statshoheit, das nennt er jus majestatis. Aber während Bodin dasselbe in dem Könige konzentrierte und ausschließlich, sogar in absoluter Weise dem Könige zuschrieb, sieht Althus die Machtfülle

[1]) Kap. 9, 5, 4: regni proprietas est populi, et administratio regis.

und Majestät in dem Volke, nicht minder als ausschließliche Macht und Hoheit, aber nicht als eine absolute Willkürgewalt, sondern als eine durch das Recht beschränkte Statsgewalt. Er verwahrt sich gegen das Mißverständnis, daß das Recht der Souveränetät den einzelnen Gliedern des Reiches, den Reichsständen, oder gar der Mehrheit der Bürger zukomme, und ist der Meinung, daß nur die „Gesamtheit der Glieder" und nur der „ganze Körper" die höchste Gewalt habe. Wohl könne die Verwaltung sei es an einen Fürsten, sei es an einen Senat und möglicherweise auch nur stückweise überlassen sein. Aber die Fülle der Macht, die in der Majestät liegt, im Gegensatze zu bloßer Anhäufung einzelner Befugnisse, gehört nach Althus dem Volke, das wie die Seele in dem Statskörper herrscht. Bevor der König war, lebte das Volk; der König kann seine Gewalt nur von dem Volke ableiten, und sie ist ihm nur dazu anvertraut, daß er für die öffentliche Wohlfahrt sorge. Wenn der Wahlkönig stirbt, oder wenn das Königsgeschlecht in der Erbmonarchie untergeht oder sonst der Thron leer wird, so muß man doch wieder ein neues Fürstentum von dem Volkswillen ableiten. Der König ist König nur um des Volkes willen, das Volk aber existirt nicht um des Königs willen. Das Volk ist stärker als der König und demselben übergeordnet.

Althus verwirft aber auch den absoluten Charakter der Souveränetät, und zwar nicht bloß in dem Sinne, daß der Souverän dem göttlichen Gesetze und dem Naturgesetze unterworfen sei, was auch Bodin nicht leugnet, sondern auch in dem Sinne, daß er die oberste Reichsgewalt für verpflichtet erklärt, die verfassungsmäßigen Rechte der Glieder des Reiches, der Reichsstände, Provinzen, Landstände, Städte u. s. f., anzuerkennen und zu beachten. Auch in dieser Hinsicht berücksichtigt Althus das geltende deutsche Reichs- und Landesrecht. In Deutschland konnte niemand sei es dem Könige, sei es selbst der deutschen Reichsversammlung eine absolute Statsgewalt zuschreiben. Aber selbst für Frankreich bestreitet er die absolute Königsgewalt, mit

Recht im Sinne der früheren Jahrhunderte, nicht mit Recht gegenüber der Entwickelung des siebenzehnten Jahrhunderts (9, 18 ff.).

Man sieht, Althus ist dem modernen Gedanken der Statspersönlichkeit und demgemäß der Statssouveränetät schon sehr nahe gekommen. Aber Gierke hat gezeigt, daß er noch nicht diese Höhe des Standpunktes erreicht habe. Er faßt die Gesamtheit, die er Volk heißt, noch nicht auf als organisierte Nation, noch nicht als eine lebendige Gesamtperson, in welcher der Fürst die Stellung des Hauptes einnimmt, sondern nur als eine Gesamtheit der Reichsstände, der Provinzen und Städte, und sogar im Gegensatze zu dem Könige, und schreibt derselben nur eine römischrechtliche universitas, d. h. eine fingierte, im Grunde nur künstliche Persönlichkeit zu. Hat er aber auch nicht den Gipfel erstiegen, so hat er doch den Weg dazu gezeigt und größtenteils schon zurückgelegt.

Die Mehrdeutigkeit des Wortes Volk in der deutschen Sprache hat in die Statswissenschaft Verwirrung gebracht und eine Menge Irrtümer veranlaßt. Ehe man sich's versieht, wechselt der Sinn, während das Wort dasselbe bleibt. Insbesondere bedeutet das Wort Volk von jeher bald die Gesamtheit aller derer, die möglicherweise in verschiedenen Stellungen an dem State Teil nehmen, so daß auch der deutsche König zum deutschen Volke gehört, dessen Haupt er ist, der französische König ein Franzose, der englische ein Engländer ist. Bald aber bedeutet Volk hinwieder nur die Gesamtheit der Regierten, der Unterthanen im Gegensatze zu dem Regenten, der Obrigkeit, wie in dem Ausdrucke Fürst und Volk. Dort bedeutet es das statlich organisierte Ganze, den Stat; hier nur einen Teil des Ganzen, nur die Unterlage, nicht zugleich die Eigenschaft. Dort ist der Stat als lebendige Eine Person erkannt, hier erscheint er gespalten in Obrigkeit und Unterthanen, als in zwei Personen.

Indem nun dem Volke als Ganzen, das Haupt als Haupt inbegriffen, die höchste mögliche Macht und Würde als Souveränetät und Majestät zugeschrieben wird, folgt daraus gar nicht, daß diese Souveränetät und Majestät auch dem Volke als der Gesamtheit der Regierten irgendwie zukomme. Aber eben dazu verleitet das Wort. Althus ist nicht frei zu sprechen von diesem Versehen, und augenscheinlich wird er durch seine republikanische Erziehung und Neigung verleitet, auch dem Volke, in dem letzteren Teilsinne, die Majestät zuzusprechen, freilich nicht der aufgelösten Menge, sondern der Gesamtheit der geordneten Reichs- bzw. Landstände.

Er denkt sich das Verhältnis des Königs zu dem Volke als ein Vertragsverhältnis, im Grunde ebenso wie das Verhältnis eines republikanischen Magistrates zu dem Volke. Das Volk ermächtigt und beauftragt den Regenten zur Ausübung der Statsgewalt. Dieser ist jenem gegenüber immer ein Beauftragter, ein Beamter, und er hat seine Gewalt nur von dem Volke, das sie nicht abgetreten hat, denn sie ist unveräußerlich, sondern anvertraut und überlassen hat („imperium concessum"). Er führt zahlreiche Beispiele solcher Verträge an aus alter und aus neuer Zeit. Der König gelobt, der Verfassung gemäß zu regieren, und das Volk schwört dem Könige hinwieder Gehorsam und huldigt ihm. Die Gegenseitigkeit dieses Subjektionsvertrages spricht sich in diesen Gelöbnissen deutlich aus (18—20). Althus erinnert an die Wahlkapitulation des römischen Kaisers Karls V. von 1519 und an die alten Eide der Könige von Spanien und Schweden, wie an die Verfassungsgesetze von Frankreich und Polen.

Alles Recht, was dem Könige nicht zur Ausübung übertragen ist, bleibt selbstverständlich bei dem Volke zurück. Nie ist es einem Volke eingefallen, alle seine Rechte und für immer an einen Fürsten abzutreten und sich selber so in ewige Knechtschaft zu begeben. Nur um seines Friedens und seiner Sicherheit willen hat es Könige erwählt, und nur in der Absicht ihnen das Scepter anvertraut, daß sie die Rechtsordnung schützen und die gemeine Wohlfahrt fördern.

Hier kommt er nun auf die theokratische Vorstellung zu sprechen, daß die Gewalt von Gott den Königen verliehen sei.

Es ist merkwürdig, wie er seine Rechtsüberzeugung und sein Freiheitsgefühl mit den biblischen Überlieferungen zu versöhnen sucht, die ihm heilig sind. Er ist der Meinung, daß sich göttliches Recht und Volksrecht nicht ausschließen und nicht widersprechen, vielmehr das Volksrecht zugleich göttliche Lebensordnung sei. Er sagt, die heiligen Schriften nennen die jüdischen Könige und Richter „Diener Gottes"; das aber sind sie nur, wenn sie die göttlichen Gesetze halten und Gerechtigkeit handhaben. Wenn sie Unrecht thun, so hören sie zugleich auf, Diener Gottes und der Gesamtheit zu sein. Sie haben ihre Gewalt mittelbar von Gott und unmittelbar von dem Volke. Eine Macht, Unrecht zu thun, aber haben sie weder von Gott noch von dem Volke erhalten. Der deutsche König hat seine Würde zugleich von Gottes Gnaden und durch die Wahl der Kurfürsten. Er muß Gott gehorchen und zugleich das Reich als die ursprüngliche und höhere Macht anerkennen (18—20).

Sorgfältig untersucht er den Begriff der Tyrannei und prüft er die Heilmittel gegen dieselbe. Tyrannei ist ihm das Gegenteil der recht- und zweckmäßigen Regierung und eine Verletzung des Grundvertrages zwischen Obrigkeit und Unterthanen. Verfassungs- und Gesetzesbruch, Willkürregiment, liederliche Wirtschaft, Schutzlosigkeit der Unterthanen, Begünstigung des Fraktionswesens, Verhinderung der ständischen Wirksamkeit sind Äußerungen und Kennzeichen der Tyrannei.

Ganz im Sinne Calvins hebt Althus das Bedürfnis eines Ephorates hervor, welches die Kontrolle über die Regierung des obersten Magistrates, gewissermaßen im Namen des Volkes und als dessen Repräsentanz, ausübe. Im deutschen Reiche schreibt er so das Ephorat dem Kollegium der Kurfürsten zu. Diese Ephoren sind zunächst berufen, der Tyrannei Widerstand zu leisten. Sie werden dazu berechtigt durch den Grundvertrag, die Kompetenzbestimmungen, die göttliche Ordnung und den Eid, ihr Wahlrecht. Ein Recht zur Beschwerde besteht überall, wo eine Gemeinschaft ist, auch in der Familie. Das Unrecht des Regenten zerstört auch sein Recht zu regieren. Reichen Worte aus, um die Tyrannei abzuwehren (Vorstellungen, Beschwerden, Proteste), so ist dieses Mittel vorzuziehen; im Notfalle aber ist bewaffneter Widerstand wider gewaltsames Unrecht unentbehrlich und erlaubt. Die einzelnen Privaten freilich haben dazu weder die Macht, noch in anderer Weise das Recht, als indem sie sich an einen zum Widerstande berechtigten Fürsten anschließen und demselben helfen. Zuletzt sind die Ephoren berechtigt, den zum Tyrannen gewordenen König zu entsetzen. Althus wendet sich hier ausführlich gegen Albericus Gentilis und Barclay, welche den Ephoren — hier dem Parlamente — das Recht zu solchem Widerstande bestreiten. Dieser Streit der Theoretiker ist der englischen Revolution von 1648 vorhergegangen, welche die Lehre von Althus zur Anwendung brachte (38).

Althus folgt auch darin der calvinistischen Richtung, daß der Gegensatz von Stat und Kirche nicht zu voller Geltung gelangt, sondern die Einheit und Gemeinschaft des Volkes und der Statsgewalt sowohl in religiöser als in rechtlicher Hinsicht als das Ideal gelehrt wird. Deshalb umfaßt auch das eine Majestätsrecht die beiden Richtungen, die kirchliche und die weltliche. Er betrachtet es als eine Hauptaufgabe des States, für die Reinheit der Religion und für den Kultus zu sorgen. Die Rechtgläubigkeit erscheint ihm noch als Statsinteresse, und unbedenklich würde er einen ersten Magistrat auch deshalb entsetzen, weil derselbe nicht für den rechten Glauben besorgt ist. Aber er warnt doch vor einseitiger Übertreibung des Glaubenseifers und verlangt schonungsvolle Mäßigung gegenüber abweichenden religiösen Ansichten. Er gibt sogar zu, daß möglicherweise der Landesfürst ein anderes Bekenntnis als seine Unterthanen haben könne. Wiederholt auch ermahnt er zur Sorge für die Schulen und zur Förderung der Wissenschaft von Seite der Statsgewalt (9, 19 § 20).

Die weltliche Seite der Souveränetät betrachtet er wieder nach zwei Richtungen. Entweder hat sie eine allgemeine Aufgabe, wie insbesondere in der Gesetzgebung, welche die moralischen

Fundamentalgebote des Dekalogs je nach dem Bedürfnisse der Zeit zu Rechtsnormen ausprägt, und in dem allgemeinen Vollzuge der Gesetze, oder sie erfüllt besondere konkrete Aufgaben, wie z. B. in den wirtschaftlichen Angelegenheiten, dem Steuerwesen, der Besetzung der Ämter. Zu der letzteren besonderen Richtung rechnet er sonderbarerweise auch die Wahl und Anordnung einer Statssprache (10—14). Indem er die Privilegien und Immunitäten bespricht, gerät er auch in das Kriegsrecht. Er zählt die möglichen gerechten Kriegsursachen auf und behandelt auch die verschiedenen Bündnisformen (15—17).

Nun geht er von der Verfassung auf die Verwaltung über und betrachtet die verschiedenen Ämter, der Ephoren, des höchsten Magistrates, die Justiz, die Censur, die Militär- und die Finanzverwaltung (18—37).

Erst zuletzt (39) bespricht Althus die verschiedenen Regierungsformen. Diese Unterschiede haben bei ihm eine viel geringere Bedeutung als bei anderen Publizisten, weil immer die Souveränetät bei dem Volke verbleibt und lediglich vorübergehend die Ausübung derselben bald Einem, bald einigen ausgezeichneten Personen oder Klassen, bald der Mehrheit der Bürger anvertraut wird. Wenn einer dieser Beauftragten sein Amt schlecht verwaltet, so ist das souveräne Volk immer in der Lage, die Vollmacht zurückzunehmen und eine andere Regierung einzusetzen.

Erst Hugo de Groot, oder, wie er als Autor der lateinisch geschriebenen Schriften sich nannte, Hugo Grotius, vollzog die Befreiung der Rechtslehre von der Theologie. Er that es nicht aus Abneigung gegen die theologische Gelehrsamkeit, mit der er sich vielmehr selber sehr ernstlich beschäftigte, und noch weniger aus einer irreligiösen Gesinnung, — er war ein sehr religiöser Mann und ein aufrichtiger Christ. Er that es, weil er die Notwendigkeit der Scheidung erkannt hatte und die Wahrheit, welche sich seinem ernsten Nachdenken enthüllt hatte, nicht verleugnen mochte.

Hugo de Groot, der Sohn des Bürgermeisters von Delfft, geb. den 10. April 1583, hatte eine sehr sorgfältige gelehrte Erziehung erhalten. Sein Vater war zugleich Kurator der Universität Leyden und selber ein gelehrter Mann. Der Knabe schon war eine ungewöhnliche Erscheinung, ein Wunder von Talent und Fleiß. Im sechzehnten Jahre promovirte er als Doktor der Rechte. In die alte klassische Litteratur war er durch Scaliger eingeführt worden. Aber er fand sich selbständig darin zurecht und nährte gern seinen Geist mit den Gedanken antiker Weisheit. An Belesenheit in den griechischen und römischen Schriften wetteiferte er mit seinem Landsmanne Erasmus. Daneben hatte er philosophische und mathematische Studien gemacht und sich auch in die Lehren der protestantischen Theologie vertieft. Er war ein aufrichtiger Christ und freier Denker zugleich. Sein eigentlicher Beruf aber waren die juristischen und die Statsgeschäfte. An den Parteikämpfen seines Vaterlandes nahm er lebhaften Anteil. Dabei hielt er zu dem freisinnigen Statsmanne Oldenbarneveld, dem Ratspensionär von Holland, der ihn auch 1598 auf einer Gesandtschaft nach Paris mit sich genommen hatte. Im Jahre 1607 ward er zum Generaladvokat von Holland, Seeland und Westfriesland ernannt, und schrieb damals seine berühmte Abhandlung zu Gunsten „der Freiheit des Meeres“ (mare liberum), freilich nur ein Stück aus einer größeren, lange Zeit unbekannt gebliebenen Parteischrift: „Von der Beute“ (de praeda), und 1613 als Syndikus der Stadt Rotterdam ein Mitglied der Provinzialstände von Holland. In dem Streite der beiden theologischen Parteien, welcher auch die Bevölkerung spaltete, der Arminianer oder Remonstranten und der Gomarianer oder Contraremonstranten, wurde er als Führer der ersteren geehrt, welche die Würde und den Wert der menschlichen Geistesfreiheit gegenüber der Calvinistischen Lehre von der Gnadenwahl verteidigten. Zugleich aber vertrat er den Grundsatz der Duldsamkeit in kirchlichen Dingen gegenüber dem Verfolgungseifer beider Parteien, vorzüglich aber der fanatischeren

Gomarianer. Da lernte er im Leben das Verderben kennen, welches den Stat bedroht, der sich von dogmatischen Leidenschaften bestimmen läßt.

Die Verbindung der kirchlichen mit den politischen Parteien machte diese Kämpfe äußerst gefährlich. Die Meinung der Gomaristen erhielt unter den großen, ungebildeten Massen vorzüglichen Anhang, welche glaubten das Prinzip der Reformation zu verteidigen, und hinwieder benutzte der Fürst Moritz von Oranien, Statthalter von Oranien, diese Stimmung, um seine Herrschsucht zu befriedigen und sich der öffentlichen Gewalt mehr zu bemächtigen. Die Partei der Remonstranten hatte ihre Hauptstütze in den gebildeteren und angeseheneren Klassen. Ihr politisches Haupt war Barneveld. Endlich griff der Statthalter zur Gewalt und nahm die geistigen Führer der freieren, aber als aristokratisch dem Pöbel verhaßten Partei gefangen (29. Aug. 1618). Der edle 72jährige Oldenbarneveld wurde als angeblicher Landesverräter zum Tode verurteilt und, da er sich vor dem Prinzen nicht demütigte, hingerichtet. Der 36jährige Groot aber wurde, trotz der Reklamationen der Stadt Rotterdam, zu ewigem Gefängnisse verurteilt. Wie ein Jahrhundert früher Machiavellis Laufbahn durch die Usurpation eines Fürsten unterbrochen worden war, so erfuhr auch Groot den doppelten Schmerz, aller Wirksamkeit in seinem Vaterlande beraubt zu werden und den Verlust der eigenen Freiheit mit der Erniedrigung der Republik verbunden zu sehen.

Indessen glückte es der List seiner Frau, Maria von Reigersberg, ihn in einer Bücherkiste aus dem Gefängnisse zu befreien, und in Paris fand der treffliche Mann einen sicheren Zufluchtsort und erhielt eine Zeit lang die königliche Unterstützung. Während seines Aufenthaltes in Frankreich (1622—1625) schrieb er das Werk, das seinen Namen unsterblich gemacht hat: De jure belli ac pacis (zuerst Paris 1625). Das Buch war dem Könige Ludwig XIII. gewidmet. Indessen auch in Frankreich konnte er auf die Dauer nicht leben. Der Kardinal Richelieu entzog ihm die Pension 1631, weil er sich der Regierungspolitik nicht gefügig erwies. Durch den Kanzler Oxenstierna wurde er nach Stockholm berufen und trat nun 1634 in schwedische Statsdienste. Zwölf Jahre bewahrte er diese Stellung. Endlich wurde wieder die Sehnsucht nach der Heimat in ihm wach, welche geneigt schien, ihr Unrecht an dem berühmten Landsmanne wieder zu sühnen. Aber es war weder ihm noch seinem Vaterlande beschieden, die Versöhnung zu feiern. Er erkrankte und starb auf der Rückreise zu Rostock am 27. August 1645.

Sein Hauptwerk: „Vom Rechte des Friedens und des Krieges“ hat keine so umfassende Aufgabe wie das Werk von Bodin über den Stat. Er beschränkt sich darin auf das Völkerrecht, aber um eine sichere Grundlage dafür zu gewinnen, untersucht er mit mehr philosophischer Freiheit als Bodin das menschliche Rechtsbewußtsein.

Groot bestreitet die göttliche Offenbarung im Dekalog nicht, aber sie kann schon deshalb nicht die Grundlage des Völkerrechtes sein, weil sie nicht von allen Völkern als Autorität anerkannt wird und das Völkerrecht alle Völker gleichmäßig verpflichtet. Energischer als seine Vorläufer sucht er in der menschlichen Natur das Rechtsprinzip auf. Er hat keinen Zweifel darüber, daß die menschliche Natur eine Schöpfung Gottes sei und daß daher Gott die Anlage des Naturrechtes nach seinem Willen dem Menschen eingepflanzt habe. Aber weil er in dem Menschen, wie er ist, die Quelle des Naturrechtes findet, so zieht er daraus den vielen anstößigen und von den meisten mißverstandenen Schluß: auch wenn kein Gott wäre, oder wenn Gott sich nicht um die menschlichen Dinge kümmern wollte, so würden wir als Menschen dennoch ein Naturrecht haben (Proleg. 11); d. h. das Naturrecht ist auch für den Atheisten verbindlich, weil der Atheist zwar Gott, aber nicht die menschliche Natur leugnen kann.

Auf eine psychologische Untersuchung der Menschennatur läßt sich Grotius auch nicht ein. Es genügt ihm, in derselben den

Trieb zur Geselligkeit (appetitus societatis, Proleg. 7) aufzuzeigen und daraus in Verbindung mit den menschlichen Fähigkeiten der Sprache und des Urteils nach allgemeinen Begriffen den Begriff des natürlichen Rechtes herzuleiten. „Die Wahrung der Gesellschaft, entsprechend der menschlichen Einsicht, das ist die Quelle des natürlichen Rechtes; dahin gehört die Enthaltsamkeit von fremdem Gute, die Zurückgabe dessen was einem andern gehört, die Pflicht, das Versprechen zu erfüllen, der Ersatz des zugefügten Schadens und die Verschuldung der Strafe" (Proleg. 8).

Er versteht die Geselligkeit als eine sittliche Notwendigkeit, welche die Menschen zur Gemeinschaft treibt, nicht um dieses oder jenes Vorteiles willen, sondern um der menschlichen Natur gerecht zu werden. Er verwirft die Meinung des Sophisten Carneades (Proleg. 16), daß das Recht um des Nutzens willen eingeführt sei: die Rücksicht auf Nutzen und Schaden kommt wohl in zweiter Linie in Betracht, aber sie begründet das Recht nicht. Auch wenn wir keinen Nutzen davon haben, werden wir doch durch die Natur auf die Rechtsgemeinschaft hingewiesen, welche freilich nach einer weisen Vorsorge der Natur auch nützlich ist, indem sie die Schwächen und Mängel des einzelnen stärkt und ergänzt und den Schaden abwendet. Er erläutert und stützt diese Bemerkung durch den Hinweis auf das Völkerrecht, welches auch dann von den Völkern Beachtung fordert, wenn dasselbe ihrem Vorteil nicht günstig ist (Proleg. 18).

Der Satz des Aristoteles: Der Mensch ist ein statliches Wesen (*πολιτικὸν ζῶον*) wird von Grotius zu dem Satze erweitert: Der Mensch ist ein geselliges Wesen (homini proprium sociale). Der Aristotelische Satz begründet das Statsrecht, der des Grotius das Recht überhaupt (Privatrecht, Statsrecht, Völkerrecht). Der Trieb zur Geselligkeit wird durch die menschliche Vernunft zu bewußtem Rechtssinne erhoben und dadurch von dem tierischen Instinkte zur Gemeinschaft scharf unterschieden. Wohl gibt es auch Tiere, die gesellig leben, aber es fehlt ihnen das sittliche Bewußtsein der Geselligkeit, die vernünftige Erkenntnis dessen, was die Gemeinschaft verlangt (Proleg. 7). Daher gibt es nur für die Menschen ein wirkliches Recht, für die Tiere nur den Schatten des Rechtes (I, 1, 11).

Freilich erklärt Grotius nicht den entscheidenden Gegensatz, der auch in der menschlichen Natur vorhanden ist, zwischen der gemeinsamen Anlage aller Menschen, die er die gesellige nennt, und der individuellen Eigenart eines jeden einzelnen. Er bezieht sich auf die erstere, ohne sie von der letzteren sorgfältig zu unterscheiden, und gelangt daher zu keiner klaren Begrenzung des Rechtsgebietes und zu keiner genügenden Unterscheidung zwischen öffentlichem und Privatrecht.

Für die Begründung des Rechtsbegriffes hat Grotius unleugbar einen großen Fortschritt gemacht, aber für die Begründung des Statsrechtes ist er hinter Aristoteles zurückgeblieben. Aristoteles hatte den Stat als Einheit erkannt und mit Nachdruck betont, daß wie das Ganze vor den Teilen sei, so auch in der Idee der Stat vor den Bürgern, seinen Teilen. Ohne diese Erkenntnis ist eine wissenschaftliche Begründung des Statsrechtes nicht möglich. Man kann nicht sagen, daß diese Einsicht Grotius so vollständig fehle, wie einem großen Teile seiner Nachgänger. Er führt billigend ein Wort des Juristen Paulus an, der dem Volke einen einheitlichen Geist zuschreibt (II, 9, 3). Er erkennt sogar an, daß dasselbe in einem der Natur nachgebildeten Sinne einen Körper habe, und spricht daher wiederholt von einem Statskörper. Aber diese Einsicht zeigt sich nur zuweilen in vereinzelten Äußerungen, sie erhebt sich nicht zu der Klarheit eines leitenden Gedankens. In der Regel hat er nur die einzelnen Menschen vor Augen. Ihnen schreibt er den Trieb der Geselligkeit zu, aus ihrem Zusammentritt und aus ihrer Vereinigung leitet er den Stat ab. Von einer Einheit, die in der Natur selbst als Anlage gegeben ist, weiß er nichts. Er hat nur eine Ahnung davon, indem er den Trieb zur Einigung wahrnimmt, der von Natur in allem wohnt.

Die Lehre, welche den Stat aus Vertrag der Bürger entstehen läßt, ist zwar bei Grotius nicht so bestimmt ausgesprochen wie bei seinen Nachfolgern. Es geschieht ihm aber kein Unrecht, wenn man dieselbe auf ihn zurückführt, indem er aus der Verbindlichkeit der Verträge alles Statsrecht ableitet (Proleg. 15. 16) und den Stat als die vollkommene Vereinigung der freien Menschen erklärt (I, 1, 14; II, 5, 17; II, 5, 23) um des Rechtsgenusses und gemeiner Wohlfahrt willen, denn er denkt dabei wirklich an die Individuen, die sich vereinbaren, nicht an eine nationale Gemeinschaft, welche sie zusammentreibt und zusammenhält, auch nicht an eine Vereinbarung der Stände und Länder, wie Althus.

Der Stat erscheint ihm daher wie eine Summe von einzelnen, nicht wie eine Einheit, wie eine Verbindung, nicht wie ein Ganzes, wie eine Gesellschaft, nicht als Stat, und es bleibt unerklärt, woher denn dieser Gesellschaft eine Macht zukomme über alle einzelnen, auch über die, welche zu solcher Autorität ihre Zustimmung nicht geben. Den Grund, den er für die Verbindlichkeit von Mehrheitsbeschlüssen in einer Körperschaft anführt (II, 5, 17), es wäre ungereimt, der Minderheit den Vorzug zu geben, und die Körperschaft müßte doch irgendwie zu Entschlüssen gelangen und handeln können, erklärt zur Not das Verhalten der bestehenden Körperschaft, aber nicht ihre Entstehung.

Von dem Naturrechte, das mit innerer Notwendigkeit gegeben ist und nicht einmal auf göttlicher Willkür beruht, wenngleich jene Naturnotwendigkeit mit dem göttlichen Willen übereinstimmt, unterscheidet Grotius sowohl das göttliche Recht in dem Sinne der Offenbarung des göttlichen Willens im Dekalog, als das Satzungsrecht des einzelnen States, das er jus civile nennt (Proleg. 12—14; I, 1, 10 ff.). Die beiden letzteren heißt er Willensrecht (jus voluntarium), indem sich in ihnen dort der Wille Gottes, hier der Wille des States ausgesprochen hat. Das Naturrecht ist die ursprüngliche Grundlage, das Willensrecht ist die historische Zuthat. Er meint: „Indem sich die Menschen zu einem Gemeinwesen verbunden oder sich einem oder einigen unterworfen haben, so haben sie entweder ausdrücklich versprochen oder stillschweigend durch ihre Handlungsweise gelobt, das zu befolgen, was die Mehrheit oder die Gewalthaber anordnen" (Proleg. 15). Auch hier wieder sucht er in dem Einzelwillen der Individuen, nicht in dem Statswillen des Ganzen den letzten Grund für die Autorität des Gesetzes.

Das Naturrecht ist das Recht der menschlichen Vernunft, welche erkennt, was mit der menschlichen Natur übereinstimmt oder nicht stimmt, zu der geselligen Beziehung der Menschen paßt oder nicht paßt (I, 1, 10). Das Willensrecht aber nimmt mehr Rücksicht auf das in jedem Zeitpunkt Zweckmäßige und Nützliche. Das Naturrecht ist so unveränderlich, daß Gott selbst es nicht ändern kann, so wenig als er eine mathematische Wahrheit unwahr machen kann. Aber das Willensrecht ist veränderlich, wie das menschliche Streben.

Das Naturrecht wird a priori erkannt, indem das richtige und notwendige Verhältnis eines Dinges zu der geselligen und vernünftigen Natur aufgedeckt wird, und a posteriori, indem es in der Übereinstimmung der Völker als ein geschichtlich gemeinsames gezeigt wird. Das Willensrecht, auch das göttliche, kann nur aus der Geschichte geschöpft, nicht aus der logischen Betrachtung der Natur wahrgenommen werden (I, 1, 12).

Entschieden bestreitet er die Allgemeingültigkeit des Dakaloges, den er zwar für göttliches Willensrecht erklärt, aber nur als ein Gesetz, das mit Bezug auf das jüdische Volk gegeben worden und nur für die Juden verbindlich sei (I, 1, 16). Dem ganzen Menschengeschlechte ist das göttliche Gesetz dreimal gegeben worden, zuerst unmittelbar nach der Schöpfung, dann nach der Sintflut und zuletzt durch Christus. Aber auch dieses allgemeine Gottesgesetz ist nur insofern verbindlich, als es bekannt worden ist.

Man sieht, die Unterscheidung zwischen Religion und Recht, Moral und Recht ist bei Grotius noch nicht zu voller Klarheit gelangt, obwohl er sich bemüht, das Recht als eine besondere

Ordnung darzustellen und dieselbe auf ein selbständiges Fundament zu erbauen.

Die Frage, wem die oberste Statsgewalt (Souveränetät; er nennt sie summa potestas, summum imperium, summitas imperii) (I, 3, 7) zukomme, beantwortet er — der geborene Republikaner — weniger absolut und umsichtiger als Bodin. Indem er auf den Unterschied zwischen dem Körper als einem Ganzen und einem einzelnen Gliede dieses Körpers aufmerksam macht und bemerkt, man könne richtig sagen: „Der Körper sieht" und hinwieder: „Das Auge sieht", da man das eine Mal das Ganze als Subjekt denke, das andere Mal das Glied des Ganzen, dem eine besondere Funktion anvertraut sei, bemerkt er sehr richtig, die höchste Gewalt müsse insgemein dem State als dem Ganzen und hinwieder im besonderen der Person im State zugeschrieben werden, welche als oberste Autorität (πρώτη ἀρχή) erscheine. Der Unterschied zwischen Statssouveränetät und Fürstensouveränetät ist also wenigstens im Prinzip schon von Grotius aufgezeigt, wenngleich noch nicht näher begründet und ausgebildet worden [1]). Deshalb fällt, wenn der Wahlfürst oder die Dynastie des Erbfürsten stirbt, die öffentliche Gewalt immer wieder an das Volk zurück, von dem sie ausgegangen ist (I, 3, 8).

Dagegen bekämpft er die Meinung (von Althus, den er nicht nennt), daß unter allen Umständen das Volk die höchste Gewalt wirklich besitze und daher die Macht habe (II, 9, 8), die Fürsten, wenn sie ihre Gewalt mißbrauchen, zur Rechenschaft zu ziehen und zu bestrafen. Es kommt auf die besondere Statsform an, und es ist nach seiner Ansicht möglich, daß ein Volk sich ganz und gar einem Fürsten oder einer Aristokratie unterwirft, ohne sich irgend welche politische Rechte vorzubehalten. Wie es nach Aristoteles Menschen gibt, die von der Natur zur

---

[1]) I, 3, 7. „Summa potestatis subjectum commune est civitas, quam perfectum coetum esse diximus. — Subjectum proprium est persona una pluresve, pro cujusque gentis legibus ac moribus."

Knechtschaft bestimmt sind, so gibt es auch Völker, welche es vorziehen, regiert zu werden, als sich selbst zu regieren. Er nimmt keinen Anstoß an der Gleichsetzung der Statsherrschaft dominium civile sive jus regendi) und dem Privateigentum (dominium privatum), und erklärt auch den Patrimonialstat, der diese Gleichsetzung begünstigt, für eine berechtigte Statsform. Zwar leugnet er nicht, daß die meisten Staten zum besseren Nutzen der Regierten eingerichtet worden sind, aber er kann sich doch die Möglichkeit denken, daß ein mächtiger Mann die Herrschaft erworben habe, mehr um seines eigenen Vorteiles als um des Wohles der Unterthanen willen, und sieht daher in der Herrschaft ausnahmsweise auch ein Privatgut, das der Patrimonialherr ebenso veräußern könne, wie der Eigentümer eine andere Sache (I, 3, 12). Dann werde genau genommen nicht das Volk veräußert, nicht die Menschen, die zwar in solchem State politisch unfrei, aber als Privatpersonen berechtigt und frei seien, sondern das immerwährende Recht, über dieses Volk zu regieren.

Die Beispiele des Patrimonialstates lagen damals in ihrer relativen Berechtigung allzunahe, um übersehen zu werden, und es ist nicht zu tadeln, daß Grotius die historische Erscheinung anerkannte; aber er hätte doch bemerken sollen, daß dieselbe mit seinem eigenen Gedanken der Statssouveränetät in einem logischen Widerspruche stehe und daher nicht auf die Dauer haltbar sei, denn der Stat als das Ganze kann nicht das Eigentum seines Teiles, also auch nicht des Fürsten sein.

Übrigens schwärmt er gar nicht für die Patrimonialherrschaft. Der freie Stat, in welchem die Bürger auch politische Rechte haben, ist ihm viel lieber und ehrwürdiger. Er ist geneigt anzunehmen, wo ein Volk sich anfänglich mit freiem Willen, nicht durch Zwang einem Fürsten unterworfen habe, dürfe der Fürst sein Land nicht ohne die Zustimmung des Volkes veräußern (I, 3, 13). Das Erbrecht des Fürsten ändere daran nichts, denn das Erbrecht setze nur fort, was ursprünglich durch die

Wahl begründet worden. Und unbedenklich gibt er mancherlei Beschränkungen der obrigkeitlichen Souveränetät zu, auch solche, von denen Bodin nichts hatte wissen wollen. Nicht bloß die notwendige Beschränkung des Naturrechtes, des göttlichen Gesetzes und des Völkerrechtes; auch durch freiwillige Versprechen gegenüber den Unterthanen kann der Souverän beschränkt werden (I, 3, 16), und zwar wie in der Ausübung seiner Rechte, so auch in dem Rechte selbst. Handelt er gegen sein Versprechen, so ist die Handlung im erstern Falle ungerecht und im zweiten Falle nichtig, keineswegs weil er einen andern Richter über sich hat, sondern weil die Ungültigkeit von Rechtes wegen folgt. Sogar der absolute Perserkönig, der wie ein Gott verehrt wurde, durfte doch nicht gewisse Reichsgesetze antasten. Ferner durch die vertragsmäßige Androhung, daß der Fürst die Krone verliere, wenn er die beschworene Treue breche. Wie es ein stiftungsmäßig beschränktes Eigentum an einem Grundstücke gibt, ebenso kann auch das Herrscherrecht fideikommissarisch beschränkt werden.

An sich ist allerdings die oberste Gewalt einheitlich und unteilbar (I, 3, 17). Aber trotzdem geschieht es, daß zuweilen zwei Personen sich in die eine Herrschaft teilen, wie die römischen Kaiser im Occidente und im Oriente, und daß nicht alle hoheitlichen Befugnisse dem Herrscher überlassen, vielmehr in der Monarchie andere dem Senate und wieder andere dem Volke vorbehalten werden. Aus solcher Spaltung entstehen freilich Übelstände; aber da alle statlichen Einrichtungen an Unvollkommenheit leiden, so kommt es darauf an, die minderen Übel zu wählen.

Hat der Herrscher die Gültigkeit seiner Handlungen an die Zustimmung anderer politischer Körper gebunden, so ist das nicht einmal eine Teilung der Souveränetät, sondern die gesetzliche Normierung seines wahren Willens zum Unterschiede bloßer Willkür (I, 3, 18).

Eine eigentümliche Spaltung der Hoheit ist die des germanischen Lehensstates, dem ungleichen Bündnisse zweier Staten vergleichbar (I, 3, 23). Die Hoheit des Lehensherrn hört nicht auf, obwohl dem Vasallen die wichtigsten Befugnisse in derselben überlassen sind.

Grotius wagt es noch nicht, die Konsequenzen seiner Statssouveränetät zu ziehen; er begnügt sich damit, die Folgerungen Bodins aus der obrigkeitlichen Souveränetät mit Rücksicht auf die verschiedenen historischen Statsverfassungen zu ermäßigen und abzuschwächen. Eine wichtige Folgerung der Statssouveränetät aber bemerkt er und verbessert damit die Lehre Bodins. Der Stat bleibt derselbe, wenn auch seine Regenten wechseln, sogar derselbe, wenn die Regierungsform wechselt (II, 9, 8). Es ist derselbe Stat Rom unter den Königen, den Konsuln und den Kaisern. Insofern ist der Stat unsterblich. Deshalb *dauern* auch die *Verbindlichkeiten des States* fort, wenngleich die Regenten, welche dieselbe eingegangen sind, nicht mehr leben. Er unterscheidet zwischen den *Privathandlungen* und den *öffentlichen Handlungen* des Regenten, und daher zwischen Privaterbrecht und Thronfolge (II, 14, 1). Die Privatschulden des Fürsten gehen auf seine Privaterben, nicht auf den Thronfolger, die öffentlichen Verbindlichkeiten auf diesen, nicht auf jenen über, und auf den Thronfolger, nicht weil er der Nachfolger seines Vorgängers, sondern weil er das Haupt des einen fortlebenden States geworden ist (II, 14, 12).

Das Werk von Grotius übte eine ungeheure Wirkung auf die Wissenschaft, eine geringere, obwohl noch ansehnliche auf die Praxis aus. Er wurde als der Begründer der *naturrechtlichen Rechtsphilosophie* und des *modernen Völkerrechtes* angesehen und von der gebildeten Welt überall hoch geehrt. Die Eleganz seiner Sprache, der Glanz der vielen Edelsteine, welche er aus den Schätzen des klassischen Altertumes zusammengesucht hatte und womit er seine Darstellung schmückte und beleuchtete, die Humanität seiner Gesinnung, das warme Gefühl für eine sittliche Rechtsordnung, das edle Streben in der fürchterlich rohen und wilden Periode des dreißigjährigen

Krieges, auch die Kriegführung durch die sittliche Mahnung des Rechtes und der Menschlichkeit zu zähmen, und die logische Energie, mit welcher er die letzten menschlichen Ursachen aller Rechtsbildung auffaßte, gewannen ihm unzählige Herzen und Köpfe. Einstweilen wurden die Mängel der neuen Lehre noch nicht bemerkt. Man freute sich mit naiver Hingebung des großen civilisatorischen Fortschrittes, den sie unstreitig gemacht hatte.

Fünftes Kapitel.

Die englische Revolution. John Milton. Thomas Hobbes. Spinoza.

Der Geist des siebenzehnten Jahrhunderts war der Ausbildung der absoluten Monarchie und in den republikanischen Staten der absoluten Gewalt der bestehenden Obrigkeit entschieden günstig. Der Glaube an ein unmittelbares göttliches Recht der Obrigkeit fand trotz der Zweifel, welche die naturrechtliche Lehre erhob, an den Höfen der Fürsten, in den Predigten der Geistlichen, in den öffentlichen Schulen zahlreiche und eifrige Vertreter und wurde nun einseitiger und übertriebener als früher verstanden und leidenschaftlicher verfochten. Dieser Glaube bemächtigte sich mit mystischer Gewalt der Gemüter. Indem er sich mit der Lehre der römischen Juristen verband, welche die römische Statsidee mit ihrem Absolutismus des menschlichen Volks- bzw. Fürstenwillens erneuerte, bekam die Statshoheit eine religiöse Weihe und eine in den früheren Jahrhunderten unbekannte Stärke und Ausdehnung.

Die feudalen Stände, welche sich mit den Fürsten in die Gewalt geteilt hatten, unterlagen nun der steigenden Autorität der souveränen Gebieter, welche in neuen von ihrem Willen abhängigen Beamten gefügige Diener der Gewalt heranzogen und durch die stehenden Söldnerheere ihren Befehlen unweigerlichen Gehorsam sicherten. Die Räte der Rechtsgelehrten und die Jurisprudenz der Gerichte hatten im vorigen Jahrhunderte die feudalen Institutionen an manchen Stellen untergraben und die Schranken der Lehensverfassung vielfach durchbrochen. Die großen Volksklassen betrachteten die allmähliche Umgestaltung des Lehensstates in den absoluten Stat zum Teil mit Gleichgültigkeit, zum Teil mit Beifall. Sie hofften eher noch bei dem einen absoluten Fürsten als bei den vielen kleinen Herren Schutz für ihre Person und ihr Vermögen und ausgiebige Sicherung des Landfriedens zu finden. Mit Schadenfreude sahen sie zu, wenn der beneidete und verhaßte Adel gelegentlich von den fürstlichen Beamten gedemütigt ward. Ein großer Teil der Beamten war aus dem Bürgertume hervorgegangen, die Masse der Soldaten bestand aus Bauern. Wenn etwas Großes zu Stande kam, wenn gemeinnützige Anstalten gegründet wurden, so war es ein Werk der Fürsten. Die Macht und der Ruhm der Nation ward durch die Obrigkeit repräsentiert. Die Ständeversammlungen hatten meistens nur für die Sonderinteressen der aristokratischen Klassen gesorgt und deren Privilegien erweitert, sie hatten sich um die Volksrechte wenig bekümmert, aber die gemeinen Lasten den unteren Klassen schonungslos auferlegt. Als nun in den meisten Staten des Kontinentes, hier früher dort später, die Fürsten auf die Vorstellungen der Stände nicht mehr achteten und es unterließen, dieselben zu versammeln, entstand darüber weder Unruhe noch Mißstimmung unter dem Volke.

Nur in Einem Lande entbrannte ein wilder Kampf zwischen dem germanischen Freiheitsgefühl des Volkes und der absoluten Fürstengewalt. Was auf dem Kontinente den Bourbonen und den Habsburgern und den meisten andern Dynastien gelang, das versuchten die Stuarts in England zu ihrem Verderben. Hätte das kontinentale Statssystem der absoluten Monarchie, dessen vorzüglichster Träger Ludwig XIV. war, vollständig gesiegt, so konnte auf lange Zeit hin von einem Fortschritte der Statswissenschaft keine Rede mehr sein, denn alles Denken über den Stat mußte einer Gewalt gefährlich erscheinen, welche eine unermeßliche und unergründliche göttliche Autorität über die Völker behauptete. Man konnte daran glauben, man konnte sie nicht mit dem Verstande begreifen. Alle die furchtbaren politischen Kämpfe, welche die Engländer bestanden, verhinderten die geistige Versumpfung und erschütterten die herkömmlichen Autoritäten bis auf den Grund. Europa hatte auch in den letzten Jahrhunderten viele Veränderungen erlebt, in vielen Ländern und Städten wurde die Herrschaft gewechselt; aber vor der ungeheuern Umwälzung, die sich in England vollzog, traten alle andern bekannten Revolutionen als geringfügig in den Schatten.

Die englische Revolution wollte nicht wie die spätere französische einen neuen Stat und ein neues Recht zur Welt bringen, sie hatte wesentlich nur die Tendenz, das alte Volksrecht zu verteidigen und mit neuen Garantien auszustatten. Ihr Grundcharakter war eher konservativ als radikal, eher reformierend als Neues schaffend. Aber sie wühlte doch den Grund in der Tiefe auf und legte die Fundamente bloß, auf denen der Stat ruht. Die wichtigsten Fragen wurden gestellt, die schwersten Probleme zu lösen versucht.

Wie konnte die Einheit der Souveränetät, welche in der theologischen wie in der juristischen Statslehre gefordert ward, in dem langen und offenen Kriege bestehen, der zwischen dem englischen Könige und den Parlamentshäusern geführt ward? Schien nicht das frühere Mittelalter mit seinen Spaltungen und Teilungen der öffentlichen Gewalt unter die verschiedenen Lebensstufen und Körperschaften und mit seiner unbändigen Selbsthülfe in England neuerdings und heftiger als jemals sich zu erneuern? Oder ging durch all diese Zwietracht das sichtbare und unwiderstehliche Streben hindurch nach der Bildung einer neuen harmonischen und stärkeren Einheit, im Lager der Königlichen in Gestalt der absoluten Königsherrschaft, unter den Rundköpfen in Form der einen Parlamentsherrschaft? Der Kampf wurde unternommen, um die verfassungsmäßigen Schranken der englischen Königsrechte wider den neuen ungermanischen und unenglischen, theokratischen Absolutismus zu verteidigen, und er endigte nach all den vergeblichen Versuchen, die Versöhnung herzustellen, damit, daß nun die ganze Existenz des Königsrechtes in Frage gestellt und vorerst verneint ward. Die Engländer hatten in dem Jahrhunderte zuvor manche große und grausame Statsprozesse gesehen; viele berühmte Statsmänner, manche zuvor hochmütige Minister, einige Königinnen waren vor den gespannten Augen der Nation verklagt, verurteilt und hingerichtet worden. Nun aber ging die Anklage dem Könige selbst an das Leben, und die furchtbare Tragödie des Königsprozesses und der Enthauptung des Königs erschütterte ganz Europa.

In älteren Zeiten hatte vornehmlich die Aristokratie für die Volksfreiheiten zu den Waffen gegriffen. Diesmal aber bildeten die aristokratischen Kavaliere die Hauptstärke des Königsheeres, und die Kraft der Volkserhebung beruhte vorzüglich auf den Mittelklassen. Die Bürger der Städte, die kleineren Gutseigentümer, die Pächter des Landes gaben ihr Gewicht und Nachdruck. Die einfach freien, durch ihren Fleiß wohlhabend gewordenen Volksstände traten nun als eine neue politische Macht gegen das absolute Königtum und einen großen Teil der feudalen Aristokratie in die Schranken und warfen im ersten Anlaufe beide zu Boden. Wie das Königtum, so wurde auch der vornehmste Sitz der Aristokratie, das Oberhaus, nach dem Siege der Gemeinen abgeschafft.

Aber bald zeigte sich wieder die Macht der historischen Verhältnisse. Die englische Nation war in ihrem Herzen zu königlich gesinnt und in ihrem Charakter zu aristokratisch gebildet, um sich auf englischem Boden mit einer puritanisch-demokratischen Verfassung zu befreunden. Der Demos blieb wohl von da an eine große, in der Aufregung unwiderstehliche Macht, die kein Statsmann verachten durfte, aber die Nation fing, sobald die Entzündung nachließ, an, sich nach dem monarchischen Haupte und nach dem glänzenden Ringe der Aristokratie, welche den König umgab, zurückzusehnen. Der große puritanische Statsmann, der sich selbst in der Not des States zum leitenden Haupte erhoben hatte, der Protektor Cromwell erkannte das Verlangen der englischen Volksnatur und unternahm es, ihm in den neuen Zuständen gerecht zu werden. Er vermochte durch seine Institutionen die leidenschaftliche Sehnsucht nicht auf die Dauer zu befriedigen. Unter seinem schwächeren Nachfolger ward die entthronte Dynastie zurückberufen und mit Begeisterung empfangen. Die Restauration feierte ihren Sieg. Aber mit der Restauration kehrte auch der wiederholte Anspruch der absoluten Königsgewalt, und diesmal mit wissenschaftlicher Begründung zurück.

John Milton (1608—1674) und Thomas Hobbes (1588—1679) mögen als die bedeutendsten Repräsentanten jener der englischen Revolution, dieser der Stuartischen Reaktion auf dem wissenschaftlichen Felde gelten.

Milton, ein echtes Bürgerkind der Stadt London (geb. 9. Dez. 1608), hatte eine gelehrte Erziehung genossen. In der klassischen Litteratur der Griechen und der Römer hatte er eine kräftige Nahrung für seinen männlichen Geist und würdige Vorbilder für sein ungewöhnliches Sprachtalent gefunden. Auf einer Reise über Paris, wo er Hugo de Groot, den Gesandten der schwedischen Königin Christine am französischen Hofe, kennen lernte, nach Italien, wo er in Florenz, Rom, Neapel länger verweilte, erweiterte er seinen Gesichtskreis und lernte er Menschen kennen. Dann in die Heimat zurückgekehrt ergab er sich zumeist den litterarischen Studien. Nur von Zeit zu Zeit beteiligte er sich an den heimischen Parteikämpfen. Er nahm das Wort für die Presbyterianer und griff die bischöfliche Hierarchie in mehreren Schriften an. In seiner Würde als Ehemann und Haupt des Hauses durch die Laune einer unerfahrenen Frau tief verletzt, wagte er es, das Recht der freien Scheidung öffentlich und energisch zu verfechten.

Dann schrieb er (1644), mehr und mehr den politischen Kämpfen sich zuwendend, unter dem Titel Areopagitica jene gewaltige Rede an das englische Parlament, worin er die Preßfreiheit mit einer Fülle gewichtiger, bald aus der Geschichte, bald aus der menschlichen Natur und einer weisen Politik, bald aus der göttlichen Weltordnung geschöpfter Argumente als eine

Grundlage der Volksfreiheit, der persönlichen Freiheit und der Entwickelung des Menschengeistes darstellte, und die Abschaffung des Censurgesetzes beantragte, welches hauptsächlich aus religiöser Ängstlichkeit und Befangenheit beschlossen worden war [1]). Niemals ist die Preßfreiheit gründlicher und niemals beredter gegen die Vormundschaft der Censur verfochten worden. Einer der Censoren legte, nachdem er die Schrift gelesen hatte, sein Amt nieder, überzeugt von der Wahrheit, daß kaum ein Mann von ungewöhnlicher Gelehrsamkeit und Urteilskraft, der über die Geburt oder den Tod von Büchern richten soll, vor groben Mißgriffen sicher sei, daß kein Mann von Wert sich einem so unbefriedigenden und zugleich so langweiligen Tagewerke widmen möge, und daß in den Händen unwissender, nachlässiger, nach Gold, Rang und Gunst gieriger Menschen das Amt zu unheilbarem Verderben, zu geistigem Morde mißbraucht werde. Die Schrift erreichte nicht den unmittelbaren Erfolg der Abschaffung des Censurgesetzes; aber wenn die Engländer allen anderen Völkern in der Gewährung der Preßfreiheit vorangegangen sind und die Wissenschaft sowohl als die religiöse und politische Meinungsäußerung zuerst von den unwürdigen Banden der kirchlichen und der statlichen Vormundschaft befreit haben, so hat die geniale und mutige Schrift Milton's keinen geringen Anteil an diesem Ruhme.

Wie erhaben der Standpunkt ist, von dem aus er die Preßfreiheit fordert, mag folgende Stelle andeuten: „Das Licht, welches wir gewonnen haben, ward uns gegeben, nicht damit es immer angestaunt werde, sondern damit wir durch dasselbe weitere Dinge, die unserer Erkenntnis noch ferner liegen, erkennen. Es ist nicht die Beseitigung der bischöflichen Mitra, noch die Entlastung der presbyterianischen Schultern von ihrem Drucke, was uns zu einer glücklichen Nation machen wird; nein, wenn wir nicht andere große Dinge in der Kirche sowohl als in unsern

---

[1]) A complete collection of the historical, political and miscellaneous Works of John Milton, both english and latin, 1, 423. Die Areopagitica sind ins Deutsche übersetzt von R. Roepell. Berlin 1851.

ökonomischen und politischen Lebensgesetzen prüfen und reformieren, so haben wir so lange in das Licht, das uns Zwingli und Calvin angezündet haben, hineingestarrt, bis wir stockblind geworden sind. Es gibt Leute, welche beständig über Sekten und Spaltungen wehklagen und es für ein großes Unglück halten, daß ein Mensch von ihren Meinungen abweicht. Es ist ihr eigener Hochmut und ihre eigene Unwissenheit, welche diese Störung verursachen, weil sie weder mit Milde den anderen anhören mögen, noch ihn mit Gründen überzeugen können, und alles unterdrückt wissen wollen, was nicht zu ihrem Systeme paßt. Sie sind die Unruhestifter, sie zerstören die Einigkeit, indem sie selber die Pflicht vernachlässigen und andere davon abhalten, die zerstreuten Stücke zu sammeln, welche an dem Körper der Wahrheit fehlen. Stets nach dem zu forschen, was wir nicht kennen, mit Hülfe dessen, was wir kennen, stets Wahrheit an Wahrheit anzureihen, wo wir sie finden — denn der ganze Körper der Wahrheit ist gleichartig und in richtigen Verhältnissen, — das ist die goldene Regel für die Theologie wie für die Mathematik und bringt die wahre Harmonie in die Kirche, nicht aber die erzwungene und äußerliche Union alter, gleichgültiger und innerlich entzweiter Seelen."

Miltons politische Schriften sind fast alle auf einen bestimmten praktischen Zweck gerichtet; um dieses Zweckes, nicht um der Wahrheit allein willen unternimmt er auch seine Untersuchungen über die Natur des States und des Rechtes und die Pflicht der Obrigkeiten. Daher ist auch die Parteileidenschaft in seinen Schriften überall wahrzunehmen; ihr Feuer erhitzt seine Argumente und treibt sie zuweilen über die reinen Linien hinaus, welche die Wissenschaft liebt.

Eine Reihe von Schriften, und die wichtigsten und berühmtesten, beziehen sich auf den Prozeß des Königs, und bei jeder Gelegenheit tritt Milton vor, um das Recht des englischen Volkes mit der Kraft seiner Logik, mit den Waffen seiner Wissenschaft und mit der Gewalt seiner Beredsamkeit zu verteidigen. Zum Statssekretär der Republik und Cromwells berufen, verfaßte er eine Reihe von merkwürdigen Depeschen und Noten im Dienste der neuen Gewalten. In seinen Mußestunden arbeitete er an der englischen Geschichte. Er ist ein ernster Republikaner und ein warmer Verehrer und Freund Cromwells aus voller Überzeugung geworden und betrachtet die Einführung der Republik als einen großen Fortschritt der englischen Verfassungsgeschichte. Als Karl II. zurückkehrte und das Königtum restauriert ward (1660), empfand er das wie eine tiefe Erniedrigung seiner geliebten Nation, an deren Stolz und Freiheitssinn er vergeblich appelliert hatte, und es drückte ihn mehr das öffentliche Leid als die persönliche Ungunst, die ihm widerfuhr. Sein politisches Leben war nun zu Ende. In dem „Verlornen Paradies" sprach der blind gewordene Sänger seinen Schmerz über den Fall des Vaterlandes in poetischer Form aus. Die zweite englische Revolution und damit die Geburt der neuen konstitutionellen Monarchie erlebte er nicht mehr.

Schon die Schrift: Das Recht der Könige und der Magistrate[1]) enthält den Kern der Argumente, welche er in den anderen Werken mit allem Aufwande seines gelehrten Fleißes und seines Talentes ausrüstet und schärft.

„Jedermann muß zugeben, daß die Menschen von Natur freigeborene Wesen waren; denn als sie geschaffen wurden, waren sie zum Bilde Gottes geschaffen, und Gott gab ihnen Gewalt über alle anderen Geschöpfe. Als die Menschen zahlreicher wurden und wider einander Gewalt übten, ward das Bedürfnis nach verbundenen Ansiedelungen, Städten und Gemeinwesen empfunden. Sie sahen die Notwendigkeit ein, eine Autorität anzuordnen, welche stark genug sei, den Frieden und das gemeine Recht mit Macht zu schützen und die Übelthäter zu bestrafen. Da ursprünglich von Natur die Kraft sich zu verteidigen und zu erhalten in jedem einzelnen und am meisten in ihrer aller

---

[1]) Works 2, 529 s.

Einigung war, so teilten sie diese Kraft dem einen mit, dem sie seiner Weisheit und Trefflichkeit wegen als ihrem Führer vertrauten, und den anderen, von denen sie ähnliche Dienste erwarteten. Den ersten nannten sie König, die anderen Magistrate. Nicht um sich Herren und Meister zu setzen, sondern um bevollmächtigte und beauftragte Männer zu haben, welche die Gerechtigkeit nach den Gesetzen der Natur und nach den Bestimmungen der Verträge von Amts wegen unter ihnen handhaben, für welche sie zuvor sich selber helfen mußten. Um der Willkür zu entgehen, machten sie dann gemeinsame Landesgesetze, durch welche auch die beschränkt werden sollten, denen sie die öffentliche Macht anvertraut hatten. Nicht mehr der launenhafte Wille der Oberen sollte über sie regieren, sondern Gesetz und Vernunft, und weil die Gesetze doch von den Mächtigen nicht immer beachtet wurden, so verlangte man einen Eid von den Fürsten und Magistraten bei Antritt ihres Amtes, daß sie die Gesetze treulich halten wollen. Da auch diese Vorsicht nicht ausreichte, wurden Räte und Parlamente gesetzt, nicht um bloß Bücklinge zu machen vor dem Könige, sondern um mit ihm oder ohne ihn, zu bestimmter Zeit oder zu aller Zeit, wenn irgend eine Gefahr drohte, für die öffentliche Sicherheit zu sorgen. Die Wahrheit des Gesagten ergibt sich aus der heidnischen wie aus der christlichen Geschichte, obwohl oftmals die Kaiser und die Könige versucht haben, das Andenken an das alte Volksrecht zu Gunsten ihrer Usurpation auszutilgen. Die deutsche, französische, italienische, aragonische, englische und nicht am wenigsten die schottische Geschichte bestätigt es, und wir vergessen nicht, daß der Normannenkönig Wilhelm, obwohl er ein Eroberer war, dennoch genötigt ward, zum zweiten Mal bei St. Alban den Eid zu schwören, ohne den das Volk ihm nicht gehorchen wollte."

„Da also alle Macht der Könige und der Magistrate von dem Volke abgeleitet, übertragen und anvertraut ist um der gemeinen Wohlfahrt aller willen, und da die ursprüngliche Macht, ohne Verletzung des natürlichen Geburtsrechtes, nicht von dem

Volke weggenommen werden kann, sondern bei demselben als Fundament zurückbleibt, da endlich von Aristoteles und den besten Statslehrern der König als der Mann erklärt wird, welcher zum Heile und Nutzen seines Volkes, nicht zu seiner eigenen Lust regiert, so folgt daraus mit logischer Notwendigkeit, daß jene Titel von souveränen Herrn, natürlichen Herrn u. dgl. nur aus Anmaßung und Schmeichelei entstanden sind. Von den besten Fürsten wurden sie nie zugelassen, von der alten Kirche der Juden und Christen immer gemißbilligt, obwohl die Juden, welche dem Rate Gottes entgegen einen König gewählt haben, und die asiatischen Völker überhaupt nach dem Zeugnisse weiser Autoren sehr zur Knechtschaft geneigt waren."

„Zu sagen, der König habe ein ebenso gutes Recht auf seine Krone und Würde wie jeder Privatmann auf sein Erbgut, das heißt die Unterthanen den Sklaven und dem Hausvieh des Königs gleichstellen, oder seiner Besitzung, die er um Geld kaufen und verkaufen kann. Aber sogar wenn sein Erbrecht von der Art wäre, weshalb sollte es weniger gerecht sein, daß ein König, der die gesetzliche Ordnung verletzt, sein Recht an das Volk verliere, als daß ein Privatmann, der dasselbe im kleinen thut, sein Vermögen an den König zur Strafe verliert? Man müßte denn meinen, die Völker seien um der Könige willen, und nicht die Könige um der Völker willen geschaffen worden, und alle zu Einem Körper vereinigt seien geringer als er allein: eine Meinung, welche ohne eine Art von Hochverrat an der Menschenwürde nicht zu behaupten ist."

„Ferner zu sagen, der König sei niemandem als Gott verantwortlich, heißt alles Gesetz und jede geregelte Regierung umstürzen. Denn wenn sie jede Rechenschaft verweigern können, dann sind alle Krönungsverträge und alle Eide, die sie schwören, leerer Schein und Spott. Wenn dann ein König Gott nicht scheut, so werden unser Leben und unsere Güter nur von ihrer Gunst und Gnade abhängig, wie von einem Gotte, nicht von einem sterblichen Magistrate: eine Lage, die sich höchstens die

Schmarotzer der Höfe und ganz verdummte Menschen gefallen lassen. Kein christlicher Fürst, der nicht von Hochmut berauscht und übermütiger wäre als jene heidnischen Cäsare, die sich zu Göttern machten, wird eine so unvernünftige Anmaßung über die menschliche Natur begehen, noch so niedrig von der Nation seiner Brüder denken, daß er sich einbilde, er stehe ganz allein so unendlich erhaben über alle anderen, unter denen es doch Tausende gibt, die an Weisheit, an Tugend, an Adel der Gesinnung und in allen anderen Dingen — mit Ausnahme der politischen Würde — ihn übertreffen."

„Daraus folgt schließlich, daß das Volk, von dem alle obrigkeitliche Autorität ursprünglich ausgeht und dessen Wohlfahrt alle Autorität bezweckt, das Recht hat, wie Könige zu erwählen, sie auch wieder zu verwerfen, sogar wenn sie nicht zu Tyrannen verdorben sind, lediglich Kraft des natürlichen Rechtes freigeborener Männer, die Regierungsform zu wählen, die sie für die beste erachten."

Von diesen Grundgedanken aus war es für Milton nicht schwer, das Strafrecht des Volkes über einen Tyrannen darzustellen. Als Tyrannen erklärt er „jeden Inhaber der Gewalt, mag er auf rechtmäßigem Wege oder mit Unrecht zu der Gewalt gekommen sein, welcher ohne Rücksicht auf die Gesetze und auf die gemeine Wohlfahrt lediglich nach seiner Laune und seiner Faktion zu Gefallen regiert. Je größer seine Macht ist, um so gefährlicher wird sie, wenn sie aus Rand und Band geht; dann häufen sich seine Missethaten und die Bedrückung des Volkes; Mord, Schlächterei, Raub, Ehebruch beflecken und verwüsten ganze Städte und Provinzen; und wie groß und segensvoll das Glück eines gerechten Königs ist, so entsetzlich ist das Unglück eines Tyrannen. Wie jener als der Vater des Vaterlandes verehrt wird, so wird dieser als der gemeine Landesfeind gehaßt."

Es kann nicht auffallen, daß Milton die Idee der Volkssouveränetät so energisch vertritt. Lange vor ihm hatte der Jesuit Bellarmin (1542—1621) die Sätze ausgesprochen:

„Die Gewalt ruht ursprünglich nach göttlichem Rechte in der Menge und wird durch natürliches Recht von der Menge auf einen oder auf mehrere übertragen, und wenn sich eine gerechte Ursache findet, kann die Menge ein Königreich in eine Aristokratie oder Demokratie umwandeln"[1]). Sie lag hundert Pamphleten und unzähligen Meinungen, bald weniger bald mehr bewußt, zu Grunde. Damals gab sie die sicherste ideale Rechtfertigung und die schärfsten Waffen der Volkspartei an die Hand, um den Sieg über das historische Königtum zu erkämpfen und zu behaupten.

Aber Milton verbindet mit dem Worte Volk einen anderen Sinn als Bellarmin. Er ist voraus Engländer und nicht willens, sich in haltlose Spekulation zu verlieren. Er verwechselt das Volk nicht mit der bloßen Menge, obwohl bei ihm der organische Volksbegriff noch nicht deutlich zu finden ist. In der „Verteidigung des englischen Volkes"[2]) sagt er darüber gegen Salmasius: „Du scheinst zu meinen, daß wir unter Volk nur die Plebs verstehen, da wir das Oberhaus abgeschafft haben. Gerade deshalb hättest Du merken sollen, daß wir mit dem Worte Volk alle Bürger jeden Standes zusammenfassen, indem wir nur Eine höchste Versammlung geordnet haben, in welcher auch die Vornehmen, als ein Teil des Volkes, nur nicht für sich allein wie zuvor, sondern als Vertreter ihrer Wahlgemeinden ein gesetzliches Stimmrecht haben. Du fährst dann gegen die Plebs los, sie sei blind und roh, ohne Geschick für die Regierung, es gebe nichts Windigeres, Eitleres, Leichtsinnigeres und Beweglicheres als dieses gemeine Volk. Alle diese Eigenschaften besitzest Du selber im höchsten Grade, und sie finden sich allerdings auch unter dem Pöbel; aber von den mittleren Volksklassen gilt das nicht. Unter ihnen sind sehr viele verständige und der Geschäfte kundige Männer. Die übrigen hat aber bald der Luxus und der Überfluß, bald der Mangel

[1]) Vgl. Prantl im Deutschen Staatswörterbuch Art. Bellarmin.

[2]) Works 3, 1 s. Im Auszug übersetzt von Dr. Troxler: Fürst und Volk nach Buchanans und Miltons Lehre. Aarau 1821.

und die Not von der männlichen Tugend und dem Studium des bürgerlichen Rechtes abgehalten."

Er hatte diese Verteidigung im Auftrage der englischen Republik nach der Hinrichtung Karls I. noch im Jahre 1649 geschrieben. Sie war eine geharnischte Antwort auf die Anklageschrift des berühmten Philologen Salmasius, damals Professor in Leyden, welcher auf Bestellung des flüchtigen Prinzen, später Königs Karl II., eine „Verteidigung des Königs Karl I." geschrieben und die Engländer des ungerechten und frevelhaften Königsmordes beschuldigt hatte. Milton war seinem Gegner an litterarischer Bildung vollkommen ebenbürtig und an logischer Kraft, an politischem Mute und an Gewalt der Sprache sehr überlegen. Die Verteidigung Miltons, wofür er eine Nationalbelohnung von 1000 Pfund Sterling empfing, wurde in ganz Europa, und nicht am wenigsten in den Ländern, wo sie verboten ward, mit Begierde gelesen, und die öffentliche Meinung, sogar an den Königshöfen, war nicht im Zweifel, daß Salmasius in dem Zweikampfe von dem furchtbaren Gegner zu Boden geworfen und völlig besiegt worden sei.

Ich hebe nur einige Äußerungen noch heraus, welche die politischen Grundansichten Miltons veranschaulichen.

Salmasius — ein Franzose von Geburt — hatte den großen Fehler begangen, als göttliches und als Naturrecht zu behaupten, was doch, nach seinen eigenen Voraussetzungen, höchstens positives Statsrecht in einigen Reichen sein konnte, daß die Königsgewalt absolut, daß dem Könige alles erlaubt sei, was er wolle, daß er nicht gebunden sei an die Gesetze, daß er nur Gott verantwortlich sei. Milton benutzt diese Übertreibung, um den Gegner als einen Menschen darzustellen, der knechtischer denke, als die meisten Herren es für anständig halten. Er untersucht nun auch die Frage des göttlichen Rechtes und findet: „Entweder werde Gott als unmittelbare Ursache der Königsherrschaft angesehen, oder als mittelbare, indem er auf die Stimmung der Völker wirke, welche sich Könige wählen Die unmittelbare Erhebung der Könige durch eine göttliche Willensoffenbarung, ohne Rücksicht auf den Volkswillen, kann nicht einmal von den jüdischen Königen nachgewiesen werden, indem nach dem Zeugnisse der heiligen Schrift der König Saul, dem göttlichen Rate entgegen, von dem jüdischen Volke verlangt und von Gott nur zugelassen ward. Daß aber das europäische und insbesondere das englische Königtum nicht durch eine unmittelbare Offenbarung Gottes gleichsam vom Himmel auf die Erde gekommen sei, war noch niemand frech und thöricht genug zu behaupten."

Wenn aber vernünftigerweise nur von einer mittelbaren Einwirkung Gottes in der Geschichte die Rede sein kann, dann, bemerkt Milton, ist es unzweifelhaft, „daß wie die Könige durch Gott regieren, auch die Völker sich durch Gott frei machen, denn alles beruht zuletzt auf Gott und geschieht durch Gott. Das Recht des Volkes ist nicht minder von Gott als das Recht des Königs. Wenn ein Volk ohne unmittelbares Eingreifen Gottes einen König gewählt hat, so kann es nach dem gleichen Rechte ihn ebenso wieder verwerfen. Einen Tyrannen aber zu beseitigen ist etwas Göttlicheres als einen Tyrannen einzusetzen; und es ist mehr von Gott in dem Volke zu erkennen, welches einen ungerechten König absetzt, als in dem Könige, welcher ein schuldloses Volk unterdrückt. Wie kann jemand so thöricht und so gottlos sein zu glauben, daß Gott die Könige, auch wenn sie die untauglichsten Menschen sind, so hoch schätze, um ihren Launen die Herrschaft und Leitung der Welt zu unterwerfen, und daß Gott aus Vorliebe für die Könige das im ganzen göttliche Geschlecht der Menschen ihnen ebenso hingebe wie eine niedere Gattung zur Dienstbarkeit geschaffener Tiere."

„Wenn Gott ein Volk in die Knechtschaft gibt, so oft ein Tyrann mächtiger ist als das Volk, warum sollen wir nicht ebenso sagen dürfen, Gott erhebe ein Volk zur Freiheit, wenn das Volk den Tyrannen überwältigt? Soll jener seine Tyrannei Gott zuschreiben, und sollen wir unsere Freiheit Gott nicht verdanken?

Die großen Übel, an denen der Stat leidet, Hungersnot, Pest, Aufruhr und Krieg, werden auch Gott zugeschrieben, und dennoch strengt der Stat alle seine Kräfte an, um diese Übel zu verhindern und zu verbessern; er thut das, obwohl er an die göttliche Schickung glaubt, und kein göttliches Gebot hindert ihn daran. Warum sollten wir das Übel der Tyrannei weniger bekämpfen, wenn wir die Kraft dazu haben? Sollen wir glauben, daß die Schwäche des einen Tyrannen, der zu gemeinem Schaden regiert, Gott gefälliger sei als die Stärke des gesamten States, um das zu thun, was die gemeine Wohlfahrt verlangt?"

Milton ist der Meinung, Salmasius habe dem König, dem er geschmeichelt, einen sehr schlimmen und gefährlichen Dienst erwiesen. „Indem Du die königliche Gewalt über die Gesetze ins Unermeßliche erhebst, erinnerst Du die Völker unbedacht, in welche Knechtschaft sie geraten sind. Du zerstörst ihren Wahn, in welchem sie noch von ihrer Freiheit träumten, und schreckst sie aus ihrer Täuschung durch Dein Geschrei auf, sie seien Sklaven der Könige. Um so unerträglicher wird dann den Völkern die Königsherrschaft erscheinen, je mehr Du sie beredest, diese schrankenlose Gewalt sei nicht allmählich durch ihre Zulassung so groß geworden, sondern von Anfang an nach ursprünglichem Königsrechte so gewesen. Daher wird Deine Lehre, ob Du nun die Völker von ihrer Wahrheit überzeugst oder nicht, den Königen zum Verderben und zum Untergange ausschlagen. Glauben die Völker, daß das Königsrecht allmächtig sei, so werden sie keine Könige mehr dulden wollen; glauben sie Dir nicht, so werden sie sich wider die Könige erheben, weil diese die Anmaßung begehen, eine so ungerechte Herrschaft wie ein wirkliches Recht zu behaupten. Wenn dagegen die Könige auf mich hören und die Beschränkung ihrer Macht durch die Gesetze willig beachten, so werden sie anstatt der schwachen, unsicheren, gewaltsamen, von Sorgen und Furcht bedrängten Herrschaft, die sie gegenwärtig besitzen, eine völlig gesicherte, friedliche und dauerhafte Macht erlangen."

Das göttliche Recht und das menschliche Naturrecht widersprechen sich nicht. Milton prüft auch die naturrechtlichen Argumente, welche Salmasius für die unbeschränkte Souveränetät der Fürsten angeführt hatte, mit vernichtender Kritik. Er wiederholt in neuer Gestalt die Ansichten, die wir bereits kennen, und verficht seine Thesis, daß Königsgewalt ihrem Ursprunge nach von der Volksmacht abgeleitet und ihrem Inhalte nach Rechtsgewalt und daher durch die Gesetze beschränkt sei, mit logischen Gründen und mit historischen Beispielen und zieht daraus den Schluß: „Fürwahr, da kein seiner Sinne mächtiges Volk einem Könige oder anderen Obrigkeiten die Gewalt über sich zu einem anderen Zwecke als um der gemeinen Wohlfahrt willen anvertraut hat, so kann nichts hindern, daß dasselbe Volk, wenn diese Gewalt zum Gegenteil, zum allgemeinen Verderben geübt wird, sie dem einen noch leichter als einer größeren Anzahl wieder abnehme. Kein Volk aber hat freiwillig die wahnsinnige That begangen, alle seine Macht völlig an Einen Menschen zu veräußern, und keines wird anders als aus den gewichtigsten Gründen die anvertraute Gewalt seinen Magistraten wieder entziehen. Die Besorgnis, daß Unruhe und Bürgerkrieg daraus entstehen, begründet kein Recht des Königs, mit Gewalt eine Macht zu behaupten, welche das Volk von ihm zurückbegehrt. Es ist eine Maxime der Klugheit, nicht ein Königsrecht, die Regierung nicht leicht zu ändern."

Die Volkssouveränetät Miltons wird, wie man sieht, doch etwas anderes als die Statssouveränetät von Grotius. Die Konsequenz seiner Auffassung führt ihn, wie den damaligen Stat, trotz seinem Widerwillen gegen jede Art von Pöbelherrschaft, zur Demokratie, obwohl mit einem König genannten Beamten an der Spitze. Wenn dieser nur eine auf Ruf und Widerruf verliehene Gewalt hat, und der Auftraggeber, d. h. die politisch bewußten und die politisch thätigen Volksklassen sie nach ihrem Willen an sich ziehen und an eine andere Obrigkeit übertragen können, alles von Rechtes wegen, so ist die Mehrheit jener

Klassen, die in dem einen Parlament repräsentiert ist, d. h. der Demos, der eigentliche Souverän und der König nur der beauftragte Diener dieser Mehrheit, nicht das natürliche und durch seine historische Bedeutung berechtigte Volks- und Statshaupt. Auch hier macht sich wieder der Mangel einer organischen Erkenntnis der Volksnatur spürbar.

Die anderen damaligen Parteischriften Miltons: Eikonoklastes, eine Antwort auf das angeblich aus dem Nachlasse Karls I. veröffentlichte Buch Eikon Basilike; eine zweite Verteidigung des englischen Volkes gegen ein anderes Pamphlet, und die Verteidigung seiner selbst gegen Alexander Morus, enthalten für unseren Zweck nichts wesentlich Neues. Dagegen erfordern die beiden Denkschriften: Das Recht des States in kirchlichen Dingen (Works 2, 741) und die Betrachtung über die besten Mittel, das Mietwesen in der Kirche zu beseitigen (Works Vol. 2) noch eine kurze Erwähnung.

In der ersten verficht er die christliche und evangelische Glaubensfreiheit gegen die Statstyrannei. „Zwei Dinge", sagt er, „haben von jeher der Kirche Gottes und den Fortschritten des Glaubens am meisten geschadet, fürs erste der Druck der Gewalt und fürs zweite der Geiz, der die Lehrer des Glaubens verdirbt." Er führt den Beweis: „daß es jeder besonderen Kirche zu überlassen sei, mit den Mitteln der Überzeugung und des Geistes, die sie besitzt, die religiösen Dinge einzurichten, und daß die obrigkeitliche Gewalt denselben nur Schutz, aber keineswegs Zwangsmittel zu gewähren habe. Wenn die Magistrate einmal gelernt haben werden, sich nicht mehr mit Kirchensachen zu beschäftigen, so haben sie die Hälfte der Arbeit erspart und dem Gemeinwesen ist es wohler dabei. Religion heißt Glauben an Gott und Handeln nach Gottes Willen. Wer darüber nachdenkt, wird sich immer deutlicher davon überzeugen, daß kein Raum für die Gebote der Obrigkeit übrig bleibt, dieses oder jenes zu glauben, oder Gott so oder so zu verehren." Milton will allen protestantischen Sekten Freiheit geben; aber er verweigert, nach der leidenschaftlichen Parteistimmung seiner Zeit, diese Duldung „den Papisten", weniger freilich der Religion wegen als aus politischen Gründen, weil der Katholicismus die Herrschaft einer fremden und selber jede Duldung verweigernden Macht sei.

Für gefährlicher als die Gewalt erklärt er in der zweiten Denkschrift den Geiz. „Zwar ist nach dem Worte des Erlösers jeder Arbeiter seines Lohnes wert. Aber der Lohndienst ist zu einem großen Übel in der Kirche geworden, teils der Übertreibung wegen, teils der Art wegen, wie der Lohn gegeben und genommen wurde. Eine alte Legende sagt, als die Kirche zuerst mit den großen Schenkungen ausgestattet wurde, sei eine Stimme vom Himmel vernommen worden: „Ihr habt meine Kirche vergiftet"; und nur zu wahr ist ein anderes altes Wort: „Die Religion hat die Wohlhabenheit geboren, und dann hat die Tochter ihre Mutter verschlungen.""

Er verwirft die Kirchenzehnten, welche für die Zeit des Gesetzes im Judentum passend waren, aber nicht in die Zeit des christlichen Geistes gehören, und verlangt, daß die Belohnung der Geistlichen ganz und gar dem freien Willen und den milden Gaben der Gläubigen überlassen, nicht in fester Rechtsform bestimmt werde. Er meint, die Kirchenpfründen seien das Verderben der Religion, und greift auch die theologischen Erziehungen an den Universitäten, welche eher Pfründenbewerber als christliche Lehrer bilden, scharf an. Auch in dem Geldpunkte will er die Kirche unabhängig machen von dem State.

Milton erscheint hier als ein eifriger Vorkämpfer der Independenten und als ein Vorläufer der amerikanischen Ideen über das Verhältnis von Stat und Kirche. Die rücksichtslose Art aber, wie er die geschichtliche Fortbildung in der ökonomischen Lage und in den wissenschaftlichen Erfordernissen des geistlichen Berufes nicht bloß von Mißbräuchen reinigt, sondern ohne einen sichern Ersatz zu haben, kecken Mutes wegwirft, ist ein offenbar radikaler Zug dieser Schrift.

Noch einmal schärfte er seine Feder, als die Gefahr der Restauration nahe kam. Er ist nicht so einseitig und befangen, um nur die Republik für eine würdige Statsform zu halten; er hat wohl früher anerkannt, daß auch das Königtum der Wohlfahrt eines Volkes dienen könne, sogar daß es mit der Freiheit des Volkes verträglich sei. Aber die neue Größe und der Ruhm Englands scheint ihm nun mit der Republik aufs innigste verbunden, und sein Herz schlägt um so stärker für die Republik, je mehr dieselbe nun bedroht wird. Er begreift es nicht, daß eine Nation, welche die Kraft und den Mut hatte, im Felde ihre Freiheit zu erstreiten, nun so herzlos und unweise in ihren Räten sein könne, um die gewonnene Freiheit nicht zu behalten. Er fürchtet von der restaurierten Dynastie, mit ihrem zahlreichen Gefolge alter Landesfeinde und neuer Wohldiener, die nachteiligsten Wirkungen für die religiöse und für die politische Freiheit. Er besorgt, daß mit dem Könige auch die unduldsame Macht der Bischöfe wiederkehren und die Presbyterianer neuerdings verfolgt werden. Er sieht ein, daß auch die republikanische Verfassung nach Cromwells Tode eine gründliche Änderung bedürfe; aber er zieht eine Bundesverfassung, deren selbständige Gemeinwesen sich zu Einem Freistat verbinden, der Alleinherrschaft Eines Mannes über alle Gemeinden weit vor.

Die Gegenströmung der Zeit war indessen viel zu mächtig, als daß sein Widerstand sie aufhalten konnte. Seine Weissagung ging großenteils in Erfüllung, und sein Vaterland fand in der Restauration nicht den Frieden und das Glück, das es gehofft hatte. Aber so mächtig blieb die absolute Richtung in ganz Europa, daß die folgenden Geschlechter fast nur den Dichter Milton, nicht mehr den politischen Schriftsteller Milton kannten und schätzten. Er starb den 8. November 1674.

In **Thomas Hobbes** (geb. 5. April 1588 zu Malmesbury) fand nun auch England einen wissenschaftlichen Verteidiger der **absoluten Stats- und Königsgewalt**, und zwar von dem Standpunkte des Naturrechtes aus, unter dessen Begründern er mit Hugo Grotius obenan steht. Hobbes war schon ein älterer Mann, als die englische Revolution zum Ausbruche kam, und ein Sechziger, als Karl I. hingerichtet ward. In Gesinnung und Haltung zur königlichen Partei gehörig, haßte er die parlamentarische und die demokratische Bewegung von Herzensgrund. Die Unvernunft ihrer verderblichen Theorien mit den Beweisen einer mathematischen Logik darzustellen und die politischen Gegner auf dem wissenschaftlichen Felde aufs Haupt zu schlagen, darnach lechzte seine Seele. Konnte der liberale Milton in gewissem Sinne auch ein konservativer Republikaner genannt werden, so war der absolute Hobbes auch ein radikaler Royalist. Das Königtum, das er liebte und wollte, war nicht das historische Feudalkönigtum, sondern ein neues, aus einheitlicher Konzentrierung aller Statsmacht entstandenes. Seine Argumente schöpfte er weniger aus der Geschichte als aus abstrakten Begriffen. Er verschmähte auch das mystische Zwielicht einer göttlichen Begnadung und Erleuchtung und verstand das Königtum als eine bloß menschliche Institution. Mit Vorliebe betrieb er die mathematischen Studien und war durch Bacon für die naturphilosophische Richtung im englischen Sinne des Wortes gewonnen, welche aus fleißiger und vorurteilsfreier Beobachtung der Erscheinungen die allgemeinen in ihnen waltenden Gesetze zu erkennen sucht, dann aber mit rücksichtsloser Logik aus den erkannten Gesetzen ihre absoluten Folgerungen ableitet. Die politisch-wissenschaftliche Reaktion, die in seinen Schriften sich ausspricht, ging eben deshalb, weil sie auf einem vermeintlichen Naturgesetze ruhte, weit über die politisch-praktische Reaktion hinaus, welche die restaurierten Stuarts wagen durften. Aber sie ging keineswegs mit der kirchlichen Reaktion Hand in Hand, die sich im Gefolge der Restauration einstellte und um sich griff. In den religiösen und in den kirchlichen Dingen war Hobbes nichts weniger als mittelalterlich gesinnt. Seine mathematischen und naturwissenschaftlichen wie seine politischen Studien hatten ihn von der geistlichen Autorität unabhängig gemacht, trotz seiner

Neigung zu einer von Stats wegen festgesetzten Orthodoxie, und seine Lebenserfahrungen hatten ihn zu tiefem Mißtrauen und starker Abneigung gegen alle Herrschaft der Priester gereizt. Er wollte nur von Einer absoluten Gewalt wissen, von der Statsgewalt.

Hobbes hatte sich schon 1640 im Unwillen über die politische Bewegung seines Vaterlandes nach dem Kontinente gewendet. In Paris lernte er auch Descartes kennen, wie auf einer früheren italienischen Reise den verfolgten Galiläi. Dort ward er auch mit dem Prinzen von Wales bekannt und zu dessen Lehrer in der Mathematik bestellt. Seine beiden wichtigsten politischen Werke, der dritte Teil seiner philosophischen Elemente, die Lehre vom Bürger, im Jahre 1646 veröffentlicht, nachdem die Schrift vorher schon für einige Freunde gedruckt worden war, und der spätere Leviathan oder von dem Wesen der Form und der Macht des geistlichen und bürgerlichen States (1651) kamen in dieser Periode der Emigration in der Atmosphäre der französischen Monarchie und im Verkehre mit den ausgewanderten Royalisten zu Stande. Von den Demokraten und den Radikalen hatte hier Hobbes freilich nichts mehr zu fürchten; aber die vornehmen Kirchenmänner vergalten ihm auch im Auslande reichlich seinen Haß und verdächtigten seine Gesinnung auch an dem Hofe des englischen Kronprätendenten, für dessen Autorität er so leidenschaftlich arbeitete.

Die klerikalen Hofintriguen vertrieben ihn von Paris, und nun wagte er es unter Cromwells starkem Regimente in sein Vaterland zurückzukehren (1662). Cromwell war geneigt, sein Talent zu benutzen; aber Hobbes konnte sich nicht dazu verstehen, der Republik zu dienen, und beschäftigte sich nur mit wissenschaftlichen Arbeiten. Die Restauration Karls II. verschaffte ihm eine angesehene Stellung und einen königlichen Jahrgehalt. Er wurde nun als der wissenschaftliche Vertreter der absoluten Monarchie von der siegreichen Partei hoch gefeiert, aber fortwährend von kirchlichen Eiferern wegen häretischer Meinungen und von den

Freunden der parlamentarischen Rechte wegen seines Absolutismus angefochten. Im ganzen genoß er ein heiteres und geehrtes Greisenalter. Aber seine Thatkraft war doch in den großen Kämpfen, in denen sie sich spät genug entfaltet hatte, aufgezehrt worden. Zu politischer Wirksamkeit war es für ihn zu spät geworden. Er starb am 4. Dezember 1679, ein 91jähriger Greis.

Hobbes betrachtet den Stat als ein Werk der Kunst und sieht in den zum State verbundenen Menschen die ursprünglichen Elemente, in welche die Forschung den Stat wie eine Uhr in ihre Räder zerlegen muß, um zu erkennen, aus welchen Ursachen und zu welchen Zwecken und daher auch mit welchen Mitteln und in welchen Formen der Stat zusammengefügt worden ist.

Er ist nicht so menschenfreundlich gesinnt wie sein um fünf Jahre älterer Zeitgenosse Hugo de Groot und gibt daher nicht zu, daß der Mensch von Natur ein geselliges Wesen sei. Sicherer ist ihm der selbstsüchtige Charakter des Naturmenschen. Die Selbstsucht aber ist zunächst eine ganz unstatliche Eigenschaft. Jeder sucht, was er als ein Gut empfindet, für sich zu erwerben, und was ihm ein Übel scheint, zu vermeiden (de cive I, 1); und wenn er mit einem anderen sich verbindet, so geschieht das voraus seines Vorteiles wegen, nicht aus Liebe. Die Natur bietet allen in gleicher Weise ihre Güter dar, und alle sind von Natur gleich berechtigt, sich dieser Güter zu bemächtigen. Aber nicht alle machen denselben Gebrauch von diesem Rechte. Der eine ist bescheiden und mäßig, der andere hochfahrend und wild, geneigt, Gewalt zu brauchen, ein dritter feige und zur List gewandt. Dann streiten sie sich über den Besitz, den jeder haben möchte, und der Stärkere schlägt den Schwächeren. So ist nicht der Friede, sondern der Krieg der wahre Naturstand. Was einem nützlich erscheint, das ist sein Maßstab des Rechtes, und da jeder sein Richter in eigener Sache ist, so entzweien sich die Menschen bei jeder Gelegenheit und greifen einander an.

Weil dieser Zustand voll Gefahren und unerträglich wird, so suchen die Menschen aus Furcht vor diesen Übeln sich durch

Verbindungen mit anderen zu sichern und zu stärken. Die Furcht vor Übeln ist die wahre Ursache des States, und der Zweck des States ist, im Gegensatze zu dem natürlichen Kriege aller gegen alle, Frieden, und wo er das nicht vermag, zu dem unvermeidlichen Kriege Hülfe zu gewähren. Entweder verstärkt sich so der Sieger, indem er die Besiegten nötigt, ihm zu dienen, oder die Gleichen treten durch Vertrag zu wechselseitiger Hülfe zusammen.

Um dieser Statszwecke willen müssen die Menschen ihr ursprüngliches natürliches Recht auf alle Güter beschränken, denn würden sie es behaupten, so wäre kein Friede möglich, d. h. sie müssen auf ihr Recht verzichten oder dasselbe auf einen andern übertragen (de cive I, 2). Das geschieht durch Verträge und Gelöbnisse (contractus et pacta). Es ist auch ein Naturgesetz: Verträge müssen gehalten und die Treue bewahrt werden (de cive I, 2. 3; Leviathan 15). In dem Vertrage spricht sich nicht bloß der Wille aus, sich zu verbinden, sondern zugleich das Vertrauen, daß das Versprochene geleistet werde. Wer eine künftige Leistung verabredet, will, daß sie vollzogen werde; wäre das Versprechen unwirksam, so würden die etwas Nichtiges thun, die den Vertrag schließen, sie würden zugleich wollen und nicht wollen, was ein Unsinn ist (Leviath. 15). Wären die Verträge nicht verbindlich, so würde der Kriegszustand nie aufhören und kein Friede möglich sein. Das Naturgesetz ist nicht ein Erzeugnis der menschlichen Willkür, es ist ein Gebot der Vernunft, welche erkennt, was die Menschen thun oder unterlassen müssen, um ihr Dasein zu sichern. Es ist zugleich Moralgesetz und göttliches Gesetz, unveränderlich und ewig, aber nicht ein eigentliches Statsgesetz, das mit Klagen und Strafen ausgerüstet wird, es ist mehr ein inneres Gesetz der menschlichen Freiheit (de cive 3).

Gerade deshalb gewährt das Naturgesetz den Menschen nicht hinreichende Sicherheit. Es vermag den Vertragsbruch und den Krieg nicht zu hindern. Damit eine gemeinsame Macht da sei, welche den Frieden und das Vertragsrecht schütze, müssen die vielen Einzelwillen zu Einem Gesamtwillen zusammengefaßt werden. Das ist nur so möglich, daß in allen den Dingen, welche zu gemeiner Sicherheit nötig sind, jeder seinen Willen dem Willen Eines Mannes oder Einer Ratsversammlung unterordnet, daß was dieser eine will, als Wille aller gilt (de cive 5; Leviath. 17). So entsteht die künstliche Person, welche wir Stat nennen. Der Wille des States unterscheidet sich nun von dem Willen des einzelnen, obwohl er als der gemeinsame Wille gilt und Macht hat über die Kräfte und das Vermögen der einzelnen. Auf diese Persönlichkeit des States legt Hobbes einen großen Wert, aber er weiß sie nur durch eine Fiktion und durch die Übertragung des Willens der Gehorchenden auf den Herrschenden und daher ungenügend zu erklären. Im Grunde kennt er keinen wahren Statswillen, sondern nur die künstliche Einbildung, den Willen des Machthabers als Statswillen anzusehen. Wie der lebende Schauspieler die Rolle eines verstorbenen Helden spielt, so spielt bei ihm der wirkliche Regent die Rolle des bloß gedachten States (de homine 15; Leviath. 16; de cive 6).

Der Mann oder die Behörde, deren Willen die einzelnen ihrem Willen unterworfen haben, hat nun die oberste Macht, die höchste Gewalt oder die Herrschaft (de cive 5). Ihm haben alle ihre Macht übertragen, d. h. ihm gegenüber hat jeder auf Widerstand verzichtet. Der einzelne ist als Privatperson der öffentlichen Person unterthan. Im gewissen Sinne können der patriarchalische Stat und die Despotie natürliche Staten genannt werden, weil sie unter dem unmittelbaren Einflusse der natürlichen Kräfte entstanden sind; andere Staten, die mehr mit freiem Bewußtsein aus Vorsicht eingerichtet worden, heißen dann institutive oder politische Staten.

Diese höchste Gewalt ist nach Hobbes notwendig eine absolute. Der Gewalthaber allein hat das ursprüngliche Recht auf alles, das die andern aufgegeben, beibehalten. Er kann jederzeit die alte Kriegsgewalt üben, welche den andern nun entzogen ist; überdem ist in ihm die Einheit und die Macht des States dargestellt (de cive 6; Leviath. 18). Hobbes wird nicht müde, die Fülle dieser Souveränetät in ihren wichtigsten Beziehungen auszumalen. Die Menge hat kein Waffenrecht mehr; die Person des States allein hat alles Waffenrecht und kann daher auch über die Wehrkräfte aller verfügen. Der Herrscher gibt seinen Geboten Nachdruck durch die Androhung von Strafen. Er handhabt das Schwert der Gerechtigkeit wider die Übelthäter, wie das Schwert des Krieges wider die Feinde. Ihm steht das Urteil zu über die Schuld oder Nichtschuld, wie der Vollzug des Urteils. Er bestimmt die allgemeinen Regeln über das Mein und Dein, über Recht und Unrecht, Nutzen und Schaden, gut und bös, edel und unedel und erläßt, indem er das thut, die bürgerlichen Gesetze. Er bezeichnet die untergeordneten Beamten, welche ihm helfen den Frieden aufrecht halten und seine Aufträge vollziehen. Er hat sogar Gewalt über die Meinungen und die Lehren und kann ihre Verbreitung verbieten, wenn dieselben dem öffentlichen Frieden gefährlich erscheinen. Er braucht nicht zu dulden, daß jemand (die Kirche) unter der Androhung von ewigen Strafen zu thun untersage, was er unter der Androhung zeitlicher Strafen zu thun gebietet, denn solche Zweiung würde die Einheit des States zerreißen. Er selbst ist keiner Strafe ausgesetzt, was er auch thun mag, und auch durch keine Gesetze gebunden; denn wie könnte der, welcher das Gesetz nach seinem Willen bestimmt und berechtigt ist, das Gesetz nach seinem Willen zu ändern, durch dieses Gesetz sich selber binden? Sein Wille ist der Statswille, und der Stat kann sich nicht sich selber gegenüber verbinden. Ihm gegenüber kann sich auch niemand auf sein Privateigentum berufen, da im Naturzustande, wo jeder Anspruch auf alles hatte, noch kein Privateigentum bestand, und dieses nur eingeführt ist im Verhältnis der Privaten zu einander, aber nicht gegenüber dem, der das alte natürliche Recht auf alles noch besitzt. Würde diese absolute Gewalt nicht gesetzt, so würde die Einheit des States aufgelöst und im Konflikte der ungebundenen Kräfte wiederum der alte Kriegszustand erneuert. Wer die oberste Gewalt beschränken wollte, müßte selber eine höhere Macht haben. Der Gewalthaber ist nicht, wie gewöhnlich gesagt wird, dem Haupte vergleichbar in dem Statskörper, sondern der Seele des Körpers gleich. Der Stat hat nur einen Willen, weil er einen Willen hat. Der Stat kann nur wollen oder nicht wollen, indem der Herrschende will oder nicht will. Der Thätigkeit des Kopfes läßt sich eher der Rat vergleichen, welchen der Herrscher in schwierigen Dingen um seine Meinung fragt.

Niemals sind aus unerwiesenen Voraussetzungen rücksichtslosere Schlüsse gezogen worden, niemals hat man abstrakten und formalen Sätzen eine unbeschränktere Herrschaft über das Leben der Völker eingeräumt. Die Menschen fürchten sich vor einander, und aus Furcht vor einer möglichen Gefahr stürzen sie sich kopfüber in die wirkliche Knechtschaft, wie jener Rekrut, der aus Furcht, im Felde von einer feindlichen Kugel getroffen zu werden, es vorzog, sich mit der eigenen Flinte zu erschießen. Aus purer Selbstsucht verzichten sie einem andern gegenüber, dessen Selbstsucht ungezügelt ist, sogar auf den eigenen Willen. Um Sicherheit zu finden, gründen sie eine Macht, welche alle Sicherheit bedroht, und schaffen, um den Zweck des Friedens zu gewinnen, als Mittel eine Gewalt, welche den Frieden zu zerstören das Recht hat. Sie verzichten auf jeden Widerspruch, auf alle Schranken, durch welche jene Gewalt dem Zwecke, für den sie geschaffen ist, zu dienen genötigt wird. Sie machen sich selber rechtlos, um einen Schutz für ihr Recht zu gewinnen. Kopfloser in der That konnten es die Menschen gar nicht anfangen, um einen Stat zu errichten.

Den natürlichen Gegensatz zwischen Volksgemeinschaft und individuellem Dasein bemerkt Hobbes nur, um dieses dem State völlig zu unterwerfen. Nicht bloß das Eigentum gibt er dem State preis, sogar die Religion und die Vernunft der Individuen zwingt er unter die Religion und die Vernunft des Machthabers, welcher die Statsreligion und die Statsvernunft wie den Statswillen eher spielt als wirklich hat. Überall verwechselt er den Stat und den Machthaber im State. In der Monarchie sieht er den König für den Stat selbst an. Das bekannte L'état c'est moi Ludwigs XIV. wird schon von Hobbes ausgesprochen[1]). Zwar leitet er das Recht des Monarchen von dem ursprünglichen Volkswillen ab, und wenn es sich darum handelt, den Stat zu gründen und die Gewalt zu übertragen, so ist ihm die Menge eine Person, ein Volk (de cive 7 u. 12). Aber sie hört auf Person zu sein, sobald der Herrscher anerkannt und nun die einzige Statsperson geworden ist. Seine Volkseinheit wird also nur bewußt, um sofort wieder das Bewußtsein zu verlieren. Das Volk wird geboren, nur um in der Geburt wieder zu sterben. „Der König ist nun das Volk." Die Eigenschaft verschlingt also ihre Unterlage, ohne die sie doch nicht zu denken ist. Das ist der logische Grundfehler, den Hobbes macht.

Als Formen der politischen Staten erkennt er nur die drei an: Demokratie, Aristokratie und Monarchie, je nachdem die Statsgewalt der Versammlung der Bürger, oder der Körperschaft der vornehmen Bürger, oder dem einen König gehört. Von den Abarten, von der Ochlokratie, Oligarchie und der Tyrannei will er nichts hören, weil er sie nach seinem Grundprinzipe nicht von den gerechten Arten zu unterscheiden weiß. Einen aus jenen drei Formen gemischten Stat verwirft er natürlich und gibt keine Spaltung der einen obersten Gewalt in mehrere oberste Gewalten,

---

[1]) Leviath. 18. Cum rego autoritas haec ingens indivisibilis sit et habenti summam potestatem inseparabiliter adhaereat, quis color inveniri potest opinioni illorum, qui dicunt de regibus civitatis personam gerentibus, quod etsi singulis majores, universis tamen minores sunt? Nam si per universos intelligunt civitatis personam, ipsum intelligunt regem. Itaque rex seipso minor erit; quod est absurdum, sin per universos multitudinem intelligunt solutam, singulos intelligunt. Itaque rex, qui major singulis est, minor erit universis, quod iterum est absurdum.

keine Teilung der Souveränetät zu. „Die Meinung, daß in England die oberste Gewalt unter den König, die Lords und die Gemeinen geteilt sei, hat den Bürgerkrieg verursacht.“ Christus hat gesagt: „Ein Reich, das in sich geteilt ist, kann nicht bestehen“ (de cive 12; Leviath. 18).

Indem er die verschiedenen, immer absoluten Statsformen mit einander vergleicht und unter Umständen jede — aber durchweg als unveränderlich — gelten läßt, hält er doch die Monarchie für die vorzüglichste, teils aus äußeren Gründen der Zweckmäßigkeit, teils aus dem inneren Grunde, weil in ihr am wenigsten ein Konflikt zwischen dem Privatwillen des Individuums und dem Statswillen des Herrschers möglich sei (de cive 11).

Die höchste Pflicht der Machthaber ist es freilich, für die Volkswohlfahrt zu sorgen: „Salus populi suprema lex.“ Aber nur ihm allein gebührt es, zu entscheiden, was das Wohl des Volkes erfordert (de cive 13). Den einzelnen bleibt nur die Pflicht des Gehorsams. Die klassische Litteratur der Griechen und der Römer wirkt deshalb schädlich, weil sie zum Widerstande reizt und eine Freiheit lehrt, die mit der absoluten Herrschaft unverträglich ist.

Der formal logische Statsbegriff oder vielmehr Souveränetätsbegriff, vor dessen absolutem Willen nichts besteht, hat für die Eigenart der Kirche keinen Raum. Die Kirche fällt bei Hobbes mit dem State in eins zusammen. Der Stat ist Kirche, insofern die Bürger Christen sind (Leviath. 39). In dem State nur werden die Christen zu Einer Person geeinigt, und der Machthaber allein kann wirksam bestimmen, was in Glaubenssachen gemeines Recht sei, nur er kann verurteilen und lossprechen. Auf der Erde kann es nicht zwei getrennte Autoritäten für dieselben Menschen geben. Die Statseinheit zieht die Kircheneinheit und die Glaubenseinheit nach sich. Der Leviathan (Hiob 41), das unüberwindliche Ungeheuer, dem auf Erden niemand zu vergleichen ist und vor dem alle erschrecken, Stat genannt, vernichtet alles, was ihm entgegenzutreten sich erkühnt.

Hobbes hatte gemeint, indem er die Statslehre von der geschichtlichen Entwickelung losriß und wie eine Reihe logischer Schlüsse aus abgezogenen Prämissen als ein Gebot der spekulativen Vernunft hinstellte, der absoluten Monarchie, von welcher er die Herstellung des Friedens und der Ordnung in England hoffte, und die er zugleich mit dem Eifer eines Fanatikers verehrte und mit der kalten Berechnung eines Geometers unterstützte, eine feste wissenschaftliche Begründung gegeben zu haben. Aber diese und ähnliche Prämissen ließen sich ebenso gut für die feindliche Partei verwerten, wie es denn Milton mit überlegener Genialität fast spielend gethan hatte. Und nun kam ein jüngerer Mann, der die mathematisch-logische Methode, welche Hobbes in die Statswissenschaft eingeführt hatte, mit schärferer Logik und größerer Kühnheit noch, aber in ganz anderer praktischer Richtung anwendete. Nun war es mit Händen zu greifen, wie zweischneidig die Waffe war, die Hobbes zuerst im Dienste des absoluten Königtums geschmiedet hatte.

Baruch von Spinoza (1632—1677) war ohne Zweifel mit den Arbeiten des Hobbes wohl bekannt, als er seinen theologisch-politischen Traktat schrieb, der zuerst 1670 anonym gedruckt ward. In manchen wesentlichen Dingen schließt er sich an Hobbes an; aber in anderen und vor allen in der politischen Richtung weicht er doch sehr von ihm ab. Spinoza war kein praktischer Statsmann, er philosophierte über den Stat, wie über die Natur und über Gott vornehmlich um der Wahrheit willen, die zu erkennen ihm als das würdigste Ziel erschien. Doch verkehrte er gerne mit Statsmännern, insbesondere mit dem holländischen Großpensionär Jean de Witt, und nahm an den politischen Ereignissen seiner Zeit ein innerliches Interesse. Er beklagte die Engländer, welche die Tyrannei Karls I. abgeschafft hatten, um zuerst wieder der notwendigen Tyrannei Cromwells zu verfallen und später das alte Königtum herzustellen; er liebte den auf Soldaten gestützten Absolutismus Ludwigs XIV. nicht und vertrat mit Wärme das Recht der Republik, die er als

Vaterland verehrte. Mit großer Seelenruhe hatte er es geduldet, daß ihn die jüdischen Rabbiner aus ihrer Glaubensgemeinschaft ausstießen, weil er seine Gedanken nicht ihrer orthodoxen Lehre zu opfern vermochte. Er war nicht mehr Jude, er ließ sich aber auch nicht als Christ taufen. Ein tiefreligiöses Individuum, aber von seltener und eigener Art, gab er ein erstes merkwürdiges Beispiel eines Menschen, der sich an keine bestimmte Kirchengemeinschaft anschloß und lediglich als Philosoph und Bürger in einsamer Freiheit lebte.

Auch Spinoza läßt dem State im Gedanken einen unstatlichen Naturzustand der Menschen vorhergehen und ist geneigt, in demselben das Walten und daher den Streit der rohen Naturkräfte anzunehmen. Aber während der theistische Hobbes in dem natürlichen Menschen zumeist selbstsüchtige Bösewichter sieht, welche des ordnenden Zwanges bedürfen, löst sich dem pantheistischen Spinoza der Gegensatz von gut und böse und der Krieg aller gegen alle in der Einheit der göttlichen Natur und damit zu innerem Frieden auf. Das natürliche Recht ist ihm daher dasselbe, was die natürliche Kraft, und jedes Ding hat so viel Recht als Naturkräfte in ihm sind. Wenn uns in der Natur etwas widersinnig und böse zu sein scheint, so ist das nur ein Zeichen unserer beschränkten Einsicht. Würden wir den ganzen Zusammenhang der Natur übersehen, so wäre alles in der Ordnung. „Die Macht der Naturdinge, wodurch sie da sind und wirken, ist die Macht Gottes selber“ (Tract. pol. c. 2 § 3). Der große Fisch frißt den kleinen und ein Tier das andere nach dem Rechte der Natur, und so ist auch jeder Mensch von Natur ebenso wohl berechtigt, nach der Kraft seiner Begierde wie nach den Gesetzen seiner Vernunft zu leben. Der Schwache, der mit List und Trug sich zu erhalten sucht, ist ebenso in seinem natürlichen Rechte, wie der Starke, der Gewalt braucht, um sich andere dienstbar zu machen.

Das eigentliche Recht, im Gegensatze zu diesem natürlichen Rechte, welches durch die Kraft und den Trieb bestimmt wird, entsteht erst durch die Menschen und für die Menschen. Dem Menschen ist es zuträglicher, das Recht, das jeder von Natur zu allem hat, kollektiv zu haben und daher die Begierden der einzelnen durch die Gesetze der Vernunft zu beschränken. So kommt auch er zum Vertrag der einzelnen, welche ihre Gewalt auf die Gemeinschaft übertragen und nun von dieser höchsten und absoluten Statsgewalt das vernünftige Recht ableiten. Sie unterwerfen sich teils aus Bedürfnis, teils durch die Vernunft bewogen der absoluten Gewalt, d. h. dem State. Nun ist Recht, was die höchste Gewalt als Recht erklärt.

Wenngleich Spinoza den Stat auf Vertrag gründet, so gibt er doch nicht zu, daß die Pflicht den Vertrag zu halten auf einem Naturgesetze beruhe. Vielmehr kann jeder nach dem ursprünglichen Rechte der Natur einen Vertrag brechen, wenn er die Macht dazu hat. Wenn daher die Menschen den Urvertrag in der Meinung schließen, daß er gehalten werde, so liegt die natürliche Ursache nur darin, daß die Hoffnung eines größeren Gutes oder die Furcht vor einem größeren Übel sie zum Halten desselben bewegt. Um deswillen hat auch der, welchem die höchste Gewalt anvertraut ist, sein Recht nur so lange, als er die Macht hat. Außerdem regiert er nur prekär, und wer mächtiger ist als er, braucht ihm nicht zu gehorchen.

Spinoza hat in der That die Grundwurzel alles Rechtes aufgedeckt, indem er dasselbe in der natürlichen Anlage fand und die innere Notwendigkeit der vorhandenen Kraft als berechtigt erkannte. Aber er hat die sittliche Naturanlage des Menschengeschlechtes und die natürliche Unterordnung des einzelnen Menschen unter die sittlich geordnete Macht der menschlichen Gemeinschaft oder, wenn man will, der menschlichen Vernunft nicht ebenso bemerkt und daher erst eine künstliche Erzeugung des wirklichen Rechtes aus äußeren Motiven zu Hülfe gerufen. Dabei weiß er weder von Sünde noch von eigentlichem Recht außerhalb des States.

Gerechtigkeit und Ungerechtigkeit wird erst möglich, seitdem der Stat das Recht bestimmt; und so völlig wird der Rechtsbegriff seiner natürlichen Idealität entkleidet, daß Statswillkür und Recht gleichbedeutend wird. Im Grunde ist der ganze Rechtsbegriff Spinozas nur ein mechanischer und weder ein organischer noch ein sittlicher Begriff.

Scheinbar ist die oberste Gewalt bei Spinoza ebenso absolut gedacht wie bei Hobbes, und von den einzelnen wird ebenso unbedingter Gehorsam verlangt. Aber er meint es doch ganz anders und bemüht sich ernstlich, dem Mißbrauche der souveränen Gewalt zu wehren. Er erinnert den Gewalthaber an die Grenze, welche die Natur selbst seinem Rechte gesetzt hat, indem vor der Natur Recht ohne Macht nicht bestehen kann. Verliert er daher durch ungeschickten Gebrauch seines Rechtes die Macht, weil die verletzten Unterthanen zum Widerstande gereizt werden und dieser stärker wird als er ist, so verliert er auch sein Recht. Die Logik Spinozas kommt also, obschon Spinoza kein Freund von revolutionärer Bewegung war, der Revolution als der Entfaltung der Naturkräfte ebenso zu Hülfe, wie die Sätze von Hobbes der absoluten Königsgewalt und der Reaktion dienten.

Spinoza erklärt die Demokratie als die natürlichste Statsform, weil die verbundenen Kräfte aller unter allen Umständen stärker sind als jeder einzelne. Die Aristokratie und die Monarchie legen die Statsgewalt in die Hände nur der Minderheit oder eines einzigen Mannes, also immer, wenn auch der vergleichsweise edelsten und stärksten Klasse oder des mächtigsten Individuums, doch eines Teiles, der von Natur schwächer ist als alle zusammen. Deshalb sind aber auch die Aristokratie und der Monarch genötigt, die Statsgewalt mit Mäßigung zu gebrauchen, sonst laufen sie Gefahr, daß die aufgeregten und dann stärkeren Massen sie stürzen.

Eine andere natürliche Schranke der absoluten Gewalt findet Spinoza in der Unmöglichkeit, die Gefühle und die Gedanken zu beherrschen. Niemand kann seine Fähigkeit frei zu denken und zu urteilen auf andere übertragen wollen, und wenn er es wollte, so kann er sich doch nicht dieser Freiheit begeben und es kann der Gewalthaber unsern Geist nicht nach seiner Willkür lenken. Spinoza nimmt also die individuelle Geistesfreiheit als ein natürliches und unveräußerliches Recht gegen die Statsvergewaltigung in Schutz und ist insofern ein Vorkämpfer der modernen Grundrechte. Für die innerliche Denkfreiheit und die Glaubensfreiheit hat die Natur selbst gesorgt, ihre Äußerung aber kommt in den Bereich der statlichen Macht. Da gibt Spinoza zu, daß der Stat die Äußerungen mit Strafe bedrohen dürfe, welche die Statsordnung stören oder bedrohen, nicht weil sie Meinungen sind, sondern weil sie Thaten sind. Aber er warnt den Stat vor jeder Ängstlichkeit und empfiehlt ihm, die Freiheit der Wissenschaft in weitestem Umfange zu achten und vor der Raserei des Pöbels zu schützen. „Welches Übel kann für einen Stat größer sein, als wenn man rechtschaffene Männer, weil sie anders denken und nicht heucheln können, als Gottlose des Landes verweist? Was kann verderblicher sein, als wenn Männer nicht wegen eines Verbrechens, einer Schandthat, sondern weil sie freien Geistes sind, für Feinde gehalten und zum Tode geführt werden, und das Schaffot, das Schreckbild der Schlechten, zur schönsten Schaubühne wird, um das höchste Beispiel der Duldung und Tugend zur höchsten Schmach für die Statsmajestät zur Schau zu stellen?“ (Tract. theol.-pol. 20).

In dem Schlußkapitel der Abhandlung ist ihre eigentliche Spitze. Es lag ihm vor allem daran, für die Glaubens- und die Denkfreiheit zu kämpfen und den Beweis zu führen, daß „es in einem freien State jedermann erlaubt sei, zu denken, was er will, und zu sagen, was er denkt.“ In diesem Kapitel hat Spinoza auch seine Ansicht über den Statszweck in jener prachtvollen Stelle ausgesprochen, welche verdiente mit goldenen Buchstaben über den Thoren der Residenzen und der Rathäuser eingegraben zu werden. „Aus den Grundlagen des States folgt, daß der letzte Endzweck desselben nicht sei, zu herrschen und die Menschen durch die Furcht zu bezähmen und unter eines andern Gewalt zu bringen, sondern im Gegenteil einen jeden von der Furcht zu befreien, damit er, so weit dies für ihn möglich ist, sicher leben, d. h. sein natürliches Recht zu existieren ohne seinen eigenen und des anderen Schaden am besten behaupten möge; es ist, sage ich, nicht der Zweck des States, Menschen aus vernünftigen Geschöpfen zu Tieren oder zu Automaten zu machen, sondern daß ihr Geist und Körper ihre Fähigkeiten ungefährdet entwickeln, daß sie sich ihrer freien Vernunft bedienen, nicht in Haß, Zorn und Betrug mit einander streiten und sich gegenseitig befeinden. Der Endzweck des States ist also im Grunde die Freiheit."

Er erklärt sich daher in seinem zweiten „politischen Traktat", dessen Vollendung durch seinen Tod unterbrochen ward, gegen die absolute Monarchie, als eine zweckwidrige und im Grunde unwahre Statsform. „Es ist ein Irrtum, zu meinen, daß Einer allein die höchste Statsmacht besitze. Denn das Recht bestimmt sich nach der Macht, und die Macht eines einzelnen Menschen ist immer im Mißverhältnis zu einer solchen Last." Keiner kann alles übersehen und jeder ist den Leidenschaften und Irrtümern ausgesetzt. „Je absoluter ein König ist, um so weniger ist er sein eigener Herr und um so unglücklicher sind seine Unterthanen" (Tract. pol. 6, 5 s.). Er verlangt im Interesse der Sicherheit des Monarchen und des Volksfriedens wohlgeordnete Institutionen, welche das Königsrecht vernunftgemäß bestimmen und die bürgerliche Freiheit wahren, so insbesondere eine Ratsversammlung, ohne deren Beirat der König nichts festsetzen darf und deren Mehrheitsmeinung ein verständiger König in der Regel bestätigen wird, eine selbständige Rechtspflege, welche im Namen des Königs die Gesetze handhabt, ein Heer aus Bürgern, welche für ihre Freiheit fechten, nicht aus Söldnern, welche leicht mißbraucht werden, um die Bürger zu Sklaven zu erniedrigen. Er will, „daß die Macht des Königs durch die Macht der Menge begrenzt und durch den Schutz der Menge erhalten werde" (Tract. pol. 6, 7).

Indem Spinoza Religion und Philosophie scharf unterscheidet und den Glauben von der Vernunft wie die Vernunft vom Glauben unabhängig erklärt, entwickelt er auch über das Verhältnis des States zur Kirche und zur Religion Ansichten (Tract. theol.-pol. 14. 15), die erst viel später verwirklicht worden sind. Da alles Recht notwendig vom State bestimmt und geschützt wird, so kann auch der Stat allein über den äußeren religiösen Kultus Rechtsgesetze geben; nicht über die innerliche Gottesverehrung und die Frömmigkeit an sich, denn diese gehört dem Rechtsbereich des einzelnen an und dieses Recht kann nicht an den Stat übertragen werden (Tract. theol.-pol. 17). Aber der Stat thut am besten, wenn er sich enthält, Kirchen von Stats wegen zu bauen, und jeder Glaubensgemeinschaft die Freiheit gestattet, selber für ihren gemeinsamen Gottesdienst zu sorgen, vorausgesetzt nur, daß sie nicht den Stat angreife oder seine Grundlagen untergrabe (Tract pol. 6, 40).

Sechstes Kapitel.

Deutsche Stats- und Rechtsgelehrte des siebenzehnten Jahrhunderts. Samuel Pufendorf. Alberti. Seckendorf. Leibniz.

Das Jahr 1632 war ungewöhnlich fruchtbar an Statsphilosophen, die sämtlich der liberalen Richtung folgten. Wie Spinoza, so wurde auch Pufendorf, Locke und Cumberland in diesem Jahre geboren, welches dem König Gustav Adolf bei Lützen zugleich Sieg und Tod brachte.

Samuel Pufendorf, welcher zuerst das Natur- und Völkerrecht in ein System gebracht und gerade dadurch zu einer Wissenschaft erhoben hat, war der Sohn eines sächsischen Landpfarrers, geboren zu Flöhe bei Chemnitz am 8. Jänner 1632. Der Knabe erhielt eine gelehrte Erziehung. Anfangs sollte er den Fußstapfen des Vaters folgen und Theologie studieren, wendete sich aber auf der Universität Leipzig der Rechtswissenschaft zu, welche seinem prüfenden Geiste größere Freiheit verstattete. In Jena wurde er 1657 von dem Professor Weigel, einem Cartesianer, zum Studium des Naturrechtes und zur Anwendung der mathematisch-demonstrativen Methode auf dieses noch völlig neue Studium ermuntert, und bildete sich nun mit großem Fleiße zu diesem Fache aus. Vergeblich sah er sich als junger Magister in seinem Vaterlande nach einer Anstellung um, obwohl seine hervorragende Begabung nicht verborgen blieb. Er vermochte nicht, nach seinem Ausdruck, „der Sache mit glänzendem Metall den nötigen Nachdruck zu geben" und war zu stolz, „um sich den Rücken krumm zu komplimentieren".

Die Empfehlung seines Bruders Esajas, der in schwedische Dienste getreten war, verschaffte ihm eine Stelle als Hauslehrer für die Söhne des schwedischen Gesandten in Kopenhagen, Coyet, dessen Privatsekretär und Vertrauter er ward. Als der Krieg zwischen Dänemark und Schweden ausbrach, wurde er als Gefangener mit dem Gefolge des Gesandten zurückgehalten, und benutzte nun diese unfreiwillige Muße, um die Schriften von Grotius und Hobbes zu studieren. Die Früchte dieser Arbeiten legte er in einer kleinen lateinischen Schrift nieder über die Elemente der allgemeinen Rechtswissenschaft[1]), welche 1660 im Haag gedruckt wurde. Sie war der Ansatz zu seinem größeren Werke über das Natur- und Völkerrecht und verschaffte ihm schon durch den ungewöhnlichen und umfassenden Titel und Vorsatz einen Ruf.

Dieser Schrift, welche er dem weisen Kurfürsten Karl Ludwig von der Pfalz, einem Kenner und Gönner der juristischen Studien, gewidmet hatte, verdankte er es, daß für ihn 1661 ein eigener neuer Lehrstuhl für Natur- und Völkerrecht an der wiederhergestellten Universität Heidelberg gestiftet wurde. Obwohl er als Lehrer vielen Beifall fand und sein Ruhm zunahm, oder vielleicht weil er sich so auszeichnete, erlitt er doch von seinen Kollegen, deren scholastische Manier von dem unbequemen und in den scharfen Waffen des Spottes und der Satire wohlgeübten Neuerer beunruhigt wurde, manche Anfeindung. Auch die Gunst des Kurfürsten, der ihn zum Erzieher seines unglücklichen Sohnes, des Kronprinzen Karl, ernannt hatte, büßte er später ein. So tolerant und weise der Kurfürst war, so hatte er doch für das fürstliche Ceremoniell eine reizbare Schwäche und wurde durch den Spott Pufendorfs erzürnt. Dieser folgte daher einem Rufe des Königs Karl XI. von Schweden, der ihm eine Professur an der Universität Lund antrug (1670). Aber auch hier wurde er in widrige Händel verwickelt. Der unduld-

[1]) Elementorum jurisprudentiae universalis Libri II.

same Glaubenseifer der lutherischen Theologen witterte Ketzereien in seinen Schriften, und eine wilde Meute von wütenden Streitschriften wurde auf ihn gehetzt; aber auch er schonte die Gegner nicht und bewährte seine Streitkraft. Als Lund von den Dänen besetzt wurde, zog ihn der König nach Stockholm und übertrug ihm das Amt eines königlichen Historiographen. Von da an wendete er sich vorzüglich den geschichtlichen Arbeiten zu und wurde auch mit Rücksicht auf seine historischen Werke von dem Kurfürsten Friedrich Wilhelm von Brandenburg nach Berlin berufen. Kurz vor seinem Tode (26. Okt. 1694) wurde er von dem Könige von Schweden in den Freiherrenstand erhoben.

Die öffentliche Meinung der Zeitgenossen stellte Pufendorf sehr hoch; seine Schriften fanden zahlreiche Verehrer, und durch sein Vorbild wurde Thomasius begeistert. In neuerer Zeit aber ist Pufendorf öfters unterschätzt worden. Man hat ihn geradezu auf die Stufe eines gewöhnlichen Gelehrten erniedrigt, welcher die Ideen größerer Geister in die gemeinverständliche Schulsprache umsetzt, die fremden Gedanken mit technischem Geschicke bequem ausbreitet und daher nur das Verdienst des guten Unterrichtes für sich in Anspruch nehmen darf. Daß aber Pufendorf ein ungewöhnlicher und sogar ein genialer Kopf war, das wird schon aus seinem Monzambano unzweifelhaft klar.

Unter dem fingirten Namen Severinus de Monzambano aus Verona gab er in seiner Heidelberger Periode eine sehr geistreiche und vortrefflich geschriebene Schrift heraus: de Statu Imperii Germanici, welche die Aufmerksamkeit von Europa auf sich zog und trotz aller Verbote der geistlichen und der weltlichen Autoritäten eine enorme Verbreitung fand. Das Büchlein, welches zuerst im Jahre 1667 zu Genf erschien — mir liegt eine Ausgabe vor, Veronae apud Franciscum Giulium 1667 — soll nach Joh. Jak. Mosers[1]), augenscheinlich sehr übertriebener, Behauptung in Deutschland allein in mehr als

---

[1]) Bibliotheca jur. publ. p. 552.

300000 Exemplaren nachgedruckt worden sein. Der Verfasser hatte wohl Ursache, sich in der Maske eines Italieners zu verstecken, denn seine Kritik der deutschen Reichszustände war viel zu freimütig und zu treffend und seine witzige Verhöhnung der deutschen Gelehrsamkeit war viel zu bitter, um dem Heidelberger Professor verziehen zu werden. Indessen vertrat er ohne Scheu im Gespräche und in schriftlichen Äußerungen die Ansichten Monzambanos, und zuletzt wurde er doch trotz der Maske entdeckt.

In der Vorrede, einem Briefe ad Laelium Fratrem — er dachte dabei an seinen Bruder Esajas, der damals schwedischer Gesandter in Paris war — berichtet er von seinem Entschlusse, das merkwürdige Land kennen zu lernen, an dessen Untergang während eines dreißigjährigen greulichen Krieges die Inländer und die Ausländer mit verderblichem Wetteifer gearbeitet haben, und das trotzdem noch bestehe. Er habe zu diesem Behufe die Alpen überstiegen, mit Mühe die schwere deutsche Sprache erlernt, es sich nicht verdrießen lassen, die aufgespeicherten Folianten und Quartanten, in denen die schreibseligsten der Gelehrten, einer den andern ausschreibend, in langweiliger Breite ihre Kenntnisse vorgelegt haben, zu durchmustern, aber trotzdem noch nicht die rechten Aufschlüsse gefunden. Endlich habe er eine Reise nach München, Regensburg, Berlin, Braunschweig, an den Rhein, dann nach Heidelberg und Stuttgart unternommen und in Gesprächen mit Hof- und Statsmännern bald viel mehr als aus den gelehrten Büchern erfahren.

Das Büchlein ist eine politische Schrift ersten Ranges, indem es mit wenigen meisterhaften Zügen den Geist der deutschen Verfassung charakterisiert und ihre Mängel aufdeckt. Wenn es gleich eine positive Statsgestaltung und nicht die allgemeine Statslehre darstellt, so hat es doch für die ganze Statswissenschaft in Deutschland Epoche gemacht. Pufendorf hat die engen Schranken der scholastischen Orthodoxie, welche die unverstandene Autorität des Aristoteles ebenso mißbrauchte wie die theologische Orthodoxie die Autorität der Bibel, zuerst in Deutschland geöffnet und der historischen Forschung wie der philosophischen Kritik freiere Bewegung verschafft. Er hat die tote Gelehrsamkeit mit dem Hauche des wissenschaftlichen Geistes belebt. Eine kurze Übersicht des Inhaltes der Schrift wird dazu dienen, den Standpunkt des Autors und zugleich die statlichen Zustände zu bezeichnen, welche die deutsche Statswissenheit des siebenzehnten und in der ersten Hälfte des achtzehnten Jahrhunderts bedingten.

Das erste Kapitel handelt von dem Ursprung des deutschen Reiches, oder, wie es im alten Stile hieß, des römischen Reiches deutscher Nation. Pufendorf tritt dem überlieferten Irrtum entgegen, daß dasselbe eine Fortsetzung des alten römischen Reiches sei. Das wirkliche römische Reich war schon lange untergegangen, bevor ein deutsches Königreich entstand, welches dessen Nachfolger werden konnte. Als Karl der Große — ein Deutscher der Rasse nach, aber ein Franzose nach Heimat und Bildung — den Titel eines römischen Kaisers annahm, hatte Rom schon vor Jahrhunderten aufgehört, die Hauptstadt des römischen Reiches zu sein. Rom war inzwischen dem gotischen Königreich einverleibt und dann wieder eine Stadt des byzantinischen Kaiserreiches geworden. Rom war nicht mehr selbständig, und die Römer konnten daher auch das Kaisertum nicht vergeben. Deshalb verständigte sich Karl auch mit dem Kaiserhofe in Konstantinopel. Als Kaiser des Occidents konnte er nicht das alte Recht erneuern, sondern war vornehmlich nur der Schirmherr und Verbündete des päpstlichen Stuhles zu Rom. In ähnlichem Sinne erwarben seit dem Kaiser Otto die deutschen Könige den glänzenden Namen des Kaisertumes und des römischen Reiches. Ihnen gegenüber verstanden es aber die klügeren, meistens italienischen Päpste, sich nicht bloß in Italien unabhängig zu stellen, sondern die Herrschaft und den Reichtum des Klerus auch über Deutschland auszubreiten. Die deutschen Könige haben viel Gold und viele Männer für ihre italienische Politik fruchtlos geopfert; sie haben nur Schaden, keinen Vorteil davon gehabt und sind mehr als alle anderen Fürsten von der Politik der Päpste ausgebeutet und mißhandelt worden. Schließlich ist ihnen ein leerer Titel des Kaisertumes geblieben.

Im zweiten Kapitel werden die Reichsstände aufgeführt, welche die einzelnen Teile des Reiches als Landesherren verwalten. Unter den weltlichen Fürsten steht das Haus Österreich obenan, weniger seines Alters wegen als wegen seines großen Länderbesitzes, und weil es schon seit Jahrhunderten die deutsche Königs- und die römische Kaiserkrone getragen hat. Von dem deutschen Reiche haben die Habsburger ihre weiten Länder ganz unabhängig gestellt und dadurch ein großes Beispiel auch für andere gegeben, sich vom Reiche auszuscheiden. In allen ihnen günstigen Dingen betrachten sich die Fürsten von Österreich als Glieder des Reiches, in allen ihnen widrigen Dingen als eine vom Reiche getrennte Macht[1]). Das Haus Bayern besitzt nun zwei weltliche Kurfürstentümer, die herrliche Pfalzgrafschaft bei Rhein und das Herzogtum Bayern, und schon ein Jahrhundert hindurch auch die geistliche Kurwürde des Erzbistumes Köln. Wie die Bayern sich vor den anderen Stämmen durch Frömmigkeit auszeichnen, so glänzt der gegenwärtige Kurfürst von der Pfalz (Karl Ludwig) durch Weisheit vor den Fürsten. Auch auf dem schwedischen Throne sitzen Abkömmlinge dieses vielverzweigten Fürstenhauses. Das sächsische Haus mit seinen beiden Stämmen, dem Albertinischen und dem Ernestinischen, ist in Meißen, Thüringen, an der Elbe, in der Lausitz und in Franken reich begütert. Die Albertiner haben die Kurwürde, die Ernestiner besitzen Altenburg, Gotha, Weimar. Sehr ausgedehnt sind die Besitzungen der brandenburgischen Markgrafen, deren Haupt Kurfürst und zugleich außerhalb des deutschen Reiches unabhängiger Herr von Preußen ist; nicht mit

[1]) II, 1. „Ergo in favorabilibus est membrum Imperii, in odiosis non item. Talibus sibi prospexere privilegiis, ut ubi alterius Imperatoris autoritatem agnoscere displiceat, statim dicere queant, sibi cum Germanico Imperio nihil negotii esse, suas ditiones separatam efficere civitatem.

den italienischen oder französischen Markgrafen zu vergleichen, welche oft kaum 200 Jucharten Ackerfeld besitzen, während jener in einer Ausdehnung von mehr als 200 deutschen Meilen reisen und jede Nacht in seinem Lande schlafen kann.

Auf die kurfürstlichen Dynastien folgen eine Anzahl anderer fürstlicher Familien, wie die Herzoge von Braunschweig in zwei Hauptlinien (Braunschweig und Lüneburg), die Herzoge von Mecklenburg und von Württemberg, die Landgrafen von Hessen, die Markgrafen von Baden, die Herzoge von Holstein, die Herzoge von Savoyen und Lothringen, die nur mit Rücksicht auf einige Reichslehen, nicht mit ihren Ländern zum Reiche gehören; dann manche kleinere Fürsten, welche die kaiserliche Politik aus reichen Grafen zu armen Fürsten gemacht hatte.

Außer den weltlichen Fürsten gibt es viele geistliche Fürsten, wie denn nirgends der Klerus eine so große Macht und so reich geworden ist wie in Deutschland. Da sind die Nachfolger der Fischer und Weber zu gewaltigen Reichsfürsten geworden. Im Norden freilich haben sie in Folge der sogenannten Kirchenreform ihre Herrschaften an die weltlichen Fürsten verloren. Aber an dem schönen Rhein und in dem katholischen Süden sind sie in ihrem Besitze geblieben. Die drei Erzbischöfe von Mainz, Trier und Köln haben sogar die Kurwürde. Aber auch die Erzbischöfe von Salzburg, von Besançon in Burgund, die Bischöfe von Bamberg, Würzburg, Worms, Speyer, Aichstett, Straßburg, Konstanz, Augsburg, Hildesheim, Paderborn, Freising, Regensburg, Passau, Trient, Brixen, Basel, Lüttich, Osnabrück, Münster, Chur, und manche Reichsäbte, wie die von Fulda, Kempten, Ellwangen u. s. f., sind ansehnliche Landesherren.

Die Lage der Grafen und Barone ist in Deutschland viel glänzender als in anderen Ländern. Sie haben beinahe alle fürstlichen Rechte und auch auf den Reichstagen in vier Kurien Sitz und Stimme, z. B. die Grafen von Nassau, Oldenburg, Fürstenberg, Hohenlohe, Hanau, Sain und Witgenstein, Leiningen, Solms, Waldeck, Isenburg, Stolberg u. s. f.

Ebenfalls selbständig sind eine Anzahl von Reichsstädten, die zwei Bänke auf den Reichstagen besitzen, wie die Städte Nürnberg, Augsburg, Köln, Lübeck, Ulm, Straßburg, Frankfurt, Regensburg u. s. f. Inzwischen haben diese Städte an ihrer Macht und Vermögen Einbuße erlitten, und vermutlich werden sie sich auf die Dauer der fürstlichen Hoheit nicht erwehren können.

Die Ritterschaft teilt sich in zwei Klassen, die Reichsritter und die landständische Ritterschaft. Die ersteren sind unter sich verbunden und nur dem Reiche unterthan, sie kommen doch nicht auf die Reichstage. In ihren Gebieten walten sie den Landesherren ähnlich und haben auch auf eine Menge von geistlichen Pfründen Anwartschaft. Sie leben vergnügt und genießen mehr als sie arbeiten. Aber die Fürsten lauern auf sie wie auf eine Beute, die ihnen zufallen werde. Die zweite Klasse der Landesritterschaft ist der fürstlichen Landeshoheit unterthan.

Das dritte Kapitel gibt Aufschlüsse, wie es den alten Reichsbeamten, den Herzogen und Grafen, allmählich gelungen sei, ihre Ämter in erbliche Familienrechte zu verwandeln und mit Hülfe des Lehensrechtes die neue Landesherrschaft im Gegensatze zu dem alten Königsrechte zu befestigen, wie die Bischöfe gewußt haben, die Frömmigkeit der weltlichen Großen auszubeuten und mit der Zeit zu ihren großen Gutsherrschaften auch fürstliche Rechte zu erwerben, wie auch die Städte die Verlegenheiten der Könige und der Fürsten benutzt haben, sich möglichst unabhängig zu stellen.

Aus solchen Gliedern, die in sich als Staten gelten, ist das Reich zusammengesetzt, mit einem Könige und Kaiser als Haupt (Kap. 4). Das alte Frankenkönigtum war aus Erbrecht und Kur (Prüfung der Großen und Billigung des Volkes) gemischt, so jedoch, daß das Erbrecht regelmäßig entscheidend war. Nach der Beseitigung der Karolinger wurde die Wahl wichtiger, indessen hielt man sich bald wieder an eine bestimmte königliche Dynastie, bis seit Heinrich IV. die Fürsten sich einen größeren Einfluß auf die Wahl verschafften. Allmählich gelang es den sieben Inhabern der wichtigsten Fürstenämter, die Wahl an sich zu bringen, und die goldene Bulle erweiterte die Rechte der Kurfürsten, welche nun ein ausschließliches Wahlrecht hatten.

Die Macht des Kaisers ist durch die Wahlkapitulation und die Reichsgesetze, mehr aber noch durch die Rechte der Reichsstände und durch das Herkommen in allen Richtungen enge beschränkt. Er hat fast gar keine Einkünfte vom Reich und keine Reichstruppen. Auch das Reichsheer besteht aus den Truppen der Landesherren, welche nur mit Mühe zu bestimmen sind, einiges Geld und einige Mannschaft für Reichszwecke zu gewähren (Kap. 5). In Anbetracht dieses unbehülflichen Reichskörpers wagt Pufendorf die Behauptung, welche damals großes Aufsehen machte und viel Widerspruch erfuhr, die einzelnen Fürstenländer lassen sich wohl als eine Art beschränkter Monarchien und die Reichsstädte als Aristokratien oder Demokratien erklären, aber das Reich selbst sei in die *Aristotelischen Kategorien* der Statsformen nicht unterzubringen. Es ist *keine wahre Aristokratie*, weil der Kaiser doch nicht als Unterthan der Reichsstände angesehen werden kann, die in ihm, freilich mehr der Form nach als in Wahrheit, den Oberherrn ehren, von dem sie ihre Gewalt ableiten. Es ist auch *keine Monarchie*, weil die Reichsstände in allen wesentlichen Beziehungen von dem Kaiser unabhängig sind und in ihren Ländern wie selbständige Obrigkeiten regieren, und weil der Kaiser als solcher machtlos ist. Er nennt daher die Verfassung des Reiches eine unregelmäßige und geradezu *ein Monstrum*. Durch die thörichte Freigebigkeit der Könige, durch den Ehrgeiz der Fürsten und durch die Selbstsucht der Priester ist die alte Monarchie in einen Zustand verkommen, welcher zwischen dem äußern Scheine der Monarchie und dem Bunde selbständiger Staten schwankt, aber mehr und mehr dem *Statenbunde sich nähert* (Kap. 6).

Diesem monströsen Reiche fehlt es im Innern nicht an Männern und nicht an Gütern. Deutschland hat einen zahlreicheren und glänzenderen hohen Adel als irgend ein Land der Welt. Der niedere Adel lebt behaglich und ist nicht übermäßig zahlreich. An litterarisch Gebildeten ist kein Mangel. Kaufleute und Handwerker gibt es zur Genüge. Durch den dreißigjährigen Krieg sind die Bauern freilich herabgekommen. Das Volk ist tapfer und kampflustig; die deutschen Landsknechte sind allenthalben zu finden. Für wissenschaftlichen Unterricht sind die Deutschen empfänglich, in den Handarbeiten fleißig. In politischen Dingen sind sie keineswegs neuerungssüchtig, und wenn die Herrschaft nicht gar zu hart ist, sehr geduldig. Der Boden ist fruchtbar und das Land erzeugt alles, was das Volk bedarf. In den vielen Städten sind die Kräfte des Handels und der Gewerbe zerstreut, nicht in Einer großen Hauptstadt konzentriert. Obwohl die Deutschen keine Kolonien in fremden Gegenden besitzen, so stehen sie doch mit dem Auslande in einem bewegten Handelsverkehr. Sie ziehen die fremden Waren den einheimischen vor. Ihre jungen Leute reisen häufig im Auslande, und obwohl es nützlich ist, daß die deutsche Roheit in persönlichem Verkehr mit anderen Nationen einige Bildung annehme, so finden doch öfter die schlechten und liederlichen Sitten der fremden großen Städte als die edlere Bildung derselben Eingang bei ihnen.

Um ein Land richtig zu schätzen, muß es mit den Nachbarn verglichen werden. Trotz ihrer Uneinigkeit sind die Deutschen im Osten doch den Türken überlegen, wenngleich unter dem Volke die von Österreich und dem Klerus, der die Völker zu schrecken liebt, genährte Türkenfurcht groß in Deutschland ist. Italien ist schwächer als Deutschland und zufrieden, wenn die Kaiser ihre Herrschaft nicht erneuern. Die Polen und die Dänen sind nicht zu fürchten. Von den Engländern besorgen die Deutschen auch wenig, obwohl ihre Seemacht der englischen gegenüber ebenso ohnmächtig ist, als die englische Landmacht verglichen mit der deutschen. Spanien ist fern und erschöpft. Die Schweden haben zwar in dem letzten Kriege große Vorteile erfochten, aber nur weil die Deutschen sich selber bekämpften. Dagegen ist das Verhältnis zu Frankreich bedenklicher. Vergleicht man die beiderlei Volks- und Naturkräfte, so erscheint Deutschland mächtiger. Wenn man aber die politische Verfassung in Anschlag bringt, dann ist das Übergewicht auf der französischen Seite; denn die französische Macht weiß die Steuer- und die Militärkräfte zusammenzufassen, welche in Deutschland unter eine große Zahl von Fürsten verzettelt sind. Daß die fremden Mächte sich verbünden, um Deutschland zu unterwerfen, ist nicht wahrscheinlich, da was den einen vorteilhaft wäre, von den andern ihnen nicht vergönnt würde. Am meisten ist es dem französischen Hofe gelungen, eine Anzahl deutscher Fürsten zu gewinnen und in dieser Form in Deutschland einen Einfluß zu begründen.

Die gewaltige Macht, die in dem deutschen Reiche ruht, welche durch eine regelmäßige Verfassung geeinigt ganz Europa in Furcht versetzen könnte, ist durch die Verfassungsmängel und durch die inneren Krankheiten so geschwächt und gelähmt, daß sie kaum im Stande ist, ihr Gebiet vollständig zu schützen. Vor allen Dingen fehlt es an jeder Einheit, und doch beruht die Stärke einer Gesellschaft vornehmlich darauf, daß Ein Wille und Ein Geist den ganzen Körper durchdringe. In dem deutschen Reiche sind alle Übel, welche ein Königreich oder einen Statenbund schwächen, im Überfluß vorhanden. Die Nachteile einer schlecht organisierten Monarchie und eines verworrenen Bundessystems sind in Deutschland zugleich vorhanden. Die Könige erinnern sich ihrer früheren Macht, deren bloßer Schein geblieben ist, und möchten sie wieder herstellen; die Reichsstände dagegen widerstreben allen solchen Versuchen mit Eifer und Erfolg. Daher wechselseitiges Mißtrauen und wechselseitige Intrigue und Gehässigkeit. Die Reichsstände sind aber auch unter sich in fortwährendem Hader begriffen. Die Fürsten und die freien Städte sind wider einander.

Die Freiheit und der Reichtum der Städte und die Gunst, welche sie bei den Kaisern finden, reizen die Fürsten, der Hochmut und die Herrschsucht der Fürsten beleidigen die Städte. Nicht minder betrachten sich die geistlichen und die weltlichen Fürsten mit mißgünstigen Augen. Die ersteren sind stolz auf ihre geistliche Würde und überzeugt, daß der göttliche Geist sich in reicherem Maße über die Glatzen der Priester als über das ungeschorene Haupt der Laien ergießt. Die letzteren erfreuen sich ihrer größeren und erblichen dynastischen Macht und verachten die weniger vornehme Abkunft der meisten geistlichen Herren. Überdem sind die Reichsstände an Macht so sehr ungleich, daß schon deshalb keine rechte Gemeinschaft unter ihnen entsteht. Der Vorzug der Kurfürsten erweckt den Neid der übrigen und das Verlangen derer, die ihnen an Größe nahe stehen, es ihnen gleich zu thun.

Zu allen diesen Übeln ist nun der Zwiespalt der Religion noch hinzugekommen und entzweit die Katholiken und die Protestanten. Das Reich wird in Folge dessen in zwei konfessionelle Bünde zerrissen. Endlich haben die einzelnen Reichsstände angefangen, sich mit auswärtigen Mächten zu verbünden, was ihnen der westfälische Friede ausdrücklich gestattet. Dadurch werden die inneren Faktionen zu Hülfsmitteln für die Fremden, ihren Einfluß in Deutschland zu vergrößern. Das Reichskammergericht ist außer Stande, die Rechtsgemeinschaft zu wahren. Die Prozesse kommen da nie zum Ende. Das kaiserliche Hofgericht hat wenig Kredit. Das Recht in Deutschland beruht daher vornehmlich auf der Macht. Der Starke kümmert sich wenig darum. Ohne einen Reichsschatz und ohne ein Reichsheer vermag das Reich nichts. So fehlt es überall in Deutschland an der nötigen Einheit (Kap. 7).

Bekanntlich hatte noch während des dreißigjährigen Krieges (1640) unter dem fingierten Namen Hippolithus a Lapide ein nordischer Kriegsmann und Gelehrter, Bogislaus Philipp Chemnitz, ebenfalls eine Schrift über die Zustände des deutschen

Reiches veröffentlicht, welche die Gebrechen desselben schonungslos aufdeckte. Er hatte Deutschland für eine Aristokratie der Fürsten erklärt, mit dem Scheine des Königtumes, und im Interesse der antikaiserlichen Partei, welcher er angehörte, die Umwandelung in eine wahre Bundesaristokratie gefordert. Das größte Übel erkannte er in der Existenz des Hauses Österreich, welches sich thatsächlich der Kaiserkrone bemächtigt habe und fortwährend die Reichsstände bedrohe. Er verlangte geradezu, daß man dieser Dynastie ein Ende mache und ihre großen Besitzungen zur Ausstattung des neuen wahren Wahlkaisertumes einziehe.

Mit gutem Grunde erhebt sich Pufendorf gegen diese Vorschläge, die eher nach dem Scharfrichter als nach dem Arzte schmecken. Die Zerstörung Österreichs wäre doch nur möglich im Bunde mit den Franzosen und den Schweden, und diese würden sich für ihre Hülfe auf Kosten des deutschen Reiches bezahlt machen. Er selbst verzweifelt auch daran, Deutschland ohne eine große Umwälzung zu einer wirklichen Monarchie zu machen, und ist ebenfalls der Meinung, daß zunächst nur die Möglichkeit eines deutschen Bundeskörpers offen sei. Seine Vorschläge sind aber viel mäßiger. Vor allen Dingen will er einen bleibenden Bundesrat[1]), fürchtet aber auch, daß Österreich sich eine verfassungsmäßige Beschränkung nicht gefallen lassen werde. Nur der enge Verband aller andern kann die Österreicher bewegen, sich mit ihrem großen Ländererwerb zu begnügen und auf die Beherrschung der deutschen Länder zu verzichten. Bemüht sich der Bund, allen seinen Gliedern gerecht zu werden und auch die Schwachen zu schützen, duldet er keine Sonderbünde der einen wider die anderen, verhindert er jede

---

[1]) VIII, 4: „perpetuum consilium, quod socios repraesentet, cui res quotidianae totam Rempublicam concernentes exsequendae committantur. Ad idem referenda fuerint omnia, quae exteris cum Republica intercedant ubi prius examinentur, inde ad singulos socios referantur ac demum generalis conclusio colligatur."

Einmischung der fremden Mächte in die deutschen Angelegenheiten, so ist schon vieles verbessert. Um aber gerüstet zu sein, muß der Bund ein mäßiges stehendes Bundesheer auf gemeinsame Kosten erhalten. Die konfessionelle Zwietracht wird am besten dadurch ermäßigt, daß die Obrigkeiten den Katholiken und den Protestanten völlig gleiches Recht gewähren, den Priestern nicht verstatten, je die andere Konfession zu schmähen, und dafür sorgen, daß die Schulen von gemäßigten Männern, nicht von Zeloten geleitet werden. Zum Schlusse wagt es Pufendorf, geradezu die Säkularisation der geistlichen Fürstentümer, die Aufhebung der Klöster und die Vertreibung der Jesuiten zu empfehlen, damit die verderbliche Priesterherrschaft aufhöre, nicht mehr die Hälfte des deutschen Bodens in den Händen des römischen Klerus sei und die Nation zu innerem Frieden gelange (Kap. 8).

Die Schrift Pufendorfs ist ein statsmännisches Meisterstück. Sie ist ebenso ausgezeichnet durch den klaren historischen Überblick über die Entwickelungsgeschichte des Reiches als durch die psychologische Erkenntnis seiner organischen Mängel, und indem der Autor die Heilmittel bespricht, sieht er mit prophetischem Auge vorher, was anderthalb Jahrhunderte später wirklich geschehen ist. Wenn ein Geist von solchem Scharf- und Weitblick es vorzog, sich der idealen Wissenschaft des Naturrechtes zuzuwenden, anstatt in der Bearbeitung des positiven deutschen Statsrechtes seine Kräfte zu verbrauchen, so hat sicher die Trostlosigkeit der politischen Zustände keinen geringen Anteil an jener Wahl gehabt.

Pufendorf nimmt die Lehre des Hugo Grotius großenteils auf, aber er erweitert sie zu einem umfassenden Systeme der Pflichtenlehre und sucht sie teils mit Rücksicht auf Hobbes, teils durch eigene Gedanken zu vervollkommnen. Er stellt dieselbe in seinem größeren, in zahlreichen Auflagen verbreiteten und vielfach kommentierten Werke: de jure naturae et gentium libri octo[1]) und in dem kürzeren Buche: de officio hominis et civis[2]) dar.

Die Frage, ob man sich den vorstatlichen Naturzustand der Menschen mit Grotius als einen Zustand des Friedens, oder mit Hobbes als einen Zustand des Krieges zu denken habe, beantwortet er damit, daß er den friedlichen Zustand als den naturgemäßen erklärt, aber zugleich auf die Unsicherheit desselben ohne statliche Einrichtungen aufmerksam macht. Die Natur weist den Menschen auf die friedliche Gemeinschaft hin, aber die Leidenschaften und Begierden der einzelnen reizen zu Friedensstörungen, wenn nicht dafür gesorgt wird, daß der friedlichen Ordnung eine schützende Macht zur Seite stehe. Gesellige Natur des Menschen ist die erste, aber die Besorgnis vor Verletzung und die Vorsicht ist die zweite Ursache der Statenbildung. Jene hat Grotius, diese hat Hobbes — aber jeder einseitig — erkannt.

Die sittliche Natur des Rechtes aufzuzeigen, im Gegensatze zu der bloßen Nützlichkeit und Zweckmäßigkeit desselben, ist ihm die wichtigste Aufgabe, und so ganz gibt er sich dieser Anschauung hin, daß er über der ethischen Bedeutung des Rechtes die juristische Eigentümlichkeit und den Unterschied des Rechtes von der Moral überhaupt vernachlässigt. Die Anlage zum Rechte findet er in der menschlichen Natur, aber den tieferen Grund in Gott, der in die Menschennatur jene Anlage eingepflanzt hat. Gott hat dem Menschen die Vernunft gegeben, damit er mit ihrer Hülfe auch die sittliche Natur erkenne und die göttlichen Gesetze finde, welche seine bösen Neigungen beherrschen sollen, und Gott handhabt selber die sittliche Weltregierung und gibt dadurch seinen Geboten Kraft. Der Gott, den er verehrt, ist nicht die pantheistische Weltseele, sondern der theistische außerweltliche persönliche Gott (de offic. hom. cap. 4). In dieser Beziehung stimmt er mit seinem Zeitgenossen, dem Engländer

[1]) Ich habe die beiden Ausgaben benutzt: Londini Scanorum 1672 in 4° und die spätere von Mascovius, Lipsiae 1744, 2 Bde. in 4°.

[2]) Londini Scanorum 1702 (zuerst 1673). (De J. N. et G. lib. II cap. 2.)

Richard Cumberland, überein, welcher ebenfalls ein philosophisches Werk über die Gesetze der Natur verfaßt und den Versuch gemacht hat, dieselben auf rationellem Wege aus der Schöpfung des Menschen herzuleiten.

Bemerkenswert ist es, daß Pufendorf lange vor Rousseau die natürliche Religion — abgesehen von der geoffenbarten christlichen — d. h. den Glauben an Einen Gott, als den Schöpfer und Regierer der Welt, für die unentbehrliche Grundbedingung des Rechtes und für das kräftigste Band der statlichen Gemeinschaft erklärt, also diese Religion als gesellschaftliche oder statliche Religion fordert, dagegen von gesonderten geoffenbarten Konfessionen für das natürliche Recht Umgang nimmt. In dieser merkwürdig freien Anschauung ist er wohl in Heidelberg durch Karl Ludwig bestärkt worden, durch einen Fürsten, der für die drei christlichen Konfessionen einen gemeinsamen Konkordientempel erbaute und auch geneigt war, die Unitarier zu schützen.

Ebenso verdient es Beachtung, daß er unter den Pflichten des Menschen gegen sich selbst auch dem Streben nach Ehre und nach Ausbildung des Geistes in Künsten und Wissenschaften eine hervorragende Stellung anweist und dadurch für den Fortschritt der Geistespflege entschieden Partei nimmt (de offic. hom. cap. 5).

Die Fähigkeit und den Antrieb zum State findet Pufendorf zwar in der menschlichen Natur. Er gibt zu, daß der Mensch nach dem Ausdruck des Aristoteles ein statliches Wesen sei (*ζῶον πολιτικὸν*). Aber in noch höherem Grade ist der Mensch auf die Familie angewiesen. Das Kind weiß nichts vom Stat und viele Erwachsene gelangen nie zum Statsgefühl. Der Stat ist daher kein Erzeugnis der unmittelbar wirkenden Natur, sondern erst der höheren menschlichen Kultur (de J. N. et G. VII, 1). Als die Menschen das Bedürfnis empfanden, ihre wechselseitige Sicherheit und ihren Frieden besser zu schützen wider die mancherlei Störungen, die der leidenschaftliche oder böse Mensch dem Menschen bereitet, trafen sie die ersten statlichen Einrichtungen. Die angeborene Ehrfurcht vor dem Naturgesetze, welches jede Beleidigung oder Schädigung des einen wider den andern verbietet, reichte nicht aus, um das Unrecht abzuwehren. Man bedurfte eines schärferen Zügels und einer strengeren Zucht.

Damit ein Stat sich bilde, genügt nicht die Willensübereinstimmung der Individuen, welche sich vereinigen, um ein gemeinsames Wesen zu bilden und eine Verfassung zu beschließen oder beschließen zu lassen (de J. N. et G. VII, 2). Es ist ein zweiter Vertrag notwendig zwischen der bestimmten Obrigkeit, welche für die gemeinsame Sicherheit sorgen will, und den übrigen Personen, welche ihr Gehorsam geloben. Erst durch diesen zweiten Vertrag wird die Willenseinheit hervorgebracht, um deren willen der Stat eine Person ist, verschieden von allen Einzelpersonen, welche zu ihm gehören. Hobbes hat diesen zweiten Vertrag bestritten, weil er eine möglichst absolute Gewalt der Obrigkeit anstrebte; aber es ist klar, daß die Freien nur in der Absicht sich einer Regierung unterwerfen, daß diese für die gemeine Rechtssicherheit und für die öffentliche Wohlfahrt sorge.

Den Stat definiert Pufendorf als die zusammengesetzte moralische Person, deren durch die Verträge mehrerer verbundener und geeinter Wille als Wille aller gilt und bewirkt, daß er die persönlichen und die Vermögenskräfte der einzelnen für die Zwecke der allgemeinen Sicherheit und des Friedens gebrauchen darf [1]). Er billigt die organische Darstellung des Hobbes, daß wer die oberste Gewalt habe, die leitende Seele des Körpers, daß die Beamten seine Glieder, daß Belohnungen und Strafen gleichsam

---

[1]) De J. N. et G. VII, 2, 13. Unde civitatis haec commodissima videtur definitio, quod sit persona moralis composita, cujus voluntas, ex plurium pactis implicita et unita, pro voluntate omnium habetur, ut singulorum viribus et facultatibus ad pacem et securitatem communem uti possit.

die bewegenden Nerven, das Vermögen der einzelnen seine Stärke, das Wohl des Volkes seine Aufgabe, die Räte, welche bemerken, was zu wissen ist, sein Gedächtnis und die Gesetze gleichsam seine Vernunft seien. Die Verfassung, sagt er, ist nicht die Seele, sondern die Ordnung der Glieder zu einem Leibe. Wohl, aber gerade deshalb ist auch der Souverän nicht die Seele, sondern nur die oberste Seelenkraft in diesem Leibe. Indem sich hier Pufendorf durch Hobbes verführen ließ, kam auch er dazu, die oberste Gewalt im State dadurch zu überschätzen, daß er sie mit dem State identifizierte. Freilich wird in der Regel der Statswille aus dem Willen des Souveräns hervorgehen, aber nicht aller Wille des Souveräns ist Statswille, so wenig als aller Wille der Unterthanen Privatwille ist. Freilich darf nicht die Menge beliebig ihren Willen als Statswillen erklären im Widerspruch mit der oberen Gewalt, aber daraus folgt nicht, daß es keinen politischen Willen der Unterthanen gebe und darauf nichts ankomme (de J. N. et G. VII, 2, 14). Pufendorf selbst hatte in seinem zweiten Unterordnungsvertrage einen Grundsatz ausgesprochen, dessen Konsequenzen jenen Irrtum von Hobbes aufdecken mußten, dem er aber hier doch wieder verfällt.

Ausführlich erörtert Pufendorf (gegen Horn) die Frage, ob die oberste Gewalt von Gott abzuleiten sei. Offenbar ist der Stat in seiner historischen Erscheinung das Werk der Menschen, aber mittelbar kann er auch auf den göttlichen Willen bezogen werden, welcher dem Menschen das Bedürfnis zum State eingepflanzt und ihm den Verstand gegeben hat, dieses Bedürfnis zu befriedigen. Aber eine unmittelbare Ableitung etwa der „königlichen Majestät“ von Gott anzunehmen, wie sich manche das vorstellen, widerstreitet der Vernunft. Unzweifelhaft müßte das ebenso gut von der Majestät des Senats in der Aristokratie und des Volkes in der Demokratie gelten, wie von der des Monarchen. Ein grasser Aberglauben aber ist es, zu wähnen, daß der von den Menschen zum König frei gewählte Mensch nach der Wahl auf einmal mit einem göttlichen Geiste erfüllt werde, und Gott nun ein ganz besonderes Interesse an diesem Fürsten nehme, das er für andere Menschen oder für die Völker nicht habe. Die Beweiskraft der jüdischen Theokratie für die ganz verschiedenen europäischen Staten läßt er natürlich nicht gelten. Die Majestät ist wie der Stat das unmittelbare Werk des Menschengeistes und des Menschenwillens und kann nur mittelbar von dem Geiste und Willen Gottes kommen (de J. N. et G. VII, 3; de offic. hom. II, 6).

Wie sich die eine Seele für die verschiedenen Funktionen des Körpers in verschiedenen Kräften äußert, so äußert sich auch die Obrigkeit im State nach ihren mancherlei Aufgaben in verschiedenen Teilgewalten (de J. N. et G. VII, 4; de offic. hom. II, 7). Die gesetzgebende Gewalt erläßt allgemeine Vorschriften und Verbote. Die Strafgewalt (potestas poenas sumendi) schützt den inneren Frieden und züchtigt die Verbrecher. Die Urteilsgewalt (potestas judiciaria) erledigt die Streitigkeiten über das wirkliche Recht; die Kriegs- und Friedensgewalt, verbunden mit der Gewalt, Bündnisse zu schließen, schützt die Sicherheit des States auch gegenüber den auswärtigen Staten; die Amtshoheit besetzt die Ämter; die Steuergewalt faßt die Vermögenskräfte für die Statszwecke zusammen. Werden diese Gewalten völlig getrennt, so daß die eine von der anderen ganz unabhängig verwaltet wird und kein innerer Zusammenhang besteht, so wird dadurch die Statseinheit gefährdet und es ist das ein unregelmäßiger Verfassungszustand. Die richtige Ordnung verlangt vielmehr die Verbindung aller Gewalten in Einer obersten die Teile zusammenfassenden Gewalt.

Die Aristotelische Einteilung der Statsformen ergänzt Pufendorf im Hinblick auf seine Beobachtungen über das deutsche Reich durch den Unterschied der regulären und der irregulären Statsformen (de J. N. et G. VII, 5; de offic. hom. II, 8). Regulär nennt er die Verfassung, wenn von einer unzerteilten obersten Gewalt aus — dem Fürsten, dem Senat oder dem

Volke — alles regiert wird; irregulär, wenn diese Einheit fehlt und die geteilte oberste Macht je nach ihren Beziehungen verschiedene Centralorgane erhält. Was manche die gemischte Statsform genannt haben, ist keine neue reguläre, sondern nur eine irreguläre Form. Von Statssystemen spricht man, wenn entweder zwei oder mehrere Länder durch dieselbe Person des Fürsten verbunden werden (Union), oder wenn zwei oder mehrere Staten durch ewige Bünde zu einem zusammengesetzten Ganzen sich zusammenthun.

Pufendorf erklärt die oberste Gewalt (summum imperium), Souveränetät, in ihrer ganzen Willensfreiheit keiner anderen Gewalt unterworfen, für unverantwortlich und über die menschlichen Gesetze, die ja von ihr gegeben sind, erhaben. Diese Sätze betrachtet er als logische Folgerungen aus ihrer obersten Stellung im State. Würde ein Gericht die Autorität haben, sie zur Rechenschaft zu ziehen, ihre Handlungen für ungültig zu erklären, sie zu strafen, so wäre dieses Gericht dem Souverän übergeordnet und besäße eine höhere Autorität als er. Würde der Souverän den Gesetzen unterthan sein, so wäre er sich selber unterthan. Er hält in dieser Hinsicht zu Hobbes wider Milton, indem er wie jener die oberste Gewalt im State mit dem State verwechselt (de J. N. et G. VII, 6; de offic. civ. II, 9). Er verwirft daher auch die Unterscheidung, die einige nach dem Vorgange von Aristoteles zwischen der realen Majestät und der persönlichen Majestät machten, indem sie unter jener die Majestät (Souveränetät) des ganzen Volkes, unter dieser die des Fürsten verstanden. Er versteht das Wort Volk als die Masse der Bürger, d. h. der Unterthanen, welchen keine Majestät zukomme. Er meint, die beiden Willen des Volkes und des Souveräns würden sich bestreiten und dadurch die Einheit des States, oder wenn der Wille des Volkes die Oberhand hätte, die Monarchie aufheben.

Aber er ist doch nicht so absolutisch gesinnt wie Hobbes. Zwar erkennt auch er die absolute Monarchie als eine rechtmäßige

Statsform an, aber er verteidigt auch gegen Hobbes die beschränkte Monarchie und gesteht nicht zu, daß die bloße Willkür selbst des absoluten Monarchen Recht sei. Er erinnert fortwährend an die natürlichen Bedingungen und die Zwecke des States. Der absolute Monarch hat nur die Freiheit des Urteils und des Beschlusses über das, was der Wohlfahrt der Gesellschaft dient. Weil er ein Mensch und dem Irrtum unterworfen ist, deshalb ist die an sich absolute Gewalt des Souveräns in ihren Ausübungen beschränkt und an die Beachtung gewisser Bedingungen gebunden worden. Es kann daher dem beschränkten Könige auch die Pflicht auferlegt sein, daß er die Landesgesetze beachte, zu denen die Stände mitwirken. Auffallend ist es, daß er seine Beispiele für solche Beschränkungen eher in China als in Deutschland aufsucht. So herabgekommen waren damals die alten ständischen Rechte, so übermächtig der Absolutismus der Fürsten auf dem ganzen Kontinente.

Im Gegensatze zu Hobbes verteidigt er den Satz, daß der Inhaber der obersten Gewalt wohl einem Unterthanen Unrecht thun könne, indem die Unterordnung der Bürger durch den Statszweck bedingt und beschränkt sei. Die Rechtsverletzung könne die statlichen oder menschlichen Rechte der Unterthanen treffen. Aber die Frage, inwiefern gegen solches Unrecht Widerstand erlaubt sei, erscheint ihm sehr schwer zu beantworten. Er ist nicht geneigt, eine widerspenstige und trotzige Gesinnung zu entschuldigen, und meint, die Erschütterung des States, wenn ein schlechter Fürst vertrieben werde, sei ein weit größeres Übel als die Ertragung kleiner Vergehen der Fürsten (de J. N. et G. VII, 8). Er erinnert an den Bibelspruch, mit dem die Vernunft übereinstimme: man solle üble Launen der Fürsten wie der Eltern mit Geduld hinnehmen. In schweren Fällen rate er eher zur Flucht und zur Auswanderung als zur Gewalt. Unter keinen Umständen hält er diese für gerechtfertigt, außer wenn der Fürst den Grundvertrag bricht, auf welchem die Unterordnung der Bürger beruht. Diesen Ausnahmsfall aber läßt er nur in den engsten Grenzen zu.

Wenn der rechtmäßige Fürst vertrieben worden und ein Usurpator sich der öffentlichen Gewalt bemächtigt hat, so kann es sogar die Pflicht der Unterthanen werden, der faktischen Regierung gehorsam zu sein. Das geschieht, wenn der legitime Fürst außer Stande ist, sein Amt zu üben und für den Stat zu sorgen, während der Usurpator die Regierungspflichten übernimmt. Allerdings dauert diese Pflicht nur so lange, bis sich die Aussicht eröffnet, daß der vertriebene Fürst wiederkehre und die verlorene Macht wiedergewinne. Pufendorf hat offenbar das noch frische Beispiel Wilhelms von Oranien und des Königs Jakob II. von England vor Augen, ohne es zu erwähnen. Er wagt noch nicht, die neue Macht auch als Rechtsmacht anzuerkennen; er behält das Recht der Legitimität für den Fall vor, daß das Schicksal es wieder erhebe und ihm die thatsächliche Gewalt zurückgebe; aber er will doch nicht die unzureichenden Empörungsversuche gegen die faktische Regierung entschuldigen. Der Gedanke, daß der Unterwerfungsvertrag mit der Zeit ungültig werde, wenn er dauerhaft unwirksam geworden ist, ist eher angedeutet als ausgesprochen.

Als Pufendorf sein Naturrecht zu Lund in Schweden veröffentlichte (1672), erfuhr er zuerst auf dieser Universität, sodann von Seite der sächsischen Theologen und Scholastiker heftige Angriffe. Bisher hatte in den nordischen Schulen eine starre lutherische Orthodoxie eine fast unbestrittene Herrschaft geübt. Die Wissenschaft wurde als die Magd der Theologie betrachtet; die Philosophie ward nur geduldet, wenn sie sich von den Vertretern des Kirchenglaubens leiten ließ. Die Scholastik hatte wohl die Autorität des Aristoteles, obwohl er ein Heide war, fortwährend behauptet, aber schon seit langem hatte sie sich der kirchlichen Vormundschaft gefügt, welche ihrerseits auch den Aristoteles zu Gnaden aufgenommen hatte. Cartesius aber wurde von den Orthodoxen als ein frecher und gefährlicher Ketzer verworfen. Und nun erhob sich drohend in dem lutherisch rechtgläubigen Schweden die neue Wissenschaft eines aus vernünftiger

Betrachtung der Menschennatur abgeleiteten Naturrechtes, welche keine Rücksicht nahm auf die christliche Offenbarung und das kirchliche Dogma und welche auch die Aristotelischen Behauptungen einer freien Prüfung unterzog. Ließ man dieses Wagnis ungestraft gelingen, so war es um die Herrschaft der Theologie über die Philosophie geschehen und die scholastische Überlieferung war nicht mehr sicher.

Der Streit, der darüber entbrannte, gereichte der Wissenschaft zu großer Förderung [1]). Es war ein Streit um ihre Befreiung, der mit ihrem Siege endigte. Von da an wurde in einem großen Teile von Deutschland und im ganzen Norden die Wissenschaft des Naturrechtes in ihrer Unabhängigkeit von dem kirchlichen Lehrbegriff anerkannt.

Vergeblich riefen die zelotischen Kollegen Pufendorfs, Nikolaus Beckmann und Josua Schwarz, die Geistlichkeit, den Senat des Reiches und die königliche Regierung wider den Neuerer auf. Die Universität und die Statsgewalt schützten Pufendorf, und Beckmann, der sich zu den wütendsten Schmähungen von seiner Leidenschaft hinreißen ließ und das königliche Friedensgebot verachtete, mußte sich nach Deutschland flüchten.

Von der Universität Leipzig wurde der Kampf, der im skandinavischen Norden bereits zu Gunsten Pufendorfs entschieden war, erneuert. Die theologische Fakultät verurteilte das Buch und erwirkte sein Verbot. In Jena eiferte Valentin Veltheim, „eine Säule der Barbarei“ nach Pufendorfs Ausdruck, vor der orthodoxen Jugend gegen den ketzerischen Magister. Ein alter Studiengenosse Pufendorfs, Valentin Alberti, jetzt Professor in Leipzig, gab ein orthodoxes Lehrbuch des Naturrechtes heraus und bekämpfte in Streitschriften seinen größeren Gegner. Unter den Vertretern der kirchlichen Richtung war

---

[1]) Ausführliche Angaben über die hierher gehörige Litteratur und ihren Inhalt finden sich bei Hinrichs, Geschichte der Rechts- und Statsprinzipien 2, 246 ff.

auch der edle sächsische Kanzler **Veit Ludwig von Seckendorf** (geb. den 20. Dez. 1626), ein Mann von frommem Gemüt und streng gläubiger Erziehung, ein Freund und Gönner auch der Wissenschaft, wenn sie sich innerhalb der engen Schranken seines Glaubens bewegte, aber ein Eiferer für die Religion und voll Besorgnis, daß der Atheismus sich der Welt bemächtigen werde. Seckendorf schrieb unter anderem auch ein Buch über den „Christenstat, worin vom Christentum an sich und dessen Behauptung wider die Atheisten und dergleichen Leute, wie auch von der Verbesserung sowohl des weltlichen als geistlichen Standes nach dem Zweck des Christentums gehandelt wird" (1685). Aber Pufendorf war an logischer Schärfe und kritischer Gewandtheit allen seinen Gegnern weit überlegen. Er nahm den Kampf auf, und indem er seine Überzeugung und sein Streben verteidigte, ging er selber zum Angriff auf den Standpunkt seiner Feinde über.

Als sie ihn als einen Neuerer dem Hasse aller derer empfahlen, welche in den herkömmlichen Meinungen ihre Ruhe und ihren Nutzen fanden, erwiderte er: „Wohl mag die wahre Religion, die sich auf das Wort Gottes stützt, und der Stat die Neuerung verwerfen, aber in der Wissenschaft, in welcher die Vernunft waltet, verschaffen gerade die neuen Entdeckungen den Ruhm des Geistes und des Fleißes" (Apologia § 4). Den Zweifel an seiner lutherischen Rechtgläubigkeit, weil er in Heidelberg auch mit den Calvinisten sich befreundet habe und papistische Autoren citiere, beschämt er durch das Wort: „Es ist die Weise der Leute, die kein eigenes Urteil haben, aber von dem Hasse der Sekten erfüllt sind, jeden Andersgläubigen mit Schauder zu betrachten. Aber so treu wir dem Glauben unserer Kirche bleiben, so soll der theologische Haß der christlichen Sekten nicht das Gebiet der Philosophie, der Medizin und der Jurisprudenz in Flammen setzen" (Apologia § 5. 6).

Die Hauptfrage war: Darf und soll die Wissenschaft, wie Pufendorf es gethan, von der Autorität der Kirchenlehre absehen und lediglich auf dem Wege der vernünftigen Prüfung das natürliche Recht aufsuchen und darstellen? Die Gegner, wenigstens die ehrlichen, bestreiten nicht, daß sogar eine natürliche Religion im Unterschiede von der geoffenbarten christlichen und ebenso ein natürliches Recht möglich sei. Aber sie sind so sehr von der Unvollkommenheit beider, von der Schwäche und Unzuverlässigkeit der Vernunft, von der Autorität der Offenbarung und von der Fruchtbarkeit der geoffenbarten Wahrheiten durchdrungen, daß sie mit dem äußersten Mißtrauen und mit unverhehlter Abneigung jede freie Wissenschaft betrachten und es für ebenso unschicklich und unnütz als gefährlich halten, wenn ein orthodoxer Christ sich mit solchen hochmütigen und eiteln Forschungen beschäftige.

Es ist ein Genuß nachzulesen, wie Pufendorf diese Bedenken aus dem Felde schlägt: „Ein Philosoph ist ein Philosoph, ob er Christ oder Heide, Deutscher oder Wälscher sei, wie es für den Musiker unerheblich ist, ob er einen Bart trage oder nicht. Die Philosophie zieht aus der Vermischung mit der Theologie keinen Gewinn, sie nährt nur das Gezänke. Wie die Geometrie und die Chirurgie keine christliche Wissenschaft ist, so ist es auch die Logik nicht. Vergebens jammert ihr über die Verderbtheit der menschlichen Vernunft, die auch göttlichen Ursprungs und die edelste Gottesgabe ist. Ist dieselbe in dem Grade verdorben und unsicher, daß man auch den logischen Schlüssen nicht vertrauen darf, dann wird auch das Lehrgebäude der Theologie keine Festigkeit haben, denn es ist aus denselben logischen Schlüssen auferbaut. Keine Religion hat eine edlere Moral verkündet als das Christentum. Aber Christus und seine Apostel haben kein neues System der Politik gelehrt, sondern die Fortbildung des Rechtes nach wie vor der menschlichen Vernunft überlassen. Das Evangelium weiß nichts von Statseinrichtungen. Den Römern hat die Rechtswissenschaft viel mehr zu verdanken, obwohl die Römer noch Heiden waren, als ihre Jurisprudenz in der Blüte stand. Das Naturrecht muß für die Nichtchristen wie für die Christen gelten, daher muß es auch auf eine Grundlage gebaut werden, welche allen Völkern gemeinsam ist, ob sie nun eher auf Mohammed oder eher auf Christus hören. Das den Menschen ins Herz geschriebene Gesetz, wie die menschliche Vernunft es beleuchtet, ist diese natürliche Grundlage. Die Deutschen wenden ihre Waffen nicht weniger gegen den „allerchristlichsten" König von Frankreich als gegen den türkischen Sultan. Sie alle werden von dem gleichen Natur- und Völkerrechte begriffen. Die Pflicht der Humanität verbindet alle Menschen und das Naturrecht ist Sache der Menschheit."

Die Befreiung der Rechtswissenschaft von der Vormundschaft der Theologie ist, wie man sieht, zugleich Befreiung der Vernunftthätigkeit von der Gebundenheit des Offenbarungsglaubens und Befreiung des States von der Kirche. Die Menschennatur ist ihr Ausgangspunkt und das Streben nach Humanität ihr Ziel, die menschliche Logik ist das Mittel, das Ziel zu erreichen. Das ist die Meinung Pufendorfs.

Von dieser großartigen Anschauung aus konnte die Meinung Seckendorfs, die Türken und die Heiden lesen unsere Bücher nicht, für diese brauche man daher kein Naturrecht zu bearbeiten, und für die Christen sei es höchst gefährlich, wenn sie von der Offenbarung absehen, doch nur als beschränkte Ansicht eines Menschen erscheinen, der nicht über die Mauern seines Hofes hinaussieht und sich davor fürchtet, mit Menschen menschlich zu verkehren.

Gewichtiger war der Einwand, das orthodoxe christliche Naturrecht sei viel vollkommener als das menschlich vernünftige Naturrecht. Alles kam darauf an, das zu zeigen, im Sinne des ersteren Rechtswahrheiten auszusprechen und zu begründen, durch welche das zweite verbessert und veredelt werde. Alberti und Seckendorf machten den Versuch dazu: jener in seinem orthodoxen Kompendium, dieser in seinem Christenstat. Aber so eifrig ihr Glaube war, die Wissenschaft des Naturrechtes wurde von demselben nicht bereichert. Jener Versuch verunglückte gänzlich.

Die Theologen hatten die religiös spekulative Erzählung von dem ursprünglichen Paradieszustande der ersten Menschen und den Folgen des Sündenfalles zu einem dogmatischen Systeme ausgebildet und wußten vieles zu sagen von dem ungeheuren Unterschiede der reinen und der verdorbenen Menschennatur. Pufendorf verstattete dieser Lehre keinen Einfluß auf seine Wissenschaft, weil dieser Unterschied ein Gegenstand des Offenbarungsglaubens, aber nicht des Wissens sei. Er nahm die Menschen, wie er sie vorfand, als vernunftbegabte, aber zugleich leidenschaftliche und gelegentlich auch zu Bösem geneigte Wesen, also nach der theologischen Sprechweise in dem Zustande der Verderbtheit, aber doch nicht im Sinne der Theologen, indem er zu dem Lichte der Vernunft ein viel größeres Vertrauen als diese hatte.

Schon in dem Titelbilde des Alberti'schen Buches[1]) zeigt sich, wie eben auf jene Lehre das orthodoxe Naturrecht gegründet ward. Da sehen wir einen nackten Adam, der einen glänzenden Spiegel, das Ebenbild Gottes, in der Linken und ein Winkelmaß in der Rechten hält und unter Blumen wandelt, die Lenden mit einem Kranz umgürtet (die ganz nackte Unschuld war dem theologischen Bewußtsein auch schon bedenklich), gegenüber einem vollständig kostümierten Herrn in der Allongeperücke, dessen Linke einen zerbrochenen Spiegel hält, in dem das Ebenbild Gottes nicht mehr zu erkennen ist, und dessen Rechte ein gekrümmtes und gebrochenes Winkelmaß faßt. Der bekleidete Mann geht traurig zwischen Dorngebüschen und Felsblöcken umher. Alberti sucht den Grund des Naturrechtes — im entschiedensten Gegensatze gegen unsere heutigen Orthodoxen[2]) — in dem Zustande der Integrität und will von da aus den Zustand der Korruption in analoger Weise ordnen, ein Bemühen, das Pufendorf mit der Bemerkung verhöhnt, die Kriege werden nun wohl nach der

---

[1]) Compendium Juris Naturae orthodoxae theologiae conformatum. Autore L. Valentino Alberti. Lipsiae 1678.

[2]) Einer derselben, Karl Friedrich Göschel, macht selbst auf diesen Gegensatz aufmerksam. Zerstreute Blätter aus den Hand- und Hülfsnotizen eines Juristen 3, 249.

Analogie des Friedens im Paradiese geführt, und der Leipziger Henker zwar nicht in der paradiesischen Form, aber nach ihrer Norm die Leipziger Huren peitschen. Entscheidender für die Niederlage Albertis als solcher Spott war aber die unleugbare Dürftigkeit und Armseligkeit seiner Sätze, verglichen mit der inhaltsreicheren philosophischen Lehre.

Das Einzige, was die orthodoxe Lehre im Statsrechte auf die Autorität der heiligen Bücher zurückführen konnte, war das göttliche Recht aller obrigkeitlichen Gewalt, welche nach ihrer Behauptung unmittelbar von Gott der jeweiligen Obrigkeit verliehen wird, sei diese nun von dem Volke gewählt oder durch das Erbrecht berufen. Aber gerade da zeigte sich's, wie anspruchsvoll der Geist dieser Lehre war, der in jedem Lande jede Obrigkeit zum Stellvertreter Gottes machte, wie wenig dieselbe die Grenzen der Macht zu würdigen wußte, wie unfähig sie war, die Staten- und Verfassungsgeschichte zu erklären. Hat doch Alberti sich in vollem Ernste auf die Autorität des Tacitus berufen, ohne den bittern Sarkasmus gegen die Tyrannei des Kaisers Tiberius zu bemerken, welchen Tacitus in die Verteidigungsrede des angeklagten Terentius hineingelegt hatte: „Dir, o Cäsar, haben die Götter das oberste Gericht verliehen, uns ist der Ruhm des Gehorsams geblieben."

Der Christenstat von Seckendorf[1]) half diesen Mängeln nicht ab. Er ist eine Art von christlichem Ermahnungs- und Erbauungsbuch, eine gemütlich ideale Ergänzung des früher erschienenen Fürstenstates von demselben Verfasser. Seckendorf spricht darin wie ein lutherischer Prediger, nicht wie ein Rechtsgelehrter oder ein Philosoph. Er will die Menschen zu frommen gläubigen Christen machen und ist überzeugt, dann werden sie vortrefflich regieren oder gehorchen, je nach ihrer Stellung und ihrem Beruf. Das wahre Bürger- und Landrecht sucht er im Himmel, die Erde ist ihm nur eine elende Herberge. An der

[1]) Herrn Veit Ludwigs von Seckendorf Christen-Stat in drey Büchern abgeteilet. Leipzig 1686.

unlogischen Einteilung der Stände in den geistlichen, den weltlichen und den Hausstand nimmt er keinen Anstoß, indem sie seinen Belehrungen und Ermahnungen nicht widerspricht. Gefährlich findet er's, von dem Stande der Obrigkeit, und gefährlich, von dem geistlichen Stande zu reden: jenes, weil keiner die Wahrheit weniger gern anhört, als wer die Macht hat, und dieses, weil die Konfessionen darüber im Streite sind. Aber er sagt doch in wohlmeinender Absicht seine Meinung. Den Unterthanen empfiehlt er den Glauben, daß der Stand der Obrigkeit „von Gott sei, obgleich etlicher(?) Orten menschliche Mittel, als Wahl, Beleihung und dergleichen, zu dessen Erlangung gebraucht werden und die eigentlichen Amtsverrichtungen der Obrigkeit aus dem Lichte der Vernunft und formaliter nicht aus der Revelation und Heiligen Schrift zu suchen" (II, 6, 6). Auf den Titel von Gottes Gnaden legt er einen Wert. „Teils zeigt er die Hoheit der Obrigkeit an, weil sie weiß, sie sitze an Gottes Statt und habe ihr Amt nach Gottes Ordnung zu führen; teils ihre Schuldigkeit, indem ihr obliegt, göttlichem Gesetze Folge zu leisten und also des untergebenen Volkes Wohlfahrt zu befördern, wie auch zu halten und zu erfüllen, was nach jedes Landes und Volkes altem Herkommen versprochen wird." Hier regt sich ein wenig das germanische Rechts- und Freiheitsgefühl des sächsischen Edelmannes, freilich in sehr demütigem Tone, denn er verwirft jeden aktiven Widerstand, wenn die Werkzeuge des Teufels, böse Ratgeber den Fürsten bestimmen sollten, die Verträge zu verachten und gegen seine Versprechen zu sündigen. Auf der anderen Seite empfiehlt er den Fürsten, daß sie sich erinnern, zugleich mit ihren Unterthanen Glieder Eines geistlichen Leibes zu sein, dessen Haupt Christus ist, also als Christen ihnen vor Gott gleich zu stehen.

In den deutschen Reden machte Seckendorf einen Versuch, das Naturrecht als solches darzustellen, und kam hier in mancher Hinsicht Pufendorf näher. Er gibt nun zu, daß das natürliche Recht ein Gebot der rechten Vernunft sei, die sich in dem Gewissen der Menschen kund gebe, aber behauptet zugleich, daß Gott im Dekalog der schwankenden Vernunft und dem unsicher gewordenen Gewissen eine feste Stütze gegeben habe. Wo sich Widersprüche zeigen zwischen den natürlichen und den positiven Volks- und Landesrechten, da ist Unrecht und Sünde. Je mehr sich diese dem natürlichen Rechte annähern, um so besser ist es, denn das natürliche Recht ist Gottes Recht, und durch den Fall des Menschen ist seine Ordnung getrübt und seine Geltung gefährdet worden.

Pufendorf erhielt in Christian Thomasius einen geistreichen Schüler, der seine Lehre in Norddeutschland verteidigte und fortbildete. Bevor wir aber diesen Fortschritt besprechen, wird es nötig, auf die Stellung einen Blick zu werfen, welche Leibniz dieser neuen Statslehre gegenüber einnahm.

Die Geschichte kennt nur wenige geniale Menschen, die zugleich in der Vermittelung der Gegensätze ihre Hauptaufgabe erkennen. Unter diesen wenigen hat schwerlich ein anderer eine ebenso ausgesprochene Vermittelungsnatur als der große Leibniz. Glauben und Denken, Offenbarung und Natur, Katholicismus und Protestantismus, Kaisertum und Fürstentum sucht er zu versöhnen. Das Verhältnis von Gott und Welt betrachtet er mit Vorliebe als die Harmonie der Kräfte und ihrer Äußerungen. Sein universeller Geist umfaßt die moralischen und die Naturwissenschaften, wie sein wissenschaftliches und politisches Streben über die ganze Erde hin seine Verbindungsfäden erstreckt. Mehr als alles ist ihm der rohe Krieg verhaßt. Um Deutschland und Europa vor den französischen Kriegen zu retten, sucht er den Ehrgeiz König Ludwigs XIV. auf die Türkei und nach Ägypten abzulenken.

Es ist zu bedauern, daß Leibniz seinen Vorsatz, sich in eingehender Weise über Recht und Stat auszusprechen, so viel wir wissen [1]), nicht ausgeführt, sondern nur gelegentlich seine

[1]) Es existieren freilich in Göttingen Manuskripte von Leibniz über das Naturrecht, die aber noch nicht gedruckt sind. Der Wunsch von Hinrichs,

Ansichten eher angedeutet als tiefer begründet und schärfer begrenzt hat. Seine ungewöhnlichen historischen Kenntnisse, seine hohe juristische und politische Bildung, und vor allen Dingen sein weiter philosophischer Umblick und seine logische Gewandtheit schienen ihn vorzugsweise dazu zu befähigen. Gottfried Wilhelm Leibniz[1]), geb. den 21. Juni (alten Stils) 1646 zu Leipzig, war der Sohn eines Leipziger Professors der Moralphilosophie. Seine ungewöhnliche Geistesanlage wurde frühzeitig durch einen bewundernswürdigen Fleiß und eine seltene Selbständigkeit des Studiums und des Urteils allseitig entwickelt. Er wählte die Jurisprudenz zu seinem eigentlichen Beruf und zeichnete sich schon als zwanzigjähriger Jüngling durch juristische Dissertationen aus, welche von seinem eminenten Scharfsinne und seiner historischen und philosophischen Bildung Zeugnis gaben. Als trotzdem der engherzige Zunftgeist der Leipziger Fakultät dem nach Ehre und Auszeichnung begierigen Jünglinge den Weg zum Doktorat verlegte, wandte er sich nach Altorf und promovierte da mit glänzendem Erfolge (5. Nov. 1666). Die ihm angetragene Professur schlug er aus. Mit dem Eifer des Autodidakten suchte er den Wissenschaften neue Bahnen zu eröffnen. Der Philosoph und Jurist Baco leuchtete ihm bei seinem Streben als Vorbild vor. In dieser Absicht schrieb er 1667 seine neue Methode der Jurisprudenz[2]) und widmete dieselbe dem Kurfürsten Johann Philipp von Mainz aus dem Hause Schönborn. Teils ward er von dem Rufe dieses Fürsten als eines Gönners aller Geisteskultur, teils von dem berühmten

---

der darauf aufmerksam machte, daß dieselben bald möchten herausgegeben werden, ist seit 1852 unerfüllt geblieben.

[1]) Eine vortreffliche Biographie hat Guhrauer geliefert: G. W. Freiherr von Leibnitz. 2 Bde. Breslau 1842. Pichler, die Theologie des Leibniz. 2 Bde. München 1869.

[2]) Nova Methodus jurisprudentiae, später von Christian Baron Wolf wieder herausgegeben. Lipsiae et Halae 1748. In den Opera Leibnitzii von Dutens Tom. IV p. 3.

Statsmanne, dem Freiherrn Joh. Christian von Boyneburg dahin gezogen, der seinerseits großes Wohlgefallen an dem jungen Gelehrten fand und ihm großes politisches und persönliches Vertrauen erwies. Durch Boyneburg wurde er in die Geheimnisse der damaligen Fürstenpolitik eingeweiht, und verfaßte für denselben mehrere statsrechtliche und politische Denkschriften, unter anderem auch die Schrift über die polnische Königswahl und das Bedenken, wie die Sicherheit des Reiches auf festen Fuß zu stellen sei. Auch der Plan, Ludwig XIV. zur Eroberung Ägyptens zu bestimmen, damit er Deutschland in Ruhe lasse, fällt in diese Zeit. Daneben bearbeitete er theologische, physikalische und philosophische Probleme, machte optische und mechanische Erfindungen und arbeitete in den historischen Wissenschaften. Ein längerer Aufenthalt in Paris, wohin er eine geheime Sendung des Kurfürsten erhalten hatte, und ein kürzerer in London erweiterte seinen Horizont und seine Menschenkenntnis.

Er hatte daran gedacht, sich in Paris, wo er seine Methode der Differentialrechnung entdeckt hatte, bleibend niederzulassen. Für den universellen Geist hatte die große Hauptstadt einen Reiz, dem er schwer widerstand. Aber ein wiederholter Ruf an den Hof des Herzogs von Hannover, Johann Friedrich, bestimmte ihn, in das deutsche Vaterland zurückzukehren (1676), obwohl er hier in engere Verhältnisse sich einleben mußte.

Die freie Muße, welche ihm seine praktische Anstellung für das Bergwesen übrig ließ, benutzte er hier, um zunächst seine wissenschaftlichen Werke auszubilden. In seiner „Monadenlehre" fand er eine ihm genügende Antwort auf die Frage nach der Mannigfaltigkeit der Erscheinungen, und in der „prästabilierten Harmonie" die Lösung des Welträtsels und die Übereinstimmung Gottes und der Welt. Die Theodicee ward zum philosophisch-poetischen Triumphgesang seiner innern Befriedigung. Der Streit mit Newton über die Ehre der ersten Erfindung der Indifferentialrechnung, in welchen die Akademien von Paris und London verwickelt wurden, offenbarte zugleich die seltene Größe der beiden Männer und ihre menschliche Schwäche.

Lieber verweilt die Betrachtung auf den merkwürdigen Aussöhnungsversuchen zwischen der katholischen Kirche und dem Protestantismus, für die sich Leibniz lebhaft interessierte. Seine irenische Natur verhüllte ihm zwar manche nicht bloß äußerliche Schwierigkeit; er war allzu geneigt, um des Friedens willen auch wesentliche Dinge zu opfern. Aber man näherte sich doch auf beiden Seiten sehr an, und der Geist wechselseitiger Duldung lernte bei diesen Versuchen seine Kräfte kennen und üben. War auch die Zeit zu einer prinzipiellen Verständigung noch nicht reif, so waren doch mancherlei Anzeichen einer merkwürdigen Umstimmung der Gemüter wahrzunehmen. Vorzüglich die Statsmänner fingen an, sich der Leidenschaft der Konfessionen zu entziehen und sich für die Toleranz in religiösen Meinungen zu erklären. Der Kurfürst Karl Ludwig von der Pfalz, ein Wittelsbacher, hatte wenige Jahre nach der Beendigung des dreißigjährigen Krieges durch den westfälischen Frieden einen Tempel der Eintracht für die drei christlichen Konfessionen zu Mannheim gebaut. Die Höfe von Hannover und Berlin und sogar der Kaiser Leopold interessierten sich für die Reunionsversuche; auch an dem Hofe Ludwigs XIV. und sogar in Rom an dem päpstlichen Hofe wurden dieselben mit einer gewissen Teilnahme erwogen. Aber schon der Widerspruch des besonnenen Bossuet, den Leibniz vergeblich zu umgehen versuchte, bewies, daß die ideale Tendenz noch keine Aussicht auf wirklichen Erfolg habe.

Daneben fand Leibniz noch Zeit, Nachforschungen in den Archiven zu machen, Statsurkunden zu sammeln und herauszugeben, große historische Werke vorzubereiten, das Naturrecht zu pflegen und eine Menge Briefe nach allen Richtungen hin zu schicken. Bis nach China und Indien erstreckte sich seine Korrespondenz. Die Politik beschäftigte ihn nicht minder. In Wien verfaßte er das Kriegsmanifest, welches der Kaiser gegen Ludwig XIV. erließ, welcher unversehens das Reich überfallen hatte (1688). Von Italien aus schrieb er den Brief über die wiederentdeckte Verwandtschaft der beiden Dynastien Este und Braunschweig (1690). Nach Hannover zurückgekehrt, arbeitete er für die Erhebung des Herzogs Ernst August zum Kurfürsten, welche im Oktober 1692 von dem Kurfürstenkollegium zu Regensburg beschlossen wurde, und für die Anerkennung der neuen Würde durch die übrigen Stände. Die Geschichte des Hauses Braunschweig, welches durch die englische Revolution die große Aussicht auf die englische Königswürde gewonnen hatte, wurde für ihn zu einer Hauptaufgabe seines Lebens. Er sammelte dafür eine Masse Stoff in den Archiven.

Die Wirksamkeit in Hannover war aber zu enge für ihn. Die verwandtschaftliche Verbindung der Höfe von Hannover und Preußen gab ihm eine Gelegenheit, dieselbe auch auf Berlin auszudehnen, und dadurch einen weiteren Bereich für seine Thätigkeit zu erwerben. Die beiden Kurfürstinnen von Hannover und von Preußen, die Mutter Sophie und die Tochter Sophie Charlotte, beide sehr geistreiche und zugleich religiöse Frauen, verehrten ihn als Weisen und liebten ihn als Freund und Lehrer. Durch den Einfluß dieser beiden Damen wurde er in seinen Unternehmungen an den Höfen lebhaft gefördert.

Im Einverständnis mit denselben betrieb er die Union der Lutheraner und der Reformierten, damit wenigstens die protestantischen Reichsstände unter sich einig werden und im Stande seien, dem neuen Wachstume der römisch-katholischen Partei gegenüber den Protestantismus zu behaupten. Er unterschied drei Grade dieser Union. Der erste Grad ist rein civil, er besteht in der guten Harmonie und einem aufrichtigen Beistande der beiden Konfessionen gegen den gemeinsamen Gegner, die römische Partei. Der Kurfürst von Preußen wird, seitdem der Kurfürst von Sachsen katholisch geworden, als das natürliche Haupt dieser protestantischen Genossenschaft anerkannt. Der zweite Grad zielt auf das kirchliche Einverständnis und lautet dahin, daß man sich gegenseitig nicht verdamme. Der dritte

Grad endlich besteht in der Einheit des Glaubens. Leibniz verzichtet darauf, diesen dritten Grad zu erreichen, indem sich schwerlich alle bestimmen lassen, in so schwierigen Dingen Gleiches zu denken oder zu glauben. Aber er sieht auch nicht ein, daß solche Einheit in den Lehren und Meinungen notwendig sei. Er hätte sich sogar mit dem ersten Grade begnügt, wenn man die Theologen nicht nötig hätte; aber als wünschenswert gilt es auch ihm, den zweiten zu erreichen.

Auch dieser Unionsversuch kam nicht zum Ziele. Die Theologen voraus, aber auch der Kurfürst Friedrich III. wünschte keine bloße Toleranz verschiedener Meinungen, sondern die Einigung im Glauben selbst, und diese war nicht möglich. Daher ließen die abgekühlten Statsmänner die Sache bald fallen, und die Geistlichen konnten sich nicht verständigen. Die Union blieb einer späteren Zukunft vorbehalten.

Folgenreicher war der Vorschlag Leibnizens zur Gründung einer „Societät der Wissenschaften" in Berlin. Der Kurfürst ging darauf ein, und Leibniz wurde bei ihrer Stiftung (11. Juni 1700) zu ihrem Präsidenten ernannt. Die neue Akademie wurde von Anfang an als eine deutsche gedacht. Sie sollte „eine teutsch gesinnte Societät sein, und zur Ehre und Zierde der teutschen Nation gereichen". Zugleich sollte sie nicht auf bloße Kuriosität und Wißbegierde und auf unfruchtbare Experimente gerichtet sein, oder bei der bloßen Erfindung nützlicher Dinge ohne Applikation und Anbringung beruhen, wie etwa zu Paris, London oder Florenz geschehen. Leibniz verlangte, daß man gleich anfangs das Volk samt der Wissenschaft „auf den Nutzen richte und auf solche Specimina denke, davon der hohe Urheber Ehre und das gemeine Wesen ein mehreres davon zu erwarten Ursache haben. Wäre demnach der Zweck, die Theorie mit der Praxis zu vereinigen, und nicht allein die Künste und Wissenschaften, sondern auch Land und Leute, Feldbau, Manufakturen und Kommerzien, und mit Einem Wort die Nahrungsmittel zu verbessern."

Die Ausstattung war freilich zunächst ärmlich und der Impuls schwach; die ganze Akademie beschränkte sich fast auf die Person ihres Präsidenten. Auch traten die praktischen Tendenzen wieder hinter die theoretischen zurück. Aber es war doch zum ersten Male in Deutschland eine Anstalt für die höhere wissenschaftliche Kultur außerhalb der Schule gegründet, und damit der deutschen Wissenschaft eine erhöhte Wirksamkeit gegeben, eine große nationale Aufgabe gestellt und die Ehre erwiesen worden, welche die Geistesarbeit ermutigt und belohnt.

Noch in anderen deutschen Hauptstädten regte Leibniz die Stiftung solcher Societäten an. In einer Denkschrift an den König August I. von Polen schlug er eine solche für Dresden vor, und benutzte die günstige Aufnahme, die er an dem kaiserlichen Hofe fand, um die Gründung einer Akademie in Wien zu empfehlen. Er war selbst geneigt, die zweifelhaft gewordene Stellung im Norden mit einer Anstellung in Wien zu vertauschen. Der große Statsmann, den Österreich damals hatte, der Prinz Eugen, hatte Geist genug, um die Bedeutung der Wissenschaft für die Volkswohlfahrt zu würdigen, und unterstützte ihn so viel er vermochte. Aber auch die Gegner blieben nicht müßig. Die Jesuiten fürchteten für ihre Herrschaft am Kaiserhofe und verdächtigten den protestantischen Gelehrten, der sich ihren Bekehrungsversuchen entzog. Überdem hatte die chronische Finanznot Österreichs wieder eine ungewöhnliche Tiefe erreicht, und schreckte vor neuen Ausgaben ab. Das Projekt wurde aufgegeben, und Berlin behielt einen weiten Vorsprung vor Wien.

Glücklicher war Leibniz mit dem Zaren von Rußland, Peter dem Großen, dem er ebenfalls die Gründung einer Akademie zu Petersburg empfohlen hatte. Der Zar ehrte den deutschen Philosophen durch eine ansehnliche Pension und vernahm gerne seinen Rat. Die Akademie zu Petersburg kam zwar erst nach dem Tode von Leibniz zu Stande, aber er konnte als der geistige Urheber betrachtet werden.

So fürstlich der Rang war, den Leibniz in den Augen der wissenschaftlichen Welt einnahm, und obwohl er mit großen Herren sehr gut umzugehen wußte, so machte doch auch er bittere Erfahrungen über den schlüpfrigen Boden der Hofgunst und den Undank der Machthaber. Er hatte für die Erwerbung des Königstitels für Preußen mit Ruhm und Erfolg gearbeitet; er war die Seele der Berliner Akademie und jahrelang der hochgeehrte Freund der Königin Sophie Charlotte, und vor allen Dingen, er war der große Leibniz; und dennoch wurde er und seine Schöpfung nach dem Tode der Königin in Berlin empfindlich vernachlässigt. Noch mehr hatte er für das Haus Braunschweig-Hannover in einem langen Leben im Dienste dreier Fürsten geleistet. Aber der Enkel und der Sohn vergalt mit bitterer Ungnade die großen Verdienste, welche sich Leibniz um den Großvater und den Vater und die ganze Dynastie erworben hatte. Leibniz verstand die Parteiverhältnisse in England zu würdigen. Die kluge Kurfürstin Sophie hatte mit Nutzen seinen Rat auch in den englischen Angelegenheiten beachtet. Aber ihr eigensinniger Sohn Georg I., der den englischen Thron bestieg, zog es vor, die bornierten Ratschläge seines hannoverischen Ministers Berndorf zu befolgen, und Leibniz von sich ganz ferne zu halten. „Während Europa mir Gerechtigkeit widerfahren läßt, thut man es gerade da nicht, wo ich das meiste Recht hätte, es zu erwarten," schrieb am 28. Dezember 1714 Leibniz an Bernstorf nach London. Im hohen Alter erwachte nochmals der Wunsch in ihm, nach Paris zu gehen und da seine Tage zu beschließen. Es war ihm nicht mehr vergönnt. Er starb zu Hannover am 14. November 1716.

Als Newton starb, war London in Aufregung. Der Lordkanzler, zwei Herzöge, drei Grafen trugen das Leichentuch. Die Leiche wurde in der herrlichen Westminsterabtei beigesetzt, welche das Andenken an die großen Männer der Nation, Könige, Statsmänner, Feldherren, Weise, Erfinder, verewigt. Als der nicht minder große Leibniz starb, äußerte weder der Hof noch die Bürgerschaft von Hannover eine Teilnahme. Ein einziger Mann von Stande, der gelehrte Eckhart, folgte dem Sarge. Die orthodoxe Geistlichkeit hielt sich von dem Begräbnisse fern, da sie in dem Philosophen einen „Ungläubigen" witterte. Erst gegen Ende des Jahrhunderts merkten endlich die Bürger, daß die Leiche eines großen Mannes in ihrem Kirchhofe ruhe. Im Jahre 1787 wurde ihm ein einfaches Grabdenkmal gestiftet.

Für Hugo Grotius hatte Leibniz eine aufrichtige Verehrung; aber mit dem Naturrechte Pufendorfs war er nicht zufrieden. Die schneidige und streitlustige Natur Pufendorfs war ihm, der voraus den Frieden und die Vermittelung liebte, antipathisch. Pufendorf unterschied und trennte, wo Leibniz zu verbinden und auszugleichen bemüht war.

Leibniz tadelt es, daß Pufendorf die Rechtswissenschaft auf das irdische Leben beschränke, und behauptet, die Sorge für das künftige Leben sei auch in dem gegenwärtigen Leben nicht zu vernachlässigen, und die Rücksicht auf die jenseitige Belohnung und Strafe sei ein wichtiger Beweggrund für die Ausübung der Pflichten auf der Erde. Ein Naturrecht, welches davon absehe, sei auf einer niederen Stufe und auch für Atheisten brauchbar. Die höchsten Tugenden der Aufopferung für das Vaterland oder für das Recht finden keinen Platz darin [1]).

Ebenso mißbilligt er es, daß Pufendorf nur die äußerlichen Handlungen dem Naturrechte zuweise, und was in dem Herzen verborgen bleibe, der Moraltheologie anheimgebe. Er sieht darin eine Erniedrigung der Ethik, welche schon in der heidnischen Zeit die inneren Seelenzustände beobachtet habe. Es gibt auch Pflichten der Menschen gegen Gott. Und wo anders sollten diese gelehrt werden, als im Naturrecht? Die natürliche Theologie, d. h. die vernunftmäßig begründete philosophische Theologie, welche durch die Offenbarungs- und Glaubenstheologie bestätigt und ergänzt wird, aber auch ohne die Offenbarung ein wissenschaftliches Recht hat, ist von der natürlichen Rechtswissenschaft nicht zu trennen.

---

[1]) Brief an Molanus, bei Dutens IV, 276.

Gott ist das Maß aller Dinge, die göttliche Gerechtigkeit ist die Quelle der menschlichen Gerechtigkeit. Religion, Philosophie und Recht sind in innigstem Verband[1]).

Insofern Leibniz das Dasein und die Gerechtigkeit Gottes als Denker begründet und die Unsterblichkeit der Menschen als beweisbar erklärt, steht er mit Pufendorf auf demselben Boden der weltlichen Wissenschaft, nicht des orthodoxen Kirchenglaubens; insofern er aber das menschliche Recht in dem höheren göttlichen auflöst und noch weniger als Pufendorf Recht und Moral unterscheidet, verbindet er die hellenische Rechtsphilosophie mit der christlichen Moraltheologie und beachtet die Fortschritte der Römer in der Erkenntnis des Rechtes im Unterschiede von der Moral ebenso wenig als den Fortschritt der Neueren, welche den Unterschied der menschlichen und der göttlichen Gerechtigkeit schärfer erfassen.

Schon in seiner Jugendarbeit, der neuen Methode der Rechtswissenschaft, verbindet er menschliches und göttliches Recht und macht er den Versuch, Strabo und Aristoteles, die Stoiker und Epikuräer, Hugo Grotius und Hobbes, alle zu versöhnen. Er nimmt drei Grade des Naturrechtes an, von denen je der folgende vollkommener ist als der vorhergehende.

Der erste Grad ist das sogenannte strenge Recht (jus strictum) (Prima method. II, § 74 s.), d. h. das Recht des Krieges und des Friedens. Die Menschen als Personen leben im Friedenszustand, bis einer den anderen verletzt, und dadurch der Krieg beginnt. Dagegen ist das Verhältnis der Menschen zu den Sachen ein fortgesetztes Kriegsrecht, indem jene diese sich unterwerfen, als intelligente Wesen die vernunftlosen Dinge. Das Grundgesetz des strengen Rechtes heißt: „Verletze niemand", damit er nicht zum Kriege berechtigt werde.

---

[1]) Hinrichs hat die zerstreuten Äußerungen von Leibniz sorgfältig gesammelt in dem dritten Bande seiner Geschichte der Rechts- und Statsprinzipien. Vgl. auch Prantl, Artikel Leibniz in Bluntschlis und Braters Statswörterbuch.

Den zweiten Grad nennt er die Billigkeit (aequitas). Sie ist die Harmonie der Verhältnisse. Die Billigkeit will keinen Krieg, auch nicht, wenn eine Rechtsverletzung vorhergegangen ist, sondern Wiederherstellung, Sühne und Strafe. Ihr Gebot ist: „Jedem das Seine.“

Das Prinzip des dritten und höchsten Grades ist der Wille eines Höheren. Dieser Höhere kann sein die Natur, Gott oder auch um der vertragsmäßigen Unterordnung willen eine menschliche Macht (die Obrigkeit). Aber der letzte Grund ist doch Gott. Der Nutzen des Menschengeschlechtes, die Ehre und die Harmonie der Welt fallen mit dem Willen Gottes zusammen. Von diesem Prinzip aus dürfen wir auch die Tiere nicht mißbrauchen, denn sie sind Gottes Kreatur; wir dürfen unsere eigene Natur nicht mißbrauchen, denn auch wir gehören Gott an. Diesen Grad nennt Leibniz die Pietät und ihre Regel heißt: „Lebe ehrbar.“

In einer späteren Schrift, der Einleitung zu dem Codex Juris Gentium diplomaticus, wiederholt und berichtigt er diese Ansicht der drei Grade des Rechtes. Dem ersten weist er nun die sogenannte kommutative (ersetzende) Gerechtigkeit zu. Die Verletzung des strengen Rechtes hat im State das Klagerecht (nicht, wie Hinrichs übersetzt, die Handlung), außer dem State das Kriegsrecht zur Folge. Den zweiten Grad nennt er auch das Recht der Liebe (caritas) im engeren Sinne, welches auch da eintritt, wo keine Prozeßklage gegeben wird und kein Zwang stattfindet. Auch die Wohlthaten der Barmherzigkeit und die Pflicht der Dankbarkeit gehören hierher. Das ist die verteilende Gerechtigkeit (distributiva) (Opera bei Dutens IV, 3, 295 s.). Die politischen Gesetze gehören hierher, durch welche für die Wohlfahrt der Unterthanen gesorgt wird. In dem ersten Grade gelten alle gleich, in dem zweiten werden auch die Unterschiede beachtet und die Verdienste gewogen, daher gehört Belohnung und Strafe hierher. Im ersten Grade wird der Frieden gewahrt und das Elend vermieden; der zweite Grad will die Wohlfahrt der andern befördern. Aber auch dieser höhere Grad genügt nicht. Das Gefühl der Ehrbarkeit und der Ruhm der Tugend wiegt nicht alle Bitterkeit des Lebens auf. Damit die volle Harmonie zwischen Tugend und Nutzen, Laster und Schaden hergestellt werde, muß die Unsterblichkeit der Seele hinzukommen, und Gott selbst als der Lenker des Universum.

Wir sollen wissen, daß wir einem höchst vollkommenen Universalstate angehören, dessen Monarch so weise ist, daß er nicht getäuscht werden kann, so mächtig, daß niemand ihm widersteht, und so gütig, daß ihm zu dienen ein Glück ist. Jedes Recht wird durch ihn zur That, und niemand wird verletzt, außer durch sich selbst. Keine Tugend ohne Lohn, keine Sünde ohne Strafe. Auf diesen Gott hat auch Christus verwiesen. Er ist's, der die Haare unseres Hauptes gezählt hat. Diese Quelle allein löscht den Durst. Das ist die höchste, universelle Gerechtigkeit.

Er nennt diesen Universalstat auch das Reich der Geister im Universum. Für diese Theokratie ist er begeistert. In ihr herrscht das göttliche Recht unbestritten und allmächtig. Die allgemeine Jurisprudenz fällt mit der praktischen Theologie zusammen. Er kann den Universalstat auch die allgemeine Kirche nennen, denn er unterscheidet nicht zwischen Religion und Recht. Das thut er denn auch in einem Bruchstücke vom Naturrechte, das seiner mittleren Lebensperiode angehört[1]). Da nennt er, was wir Staten heißen, die „bürgerliche Gemeinschaft" (Stadt, Landschaft, Königreich, je nach der Ausdehnung) und gibt als ihren Zweck an „die zeitliche Wohlfahrt". Wie aber alle anderen Gemeinschaften der Ehe, der Eltern und der Kinder, der Herren und der Knechte in der Gemeinschaft der „Haushaltung" zusammengefaßt werden, und die Haushaltungen wieder in der bürgerlichen Gemeinschaft, so werden diese statlichen Verbindungen zusammengefaßt in der allgemeinsten natürlichen

[1]) Leibniz' deutsche Schriften, herausgegeben von Guhrauer (Berlin 1838) 1, 416.

Gemeinschaft, d. h. „der Kirche Gottes, welche auch wohl ohne Offenbarung unter den Menschen bestehen und durch Fromme und Heilige hätte erhalten und fortgepflanzt werden können. Ihr Absehen ist eine ewige Glückseligkeit. Sie verbindet die ganze menschliche Gesellschaft zusammen."

Man darf diese Auffassung nicht mit der mittelalterlichen verwechseln. Die allgemeine Kirche, die er meint, umfaßt nicht bloß die Christen, sondern die ganze Menschheit; sie ist nicht auf das irdische Leben beschränkt, sie begreift auch die unsterblichen Geister der auf Erden Gestorbenen. Sie ist keine nachgebildete Theokratie, an deren Spitze ein menschlicher Statthalter Gottes steht, sondern die unmittelbare Theokratie, deren Monarch Gott selber ist.

Aber dieses Gottesreich, neben dem kein Menschenreich anders als in der unvollkommenen und geteilten irdischen Form der historischen Städte, Länder, Fürstentümer eine untergeordnete und nur vorübergehende Existenz hat, ist doch mehr Universalkirche als Universalstat; denn in demselben regiert nicht das menschliche Selbstbewußtsein und die menschliche Freiheit, sondern Gott. Was die geschöpflichen Geister zusammenhält und zu Einer Gesamtordnung einigt, ist nicht das von ihnen erkannte und gehandhabte Recht, sondern die Frömmigkeit, welche sich mit Hingebung dem Schöpfer in die Arme wirft und von ihm ihre Ordnung empfängt. Diese Welt der Geister ist von Gott nicht zur Freiheit geschaffen und nicht zur Freiheit erzogen. Sie ist noch an die göttliche Herrschaft gebunden und wird von ihr bestimmt. Gott spricht selber in ihr sein Recht aus; sie spricht nicht aus ihrem Selbstbewußtsein ihr Recht — auch Gott gegenüber aus. Leibniz dachte sich die Menschen wie die Kinder, die unter der väterlichen Gewalt des Schöpfers stehen, nicht wie die Söhne, die der Vater emancipiert hat, damit sie sich in ihrem eigenen Hauswesen versuchen.

Allerdings war der Gesichtskreis Pufendorfs viel enger, aber in diesem beschränkten Bereiche hatte Pufendorf doch ein klareres Rechts- und Statsbewußtsein als der größere Philosoph. Wenn auch in Gott die letzte Ursache der sittlichen Weltordnung und daher auch der menschlichen Rechtsordnung erkannt wird — ein Gedanke, der Pufendorf nicht verborgen blieb —, so ist die menschliche Rechtsordnung von den Menschen doch nur insofern mit Sicherheit zu handhaben, als sie menschlich begriffen wird und auch in ihrer Anwendung im einzelnen menschlich nachweisbar ist.

In einer wesentlichen Beziehung korrigiert Leibniz die gemeine Ansicht über die Ursache des Rechtes. Wie die Römer die Entstehung des Rechtes vornehmlich aus dem Willen — des römischen Volkes — erklärten, so waren auch die neueren Rechtsphilosophen geneigt, immer wieder auf den Willen — der Menschen — als die Quelle des Rechtes zu verweisen; ganz im Gegensatze zu der Grundansicht der Deutschen, welche das gewillkürte Recht nur als das zweite, das Recht der Natur aber als das ursprüngliche verehrten. Leibniz sagt darüber: „Pufendorf findet die wirkende Ursache des Naturrechtes nicht in der Natur und nicht in den Vorschriften der Vernunft, die aus der göttlichen Seele fließen, sondern in dem Gebote einer höheren Macht. Wäre das richtig, so würde niemand aus freiem Willen seine Pflicht thun, und es gäbe keine Pflicht dessen, der keinen Höheren über sich hat. Wenn die Machthaber ihre Unterthanen tyrannisch bedrücken, so wäre das keine Rechtsverletzung. Es gäbe kein Völkerrecht, nicht einmal ein auf Verträge begründetes, weil keine höhere Macht die Pflicht auferlegt, die Verträge zu halten[1]). Freilich könnte man entgegnen, und auch Pufendorf weist auf dieses Heilmittel hin, daß doch Gott eine höhere Macht sei, der alle anderen Machthaber auch wider Willen verantwortlich sind. Die Verbindlichkeit der Verträge wird so von dem göttlichen Willen abhängig gemacht. Dann aber kommt Pufendorf mit sich selbst in Widerspruch, indem er das Recht

[1]) Zuschrift an Molanus, bei Dutens IV, 3, 280.

doch nicht aus der menschlichen Natur abzuleiten vermag, was er sich vorgesetzt hat. Das Richtige ist: Das Recht ist nicht Recht, weil Gott es gewollt hat, sondern weil Gott gerecht ist. Gott ist gerecht, obgleich er keinen Höheren über sich hat, dessen Gebot er beachten und dem er Rede stehen muß. Es genügt nicht, daß wir Gott gehorchen wie einem Tyrannen, nicht die Furcht vor seiner Macht ist das Bestimmende; indem wir die Gerechtigkeit Gottes verehren, erkennen wir zugleich seine Weisheit und seine Güte. Nicht der Zwang des Gesetzes begründet das Recht. Die Gerechtigkeit ist da, bevor das Gesetz ausgesprochen wird und bevor der Zwang ihm zu Hülfe kommt. Auch wenn kein Zwang möglich ist, lehren uns dennoch die Gründe der Vernunft, was gerecht ist. Auch vor dem Zwange und nach dem Zwange besteht das Recht. Die von dem göttlichen Geiste erleuchtete Vernunft in unserer Seele offenbart uns das Recht der Natur."

An anderen Stellen[1]) schreibt Leibniz: „Die Gerechtigkeit ist die Liebe des Weisen und die Liebe ist das allgemeine Wohlwollen. Die Gerechtigkeit ist die mit der Weisheit übereinstimmende Liebe, die durch Weisheit geregelte Liebe"[2]). Ferner: „Gott ist der Urheber des natürlichen Rechtes, aber nicht vermöge seines Willens, sondern vermöge seines Wesens, wie er der Urheber der Wahrheit ist. Der Vernunft gehorchen und Gott gehorchen ist gleichbedeutend. Die Regeln der Billigkeit sind ewig, und es ist unmöglich, daß Gott aus Willkür den Unschuldigen strafe." — Aber dann sagt er auch bei anderen Gelegenheiten: „Die Glückseligkeit ist das Fundament der Gerechtigkeit. Wer die wahren Elemente der Jurisprudenz finden will, muß mit der Wissenschaft der Glückseligkeit beginnen." Die beiden Auffassungen stimmen nicht zusammen, denn offenbar geht die Erkenntnis der (sittlich harmonischen) Natur dem Wissen, was der Entwickelung der Natur frommt, also für ihr Wohlergehen zweckmäßig

[1]) Hinrichs 3, 73. 77. 78. 106.

[2]) La charité reglée suivant la sagesse.

ist, vorher; dieses Wissen setzt daher das Recht voraus und ist eher Politik als Rechtswissenschaft.

Indem er das Recht auf die einzelnen Personen bezieht, stellt er das Recht des einen der Pflicht des anderen gegenüber und nennt jene eine moralische Macht, diese eine moralische Pflicht. Was moralisch ist, das ist für den braven Mann auch natürlich. Der brave Mann ist von der Liebe zu allen erfüllt, so weit die Vernunft es gut heißt. Die Tugend der Gerechtigkeit ist der Regulator; die Griechen heißen sie Philanthropie (Dutens IV, 3, 294). Aber im höchsten Sinne ist Recht nicht mit Macht identisch, sondern wird ebenso von Weisheit und Güte bestimmt (Dutens p. 261).

Leibniz leitet das Recht nicht von den Individuen, sondern von der Gemeinschaft ab, also vom Ganzen, nicht von den Einzelnen. „Die Gerechtigkeit“, sagt er, „ist eine gemeinschaftliche Tugend, oder eine Tugend, so die Gemeinschaft erhält. Die Gemeinschaft ist eine Vereinigung verschiedener Menschen zu einem gemeinen Absehen. Eine natürliche Gemeinschaft ist, so die Natur haben will. Die Zeichen, daraus man schließen kann, daß die Natur etwas will, sind, wenn uns die Natur eine Begierde gegeben hat, und Kräfte oder Wirkung solche zu erfüllen, denn die Natur thut nichts vergebens. Vor's andere, wenn die Sache eine Notwendigkeit oder beständigen Nutzen hat, denn die Natur fügt überall das Beste. Die vollkommenste Gemeinschaft ist, deren Absehen ist die allgemeine und höchste Glückseligkeit“ [1]).

Seine Statsideen sprach Leibniz nur gelegentlich in seinen politischen Denkschriften aus. Als wesentlich betrachtet er die juristische Persönlichkeit des States. Auch das deutsche Reich ist ihm nicht ein Statenbund, sondern Eine juristische Person (persona civilis), d. h. ein Stat; und die Fürsten sind wohl dem Kaiser untergeordnet (obnoxii), aber darum nicht dessen

---

[1]) Leibniz' deutsche Schriften, herausgegeben von Guhrauer 1, 414.

Unterthanen (subditi), jedenfalls nicht **dem Kaiser allein**, sondern **dem Reiche**, an dem sie selber Anteil haben[1]). Der polnischen Verfassung wirft er vor, daß nicht hinreichend für die **Willenseinheit** gesorgt sei, ohne die kein Stat bestehen kann. „Wird die Einheit aufgelöst, so wird der Stat aufgelöst" [2]). Er empfiehlt den Polen die monarchische Verfassung. Die Demokratie ist ihren Sitten fremd; denn die unteren Klassen sind hörige Leute, und eine fortwährende Versammlung des ganzen Adels, der allein die Bürgerschaft bilden kann, ist in dem weiten Lande unmöglich. Die Aristokratie der Optimaten ist, wenn dieselben einig sind, für die Freiheit gefährlich; denn, meint er, je größer die Macht des Machthabers ist, um so mehr wird die Freiheit gefährdet [3]) — eine Behauptung, welche freilich nur eine sehr relative Freiheit hat; sind sie uneinig, so wird die Sicherheit des States bedroht. Deshalb ist ein König zu ernennen, aber nicht durch das unvernünftige Los, sondern durch die vernünftige Wahl. Indem Leibniz die Eigenschaften im einzelnen aufzählt und betrachtet, worauf es ankommt, warnt er auch vor einem Fürsten, der an eine absolute Gewalt gewöhnt oder allzumächtig sei. Die Macht ist wie ein zweischneidiges Schwert in der Hand der Willkür, und je absoluter sie ist, um so bedrohlicher ist sie für die Freiheit. Dem König scheint diese absolute Macht freilich ein Gut. Auch ein guter Mann wird leicht durch die Herrschsucht verführt, welche den Schein der Tugend annimmt. Er meint, erst als absoluter Herrscher könne er alle Gebrechen heilen, das goldene Zeitalter wiederbringen, die menschlichen Zustände vervollkommnen (Dutens p. 574 u. 528). Aber das läuft dem Zwecke des States zuwider; der Zweck des polnischen States ist Freiheit und Sicherheit. Durch die absolute Macht wird dieser Zweck gefährdet.

---

[1]) Leibniz' deutsche Schriften 1, 88.

[2]) Dutens IV, 3, 532.

[3]) „Quanto major potentia habentis sumam potestatem, tanto plus periclitatur Libertas." Dutens p. 538.

In seiner Abhandlung über das Hoheits- und Gesandtschaftsrecht der deutschen Fürsten [1]) erörtert er auch den Begriff der Souveränetät. Im weiteren Sinne, wie er auch in dem französischen Statsrechte bekannt ist, wird derselbe der Landeshoheit (superioritas territorialis) gleich gestellt, selbst dann, wenn diese zwar in wichtigen öffentlichen Rechten beschränkt und abhängig ist, aber doch eine Gesamtheit von öffentlicher Gewalt über die Unterthanen in sich begreift. Völkerrechtlich gelten aber nur diejenigen Länder als Souveränetäten, und ihre Fürsten als Souveräne, welche die Macht haben, Heere zu bilden, Bündnisse einzugehen, Krieg zu führen, Frieden zu schließen. Das ist die eigentliche Souveränetät (supremitas). Die deutschen Reichsstädte haben die Landeshoheit, aber sie haben die Souveränetät nicht. Die deutschen Reichsfürsten aber sind auch Souveräne, obwohl sie dem Kaiser und Reich „treu, hold, gehorsam und gewärtig zu sein" schwören. Ihre Freiheit auch dem Kaiser und Reiche gegenüber ist so groß, daß sie nicht wie die Unterthanen eines States mit den gewohnten Mitteln der Polizei und des Gerichtes zum Gehorsam genötigt werden können, sondern es der Kriegsgewalt bedarf, um sie zu bezwingen. Deshalb ist ihre Unterordnung unter das Reich kein Widerspruch mit ihrer Souveränetät. — Man sieht, sein Souveränetätsbegriff ist nur ein relativer, der Beschränkung und der Grade fähig, kein einfacher und absoluter.

Wie sehr Leibniz in statlichen Dingen auch die äußere Form zu würdigen wußte, zeigt seine zu Gunsten der preußischen Königskrone geschriebene Abhandlung über die Bedürfnisse des gegenwärtigen Völkerrechtes [2]). „In den Dingen der Ehre und Würde, die auf der Meinung der Menschen beruhen, ist der Name von größter Bedeutung. Die Natur gibt die Grundlage,

---

[1]) Caesarini Forstenerii tractatus de jure suprematus ac legationum principum Germaniae, bei Dutens IV, 3, 329 s.

[2]) Cogitationes de iis quae juxta praesens jus gentium requiruntur, bei Dutens IV, 3, 497.

aber erst der Name macht die Sache vollkommen. Die Grundlage des Doktorats ist die Gelehrsamkeit, die der Ritterschaft ist die Tapferkeit; aber dazu kommt der Titel des Doktors oder des Ritters hinzu. So ist die Macht und Größe das natürliche Fundament des Königtumes, aber nur wer König genannt wird, ist in Wahrheit König. Der Name erweckt die Vorstellung der Sache, und der Name ist die Bestätigung der Sache. Durch den Namen erhält sie oft ihre ergänzende Vollendung."

In Wahrheit besteht zwischen Macht und Name das Verhältnis von Unterlage und Eigenschaft. Zum vollen Dasein sind beide erforderlich, und zwischen beiden besteht eine Wechselwirkung. Zunächst treibt die Macht den Namen hervor, dann aber wirkt dieser auch auf die Macht zurück und steigert sie zu erhöhtem Leben. Der Kurfürst Friedrich I. nahm den königlichen Titel an, weil derselbe seinem Machtgefühl entsprach und seiner Eitelkeit schmeichelte. Friedrich II. sah hinwieder in dem Königstitel eine Mahnung, die Macht des Königreiches zu erweitern.

Seine Rechts- und Statsideen hatte Leibniz vornehmlich auf philosophischem Wege gewonnen. Das deutsche Naturgefühl ist in ihm stärker als das römische Statsbewußtsein. Gegen die unzureichende Autorität der Römer eifert er schon in seinen frühesten Schriften. Er stimmt dem Hippolytus a Lapide darin bei, den er im übrigen als einen verwerflichen Autor bezeichnet, daß die deutsche Jugend mit falschen Statsdoktrinen aus dem römischen Rechte genähert werde und sich dann irrtümlich unter dem heutigen Reiche das alte römische Reich vorstelle (Nova method. § 95). Überhaupt wünscht er, daß man das römische Corpus Juris nicht wie ein Gesetzbuch betrachte, sondern nach Art der Franzosen ihm nur die Autorität eines großen Lehrers zuschreiben möchte [1]). Man sollte daraus und aus den vaterländischen Denkmälern, aus den gegenwärtigen Rechtsübungen,

[1]) Fateor optandum esse, ut veterum legum corpus apud nos habeat vim non legis sed rationis, et ut Galli loquuntur magni Doctoris. Dutens p. 269.

voraus aber aus den offenbaren Grundsätzen der Billigkeit ein neues, kurzes, klares, zutreffendes Gesetzbuch verfassen und unter öffentlicher Autorität herausgeben. Die vielerlei dunkeln und unvollkommenen Gesetze der Gegenwart, welche durch die verschiedene Gerichtspraxis und durch die Streitsucht der Rechtsgelehrten vollends verwirrt und unsicher gemacht werden, müßten so endlich dem klaren Lichte der Vernunft weichen.

Der Gedanke der Kodifikation, den Leibniz in einem Briefe an Kestner so deutlich ausgesprochen und für dessen Erfüllung er verschiedene Arbeiten, insbesondere auch eine Revision und Verbesserung des Corpus Juris entnommen hat, ist erst ein Jahrhundert später mit praktischem Ernste aufgenommen worden.

Siebentes Kapitel.

Das Zeitalter Ludwigs XIV. und die zweite englische Revolution. Fénélon und Bossuet. John Locke.

Das Zeitalter Ludwigs XIV. war der Entwickelung der Statswissenschaft nicht günstig. Der mächtige König liebte die schöne Litteratur und war ein Gönner der Naturwissenschaften; aber den Stat betrachtete er als seine Domäne und wachte eifersüchtig darüber, daß in Statsfragen ihm allein der Entscheid vorbehalten bleibe. Die Philosophie über den Stat war ihm verhaßt wie eine gefährliche Anmaßung, in der politischen Kritik sah er die strafbare Neigung zur Auflehnung gegen die obrigkeitliche Autorität. So weit seine Macht reichte, unterdrückte er die freie Prüfung, und seine Macht reichte über die französischen Grenzen hinaus.

Die Richtung des Zeitgeistes war überhaupt während des siebenzehnten und noch in der ersten Hälfte des achtzehnten Jahrhunderts dem königlichen Absolutismus überaus günstig. Fast alle Fürsten des Kontinentes ahmten dem großen Könige von Frankreich nach, und fast überall mit Glück und Erfolg. Die feudalen Kräfte der Aristokratie, welche im Mittelalter mit dem Fürstentum an Macht öfters rivalisiert und dasselbe jederzeit erheblich beschränkt hatten, wurden von einer unheilbaren Schwindsucht aufgezehrt. Man hielt es schon vor Ludwig XIV. nicht mehr für der Mühe wert, die Stände zu versammeln und ihre Zustimmung einzuholen. In Frankreich waren die Generalstände zum letzten Male im Jahre 1614 zusammengetreten; in Preußen ist seit 1643, in Bayern seit 1669 kein Landtag mehr berufen worden; in Österreich wurde die Bedeutung der Landstände schon durch Ferdinand II. erschüttert; im Jahre 1660 wurde in Dänemark die absolute Monarchie mit Beseitigung der Stände eingeführt. Die Bürger und die Bauern sahen diesem Untergange der landständischen Verfassung teilnahmslos zu. Sie hofften noch eher von der neuen unbeschränkten Statspolizei der Fürsten Schutz gegen die willkürliche Gewalt der kleinen Herren und Förderung der neuen Kulturbedürfnisse.

Die auf dem Kontinente herrschende Statslehre hatte in Ludwig XIV. ihren bewußtesten und mächtigsten Ausdruck gefunden. Sein bekanntes Wort: „Ich bin der Stat" entspricht durchaus der Theorie von Hobbes, der den Souverän ebenfalls für den Stat erklärt. Aber in dem Munde des Königs hatte dasselbe doch noch einen anderen Sinn als in den Schriften des Statsphilosophen, und jener königliche Sinn fand an den übrigen Höfen und selbst bei den Völkern noch eher Billigung. Ludwig XIV. dachte sich als die Personifikation des französischen States; nicht bloß die Macht der Franzosen war in seiner Hand, auch ihre Ehre, ihr Ruhm war mit seiner Ehre und seinem Ruhme identisch. Sein statliches Bewußtsein war das Bewußtsein von Frankreich, seine politischen Gedanken, sein Wille waren die Gedanken und der Wille Frankreichs. In allen diesen Dingen stimmten Hobbes und Ludwig XIV. zusammen; aber in zwei anderen Beziehungen gingen sie doch aus einander. Hobbes hatte die Identität des Herrschers mit dem State auf das Naturrecht begründet; das tiefste Fundament war doch der freie Wille der Individuen, die zum State sich einigen und einem aus ihnen die Gewalt übertragen. Ludwig XIV. aber begründete sie auf das göttliche Recht. Er leitete sie von dem göttlichen Willen und der göttlichen Vollmacht ab. Er betrachtete sich und verehrte sich selbst als den Stellvertreter Gottes auf Erden. Sodann war das absolute Recht des Souveräns nach Hobbes nur ein Recht, keine Pflicht, gleich dem Rechte des Eigentümers an seinen Sachen. Derartige Vorstellungen spielten freilich auch in der stolzen Seele Ludwigs mit; aber sein eigentlicher Grundgedanke war doch die Überzeugung, daß das absolute Recht des Königs zugleich Pflicht des Königs sei, Pflicht, wenn nicht gegen die Unterthanen, doch gegen Gott, der ihm die Gewalt verliehen, und Pflicht gegen die Majestät seiner Würde.

Der Absolutismus von Hobbes ist härter, selbstsüchtiger und rationeller, der Absolutismus von Ludwig XIV. ist gebundener und gemäßigter durch religiöse und moralische Gefühle, aber zugleich um des mystischen Zusatzes willen anmaßender und hochmütiger. Der eine beruft sich auf die menschliche, der andere auf die göttliche Autorität. Jener hat sein Vorbild in dem antik römischen Kaisertume, dieser lehnt sich an die christliche Weltanschauung des Mittelalters an. Ob der absolute Fürst und seine Umgebung eher zu jener oder zu dieser Auffassung neige, hängt von der mehr weltlichen oder mehr religiösen Erziehung und Stimmung ab. In ihren praktischen Wirkungen zeigen sich beide Arten einander sehr ähnlich. Der religiös begründete Absolutismus konnte eher in dem untergehenden Mittelalter die Gemüter gewinnen, das rationelle Imperatorentum eher in den Anfängen der modernen Welt die Geister erobern. Aber beide haben nur auf eine vorübergehende Geltung Anspruch. Das Mittelalter legte, so lange es noch sich selber blühend und kräftig fühlte, einen so hohen Wert auf ständische und genossenschaftliche Freiheit, daß die absolute Gewalt fast bei jeder Machtäußerung auf Schranken stieß, welche sie nicht übersehen noch bezwingen konnte. Die moderne Zeit aber schätzt die allgemeine Volksfreiheit viel zu hoch, um dieselbe der Herrscherwillkür zum Opfer zu bringen. Sie verlangt nicht bloß Garantien für ihre Sicherheit, sondern sie hält nur das Volk für frei, welches neben und mit dem Fürsten an dem Entscheide über die wichtigsten Statsangelegenheiten einen bestimmenden Anteil nimmt. Die Lehre von der absoluten Souveränetät der Fürsten verwirft im Prinzipe alle ständischen und alle politischen Volksrechte, sie kennt dem absoluten Herrn gegenüber nur öffentliche Pflichten der Unterthanen. Was andere für Rechte der Bürger halten, das sind ihr nur Gnaden des Herrn, die zu widerrufen dieser im Rechte ist.

Die Hoftheologen beeiferten sich, diesen absolutistischen Neigungen durch die heilige Autorität der Religion eine unwidersprechliche Begründung zu verschaffen, und die durchweg royalistisch gesinnten Juristen unterstützten dieselben durch den Bezug auf die welthistorische Autorität der römischen Gesetze. Zwar gab es immer einzelne Männer von hohem Ansehen, welche den absoluten Zug der Zeit und der Monarchie in Erinnerung an die ewigen Gesetze der menschlichen Beschränkung und der moralischen Pflichten zu ermäßigen versuchten, aber ihr Widerspruch kam nicht zur Geltung. Wollten sie sich nicht der offenen Verfolgung aussetzen, so mußten sie denselben so vermummen und verhüllen, daß er nur dazu diente, die Wahrheit für künftige Zeiten in dem Verstecke zu bewahren, aber nicht den Kampf wider die herrschende Lehre energisch zu führen. Die statsrechtliche und politische Litteratur konnte unter solchem Drucke nicht gedeihen.

An dem französischen Hofe waren zwei vornehme Geistliche hoch geehrt, der Erzbischof von Cambrai, Fénélon (geb. 1651, gest. 1715), dem der König die Erziehung seines Enkels anvertraut hatte, und der Bischof von Meaux, Bossuet (geb. 1627, gest. 1704), welcher als der einflußreichste und gelehrteste Theolog der gallikanischen Kirche verehrt ward, der frühere Erzieher des Dauphins. Jedermann kennt das schöne Buch Fénélons, den Telemach[1]), in welchem er unter dem Bilde des Mentor den jungen Fürsten von Ithaka auf seinen Abenteuern begleitet und für den fürstlichen Beruf würdig auszubilden sich bemüht. Die Lehren, die er ihm gibt, sind weniger der Religion als der menschlichen Moral entnommen. Er spricht darin nicht wie ein Theologe, aber auch nicht wie ein Rechtsgelehrter, nur selten wie ein Statsmann; aber durch das ganze Buch weht ein edler Geist der Menschenliebe und der Sittlichkeit. Obwohl die Erzählung in das hellenische

[1]) Die erste, nur fragmentarische Ausgabe erschien 1699.

Altertum verlegt ist, so hütet Fénélon sich doch, die Aristotelische Statslehre zu vertreten. Er zieht es vor, auf den alten naiven Griechenglauben, daß die Könige von Zeus abstammen und das Scepter erhalten, zu verweisen, welcher der christlich-theologischen Auffassung des göttlichen Rechtes näher verwandt ist. Aber er hat sich doch nicht vergebens in der Geschichte umgeschaut. Er weiß, wie leicht die Schmeichelei der Höflinge und der eitle Hochmut die Mächtigen mißleiten, und er warnt vor diesen Irrwegen mit der Kraft des ehrwürdigen Mannes und mit der Vorsicht des Weisen.

Wie ein Ideal preist Mentor die Verfassung, womit der König Minos die Bewohner der Insel Kreta beglückte. Auf die Frage: Worin bestand denn die Autorität des Königs? antwortet Mentor: „Er vermag alles über sein Volk, aber die Gesetze vermögen alles über ihn. Er hat eine absolute Gewalt, Gutes zu thun; aber die Hände sind ihm gebunden, sobald er Böses thun will. Die Gesetze vertrauen ihm die Völker wie ein heiliges Vermächtnis, unter der Bedingung, daß er der Vater seiner Unterthanen sei. Sie schreiben vor, daß ein einziger Mann durch seine Weisheit und seine Mäßigung der Wohlfahrt so vieler Menschen diene; aber nicht, daß so viele Menschen durch ihr Elend und durch ihre feige Knechtschaft den Hochmut und die Wollust eines einzelnen Menschen nähren. Der König darf nichts vor den andern voraus haben, außer was nötig ist, um ihm seine mühevolle Arbeit zu erleichtern, oder um den Völkern Ehrerbietung vor dem einzuflößen, welcher die Gesetze wirksam erhält. Nicht um seinetwillen haben die Götter ihn zum Könige gemacht, er ist König nur um des Volkes willen. Dem Volke schuldet er alle seine Zeit, alle seine Sorge, alle seine Liebe; und er ist nur so lange des Königtumes würdig, als er sich selber vergißt, um nur dem öffentlichen Wohle zu leben. Minos wollte, daß seine Söhne nur unter der Bedingung regieren sollten, daß sie nach seinen Gesetzen regieren. Er liebte sein Volk mehr als seine Familie. Durch solche Weisheit hat er Kreta reich und glücklich gemacht. Vor seiner Mäßigung mußte der glänzende Ruhm der Eroberer erblassen, welche ihre Völker nur als die Werkzeuge ihrer eigenen Größe, d. h. ihrer Eitelkeit betrachten. Um seiner Gerechtigkeit willen verdiente er der oberste Richter der Verstorbenen zu werden."

Ein Fürst wie Minos konnte wohl das Ideal eines Weisen sein, der von sich selber sagen durfte: „Ich liebe meine Familie mehr als mich selber, ich liebe mein Vaterland mehr als meine Familie; aber ich liebe die Menschheit mehr als mein Vaterland." Aber dieser Fürst war keineswegs das Ideal des stolzen Ludwigs XIV. Der König hatte schon vorher gegen den Erzbischof einen tiefen Groll gefaßt, den selbst seine geliebte Maintenon nicht zu beschwichtigen vermochte. Der Telemach bestärkte und erhöhte seine Abneigung. Er verbot das Buch, dessen humane Moral ihm wie ein Vorwurf und wie eine Beleidigung vorkam; freilich ohne Erfolg: das Verbot reizte das Verlangen des Publikums, in zahllosen Auflagen wurde das schöne Werk über ganz Europa verbreitet.

Den Neigungen des Königs entsprach dagegen eher das Buch von Bossuet: „Politik nach den Lehren der heiligen Schrift", das theologische Gegenstück des Telemach, welches im Jahre 1709 zu Paris veröffentlicht ward [1]). Der berühmte Dogmatiker Bossuet behandelt darin die Statslehre wie ein religiöses Dogma. Für jeden Satz des Systems sucht er in der Bibel Belege auf, damit die göttliche Autorität denselben stärke und gegen Anfechtung decke. Dabei verfährt er freilich nicht wie ein weltflüchtiger Theologe des Mittelalters. Er ist nicht bloß ein eifriger Priester, er ist auch ein gewandter Hofmann, und er will eine Statslehre zunächst für einen Königssohn, den Dauphin, schreiben. Sein Geist ist, obwohl zur Theokratie geneigt, doch nicht so beschränkt, um nur in der altjüdischen Theokratie seine Vorbilder zu wählen. Er macht darauf

[1]) In den Oeuvres complètes de Bossuet, Tome XVII. Paris 1826.

Anspruch, auch die Schule der alten Griechen und Römer zu kennen und der philosophischen Bildung seiner Zeit, die im Grunde mehr weltlich als geistlich war, nicht fremd zu sein. Das Buch ist mit französischer Prätension und mit französischem Geschmacke geschrieben. Der „Christenstat" des Barons von Seckendorf verhält sich zu dieser „Politik" wie der biderbe, fromme Edelknecht eines kleinen deutschen Fürsten zu dem feinen Prälaten des gebildetesten und glänzendsten Königshofes der Welt. Folgen wir seinem Gedankengange:

„Die menschliche Gesellschaft ist verbunden durch den einen Gott, der sie geschaffen hat, durch die Liebe zu Gott, durch das Bewußtsein der Brüderlichkeit, durch das gemeinsame Blut und durch das gemeinsame Interesse, durch die wechselseitigen Bedürfnisse der Menschen und ihre Fähigkeit, einander zu helfen. Aber schon die ersten Menschen haben sich von Gott getrennt und dadurch die Entzweiung in die Familie gebracht. Die erwachten Leidenschaften zerstören die ursprüngliche Geselligkeit; die Sprache Kains: „Habe ich denn meine Brüder zu hüten?" verbreitet sich über die Erde. Zu dieser Entzweiung der Menschen aus Leidenschaft kommen andere natürliche Ursachen der Trennung hinzu. Es entstehen verschiedene Völker, weil sie in verschiedenen Ländern sich niederlassen und ihre Sprachen sich scheiden. Indem sie einander nicht mehr verstehen, entfremden sie sich, und die Gemeinschaft des Landes und der Sprache verbindet hinwieder die Genossen. Damit aber unter ihnen die Leidenschaften beherrscht und die Einheit erhalten werde, bedarf man einer Regierung. Dann verzichten alle auf ihren Eigenwillen und übertragen denselben auf den Fürsten oder die Obrigkeit. Der Obrigkeit kommt nun alle Gewalt der Menge zu, welche sich ihr unterwirft. Dadurch erhält jeder einzelne wieder Sicherheit gegen die Gewaltthat der andern. Die obrigkeitliche Gewalt befestigt sich und wird dauernd; wenn auch die Fürsten sterben, der Stat bleibt unsterblich."

„Damit die Fortdauer des States gesichert und die Gleichförmigkeit der Regierung gewahrt werde, sind allgemeine und dauernde Regeln nötig, d. h. Gesetze. Alle Gesetze sind auf das ursprüngliche Gesetz, d. h. auf das Gesetz der Natur gegründet, d. h. auf die Vernunft und auf die natürliche Gerechtigkeit. Die Gesetze sollen die göttlichen und die menschlichen, die öffentlichen und die Privatbeziehungen regeln. Die Sorge für den Gottesdienst ist das erste, dann folgt die Sorge für die Gesellschaft. Sollen die Gesetze unverbrüchlich sein, so bedürfen die Menschen einer höheren Autorität, welche ihre Verträge bindend macht. Gott ist der natürliche Schutzherr der menschlichen Gesellschaft und der Rächer jeder Verletzung ihrer Grundgesetze, dem niemand sich entziehen kann. Insofern haben die Gesetze einen göttlichen Ursprung."

„Die Liebe zum Vaterlande ist eine Pflicht. Wenn das Vaterland in Not ist, so hat es auf das Vermögen und sogar auf das Leben seiner Bürger Anspruch. Das alte Testament ist voll von Beispielen der Aufopferung für das Vaterland. Christus selbst war seinem Vaterlande bis in den Tod gehorsam. Die Apostel und die ersten Christen waren alle gute Bürger."

„Das Reich Gottes ist ewig. Gott ist der absolute König der Welt. Anfangs hat Gott auch unmittelbar die Regierung der Menschen geübt. Er hat seinem Volke das Gesetz gegeben, er war sein Führer und sein Richter. Gott hat dann später Könige über die Juden gesetzt. In der Familie hat er ein Bild seiner Schöpfung gegeben. Die väterliche Gewalt des Hausvaters ist das menschliche Abbild der göttlichen Autorität und die erste Darstellung der menschlichen Herrschaft. Die Autorität des Siegers und des Eroberers ist die zweite."

„Die Menschen haben es dann mit mancherlei Einrichtungen versucht. Sie haben auch Republiken gegründet, demokratische und aristokratische. Aber die Monarchie ist die älteste, die regelmäßige und die natürlichste Statsform, weil sie aus der väterlichen Gewalt hervorgegangen ist. Alle Menschen werden als Unterthanen geboren, und die Herrschaft des Vaters, in dessen Gehorsam sie erwachsen, lehrt sie auch nur Ein Haupt zu verehren. Die Monarchie ist auch die beste Statsform, weil sie die kräftigste Regierung ist und die Einheit des States am besten darstellt und am sichersten schützt. Von allen Monarchien aber ist die beste die Erbmonarchie, besonders wenn sie unter dem Mannesstamm durch die Erstgeburt fortgepflanzt wird. So hat Gott selbst sie in dem Volke Israel eingerichtet."

„„Jedermann aber soll der obrigkeitlichen Gewalt gehorchen, welche in seinem Lande besteht, denn alle obrigkeitliche Gewalt ist von Gott. Wer sich ihr widersetzt, der handelt gegen Gottes Gebot." Dieses bekannte Wort des Apostels Paulus wird von Bossuet auf die „rechtmäßigen Regierungen" bezogen und dadurch eingeschränkt, aber er erkennt die Eroberung als rechtsbegründend an und schützt so die Usurpation eher als die Empörung."

Mit Vorliebe wendet Bossuet sich nun der Königsgewalt zu, wie er dieselbe auf das beste in seinem Vaterlande ausgebildet findet. Er unterscheidet vier wesentliche Eigenschaften des Königtumes:

1. Die königliche Autorität ist heilig. Gott setzt die Könige als seine Diener und als seine Statthalter auf der Erde. Es ist etwas Göttliches in ihnen und ihre Majestät ist ein Abglanz der göttlichen Majestät.

2. Sie ist eine väterliche Autorität und ihr Charakter ist Wohlwollen. Gott hat die Großen geschaffen, daß sie die Kleinen schützen, und hat den Königen die Gewalt gegeben, damit sie für das öffentliche Wohl sorgen und die Bedürfnisse des Volkes befriedigen. Der Tyrann denkt nur an sich, der echte König sorgt für das Volk. Bossuet unterläßt es nicht, seinem jungen Fürsten hier viele moralische Vorschriften mit den Worten der heiligen Schrift einzuprägen, aber er thut das alles in der gewandten Form des Hofpredigers, welche die ernste Mahnung durch den Wohllaut der Sprache und durch den Weihrauch der Verehrung genießbar macht.

3. Die königliche Autorität ist absolut. Das heißt nicht, sie ist willkürlich. Indem man beides verwechselt, sucht man die

absolute Gewalt verhaßt zu machen. Der Fürst ist niemandem Rechenschaft schuldig über seine Anordnungen. Ohne solche absolute Autorität kann er weder das Gute thun, noch das Böse unterdrücken. Über sein Urteil gibt es kein höheres Urteil. Man muß den Fürsten gehorchen wie der lebendigen Gerechtigkeit. Sie sind gleichsam Götter auf Erden und nur dem Gerichte Gottes selbst unterworfen [1]). Sie allein haben eine zwingende Macht; es gibt keinen Zwang gegen die Fürsten. Die berühmte Stelle, in welcher der Priester Samuel das Volk vor der Willkür und den Gewaltthaten der Könige warnt, wird so ausgelegt: Zwar sollen sie kein Unrecht üben, aber wenn sie es begehen, so thun sie es ungestraft. Den göttlichen und menschlichen Gesetzen ist der Fürst wohl unterworfen, weil er gerecht regieren und seinem Volke ein Beispiel sein soll in der Beachtung der Gesetze; aber er ist den Strafen der Gesetze nicht unterworfen. Die Gesetze leiten und bestimmen ihn, aber sie zwingen ihn nicht. Unter seiner Autorität ruhig zu leben ist des Volkes Pflicht. Das Volk soll den König fürchten, aber wenn der König das Volk fürchtet, so ist alles verloren. Der König soll sich gefürchtet machen von den Großen und von den Kleinen. Seine Gewalt muß unwiderstehlich sein. Festigkeit ist eine wesentliche Eigenschaft seiner Autorität. Er muß fest sein bei Unruhen und Gefahren und fest wider seine Räte und Günstlinge, wenn diese sich zu ihren persönlichen Zwecken seiner bedienen wollen. Fest auch in seinen Entschlüssen.

4. Die königliche Autorität ist der Vernunft unterworfen. Der König ist die Seele und der Verstand des States: daher muß er vernünftig handeln, nicht nach Leidenschaft oder nach Laune. Nicht vergeblich hat Salomo vor allen Dingen sich Weisheit erbeten. Wahre Festigkeit ist ohne Weisheit nicht möglich. Die Weisheit des Fürsten beglückt das Volk und er-

---

[1]) Lib. IV, 1. 2. Ils sont des dieux et participant en quelque façon à l'indépendance divine (Psalm 81, 6).

hält den Stat eher als die Gewalt. Daher muß der Fürst sich der Weisheit befleißen.

Majestät ist nicht der äußere Glanz und Pomp, der die Könige umgibt. Majestät ist das Bild der Größe Gottes in dem Fürsten. Gott ist unendlich, Gott ist alles. Der Fürst als Fürst ist nicht ein Privatmann, er ist eine öffentliche Person; der ganze Stat ist in ihm, der Wille des ganzen Volkes ist in seinem Willen enthalten. Wie in Gott alle Vollkommenheit und alle Tugend vereinigt ist, so ist alle Macht der Privaten in der Person des Fürsten geeinigt. Die Macht Gottes wirkt sofort von einem Ende der Welt zum andern, die Macht des Königs herrscht ebenso in dem ganzen Reiche. Sie hält das Reich in Ordnung wie Gott die Welt. Wenn Gott seine Hand zurückzieht, so versinkt die Welt in Nichts; wenn die königliche Autorität in dem Reiche aufhört, gerät alles in Verwirrung. „Nehmt alles zusammen, was Großes und Herrliches von der königlichen Autorität gesagt werden kann, ein unermeßliches Volk zu Einer Person vereinigt, deren Macht heilig, väterlich, unbegrenzt ist, die Vernunft des States in Einem Haupte wirkend, und ihr seht das Bild Gottes in den Königen, ihr habt eine Vorstellung von der königlichen Majestät."

Im Anblick eines solchen Überschwanges von göttlicher Hoheit bleibt den einfachen sterblichen Unterthanen natürlich nur der Dienst und der Gehorsam. Dieses Königtum verlangt einen Kultus der Hingebung und der Verehrung analog dem Gottesdienste. Es versteht sich, daß der geforderte Gehorsam unbeschränkt sei. Nur auf eine Ausnahme darf der Kirchenmann nicht verzichten: „Die Gebote Gottes gehen dem des Königs vor, und im Konflikt muß man Gott mehr gehorchen als den Menschen." Im übrigen dürfen die Unterthanen auch der ungerechten Gewaltthat des Königs nur respektvolle Vorstellungen entgegenhalten und Gebete für seine Bekehrung zum Himmel senden, aber sie dürfen nicht murren und noch weniger sich auflehnen.

Dem gelehrten Theologen entgeht es freilich nicht, daß es auch in dem alten jüdischen State nicht immer so demütig und nicht immer so glatt hergegangen ist, daß z. B. David sich mit den Waffen gegen den König Saul erhoben hat und daß die Makkabäer zu offenem Aufstande gegen die assyrischen Könige geschritten sind. Aber, meint er, David war kein Unterthan wie die andern, er war der Erwählte des Herrn, und die Makkabäer empörten sich, um die Mosaische Religion zu retten. Gott war mit ihnen. Immer also sind es religiöse Motive, welche den Widerstand und die Auflehnung allein rechtfertigen. Die politischen Motive kennen nur einen absoluten Herrn und willenlose Statssklaven.

Von diesem theokratischen Standpunkte aus stellen sich die religiösen Pflichten des Königs als die ersten und wichtigsten dar. „Die Religion ist die Grundlage des Thrones. Die, welche meinen, der Fürst dürfe in religiösen Dingen keine Strenge gebrauchen, weil die Religion frei sein müsse, sind in einem gottlosen Irrtume. Da müßte man ja auch das Heidentum, den Islam, das Judentum dulden, die Gotteslästerung und sogar der Atheismus, d. h. die schwersten Verbrechen würden straflos sein. Allerdings darf man nur in den äußersten Fällen die Todesstrafe anwenden. Die Kirche verlangt sie nicht, außer wenn die Sekten zum Aufruhr gegen die Obrigkeit und zum Kirchenraub fortgeschritten sind.“ Der fromme Prälat war, wie man sieht, ganz erbaut von den Verfolgungen der Reformierten durch Ludwig XIV., welche in Frankreich einen Abgrund von Elend eröffnet und die Regierung des geistreichen Königs mit unauslöschlicher Schmach befleckt haben.

In der That, Ludwig XIV. war selbst von diesen Ideen beherrscht. In ganz ähnlicher Weise schrieb er an den Dauphin: „Vor allen Dingen wisse, mein Sohn, daß wir nicht genug Ehrerbietung dem erweisen können, der so viele Tausende zur Ehrerbietung gegen uns bestimmt. Es ist die erste Aufgabe der Politik, Gott wohl zu dienen. Indem wir uns ihm unterwerfen, geben wir dem Volke die beste Lehre, wie es sich uns zu unterwerfen habe, und wir sündigen ebenso wohl gegen die Klugheit als gegen die Gerechtigkeit, wenn wir es der Ehrfurcht für den ermangeln lassen, dessen Stellvertreter wir sind. Indem er uns den Scepter verliehen hat, hat er uns das Herrlichste auf der Erde gegeben; indem wir ihm unser Herz geben, geben wir ihm, was seinen Augen vorzugsweise wohlgefällt."

Mit diesem religiös-politischen Absolutismus scheint sowohl eine gewisse Privatfreiheit als die Sicherheit des Eigentumes verträglich, und Bossuet beteuert, daß er kein Freund der Willkür sei. Er empfiehlt den Königen, die Gesetze und die guten Gewohnheiten zu achten. Dadurch befestigen sie die Treue und gewinnen sie die Zuneigung. Aber von politischen Rechten der Bürger hat Bossuet gar keine Vorstellung. Der einzig politisch berechtigte Mensch im State ist ihm der König. Wenn aber alle dem einen Manne gegenüber politisch rechtlose Wesen sind, so sind sie dieser übermäßigen Gewalt gegenüber, auf deren Schutz sie angewiesen sind, auch nicht ihrer Privatfreiheit noch ihres Privatvermögens sicher. Wenn der Herrscher ihre Privatrechte verletzt, zu wem denn wollen sie flüchten?

Sogar in England war diese Theorie des theologisch begründeten Absolutismus in der bischöflichen Kirche und auf der Universität Oxford seit der Restauration der Stuarts die herrschende geworden. Auf dem europäischen Festlande galt keine andere in den höchsten Kreisen der kirchlichen und der weltlichen Macht als richtig. Auch in dem republikanischen Holland und in der schweizerischen Eidgenossenschaft fand sie einflußreiche Vertreter und zahlreiche Anhänger. Männer wie Pufendorf wurden von den meisten als Gottlose und höchst gefährliche Freigeister gescheut und gehaßt. Sogar der versöhnliche Leibniz, welcher so sehr bemüht war, auch den kirchlichen Meinungen zu genügen, war verdächtig. Diese autoritätsselige Gebundenheit des politischen Denkens dauerte auf dem Kontinente in der ersten Hälfte des achtzehnten Jahrhunderts unvermindert fort. Auch als man schon wagte, die kirchlichen Autoritäten neuerdings zu prüfen und sich von der Vormundschaft des Klerus loszumachen, wurde die absolute Autorität der weltlichen Herrscher noch nicht bezweifelt. Schon hatte Voltaire ganze Schwärme von stechenden und beißenden Angriffen wider den hergebrachten Kirchenglauben und gegen die geistlichen Autoritäten fliegen lassen, aber auch er wagte sich nur auf Umwegen und nur mittelbar an politische Probleme. Es mußte noch ein halbes Jahrhundert vorüberziehen, bevor Montesquieu, der Vertreter der konstitutionellen Statsreform, und Rousseau, der Lehrer der demokratischen Revolution, ihre bahnbrechenden Bücher schrieben.

Einzig in England trat mit der zweiten, der sogenannten „glorreichen Revolution“, welche den Stamm der Stuarts zum zweiten Male und nun für immer vertrieb, früher eine Wendung ein. Als Repräsentant der neuen freieren Richtung der Wissenschaft ist vor allen John Locke (geb. 29. Aug. 1632, gest. 28. Okt. 1704) zu nennen. Seine wissenschaftliche Ausbildung erwarb er zuerst auf der Universität Oxford, wo er 1655 den Grad eines Baccalaureus und 1658 den Grad eines Meisters der Künste erwarb. Erst das Studium der Schriften von Descartes führte ihn tiefer in die neuere Philosophie ein. Außerdem betrieb er vorzugsweise Naturwissenschaft und Medizin. Die Bekanntschaft mit Lord Ashley, dem späteren Grafen von Shaftesbury, dem er mit großer Treue verbunden blieb, eröffnete ihm eine politische Thätigkeit. Für diesen Gönner arbeitete er den seiner Zeit berühmten Verfassungsentwurf für die nordamerikanische Provinz Karolina aus, das Ideal einer liberalen Aristokratie in englischem Stile, aber für die amerikanische Kolonie, welche der demokratischen Anspannung aller Volkskräfte bedurfte, unbrauchbar[1]). Er hatte mit seinem vornehmen Gönner die Gunst der königlichen Gnade genossen und teilte mit demselben auch die königliche Ungnade. Die Verfolgung des Hofes entzog ihm durch einen Akt der Willkür, zu dem sich der Bischof von Oxford bereit zeigte, mitzuwirken, seine Stelle an der Universität (1684)

[1]) Laboulaye, histoire politique des États-Unis I, 383, hat dieses Werk mit politischer Kritik beleuchtet.

und bedrohte ihn noch in Holland, wohin er sich zurückgezogen hatte.

Von da aus schrieb er seinen ersten Brief über die Toleranz (1685), dem er später noch drei andere über dasselbe Thema folgen ließ (1690. 1692; der vierte ist erst als Fragment nach seinem Tode erschienen). In diesen Briefen kämpft Locke für die Idee der religiösen Freiheit und für die Trennung von Kirche und Stat, wie sie seit kurzem nur in ein paar nordamerikanischen Kolonien Anerkennung fanden, aber allmählich zu Grundgesetzen des amerikanischen Lebens erhoben wurden. Die Unruhen und die Leiden Englands schreibt er großenteils dem falschen System der religiösen Verfolgung zu. „Wir bedürfen vor allen Dingen einer vollen, rechten und wahren Freiheit, einer gleichen und unparteiischen Freiheit," schreibt er in der Vorrede zu der englischen Ausgabe des ersten Briefes. „Der Stat ist eine Verbindung von Menschen, gegründet, um ihre bürgerlichen Interessen zu befriedigen, zu schützen und zu fördern. Die Sorge für den Glauben aber ist kein bürgerliches Interesse und die Obrigkeit hat keine Macht über die Seele empfangen; denn niemand kann seinen Glauben dem Gebote eines anderen unterwerfen und die öffentliche Gewalt kann nur äußere Dinge bezwingen, die Religion aber ist eine Überzeugung des Gemüts, die keinen äußeren Zwang verträgt. Die Kirche dagegen ist eine freiwillige Verbindung zu gemeinsamer Gottesverehrung und niemand ist schon von Geburt Glied einer bestimmten Kirche, denn nichts wäre absurder, als zu denken, daß die Religion sich von den Eltern auf die Kinder vererbe wie das Vermögen" [1]).

Locke verwirft nicht bloß alle Strafgesetze und jede Verfolgung eines abweichenden Bekenntnisses wegen innerhalb des Christentumes, also alle Bedrohung der englischen Dissenters und Katholiken. Die Toleranz, für die er mit seiner nüchtern verständigen Logik kämpft, umfaßt auch die Juden, die Moham-

[1]) Erster Brief. Works VI, 10 s.

medaner und selbst die Heiden. Auch wenn jemand einen unvernünftigen Glauben hat, so verletzt er damit die bürgerliche Gemeinschaft nicht und seine Bestrafung läßt sich durch den Statszweck nicht rechtfertigen. Sie widerspricht dem natürlichen Rechte aller. Er begnügt sich mit dieser Abwehr; er verlangt, daß auch niemand seines Glaubens wegen von der Teilnahme an den politischen Rechten ausgeschlossen werde, auch nicht die Juden, noch die Mohammedaner, welche zu dem State gehören, nicht einmal die Heiden[1]). Wenn in dem altjüdischen Stat der Götzendienst verboten worden sei, so gab es für das damalige Gesetz Gründe, die in dem gegenwärtigen Kulturzustande keine Kraft mehr haben. Das Christentum ist um so sicherer die wahre Religion, je mehr es auf die Kraft der Wahrheit vertraut, je weniger es zu falschen Mitteln greift, die Menschen zu bekehren.

Nach dem Tode des Königs Karl II. erwirkte William Penn bei König Jakob II. die Begnadigung Lockes; aber Locke weigerte sich, die Gnade anzunehmen, da er sich keiner Schuld bewußt sei. Erst nachdem der Prinz Wilhelm von Oranien die Leitung der englischen Revolution gegen die Tyrannei Jakobs II. übernommen hatte und von den Engländern als Wiederhersteller der Landesfreiheit empfangen ward, kehrte auch Locke mit der Prinzessin nach England zurück (1688). Da verzichtete er wohl auf die Wiedereinsetzung in sein Universitätsamt, aber um so entschiedener verteidigte er nun die neue Revolution gegen die Angriffe der kirchlich-absolutistischen Schule. Noch in dem Jahre der Erhebung des Königs Wilhelm III. (1689) und gleichzeitig mit seinem philosophischen Werke: „Versuch über den menschlichen Verstand“ erschienen seine beiden „Abhandlungen über Statsregierung“[2]), welche ihm in England den Ruf eines politischen Denkers von hohem Rang und freiester Gesinnung verschafften. Die neue Regierung bot ihm wiederholt sehr angesehene Gesandtschaftsstellen an. Aber er schlug das

[1]) Dritter Brief. Kap. 3.

[2]) Two treatises on Government. Works T. V.

aus mit Rücksicht auf seine Kränklichkeit und begnügte sich mit einer bescheidenen Stellung, die ihn nur für einige Monate nötigte in London zu leben. Die übrige Zeit des Jahres lebte er meistens in der gesunderen und frischeren Luft von Oates in einer befreundeten Familie, Masham, in der er auch mit der Heiterkeit eines Weisen und mit dankbarer Hingebung an den Willen Gottes den Tod nahen sah. Seine Grabschrift hat er selber verfaßt[1]).

Die erste der beiden Abhandlungen über die Statsregierung ist gegenwärtig veraltet. Damals hatte sie gegenüber der orthodoxen Theorie, welche sie Schritt für Schritt in allen ihren Grundlagen und Argumenten bekämpfte und widerlegte, einen praktischen Wert. Sie ist eine vernichtende Kritik der Schrift von Robert Filmers „Patriarcha" (1680), worin die absolute Königsgewalt wunderlich genug von der ursprünglich väterlich-absoluten Gewalt Adams hergeleitet und so auf den Akt der Erschaffung des ersten Menschen gegründet ward. Filmers Lehre, so absurd sie war, hatte in der englischen Hochkirche und an dem Hofe Jakobs II. großen Beifall gefunden und war eine Zeit lang von den herrschenden Autoritäten ausschließlich geschützt. Jetzt zerbrach sie unter den Hammerschlägen des rationellen Philosophen wie ein thönerner Topf.

Von bleibender Bedeutung dagegen ist die zweite Abhandlung. Wie seine Vorgänger geht auch Locke, um die Begründung und den Zweck des States zu erklären, auf den Naturzustand der Menschen zurück. Als selbstverständlich setzt er eine natürliche, d. h. auf der Schöpfung Gottes beruhende Freiheit und

[1]) Siste viator. Hic juxta situs est Joannes Locke. Si qualis fuerit rogas, mediocritate sua contentum se vixisse respondet. Literis innutritus, eousque profecit, ut veritati unice libaret. Hoc ex scriptis illius disce; quae quod de eo reliquum est, majori fide tibi exhibebunt, quam epitaphii suspecta elogia. Virtutes, si quas habuit, minores sane quam sibi laudi, tibi in exemplum proponeret. Vitia una sepeliantur. Morum exemplum si quaeras, in evangelio habes: vitiorum utinam nusquam: mortalitatis, certe, quod prosit, hic et ubique.

Gleichheit der Menschen voraus, insofern als alle dieselben Kräfte empfangen haben und keiner schon von Natur dem andern über- oder untergeordnet sei, vielmehr jeder auch die Macht habe, seine Kräfte zu gebrauchen und sich selbst zu verteidigen. Diese Freiheit von Natur ist nicht mit der Willkür zu verwechseln, sie ist durch das Naturgesetz näher bestimmt, welches jedem durch die Vernunft geoffenbart wird und ihn anhält, weder sich selbst zu zerstören, noch das Leben, die Gesundheit, die Freiheit und den Besitz der andern zu verletzen. Da alle Menschen Gottes Geschöpfe und darauf angewiesen sind, ihre gleiche Menschennatur wechselseitig zu achten, so ergibt sich jenes Gesetz von selbst. Wer dieses Gesetz verletzt, wird mit Recht von den andern, die es festhalten, deshalb gestraft und genötigt, sich ihm zu unterwerfen. Im Naturzustand ist jeder sein eigener Rächer und Richter, und berufen, das Gesetz der Natur zu vollziehen: ganz so wie heute noch die Häupter der verschiedenen Staten in völkerrechtlicher Beziehung.

Der Naturzustand ist nicht, wie Hobbes gethan hat, zu verwechseln mit dem Kriegszustande. Naturzustand heißt nur Mangel einer öffentlichen Autorität, welche richtet, aber schließt einen Zustand des friedlichen Nebeneinanderseins nicht aus. Der Kriegszustand ist ebenfalls Mangel eines höheren Richters, aber er setzt die Gewaltthat und die Verübung von Unrecht voraus, die nicht von der Natur gewollt sind.

Die *natürliche Freiheit* schließt alle übergeordnete irdische Autorität aus und weiß von keinem anderen als dem Naturgesetze. Die *bürgerliche Freiheit* schließt jede Willkürherrschaft eines anderen, aber nicht die gesetzliche Autorität aus, welche durch freie Zustimmung im State begründet ist und nur die Macht ausübt, die ihr anvertraut ist. Diese Freiheit besteht nicht darin, daß jeder thue, was ihn gelüstet, sondern sie heißt eine gemeinsame für jedermann in der bürgerlichen Gesellschaft gültige Lebensregel haben, sie heißt in allen Dingen nach eigenem Willen handeln, so weit diese Regel es nicht untersagt, sie bedeutet, nicht dem unzuverlässigen, wechselnden, unbekannten und launischen Willen eines anderen Mannes unterworfen sein.

In dem Gesetze erkennt Locke weniger eine Schranke als vielmehr eine Anleitung und Weisung des freien und vernünftigen Willens, das Richtige zu thun. Der Zweck des Gesetzes ist nicht, die Freiheit zu zerstören oder zu mindern, sondern sie zu schützen und zu stärken: „Wo kein Gesetz, da keine Freiheit."

Den Einwand, daß die Kinder von den Eltern abhängig, also nicht frei und gleich seien, und daß manche Menschen niemals zu dem Bewußtsein der Freiheit gelangen, widerlegt er folgendermaßen (Kap. 6, 5):

„Wir sind frei geboren in demselben Sinne, in dem wir vernünftige Wesen sind. Wir haben nicht sofort den Gebrauch weder der Freiheit noch der Vernunft. Indem wir vernünftig werden mit dem Alter, werden wir frei. Das Kind ist frei, insofern es von dem freien Vater vertreten und geschützt wird, so lange es unfähig ist, sich selber zu bestimmen. Kommt es zu dem Alter der Unterscheidung, so ist es ebenso frei geworden, als sein Vater zuvor war. Alter und Erziehung machen die Vormundschaft des Vaters entbehrlich und verleihen die Fähigkeit, selber zu urteilen und sich selbst zu bestimmen. Bis dahin legt auch der Stat dem Kinde keine öffentliche Pflicht auf, von da an aber tritt der Sohn in denselben Treuverband und in dieselben öffentlichen Pflichten selbständig ein, die den Vater verbinden. Der Vater hat wohl einen dauernden Anspruch auf die Ehrerbietung und die Dankbarkeit des Sohnes, aber so wenig öffentliche Gewalt über den volljährigen Sohn als über einen anderen Mitbürger. Nichts war verkehrter als der Trugschluß von der absoluten Gewalt des Vaters über die unmündigen Kinder auf die absolute Gewalt der Obrigkeit über die Unterthanen. Sogar wenn jene ein natürliches Recht wäre, was sie nicht ist, könnte doch nicht diese daraus abgeleitet werden; denn jene setzt einen reifen Vater und unreife Kinder voraus, aber die Vernunft und damit die Freiheit und die natürliche Fähigkeit, sich und andere zu regieren, erwächst in dem Fürsten ganz wie in dem Unterthan mit dem Alter und der Erziehung zur Reife. Die väterliche und die politische Gewalt haben einen verschiedenen Grund und einen verschiedenen Zweck."

„Die Verbindung von Mann und Weib, Eltern und Kindern, Herrn und Knechten hat die Familie geeinigt und ein Hauswesen begründet. Ein öffentliches Gemeinwohl, d. h. der Stat entsteht erst, wenn eine Anzahl Menschen sich so verbinden, daß jeder auf sein natürliches Recht der Selbsthülfe verzichtet und seine Macht auf die Gemeinschaft abtritt. Das geschieht, wenn dieselben aus dem Naturzustande in die Gesellschaft übergehen und Ein Volk, einen politischen Körper unter einer obersten Regierung bilden, oder wenn einer in einen schon verbundenen Stat eintritt. Dadurch ermächtigt er die Gesellschaft oder den gesetzgebenden Körper derselben, Gesetze zu erlassen, wie die öffentliche Wohlfahrt es erfordert, die auch ihn verbinden."

„Daraus erhellt klärlich, daß die absolute Monarchie, welche einige für die einzige Regierungsform der Welt halten, in Wahrheit unverträglich ist mit der bürgerlichen Gesellschaft und keine wahre Statsform ist, denn der absolute Monarch steht außerhalb dieser Gesellschaft und ist gegenüber den Unterthanen noch im Kriegszustande geblieben. Er maßt sich beides, die gesetzgebende und die vollziehende Gewalt, zu und erkennt keinen Richter an. Zwischen dem früheren unsichern und gefährlichen Naturzustande und seiner Herrschaft besteht nur der Unterschied, daß er selbst zwar nach seinem Ermessen über sein Recht urteilt und seine Macht handhabt, wie zuvor alle in dem Naturzustande es durften, aber seine Unterthanen oder besser seine Sklaven gar keinen Rechtsschutz und keinerlei Sicherheit gegen seine Willkür haben, sondern zu unvernünftigen Geschöpfen entwürdigt werden, die ihr Recht nicht mehr verteidigen können."

„Die, welche sagen, im Streite zwischen Unterthanen sollen Gesetze gelten und die Richter entscheiden, damit jeder sein Recht behaupte und seinen Frieden erlange, aber zwischen Unterthanen und Regenten nicht, weil dieser die Statsautorität und Macht hat, die trauen den Menschen die Thorheit zu, daß sie Sorge tragen, sich vor den Mardern und Füchsen zu sichern, aber ganz zufrieden seien, ja sogar ihre Sicherheit darin finden, wenn sie von Löwen zerrissen werden. Was immer die Schmeichler der absoluten Gewalt sagen mögen, sicher fühlt sich und lebt das Volk in der bürgerlichen Gesellschaft nur, wenn die Gesetzgebung einem gemeinsamen aus mehreren gebildeten Körper anvertraut ist, heiße man denselben nun Parlament oder Senat! Durch diese Einrichtung wird jeder, der Höchste wie der Niedrigste, durch die Gesetze verpflichtet, denen keiner sich entziehen darf; denn wer sich nach keinem Gesetze zu richten hätte, der wäre noch in dem Naturzustande, für den gäbe es keinen Stat"[1]).

Indem Locke die Entstehung der Staten auf den freien Willen der „Individuen gründet, welche sich zu einem politischen Körper einigen, d. h. auf Vertrag", bemerkt er, daß gegen diese Annahme zwei Einwendungen erhoben werden:

1. daß die Geschichte keine Beispiele kenne eines so entstandenen States;

2. daß die Menschen in der Regel schon als Glieder eines States geboren werden und daher nicht die Freiheit haben, einen neuen Stat zu verabreden, sondern zu einem bestimmten State gehören.

In der That, beide Einwendungen, obwohl sie noch nicht den innern Kern der Frage, sondern nur die äußere Erscheinung darlegen, sind geeignet, Zweifel gegen die Wahrheit der Vertragslehre zu erwecken. Locke sucht dieselben zu widerlegen. Die erste, indem er darauf verweist, daß die erste Entstehung der Staten meistens in dem Dunkel der Vorzeit verborgen sei. Indessen lassen sich doch in Rom und Venedig und auch unter den Indianern Amerikas derartige Anfänge der Staten entdecken.

[1]) § 94: „No man in civil society can be exempted from the law of is."

Überdem sei der friedliche Ursprung vieler alten Staten in der naturgemäßen Autorität eines Familienhauptes zu erkennen, welchem alle anderen als dem ehrwürdigsten und weisesten Manne unter ihnen vertrauten; und erst wenn später dieses Vertrauen mißbraucht wurde, haben sie es dann versucht, durch Gesetze und neue Einrichtungen die Macht derselben zu regulieren.

Die zweite Einwendung kann die Entstehung der mancherlei Staten überhaupt nicht erklären. Wäre sie richtig, so könnte es nur Einen Stat geben, von der Schöpfung an. Hatten aber die zahlreichen Fürsten die Freiheit, neue Staten zu errichten, so hatten auch die übrigen freien Männer die Befugnis, sich diesen neuen Staten unterzuordnen oder davon wegzubleiben. Die Freiheit, welche die Machthaber ansprechen, um ihre Herrschaft zu begründen, ruht wie die Freiheit der Regierten auf der gemeinen Freiheit des Naturzustandes. Das Argument heißt, die Nachkommen werden durch ihre Väter gebunden, und dieses Argument ist falsch. Der Vater hat kein Recht, die Freiheit des Sohnes wegzugeben. Er kann seine Güter wohl belasten, aber er kann nicht die Person des Sohnes zum Hörigen machen. Wenn dieser zum Manne wird, so ist er von Natur nicht minder frei, als der Vater war. Weil die Staten da sind und die Kinder als abhängige Familienglieder geboren und erzogen werden, weil das Land und die Güter von dem State dauernd beherrscht werden, weil da nur einer nach dem andern, nicht gleichzeitig die Menge volljährig und frei wird, weil fast alle in dem State verbleiben, der ihr Vaterland ist, so übersieht man den Akt der Freiheit, den der volljährig Gewordene übt, indem er sich mit dem State vereinigt. — Es steht ihm frei, auch einen andern Stat zu wählen. Was ihn bindet, ist also nur seine eigene Zustimmung, nicht seine Pflicht.

Die Widerlegung Lockes ist scharfsinnig, und seine Logik insoweit überzeugend, als sie das Recht der individuellen Freiheit schützt und jede Statshörigkeit als unvernünftig verwirft. Aber so wenig die Einheit des States aus der Übereinkunft der Einzelwillen zu erklären ist, so wenig wird die Fortdauer, gleichsam die Unsterblichkeit des States begriffen, wenn sie auf den Wechsel täglich neuer Unterwerfungsakte der Individuen begründet wird. Locke traute sich selber nicht, seinen Gedanken bis zu den letzten Konsequenzen durchzuführen. Ist der Eintritt in den Stat völlig frei, so ist nicht einzusehen, weshalb nicht der Austritt, nachdem die übernommenen Verpflichtungen erfüllt sind, ebenso frei sein soll. Wir betrachten heute die Auswanderungsfreiheit in der That als ein natürliches Recht der Bürger. Locke scheut sich noch, dieselbe zu fordern, und sagt: Wer einmal einem State beigetreten ist, der ist es für sein ganzes Leben.

Die wichtigste und entscheidende Statseinrichtung ist die gesetzgebende Gewalt. In dem Gesetze spricht sich der Wille der Gemeinschaft aus. Daher kann niemals ein Eid, den ein Glied des States einer fremden Macht schwört, oder eine Verpflichtung, die ein Bürger gegen eine andere Statsautorität hat, ihn von dem Gehorsam gegen das Gesetz entbinden, das für alle gilt.

Aber sogar diese oberste Gewalt kann nicht eine absolute sein. Es kommt ihr keine Willkürmacht zu über das Leben und das Vermögen des Volkes; denn niemand kann einem andern mehr Macht über sich einräumen, als er selber von Natur hat, und niemand hat eine absolute und willkürliche Gewalt über sich noch über andere. Er darf sich nicht selbst das Leben nehmen, noch das Leben oder Vermögen der andern zerstören. Die Statsgewalt ist ihrem Wesen nach beschränkt durch den Statszweck, und dieser ist die gemeinsame Wohlfahrt. Ihre Bestimmung ist Erhaltung nicht Zerstörung, Freiheit nicht Knechtschaft, Wohlstand nicht allgemeines Verderben. Das Gesetz der Natur hört nicht auf in dem State, es erhält nur bessere Garantien. Der Gesetzgeber muß es ebenso gut beachten wie jeder andere. Die Erhaltung der Menschen ist ein natürliches Grundgesetz, dem kein Statsgesetz widersprechen darf.

Die gesetzgebende Gewalt ist verpflichtet, das natürliche Recht zu schützen und gerechte Gesetze zu geben. Die Gesetze der Natur sind vorerst vorgeschrieben und nur in dem Gemüte der Menschen zu finden. Im Naturzustande legt jeder dieselben nach eigenem Urteil aus, und weil daraus Mißstände hervorgehen, sind die Menschen zum State zusammengetreten, damit jeder sicherer sei, daß sein natürliches Recht richtig erkannt und mit größerer Macht geschützt werde. Es kann nicht die Absicht gewesen sein, irgend wem eine Willkürgewalt anzuvertrauen. Sonst wäre der Zustand im State schlimmer und gefährlicher als außer dem State; denn da konnte doch jeder, so gut es ging, sein Recht selber verteidigen, aber der absoluten Gewalt gegenüber wäre er schutzlos und waffenlos. Wer der Willkür eines Mannes preisgegeben wird, der über 100000 Mann verfügt, ist schlimmer daran, als wer unter 100000 einzelnen Männern lebt, deren jeder sich willkürlich benimmt.

Ferner darf die gesetzgebende Gewalt nicht willkürlich über das Privatvermögen der Bürger verfügen, denn gerade zum Schutze des Eigentumes ist sie errichtet, wenngleich sie um der gemeinen Rechtsordnung willen ermächtigt ist, auch über das Eigentum Rechtsregeln zu verordnen. Der General, der in der Schlacht dem Soldaten befehlen kann, daß er der unmittelbaren Todesgefahr entgegengehe, ist nicht berechtigt, ihm einen Pfennig aus der Tasche zu nehmen. Das Recht über Leben und Tod ist nicht zugleich Recht über das Vermögen. Selbst die öffentlichen Bedürfnisse rechtfertigen die Besteuerung nur, insofern dieselben als solche von dem steuerzahlenden Volke selbst durch seine Repräsentanten anerkannt und die Steuern gutgeheißen werden.

Endlich ist der Gesetzgeber nicht berechtigt, seine Gewalt auf einen andern zu übertragen. Seine Autorität ist abgeleitet von dem Volke und daher nur mit Zustimmung des Volkes selbst übertragbar.

Die übrigen Gewalten sind der gesetzgebenden untergeordnet, indem sie von ihr die Regel ihres Verhaltens empfangen. Locke unterscheidet die *exekutive* und die *föderative* Gewalt, die erstere nach innen gewendet und für die Ausführung der Gesetze in den einzelnen Fällen besorgt, die andere nach außen gerichtet und im Verhältnis zu anderen Staten und den Fremden das Recht des States wahrend. In beiden äußert sich die geeinigte Kraft des Gemeinwesens. Daher werden beide gewöhnlich von derselben Person verwaltet, während in dem wohleingerichteten State man dafür sorgt, daß die gesetzgebende Gewalt nicht dem Inhaber der vollziehenden Gewalt für sich allein überlassen, sondern nur unter Mitwirkung vieler anderen Männer geübt werde.

Da die gesetzgebende Gewalt — obwohl ihr alle anderen Gewalten untergeordnet sind — selber eine anvertraute Gewalt ist zu bestimmten Zwecken, so bleibt bei dem Volke doch die höchste Gewalt zurück, auch den gesetzgebenden Körper zu ändern oder umzugestalten, wenn es findet, daß derselbe das Vertrauen mißbraucht habe; denn jede Vertrauensgewalt ist durch den Zweck beschränkt, um dessen willen sie gegeben war, und wer die Macht hatte, sie zu errichten, hat auch die Macht, sie anders einzurichten, damit sie ihre Zwecke besser erfülle. In diesem Sinne kann man sagen, daß die Gemeinschaft selbst alle Zeit die souveräne Macht sei; aber sie übt dieselbe nur ausnahmsweise aus, wenn die ordentlichen Gewalten aufgelöst werden. In der Regel dagegen, und so lange die öffentliche Ordnung besteht, ist der Gesetzgeber die souveräne Gewalt[1]). Ist in einem State die vollziehende Gewalt Einer Person übertragen, die auch einen Anteil hat an der gesetzgebenden Autorität, so kann man wohl auch diese Person souverän nennen, nicht weil er alle oberste Macht für sich allein hat, aber weil ihm alle andern Beamtungen untergeordnet sind, weil die oberste Vollziehung in seine Hand gelegt ist und weil auch kein Gesetz

[1]) § 149. And thus the community may be said in this respect to be always the supreme power, but not as considered under any form of government, because this power of the people can never take place till the government be dissolved. — § 150. In all cases, whilst the government subsist, the legislative is the supreme power.

ohne seine Mitwirkung gegeben wird. Aber wenn man ihm auch den Eid des Gehorsams und der Treue schwört, so geschieht das nicht, weil man ihn als obersten Gesetzgeber ehrt, sondern als obersten Vollzieher des Gesetzes, also nur als einer gesetzlichen Gewalt. Mißkennt er seine Stellung und setzt er seinen Privatwillen an die Stelle des öffentlichen Gesetzeswillens, so entkleidet er sich damit des öffentlichen Charakters und wird zu einer bloßen machtlosen Privatperson, der man keinen Gehorsam schuldig ist. Benutzt sie die äußere Gewalt, die ihr anvertraut ist, um ihren Privatwillen dem Volke aufzuzwingen, so ist das Volk berechtigt, der Gewalt die Gewalt entgegenzusetzen. Der Mißbrauch der Gewalt gegen die gesetzliche Ordnung eröffnet den Kriegszustand, in welchem die Kräfte der einen sich wider die Kräfte der andern richten.

Ein besonderes Kapitel (14) widmet Locke dem Begriff der Prärogative, der in dem englischen Statsrecht eine große Rolle spielt, aber sich keineswegs dem allgemeinen Statsrechte empfiehlt. Manche Dinge kann der Gesetzgeber nicht vorsehen und daher auch nicht zum voraus ordnen, und zuweilen würde auch die genaue Anwendung der Gesetzesregel je nach den besonderen Umständen einzelner Fälle schädlich sein. In beiden Beziehungen bedarf es eines freien Ermessens, welches der vollziehenden Gewalt anvertraut wird, um das Geeignete zu bestimmen und zu verfügen. Diese Gewalt, nach freiem Ermessen aber im Hinblick auf die öffentliche Wohlfahrt zu handeln, ohne gesetzliche Vorschrift und unter Umständen — wie z. B. bei Begnadigung und Dispensation — gegen die gesetzliche Regel, heißt Prärogative. Sie wird der vollziehenden Gewalt überlassen, welche immer thätig und in der Lage ist, nach den Umständen zu handeln.

In den ersten noch patriarchalischen Zeiten, wo es wenig Gesetze und viel Vertrauen gab, bestand fast die ganze Regierung in der Prärogative. Aber mit dem Fortschritte der Bildung, nachdem man vielfältige Mißbräuche derselben erfahren hatte, wurde mehreres durch die Gesetze geordnet und weniger der Prärogative überlassen. Wer behauptet, es sei ein Übergriff in den Bereich der Prärogative, wenn gewisse Dinge gesetzlich geordnet werden, welche zuvor der Prärogative anvertraut waren, dem fehlt es an aller Einsicht in die Natur des States. Das Gesetz nimmt dem Fürsten nichts, was ihm gehört hat; denn die Macht, die er besitzt, hat er nicht für sich, sondern nur im Interesse der Gemeinschaft, lediglich zur öffentlichen Wohlfahrt. Aus dem Mißverständnis darüber entspringen in den Fürstentümern eine Menge von Übeln und Unordnungen. Hätte der Fürst ein ihm eigenes Recht, nach seinem Interesse zu herrschen, so würden die Völker nicht als vernunftbegabte ihm gleichartige Geschöpfe behandelt, die um der gemeinsamen Wohlfahrt willen sich zum State geeinigt haben, sondern einer Herde vergleichbar, welche der Eigentümer nach Belieben ausnutzt.

Die Prärogative ist also nur die Erlaubnis des Volkes an den Machthaber, da nach seinem Ermessen für die öffentliche Wohlfahrt zu handeln, wo das Gesetz eine Lücke oder einen Spielraum offen läßt. Je fähiger und weiser die Fürsten sind, um so geneigter wird man sein, ihnen diese Prärogative auszudehnen; die schlimmen Erfahrungen aber führen zu neuer gesetzlicher Beschränkung, d. h. zu näherer Bestimmung, wie jene Handlungen für das öffentliche Wohl beschaffen sein sollen. Der Entscheid darüber, ob es zweckmäßiger sei, die Dinge gesetzlich zu regeln oder dem Ermessen zu vertrauen, gebührt dem Gesetzgeber. Wenn aber der Fürst in Mißachtung seiner Pflicht das Parlament nicht versammelt und es keinen Richter mehr auf der Erde gibt, der den Streit zwischen Gesetzgeber und Regent entscheidet, dann ist es wie in dem Streite zwischen Gesetzgeber und Volk. Es bleibt nur, wenn der irdische Richter fehlt, die Berufung auf den Himmel: Gott und die Natur wollen nicht, daß der Mensch auf seine Selbsterhaltung verzichte. Es ist nicht wahr, daß diese Lehre zu Unordnungen und Umwälzungen führe; denn die Völker lehnen sich nur auf wider die geordnete Gewalt, wenn die Übel, unter denen sie leiden, unerträglich geworden sind und eine Besserung fordern, und die weisen Fürsten lassen es nie so weit kommen, da die darin liegende Gefahr für sie noch größer ist als für das Volk.

Locke vergleicht die väterliche, die politische und die despotische Gewalt. Die erste ruht auf der Natur, die zweite auf der freien Zustimmung, die dritte auf der Gewalt. Die erste hat nur den Schutz der noch unmündigen Kinder und ihre Erziehung zur Reife zum Zwecke, und hört auf, wenn die erwachsenen Kinder für sich selber sorgen können. Die zweite bezweckt eine bessere Sorge für aller Freiheit, Vermögen, Wohlfahrt, als der Naturzustand gewährt. Die dritte ist im Grunde eine fortgesetzte Kriegsgewalt und hört auf, sobald der Besiegte wieder in den Besitz seiner Freiheit kommt.

Eroberung und Usurpation sind nicht Akte des Rechtes und an sich nicht geeignet, eine Rechtsordnung zu begründen. Sie sind Akte der Gewalt, und ihre Wirkung ist meist eine zerstörende, nicht eine schaffende. Die Eroberung ist eine Usurpation in fremdem Lande, die Usurpation ist eine Eroberung in der Heimat. War der Krieg gerecht, so gewann der Eroberer eine despotische Gewalt über die geschlagenen Feinde und ihre Helfer und ein Recht, für den Schaden Ersatz zu fordern, der durch die Rechtsweigerung und den Krieg veranlaßt worden ist. Aber er hat kein obrigkeitliches Recht über das übrige Volk, das ihn nicht beleidigt hat, und kann keine Herrschaft über die Nachkommen der Besiegten erwerben, indem diese ihre natürliche Freiheit jederzeit gebrauchen dürfen. Erst die freie Zustimmung kann den ursprünglichen Kriegs- in einen wahren Friedens- und Rechtszustand verwandeln.

Was aber ist Tyrannei? Locke antwortet: die Übung der Gewalt in unrechtmäßiger Weise, der Gebrauch der Autorität nicht zu gemeiner Wohlfahrt, sondern zum eigenen Privatvorteil, wenn der Regent, was immer sein Rechtstitel sei, nicht das Gesetz, sondern seinen Willen zur Regel macht, wenn seine Gebote und

Handlungen nicht auf Erhaltung der Güter gerichtet sind, welche seinem Volke gehören, sondern auf Befriedigung seiner Ehrsucht, seiner Rache und seiner Begierden. Er beruft sich für diese Erklärung auf das königliche Wort Jakobs I. im Parlament 1603: „Ich erkenne an, daß der eigentliche wichtigste Unterschied zwischen einem gesetzmäßigen Könige und einem tyrannischen Usurpator der ist, daß der hochmütige und ehrgeizige Tyrann denkt, sein Königtum und sein Volk seien für die Befriedigung seiner Begierde und seiner unvernünftigen Lüste bestimmt, der echte und gerechte König dagegen sich selbst für bestimmt erkennt, um für das Wohl und das Vermögen seines Volkes zu sorgen." Und 1609 sprach derselbe König zum Parlament: „Alle Könige, die nicht Tyrannen oder eidbrüchig sind, halten sich willig innerhalb der Schranken ihrer Gesetze, und die, welche sie vom Gegenteil überreden wollen, sind Schlangen und eine Pest für die Fürsten und für die Staten."

Die Tyrannei ist in allen Verfassungsformen denkbar. Wer immer Gewalt hat und sie zu anderen Zwecken als für das öffentliche Wohl mißbraucht, übt Tyrannei. Wo das Gesetz endet, beginnt die Tyrannei, indem sie zu eines anderen Schaden seine Bestimmung überschreitet.

Gegenüber offenbarer Tyrannei ist der Widerstand berechtigt. Aber allerdings darf das Recht des Widerstandes nicht wegen geringfügiger Dinge zur Verwirrung des States geübt werden. „Wenn der Mißbrauch der Gewalt nicht über den Bereich der Privatverhältnisse hinaus wirkt, obwohl auch da die Abwehr der Gewalt zur Verteidigung des Rechtes mit Gewalt an sich erlaubt ist, so wird doch nicht leicht ein einzelner Mann dieses Recht in dem ungleichen Kampfe üben, da er sicher ist zu unterliegen. Erst wenn die ungesetzlichen Handlungen der Machthaber sich ausbreiten über die Volksmehrheit, oder zwar wenige treffen, aber so, daß sich jedermann bedroht fühlt; wenn man in seinem Gewissen überzeugt wird, daß die Gesetze, das Vermögen, die Freiheit und das Leben in Gefahr sind, und dazu vielleicht die Religion: weshalb dann noch die Bürger verhindert seien, der ungerechten Gewalt entgegenzutreten, vermag ich nicht zu sagen. Es ist freilich ein Übel, wenn die Regierung bei ihrem Volke in den Verdacht kommt, tyrannisch zu sein; es ist die schlimmste Lage, in die eine Regierung sich bringen kann. Aber sie wird in diese gefährliche Lage doch nur dann kommen, wenn durch eine ganze Reihe widerrechtlicher Handlungen diese verderbliche Richtung unzweifelhaft wird."

Die Gewalt, welche die Individuen an die Gesellschaft abgegeben haben, als sie zu derselben zusammengetreten sind, kann freilich nicht zu den einzelnen zurückkehren, so lange die Gesellschaft besteht, sondern verbleibt der Gemeinschaft, weil ohne diese Annahme keine Gemeinschaft und kein Stat möglich ist. Wenn daher die Gesellschaft die gesetzgebende Gewalt einer erblichen Versammlung anvertraut hat, so kann sie diese Gewalt nicht beliebig wieder an sich ziehen, so lange diese Statsform besteht. Aber wenn sie dieselbe in der Zeit beschränkt hat, oder wenn die Mißregierung des Gesetzgebungskörpers unleidlich wird, dann mag das Volk von seiner ursprünglichen höchsten Gewalt Gebrauch machen und entweder eine neue Verfassung machen oder die Macht der alten Verfassung in andere Hände legen.

Locke bespricht die großen politischen Ereignisse, durch welche Jakob II. die englische Krone einbüßte und der Prinz von Oranien sie erwarb, nicht unmittelbar in seiner Schrift, welche die Form einer abstrakten wissenschaftlichen Untersuchung sorgfältig bewahrt. Der Leser wird aber an vielen Stellen an den großen belebten Hintergrund der englischen Revolution erinnert, welche den abgezogenen Sätzen eine historische Anschaulichkeit gewähren.

Achtes Kapitel.

Christian Thomasius und Christian Wolff.

Pufendorf hatte seine heftigsten und unversöhnlichen Gegner in den lutherischen Theologen der Universität Leipzig gefunden. Aus der Leipziger Schule aber ging Christian Thomasius hervor, welcher in seine Fußstapfen trat und das Werk des Meisters fortsetzte.

Christian Thomasius wurde am 1. Januar 1655 zu Leipzig geboren, der Sohn des dortigen Professors der Beredsamkeit Jakob Thomasius, der ihm zwar eine strenge orthodoxe Erziehung gab, aber daneben ihn selber in das Studium der Schriften von Hugo Grotius einführte[1]). Der Vater hatte an dem Kampfe wider Pufendorf auf Seite der Theologen Teil genommen, und der Sohn gedachte ebenfalls gegen den gefährlichen Freigeist zu schreiben. Noch hatte er nicht zwischen Theologie und Philosophie zu unterscheiden gelernt und, wie er selber naiv erzählt, Furcht vor den Ketzereien in der Lehre Pufendorfs. Er glaubte, „daß der nicht selig werden könne, welcher nur ein wenig an der theologischen Wahrheit zweifle“. Aber indem er mit der frischen Empfänglichkeit der Jugend für die Wahrheit die Apologie des Pufendorf studierte, ging ihm ein neues Licht auf. Er lernte seine prüfende Vernunft gebrauchen und verlor allmählich die Scheu vor der Ketzerriecherei seiner Zeit. „Ich that deshalben

---

[1]) Eine gute Biographie hat H. Luden in seinem Büchlein Christian Thomasius (Berlin 1805) geliefert. Sehr ausführlich und gründlich ist die Darstellung seines naturrechtlichen Systems in der Geschichte der Rechts- und Statsprinzipien von Hinrichs 3, 122 ff.

die Augen meines Gemütes zu, damit sie der Glanz menschlichen Aussehens nicht verblenden sollte, und gedachte nicht mehr, wer oder wie ein großer vornehmer Mann es sei, der dieses oder jenes geschrieben, sondern überlegte nur die Beweistümer auf beiden Seiten"[1]). So erlangte er die wissenschaftliche Freiheit und warf das Joch der sektiererischen Philosophie ab. Aus einem befangenen Verächter Pufendorfs wurde er dessen aufrichtiger Verehrer. Er fing an nach Pufendorf über das Naturrecht Vorträge an der Universität Leipzig zu halten.

Auch in einer anderen Richtung erwies der junge Doktor der Rechte (er hatte 1679 promoviert) seinen reformatorischen Geist, und diesmal in origineller Weise. Bisher war aller Unterricht an den deutschen Universitäten in lateinischer Sprache erteilt worden. Die Sprache der deutschen Gelehrten war lateinisch. Die deutsche Sprache schien nur für die ungebildete Menge tauglich und nicht würdig des wissenschaftlichen Verkehres. Dadurch wurde die Kluft zwischen den Gelehrten und der Nation unübersteiglich. Die Wissenschaft war von dem Leben getrennt, und artete in eine pedantische und geistlose Gelehrtheit aus. Thomasius wies auf das Vorbild der Franzosen hin, welche ihre Werke meistens in französischer Sprache herausgeben und ihnen dadurch eine größere Verbreitung und Wirksamkeit verschaffen, und forderte die Deutschen auf, ein Gleiches zu thun. Er beging im Jahre 1688 das unerhörte Wagnis, am schwarzen Brett in deutscher Sprache Vorträge anzukündigen, und das größere, dieselben in deutscher Sprache wirklich zu halten. Daneben hielt auch er öfters noch lateinische Vorlesungen; aber immerhin war nun die deutsche Sprache zum ersten Mal auf dem Lehrstuhl einer deutschen Universität eingebürgert worden. Von diesem Augenblicke datiert eine neue fruchtbare Ära deutscher Wissenschaft.

Diese erste große Reform ergänzte er durch eine zweite. Schon vor ihm hatte Otto Menke, ein Leipziger Professor, in Nachahmung des „Journal des Savans" auch in Deutschland

---

[1]) Vorrede der drei Bücher der göttlichen Rechtsgelahrtheit. Halle 1709.

eine gelehrte Zeitschrift gegründet, die Acta eruditorum, welcher bald andere ähnliche Zeitschriften folgten. Auch Thomasius hatte anfangs in dieselbe geschrieben. Aber teils war er nun bei den gelehrten Herren etwas anrüchig geworden, seitdem er deutsch zu lehren anfing, teils überzeugte er sich von dem Bedürfnis deutscher Zeitschriften und veröffentlichte nun eine eigene deutsch verfaßte Monatsschrift. Das war das erste wissenschaftliche Journal in deutscher Sprache, und Thomasius muß daher auch als Begründer der deutschen Journalistik geehrt werden. Sein deutscher Stil ist freilich noch unbeholfen und mit Fremdwörtern arg durchspickt, aber schon das mächtige Ringen mit den Schwierigkeiten einer noch ungeschulten Sprache und der frische ursprüngliche Humor, der seine Schriften belebt, fand bei der damaligen Lesewelt vielen Beifall und gab den Anstoß zu weiteren Fortschritten. Nach und nach gewann er auch in der Sprache größere Sicherheit und Freiheit. Nur wenn man daran denkt, daß zwischen den deutschen Schriften Martin Luthers und des Thomasius die Erstarrung der Theologie und der dreißigjährige Krieg in der Mitte lagen, wird der tiefe Stand begreiflich, auf dem wir die gelehrte deutsche Litteratur in dieser Zeit antreffen. Es wurden neuerdings schwere Geistesarbeiten erforderlich, um auch die deutsche Sprache aus der allgemeinen Verwilderung wieder emporzuarbeiten.

Thomasius hatte den Zopf der Schule allzu unsanft gefaßt und seine Verachtung des herkömmlichen gelehrten Schlendrians zu offen geäußert, um mitten in dem Lager der Philister sicher zu sein. Eine Universität, welche Leibniz verstoßen und Pufendorf verfolgt hatte, konnte auch Thomasius nicht dulden. Wie immer und wie überall konnten die orthodoxen Theologen am wenigsten diese wissenschaftliche Freiheit ertragen. Ihr Zorn wendete sich gegen den gottlosen Neuerer, und sie fingen an, jeden Anlaß mit zäher Gier zu benutzen, um ihn zu verdächtigen und zu verfolgen. Ein Angriff des Thomasius auf einen theologischen Parteigenossen bot eine erwünschte Handhabe dazu.

Der Doktor und Professor der Theologie **Hektor Gottfried Masius**, der Hofprediger des Königs von Dänemark, hatte eine Schrift veröffentlicht über „das Interesse der Fürsten an der wahren Religion". Er hatte darin die lutherische Konfession als die sicherste Stütze des gemeinen Wesens mit Eifer gepriesen und die Fürsten darauf aufmerksam gemacht, wie vorteilhaft für sie das lutherische Dogma sei, daß alle fürstliche Gewalt unmittelbar von Gott komme. Er hatte zugleich die reformierte und die katholische Konfession verdächtigt, daß sie die Rebellion und den Aufruhr begünstigen, indem sie jenem Dogma widersprechen.

Thomasius fand sich durch diese Schrift ebenso sehr in seinem religiösen Gefühle als in seiner juristischen Überzeugung verletzt. Als Christ ärgerte er sich über den Mißbrauch der Religion zu bloß äußerlichen Zwecken. Er erklärte für „unanständig, seine Religion hohen Potentaten wegen des zeitlichen Interesses zu empfehlen". Ihm war die Religion eine heilige Sache, die nicht in herrschsüchtiger Absicht entwürdigt werden dürfe. Ihr Ziel sei das ewige Wohl und nicht das zeitliche Interesse. Als Philosoph und als Jurist erklärte er die Meinung, daß Gott die unmittelbare Ursache der Majestät sei, für abgeschmackt, unvernünftig und aller Geschichte widersprechend. Er gab seinem Unwillen über die Heuchelei und Hoffahrt solcher theologischen Schmeichler einen bitteren Ausdruck und geißelte ihre orthodoxe Unwissenheit mit seinem scharfen Spotte. Als Masius unter dem erborgten Namen Peter Schipping mit einer Schmähschrift antwortete, gab Thomasius dieselbe mit Anmerkungen heraus, welche die logischen und historischen Mängel derselben schonungslos aufdeckten[1]).

Die litterarische Niederlage steigerte den Haß des königlichen Hoftheologen. Er rief den Beistand der Leipziger Freunde an,

---

[1]) In den „freimütigen, jedoch vernunft- und gesetzmäßigen Gedanken von Chr. **Thomasius**". Mai und Juni 1689.

intriguierte am kursächsischen Hofe und bei dem Oberkonsistorium und wußte auch den dänischen Königshof gegen den gottlosen Freidenker aufzuregen. Er schwärzte Thomasius an, als habe er die königliche Majestät beleidigt, und erwirkte in Kopenhagen einen Befehl, daß die Schrift des Thomasius von dem Henker verbrannt werde. Der König schrieb sogar an den Kurfürsten und verlangte die Bestrafung des Thomasius. Schon vorher hatten diesen die Leipziger Theologen in Dresden „als einen Verächter Gottes und des heiligen Amtes" angeklagt und auf der Kanzel gegen diesen Unruhstifter gewütet. Thomasius setzte diesen Angriffen die kalte Gewandtheit eines Rechtsgelehrten und die Entschiedenheit eines ehrlichen Mannes entgegen. Er behauptete sein Recht und benutzte die schützenden Formen des Prozeßverfahrens. Aber er konnte doch nicht völlig der Macht seiner Feinde entgehen. Das Oberkonsistorium wollte wenigstens Ruhe haben vor ähnlichen Händeln und untersagte ihm bei Strafe von 100 Goldgulden etwas „in Leipzig oder an anderen Orten ohne vorherige Censur drucken zu lassen". Durch dieses Verbot war die schriftstellerische Wirksamkeit des Thomasius am Leben getroffen, denn der Einfluß seiner Feinde in Leipzig war stark genug, um keiner Schrift derselben den Freipaß der Censur zu erteilen. Als Thomasius ein Buch über die Logik herausgeben wollte, verweigerte ihm der Censor die Erlaubnis, weil er es nicht über „sein Gewissen" bringe, eine in deutscher statt in lateinischer Sprache verfaßte Logik zu gestatten.

Freilich gab Thomasius den Kampf für die akademische Freiheit nicht auf, und an dem sächsischen Hofe hatte doch auch er Freunde gefunden, insbesondere den Oberhofmarschall Haugwitz. Der Kurfürst selbst schrieb an den König von Dänemark und erinnerte daran, daß gelehrte Privathändel keine Statsangelegenheiten seien. Er begehrte sogar, daß der Verleumder Masius zur Ruhe verwiesen und seinen Hetzereien gegen die Reformierten Einhalt gethan werde. Aber zuletzt gewann auch an dem sächsischen Hofe das Bündnis der Theologen mit den weltlichen

Gegnern des Thomasius die Oberhand. Ein Ereignis, welches den Hof persönlich aufregte, gab den Ausschlag.

Der Herzog Moritz Wilhelm zu Sachsen-Zeitz hatte sich 1689 mit der Prinzessin Marie Amalie, Tochter des Kurfürsten von Brandenburg, Friedrich Wilhelm, vermählt. Der kursächsische Hof hatte politische Bedenken gegen diese Heirat, und die lutherischen Theologen kamen denselben mit ihren konfessionellen Skrupeln zu Hülfe. Es erschien die anonyme Schrift eines Pastors, der sich gegen die Zulässigkeit einer Ehe zwischen einem Lutheraner und einer Reformierten aussprach und den konfessionellen Gegensatz zu einem ernsten Ehehindernis verschärfte. Thomasius widerlegte diese neue Probe der theologischen Unduldsamkeit und verteidigte mit Rechtsgründen die Ehe des lutherischen Fürsten mit der reformierten Prinzessin. Obwohl er es vermieden hatte, die politische Seite des Falles zu berühren, so geriet er nun doch bei dem kursächsischen Hofe in entschiedene Ungnade. Diesen Moment benutzten seine Gegner, um zwei Befehle des Oberkonsistoriums durchzusetzen: den einen, daß ihm bei Strafe von 200 Gulden jede Vorlesung an der Universität und jede Herausgabe von Schriften bis auf weiteres untersagt sei, und den anderen, daß er selbst in Verhaft gebracht und das Inquisitionsverfahren gegen ihn eingeleitet werde. Der zweiten Gefahr entkam aber Thomasius glücklich, gewarnt von dem vorlauten Jubel der Feinde. Sobald er von dem ersten Befehle unterrichtet war, der ihm jede Wirksamkeit in Leipzig verschloß, wendete er sich an den Kurfürsten von Brandenburg mit der Bitte, daß ihm gestattet werde, in Halle seine Vorträge fortzusetzen, und reiste unverzüglich nach Berlin (1690).

Die Universität Halle bestand damals noch nicht, sondern nur eine Ritterakademie. Aber der Kurfürst Friedrich III. willfahrte gerne dem Gesuche und ernannte Thomasius zu seinem Rate mit 500 Thalern Gehalt. Dieser vertraute Gott und seinem Fleiße und kündigte mutig seine Vorlesungen an. Vergeblich spotteten die Gegner, er werde in Halle keine Studenten finden. Es stellten sich doch Zuhörer in ziemlicher Anzahl ein, und der Kurfürst wurde durch diese Erfolge in seinem Vertrauen bestärkt, in Halle eine neue Universität zu gründen.

Zwei verschiedene Geistesrichtungen kamen damals in Halle zusammen, und beide suchten sich in Thomasius selbst zu versöhnen: die eine der freien Kritik und der möglichst vorurteilslosen Prüfung, um deren willen Thomasius aus seiner Vaterstadt verjagt worden; die andere der pietistischen Vertiefung, welche auch mit den starren Orthodoxen in Streit geraten und deren Vertreter, der Magister August Hermann Franke, schon in Leipzig durch Thomasius gegen die Verfolgung der theologischen Fakultät verteidigt worden war, und sich ebenfalls nach Halle geflüchtet hatte. Die Pietisten wollten doch Ernst machen mit dem religiösen Glauben und ihr Leben darnach gestalten. Während die Orthodoxen ihren religiösen Eifer nur in der Verfolgung anderer an den Tag legten, arbeiteten die Pietisten an der eigenen Reinigung und Heiligung. Die einen legten allen Wert auf die äußere Form, die anderen auf den inneren Geist. Es kann nicht befremden, daß sich Thomasius mehr von den Pietisten angezogen fühlte. Aber auch an ihm bewährte sich's, daß die wissenschaftliche Arbeit in dem mystischen Dunkel nicht vorwärts komme und daß die aufgeregten Gefühle wohl die Phantasie zur Schwärmerei verleiten, aber nicht den Verstand befriedigen können. Er machte eine Zeit lang geringe Fortschritte in der Wissenschaft, während er sich den Übungen der Frömmigkeit mit Eifer hingab. Aber bald widerte ihn die zunehmende Überspanntheit der Pietisten an, und als er Lockes Schriften zur Hand bekam und mit Lust studierte, zerstreute sich der Nebel, der sich um seine Seele gelagert hatte. Indem der Verstand des englischen Statsweisen seinen eigenen Geist berührte, wurde auch sein Verstand sich der angeborenen Freiheit wieder freudig bewußt.

Für die geistige wie für die politische und religiöse Freiheit kämpfte er mit unverzagtem Fleiße sein Leben lang. Er untersuchte die Frage, weshalb denn die Wissenschaften in Frankreich, England und Holland früher als in Deutschland emporgekommen und die Deutschen nur so langsam fortgeschritten seien? Die gewöhnliche Antwort, daß die Ursache zum Teil in der geringeren Freigebigkeit der deutschen Fürsten für wissenschaftliche Zwecke und zum Teil in dem langsameren Geiste der Deutschen liege, ließ er nicht gelten; denn, sagte er, „die Weisheit ist nicht interessiert, sondern an sich so schön, daß sie viel höher zu schätzen ist als alle fürstliche und königliche Municifenz" und „der Deutsche hat vielleicht mehrmals der Schwere seines Geistes leichte Flügel gemacht, als der Franzose seine Flatterhaftigkeit durch die gehörige Geduld fixiert hat". Thomasius findet die Ursache in dem Mangel der göttlichen Freiheit. „Sie ist es, die allem Geiste das rechte Leben gibt und ohne welche der menschliche Verstand gleichsam tot und entseelt zu sein scheint. Der Verstand erkennt keinen Oberherrn als Gott, und daher ist ihm das Joch, das man ihm aufbürdet, wenn man ihm eine menschliche Autorität als eine Richtschnur vorschreibt, unerträglich, oder aber er wird zu allen guten Wissenschaften ungeschickt, wenn er unter diesem Joche erliegen muß oder sich demselben durch Antrieb eitler Lehre und Geldgierde oder einer eiteln Furcht freiwillig unterwirft. Ist ein Verstand feurig und will sich die ihm von Gott verliehene Freiheit nicht nehmen lassen, so wird er doch abgehalten, daß er durch ruhige Betrachtung, als den einzigen Weg die Weisheit zu erlangen, derselben nicht obliegen kann, weil er mit denen genug zu thun hat, die ihm seine Freiheit nehmen wollen. Ist aber ein Verstand wegen seiner natürlichen Schwere eines wiewohl harten Joches gewohnt, so wird er nicht allein für sich nichts Verständiges und Wahrhaftiges erfinden, sondern er verfolgt auch andere freie Gemüter und hindert sie auf alle Mittel und Wege, daß sie ihm gleich werden und sich ihrer unschätzbaren Freiheit nicht bedienen sollen. Unser armes Deutschland ist dieses bisher ja wohl gewahr worden. Die Freiheit ist es allein, was den Holländern und Engländern, ja den Franzosen selbst (vor der Verfolgung der Reformierten) so viel gelehrte Leute gegeben, da hingegen der Mangel dieser Freiheit die Scharfsinnigkeit der Italiener und den hohen Geist der Spanier so sehr unterdrückt. Diese Freiheit ist es auch, die uns nunmehr hoffen läßt, daß in unserem Deutschland man täglich und handgreiflich spüren wird, wie sich edle Gemüter bemühen werden, den bisher ihrer Nation angeklebten Schandfleck, als ob sie unfähig wären, etwas Gutes und Tüchtiges zu erfinden, um die Wette auszuwaschen und ohne ohnmächtige Bestreitung durch leere Worte diese Blame wirklich und in der That zu widerlegen, nachdem durch die allweise Vorsehung Gottes hohe Häupter in unserem Vaterlande immer mehr und mehr anfangen, diese bisher unterdrückte Freiheit emporzuheben und derselben den ihr gehörigen Glanz zu geben"[1]).

Die Sicherheit und Freiheit, welche er in Halle für sich gefunden hatte, verleitete ihn nicht zu träger Ruhe. Obwohl er der Händel mit den Theologen überdrüssig geworden war, welche nicht abließen, ihn zu verunglimpfen und zu schädigen, und obwohl er in seinen Ostergedanken (1696), welche offenbar unter der Einwirkung des frommen Spener geschrieben sind, seine „bittere Schreibart" bereut und den Vorsatz gefaßt hatte, in Zukunft nur mit Sanftmut seinen Feinden zu begegnen, so trieb ihn doch das Mitgefühl für andere Verfolgte und der gerechte Haß gegen das mächtige Unrecht zu neuen Angriffen auf die Verfolgung.

Im Jahre 1697 schrieb er zwei Abhandlungen, die eine über die Frage: „ob Ketzerei ein strafbares Verbrechen sei?" und die andere das „Recht der Fürsten gegen die Ketzer". Er verneinte die erste Frage und sprach den Fürsten das Recht ab, die Ketzer zu bestrafen. Er zeigte, daß der ganze Begriff der Ketzerei dem Rechtsbegriffe fremd und nur erfunden worden sei, um der Unduldsamkeit und Herrschsucht der Pfaffheit zu dienen. Die Wut der Theologen ergoß sich in neuen Schmähungen gegen

[1]) Zuschrift an den Kurfürsten von 1692, in den Kleinen deutschen Schriften (3. Auflage, Halle 1721).

ihn, er wurde selbst als Ketzer und ruchloser Atheist gescholten. Aber die Zeit der Ketzerrichter war doch im Untergange, und zuerst in den protestantischen, dann auch in den katholischen Ländern wurde die Ketzerei aus dem Verzeichnisse der Verbrechen ausgestrichen und der Verfolgungssucht kirchlicher Eiferer eine gefährliche Waffe aus den Händen gewunden.

So lange die Ketzerei als ein Vergehen betrachtet ward, waren gerade die denkenden Männer am wenigsten sicher und die Schwingen des wissenschaftlichen Geistes gebunden. Ein anderes eingebildetes Verbrechen, die Hexerei, bedrohte mehr die Frauen und die Ruhe der Familien und hemmte zugleich die Fortschritte der Technik. War auch das Verbrennen der Hexen in Abnahme geraten, seitdem im Westen Europas eine mildere und vorsichtigere Gerichtspraxis als Vorbild wirkte, so war in Deutschland doch die allgemeine Meinung der Geistlichen und der Juristen noch in dem Glauben an den Umgang der Hexen mit dem Teufel und an zauberische Künste befangen. Als Thomasius zum ersten Mal Gelegenheit erhielt, in einem Hexenprozesse zu urteilen, war auch er noch von den herkömmlichen Autoritäten getäuscht und bedurfte der Warnung seines alten Lehrers und nunmehrigen Kollegen, des Juristen Samuel Strykk. Dann aber prüfte er die Frage gründlicher, studierte auch die Bedenken älterer Gegner der Hexenprozesse und überzeugte sich, daß dieser Hexenglaube nicht über 500 Jahre alt und der Teufel, welcher die Hexen beschlafe, nur das Erzeugnis einer kranken Phantasie sei. In seiner Disputation „vom Verbrechen der Zauberei“ (1701. 1702) legte er der Welt das Resultat seiner Untersuchung vor und trug dadurch viel dazu bei, jenen Aberglauben zurückzudrängen und nach Friedrichs des Großen Ausdruck das Recht den Frauen zu gewährleisten, daß sie in aller Sicherheit alt werden dürfen. Die preußische Gesetzgebung ging in Deutschland voran erst mit der Einschränkung, dann mit der Aufhebung der Hexenverfolgung[1]).

[1]) Vgl. Soldan, Geschichte der Hexenprozesse (Stuttgart 1843) Kap. 23.

Diesen beiden glänzenden Verdiensten um die Civilisation fügte Thomasius ein drittes und kein geringeres hinzu, indem er sich gegen die Tortur erklärte, diese „traurige Erfindung, durch welche der noch nicht für schuldig erkannte Angeklagte einer härteren und grausameren Strafe ausgesetzt wird, als ihn treffen könnte, wenn er verurteilt wäre, welche eine unnütze Grausamkeit ist, wenn ohne sie der Verbrecher überführt ist, und ein ganz unsicheres Mittel, die Wahrheit an den Tag zu bringen" (1707). Es dauerte noch über ein Jahrhundert, bis diese Barbarei gänzlich aus dem Strafprozeß verbannt wurde. Der Biograph des Thomasius, H. Luden, welcher die Reinigung des Strafrechtes durch die Beseitigung der Ketzerei und Hexerei mit Jubel begrüßt, fühlt sich im Jahre 1805 noch nicht völlig sicher, ob die Strafrechtspflege der Tortur entraten könne.

Thomasius erlebte die Genugthuung, daß seine Heimat, die ihn einst verstoßen hatte, endlich seinen Wert erkannte und ihn nun in ehrenvoller Weise zurückrief. Aber er blieb seinem Adoptivvaterlande und Halle treu und lehnte den Ruf nach Leipzig ab (1709). Sein Alter war heiter und geehrt. Als er starb, den 23. September 1728, fühlte Deutschland, daß ein Reformator der deutschen Kultur geschieden sei.

Durch seine kleinen Schriften und durch seine Kämpfe hatte er eine noch größere Wirkung auf die Befreiung des deutschen Geistes geübt als durch seine größeren systematischen Werke.

In den „Drei Büchern der göttlichen Rechtsgelahrtheit"[1]), die er in lateinischer und in deutscher Sprache herausgab, und in den „Fundamenta juris naturae et gentium"[2]) stellt er sein System dar. Im ganzen schließt er sich an Pufendorf an. In einigen Beziehungen aber nimmt er eine neue Stellung ein und ergänzt die Lehre des Pufendorf.

Er war eine religiösere Natur als Pufendorf. Wie innerlich er von den christlichen Regungen seiner Zeit ergriffen war, zeigt

[1]) Ich benutze die Ausgabe: Halle 1709.

[2]) Ed. quarta. Halae et Lipsiae 1718.

sein Verhältnis zu Spener und zu den Pietisten. Aber eben weil ihm die Religion eine heilige Herzenssache war, bestritt er nur um so entschiedener jede ungebührliche Einmischung der Statsgewalt in dieses Heiligtum. Um die scharfe Unterscheidung von Religion und Recht, Kirche und Stat erwarb er sich ein großes Verdienst. Bei jedem Anlaß führt er die Notwendigkeit dieser Trennung der beiden Gebote durch. In dieser Absicht schrieb er seine Geschichte des Streites zwischen Statsgewalt und Priestertum im Mittelalter[1]). Den Geist des Buches veranschaulicht das Titelbild. In der oberen Hälfte wird das alte römische Reich dargestellt. Der Kaiser sitzt auf dem Throne, von Fürsten und Kriegern umgeben. Das Volk und voran in diesem auch christliche Bischöfe und Lehrer huldigen ihm. Die untere Hälfte des Bildes aber zeigt den mittelalterlichen Papst auf dem Throne, umgeben von den Kirchenfürsten, welche Schwerter tragen, und vòr ihm beugen sich die Laien samt ihren Königen und Fürsten.

Seine Ansichten faßte er in die kurzen Lehrsätze vom Rechte eines christlichen Fürsten in Religionssachen zusammen, welche er 1724 in den „Thomasischen Gedanken" in deutscher Sprache herausgab. Diese Lehrsätze sind eine wissenschaftliche Vorschule für den Stat Friedrichs des Großen, in welchem zuerst auf dem Kontinente das moderne Prinzip der religiösen Freiheit als Grundgesetz verkündigt ward. Einige Auszüge werden diese kleine Schrift vergegenwärtigen.

Schon die ersten Sätze bestimmen und beschränken die obrigkeitliche Gewalt im Sinne der modernen Statsidee:

1. „Durch einen Fürsten verstehe ich hier alle Personen, die die höchste Gewalt und Obrigkeit in einem gemeinsamen Wesen führen."

2. „Durch das gemeine Wesen verstehe ich die bürgerliche um gemeinen Friedens willen mit der höchsten Gewalt versehene Gesellschaft."

---

[1]) Historia contentionis inter imperium et sacerdotium usque ad saeculum, XVI. Halae 1722.

3. „Die Rechte oder Regalien der Fürsten und der höchsten Gewalt können nie ohne Fug und Macht die Widerspenstigen zu zwingen oder zu bestrafen begriffen werden.“

4. „Wenn überall Friede wäre, wäre kein gemein Wesen und folglich auch kein Fürst oder höchste Gewalt.“

9. „Alle Regalien eines Fürsten haben die Erhaltung des gemeinen Friedens zur Absicht.“

10. „Das Thun und Lassen der Unterthanen, das den gemeinen Frieden nicht verhindern noch befördern kann, ist den Rechten eines Fürsten nicht unterworfen.“

11. „Welches menschliche Thun dem Willen keines Menschen unterworfen ist, das ist auch nicht dem Willen eines Fürsten und folglich auch nicht dessen Regalien unterworfen.“ Dahin rechnet er

13. „alles Thun und Lassen des menschlichen Verstandes, sofern derselbe mit dem Begriffe eines Dinges zu thun hat“, d. h. die wissenschaftliche Freiheit im weitesten Sinn;

14. „ingleichen die böse Grundneigung natürlicher Menschen und zwar nicht bloß insofern sie in bloßen Gedanken besteht, sondern auch insofern sie sich in einer Form kund gibt, welche den gemeinen Frieden nicht stört, z. B. wenn einer seine böse Neigung bekennt, ja sogar wenn dieselbe in Werke ausbricht, aber ohne daß jemandem ein Unrecht geschieht.“

Ferner 16. das Bekenntnis dessen, was einer für wahr hält. „Niemand soll von seiner Erkenntnis anders reden müssen als er denkt.“

17. „Wenn ein Fürst über solche Dinge sein Recht extendieren will, sind ihm die Unterthanen zu gehorchen nicht schuldig, wohl aber sich ihm nicht zu widersetzen, sondern das ihnen widerfahrene Unrecht zu dulden verbunden.“

18. „Es können in einem gemeinen Wesen nicht zwei höchste Gewalten oder Obrigkeiten sein, weil sodann der gemeine Frieden unmöglich erhalten werden könnte.“

20. „Ein jeder Mensch ist schuldig, selbst und nicht durch andere Gott zu dienen.“

21. „Gott zu dienen ist eben keine Gesellschaft von nöten."

25. „Die bürgerliche Gesellschaft ist wegen des Gottesdienstes nicht entstanden noch gemacht worden, befördert auch die Frömmigkeit nicht und hat den Gottesdienst nicht erfunden, braucht auch selbigen nicht als ein Instrument, die Unterthanen zu regieren."

26. „Bei Aufrichtung der bürgerlichen Gesellschaft hat kein Volk dem Willen der Obrigkeit sich unterworfen noch vernünftig unterwerfen können."

39. „Von der jüdischen Religion und den Regalien der Könige in Juda und Israel kann man auf die christliche Religion und die Regalien christlicher Fürsten nicht schließen, denn christliche Könige haben mehr Gewalt als die jüdischen, hingegen christliche Lehrer weniger Gewalt als die Leviten."

40. „Denn die christliche Religion ist von der jüdischen ganz unterschieden und derselben, sofern die christliche keine Verknüpfung mit einem gewissen State hat, vielmehr entgegengesetzt. Deswegen auch Christus keinen Fürsten agieret noch eine Regimentsform eingeführt hat."

42. „Das Amt eines Lehrers erfordert Liebe und kann durch Zwang unmöglich ausgeübt werden, am wenigsten aber das Amt eines Lehrers der christlichen Religion."

43. „Das Amt der Schlüssel inferiert keine obrigkeitliche Gewalt oder Zwangsrecht."

46. „Die christliche Kirche oder Gemeine hat mit einem weltlichen Stat oder gemeinen Wesen nichts gemein und kann daher keine Regimentsform des gemeinen Wesens auf die christliche Kirche appliziert werden, indem sie nichts ist als eine Gesellschaft, die aus Lehrern und Zuhörern bestehen soll." (?)

51. „Die Fürsten werden durch Bekenntnis zur christlichen Kirche nicht Bischöfe oder Lehrer, ja es kann auch das Amt eines christlichen Lehrers nicht füglich von einem Fürsten zugleich verwaltet werden."

52. „Der Zweck der christlichen, apostolischen und evangelischen Religion ist der Friede mit Gott."

65. „Die Weisheit eines christlichen Fürsten besteht darin, daß er wisse, die Pflicht eines Menschen, eines Fürsten und eines Christen insgesamt zu beobachten.“

70. „Ein christlicher Fürst hat nicht Macht, andere Völker, die unterschiedener Religion sind, der Religion halber mit Krieg zu überziehen.“

71. Er kann sich aber wohl mit Gewalt verteidigen, wenn ihm ein anderer Fürst seine Religionsfreiheit nicht gönnen will.“

72. „Er kann auch wohl eines anderen Fürsten Unterthanen in seinem Lande Zuflucht vergönnen, wenn ihr Fürst dieselben der Religion halber verjagt oder sie zur Religion zwingen will.“

74. „Seine eigenen Unterthanen kann er zu seiner Religion nicht zwingen, nicht einen einzigen, geschweige denn alle.“

76. „Er ist schuldig, ihre Lehrsätze zu dulden, wenn sie gleich irrig sind, und ihre Kirchengebräuche, die sie für göttlich halten, wenn sie gleich von den seinigen abweichen.“

77. „Er hat aber auch hinwiederum die Freiheit, seine Religion zu üben, und sowohl zu glauben, was er für wahr hält, und Gott zu ehren auf die Weise, nach welcher er vermeint, daß es Gott gefällig sei.“

78. „Wenn er auch schon versprochen hätte, bei der Unterthanen ihrer Religion zu bleiben, denn Religionssachen sind Gewissenssachen, das Gewissen aber läßt sich durch Versprechen nicht binden.“

80. „Jedoch ist der Fürst nicht schuldig, unter dem Prätext der Religion solche Lehren zu dulden, die den allgemeinen Frieden und Ruhe geradezu turbieren und die allgemeine menschliche Pflicht aufheben.“

81. „Dieweil aber nicht leicht eine Religion ist, die dergleichen (unmittelbar auf Friedensstörung gerichtete) Lehren führen sollte, als muß ein Fürst wohl Acht haben auf solche Lehren, die einer gewissen Religion eine Prärogative geben, daß sie nicht durchgehends an die allgemeinen Regeln des Rechtes und der Liebe gebunden sei.“

82. „Dergleichen Lehren sind z. E., daß man keinem Ketzer Treu und Glauben halten müsse, daß Könige oder andere, die von der Klerisei exkommuniziert worden, aufhörten Könige oder in dem Stande zu sein, daß man ihnen die allgemeine Liebe nicht mehr erweisen dürfe, daß die Rechtgläubigen anderen Religionsverwandten das Ihre nehmen dürfen, daß man die so anderer Religion sind nicht dulden noch aufnehmen soll, daß die von Menschen verfertigten Glaubensbekenntnisse und Auslegungen der heiligen Schrift Richtschnuren sein solten, andere Menschen daran zu binden und diejenigen, welche sich nicht daran wolten binden lassen, zu verjagen u. s. f."

83. „Es ist auch ein christlicher Fürst nicht schuldig, solche Religionsverwandte zu dulden, die vermöge ihrer Religion sich verbunden achten, einem anderen Menschen oder Collegio, die nicht unter des Fürsten Botmäßigkeit sind, mehr zu gehorchen als ihren Fürsten, es sei nun dieser Mensch oder dieses Collegium zu Konstantinopel, Rom, Wittenberg oder wo sonst er wolle."

84. „Es ist auch ein christlicher Fürst einen Atheisten oder denjenigen, der den Schöpfer der Welt und seine Vorsehung leugnet, zu dulden nicht schuldig, denn er hat sich allezeit von ihm zu befahren, daß er — die Ruhe des gemeinen Wesens stören werde."

85. „Diejenigen aber, die ein christlicher Fürst zu dulden nicht schuldig ist, hat er nicht Fug und Macht, mit bürgerlichen Strafen zu belegen, — weil die Lehren zwar insoweit gefährlich sind, daß sie den gemeinen Frieden leicht verletzen können, aber denselben als bloße Lehren noch in der That nicht verletzt haben."

87. „Er muß ihnen auch ihr Vermögen und alles was ihnen angehört abfolgen lassen, außer was sonst andere, die nach Willkür abziehen, geben müssen."

91. „Der Fürst hat kein Recht, in Religionssachen die unterschiedenen Meinungen durch einen Rechtsspruch, der mit Gewalt zur Exekution könnte gebracht werden, zu entscheiden."

92. „Viel weniger soll er dergleichen Zwang-Urteilsfällung anderen Menschen zulassen, sie mögen nun seine Unterthanen

sein oder nicht, und sie mögen sich geistlich oder weltlich, Concilia, Synodes, Ministeria, theologische Fakultäten oder sonst nennen, sie mögen Schrift oder Concilia oder Traditiones zu dem Deckmantel ihrer Zank- und Herrschsucht brauchen oder nicht."

93. „Ein christlicher Fürst hat bei seiner und seiner Unterthanen Religion zu beobachten, daß alles ordentlich zugehe."

94. „Und gleichwie das höchste Recht, in dem gemeinen Wesen alles wohl zu ordnen, dem Fürsten zusteht, die Kirche aber als eine Gesellschaft in dem gemeinen Wesen sich befindet, also gehört auch die Ordnung in den Religionssachen zu dem Rechte eines Fürsten."

Die Streitfrage, ob das Naturrecht auf den Stand der Unschuld zu gründen sei oder nur dem verderbten Stande nach dem Fall angehöre, beschäftigt ihn ganz ernstlich. Er sucht nach einer Versöhnung des Glaubens mit der Wissenschaft und will nicht eine Rechtsgelehrsamkeit überhaupt, sondern eine christliche Rechtsgelehrsamkeit schreiben. Er schildert den Stand des Paradieses als einen vollkommenen mit Liebe, aber er bestreitet, daß es in demselben einen Stat gegeben habe; denn der Stat ist nicht ohne zwingende Gewalt, und die unschuldigen und friedfertigen Menschen bedurften keines Zwanges (Göttl. Rechtsgel. I, 2). Die Menschen lebten in der Gemeinschaft Gottes. Erst nach dem Fall, als sie von Gott getrennt waren und die Furcht vor Gewaltthat die Menschen ängstigte, ward der Stat ein Bedürfnis. Indem Thomasius die beiden Zustände vergleicht und unterscheidet, will er beiden gerecht werden. Für beide Zustände behauptet er ein göttliches Gesetz und zwar teils ein natürliches, teils ein geoffenbartes Gesetz. Der Verstand ist dem Menschen auch nach dem Fall so vollkommen geblieben, daß er die gemeinen Regeln, zumal die natürlichen, erkennen kann. Das natürliche Gesetz wird also von der gesunden Vernunft begriffen, es ist in notwendiger Übereinstimmung mit der Natur des Menschen, wie Gott sie gewollt und geschaffen hat. Es ist den Menschen von Gott ins Herz geschrieben und verpflichtet die Menschen, das zu thun, was mit ihrer vernünftigen Natur übereinstimmt, und das zu unterlassen, was derselben zuwider ist. Das gegebene göttliche Gesetz wird nicht schon von der Vernunft gefunden, sondern ist durch die göttliche Offenbarung publiziert und bezieht sich auf Dinge, welche keine notwendige Verknüpfung mit der menschlichen Natur haben. Dabei ist es veränderlich, während das göttliche Naturgesetz unveränderlich ist. Nur steht es weder dem Papst noch den Fürsten zu, es zu verändern oder nachzulassen. Einige wenige der geoffenbarten Gottesgesetze sind allen Menschen gegeben. Thomasius nimmt hier ohne weiteres an, daß die Bibel der Ausdruck derselben sei — andere und die meisten sind nur den Juden gegeben und durch Christus erfüllt und dadurch gelöst worden (Göttl. Rechtsgel. I, 2).

Überall hebt Thomasius das Gesetz hervor, als die ursprüngliche und oberste Quelle des Rechtes, und unter Gesetz versteht er den Befehl der Obrigkeit, welcher die Unterthanen verbindet, ihr Thun und Lassen darnach einzurichten. Das Gesetz ist auch die ursprüngliche Rechtsquelle, denn das natürliche Recht ist ein Gesetz Gottes, welches die Menschen verbindet. Das Gesetz verbindet auch ohne Vertrag, der Wille des Höheren, der als Macht wirkt, ist als solcher für den Untergebenen Gesetz; der Vertrag dagegen bindet nicht ohne Gesetz (Göttl. Rechtsg. I, 1 § 29; Fund. jur. nat. I, 5 § 3). Die Verbindlichkeit der Verträge ist also nicht abzuleiten aus dem Einzelwillen der Vertragsparteien, sondern aus einem Naturgesetze, welches hinwieder den Willen eines Höheren voraussetzt. Auch in diesem charakteristischen Zuge ist Thomasius ein Vorläufer der nächsten Zeitperiode, welche überall die Umgestaltung und neue Darstellung des Rechtes in Gesetzesform versuchte.

Von dem göttlichen Gesetze zu unterscheiden ist das menschliche. Der Mensch ist das vornehmste Objekt des Rechtes (G. R. I, 1 § 90). Das eigentliche Recht ist das menschliche, d. h. welches von den Menschen festgesetzt und geschützt wird. Erst in der menschlichen Gesellschaft ist dieses Recht möglich.

Außerhalb der Gesellschaft ist kein Recht. In einer jeden Gesellschaft ist ein Recht (G. R. I, 1 § 100. 101). Von göttlichem Rechte redet man nur, indem man die Analogie des menschlichen Rechtes auf die göttliche Ordnung anwendet. Dem Weisen ist Gott eher ein „Lehrer des Naturrechtes“ als ein „Gesetzgeber“[1]. Das von Gott bestimmte Naturrecht enthält alles in sich, was die Moralphilosophie begreift.

Innerhalb des menschlichen Rechtes unterscheidet Thomasius das angeborene und das erlangte Recht. Jenes beruht nicht auf dem Menschenwillen, es ist schon mit der Schöpfung gegeben; dieses wird erst durch die menschliche That und durch den Willen der Menschen hervorgebracht. Ein Beispiel der angeborenen Rechte ist die Elterngewalt, die ursprüngliche Freiheit und Gemeinschaft der Menschen; ein Beispiel der erworbenen Rechte ist die Herrschaft und das Eigentum (G. R. I, 1 § 114 f.; Fund. jur. I, 5 § 11 s.).

Ebenso ist das Recht entweder ein natürliches oder positives; jenes wird aus der vernünftigen Erwägung einer ruhigen Seele erkannt, dieses bedarf der Verkündung und Veröffentlichung. Der Verstand, der seine eigene Natur betrachtet, erkennt es, daß er nicht ohne Gesetz sei. Indem er das Wesen der Dinge begreift, findet er das natürliche Gesetz. Sein erstes praktisches Prinzip, das aber dem logischen oder theoretischen Prinzip untergeordnet ist, heißt: „Gehorche dem, der dir zu befehlen hat“, oder mit Bezug auf das ursprüngliche Naturgesetz: „Gehorche Gott“ (G. R. I, 3 § 34 f.). In der Gesellschaft aber kommt das fernere Gebot hinzu: „Gehorche dem Menschen, welchem die Herrschaft in einer Gesellschaft zukommt“, und für jede besondere Gesellschaft das Gebot: „Thue das, was den Endzweck einer jeden Gesellschaft notwendig befördert, und unterlasse das, was denselben notwendig stört“ (G. R. III, 1 § 59. 66).

[1] Fund. jur. I, 5, 40. „Sapiens Deum magis concipit ut Doctorem juris naturae quam ut legislatorem.“

Von den drei Arten der menschlichen Gesellschaft: Ehe, Haus, Stat, gehören die beiden ersten dem Stande der Unschuld und der Verderbtheit, die dritte nur dem Zustande nach dem Fall an. Indem Thomasius die Pflichten derer, die in der Republik leben (G. R. III, 6) bestimmt, polemisiert er zum Teil gegen Aristoteles oder vielmehr gegen die scholastische Schule, die sich an Aristoteles wie an eine göttliche Autorität anklammert und ihn zudem oft mißversteht. Mit den Alten nimmt er an, daß der Endzweck des States in zwei Dingen bestehe, erstens „in der bürgerlichen Glückseligkeit, welche nicht einen einzelnen Menschen, sondern das ganze Volk betrifft, der εὐδαιμονία als dem Hauptzweck", zweitens „in der Genüge aller Dinge und äußerlichen Güter, der αὐτάρκεια als dem Nebenzweck". Er stimmt auch Aristoteles bei, daß der Mensch, wie er nun richtiger als die meisten übersetzt, „eine politische Kreatur" sei; aber er bestreitet die Meinung, daß der Mensch schon durch den bloßen Naturtrieb zum State komme. Er ist weit entfernt, die Lehre des Hobbes zu billigen, daß der Naturstand der Menschen Krieg sei; aber er folgt darin Hobbes, daß erst die hinzugekommene Furcht die Menschen zum State getrieben habe. Den Stat definiert er „eine natürliche Gesellschaft, welche die höchste Herrschaft in sich begreift, aller Genüge und bürgerlichen Glückseligkeit halber". Die Form des States ist „die Ordnung oder die Verfassung der Regierenden und Gehorchenden" [1].

Soll ein Stat entstehen, so muß eine Einigung des Willens und der Kräfte bewirkt werden. Erst durch diese Einigung wird „die große Menge der Menschen zu einem gewaltigen Körper, nämlich zu einer Republik beseelet" (G. R. III, 6 § 28). Wie Pufendorf hält auch er die Verbindung zweier Verträge für nötig: zunächst den Vertrag derer, die zu Einem Gemeinwesen als Mitbürger zusammentreten wollen, und zweitens den Vertrag, durch welchen die einen von den anderen als Obrigkeit bestellt werden. Aber zwischen beide Verträge stellt er die „Verordnung

[1] Göttl. Rechtsg. III, 6 § 5. 6. An einer andern Stelle III, 6 § 63 wiederholt er die ausführlichere Definition Pufendorfs. Siehe oben S. 152.

über die Regierungsform", d. h. nicht einen Verfassungsvertrag, sondern ein Verfassungsgesetz, freilich ohne diesen wichtigen Gedanken weiter zu verfolgen (G. R. III, 6 § 29 f.).

In Erinnerung an den Streit mit Masius beleuchtet er nochmals ausführlich die Ableitung der fürstlichen Majestät von Gott. Er macht darauf aufmerksam, wenn im Mittelalter die Könige ihre Gewalt von Gott unmittelbar abgeleitet haben, so habe das wesentlich nur den Widerspruch gegen die kirchliche Theorie bedeutet, daß die Königsgewalt durch die Vermittelung des Papstes von Gott verliehen werde. Er bemerkt, in Frankreich haben wohl einige Stände verlangt, daß die Lehre, „Gott sei die unmittelbare Ursache der Majestät", zu einem Reichsgesetz erhoben werde, aber es sei auch da nichts daraus geworden, indem andere Stände bewiesen haben, daß die Wohlfahrt Frankreichs nicht davon abhängig sei und man füglich derlei Streitigkeiten dem Katheder überlassen dürfe. Dann fährt er fort: „Daß aber in Deutschland jemals dergleichen nur versucht worden wäre, können wir uns nicht entsinnen." Er unterscheidet drei Hauptmeinungen: 1. Das Volk bringt die Majestät hervor, indem es die Gewalt an die Fürsten überträgt, und Gott läßt das geschehen. Meinung von Grotius. 2. Gott verleiht unmittelbar die Majestät dem Fürsten, wie immer dieser durch Erbrecht oder durch Volkswahl zur Gewalt komme. Meinung vieler lutherischen Theologen. 3. Gott, der Urheber des natürlichen Gesetzes, hat auch die Gründung von Staten gewollt und ist insofern mittelbar Urheber der Majestät. Thomasius bekennt sich mit Pufendorf für die dritte mittlere Meinung. Er stützt sich dabei auf die Autorität der Apostel, deren einer, Paulus, wohl den Stat als Gottesordnung, deren anderer, Petrus, aber den Stat ebenso entschieden als menschliche Ordnung bezeichne, und bekämpft damit die Theologen, welche den völligen Mangel aller Vernunftgründe durch den Schein der Religion ersetzen wollen und die Worte des Paulus in einseitig outrierter Weise auslegen (G. R. III, 3 § 69 f.; Fund. jur. III, 6).

Unter Majestät versteht er übrigens dasselbe, was andere Souveränetät heißen, „die höchste Gewalt, der Unterthanen Thun und Lassen zu regieren und im Namen der Republik Kriegs- und Friedenssachen vorzunehmen, den Endzweck der Republik zu erhalten“. Wie die meisten seiner Vorgänger überspannt auch er diesen Begriff, indem er die Majestät allen menschlichen und bürgerlichen Gesetzen überordnet und jeden Widerstand auch gegen unrechtmäßige Gewaltübung derselben verwirft. Er unterscheidet zwischen der absoluten (freien) und der beschränkten Monarchie oder Aristokratie und leitet die Beschränkung aus den besonderen „Grundgesetzen“ oder vielmehr „Verträgen“ ab, aber er kann sich auch noch nicht losmachen von der halb privatrechtlichen Auffassung des Mittelalters. Zwar weiß er, daß das Thronfolgerecht und das Privaterbrecht nicht gleich sind, und ist mit dem Sprachgebrauche des Grotius nicht zufrieden, der die freie Monarchie mit dem Eigentum vergleicht und imperium patrimoniale nennt und die beschränkte Monarchie mit dem Nießbrauch zusammenstellt und usufructuaria nennt, und er bemerkt, daß diese Gleichnisse hinken. Aber es ist doch nicht viel geholfen, wenn er den Ausdruck fideikommissarisch für die letztere vorschlägt (G. R. III, 6 § 114—135), denn der Hauptfehler, die Erniedrigung des öffentlichen Rechtes unter die privatrechtlichen Begriffe, geht auch auf die neue Bezeichnung über. Er ist sich der Konsequenzen noch nicht bewußt, welche das römische, auch von ihm anerkannte Statsprinzip hat: „Die Wohlfahrt des Volkes sei das höchste Gesetz“ (ebenda § 163).

In den Büchern der göttlichen Rechtsgelehrtheit unterscheidet er noch nicht gehörig zwischen Moral und Recht. Die moralischen Pflichten der Regenten und der Unterthanen vermengt er noch unbedenklich mit den Rechtspflichten. Es war das der gemeinsame Fehler so ziemlich aller Theologen und Philosophen, und nur die in der römischen Schule gebildeten Juristen waren in einzelnen Anwendungen an eine schärfere Sonderung gewöhnt.

Aber es fiel auch ihnen schwer, über das Prinzip der Sonderung Rechenschaft zu geben.

Thomasius wurde schon durch sein tiefes Interesse an der geistigen und religiösen Freiheit zum Nachdenken über dieses Problem getrieben. Das ungebührliche Eingreifen der Statsgewalt in die Sphäre der individuellen Freiheit bestand ja gerade darin, daß die Grenzen des Rechtes, auf dessen Gebiet der Zwang herrscht, nicht beachtet und im Eifer für vermeintliche oder wirkliche moralische Zwecke der Rechtszwang auch außerhalb des Rechtsgebietes, wo der Mensch keine andere Gewalt als die Gottes über sich hat, geübt ward. Es ist ein großes Verdienst des Thomasius, daß er den vernachlässigten Unterschied von Recht und Moral einer neuen Prüfung unterwarf. Das Resultat derselben legte er in den Fundamenta juris naturae et gentium nieder, die zuerst 1705 erschienen sind.

Entschiedener als früher wendet er sich in dieser Schrift der Erkenntnis des menschlichen Rechtes zu. Die Erfahrung, daß alle Verflechtung der Jurisprudenz mit der Theologie und alles Herbeiziehen der Autorität der religiösen Offenbarung und der heiligen Schriften nur Verwirrung stifte und den Streit erhitze, bewegt ihn, alle diese Dinge gänzlich aus der Philosophie und der Jurisprudenz auszuscheiden und diese ausschließlich als menschliche Wissenschaft zu behandeln, welche sich nur mit menschlich erkennbaren und nachweisbaren Dingen beschäftige. Damit verlor denn auch der Gegensatz der Zustände vor und nach dem Sündenfall alle Bedeutung, da derselbe doch nur aus der biblischen Überlieferung geschlossen werden konnte und der menschliche Verstand von dem Paradiese keine Rechenschaft zu geben wußte (Fund. jur. I, 6 § 14 s.). Um so sorgfältiger untersuchte Thomasius nun die menschliche Natur, als den notwendigen Ausgangspunkt aller Wissenschaft von den menschlichen Dingen. Die Bedeutung der Psychologie für die Rechtswissenschaft bleibt ihm nicht verborgen. Er betrachtet vorerst die moralische Natur des Menschen und unterscheidet hier die beiden hauptsächlichen Seelenkräfte, die Erkenntniskraft, den Verstand (facultas intelligendi, intellectus) und die Willenskraft (facultas volendi, voluntas). Der Sitz der ersten ist im Gehirn, der Sitz der zweiten im Herzen (Fund. jur. I, 1 § 16 s.). Die äußeren Sinne (sensus externi) wie das Gesicht, das Gehör u. s. f., die der Mensch mit den Tieren gemein hat, sind davon wohl zu unterscheiden, sie regen die Empfindung des Menschen an, die Thomasius den gemeinen Menschensinn nennt. Er schreibt demselben kein besonderes Organ zu, sondern erklärt ihn als eine Thätigkeit des Verstandes (actio intellectus, non hujus instrumentum).

Er unterscheidet den Willen von der sinnlichen Begierde, die auch das Tier hat wie der Mensch; nicht jedes Verlangen des Herzens heißt Willen, sondern nur das Verlangen, das sich mit dem Gedanken verbindet. Nicht immer wird die Thätigkeit des Verstandes durch den Willen bewegt, aber immer wirkt der Wille auf den Verstand. Er kann ihn bewegen, aber er hat ihn doch nicht völlig in der Gewalt. Ist einmal das Denken aufgeregt, so kann der Wille dem Gedanken nicht plötzlich Halt gebieten. Bei der Bestimmung dessen, was für uns gut oder böse ist — denn in der Beurteilung für andere verfährt der Verstand mit größerer Freiheit — folgt in der Regel der Verstand dem Willen, und nicht umgekehrt. Was dem Willen genehm ist, erscheint auch dem Verstande unter dem Bilde des Angenehmen und als gut, und was dem Willen widrig ist, hält der Verstand für schlimm. Der Verstand leitet den Willen nicht. Er ist nur im Innern des Gehirnes thätig, er bejaht und verneint, er macht Schlüsse. Der Wille dagegen wirkt nach außen. Der Verstand ist daher nicht eine Kraft, welche die anderen Kräfte bewegt [1]); aber der Wille ist es. Die Handlungen, welche vom

[1]) Thomasius hat einen Zweifel, der sich gegen diese Ansicht in ihm regte, gewaltsam niedergedrückt, indem er zwar bemerkt, daß die Sprache geistig nach außen wirke, aber dann diese Thätigkeit für eine bloß physische (?) erklärt. An dieser Stelle verließ er den richtigen Weg. A. a. O. § 51.

Willen bewegt werden, heißen willkürlich, freiwillig und moralisch; die übrigen heißen unwillkürlich, notwendig, gezwungen (physisch). Der Wille selbst aber ist keine willkürliche Bewegung, sonst würde der Wille von dem Willen abhängig sein; er ist daher auch nicht freiwillig noch moralisch, sondern der Wille ist eine in sich notwendige Naturkraft des Menschen, die nur insofern eine moralische Kraft genannt wird, als sie die Quelle aller Moralität ist, d. h. nicht dem Grunde, sondern der Wirkung nach. Die moralische Natur ist also die Beziehung der Willenskraft zu den übrigen von dem Willen abhängigen Kräften (Fund. jur. I, 1 § 46—57).

Die moralischen Handlungen heißen vernünftig, wenn sie mit der Vernunft übereinstimmen, insofern diese frei von dem Willen urteilt, und unvernünftig, wenn sie der freien Vernunft widerstreiten, gesetzt auch, sie sollten der vom Willen bewegten Vernunft richtig erscheinen. Der Verstand urteilt frei über die Dinge, auch über gut und bös, wenn der Wille ihn nicht bewegt; er wird aber dem Willen dienstbar, wenn der Antrieb vom Willen ausgeht. In sich selbst ist aber der Verstand weder frei noch dienstbar, sondern eine notwendige Kraft ohne Wahl. Auch der Wille ist innerlich weder frei noch dienstbar, er hat keine Wahl. Aber er ist frei gegenüber dem Verstande, weil er von diesem nie bewegt wird. Die willkürliche Handlung wird dem Menschen angerechnet, weil sie von dem Willen bestimmt wird, nicht weil sie innerlich frei ist. Wer seinen Leidenschaften dient, ist unfrei, aber er handelt willkürlich. Zurechnen heißt jemanden für den Urheber erklären. Urheber sind wir unserer Willenshandlungen. Dem Menschen werden nicht zugerechnet die ersten Regungen des Willens, die unfreiwillig sind, nicht die Empfindungen, nicht die Triebe und Affekte, aber auch nicht, was in verstandlosem Zustande geschieht, denn der Wille ist mit dem Verstande verbunden.

Thomasius behauptet nicht bloß, daß die Menschen sich durch den Willen unterscheiden, d. h. daß verschiedene Menschen verschiedene Dinge wollen, sondern daß in dem einzelnen Menschen mehr als Ein Wille wirkt und daher oft das Individuum in sich einen Kampf zweier Willen durchzukämpfen habe. Die Triebe der Wollust, des Ehrgeizes und der Habsucht können unter dem gemeinsamen Namen der Liebe begriffen werden, und dennoch kommen sie mit einander zu Streit und bestürmen den Willen, und je die stärkste Neigung besiegt die andere. Aber die Unterscheidung zwischen dem natürlichen Gemeinwillen und dem Individualwillen, welche allein die Natur des Rechtes erklärt, ist auch ihm noch völlig verschlossen.

Würde jeder seiner besonderen Neigung folgen, so würde daraus zuletzt wirklich ein Krieg aller gegen alle entstehen. Deshalb bedürfen die Menschen einer Norm, welche den Frieden erhält. Aber wer soll die Norm geben? Nicht das Gewissen eines jeden, denn auch da ist vielfacher Widerspruch. Nur die Weisen können die Norm geben. Entweder wird die Norm als Rat gegeben oder als Gebot. In beiden Fällen ist sie die Regel der künftigen Handlungen, und die Weisen wirken auf die Menschen, indem sie in ihnen Furcht und Hoffnung erwecken: Furcht, wenn sie Böses, Hoffnung, wenn sie Gutes thun. Nicht bloß das Gebot verbindet, auch der Rat verbindet: die Weisen lassen sich eher durch gute Räte als durch strenge Gebote regieren, die Thoren aber bedürfen voraus des Gebotes; aber der Rat erzeugt nur eine innere (logische und moralische) Verpflichtung, das Gebot dagegen eine äußere, und weil man nun bloß die äußeren (die juristischen) Verbindlichkeiten für bindend erklärt, so sagt man wohl: „Der Rat verbindet nicht, wohl aber das Gebot" (Fund. jur. I, 4 § 33—64). Rat und Herrschaft (consilium et imperium) gehören im State zusammen: die Herrschaft ohne den Rat artet in Tyrannei aus, der Rat ohne die Herrschaft ist unwirksam, weil die Thoren denselben nicht beachten. Lehrer und Fürsten bedürfen einander: der Lehrer (Doktor) gehört in den Rat, von dem Fürsten kommt das Gebot (ebenda § 78—80).

Die Norm der Weisen, durch welche die Thoren zur Glückseligkeit geleitet werden sollen, hat drei Dinge vor Augen: vorerst den Erwerb der inneren Seelenruhe, damit die drei heftigsten Begierden ermäßigt und vor Dummheiten bewahrt werden, sodann die Beförderung der äußeren Ruhe durch friedliches Verfahren, endlich die Vermeidung des äußeren Unfriedens durch Unterlassung aller den Frieden störenden Handlungen. Die vorzugsweise guten Handlungen bezwecken den inneren Frieden, die entschieden bösen Handlungen bewirken den äußeren Unfrieden; in der Mitte sind die Handlungen, welche nur die äußere Ruhe fördern. Sie sind nicht böse wie die zweiten, aber auch nicht so gut wie die ersten. In diesem Sinne, welcher der auf das innere Seelenleben gerichteten Arbeit den höchsten moralischen Wert beilegt und an die Richtung des Pietismus auf dem religiösen Gebiete erinnert, unterscheidet nun Thomasius drei sittliche Güter: das Ehrbare (honestum), das Wohlanständige (decorum) und das Gerechte (justum). Das Ehrbare ist ihm das höchste Gut, weil es den inneren Frieden in sich schließt. Sein Gegensatz ist das Schändliche (turpe). Das Wohlanständige hat wie sein Gegensatz, das Unanständige, eine mittlere Bedeutung, indem es nur jene mittlere Region bestimmt, auf welcher die äußerliche Ruhe gedeiht, aber man sich um den inneren Frieden wenig kümmert. Das Gerechte schützt vor dem größten Übel, dem Unrecht, und stellt den gestörten Frieden wieder her. Diese drei Güter sind im Leben des Weisen nicht zu trennen. Der Weise lebt zugleich ehrbar, wohlanständig und gerecht (Fund. jur. I, 4 § 87 s.).

Aber nur der Bereich des dritten Gutes ist auch der Bereich des Gebotes und des Rechtes. Das Recht wird also im Gegensatz zu den übrigen sittlichen Gütern auf das äußere Leben oder genauer auf die Bewahrung des äußeren Friedens vor Unrecht beschränkt. Das Recht ist immer äußerlich, und es gibt keine Rechtspflicht eines Menschen gegen sich selbst. Es muß mindestens eine andere Person noch da sein, der gegenüber man verpflichtet ist. Wer ehrbar und wohlanständig handelt, wird wohl tugendhaft genannt, nicht gerecht; aber wer den äußerlichen Geboten nachkommt, heißt gerecht (Fund. jur. I, 5 § 27; I, 4 § 92 s.; I, 6 § 17).

Thomasius verwirft auch den Satz, daß alles Recht ursprünglich von den Verträgen komme; denn er erkennt an, daß es angeborene Rechte gebe, und führt den Beweis, daß der Vertrag nur insofern rechtsverbindlich wirke, als derselbe eine Rechtsnorm voraussetze und beachte, welche schon ohne Vertrag dem Naturrechte, dem Völkerrechte oder dem bürgerlichen Rechte angehöre. Wurde dieser Gedanke weiter in seinen Konsequenzen verfolgt, was freilich von Thomasius noch nicht geschehen ist, so mußte auch der Irrtum fallen, daß der Stat das Produkt des Vertrages seiner Bürger sei.

Das Naturrecht im weiteren Sinne umfaßt die ganze Moralphilosophie, d. h. die ganze Lehre von Gutem und Bösem. Im engeren Sinne aber bedeutet Naturrecht bei Thomasius nun die Wissenschaft vom Gerechten und Ungerechten, und wird unterschieden von der Ethik, welche die Prinzipien des Ehrbaren, und der Politik, welche die Prinzipien des Wohlanständigen lehrt (Fund. jur. I, 5 § 58). Er verwirft nun das Anknüpfen der Wissenschaft an den Willen Gottes, weil er sich doch nicht wie Leibniz zu dem Gotte des Gedankens mit Zuversicht erhebt und mit Recht bemerkt, daß der Gott des Glaubens und der Offenbarung kein wissenschaftlicher Begriff sei. Obwohl er noch Anstoß nimmt an dem Ausdrucke des Grotius, daß das Naturrecht auch ohne Gott bestehe, so billigt er doch jetzt den Sinn dieses Wortes, daß das Naturrecht auch für die Atheisten gelte und bloß menschlich zu erweisen sei. Alles wird von dem Beweise abhängig gemacht, daß aus dem thörichten Leben mit Naturnotwendigkeit unendlicher Schaden und aus dem weisen Leben unendliche Güter entspringen. Auch das Prinzip der Geselligkeit (socialitas), das er früher verteidigt hatte, genügt ihm nicht mehr, teils weil dasselbe Umschweife nötig mache, um die Pflichten des Menschen gegen sich selbst zu erklären, teils weil es die Vorschriften des Ehrbaren nicht deutlich begreife, teils weil es das Gerechte und das Wohlanständige nicht sorgfältig genug unterscheide. Alles, meint er nun, komme darauf an, daß als die Aufgabe des Naturrechtes im weitesten Sinne die menschliche Glückseligkeit erkannt werde. Den Grundsatz: „Man muß thun, was das Leben der Menschen lang und glücklich macht, und unterlassen, was das Leben unglücklich macht und den Tod beschleunigt“ (Fund. jur. I, 6 § 19. 21 s.) erklärt er als wahr, denn alle Menschen lieben die Glückseligkeit, als verständlich, denn der Zusammenhang zwischen der Aussage und dem Subjekte sei sogar den Thoren begreiflich und zutreffend, denn er begreift alle moralischen Vorschriften und gibt auch den Schlüssel zur Unterscheidung des Ehrbaren, Wohlanständigen und Gerechten. Das Glück der Gemeinschaft ist unmöglich ohne das Glück des einzelnen, und das Glück des einzelnen ist unvollständig ohne das gemeinsame Glück. Man kann nicht behaupten, daß notwendig das eine dem andern vorgehe, es kommt vielmehr auf die Umstände an. Der Weise lehrt nun, wie die Glückseligkeit zu erreichen sei. Das Prinzip des Ehrbaren ist: „Was du willst, daß andere sich thun sollen, das thue auch dir“, das Prinzip des Wohlanständigen: „Was du willst, daß andere dir thun sollen, das thue du ihnen“ und das Prinzip des Gerechten: „Was du nicht willst, daß dir geschehe, das thue auch anderen nicht.“ Unter dem Thun ist natürlich auch der Gegensatz, das Nichtthun, mitbegriffen (Fund. jur. I, 6 § 39 s.). Keines dieser Prinzipien ist dem andern untergeordnet, sondern sie sind einander nebengeordnet. Aber immerhin befördern die Regeln des Gerechten nur das geringste Gut und die Vorschriften des Wohlanständigen das mittlere, die des Ehrbaren das höchste Gut. Die ersten hindern die Feindschaft, aber erwerben noch keine Freunde; die zweiten verschaffen Freunde, aber noch nicht im eigenen Herzen Freundesgesinnung. Erst die dritten wirken auch auf das Innere. Aber die Regeln des Gerechten sind die notwendigsten, weil ohne sie das Menschengeschlecht zu Grunde ginge. Die edelsten sind die Regeln des Ehrbaren.

Auch die weiseste Norm aber reicht nicht aus, wenn sie nicht von der Thorheit beachtet wird. Weise und Thoren bedürfen einander. Ihrem Verhältnis entsprechen Autorität und Folge. Den Weisen kommt die Autorität zu, d. h. das Vertrauen der Thoren auf die Macht und das Wohlwollen der Weisen; den Thoren ziemt die Folge, d. h. die freiwillige Unterordnung unter die Autorität. Die Tugend ohne Macht ist ohnmächtig, die Macht ohne Tugend ist die Quelle alles Übels; Tugend aber mit Macht verbunden ist die Quelle alles Großen (Fund. jur. I, 7 § 1 s.). Die Weisen wirken hauptsächlich durch drei Dinge: durch ihr Beispiel, durch Belohnung und durch Strafe. Das erste bezieht sich mehr auf das Ehrbare, die zweite auf das Anständige und die dritte auf das Gerechte. Aber selten haben die Weisen zugleich den Rat inne und die Gewalt.

Der Rechtsbegriff des Thomasius erscheint uns in wesentlichen Beziehungen teils lückenhaft, teils unrichtig. Die negative Fassung der Grundregel, als ein Verbot, kann wohl das Strafrecht und zur Not das Klage- und Prozeßrecht erklären, aber nur sehr unzureichend das friedliche Privatrecht und am wenigsten das Statsrecht. Es hilft auch nicht, wenn er die Politik von dem Rechte unterscheidet, wie das Wohlanständige von dem Gerechten; denn es bleibt unerklärt, inwiefern im State Statsrecht und Politik verbunden sind und weshalb denn die Politik sich in den Schranken des Rechtes bewege und selber wieder neues Recht hervorbringe. Indem er den größten Nachdruck auf das Gesetz der höheren Gewalt legt, kommt das natürliche Volksrecht nicht zu Ehren und fehlt jedes Verständnis für die geschichtliche Rechtsentwickelung. Sogar das Element des Zwanges erhält eine zu große Bedeutung für den Rechtsbegriff. Allerdings ist die Erzwingbarkeit eine regelmäßige Eigenschaft des Rechtes, im Gegensatze zu der bloßen Moral. Aber der Zwang ist doch nur ein Hülfsmittel, welches die Rechtsordnung gewährt zum Schutze ihres Bestandes, ein Heilmittel der erkrankten Rechtszustände, nicht aber eine notwendige Form der gesunden Rechtsverhältnisse. Der

Zwang gehört eher der Rechtspflege als dem Rechte an und tritt in der höchsten Erscheinung der Rechtsordnung, im Statsrechte, ganz zurück. Die wichtigsten öffentlichen Rechte, sowohl die obrigkeitlichen als die repräsentativen Volksrechte, sind direkt gar nicht, indirekt nur sehr unvollständig erzwingbar. Der Fehler, den er seiner eigenen früheren Gesellschaftstheorie vorwirft, daß sie nur auf Umwegen dazu komme, die Pflichten der Menschen gegen sich selbst zu begreifen, ist in der neuen Lehre in anderer Gestalt wieder da. Da das ganze Gebiet der auf sich selbst gewendeten Thätigkeit als das Gebiet des Ehrbaren von dem Bereiche des Rechtes geschieden und nur die äußere Beziehung von Mensch zu Mensch Recht genannt wird, so ist für die eigentlichen Personenrechte, wie z. B. das Recht der persönlichen Existenz, der Verfügung über den eigenen Körper, der freien Forschung, der Arbeit u. s. f., kein sicherer Raum in dem Rechtsgebiete zu finden. Die Art endlich, wie zwischen innerem und äußerem Leben unterschieden und das innere Leben hoch über das äußere gesetzt wird, hat einen krankhaften Zug nach Beschaulichkeit und würde, wenn man ihm blindlings folgte, eher zu der Weltflucht ins Kloster verleiten, als mit dem mächtigen Strome des Volks- und Statslebens befreunden.

Aber trotz alledem hat sich Thomasius auch um die Erkenntnis des Rechtsbegriffes ein großes Verdienst durch seine Untersuchung erworben, und die beiden großen Wahrheiten, daß alles (menschliche) Recht eine äußere Ordnung sei und daß das innere Seelenleben für sich nur der Moral im engeren Sinne, aber nicht dem Rechte angehöre, also auch nicht von der Rechtsautorität beherrscht werde, haben durch dieselbe eine neue Beleuchtung und Bekräftigung erfahren, für welche die späteren Geschlechter ihm dankbar zu sein Ursache haben. Auch die völlige Ausscheidung des göttlichen Rechtes im Sinne der Theologen aus der Rechtswissenschaft und die gänzliche Befreiung der Vernunftlehre von der Glaubensautorität ist ein wichtiger Fortschritt seiner reiferen Studien, den man um so höher schätzen muß, als Thomasius in seinem Herzen an die Autorität glaubte, die er aus logischen Gründen aus seiner Wissenschaft wegwies, und als vor und nach ihm die Vermengung der religiösen und der philosophischen Doktrinen die Arbeiten der Wissenschaft zu stören und zu verderben pflegte. An spekulativem Talente und an geistigem Überblicke steht Thomasius weit hinter Leibniz zurück, aber seine Verdienste um die Humanität und um die Rechtswissenschaft sind dennoch viel größer als die des berühmten Philosophen.

In mancher Hinsicht war Thomasius dem Verständnisse seiner Zeitgenossen vorausgeeilt. Es kann daher nicht befremden, daß die Theorie der deutschen Universitäten ihm nicht zu folgen wagte, sondern nach ihm eher wieder mehr in die früheren Anschauungen zurücksank. Das gilt selbst von dem berühmtesten Lehrer der Moralphilosophie und des Naturrechtes in der nächstfolgenden Generation, von Christian Wolff, dem hinwieder eine ganze Schule von Gelehrten als ihrem Meister nachtrat.

Wenn die beiden bekannten Rechtsgelehrten Heinrich Cocceji, der Vater (aus Bremen gebürtig 1644, dann Professor in Heidelberg, Utrecht, Frankfurt, zuletzt in preußischen Statsdiensten, gest. 1719) und sein Sohn Samuel Cocceji (geb. zu Heidelberg 1679, 1703 Professor zu Frankfurt an der Oder, seit 1723 Kammergerichtspräsident, endlich Statsminister und unter Friedrich II. Großkanzler seit 1746, gest. 1755) wider Grotius und Pufendorf das Prinzip der Socialität nicht als das ursprüngliche Fundament des Naturrechtes gelten ließen, sondern einzig in dem Willen Gottes[1]) die eigentliche Begründung desselben erkannten, so war damit für die Wissenschaft weder ein neuer Standpunkt gewonnen, noch von dem alten Standpunkte aus irgend eine Wahrheit besser erklärt worden. Indem beide Cocceji dann die Macht und das Recht der Obrigkeit wieder — wenn auch äußerlich durch das Volk vermittelt —

[1]) Ausführliche Berichte darüber bei Hinrichs, Gesch. d. Rechts- und Statsprinzipien 3, 309 ff.

von dem Willen Gottes ableiten, im Gegensatze zu dem Rechte der Gesellschaft, und die Ansprüche der Obrigkeit als Stellvertreter der göttlichen Macht ins Ungemessene steigern, so verdienen sie den Vorwurf, den Leibniz[1]) ihrer Theorie macht, daß sie die Tyrannei begünstige, welche keine Gerechtigkeit kennt, sondern das für recht erklärt, was den Mächtigen gefällt. Der Streit zwischen Leibniz und den Cocceji bezog sich noch auf einen andern Punkt. Auch Leibniz betrachtet Gott als den Urheber des Naturrechtes, aber er sieht nicht in dem Willen Gottes, sondern in dem Wesen Gottes die erste Ursache des Rechtes. Nicht weil Gott etwas will, ist es recht, sondern Gott will es, weil es von Natur gerecht ist. Die Weisheit Gottes ist von der Gerechtigkeit Gottes noch weniger zu trennen als die Macht und der Wille Gottes. Die Cocceji leugnen nicht, daß der göttliche Wille zugleich ein vernünftiger sei; aber sie machen auf die juristische Wahrnehmung aufmerksam, inwiefern das Gesetz gegeben werde, müsse es von dem Willen erfüllt werden, und behaupten, man dürfe deshalb nicht über den Willen als die Quelle des Rechtes hinausgehen. Für das göttliche Recht ist dieser Streit von geringer theoretischer Bedeutung, indem der göttliche Wille allerdings nicht ohne die göttliche Weisheit gedacht werden kann, und von gar keiner praktischen Erheblichkeit, indem Gott selbst, nicht der Mensch das göttliche Recht handhabt. Aber wenn der Gegensatz der Auffassung auf das menschliche Gesetz und das menschliche Recht analog übergetragen wird, dann hat der Gegensatz der Prinzipien die wichtigsten Folgen. Wird auch das menschliche Gesetz lediglich als der Willensausdruck des Gesetzgebers betrachtet und im Sinne der Cocceji Gesetzgeber und Obrigkeit identifiziert, dann gibt es keine Rettung von der despotischen Willkürherrschaft, denn von den Menschen läßt sich nicht behaupten, daß ihr Wille immer zugleich vernünftig und weise, und daher auch nicht, daß er zugleich gerecht

[1]) Opera stud. Dutens Tom. IV P. 3 § 7 p. 271.

sei. Zur Korrektur des bloß formellen Willensprinzipes ist da die Leibnizische Hinweisung auf das wesentliche Erkenntnisprinzip, welches zuvor das von Natur Gerechte in den Verhältnissen begreifen will, ehe es die gesetzliche Regel ausspricht, von großem Werte.

Am meisten Beifall fanden damals die Lehren des Philosophen Christian Wolff, der seinerseits die Theorien von Leibniz und von Thomasius zu verbinden suchte, aber dieselben in seiner Weise systematisch umbildete. Wolff, geboren zu Breslau den 24. Januar 1679, hatte sich vorzugsweise den mathematischen und philosophischen Studien zugewendet und von jeher durch einen unermüdlichen Fleiß und seine gemeinverständliche Lehrart ausgezeichnet. Die brutale Verweisung aus Halle durch unmittelbaren Befehl des Königs Friedrich Wilhelm vom 8. November 1723, nachdem er schon 16 Jahre daselbst als Professor gewirkt hatte, verschaffte ihm den europäischen Ruf eines Märtyrers des fürstlichen Despotismus. Wolff selbst hatte sich eben damals auch nicht philosophisch frei benommen, indem er von der Universität verlangt hatte, daß sie einen jüngeren Gelehrten, Magister Strähler, der eine boshafte Kritik seiner Metaphysik geschrieben hatte, gefangen setze und aus der Stadt verbanne. Aber die gereizte Empfindlichkeit des Mannes rechtfertigte doch die maßlose Wut nicht, der er selber nun ausgesetzt ward. Wiederum waren es die Theologen, welche in ihrem Glaubenseifer dem Philosophen weder Ruhe noch Freiheit vergönnten und heftige Anklagen über die verderblichen und gotteslästerlichen Irrlehren desselben erhoben. Während die Prüfung der Anklage von den Behörden in Berlin mit Umsicht und ohne Leidenschaft an die Hand genommen und Wolffen die Gelegenheit gegeben wurde, sich zu verteidigen, wendeten sich die Theologen unmittelbar an den leidenschaftlichen und sehr kirchlich gesinnten König und riefen dessen Hülfe an. Zwei zelotische Generale, zu welchen der König Vertrauen hatte, wurden von den Hallischen Theologen so erhitzt, daß ihr Bericht auch den Zorn des Königs entflammte. Ein Befehl gebot dem Philosophen, binnen 48 Stunden Halle und alle königlichen Lande zu verlassen bei Strafe des Stranges. Die Roheit und die Tyrannei dieses Verfahrens war doch sogar dem Führer der Hallischen Orthodoxen, Professor Lange, zu stark; nur der sonst mildere, aber für das Seelenheil seiner Zöglinge sehr besorgte pietistische Professor Hermann Frank verehrte in dem Willkürakt ein göttliches Strafgericht. In kurzem bewirkte die Empörung der gebildeten Welt doch auch an dem Hofe einen Umschlag der Meinung. Der König selber bemerkte endlich, daß er mißbraucht worden sei, und eine erneuerte Untersuchung der Meinungen Wolffs durch sachverständige Männer bewog ihn, dem schmählich verbannten Philosophen neuerdings unter viel günstigeren Bedingungen eine Professur anzubieten. Dieser hatte inzwischen den Schutz des Landgrafen von Hessen erhalten und in Marburg eine Freistätte und einen gesicherten und ehrenvollen Wirkungskreis wiedergefunden. Seine preußischen Freunde, insbesondere der Graf Manteuffel und der Propst Reinbeck, hielten es aber für seiner unwürdig, daß er von dem Könige, der ihn so schimpflich behandelt habe, je wieder ein Amt annehme, und obwohl Wolff geschwankt hatte, kam es doch erst nach dem Tode des Königs zu seiner Rückkehr nach Preußen.

Wenige Tage nach seiner Thronbesteigung gab Friedrich II. den Auftrag, Wolff wo möglich wieder für Preußen zu gewinnen. Er schrieb an Reinbeck am 6. Juni 1740: „Ich bitte ihn, sich um den Wolff Mühe zu geben. Ein Mensch, der die Wahrheit sucht und sie liebet, muß unter aller menschlichen Gesellschaft wert gehalten werden, und glaube ich, daß er eine Conquete im Lande der Wahrheit gemacht hat, wenn er den Wolff hieher persuadieret.“ Es wurde erst Wolff eine Stelle an der Berliner Akademie mit 2000 Thaler Gehalt angeboten. Friedrich dachte damals daran, mit der Akademie öffentliche Vorträge zu verbinden und derselben dadurch eine größere Wirksamkeit zu verschaffen. Diese Neuerung sagte aber Wolff nicht zu, der sich als Universitätslehrer auf seinem natürlichen Boden fühlte. Dagegen ging er wieder nach Halle, jetzt als Kanzler der Universität und Professor des Natur- und Völkerrechtes und der Mathematik. Der brave, aber eitle Mann hatte auch noch das Vergnügen, von dem Kurfürsten von Bayern als Reichsvikar 1745 zum Freiherrn erhoben zu werden. Er starb im Jahre 1754[1]).

In neun dickleibigen Quartbänden, welche damals wiederholt gedruckt worden sind, aber heute von niemandem mehr gelesen, von wenigen gelegentlich nachgeschlagen werden, hat Wolff seine Ansichten über das Naturrecht[2]) in seiner bekannten demonstrativen Methode ausführlich dargestellt und dann nochmals in einem kurzen Auszuge, den Institutiones Juris naturae et gentium (Halae 1750), summarisch wiederholt. Uns interessiert nur der erste Band des größeren Werkes, in welchem die angeborenen Pflichten und Rechte erklärt und damit die Fundamente des Naturrechtes gelegt werden, und der achte Band, der das öffentliche Recht enthält. Außerdem hat er noch in seiner ersten Hallischen Periode „vernünftige Gedanken von dem gesellschaftlichen Leben der Menschen und insonderheit dem gemeinen Wesen" oder ein Buch über die „Politik" geschrieben[3]).

Wolff will das Naturrecht lediglich aus der moralischen Natur des Menschen erklären und leitet überhaupt alles menschliche Recht aus der vorausgesetzten menschlichen Pflicht ab, welche von Gott in die menschliche Natur eingepflanzt ist. „Kein Recht ohne eine moralische Verpflichtung, die vorhergeht, in der es wurzelt und aus der es entspringt. Es gibt angeborene Menschenrechte, weil es angeborene Men-

[1]) Über seine Verweisung und Wiederberufung finden sich merkwürdige briefliche Aufschlüsse in Büsching, Beiträge zur Lebensgeschichte denkwürdiger Personen 1, 1—133.

[2]) Jus Naturae methodo scientifica pertractatum. Editio nova. Francofurti et Lipsiae 1746 etc.

[3]) Zuerst Halle 1721, dann öfters noch aufgelegt. Ich habe die Ausgaben von 1736 und von 1756 vor mir.

schenpflichten gibt[1]). Sie sind für alle Menschen die gleichen, weil sie aus der menschlichen Natur folgen, die in allen dieselbe ist." Die Rechtsgleichheit in diesen wesentlichen Beziehungen hebt er nachdrücklich hervor. „Von Natur sind alle Menschen gleich. Sie haben dieselben Rechte und Pflichten. Was dem einen von Natur erlaubt ist, das ist es auch dem andern; wozu einer dem andern verpflichtet ist, dazu ist es auch dieser jenem. Erst die erworbenen Rechte bestimmen die Rechtsverschiedenheit; erworbene Rechte aber sind die, welche nicht schon aus der menschlichen Natur allein folgen, sondern noch andere Ursachen, insbesondere auch die menschlichen Handlungen haben. Kein Vorrecht (praerogativa) ist angeborenes Recht. Alle Vorrechte sind besonderes, nicht allgemeines Recht und bedürfen einer andern Ursache als der menschlichen Natur. Von Natur hat auch kein Mensch eine Gewalt über die Handlungen eines andern Menschen. Von Natur sind also alle Menschen frei" (Jus N. I § 81 s.; Inst. § 70 s.). Die Freiheit wird aus der Gleichheit abgeleitet.

Man kann nicht sagen, daß diese und ähnliche Sätze neu entdeckte Wahrheiten sind. Aber wir begreifen nun doch, daß die merkwürdig klare und prinzipielle Aussprache und Verkündigung derselben einen tiefen Eindruck auf die Zeitgenossen machte. Sie entsprach völlig dem neuen Zeitgeiste, der nun zuerst seine Augen öffnete und eben von den natürlichen Grundrechten der Menschen, von der Gleichheit und Freiheit aus eine neue bessere Ordnung, einen vollkommeneren Stat, als der überlieferte des Mittelalters war, zu schaffen sich anschickte. In Deutschland waren es vorerst nur einzelne Fürsten und eine größere Anzahl gebildeter Männer aus dem Adel und dem höheren Bürgerstande, welche für solche Ideen sich begeisterten; die große Mehrheit der höheren Klassen der Gesellschaft, die ganze Geistlichkeit, die Masse der Bürger und vollends der Bauern und der dienenden Bevölkerung

[1]) De J. N. I cap. 1 § 26: „Jus connatum dicitur quod ex obligatione connata oritur."

nahm vorläufig noch keine Notiz von diesen neuen Lehren, welche einige Jahre später in Johann Jakob Rousseau einen energischen Propheten erhielten.

Noch in einer anderen Beziehung war die Lehre Wolffs in Harmonie mit dem vorwärts strebenden Zeitgeiste. Thomasius hatte die menschliche Glückseligkeit als das letzte Ziel aller menschlichen Rechtsordnung bezeichnet. Indem Wolff den Gedanken aufnahm, gab er ihm einen neuen Schwung. Er setzte an die Stelle der Glückseligkeit die Vollkommenheit und erklärte das Streben nach Vollkommenheit, also die Vervollkommnung als die moralische Aufgabe des Menschengeschlechtes. Schon Leibniz hatte einmal den Satz ausgesprochen, „gerecht sei, was die Gesellschaft vervollkommne“[1]). Aber Wolff zuerst erhebt den Gedanken der Vervollkommnung zum leitenden Prinzip seines Naturrechtes.

„Das natürliche Gesetz verpflichtet uns zu den Handlungen, welche unsere Vervollkommnung bezwecken, und zur Unterlassung der Handlungen, welche das Gegenteil herbeiführen.“ Der Weg der Vervollkommnung beginnt mit der Arbeit an sich selber. „Jeder muß sich Mühe geben, daß er die Vollkommenheit seiner Seele, seines Leibes und seiner äußeren Verhältnisse erreiche, die er nach seinen Kräften zu erreichen vermag. Jeder muß sich bemühen, die Güter des Geistes, des Körpers und die äußeren Glücksgüter zu erwerben, wozu er die Macht hat. Ebenso ist jeder verbunden, nach seinen Kräften alle Unvollkommenheiten zu vermeiden, welche den Geist erniedrigen, den Körper schwächen und den Lebensgenuß verkümmern“ (Jus. N. I § 170. 180. 182; Inst. § 43).

Wolff stellt daher die Pflichten des Menschen gegen sich selbst und vorerst gegen seine Seele voran und demgemäß auch die Rechte der Persönlichkeit in die erste Linie. Da der Mensch die natürliche Pflicht hat, seine Seelenkräfte harmonisch

[1]) Opera IV, 273: „Sed tamen putem justum esse, quod societatem ratione utentium perficit.“

zu entwickeln, also auch seinen Verstand zu bilden, so hat er auch ein natürliches Recht zu solcher Selbstbildung. Das Recht der freien Forschung ist dem Prinzip nach in dieser Regel enthalten. Dann erst geht er über zu dem Recht auf Erhaltung des Körpers, auf Nahrung, Kleidung, Abwehr von Krankheit und erlaubte Sinnesgenüsse. Die Pflicht und das Recht der Arbeit erhalten in diesem System eine einflußreiche Stellung, denn ohne Arbeit keine Vervollkommnung. Der Müßiggang wird zum Unrecht. „Niemand soll müßig gehen." · Aber ebenso ist auch jedes Übermaß der Anstrengung als ein Übel zu vermeiden und nur die mäßige Arbeit recht. „Jeder Mensch soll den Lebensberuf erwählen, für den seine Kräfte passen und in dem er sich anderen am nützlichsten erweisen kann" (Jus N. I § 192 s., § 512 s.; Inst. § 104 s.). Nachdem er die Pflichten des Menschen gegen sich selbst besprochen hat, geht er zu den Pflichten gegen andere über. Wer es wieder unternehmen wollte, die persönlichen Menschenrechte darzustellen, wird in dem Werke Wolffs einen reichen Schatz von fruchtbaren Wahrheiten und guten Bemerkungen finden. Wenn diese abgezogenen Sätze oft genug und damals viel mehr als jetzt mit den realen Zuständen im Widerspruch waren, so reizten sie zur Kritik des Bestehenden [1]) und regten mancherlei Begehren nach Verbesserung auf. Obwohl Wolff in keiner Weise praktisch eingriff und auch auf dem Gebiete der Wissenschaft bei weitem nicht so reformatorisch wirkte wie Thomasius, so ward er doch als ein liberaler Vorkämpfer einer neuen Zeit von der vorwärts strebenden Jugend hochgeachtet, und so wenig uns seine pedantisch-eitle Breite nun behagt, so müssen wir doch gestehen, er nimmt in der Entwickelungsgeschichte des modernen Geistes eine einflußreiche Stelle ein.

[1]) In der Vorrede zur Politik sagt er darüber: „Was die Lehren selbst betrifft, die ich hier behaupte, so habe ich sie vorgetragen, wie sie in der Vernunft gegründet sind, und kümmere mich wenig darum, ob alles unter uns so üblich oder nicht. Unterdessen, wer dieselbe wohl fasset, der wird in dem Stande sein, alles dasjenige, das unter uns üblich ist, vernünftig zu beurteilen."

Vergeblich aber hatte Thomasius auf das Bedürfnis aufmerksam gemacht, zwischen Moral und Recht scharf zu unterscheiden. Wolff folgte ihm hierin nicht. Im Gegenteil, er vermischte Moral und Recht wieder völlig und sein ganzes Naturrecht ist Moral. Zwar versucht auch er das Recht im engeren Sinne von der Moral gelegentlich zu unterscheiden, indem er nur das ein vollkommenes Recht nennt, mit welchem auch das Recht des Zwanges verbunden ist, das aber ein unvollkommenes Recht, welches keinen Zwang anwenden kann (Inst. § 80). Aber er weiß, daß der Zwang nur im bürgerlichen Rechte der regelmäßige Begleiter der Rechte einzelner ist, also kein durchgreifendes Merkmal des Rechtsbegriffes überhaupt ist, und verbindet überall, ohne zu unterscheiden, moralische Vorschriften und Rechtsgesetze. So fügt er die Grundsätze des Thomasius über das Ehrbare, das Gerechte, das Wohlanständige sämtlich in sein Naturrecht ein und beweist, weshalb die Humanitätspflichten nicht erzwingbar seien (Jus N. I § 658 s.), aber stellt dieselben dennoch mit den erzwingbaren Pflichten gegen andere und den nicht erzwingbaren gegen sich selbst zusammen. In dieser wichtigen Beziehung muß die Lehre Wolffs, obwohl sie dem Fortschritte huldigt, als ein arger Rückschritt bezeichnet werden, durch den die Grenzen der Rechtswissenschaft verwirrt und die Aufgabe des Rechtes übermäßig ausgedehnt und jener aufgeklärte Despotismus und die polizeiliche Vielregiererei begünstigt wurden, unter denen das Zeitalter Friedrichs II. und Josephs II. so viel zu leiden hatte.

Die Statslehre Wolffs ist denn auch entfernt nicht so freisinnig, als seine Darstellung der angeborenen Menschenrechte erwarten läßt. Da die einzelnen Häuser für die Vervollkommnung der menschlichen Zustände keine genügenden Mittel haben, so müssen sie ihre Kräfte zu einem größeren Gemeinwesen zusammenthun. So entsteht der Stat. Die zum State verbundene Menschenmenge heißt ein Volk, und die einzelnen Glieder, welche zum State zusammentreten, werden Bürger genannt

(Jus N. VIII § 4. 5. 6). Die Zwecke des States sind „die gemeine Wohlfahrt und die gemeine Sicherheit", oder anders ausgedrückt: ausreichende Mittel zu schaffen nicht bloß für die Notdurft des Lebens, sondern auch für dessen Bequemlichkeit und Genuß, Ruhe zu gewähren vor jeder Ungebühr und Sicherheit vor Gewaltthat[1]). Die Grenzen der Statsgewalt erstrecken sich deshalb nicht weiter, als diese Statszwecke reichen (Jus N. VIII § 35). Die einzelnen müssen sich eine Beschränkung ihrer Freiheit gefallen lassen, so weit die öffentliche Wohlfahrt es erfordert; im übrigen behalten sie ihre natürliche Freiheit (Jus N. VIII § 47). Im Verhältnisse zu einander sind die Staten wiederum so frei wie die einzelnen Freien im Naturzustande. Kein Volk hat daher über ein anderes Volk Gewalt (Jus N. VIII § 54 s.).

Alle Statsgewalt ist ursprünglich in dem Volke, das nur von sich selber abhängt. Aber das Volk kann alle seine höchste Gewalt (summitas imperii) an die Statsregierung übertragen, oder es kann sich dieselbe vorbehalten (Jus N. VIII § 57 s.). Eine Teilung der souveränen Gewalt in mehrere oberste Gewalten, deren Träger von einander unabhängig sind, ist wohl möglich. Nichts hindert das Volk, einzelne oberste Rechte, in denen es sich nicht von dem Willen des Regenten ganz abhängig machen will, für sich selber vorzubehalten. Ebenso kann die Regierungsgewalt absolut oder beschränkt sein, und Hobbes hat Unrecht, jede souveräne Gewalt für absolut zu erklären (ebenda § 65; Inst. § 982). Manche Obrigkeiten sind durch sogenannte Fundamentalgesetze beschränkt, welche dieselben in gewissen Geschäften nötigen, die Zustimmung des Volkes oder der Stände einzuholen. Aber nur diejenigen Gesetze sind Grundgesetze, welche mit Zustimmung des Volkes gegeben sind; nicht solche, welche der absolute Herrscher erteilt hat und die er daher auch wieder ändern kann (Inst. § 984; Jus N. § 77 s.).

---

[1]) Politik § 215. Jus N. VIII § 9 s.: „Vitae sufficientia, tranquillitas et securitas."

In dem Kapitel von den Statsformen fügt er den drei reinen Formen der Demokratie, Aristokratie und Monarchie die gemischte Statsform als vierte Gattung hinzu und erklärt dieselbe aus der Teilung der obersten Gewalten. Das Königtum, wenn es beschränkt ist, wird zur gemischten Statsform; wenn unbeschränkt, ist es Monarchie. Der Monarch repräsentiert jederzeit das ganze Volk, der beschränkte König für sich allein nicht völlig und nicht in allen Fällen. Daher hat in der reinen Monarchie und in der reinen Aristokratie das Volk auf die politische Freiheit verzichtet, nicht aber in dem Königtum. Von dem Einflusse des Privatrechtes ist seine Politik noch sehr abhängig. Das Recht des Menschen wird wie ein erworbenes Privatrecht behandelt und demgemäß die Patrimonialherrschaft und die Herrschaft zu Nießbrauch unterschieden und beiden die fideikommissarische und lehensmäßige Herrschaft zur Seite gestellt. Das Thronfolgerecht wird zwar von dem Privatrecht unterschieden, aber in derselben Weise durch Testament oder Gesetz geordnet. In allen diesen Dingen verfährt Wolff übrigens nur beschreibend, ohne die leitenden Ideen und ihren Zusammenhang mit den Rechtsgründen aufzusuchen.

Gerade auf das öffentliche Recht übt nun seine Vermischung von Moral und Recht den schlimmsten Einfluß. Die tiefsten Eingriffe in die persönliche Freiheit werden mit der Sorge für das gemeine Wohl gerechtfertigt: er verteidigt die Hemmnisse der Auswanderung, er spricht den socialistischen Grundsatz aus, die Obrigkeit sei berechtigt, jedermann zur Arbeit anzuhalten, und verpflichtet, dafür zu sorgen, daß jeder, der arbeiten will, auch Arbeit finde; er will, daß der Arbeitslohn und daß die Preise der Waren obrigkeitlich taxiert werden; er beschränkt die Anzahl derer, die sich einem bestimmten Berufe widmen dürfen. Er erklärt es auch für eine Statsaufgabe, nicht bloß für eine allgemeine Schulbildung zu sorgen, sondern auch darüber zu wachen, daß die erwachsenen Unterthanen sich der Tugend und der Frömmigkeit befleißen, zur Kirche gehen und an dem öffentlichen

Gottesdienste Teil nehmen. Er will die pietistischen Zusammenkünfte in Privathäusern verbieten, die Atheisten und sogar die Deisten, d. h. die, welche zwar das Dasein Gottes nicht leugnen, aber den Gottesdienst verachten, — obwohl er zugibt, daß sie nicht strafbar seien, so lange sie nur für sich eine irrige Meinung haben, — um die Verführung anderer zu hindern, nicht im Lande dulden, Meinungen, welche der Religion, den guten Sitten oder dem Statswohl schaden, nicht verbreiten lassen, er verteidigt daher die Censur der Druckschriften. Sogar die Tortur nimmt er in Schutz, als das unter manchen Umständen einzige Mittel, um ein Geständnis eines Verbrechens zu erzwingen, wenngleich er Vorsicht und Mäßigung bei ihrer Anwendung empfiehlt [1]).

Eher verdient es Lob, daß Wolff die ädilicische Thätigkeit der Obrigkeit mit Vorliebe erörtert, obwohl er auch hier die Grenzen der öffentlichen Gewalt und des Privatrechtes nicht gehörig beachtet. Er empfiehlt die Anlage guter Straßen, die Sorge für solide Wohnungen und verlangt, daß die öffentlichen Gebäude auch durch schöne Formen sich auszeichnen, und will sogar die Privatpersonen anhalten, bei ihren Bauten auch die ästhetischen Ansprüche zu berücksichtigen. Das Auge der Bewohner soll durch Gemälde und Bildwerke erfreut, für öffentliche Lustgärten gesorgt, das allgemeine Vergnügen durch Schauspiele und Schaustücke jeder Art befördert, die Poesie gepflegt, der Ohrenlust durch Musik, Vögelsang, Wasserrauschen genügt, üble Gerüche aus den Städten entfernt und insbesondere auch aus den Wohnhäusern der Gestank beseitigt, für Wohlgerüche gesorgt, öffentliche Spiele veranstaltet werden u. dgl. (Politik § 388 f.).

Als Majestätsrechte, d. h. Rechte, welche zu der obersten Gewalt und zu ihrer Ausübung gehören, führt Wolff im einzelnen an: die gesetzgebende Gewalt, mit welcher auch die authentische Gesetzesauslegung verbunden ist, das Recht in einzelnen Fällen von der Anwendung des Gesetzes zu dispensieren, das höchste

[1]) Jus N. VIII cap. 3. De republica constituenda. Inst. § 1017 s. Politik Kap. 3.

Strafrecht (jus gladii), das Strafmilderungs- und Begnadigungsrecht, das Abolitionsrecht, das Recht eine Amnestie zu erlassen, Privilegien zu erteilen und Monopole einzuräumen, die Regierungs- und Amtshoheit, die Steuerhoheit, das Münzrecht, das Recht Würden zu verleihen, das Kriegsrecht, das Recht Verträge mit anderen Völkern abzuschließen, die Kirchenhoheit (jus circa sacra oder jus sacrorum), das Statsnotrecht (imperium eminens) (Jus N. VIII cap. 4; Inst. § 1042 s.).

Ein besonderes Kapitel (das sechste) widmet Wolff den **Pflichten der Obrigkeit und der Unterthanen.** In dieser Beziehung dienen ihm die Statslehre der Chinesen, welche ebenfalls auf die Moral gebaut ist, und insbesondere die Schriften des Konfutsü als ein beachtenswürdiges Vorbild. Der Regent ist verpflichtet gut zu regieren, d. h. zu thun, was die öffentliche Wohlfahrt fordert. Deshalb soll er selber sich jeder Tugend befleißen, in der Wissenschaft dessen, was dem State nützlich ist, wohl erfahren sein, das Volk lieben, sich mit tüchtigen und weisen Räten umgeben und auf ihren Rat hören; niemals darf er die souveräne Gewalt mit Willkürgewalt verwechseln. Da die Obergewalt ihrer Natur nach unwiderstehlich ist, so darf das Volk dem Regenten, wenn er innerhalb der Fundamentalgesetze seine Gewalt übt, keinen Widerstand entgegensetzen und schuldet ihm in dem Bereiche dieser Gewalt Gehorsam. Die Grenzen, dieser Pflicht zu gehorchen, werden teils durch das Naturrecht bestimmt, teils durch die Fundamentalgesetze. Wenn die Obrigkeit etwas befiehlt, was dem ewigen Naturgesetze zuwider ist, z. B. wenn sie den Unterthanen gebietet, gegen ihr Gewissen eine irrige Religion anzunehmen, so sind die Unterthanen nicht verbunden zu gehorchen, aber sie müssen auch die Strafe, womit von den Oberen der Ungehorsam bedroht wird, mit Geduld ertragen. Widerstreitet das Gebot der Obrigkeit den Grundgesetzen, so steht es bei dem Volke, ob es demselben gehorchen will oder nicht, weil es nur innerhalb der Schranken des Grundgesetzes die Obergewalt dem Regenten überlassen hat. Greift derselbe die von dem Volke sich selber oder der Aristokratie vorbehaltenen Verfassungsrechte an, so ist das Volk berechtigt, ihm Widerstand zu leisten und ihn zur Anerkennung seines Rechtes zu nötigen, denn insofern ist durch jenen Angriff auf die Grundgesetze Regierung und Volk wieder auf den Naturzustand zurückversetzt, in dem jeder sein Recht selber schützt (Jus N. VIII, 6 § 1041—1047; Inst. § 1079; Politik § 433).

Das Wolff'sche Moralsystem des Naturrechtes mit seiner praktischen Tendenz zum Fortschritte fand auch außer Deutschland viele Anhänger. Es wurde nach Holland, nach Neapel, nach Frankreich verpflanzt. Auf den deutschen Universitäten und in Österreich gelangte es zu einer bis auf Kant wenig bestrittenen Herrschaft [1]).

[1]) Nachweisungen darüber bei Warnkönig, Rechtsphilosophie I § 29 (Freyburg 1839).

Neuntes Kapitel.

Friedrich der Große von Preußen.

Für lange Zeit war nun die allgemeine Statslehre völlig abhängig von den philosophischen Systemen geworden, welche auf den Universitäten gelehrt wurden. Die Juristen bearbeiteten wohl das besondere Statsrecht des Reiches oder der einzelnen Territorien, aber sie überließen das allgemeine Statsrecht wie das Naturrecht vorzugsweise den Philosophen, und noch weniger bemühten sich die Statsmänner um die allgemeine Wissenschaft der Politik. Die Statslehre hat unter dieser Vernachlässigung schwer gelitten. Eine große Unsicherheit in den wissenschaftlichen Grundgedanken, welche seltsam kontrastierte mit der marktschreierisch verheißenen absoluten Gewißheit, eine auffallende Gehaltlosigkeit der abstrakten Sätze, welche sich um die historische Wirklichkeit wenig kümmerten, der unvermittelte schroffe Widerspruch zwischen der Theorie und der Praxis waren die Folgen jener einseitigen spekulativen Richtung, welche die Wissenschaft eingeschlagen hatte, und die unglückliche Vermischung von Moral und Recht, von öffentlichem Recht und Privatrecht, von Statsrecht und Politik brachte eine bösartige und gefährliche Verwirrung in die Geister.

Indessen Einer glänzenden Erscheinung auf dem Gebiete der wissenschaftlichen Politik darf Deutschland in dieser Zeit sich wohl berühmen. Der größte deutsche Statsmann, den das achtzehnte Jahrhundert hervorgebracht hat, der König Friedrich II. von Preußen, hatte schon als junger Mann auch für die Statswissenschaft Größtes geleistet.

Die statswissenschaftliche Bedeutung Friedrichs des Großen ist verhältnismäßig nur wenig bekannt und wird selbst von den Männern des Faches nur wenig gewürdigt. Niemand bestreitet, daß er der erste und bedeutendste Vertreter der modernen Statspraxis in Deutschland sei. Aber man erkennt die Wahrheit nicht ebenso allgemein und willig an, daß er auch der modernen Statswissenschaft eine neue Bahn eröffnet habe. Friedrich II. ist in Wahrheit nicht bloß der Begründer eines neuen Statswesens, sondern ebenso der erste und vornehmste Repräsentant der modernen Statsidee. In seiner Regierungsweise hat er sich weit mehr den überlieferten Zuständen anbequemt und sich teils von der Macht der äußeren Verhältnisse, teils von seinen eigenen Leidenschaften mehr bald beschränken, bald treiben lassen, als in seinen Gedanken, die er freier, entschiedener und reinlicher in seinen Schriften aussprach. Ob die Scheu der Statsgelehrten die Schriften des Königs mit derselben kritischen Unbefangenheit wie die eines Privatautors zu beurteilen, oder ob die Eifersucht der Zunftgenossen gegen den unzünftigen König, oder ob die Mißstimmung über die Widersprüche zwischen seiner Theorie und seiner Praxis mehr Anteil an der auffallenden Nichtbeachtung seiner wissenschaftlichen Werke habe, wage ich nicht zu entscheiden. Daß aber der König in dieser Hinsicht bisher nicht nach Verdienst gewürdigt wurde, ist mir völlig gewiß.

Der jämmerliche Zustand der Statswissenschaften in Deutschland während der ersten Hälfte des achtzehnten Jahrhunderts konnte dem wißbegierigen Kronprinzen unmöglich genügen. Auf den meisten deutschen Universitäten gab es damals noch keine Lehrstühle für öffentliches Recht, und wo ausnahmsweise solche gestiftet wurden, geschah das nur in der Absicht, junge Männer in der Kunst zu unterrichten, durch öffentliche Streitschriften die fürstlichen Ansprüche zu verfechten. Die Studierenden, meistens junge Adlige (Frédéric Oeuvres II, 38), welche sich für die höheren Ämter vorbereiteten, wurden da in die verworrene Praxis der deutschen Reichs-, Landes- und Lehenrechte eingeführt und mit den Mitteln bekannt gemacht, statsrechtliche Prozesse zu führen. Nichts war für den aktenkundigen Geschäftsmann leichter, als für jede mögliche Behauptung oder auch für ihr Gegenteil alte Autoritäten und frühere Beispiele anzuführen; große bändereiche Sammlungen waren zu diesem Behufe angelegt worden und im Druck erschienen; wer darin belesen war, konnte mit Sicherheit auf Verwendung rechnen. Aber das Labyrinth des heiligen römischen Reiches deutscher Nation, dessen unaufhaltsamer Verfall seit dem dreißigjährigen Kriege kein Geheimnis mehr war, konnte für den Kronprinzen eines neuen Königreiches, das nur im Gegensatze zu dem alten Reiche groß werden konnte, wenig Anziehendes haben. Er suchte die frischen Quellen des neuen politischen Lebens auf und schaute sich nach dem Aufgange neuer Ideen um.

Unter allen deutschen Gelehrten, von denen er in seiner Jugend hörte, verehrte er nur zwei, die einzigen, welche nach seiner Meinung dem menschlichen Geiste große Dienste geleistet und die Wege der Vernunft zur Wahrheit eröffnet haben. Zuerst Leibniz, den Freund seiner geistreichen und hochgebildeten Großmutter, der Königin Sophie Charlotte, sodann unsern Thomasius. Die übrigen Gelehrten und insbesondere auch seine eigenen Lehrer und Erzieher betrachtete er als bloße „Handwerker“ der Wissenschaft und als gelehrte Pedanten, viele von bäurischen Sitten (Oeuvres I, 211; II, 38). Sogar in Wolff, dem er doch seine Gunst zuwendete, achtete er nur den Fleiß, nicht den Geist (Oeuvres I, 231; II, 38). Als Thomasius starb, war Friedrich (geb. den 24. Jan. 1712) erst 16 Jahre alt, und als Friedrich zur Regierung kam (31. Mai 1740), hatte Wolff schon 61 Jahre hinter sich.

Es gab damals in Deutschland auch keine öffentlichen Institutionen, welche die Mängel der Schule durch die Erziehung des Lebens ersetzen konnten. Die Fürsten traten seit langem nicht mehr persönlich auf dem Reichstage zusammen, und ihre gesandtschaftlichen Vertreter in der ständig gewordenen Reichsversammlung zu Regensburg waren darauf angewiesen, in unermüdlichem Schriftenwechsel die Reichsgeschäfte langsam abzuwickeln und wieder neu zu verschlingen. Politische Ideen förderte solche Arbeit nicht zu Tage. Die alten Landstände aber waren fast überall und auch in Preußen schon seit einem Jahrhunderte in Abgang geraten. Nirgends war eine dem englischen Parlament vergleichbare Repräsentation zu finden, nirgends in Deutschland wurde eine politische Debatte vernommen, welche die Geister weckte, die Herzen erwärmte und den Mut erfrischte. Sogar die Gerichte hatten sich aus der Öffentlichkeit des Verfahrens in die verschlossenen Amtsstuben zurückgezogen, und die Langeweile der schweren Aktenstöße und der breiten Schriftstücke drohte alles lebendige Interesse an der Arbeit der Rechtspflege zu ersticken. Politische Zeitungen im eigentlichen Sinne gab es noch nicht. Man hatte kaum in England angefangen, und noch mit großer Zurückhaltung und nur spärlich, in den Zeitungen die politischen Fragen zu erörtern. Auf dem Kontinente dachte noch niemand daran, eine so fremdartige und gefährliche Sitte überzupflanzen, und es hätte sich dafür auch kein Publikum gefunden. Die wenigen und ärmlichen Wochenblätter, die im Umlaufe waren, begnügten sich, die auffallendsten Neuigkeiten, zumal von fremden Ländern, in notdürftiger Kürze zu verbreiten.

Nur an den fürstlichen Höfen und in den Arbeitszimmern der vornehmsten Räte und Minister und etwa noch unter einzelnen Räten der angeseheneren Reichsstädte war einige Regung des politischen Lebens zu bemerken. Aber sogar da erhob sich selten einer auf einen höheren Standpunkt. Die meisten wendeten ihre Aufmerksamkeit nur den unmittelbaren Interessen des Momentes zu, und sie folgten ohne Prüfung den überlieferten Meinungen und Maximen. Der größte Teil des politischen Lebens ging auch da in der Hofintrigue auf. Über die Natur und die großen Aufgaben des States dachten nur wenige nach. Auch an dem preußischen Hofe konnte der Thronerbe die geistigen Aufschlüsse nicht finden, nach denen er verlangte. In den reiferen

Jugendjahren lernte er wohl die strenge Wirtschaft seines Vaters schätzen, der ihm einen gefüllten Schatz, ein gut exerziertes Heer und eine redliche, ordnungsliebende Beamtung hinterließ; aber der geniale Jüngling konnte unmöglich an der kirchlich engen und politisch beschränkten Denkweise seines harten und quälerischen Vaters Gefallen finden. Er sprengte die Fesseln, in welche der pedantische Unverstand seine weite Geistesanlage zu bannen versuchte, und mußte das thun, um seiner Natur und seiner Bestimmung gerecht zu werden.

Friedrich war durch die Bildungsmethode seiner Zeit und durch die eigene Neigung vorzüglich auf Frankreich hingewiesen. Er verglich gelegentlich die französischen Gelehrten mit Künstlern, wie die deutschen mit Handwerkern, und die Reize der schönen französischen Litteratur bezauberten ihn. Aber für seine politischen Fragen fand er auch bei den Franzosen keine Antwort, die ihn befriedigte. Noch immer wirkte die drückende Herrschaft Ludwigs XIV. nach, die alles politische Denken in seiner Person konzentriert und außer sich nur den stummen Gehorsam geduldet hatte. Die theologische Statslehre Bossuets mußte nur das instinktive Mißtrauen, das Friedrich schon früher gegen alle politischen Lehren aus Priestermund gefaßt hatte, bestätigen. Er hatte sich überzeugt, daß Philosophie und Geschichte für den weltlichen Fürsten eine gesundere und kräftigere Geistesnahrung gewähren als alle Theologie, und war gar nicht gewillt, die schwer errungene Geistesfreiheit durch kirchliche Autoritäten binden zu lassen. Wenn die Theologen vorzüglich in dem alten Testamente die Belege für ihre Behauptungen suchten, so wußte er, daß der jüdische Stat in allen seinen Entwickelungsperioden von dem Geiste der Theokratie bedingt und erfüllt war, und daß die europäische Statengeschichte im Gegensatze dazu nur menschlich begriffen werde. In den Gesetzen und Einrichtungen der Juden verehrte er keine Vorbilder der reiferen Statenbildung, welche erst das Werk der Griechen, der Römer und der neueren europäischen Völker ist. Er sah darin nur die noch kindlichen und rohen Versuche einer kleinen orientalischen Völkerschaft von geringer politischer Befähigung, und verachtete die theokratisierende Statslehre, trotz der theologischen Autoritäten, als eine der heutigen Civilisation unwürdige Barbarei.

Nur in den Schriften der Engländer und vorzüglich in den Werken Lockes[1]) fand er eine Nahrung, wie sie seinem Geiste behagte. Später fand er auch an Montesquieu Gefallen, aber die Schriften Montesquieus kamen erst heraus, als er seine eigene Ansicht bereits festgestellt hatte. Auf die Bildung derselben haben wohl Thomasius und Locke am meisten eingewirkt. Aber in der Hauptsache zeigt sich Friedrich auch hier als originellen Kopf und als Begründer einer neuen Epoche der Statswissenschaft.

Die in Deutschland wie auf dem ganzen Kontinente damals herrschende Statsidee bestand aus einer Mischung von mittelalterlichen Lehens- und dynastischen Eigentumsbegriffen, von theologischer Berufung auf die Autorität und die Gnade Gottes und von Doktrinen der römischen Juristen, welche, gestützt auf die Sätze des Justinianischen Corpus juris, vor allen Dingen die fürstliche Allmacht als Statswillen priesen. Die mittelalterliche Idee des Patrimonialstates war mehr und mehr durch die Theologen und die Juristen mit dem absoluten State identifiziert worden. An diesem entscheidenden Punkte faßte Friedrich die Frage an. Er wollte vor allen Dingen über die Natur des fürstlichen Rechtes und Berufes mit sich selber ins Reine kommen. So sehr die allgemein verbreitete Lehre seinem Ehrgeiz und seiner Herrschsucht schmeichelte, so war doch der Mut der Wahrheit stärker in ihm als alle diese verlockenden Vorteile. Sein rücksichtslos prüfender Verstand erkannte bald die unheilbaren Schwächen und Mängel jener Theorie, und als ein Held

[1]) Oeuvres II, 36: „Un sage, qui se dépouillant de tout préjugé ne se guida que par l'expérience. Un Anglais pense tout haut, un Français ose à peine soupçonner son idée."

des Geistes zerschlug er die falschen Götzen der Schule und riß die Vorurteile seiner Familie und seiner Standesgenossen mit der Wurzel aus dem eigenen Herzen aus.

Als 26jähriger junger Mann schrieb er seine Bemerkungen über den gegenwärtigen Zustand des europäischen Statswesens (Oeuvres T. VIII). Man sieht, daß er damals schon über die Hauptfrage mit sich ins Reine gekommen war. Deutschland erscheint ihm bedroht im Osten von dem alten Ehrgeize des Hauses Habsburg, welches den Plan einer Erbherrschaft über Deutschland noch nicht aufgegeben habe, im Westen von der gefährlicheren weil klügeren Herrschsucht der französischen Könige, die vor kurzem den Schlüssel zu Deutschland, die Stadt Straßburg, geraubt, Lothringen sich haben abtreten lassen und nun auf den Erwerb von Luxemburg, Trier und Flandern sinnen. Da legt er sich die Frage vor, welches denn die letzte Ursache dieser gefährlichen Lage sei? Er will die prüfende Sonde so tief als möglich senken und kommt nun zu dem Resultate, das er nicht ohne Beimischung jugendlicher Deklamation in folgender Stelle vorträgt:

„Sollten meine Bemerkungen das Ohr gewisser Fürsten erreichen, so werden sie Wahrheiten vernehmen, die sie niemals von ihren Höflingen und Schmeichlern gehört haben, und vielleicht werden sie zu ihrem Erstaunen noch erfahren, daß diese Wahrheiten sich dereinst neben sie auf den Thron setzen werden. So wissen sie denn, daß ihre falschen Prinzipien die vergiftete Quelle der Übel sind, an denen Europa leidet. Die meisten Fürsten leben in dem Wahne, daß Gott aus besonderer Aufmerksamkeit für ihre Größe, ihr Glück und ihren Stolz die Menge der Menschen um ihretwillen geschaffen und ihrer Obhut anvertraut habe, und daß ihre Unterthanen die Bestimmung haben, die Werkzeuge und die Diener ihrer regellosen Leidenschaften zu sein. Wenn das Prinzip falsch ist, so werden auch die Folgerungen aus demselben fehlerhaft sein. Daraus erklärt sich die falsche Ruhmsucht, die heftige Gier, alles an sich zu reißen, die Härte der Steuern, mit denen sie das Volk belasten, ihre Trägheit, ihr Hochmut, ihre Ungerechtigkeit und Unmenschlichkeit, ihre Tyrannei und alle die Laster, welche die menschliche Natur entehren. Würden die Fürsten diese Irrtümer abwerfen und auf den Ursprung ihres Berufes zurückgehen, so würden sie wahrnehmen, daß der Rang, auf den sie so eifersüchtig sind, und daß ihre Erhebung lediglich das Werk der Völker ist, daß die Tausende von Menschen, die ihnen anvertraut sind, sich keineswegs einem einzigen Menschen als Sklaven ergeben haben, um ihn gefürchteter und mächtiger zu machen, daß sie sich nicht einem Mitbürger unterworfen haben, um die Märtyrer seiner Launen und das Spielzeug seiner Willkür zu werden, sondern daß sie den unter ihnen erwählt haben, dem sie vertraut haben, daß er gerechter als ein anderer regieren und ihnen am besten wie ein Vater dienen werde; den wohlwollendsten, damit er ihre Not lindere; den weisesten, damit er sie vor verderblichen Kriegen bewahre; endlich den fähigsten, um den Statskörper zu repräsentieren, dessen höchste Macht den Gesetzen und der Gerechtigkeit zur Stütze diene, nicht aber ein Mittel werde, um ungestraft Missethaten zu begehen und Tyrannei zu üben."

Friedrich hatte diese Bemerkungen geschrieben, bevor er seine bedeutendste politische Schrift, den Antimachiavelli, unternahm. Noch immer behauptete Machiavellis Schrift über das „Fürstentum" in den höchsten Kreisen der Fürsten und ihrer Minister eine Autorität, wie keine andere Lehre der Politik. Den absolutistischen Neigungen der Zeit sagte sie vollständig zu. Man verleugnete sie wohl etwa aus religiösen Skrupeln, aber insgeheim las man sie doch mit Vergnügen und befolgte sie in der Praxis so gut man es verstand.

In Friedrichs Natur und Denkweise waren manche Elemente eines mit Machiavelli verwandten Geistes. Auch er hatte sich völlig losgerungen von der kirchlichen Autorität, auch sein Streben war ausschließlich auf den Stat gerichtet. In seiner Seele loderte das Verlangen nach Ruhm in hellen Flammen auf, er liebte die Macht, als eine Ergänzung seines Wesens, als ein unentbehrliches Mittel um sich der Welt zu zeigen und auf die Welt zu wirken. Vor den überlieferten Rechtsformen, insbesondere vor dem hergebrachten Reichsstatsrechte hatte er keinerlei Respekt. Er war überzeugt, daß jeder politische Erfolg vornehmlich von der richtigen Erwägung der vorhandenen Kräfte und von der kalten Berechnung der zweckmäßigen Mittel abhängig sei. Sogar die gefährliche Kunst, seine Gesinnung zu verbergen und andere darüber zu täuschen, hatte er in dem furchtbaren Kampfe mit dem Vater um seine Existenz, die dieser nicht begriff und wie sie war nicht dulden wollte, üben gelernt. Machiavelli hatte zu seinen Betrachtungen genau das Gebiet gewählt, in dem auch Friedrich sich wie auf seinem natürlichen Boden sicher und frei fühlte.

Vielleicht hat gerade diese innere Verwandtschaft ihn die Gefahr der Machiavelli'schen Lehre um so lebhafter empfinden lassen. Er sah darin eine Versuchung, der wenige Fürsten widerstehen. Um so heftiger empörte sich sein sittliches Gefühl wider das verlockende Buch. Er faßte gegen den Autor, auf dessen ruchlose Natur er aus den bösartigen Wirkungen der Schrift zurückschloß, einen tödlichen Haß. Die Welt von dem vergifteten Hauche dieser Pest zu befreien betrachtete er als die ruhmvolle Aufgabe eines politischen Denkers. Als Voltaire den Machiavelli unter den großen Männern von Florenz aufgeführt hatte, tadelte Friedrich ihn darüber in einem Briefe vom Jahre 1738. Ein Jahr später vollzog er jene Aufgabe und schrieb seine „Widerlegung Machiavellis“. Er schickte die Schrift zur Durchsicht an Voltaire und ermächtigte denselben zur Herausgabe. Im September 1740, wenige Monate nach der Thronbesteigung Friedrichs, erschien dies Buch mit einigen Abkürzungen und geringen Veränderungen, aber ohne Nennung des Autors, unter dem Titel Antimachiavelli in Holland. Wir besitzen die Schrift in dieser Recension, die Voltaire besorgt hatte, in einer zweiten nur wenig verschiedenen, aber an einigen Stellen abgeschwächten Ausgabe mit Voltaires Namen als des Herausgebers, ebenfalls von 1740, und in dem zum Teil ursprünglichen, zum Teil durch den König selbst verbesserten Texte[1]).

Die Schrift ist wie alle Werke Friedrichs in französischer Sprache verfaßt. Aber ihren Grundton hat sie doch von dem deutschen Charakter erhalten. Wie es der welthistorische Beruf der deutschen Nation war, die starre und kalt-egoistische Nützlichkeitsordnung des römischen Rechtes mit sittlich-warmem Leben zu erfüllen und umzugestalten, so hat Friedrich die Wissenschaft der Politik, die Machiavelli geistig befreit aber sittlich gefährdet hatte, wieder mit den ewigen Gesetzen des sittlichen Lebens in Harmonie zu bringen gesucht, ohne ihre Geistesfreiheit zu stören.

Friedrich kannte Machiavelli zu wenig, um ihn gerecht zu würdigen. Er beurteilte ihn einzig nach der Schrift über den Fürsten, und sogar diese Schrift verstand er weniger so, wie Machiavelli sie gemeint hatte, als wie sie von den meisten Lesern aufgefaßt wurde. Machiavelli hatte keine so schwarze Seele, wie sich der fürstliche Kritiker einbildete. Er war nicht das „moralische Ungeheuer“, nicht der „spezifische Lehrer des Verbrechens“, nicht „der schändlichste nnd verworfenste der Menschen“, nicht „der Begünstiger jeder Tyrannei“. Wir sind in der Beurteilung Machiavellis weitsichtiger, vielseitiger und gerechter geworden, als der Verfasser des Antimachiavelli es gewesen ist, und uns mißfallen daher die leidenschaftlichen Wutausbrüche gegen den großen Florentiner. Aber wir dürfen uns nicht dadurch verleiten lassen, nun ungerecht gegen die Kritik Friedrichs zu werden, und dessen Gegenschrift für verfehlt und überflüssig zu erklären, weil sie die persönlichen Vorzüge ihres Gegners zu gering schätzt und durch seine Fehler zu leidenschaftlich gereizt wird. Der Antimachiavelli behält trotz dieser Fehler einen bleibenden Wert. Es war nötig und nützlich, daß ein Statsmann von erstem Rang es unternahm, die Lehre der Politik von dem Schmutze des Lasters und der Verdorbenheit zu reinigen, womit der Ge-

[1]) Zum ersten Male abgedruckt in den Oeuvres, T. VIII, Berlin 1848.

danke und die Schrift Machiavellis noch befleckt war. Die schlechte Seite des Machiavellismus in der Politik darf sich in unserer Zeit nicht mehr so schamlos vor der Welt zeigen wie im sechzehnten Jahrhundert. Die offenen Verbrechen der Mächtigen, welche damals überall Nachsicht fanden, würden heute eine allgemeine Entrüstung hervorrufen, welcher der Mächtigste nicht zu widerstehen vermöchte. Aber so lange noch auch in der modernen praktischen Politik so viel heimlicher und listiger Machiavellismus geübt wird, so lange ist die Polemik des Antimachiavelli nicht überflüssig geworden.

Von höherem Werte aber als die polemische Kritik ist der positive Inhalt des Antimachiavelli. Löst man die bittere und stachliche Schale einer teilweise übertriebenen Polemik gegen Machiavelli ab, so findet man im Innern derselben eine köstliche und schmackhafte Frucht, welche dem politischen Geiste zu vortrefflicher Nahrung dient. Die Schrift Friedrichs von Preußen, in der Klarheit des Ausdrucks und in den Reizen der Sprache der Schrift des Florentiners ebenbürtig, an logischer Schärfe ihr mindestens gleich, ist an fruchtbaren politischen Wahrheiten unzweifelhaft viel reicher als diese. Sie erhebt sich hoch über die Anschauungsweise seiner Zeit, wenigstens die des europäischen Kontinentes. Wenn sie auch heute noch nicht, wie sie es verdient, geschätzt wird, so liegt der Grund nicht in ihrem Unwerte, sondern eher darin, daß die Meinungen Friedrichs den Fürsten zu freisinnig und den Gelehrten zu fürstlich scheinen.

Mit der größten Entschiedenheit tritt Friedrich der ganzen Idee des Patrimonialfürstentumes entgegen und stellt ihr die Idee des Volksfürstentumes gegenüber. Aus dem Volke, sagt er, ist alles Fürstentum hervorgegangen und die Volkswohlfahrt ist sein alleiniger Zweck. Weil die Völker für ihren Frieden und für ihre Sicherheit von der Erhebung Eines Mannes besseren Schutz erhofften, so erwählten sie ursprünglich den Besten unter ihnen zum Fürsten. Der Fürst ist daher von ferne nicht der absolute Herr der Völker, welche seiner Leitung unterworfen sind, sondern in Wahrheit nur ihr vorzüglichster Diener[1]).

Dieses schneidige Wort trifft die ganze Statslehre des Mittelalters, welche das Fürstentum wie ein Lehen Gottes oder als ein Eigentum der Dynastie erklärte, in ihrem Lebensprinzip, aber es bekämpft ebenso den absoluten fürstlichen Egoismus, wie ihn die römische Jurisprudenz und Machiavelli schützten. Indem Friedrich, nach dem Vorbilde der Engländer, die Grundlage der fürstlichen Macht und des fürstlichen Rechtes in der Volksnatur, in dem Volksbedürfnis und in dem Volkswillen findet, verkündet er, selber ein Fürst, die große Wahrheit des modernen Statsrechtes: Fürst und Volk stehen sich nicht entgegen wie Hammer und Amboß. Der Fürst gehört zum Volke, an dessen Spitze er steht. Es gibt kein Fürstenrecht außer dem State und über dem State, sondern nur in dem State, bedingt durch den Stat. Fürstenrecht und Fürstenpflicht ist Statsrecht und Statspflicht. Fürstentum ist Statsdienst.

Er hat diese Wahrheit nicht etwa nur als Kronprinz ausgesprochen, er hat sie als König öfter und laut wiederholt. Sie war die Hauptidee seiner ganzen Statsanschauung. Alles übrige erhielt von ihr aus sein Licht. So ermahnte er als König den jungen Herzog Karl Eugen von Württemberg (1744): „Denke ja nicht, daß das Land Württemberg um Deinetwillen geschaffen sei, sondern daß die Vorsehung Dich geschaffen habe, um das Volk glücklich zu machen. Seine Wohlfahrt mußt Du jederzeit Deinem Vergnügen vorziehen" (Oeuvres IX, 6). In den Denkwürdigkeiten von Brandenburg vom Jahre 1748 schrieb er ebenso: „Ein Fürst ist der erste Diener und der erste Magistrat des States und schuldet dem State Rechenschaft über den Gebrauch, den er von den öffentlichen Steuern macht" (Oeuvres I, 123). Dieselbe Idee wird in seinem letzten Willen (von 1769) der

[1]) Refutation du prince de Machiavel und Antimachiavel cap. 1: „Le souverain bien loin d'être le maître absolu des peuples qui sont sous sa domination, n'en est lui-même que le premier domestique."

königlichen Familie eingeschärft: „Ich empfehle allen meinen Verwandten, in gutem Einvernehmen zu leben und wenn es sein muß, ihre persönlichen Interessen dem Wohle des Vaterlandes und dem Vorteile des States zu opfern" (Oeuvres VI, 215). Acht Jahre später noch wiederholt er sie in der Schrift über die Regierungsformen: „Die Menschen haben sich Obrigkeiten unterworfen, um ihre Rechtsordnung zu sichern. Das ist der wahre Ursprung der Souveränetät. Diese Obern waren die ersten Diener des States" (Oeuvres IX, 197)[1]).

Man kann dem Ausdrucke Friedrichs vorwerfen, daß darin der Unterschied zwischen dem Fürsten und den übrigen Statsdienern nicht klar und stark genug bezeichnet werde; aber man kann demselben nicht mit Grund vorwerfen, daß er die Monarchie verderbe. Die alten Definitionen, welche die Fürsten wie die Genien der Bühne aus den Wolken des Himmels niederschweben ließen und den luftigen Thron mit Weihrauch umhüllten, war scheinbar dem fürstlichen Ansehen günstiger; aber die natürliche Erklärung Friedrichs gab der fürstlichen Macht ein besseres Fundament. Seit hundert Jahren sind viele glänzende Throne durch Volksempörungen umgestürzt worden, weil ihre Inhaber sich auf jenen Schein verließen und vermeinten, die Völker nach ihrem persönlichen Willen zu zwingen; in derselben Zeit sind andere Fürsten, welche ihr Amt im Sinne Friedrichs verstanden und ausübten, Begründer neuer großer Reiche geworden.

Die sittlich-politische Idee: „Fürstentum ist Statsdienst" bestimmt und veredelt nun nach allen Richtungen und in den mannigfaltigsten Anwendungen die ganze Statslehre und das Statsleben Friedrichs. Er steigerte diese Pflicht, voraus dem

[1]) Es wäre unbegreiflich, daß man noch in neuerer Zeit das Machwerk der „matinées royales" dem großen Könige selber zuschreiben konnte, in dem seine ganze Statsanschauung auf den Kopf gestellt wird, wenn nicht der leidenschaftliche Haß gegen den Schöpfer des neuen preußischen States noch fortdauerte und die blasierte Klatschsucht die alten Schmähungen neu aufzutischen liebte.

State zu leben, bis zu heroischer Selbstaufopferung für das Statswohl. Die geheime Instruktion, die er am 10. Januar 1757, in einer höchst kritischen Lage des Reiches hinterließ, als er zur Armee abging, ist ein unverwerfliches Zeugnis für die Großartigkeit seiner Gesinnung: „Wenn ich getötet werden sollte, so sollen die Geschäfte ohne jede heftige Bewegung in ihrem regelmäßigen Gange fortgeführt werden, so daß man nicht gewahr wird, daß sie in einer andern Hand sind, und man soll in diesem Falle die Beeidigung und Huldigung, vorzüglich in Schlesien, beeilen. Wenn ich den Unfall haben sollte, Kriegsgefangener des Feindes zu werden, so verbiete ich, daß man die geringste Rücksicht auf meine Person nehme und daß man irgend das beachte, was ich etwa aus der Gefangenschaft schreiben sollte. Sollte mir ein solches Unglück widerfahren, so will ich mich für den Stat opfern. Man soll dann meinem Bruder gehorchen, welcher ebenso wie alle Herren Minister und Generale mit ihrem Kopfe dafür haften, daß man weder eine Provinz, noch sonst ein Lösegeld für mich bezahle und daß sie den Krieg fortsetzen und mit allem Nachdruck betreiben und benutzen, wie wenn ich niemals in der Welt gelebt hätte."

Machiavelli hatte vorzugsweise an die Neufürsten gedacht, die sich zu Herrschern aufgeschwungen haben; Friedrich denkt mehr an das verfassungsmäßige Erbfürstentum. Die Usurpation, im Sinne Machiavellis der Triumph der fürstlichen Klugheit, ist ihm schon darum verhaßt, weil sie gewöhnlich nur aus Herrschsucht entsprungen ist, nicht aus dem edeln Vorsatze, der Volkswohlfahrt zu dienen. „Ein Privatmann", bemerkt er, „kann nur unter zwei Voraussetzungen zum Fürsten werden, entweder wenn er in einem Wahlreiche dazu erwählt oder wenn er von einem unterdrückten Volke als Befreier gerufen wird" (Antim. 6).

Machiavelli hatte zur Usurpation gereizt und ermutigt. Friedrich warnt davor in eindringlicher Weise. Er benutzt die Beispiele, die jener zur Nacheiferung empfohlen hat, insbesondere das beliebte Vorbild Cäsar Borgias, dessen kluge Verbrechen ihm nur eine kurze Herrschaft verschafft und deren baldigen Verlust vorbereitet haben, um die sittlichen Gründe auch durch die Motive des Interesses zu verstärken. Er unterscheidet zwischen dem falschen Ruhme, dem der Usurpator nachjage und der in demselben Augenblick entschwinde, in dem man ihn zu fassen und zu halten wähnt, und dem wahren Ruhme, der den Fürsten zu großen Thaten begeistere: „Fürsten, die für ihren Ruhm unempfindlich sind, haben keine Tugend" (Antim. 7. 8. 15. 23).

Machiavelli hatte seinem Fürsten geraten, daß er sein Wort halte, wenn es ihm nützlich sei, und es nicht halte, wenn es ihm schade; denn da die Menschen durchweg schlecht seien und auch nicht Wort halten, so brauche man auch ihnen nicht Wort zu halten. Er hatte ihm empfohlen, je nach Umständen wie ein Mensch oder wie ein Tier zu verfahren und sich voraus in den Listen und Trügereien der Füchse zu üben. Der Papst Alexander VI. habe alle Welt betrogen und viele Eide leicht geschworen und noch leichter gebrochen und eben deshalb in seinen Unternehmungen Glück gehabt. Der Fürst solle den Schein der Tugend sorgfältig wahren, aber unbedenklich Böses thun, wenn es sein müsse. Ganz vorzüglich aber solle er „die Aufrichtigkeit und die Religion selbst" zu sein scheinen, denn die Menge urteile nur nach dem Schein und nach dem Erfolge. Diesen Lehren gegenüber, deren grausamer Ernst nur wenig ermäßigt wird durch das ironische Spiel, welches Machiavelli mit sich selber und der fürstlichen Politik treibt, erwidert Friedrich: „In jeder Gesellschaft gibt es eine Anzahl ehrenhafter Menschen, eine große Mehrzahl von Leuten, die weder entschieden gut noch böse sind, und einige Ruchlose, welche die Gerechtigkeit verfolgt und straft, wenn sie dieselben auf einem Vergehen ertappt. Den Fürsten aber ziemt es vor allen andern, nicht das Beispiel dieser letzten Klasse zu befolgen, sondern unter den ersten vorzuleuchten. Die Heuchelei der Tugend nützt ihnen schon deshalb nicht, weil sie auf die Dauer unmöglich ist. Das Leben der Fürsten wird schärfer beobachtet als das aller andern, und schon lange hat man gelernt, die Aufrichtigkeit der Menschen mehr nach ihren Handlungen als nach ihren Reden zu beurteilen. Der Betrug wird daher in der Politik zum Stilfehler und die Völker ziehen einen ungläubigen Fürsten, wenn er ein Ehrenmann ist und ihrer Wohlfahrt dient, einem rechtgläubigen Fürsten vor, der ein Ruchloser ist und ihnen Übles thut" (Antim. 18).

Er wußte freilich wohl, daß die völkerrechtlichen Verträge nur selten vollständig und ehrlich vollzogen werden und daß zu seiner Zeit „man sich weniger daraus mache, als zu irgend einer andern, daran fest zu halten" (Antim. 10). Er hat daher nur ein geringes Vertrauen auf solche Verträge und schreibt ihnen wie eine relative Geltung, so auch einen beschränkten Nutzen zu. In seiner königlichen Praxis hat auch er die Kunst zu täuschen fleißig geübt und sein Wort nicht immer gehalten. Er ist ein paarmal Allianzen untreu geworden, die er selber geschlossen hatte, und hat gelegentlich Verträge mißachtet, die er selber unterzeichnet hatte. Wir berühren hier eine schwache Stelle seiner früheren Theorie und eine noch kränkere Stelle seiner späteren Praxis. Aber wir erinnern uns zugleich, daß die Hauptursache dieses Mangels in einem Fehler der völkerrechtlichen Weltordnung zu finden ist, der nicht ihm zur Last fällt, und wir werden bei näherer Prüfung gewahr, daß die vertragswidrige Praxis des Königs bei weitem nicht so schlimm sei als die Theorie Machiavellis: „Es kann einem Fürsten nie an einem Vorwande fehlen, um sein Wort zu brechen", daß sie vielmehr von dem sittlichen Grundgedanken Friedrichs: „Der Fürst muß vor allen Dingen der Wohlfahrt des States dienen" nicht so weit abweiche, als man ihm so oft vorgeworfen hat.

Er hat sich zweimal selber darüber ausgesprochen, am ausführlichsten in der zweiten Vorrede zu der Geschichte seiner Zeit im Jahre 1755[1]): „Die Nachwelt wird vielleicht mit Befremden in

[1]) Oeuvres II, XXV. Zuerst in der Vorrede vom Jahre 1746. Ebenda XVI.

diesen Denkwürdigkeiten die Erzählung finden, wie Verträge erst geschlossen und dann gebrochen worden. Obwohl Beispiele der Art nicht ungewöhnlich sind in der Geschichte, so würde das den Autor dieses Werkes doch nicht rechtfertigen, wenn er nicht bessere Gründe für sein Verfahren hätte."

„Das Statsinteresse muß die Handlungen der Souveräne bestimmen. Demnach ist in folgenden Fällen der Bruch ihrer Bündnisse gerechtfertigt: 1. wenn der Bundesgenosse seine Verpflichtungen nicht erfüllt; 2. wenn er darauf sinnt, uns zu täuschen, und wir kein anderes Mittel haben, um ihm zuvorzukommen; 3. wenn eine überlegene Macht uns nötigt, unsere Verträge zu brechen; 4. wenn uns die Mittel ausgehen, um den Krieg fortzuführen, zu dem wir uns verbunden haben, denn diese verteufelten Gelder haben nun einmal auf alles Einfluß und die Fürsten sind die Sklaven ihrer Mittel. Das Statsinteresse aber ist ihr unverändertes Gesetz. — Hätten die Engländer nicht die Allianz gebrochen, welche Karl II. so sehr wider das englische Interesse mit Ludwig XIV. geschlossen hatte, so wäre ihre Macht den größten Gefahren ausgesetzt und das europäische Gleichgewicht wäre zum Nachteil von England durch das französische Übergewicht zerstört worden. Die Weisen sehen in den Ursachen die Wirkungen voraus und treten daher rechtzeitig den Ursachen entgegen, deren verderbliche Wirkungen sie erkennen. Es scheint mir klar und unwiderleglich, daß ein Privatmann sich genau an das gegebene Wort halten muß, auch wenn er dasselbe unbesonnen gegeben hat. Wenn man ihm die Treue bricht, so kann er den Schutz der Gerichte anrufen, und was immer begegne, es leidet doch nur ein einzelner Mensch; aber an welchen Gerichtshof kann ein Fürst sich wenden, wenn ein anderer Fürst die eingegangenen Verbindlichkeiten verletzt? Das unbesonnene Wort des Privatmannes hat nur für ihn selber unglückliche Folgen, das der Fürsten aber kann für ganze Nationen allgemeines Unglück herbeiziehen. Es kommt zuletzt alles auf die Frage an: Ist es besser, daß das Volk zu Grunde gehe, oder daß ein Fürst seinen Vertrag breche? Wer wäre so thöricht, über die Antwort zu schwanken?"

Wenn das Fürstenrecht Statsdienst ist, so ist auch die Ausdehnung der fürstlichen Macht selbstverständlich von der Natur und dem Bedürfnisse des States abhängig und der Gehorsam des Volkes ist ein bedingter. „Ein zufriedenes Volk denkt nicht an Empörung, und ein glückliches Volk fürchtet mehr den Verlust seines Fürsten, den es als Wohlthäter liebt, als dieser eine Verminderung seiner Macht zu besorgen hat. Die Holländer hätten sich niemals gegen Spanien empört, wäre nicht die spanische Tyrannei so ausschweifend gewesen, daß die Holländer die Fortdauer derselben für das Schlimmste halten mußten, was ihnen begegnen könne" (Antim. 1. 2). Dem Rate Machiavellis, daß es für den Fürsten nützlicher sei, gefürchtet als geliebt zu werden, entgegnet er: „Ich leugne nicht, daß auch die Furcht unter gewissen Umständen sehr wirksam sei; aber ich bin der Meinung, daß ein Fürst, dessen Politik ist Furcht zu erregen, zuletzt nur über Sklaven herrschen werde und deshalb darauf verzichten müsse, von seinen Unterthanen irgend etwas Großes zu erwarten; denn was aus Furcht geschieht, das trägt den Stempel der Niederträchtigkeit, und die größten Thaten der Geschichte sind Werke der Liebe und der Hingebung" (Antim. 17).

Obwohl er in dem Irrtume befangen ist, England sei der einzige Stat, der noch revolutionäre Bewegungen zu fürchten habe, während umgekehrt England der einzige Stat war, der die Revolutionskrisen überstanden hatte, denen alle anderen Staten erst entgegengingen, so erklärt er dennoch die englische Verfassung als die weiseste, die am meisten verdiene, als Vorbild beachtet zu werden. „Dort ist das Parlament der Vermittler zwischen König und Volk, und der König hat alle Macht, Gutes zu thun, aber er hat keine Gewalt, Böses zu thun" (Antim. 19).

Es entgeht ihm also nicht, daß sein Grundprinzip mit der absoluten Monarchie wenig verträglich sei und eher auf die repräsentative Monarchie hinweise. Wenn er trotzdem als

König die ererbte Macht in ihrem vollen Umfange handhabt und es ihm nicht einfällt, die alten Landstände wieder herzustellen, deren ungerechte Beseitigung er dem allmächtigen Minister des schwachen Kurfürsten Georg Wilhelm, dem Grafen Schwarzenberg, zum Vorwurfe macht (Oeuvres I, 243), und ebenso wenig neue Reichsstände zu schaffen, so konnte er das vor sich selber mit der Erwägung rechtfertigen, daß die Gründung des neuen Preußenstates einer diktatorischen Gewalt um so mehr bedürfe, je weniger damals politische Bildung und politische Freiheit in seinem Volke zu finden war, und daß er voraus die Fähigkeit und den Beruf habe, dieses neue Werk zu schaffen. Aber er hat doch nicht bloß in seinen Schriften auf eine höhere und freiere Entwickelung der Zukunft hingewiesen, er hat dieselbe auch durch seine Thaten und seine Gesetze vorbereitet, indem er das statliche Ehr- und Pflichtgefühl der Nation weckte und steigerte, die innere Rechtsordnung reinigte und klärte, die Rechtssicherheit befestigte und sein Volk durch die bürgerliche und religiöse Freiheit zur politischen Freiheit erzog.

Die Auffassung des States als eines großen Organismus ist zwar der älteren Statswissenschaft nicht ebenso fremd wie der Statslehre, welche in der zweiten Hälfte des achtzehnten Jahrhunderts herrschend ward. Auch in dieser Hinsicht aber ragt Friedrich der Große über seine Zeitgenossen hoch empor. Die organische Natur des States ist ihm so selbstverständlich, daß er von ihrem Standpunkte aus ganz unbefangen die wichtigsten Schlüsse zieht, ohne dieselben näher zu begründen. Von da aus erscheint ihm der Fürst als das Haupt in dem Statskörper, dem alle Sinne ihre Eindrücke zuführen und von dem aus alle Bewegung ihren Anstoß bekommt. Die fürstliche Gewalt ist ihm das aktive Prinzip des States, als das Centrum der Bewegung; ihre Aufgabe und die Bedingung ihrer Macht ist, daß sie alle übrigen Glieder in sich zu einigen verstehe (Antim. 3. 20). Von da aus wird es ihm klar, daß jeder Stat seinen besonderen Charakter, sein ihm eigenes „Temperament" habe und daß auch die Staten wie die Menschen eine Zeit der aufstrebenden Jugend und des hinfälligen Alters haben und zuweilen von Krankheiten betroffen werden (Antim. 9. 12). Er spricht so in seiner Zeit fast allein den großen Gedanken der statlichen Lebensentwickelung aus. Daneben ist ihm ein zweites wichtiges Statsprinzip, die Verhältnismäßigkeit, zunächst in seinen ökonomischen Konsequenzen, wohl verständlich (Antim. 16).

Die Abneigung Friedrichs gegen den Mißbrauch der Religion zu Statszwecken und seine durchaus moderne Ansicht von der rein weltlichen Natur des States sind schon in dieser Schrift wahrzunehmen (Antim. 18. 21. 26). Als König hat er später das berühmte Wort ausgesprochen: „In meinen Staten kann jeder nach seiner Façon selig werden" und den Grundsatz der religiösen Bekenntnisfreiheit zuerst in Europa zu einem klar bewußten Statsgesetze erhoben.

Eine andere statswissenschaftliche Schrift Friedrichs, der „Versuch über die Regierungsformen und über die Pflichten der Souveräne", die er in seinem höheren Lebensalter verfaßte und in einigen Exemplaren drucken ließ (1777), beruht auf derselben Einsicht in die organische Natur des States: „Der Fürst ist für die Gemeinschaft, die er regiert, was der Kopf für den Körper; er muß für die Gemeinschaft sehen, denken und handeln, damit diese in den Besitz aller der Vorteile komme, die zu erwerben sie fähig ist. Will man, daß die monarchische Verfassung der republikanischen vorgezogen werde, so hat der Monarch nur Eine Wahl, er muß zu handeln verstehen, unbescholtenen Rufes sein und alle seine Kräfte zusammennehmen, um den ihm vorgeschriebenen Beruf zu erfüllen. Für den Fürsten gibt es nur Eine Wohlfahrt, die Wohlfahrt des States. Der Fürst muß sich oft an den Zustand der armen Leute erinnern und sich in die Lage eines Bauern oder Fabrikarbeiters hineindenken. Er muß sich fragen: Wäre ich in diesen Klassen der Bürger geboren, was würde ich von dem Souverän erwarten? Er darf nie vergessen, daß auch er ein Mensch sei, wie der Geringste seiner Unterthanen; wenn er der oberste Richter, der oberste General, der oberste Finanzmann, der erste Diener der Gesellschaft ist, so ist er das nicht, um den Schein der Hoheit zu haben, sondern um die Pflichten dieses Berufes zu üben."

Des Menschen Leben schwankt zwischen seinem Urbild und seinem Zerrbild. Auch Friedrich der Große ist diesem gemeinen Menschenlose nicht entgangen, und in manchen Fällen haben seine Handlungen dem Ideale wenig entsprochen, welches von früher Jugend an bis in sein hohes Alter seine Seele begeisterte. Aber im ganzen und großen zeigt doch sein Leben, daß es ihm Ernst war, das wissenschaftliche Prinzip, das er energischer als kein anderer ausgesprochen: „Der Fürst ist der erste Diener des States", zu verwirklichen. Sein ganzes Leben und seine seltene Arbeitskraft war in der That der Wohlfahrt des States gewidmet, den er zu einem europäischen Großstat erhoben und den er mit bewußtem Weitblicke zu seinen höchsten Lebensaufgaben erzogen hat.

Zehntes Kapitel.

Vico. Montesquieu. Die deutschen Klassiker. Herder. Filangieri.

An dem Horizonte statswissenschaftlicher Betrachtung ging nun ein glänzendes Gestirn auf, dessen Schönheit auf lange Zeit die öffentliche Aufmerksamkeit in ganz Europa fast ausschließlich auf sich zog. Mit Montesquieu beginnt in der That eine neue Entwickelungsperiode der Politik.

Bevor wir aber seine Bedeutung für die Statswissenschaft erwägen, ist es schicklich eines lange Zeit nur wenig beachteten Schriftstellers zu gedenken, dessen Werken auch Montesquieu vieles zu danken hat. Ich meine den geistreichen Neapolitaner Johann Baptista Vico (geb. zu Neapel den 23. Juni 1668, gest. den 20. Jan. 1744). Vico hatte viel Unglück in seinem Leben zu ertragen. Schon als Knabe erlitt er durch einen Fall eine schwere Hirnverletzung, die nur sehr langsam heilte. Doch trat die gefürchtete Folge der Geistesschwäche nicht ein. Vielmehr entwickelte sich schon früh sein ungewöhnlicher Tief- und Scharfsinn. Als junger Mann erhielt er eine Erzieherstelle in einem vornehmen Hause. Es war die glücklichste Periode seines Lebens, als er während neun Jahren in der Einsamkeit eines fürstlichen Schlosses mitten in der wundervollen Pracht seiner heimatlichen Natur ganz seinen Studien oblag. Da vertiefte er sich in das dunkle Geheimnis der göttlichen Gnade, überließ er sich der philosophischen Spekulation, studierte er die alten Griechen und Römer und machte er seine ersten Entdeckungen in der Geschichte des römischen Rechtes. Da auch wendete er mit Vorliebe seine Gedanken dem Naturrechte und dem State zu. Später wurde er Professor der Eloquenz an der Universität Neapel, aber war trotz dieser Stelle, die ihm nur eine Besoldung von 100 Dukaten und wenig Honorar eintrug, genötigt, wohlhabenden Jünglingen Privatstunden zu geben, um für seine zahlreiche Familie den nötigen Lebensunterhalt zu verdienen. Als ein juristischer Lehrstuhl offen war, fielen seine Verdienste und sein glänzender Vortrag weniger ins Gewicht als die schmiegsame Wohldienerei anderer Bewerber, die ihm den Vorrang abliefen. Zu den ökonomischen Sorgen gesellten sich schwere Familienleiden, die sein liebendes Gemüt bitter schmerzten. An einigen Kindern erlebte er wohl Freude, aber andere entriß ihm der Tod; eine Tochter ward von einer traurigen Krankheit niedergedrückt, ein mißratener Sohn starb im Gefängnis. Erst als der spanische Bourbon Karl III. das Königreich erhielt (1735), welchen sowohl die persönliche Neigung als das politische Interesse bewogen, die geistig hervorragenden Männer des neuen Reiches an sich zu ziehen, wurde auch Vico als königlicher Historiograph mit einer Besoldung von 100 Dukaten bedacht. Aber seine Körperkräfte waren aufgebraucht und versagten dem Geiste ihren Dienst. Er verlor nach und nach das Gedächtnis, und er ward genötigt, sich ganz ins Verborgene zurückzuziehen. Er erkannte zuletzt nicht einmal seine Söhne mehr. Nur zuweilen noch flackerte der Geist auf wie ein verlöschendes Licht. Dann erlöste ihn der Tod [1]).

Vico gehört zu den seltenen Männern, die erst nach ihrem Tode einen großen Ruf erlangen. Seine Zeitgenossen verstanden ihn nicht und kümmerten sich wenig um ihn. Erst nach einem Jahrhunderte wurde er besser gewürdigt und höher geschätzt. Er war nicht bloß ein Vorläufer von Montesquieu, er war es ebenso

---

[1]) Seine Selbstbiographie findet sich mit einem Nachtrag in der Gesamtausgabe seiner Werke Bd. 4. Übersetzt von Weber. Leipzig 1822. Opere di G. Vico ordinate ed illustrate da G. Ferrari, Vol. I—VI. Milano 1836. Ein guter Artikel über Vico in der Biographie Universelle Paris 1827.

von Herder und der deutschen historischen Schule. Unser großer Philologe **Friedrich August Wolf** gestand zu, daß die „Visionen" Vicos über Homer der von ihm erkannten Wahrheit viel näher seien als die ganze traditionelle Gelehrsamkeit. **Joh. Kasp. Orelli** wies nach, daß der geniale Scharfblick Vicos schon vor einem Jahrhundert die ältere römische Geschichte in wesentlichen Dingen ähnlich erkannt habe wie die neue Kritik **Niebuhrs**. **Goethe** verglich ihn schicklich mit **Hamann** und meinte, in seinem Buche seien „sibyllinische Vorahnungen des Guten und Rechten zu finden, das einst kommen soll oder sollte".

Das wissenschaftliche Streben Vicos ist die **Verbindung der Philosophie mit der Geschichte**. Freilich hatte viel früher als er Lord **Bacon von Verulam** auf das Bedürfnis dieser Verbindung aufmerksam gemacht und die einseitige Methode der einen, welche nur als Philosophen von den Gesetzen sprechen, wie der anderen, welche nur als Juristen dieselben erklären, scharf getadelt [1]). Vico kannte die Meinung Bacons. Aber sowohl die tief wahre Begründung als die energische Bewährung und Durchführung jenes Grundprinzipes durch Vico berechtigen uns, ihm unter den Häuptern der **historisch-philosophischen Methode** eine der ersten Stellen anzuweisen, wenngleich wir nicht verbergen wollen, daß ein mystischer Zug seiner Seele zuweilen seinen logisch klaren Geist in dunkle Labyrinthe verleitet und daß seine dichterische Phantasie gelegentlich ihre bunten Einbildungen an die Stelle der schlichten historischen Wahrheit setzt. Unter den Philosophen liebte er voraus **Platon**, unter den Historikern **Tacitus**; jener betrachte den Stat und den Menschen, wie sie sein sollten, dieser, wie sie seien. Beide zu vereinigen,

---

[1]) De augmentis scientiarum lib. 8 cap. 3: „qui de legibus scripserunt, omnes vel tamquam Philosophi vel tamquam Jurisconsulti argumentum illud tractaverunt. Atque Philosophi proponunt multa, dictu pulchra, sed ab usu remota. Jurisconsulti autem, suae quisque patriae legum vel etiam Romanarum aut Pontificiarum placitis obnoxii et addicti judicio sincero non utuntur, sed tamquam e vinculis sermocinantur."

das erklärte er für die wahre Aufgabe. In reiferen Jahren ergänzte er die Zahl seiner Vorbilder durch Bacon von Verulam und Hugo Grotius.

Seine Gedanken sprach er zuerst aus in einem kleinen lateinisch geschriebenen Werke: „Von dem einen Anfang und dem einen Ende alles Rechtes“ [1]). Wie Leibniz, dessen Geistesverwandter er ist, findet er erst Ruhe, indem er die menschliche Wissenschaft von Gott ableitet; aber wenn er auch in der Behandlung der Geschichte mit viel mehr Kühnheit verfährt als Leibniz, so wagt er doch im Denken Gottes sich nicht so weit wie dieser und ist durch das katholische Dogma strenger gebunden.

„Der wahre Gott ist der Urgrund wie der wahren Religion, so auch des wahren Rechtes und der wahren Rechtswissenschaft. Es gibt drei Elemente aller göttlichen und menschlichen Wissenschaft, nämlich das Erkennen, das Wollen, das Können (Nosse, Velle, Posse), dessen Eines Prinzip der Geist (mens) und dessen Auge der Verstand (ratio) ist, welchem Gott das Licht gibt“ (Proloquium). „Von Gott hat die Menschheit (humanitas) ihren Ursprung, von Gott wird sie regiert, zu Gott kehrt sie zurück; ohne Gott gäbe es keine Gesetze, keine Staten, keine Gesellschaft, sondern nur Vereinzelung, Wildheit, Verkommenheit und Unrecht“ (Conclusio).

„Alle Rechtswissenschaft ist auf den Verstand und auf die Autorität gestützt; sie sucht die aus beiden abgeleiteten Rechte den Thatsachen anzupassen. Dem Verstande liegt die Notwendigkeit der Natur zu Grunde, die Autorität geht aus dem Willen der Befehlenden hervor; die Philosophie erforscht die notwendigen Ursachen der Dinge, die Geschichte bezeugt den Willen. Demgemäß besteht die Jurisprudenz aus drei Teilen: der Philosophie, der Geschichte und der ihr eigenen Kunst, das Recht auf die

[1]) De universi juris uno principio et fine uno liber unus. Neapoli 1720. In den Opere Bd. 3. Ins Deutsche übersetzt von Dr. K. H. Müller. Neubrandenburg 1854. (Die lateinische Ausgabe in den Opera ist aber viel präciser und vollständiger.)

Thatsachen anzuwenden. Verstand und Autorität sind aber nicht so verschieden, daß die Wissenschaft sie völlig trennen dürfte, wie das von einseitigen Philosophen und Philologen geschehen ist. Die Autorität ist nicht mit Willkür zu verwechseln, es ist vielmehr auch Verstand darin."

„Die Menschen, die aus Körper und Geist bestehen, werden durch den Körper getrennt, weil dieser begrenzt ist, und durch den Geist geeinigt, in dem das Bewußtsein des ewig Wahren ist. Die Menschen könnten die gemeinsamen Begriffe des Wahren nicht haben, wenn ihnen nicht eine gemeinsame Idee der Ordnung inwohnte. Diese Idee gehört dem Geiste an und nicht einem einzelnen und begrenzten Geiste, denn sie einigt alle Menschen und alle Intelligenz überhaupt. Sie gehört also dem einen unbegrenzten Geiste, d. h. Gott an, die ewige Ordnung der Dinge und die ewige Wahrheit ist dasselbe. Der reine Mensch schaute Gott und liebte die Menschheit mit göttlicher Liebe. Aber auch in dem gefallenen, von Leidenschaften und Irrtümern bewegten Menschen übt die Wahrheit noch als Tugend ihre Macht aus. Wie das Wahre als Tugend den Kampf mit der Begierde besteht, so liebt es als Gerechtigkeit die Wohlfahrt (utilitas) und gleicht sie aus. Recht ist das von Natur Nützliche und nach ewigem Maßstab Billige[1]), was die Juristen aequum et bonum nennen, die Quelle alles natürlichen Rechtes. Der Mensch ist wie zur Gemeinschaft des Wahren, so auch zur Gemeinwohlfahrt geschaffen. Er ist daher ein geselliges Wesen von Natur[2])."

„Der Nutzen ist nicht die Mutter des Rechtes und der menschlichen Gesellschaft, mag man den Nutzen nun in der Abwehr der Not oder der Furcht vor dem Bedürfnis suchen, sondern die äußere Gelegenheit (occasio), um deren willen die von Natur geselligen Menschen sich verbanden. Die Rücksicht auf den Nutzen

---

[1]) I, 44. „Jus est in natura utile aeterno commensu aequale."

[2]) I, 45. „Natus ad societatem veri rationisque colendam; igitur factus ad communicandas utilitates ex vero et ratione —; igitur homo est natura socialis."

entwickelt in dem Geiste den Willen des Gerechten. Das Billige wird erkannt, das Gute wird gewählt, und so besteht das natürliche Recht aus der Wahl des Guten, was als billig erkannt worden. Dieses Recht, das aus dem ewig Wahren besteht, haben die Lateiner fas genannt, d. h. die ewige Ordnung der Dinge, die Gemeinschaft des Billigen und Guten, welche zugleich die Gemeinschaft des Wahren ist. Die Wahrheit ist daher das Prinzip alles natürlichen Rechtes. Das Wahre ist auch das Billige und Gerechte. Die ewige Gerechtigkeit will „jedem das Seine" (suum cuique) zukommen lassen, weil sie die ewige Wahrheit ist."

„Es gibt aber ein zweites sekundäres natürliches Recht, welches jenes erste primäre voraussetzt und, wie Ulpian sagt, weder ganz ihm dient noch ganz von ihm abweicht, sondern teilweise hinzufügt, teilweise davon wegnimmt. Der Verstand (ratio) ist die Seele dieses Rechtes. Man muß unterscheiden zwischen dem Geiste des Gesetzes und dem Grunde und Sinne des Gesetzes (mens legis et ratio legis). Der Geist des Gesetzes ist der Wille des Gesetzgebers, der Sinn des Gesetzes ist die Übereinstimmung desselben mit den thatsächlichen Verhältnissen. Die Thatsachen können sich ändern und der Wille des Gesetzgebers kann sich ändern, aber die Übereinstimmung des Gesetzes mit den Thatsachen kann sich nicht ändern, daher ändert sich der Sinn des Gesetzes nicht. Wenn die Thatsachen sich ändern, so hört der Sinn auf, aber kann sich nicht verwandeln. Der Geist des Gesetzes sieht auf das Nützliche, das der Veränderung unterworfen ist; der Sinn des Gesetzes auf das Sittliche, welches ewig ist."

„Das primäre Recht ist ewig wahr; das sekundäre Gesetzesrecht hat zwar auch Wahres in sich, aber es hält sich zunächst an das Gewisse. Das Gesetz ist gewiß, auch wenn es nicht völlig wahr ist. Das Gewisse weist auf die Autorität hin, wie das Wahre auf den Verstand. Nicht von allem, was unsere Vorväter beschlossen haben, können wir die Ursachen erkennen, aber wir müssen ihre Gesetze dennoch als etwas Gewisses beachten. Der praktische Jurist sieht mehr auf das Gewisse, der Philosoph auf das Wahre."

„Es gibt auch eine natürliche Autorität der menschlichen Natur, welche göttlichen Ursprunges ist. Auf ihr ruht auch die Autorität des Rechtes. Die Macht der vorzüglicheren Natur ist das natürliche Grundgesetz und in ihr wirkt die Autorität. Die Römer nannten das erste Willensrecht des Eigentumes und des vormundschaftlichen Schutzes auctoritas."

„Das erste Rechtsganze ist, was der einzelne das Seine (suum) nennt an Eigentum, Freiheit, Schutzrecht; das zweite weitere ist das Patrimonium, welches auch das Vermögen der Kinder und die Dienstleistungen der Klienten mitbegreift; das umfassendere Rechtsganze ist aber das dritte, der Stat, indem er auch die Patrimonien der Familienhäupter mitumfaßt. Die göttliche Vorsehung hat es so geordnet, daß die Macht der Verhältnisse zum State führte. Wie aus der körperlichen Versammlung der Menschen eine körperliche Erscheinung des States entsteht, so fließt aus der Willensübereinstimmung der Statsgeist. Der Verstand desselben ist die architektonische Gerechtigkeit und der treibende Geist darin die bürgerliche Autorität. Die öffentliche Macht hat jenen Verstand und diesen Willen und heißt daher Statsperson. Ihr Leben ist die öffentliche Wohlfahrt, welcher das Leben aller in sich schließt."

„In der Statenbildung erhebt sich das Eigentum aller zum Hoheitseigentum (dominium eminens), die Freiheit des einzelnen zur Bürgerfreiheit und die gesamte Macht der Familienväter zur höchsten Obergewalt (summum imperium). Das hoheitliche Eigentum ist mächtiger als alles Privatrecht und übt über die Personen und das Vermögen der Bürger um der gemeinen Wohlfahrt willen diese Macht aus. Die bürgerliche Freiheit besteht darin, daß die Bürger ihre Gesetze, ihre Beamten und ihre gemeine Kasse haben. In der obersten Statsgewalt liegt auch die Strafgewalt gegen die schuldigen Bürger und die Kriegsgewalt gegen die Feinde. Von ihr kommen die Gesetze und die Behörden. Wie das Universum von Gott beherrscht wird, so hat die Statsgewalt im State außer Gott niemanden über sich und alle unter sich; und wie Gott seine höchste Freiheit der ewigen Vernunft gemäß übt, so beachtet auch die Statsgewalt in ihrer Freiheit ihr eigenes Gesetz als ihre Vernunft. Wie in Gott, so sind auch in ihr Macht und Wille eins, und es tritt analog an die Stelle des göttlichen Fas nun das statliche Jus."

„Aus dem Schutzrecht, dem Eigentum und der Freiheit sind drei reine Statsformen entstanden: die aristokratische, die königliche und die volksfreie. Die erste beruht auf der Überordnung der Stände, die zweite auf der Herrschaft Eines Mannes, die dritte auf dem gleichen Stimmrecht, der freien Meinungsäußerung und dem offenen Zutritte zu den Ämtern. Die rein aristokratischen Staten werden vorzüglich durch die Sitten regiert, die rein monarchischen durch den Willen der Herrscher, die freien durch die Volksgesetze. In der menschlichen Geschichte finden wir zuerst die Aristokratie, welche in der heroischen Weltperiode am weitesten verbreitet ist. Dann folgt die reine Herrschaft eines einzelnen in der späteren geschichtlichen Periode wie überall in Asien. Zuletzt die volksfreie Statsform, in welcher der Verstand und das Gesetz am meisten vermögen. Die Natur der Völker hat aber einen großen Einfluß auf die Statsform. Die kräftigen europäischen Völker verlangen eher Schutz als Herrschaft, während der Orient sich in Ruhe der Despotie ergibt. Wird die Ordnung der Natur nicht gewahrt, so gehen darüber die Staten unter; verdorbene Staten werden dadurch verbessert, daß man sie auf ihre ursprünglichen Einrichtungen zurückführt oder daß die ursprünglichen Institutionen in die gegenwärtigen fortgebildet werden, was dasselbe ist" [1]).

---

[1]) 93. „Corruptae autem respublicae emendatione reparantur, si praesentia ad pristina instituta revocentur, aut pristina instituta ad

„Die kriegerische Gewalt selbst muß die höchsten Statsgewalten belehren, daß sie der ewigen Vernunft und der ewigen Gerechtigkeit, d. h. Gott unterworfen sind; denn indem sie sich als Feinde anerkennen, betrachten sie sich als Gleiche und damit auch als nur Gott unterthänig; denn die Gleichheit ohne eine einheitliche Leitung, welche über ihr steht, hat keinen Sinn. Die Formeln der Fecialen bezeugen das, und Dichter, Historiker und Juristen sprechen es aus, daß das heilige Völkerrecht (fas gentium) im Kriege gelte. So ist von der göttlichen Vorsehung den Völkern durch ihre eigenen Sitten die Einsicht erschlossen worden, welche die stoischen Philosophen kaum durch die feinsten Schlüsse erlangen konnten, daß das Völkerrecht und vorzugsweise im Kriege die Lehre enthalte, alle Staten der Erde bilden nur Einen großen Gesamtstat, an dessen Gemeinschaft Gott und die Menschen sich beteiligen, jene Verbindung des Wahren und des Verständigen, welchem der eine Gott vorsteht und die Menschen untergeordnet sind, in welchem die obersten Statsgewalten gleichsam den Stand der Aristokraten bilden, um gute und fromme Kriege zu führen, d. h. zur Abwehr des Unrechtes“ [1]).

„Aus den drei reinen Statsformen sind andere ermäßigte entstanden, welche von Natur ebenfalls rein, aber in Folge von Verträgen gemischt sind. Der Grund dieser Mischung liegt darin, daß der Machthaber, um seine Macht im wesentlichen zu erhalten, sich der Oberherrschaft eines Stärkeren unterordnet oder der Beschränkung durch einen andern fügt.“

---

praesentia producantur; quod est tantumdem.“ Gewöhnlich meint man, Montesquieu habe diese wichtige Wahrheit, die nichts anderes ist als eine einzelne Anwendung des Rohmerischen Satzes: „Die Eigenschaft schöpft in ihrer Unterlage ihre Lebenskraft, die Entwickelung darf nur der Anlage gemäß sein“, zuerst ausgesprochen. Er hat sie aber schon bei Vico vorfinden können.

[1]) 156. „Et ita gentibus a Divina Providentia intelligere datum est moribus ipsis, quod Stoici vix subtilibus rationibus sunt assecuti, jus gentium docere et maxime bellis docere, quod omnes Orbis terrarum Respublicae una civitas magna sit, cujus Deus hominesque habent communionem.“

Am sorgfältigsten untersucht Vico die Rechtsinstitutionen und Begriffe der Römer, auf deren welthistorischen Beruf für die Rechtswissenschaft und den Stat er mit Nachdruck hinweist, ohne die Rechtsentwickelung mit der römischen Gesetzgebung abzuschließen. In Hinsicht sowohl auf seine Grundanschauung als auf das römische Recht unterscheidet er das unmittelbare natürliche Recht, das strenge Recht und das billige Recht (jus directum, strictum, aequum). „Das erste entspricht genau den thatsächlichen Verhältnissen. Es herrscht nicht, sondern leitet nur und gleicht aus. Das zweite ist dem Worte nach mit den Thatsachen im Einklang, aber dem Sinne nach unbillig. Das dritte paßt dem Sinne nach zu den Thatsachen, aber im Widerspruch mit dem Ausdruck (der Form) des Rechtes; es ist das nützliche Recht. In den Staten, welche keine Gesetze haben, sondern im einzelnen Falle entschieden wird, will man jenes unmittelbare Recht, in den aristokratischen Staten gilt das strenge, in den volksfreien das billige Recht, und zwar wenn sie eine demokratische Verfassung haben, so daß die Beredsamkeit auf dasselbe einen Einfluß übt, und wenn sie eine monarchische Verfassung haben, mit einfacher Würdigung der thatsächlichen Momente."

Die ganze Rechts- und Statslehre Vicos hat so einen theologischen Charakter. Er nennt sie auch eine weltliche und bürgerliche Theologie. Aber sie unterscheidet sich doch von der theologisierenden Richtung sowohl des Mittelalters als mancher späteren sehr erheblich. Sie verhält sich weder feindlich gegen die Geschichte der Völker, noch verachtet sie die philosophischen Gedanken. Vielmehr sieht sie gerade in der menschlichen Erforschung der Ideen, welche aus dem göttlichen Geiste stammen und die Geschichte bewegen, die eigentliche Aufgabe der Wissenschaft. Obwohl sie daran festhält, daß auch das Recht der Menschen ursprünglich von Gott komme und zu Gott führe, und obwohl sie keinen Augenblick sich von dem beruhigenden Glauben an die göttliche Weltregierung entfernt, will sie doch nicht die entwickelten Statenzustände in die eigentliche Theokratie zurückführen und erkennt den Fortschritt der menschlichen Entwickelung willig an. Der Gedanke der Erziehung des Menschengeschlechtes, den unser Lessing so herrlich entfaltet hat, ist dem Keime nach schon in der Wissenschaft Vicos zu finden.

Immer aber bleibt Vico, ein so tiefer Denker und ein so scharfblickender Geschichtsforscher er ist, geistig insofern gebunden, als er sich nicht traut, die volle menschliche Geistesfreiheit des mündig gewordenen Sohnes zu üben, der sich in relativer Selbständigkeit auch dem ewigen Vater gegenüberstellt und gerade dadurch seinen höchsten Beruf erfüllt. Er wagt sich nicht aus dem väterlichen Hause heraus und löst seine Schritte nicht ab von dem Bande der geoffenbarten Religion. Das Recht erscheint ihm daher, obwohl er es als ein vermitteltes menschliches erklärt, zu sehr und immer als ein göttliches, so daß sein menschlicher Wert und seine menschliche Beschränkung nicht zu voller Klarheit gelangen können.

Das Gesagte gilt auch von seinem größeren und berühmtesten Werke, den Grundzügen einer neuen Wissenschaft über die gemeinschaftliche Natur der Völker[1]), in welchem er seine Ansichten noch weiter und ausführlicher dargelegt hat. Hier spricht er zuerst den großen Gedanken aus, daß das Leben der Völker in ihrer Entstehung, ihren Fortschritten, ihren Zuständen, ihrem Verfall und ihrem Ende von ewigen Gesetzen bestimmt werde, und daß es daher eine ideale Völkergeschichte gebe, welche diese Gesetze darlege. In der Sprache, im Recht, im Charakter und in den Werken der leitenden Menschen sucht er nun die innere Gleichartigkeit und Gemeinschaft der nationalen Entwickelung aufzudecken. So unvollkommen ein erster Versuch

[1]) Principi di una scienza nuova d'intorno alla commune natura delle Nazioni. Zuerst Neapel 1725. Zwei Ausgaben, in den Opere T. 4 et 5. Ins Deutsche übersetzt von Dr. W. E. Weber. Leipzig 1822.

der Art ausfallen mußte, so inhaltschwer und zum Nachdenken anregend sind doch seine geistreichen Betrachtungen.

Er unterscheidet nach dem Vorgange der ägyptischen Weisheit drei große Weltalter: das göttliche, das heroische und das menschliche.

Im ersten Weltalter herrschen die Götter, entweder wie bei den Juden der wahre eine Gott, und die Verfassung ist die reine Theokratie, oder wie bei den Heiden die falschen Götterideen. Nur vor den übermenschlichen Mächten, die sie als Götter fürchten und verehren, scheuen und beugen sich die rohen, wilden Menschen. Es gibt in dieser Zeit noch keine Jurisprudenz, sie geht ganz in der Theologie auf, wie das Recht in der Religion und in der Poesie. Gott fügt es, daß die gigantischen Menschen durch ihre eigenen Einbildungen geschreckt und gezähmt werden. Die Mythologie ist nicht ein Werk des Priesterbetruges, sondern des poetisch erregten Gemütes; sie ist eine welthistorische Notwendigkeit und viele Weisheit in ihren Bildern halb verborgen, halb ausgesprochen. Was die Dichter geschaut hatten, das begriffen im Verfolg die Philosophen, wie denn überhaupt der Gedanke erkennt, was die Sinne ihm zuvor gezeigt haben.

Dann folgt das zweite heroische Weltalter. Man könnte es auch das herkulische nennen, denn jede heidnische Nation hatte ihren eigenen Herkules, welcher ein menschlicher Sohn Jupiters war. Nun gelangen Menschen zur Autorität, aber Menschen von seltener Kraft und Tugend, die unmittelbar von den Göttern gezeugt scheinen. Noch wirkt die poetische Kraft, vorzugsweise aber die religiöse Poesie verwandelt sich in die heroische, deren größte Erscheinung die Homerischen Gesänge sind. Erst schwer und spät lernt der menschliche Geist sich selbst verstehen. Die erste Wissenschaft ist noch Poesie. Da der Mensch zuerst das Notwendige, dann erst das Nützliche und noch später das Bequeme empfindet, so erheben sich zuerst unter den Menschen die Ungetümen und Ungeschlachten, wie die Polypheme, dann die Großsinnigen und Stolzen, wie die Achilles. Das ist die Zeit der höheren Stände und der natürlichen Aristokratie. Auch das Recht, wie voraus das römisch-pratrizische, hat den Charakter der bildlichen, aber strengen Form und der harten Notwendigkeit. Der herrschende Stand ist der der Heroen. Seine Familienväter treten zusammen und einigen sich über die gemeinsamen Dinge. Vor allen gilt nun das Ansehen und die Kraft der gesprochenen Worte. Das heroische Recht ist zugleich das Recht der Waffen und der Worte. Aber auch die Zweikämpfe und der Krieg werden nun durch Rechtsformen geheiligt und normiert. Vico wirft der naturrechtlichen Schule seit Grotius vor, daß sie von der Entstehung der Staten geredet haben, wie wenn schon von Anfang an civilisierte Menschen dagewesen wären, und daß sie ihr Naturrecht nur für solche höhere Kulturperioden ausgebildet haben, während die Menschen doch nur sehr allmählich aus rohen und barbarischen Zuständen zur Kultur aufsteigen. Selbst die Heroen werden noch von rohen und selbstsüchtigen Leidenschaften heftig bewegt, die übrige Menge aber wird mit der Autorität der Religion und der Gewalt nur schwer beherrscht.

Die Sorge für die Gräber, die Weihe der Ehen, die Verteilung des Bodens zu Sondergütern und die Abgabe solcher zu abgeleitetem Besitze auch an die niederen Familien, die Gründung von Städten, die Erhebung von obrigkeitlichen Gewalten und der alten Geschlechterkönige, das gehört dem heroischen Rechte an. Vollbürger aber sind nur die Häupter und Glieder der aristokratischen Familien. Was sich vor der klassischen Kultur in Griechenland und in Italien zeigte, wiederholt sich in der erneuerten Halbbarbarei des Mittelalters. Das war eine zweite heroische Periode in Europa.

Erst das dritte Weltalter hat einen humanen Charakter. In ihm kommt die Intelligenz endlich zur Macht und die menschliche Natur zur Anerkennung. Die Sitten der heroischen Zeit waren noch gewaltthätig und heftig, die der humanen Zeit werden friedlich, gemäßigt, milde. Die bürgerlichen Pflichten werden gelehrt. Achill setzt noch sein Recht auf die Spitze seines Schwertes. Das humane Recht aber wird von dem menschlichen Verstande diktiert.

In diesem Weltalter wird der humane Stat auf die wesentliche Gleichheit der intelligenten menschlichen Natur gegründet, und gleichmäßige Gesetze erstrecken sich über alle, denn alle sind nun freigeborene Bürger des Gemeinwesens; der Vorzug der heroischen Aristokratie ist untergegangen. Entweder ist die Verfassung in dieser Zeit eine populare (Demokratie) oder sie wird als Monarchie geordnet. Gewöhnlich geht die volksfreie Republik der volksfreien Monarchie vorher. Indem sich jene nicht erhalten können, gehen sie in diese über; aber die Monarchen sind genötigt, nach den Gesetzen zu regieren, und nur dadurch vor den anderen Bürgern ausgezeichnet, daß ihnen die äußere Gewalt anvertraut ist. Diese Kulturmonarchie darf nicht verwechselt werden mit dem alten aristokratischen Fürstentum der Heroenzeit. Daß die heroische Periode des Mittelalters für Europa nun vorüber sei, hat Vico wohl bemerkt und daraus den Untergang der heroischen Statsform erklärt. (In der Einleitung zu Weber S. 29.)

Die natürliche Billigkeit wird nun als Recht erkannt und geschützt, und die Rücksicht auf die gemeine Wohlfahrt wird für die Gesetzgebung entscheidend. Im römischen State wurde so das heroische Civilrecht durch das prätorische Edikt verbessert, und das humane Naturrecht der Provinzen verdrängte allmählich das spezifische altrömische strenge Recht. An die Stelle der Autorität der Vornehmen und des Senates tritt nun die Autorität des Kredites und das Ansehen der Weisheit. Eine gemeinverständliche Sprache wird überall verbreitet und tritt in unverhüllter Prosa klar und offen auf. Man gibt Rechenschaft auch von den Gesetzen und erklärt ihre Ursachen und ihre Zwecke.

Vico begründet die Notwendigkeit des Königtumes in dem humanen Zeitalter, nicht, wie ihm oft nachgesagt wurde, in dem Sinne, daß er darin die vollkommenste Darstellung des civilisierten

States erkennte — er ist im Gegenteil mit Aristoteles darin einverstanden, daß die Politie (veredelte Demokratie) sein Statsideal ist — aber als ein relatives Bedürfnis der Völker, welche sich nicht lange auf der Höhe der humanen Demokratie erhalten können. Er sagt darüber (Buch 4 Kap. 20, bei Weber S. 767, Opere V, 556): „Die Macht der Verhältnisse gründet die Königreiche. Es gibt eine natürliche lex regia, welche in der natürlichen und allezeit anwendbaren Formel begriffen ist, daß von der Zeit an, wenn in den freien Republiken alle nur auf ihre Privatinteressen schauen und diesen die Waffen des States dienstbar machen zum Verderben ihrer eigenen Völker, daß dann um der Erhaltung dieser Völker willen Ein Mann sich erhebe, wie unter den Römern Augustus, welcher mit der Gewalt der Waffen die Sorge für das öffentliche Wesen an sich bringe und nur die Sorge für ihr Privatwohl den Unterthanen überlasse, an den öffentlichen Angelegenheiten aber ihnen nur den Anteil verstatte, den er für zweckmäßig erachte, daß daher nur auf diese Weise die Völker gerettet werden, die sonst sich aufreiben würden."

Sieht man recht zu, so kommt er auch zu diesem allgemeinen Satze, weil er zu sehr die Entwickelung des römischen States als Vorbild vor Augen hat. Um bei seiner Sprechweise zu bleiben, ist diese Monarchie offenbar ein neues Stück Heroentum auf dem Gebiete des öffentlichen Rechtes, und nur das Privatrecht bleibt human. Die logische Konsequenz seines Prinzipes hätte ihn dahin leiten sollen, auch eine humane Organisation des modernen Einheitsstates in seiner konzentriertesten Form als Ziel zu fordern, mit anderen Worten, die Idee der repräsentativen modernen Monarchie zu finden. Aber weil er in der bisherigen Geschichte kein klares Vorbild dafür erblickte und offenbar die englische Verfassung seit der zweiten Revolution nicht kannte, so kam dieser Gedanke, dessen Vorläufer und Keime sich bei ihm finden, nicht zum Durchbruch.

Die Ahnung einer vollkommeneren Statenbildung spricht er in dem Schlußkapitel seines Werkes aus. Indem er sich auf das

Zeugnis Platons beruft, sagt er: Von Anfang an hatte die Vorsehung als höchstes Ziel die Bildung einer natürlichen Aristokratie vor Augen, in welcher die Tüchtigsten die Leitung haben. Zuerst zwang sie die Stärksten von gigantischer Gestalt, die wie das Wild umherschweiften, durch die Schrecken der Natur zur Verehrung des Göttlichen. Diese schwankten noch zwischen den Trieben ihrer tierischen Begierden und den stachelnden Hemmnissen ihres Aberglaubens und lernten allmählich die menschliche Freiheit üben, indem sie ihre Begierden durch den Geist zügelten. Es entstand die Ehe, und die Familienväter hatten zuverlässige Frauen und gewisse Kinder. So ordnete die Vorsehung die geschlossenen Hausstaten unter den Vätern, welche die ersten waren ihrer Geschlechter an Stärke, Alter, Frömmigkeit, die aristokratischen Fürsten. Der Ackerbau führte die heutige Festigkeit des Gemeinwesens herbei, und die Wilden und Schandbaren wurden unterworfen. Freistätten wurden für die Schwachen und Verfolgten eröffnet, in der Klientel fanden die Niedrigen Schutz. Es entstanden die heroischen Staten. Als aber die Schutzherren mit der Zeit ihre Gewalt mißbrauchten und anfingen, ein hartes Regiment über ihre Pfleglinge zu üben, als sie dadurch die Schranken der natürlichen Ordnung überschritten, da erhoben sich die Klienten zum Widerstand. Weil aber ohne Ordnung, oder was gleichbedeutend ist, ohne Gott die menschliche Gesellschaft keinen Augenblick bestehen kann, ließ die Vorsehung durch Bildung von neuen Ständen und Gemeinden die bürgerliche Ordnung entstehen. Als dann im Laufe der Jahre die Geister der Menschen sich mehr entwickelten, wurden die Plebejer die Nichtigkeit der adeligen Geburt gewahr und erkannten die Gleichheit der menschlichen Natur. Deshalb verlangten sie auch für sich den Eintritt in die bürgerlichen Stände und Teilnahme an der Statseinrichtung. So entstanden die volksfreien Republiken. Damit aber nicht der Zufall durch das Los regiere damit die Betriebsamen vor den Trägen, die Sparsamen vor den Verschwendern, die Bedächtigen vor den Müßigen, die Hochherzigen vor den Engbrüstigen den Vorzug erhalten, ordnete sie es an, daß die Menschen auf den Census kamen, als einen Maßstab der Tugend oder doch des Scheines der Tugend. Es wurden gerechte Gesetze gemacht, die Aristoteles trefflich erklärt als den Ausdruck des leidenschaftslosen Gemeinwillens. Die Philosophie offenbarte die Wahrheiten des Gedankens, und die Gottheit ordnete es, daß nun die Menschen nicht mehr aus bloßem religiösen Antriebe tugendhaft waren, sondern die Tugenden auch in der Idee begreifen und schätzen lernten. Aus der Philosophie ließ sie die Beredsamkeit hervorgehen, welche für das Gute begeistere und die Völker bestimme, gute Gesetze zu geben.

Aber als die volksfreien Staten entarteten und mit ihnen die Philosophie zur Sophisterei verdarb, als eine falsche Beredsamkeit aufkam, als Faktionen und Bürgerkriege den Frieden störten und die schlimmste der Tyranneien, die Anarchie, sich zeigte, da bedurfte die Vorsehung neuer Heilmittel. Sie hatte drei Wege. Zunächst sorgte sie dafür, daß unter den Völkern ein Monarch aufstehe, der mit der Gewalt die öffentliche Ordnung herstelle und handhabe und zugleich die Gesetze und die Freiheit schütze, ohne welche die Monarchie unhaltbar ist. Zweitens, wenn die Vorsehung im Innern des States eine solche Persönlichkeit nicht findet und das Volk zu tief verdorben ist, so ruft sie eine fremde Gewalt herbei und unterwirft das entartete Volk ihrer Herrschaft, wodurch zwei moralische Grundgesetze offenbar werden, das eine, daß, wer sich nicht selbst beherrschen kann, sich der Herrschaft eines anderen fügen muß, und das andere, daß in der Welt allezeit die von Natur Besseren zur Herrschaft kommen sollen. Wenn endlich die Entartung noch schlimmer geworden und auch von der Fremdherrschaft keine Besserung zu erwarten ist, dann läßt die Vorsehung solche Völker von reflektierter Bosheit wieder geistig verkommen und wirtschaftlich versinken, bis nach und nach eine neue Barbarei da ist und mit dieser trotz aller Verwilderung wieder die Einfachheit und die Empfänglichkeit für religiöse Eindrücke. Dann beginnt wieder der Kreislauf, der schon einmal durchlaufen war.

Diese ganze große durch Jahrhunderte fortgesetzte Entwickelung der Völkergeschichte ist nicht das Werk des Zufalles, noch selbst einzelner erleuchteter Gesetzgeber, denn es ist sowohl Wahl der Mittel als fortwirkende Notwendigkeit darin. Sie kann nur das Werk eines überlegenen, nicht auf ein Einzelleben beschränkten Geistes sein, und dieser Geist ist kein anderer als der Geist Gottes, der sich dem menschlichen Geiste offenbart und auf denselben wirkt. Ohne Gottesfurcht kann daher keine menschliche Weisheit bestehen.

Man hat Montesquieu vorgeworfen, daß er die Ideen Vicos ausgebeutet habe, ohne diesem die Ehre zu erweisen. Es ist nicht unwahrscheinlich, daß Montesquieu auf seiner Reise nach Italien von den Schriften Vicos Kenntnis erhalten habe. Es kann sein, daß er durch dieselben geistig angeregt und daß seine Gedanken von den Gedanken Vicos erweitert und befruchtet worden sind. Aber das berühmte Werk Montesquieus über den Geist der Gesetze ist doch in seiner Anlage und in seiner Ausführung so ganz die ursprüngliche Arbeit und der eigentümliche Ausdruck des französischen Statsphilosophen, daß er nicht veranlaßt war, alle die Vorgänger zu nennen, denen er dieses oder jenes verdankte.

Montesquieu gräbt nicht so tief wie Vico. Er bewegt sich lieber auf der sichtbaren Oberfläche. Er will nicht die verborgenen Ratschlüsse Gottes ergründen, aber er spürt mit aufmerksamem Geiste nach den Gesetzen, die in den mannigfaltigen Erscheinungen des Menschenlebens offenbar werden. Sein Ernst ist stets mit heiterem Witze gepaart. Sogar wenn er die Mißregierung seiner Zeit und die sittlichen Schwächen seines Volkes züchtigt, spielt sein liebenswürdiger Humor mit. Seine Gegner schlägt er nicht mit Keulenschlägen nieder, er übergießt sie mit der Lauge der Ironie und des Spottes. Während nur wenige Denker die Anstrengung nicht scheuten, dem Gedankengange Vicos in die dunkeln Tiefen nachzufolgen, wurde ganz Frankreich und ein großer Teil der europäischen gebildeten Welt von den Schriften Montesquieus ergötzt und belehrt. Es ist ihm in hohem Grade geglückt, den schlafenden Geist der politischen Kritik in Europa aufzuwecken, durch die rationelle Vergleichung der heimischen mit verwandten oder verschiedenen Statszuständen die politische Einsicht zu bereichern und das politische Raisonnement zu beleben. Es ist wahr, das Gebäude, das er errichtet hat, hat keine massiven Fundamente. Es ist weder wie ein Dom noch wie eine Königsburg angelegt. Aber in dem leichten und durchsichtigen Bau ist wie in unseren modernen Glaspalästen viel Merkwürdiges zu sehen, das Ganze ist geschmackvoll geordnet, das Einzelne gefällig placiert. Die Wissenschaft erscheint hier in einer eleganten Gestalt und geschmückt mit den Reizen der Kunst.

Sicher hat die feine und vornehme Form viel Anteil an der raschen Verbreitung und Wirksamkeit des Werkes gehabt. Aber mehr noch als die Form hat die politische Richtung, welche Montesquieu einhielt und empfahl, den Erfolg begünstigt. Vor ihm hatte man in Frankreich wohl gewagt, gegen den kirchlichen Absolutismus zu schreiben. Aber die absolute Monarchie einer wissenschaftlichen Kritik zu unterwerfen und die konstitutionelle Freiheit Englands zum Vorbild für die neue Statslehre zu wählen, das war in Frankreich und auf dem ganzen Kontinente noch unerhört. Durch diese kühne That hat Montesquieu dem neuen Zeitgeiste und der modernen Statswissenschaft die Wege bereitet und den Beifall der gebildeten Welt verdient.

„Charles de Secondas, Baron de la Brède et de Montesquieu", wie sein vollständiger Adelsname heißt, wurde auf dem väterlichen Schlosse De la Brède bei Bordeaux den 18. Januar 1689 geboren. Der Jüngling widmete sich mit einer schwer zu sättigenden Wißbegierde den Studien eines Rechtsgelehrten und übte seinen Geist frühzeitig, indem er aus den unermeßlichen Gesetzeswerken die leitenden Grundgedanken herauszufinden suchte, in den Arbeiten, welche sein berühmtes Werk vorbereiteten. Im Jahre 1716 erbte er die Güter eines väterlichen Onkels, welcher Präsident des Parlaments von Bordeaux gewesen war, und wurde nun selber an dessen Stelle ernannt. Er hatte weniger die Glanzperiode Ludwigs XIV. als den Druck und das Elend kennen gelernt, welches als Wirkungen jener Politik des Ehrgeizes und der Hoffahrt so schwer auf Frankreich lasteten. Seine männliche Reife fiel in die erbärmliche Zeit der Regentschaft Philipps von Orleans und unter die Regierung Ludwigs XV. Man begreift es, wenn die romantische Schwärmerei für das göttliche Recht der absoluten Fürsten ihn nicht verlockte und er sich nach besseren Garantien für das Wohl der Völker umsah. In seinen Persischen Briefen, die zuerst 1721 erschienen und ungeheures Aufsehen machten, schwang er in der Maske eines Persers, der Paris und die europäischen Sitten studiert, die Peitsche seiner launigen Satire über die kirchlichen und die politischen Zustände seiner Zeit und seiner Nation. Der Ruhm dieser Schrift öffnete ihm die Thüre in die französische Akademie, und als die Intriguen des höheren Klerus die königliche Bestätigung zu hintertreiben drohten, wußte er den Kardinal Fleury persönlich zu gewinnen und diesen Widerspruch zu vereiteln.

Seine Natur eignete sich nicht zu einem statsmännischen Berufe. Im Verkehre mit Menschen war er schüchtern und befangen. Es war ihm unmöglich, in einer Versammlung frei zu sprechen. Nur in der Stille und Abgeschlossenheit des Studierzimmers fand sein Geist den nötigen Mut und die Schwungkraft, die ihn in die Höhe hob und ihm einen weiten Umblick eröffnete. Er war in eminentem Sinne ein Statsgelehrter, aber mit aristokratischen Manieren. Um sich besser zu unterrichten, machte er große Reisen. Er ging erst nach Wien, wo er den Prinzen Eugen kennen lernte, und nach Ungarn, besuchte dann Venedig, wo er den großen Schwindler Law traf, der damals aus den glänzenden Höhen des Reichtumes und der Macht in dunkle Armut herabgestürzt war, aber noch immer an seinen Projekten arbeitete, und den Grafen Bonneval fand, der erst einen Teil seiner Abenteuer erlebt hatte. Dann hielt er sich einige Zeit in Rom, in Genua, in der Schweiz und in Holland auf. Vor allen aber interessierte ihn England, wo er mit großer Auszeichnung aufgenommen wurde. Er blieb zwei Jahre da und studierte die öffentlichen Zustände. Reich an Wahrnehmungen aller Art zog er sich nun in sein Vaterland und auf sein Schloß zurück, um in ruhiger Abgeschiedenheit sein Werk zu bearbeiten.

Die Betrachtungen über die Ursachen der Größe und des Verfalles der Römer, welche zuerst 1734 erschienen, waren wie eine kleine Schrift: Erwägungen über die Universalmonarchie in Europa, die kaum gedruckt, wieder der Öffentlichkeit entzogen wurde, nur vorweggenommene und im einzelnen weiter ausgeführte Bruchstücke seines größeren Planes, den er in dem Werke De l'esprit des Lois vollzog. Als er damit fertig war, nach zwanzigjähriger Arbeit, schickte er das Manuskript an zwei Freunde, Helvetius und Saurin, um deren Meinung zu vernehmen. Beide rieten ernstlich von dem Drucke ab und fürchteten, Montesquieu werde nun den hohen Ruf eines Weisen und Gesetzgebers einbüßen und nur noch als Jurist, Edelmann und Schöngeist geachtet werden. So wenig erkannten sie die Bedeutung des Buches. Aber Montesquieu ließ sich nicht beirren. Das Werk erschien zuerst 1748 und hatte einen fabelhaften Erfolg. In anderthalb Jahren wurden 22 Auflagen nötig. Es wurde in fast alle Sprachen sofort übersetzt, und es schadete ihm nicht, daß es in Österreich verboten ward.

Freilich wurde das Werk auch von vielen angegriffen. Auch diesmal wieder war die überkirchliche Partei voran und klagte laut über die angebliche Irreligiosität des Autors. Montesquieu sah sich zu einer Erwiderung genötigt und schrieb eine „Verteidigung des Geistes der Gesetze", welche durch ihre gemäßigte und feine Form und durch ihren aufrichtigen Inhalt einen sehr günstigen Eindruck machte. Lächelnd und scherzend setzte er seine Gegner auf den Boden. Der theologischen und litterarischen Stechfliegen aber konnte er sich in den sonnigen Tagen seines Ruhmes nicht ganz erwehren. Noch dem Sterbenden setzten die Jesuiten zu, daß er frühere frivole Äußerungen widerrufe. „Für die Religion bin ich bereit, alles zu thun, für die Jesuiten nichts", sagte er seinen Freunden. Er starb den 10. Februar 1755[1]).

Ich finde, Montesquieu ist doch eher seinem Landsmann Bodin verwandt als dem Italiener Vico. Mit beiden hat er gemein, daß er die philosophische Spekulation mit der historischen Betrachtung der Völker verbindet. Aber er bewegt sich leichter als beide, und wenn er auch an gelehrtem Wissen von Bodin und an Tiefsinn von Vico übertroffen wird, so hat er doch glücklichere politische Instinkte als beide. Was jene mühsam erforschen und ergründen, das und mehr noch erhascht er im Fluge; und das Gold und Silber, das jene mit vieler Arbeit zu Tage fördern und in dem Schmelzofen reinigen, das prägt er in gangbare Münzen aus und setzt sie in Umlauf unter allem Volk.

Das ganze Werk ist eher eine Darstellung der Politik als des Statsrechtes. Sogar wenn er die historischen Verfassungen zeichnet, deutet er mehr auf die bewegten Tendenzen und Wirkungen hin als auf die ruhenden Ursachen. Es ist weniger ein wissenschaftliches System als vielmehr eine geistreiche Mosaikarbeit; aber die Grundzüge seiner Denkweise sind doch überall wahrzunehmen und stellen den inneren Zusammenhang zwischen den an einander gereihten kleinen Bemerkungen her.

Bekanntlich spricht er von drei Hauptformen der Staten, der Republik (Demokratie und Aristokratie), der Monarchie und der Despotie, eine Einteilung, gegen welche sich alle Logik sträubt, die aber in dem historischen Überblick über die wirklichen Staten eine scheinbare Bestätigung findet. Ebenso bekannt, aber noch immer vielfach mißverstanden ist seine Bezeichnung der Prinzipien dieser Verfassungsformen. Er unterscheidet die Natur der Statsform und ihr Prinzip. Unter der Natur versteht er die besondere Struktur, die Organisation des States, unter dem Prinzip den bewegten Geist, der die menschlichen Leidenschaften aufregt; er faßt also das Prinzip als

[1]) „Éloge de Montesquieu par d'Alembert", in seinen Werken. Biographie universelle.

politischen Geist, „die Triebfeder der Regierungsformen“, wie Stahl übersetzt, das Statsrecht dagegen gehört zur Natur des States.

Es ist ein Verdienst Montesquieus, daß er sich nicht wie seine Vormänner damit begnügt, die Statsformen in ihrer äußeren Gestaltung zu zeichnen, sondern den besonderen politischen Geist zu erkennen sucht, der jeder Statsform eigen ist. Daß er denselben überall richtig erklärt habe, wird heutzutage schwerlich jemand behaupten. Wenn er die Tugend — und diese als politische Tugend oder, wie er in der Vorbemerkung sagt, als Vaterlandsliebe gefaßt — nicht bloß im allgemeinen als das Prinzip der Republik, sondern insbesondere der Demokratie darstellt, so liegt zwar die große Wahrheit darin, daß eher noch eine Monarchie als eine Republik möglich ist, wenn das Volk verdorben oder unfähig ist. und daß die republikanischen Statsformen nicht bestehen können, wenn nicht in der Demokratie die Volksmehrheit, in der Aristokratie die herrschenden Stände politisch tüchtig, d. h. tugendhaft sind. Aber der Charakter des demokratischen Geistes ist doch noch mehr die Gleichheit als die Tugend, eine Wahrheit, der Montesquieu nicht genügend Rechnung trägt, indem er beide für das nämliche erklärt, was eben nicht wahr ist [1]). Die Mäßigung nennt er das Prinzip der Aristokratie, die Ehre das der Monarchie und die Furcht das der Despotie. Am wenigsten wird die Schilderung der monarchischen Triebfeder befriedigen. Die Ehre ist ihm nur der Schein und Schimmer der Tugend. „In der wohlgeordneten Monarchie erscheint jedermann als guter Bürger, und doch wird man selten einen darin finden, der ein ehrlicher Patriot ist; denn dieser liebt den Stat mehr um des States als um seiner Person willen. Wie im Weltall eine Kraft die Himmelskörper von dem Centrum stets fern hält und die andere Kraft der Schwere sie immer anzieht, so bewegt in dem Statskörper die Ehre alle Teile. Jeder glaubt, seinen persönlichen Vorteil zu verfolgen,

[1]) Avertissement de l'auteur: „La vertu dans la république est l'amour de la patrie, c'est-à-dire l'amour de l'égalité.“

und doch müssen alle den Weg der gemeinen Wohlfahrt gehen. Es ist freilich wahr, daß philosophisch gesprochen es nur eine falsche Ehre ist, welche alle Glieder des States leitet; aber diese falsche Ehre ist für die gemeine Wohlfahrt ebenso nützlich, als die wahre Ehre für die Privatpersonen es wäre, die sie wirklich haben könnten" (III, 6. 7). Das Ehrgefühl ist sicher eine der stärksten Triebfedern des neueren Statslebens. Bei keiner Nation ist dasselbe allgemeiner verbreitet und mächtiger geworden, als bei der, welcher unser Autor angehört. Aber Montesquieu hat auch hier wieder aus einer einzelnen Erfahrung zu rasch ein allgemeines Prinzip abgeleitet. In anderen Zeiten und unter anderen Völkern war doch nicht die Ehre das bewegende Prinzip der Monarchie. Bei den alten Römern hat der Ordnungssinn und die Verehrung der personifizierten Statsmajestät und im Mittelalter haben die Treue und der Gehorsam stärker gewirkt. Der modernen Anschauung sagt am meisten das organische Moment der Konzentration aller Statsgewalt zu.

So lückenhaft und unbefriedigend die Aufzählung der Statsformen ist, so reich ist die Anwendung der verschiedenen Prinzipien auf die Gesetze an feinen Bemerkungen und klugen Maximen. Dann bespricht er das Verderbnis der Prinzipien der Regierungsformen. „Die Entartung des States beginnt fast immer mit der seines Regierungsprinzips." Das Prinzip der Demokratie wird verdorben nicht bloß wenn der Geist der Gleichheit erlischt, sondern ebenso wenn er zum Extrem getrieben wird; das der Aristokratie, wenn die Macht des Adels willkürlich geübt wird; das der Monarchie, wenn die Rechte der Korporationen oder der Gemeinden zerstört werden, wenn der Fürst seinen Launen freien Lauf verstattet, wenn er alles an sich zieht, wenn er den Stat mit seiner Hauptstadt, diese mit seinem Hofe und den Hof mit seiner Person verwechselt; die Anspielung auf Ludwig XIV. ist nicht zu verkennen. Die Monarchie geht aber auch unter, wenn die Knechtschaft überhand nimmt, wenn das Ehrgefühl mit den Ehrenstellen in Konflikt gerät, wenn die Furcht entscheidend wird.

Die Gefahr ist nicht so groß, wenn eine gemäßigte Form in eine andere gemäßigte Form übergeht, z. B. die Monarchie in die Republik oder die Republik in die Monarchie. Aber sie ist sehr groß, wenn eine gemäßigte Regierungsform in die Despotie umschlägt, deren Prinzip selber von Natur schlecht ist (Buch 8).

Sehr vorteilhaft unterscheidet sich die Statslehre Montesquieus von den meisten älteren Werken dadurch, daß er dem abstrakten Naturrechte die Mannigfaltigkeit der geschichtlichen Staten und daher der idealen Gleichheit die reale Verschiedenheit entgegensetzt. Es ist das ein großer praktischer Vorzug derselben. Die Mannigfaltigkeit der Bildungen kommt dadurch zu ihrem Rechte, und der politische Geist wird vor der Gefahr der leeren Spekulation bewahrt, indem er zur Prüfung der natürlichen Verhältnisse und der realen Kräfte angeleitet wird.

Am Schlusse des ersten Buches spricht sich Montesquieu über seinen Plan aus: „Das allgemeine Gesetz, welches alle Völker regiert, ist der Menschenverstand (la raison humaine); die politischen und die bürgerlichen Gesetze eines jeden Volkes sollen allerdings die Anwendung dieses menschlichen Verstandes sein auf die besonderen Umstände. Aber sie sollen auch so dem Volke eigentümlich sein, für welches sie gegeben werden; sie müssen den physischen Bedingungen des Landes, seinem Klima, seiner Naturbeschaffenheit, seiner Lage, seiner Größe entsprechen, sie müssen in Übereinstimmung sein mit der Lebensart der Bewohner, mit dem Grade der Freiheit, welche sie ertragen können, mit ihrer Religion, ihren Neigungen, ihrem Vermögen, ihrer Zahl, ihrem Handel, ihren Sitten und ihrer ganzen Art. Endlich stehen sie in bestimmten Bezügen zu einander; es kommt auf ihre Entstehungsgeschichte an, auf die Aufgaben des Gesetzgebers, auf die gesamte Ordnung, in der und auf deren Grundlage sie festgestellt ist. Alle diese Rücksichten zusammen bilden den Geist der Gesetze“ (I, 3).

Das elfte und das zwölfte Buch besprechen die Idee der politischen Freiheit, jenes mit Bezug auf den ganzen Stat, die Volksfreiheit, dieses mit Bezug auf die einzelnen Bürger, Individualfreiheit. Diese Bücher haben vorzüglich die Geister entzündet.

Indem er die Volksfreiheit untersucht, kommt er auf die englische Verfassung zu reden und entwirft nun ein Bild derselben, das seinem Vaterlande und dem Kontinente vorleuchten soll. „Die Vergrößerung war die Statsaufgabe der Römer, die Religion die der Juden, die Ruhe die der Chinesen; aber es gibt ein Volk in der Welt, dessen Verfassungsziel die politische Freiheit ist." Mit diesen Worten leitet er die Darstellung der englischen Verfassung und der englischen Freiheit ein.

Das berühmte Kapitel (XI, 6), welches er dieser Aufgabe widmet, ist zugleich die erste allgemein bekannt gewordene Lehre des modernen Statsrechtes der konstitutionellen Monarchie und verdient schon deshalb unsere gespannte Aufmerksamkeit. „In jedem State gibt es drei Arten der öffentlichen Gewalt: die gesetzgebende Gewalt, die vollziehende Gewalt in den Dingen des Völkerrechtes und die vollziehende Gewalt in den Dingen des bürgerlichen Rechtes. Vermöge der ersten erläßt der Fürst oder die Obrigkeit neue Gesetze für eine bestimmte Zeit oder für immer, verbessert oder schafft ab die älteren Gesetze. Vermöge der zweiten erklären sie den Frieden oder den Krieg, schicken oder empfangen sie Gesandte, sorgen für die Sicherheit und kommen den feindlichen Einfällen zuvor. In Folge der dritten strafen sie die Verbrechen und urteilen sie über die bürgerlichen Streitigkeiten. Man kann daher die letzte Gewalt die richterliche und die andere schlechthin die vollziehende Gewalt des States heißen."

Die Unterscheidung der Statsgewalten ist so alt als das Nachdenken über den Stat, und die Erklärung, welche Montesquieu von den drei Hauptgewalten gibt, ist weder logisch richtig, noch den realen Zuständen entsprechend. Die Regierungsgewalt verhält sich zu der richterlichen nicht wie Äußeres zu Inneres, noch wie Völkerrecht und bürgerliches Recht. Man kann gegen die Gleichstellung der gesetzgebenden Gewalt mit den beiden anderen gegründete Bedenken erheben. Auch die Namen sind nicht alle glücklich, am wenigsten der der exekutiven Gewalt. Trotz dieser Mängel hat schon die Dreitheilung, die so keck und unzweifelhaft auftritt, großes Glück gemacht. Sie hat auf lange hin die Theorie und die Verfassungspolitik beherrscht.

Wichtiger noch war das Prinzip der wünschbaren *Trennung dieser drei Gewalten* in den *Personen* oder *Körperschaften*, denen sie anvertraut werden, das er zuerst mit Energie verkündete und dessen Erfüllung er im Namen der politischen Freiheit forderte.

„Die politische Freiheit der Bürger besteht in der Ruhe des Geistes, welche aus dem Gefühle von Sicherheit entspringt. Soll der Bürger dieses Gefühl der Sicherheit haben, so muß die Verfassung so eingerichtet sein, daß keiner den andern zu fürchten hat. Wenn in derselben Person oder in demselben Körper die gesetzgebende Gewalt und die vollziehende vereinigt sind, so gibt es keine Freiheit, denn jeder muß fürchten, daß der herrschende Fürst oder Senat tyrannische Gesetze gebe und sie tyrannisch vollziehe. Es gibt ebenso wenig Freiheit, wenn die richterliche Gewalt nicht von der gesetzgebenden und der vollziehenden getrennt wird; denn wäre sie mit der gesetzgebenden Gewalt verbunden, so wäre das Urteil über das Leben und die Freiheit der Bürger willkürlich, wäre sie mit der vollziehenden Gewalt verbunden, so hätte der Richter die Gewalt eines Unterdrückers.

Schon Bodin hatte die Trennung der Rechtspflege von der Regierung verlangt, da beide in dem früheren Mittelalter immer verbunden waren. Diesem Begehren war in vielen europäischen Staten wenigstens insoweit entsprochen worden, daß die Fürsten sich in der Regel nicht mehr in die Rechtspflege einmischten, sondern diese den Unterthanen überließen. Deshalb nennt Montesquieu die Monarchie in den meisten europäischen Ländern eine gemäßigte Statsform und stellt sie sowohl der Despotie des türkischen Sultans als der venetianischen Aristokratie entgegen, welche beide alle drei Gewalten in Einer Hand zusammenfassen und daher die persönliche Freiheit unsicher machen. Aber Montesquieu geht weiter als Bodin, indem er auch die gesetzgebende Gewalt von der vollziehenden völlig getrennt wissen will.

Nach der englischen Verfassung steht die gesetzgebende Gewalt dem Könige in Verbindung mit dem Ober- und dem Unterhause zu. Auch dabei beruhigt sich Montesquieu nicht. Er will völlige Trennung. Die Gesetzgebung soll lediglich einer repräsentativen Volksversammlung und nur die vollziehende Gewalt dem Fürsten zukommen, d. h. er richtet die Gesetzgebung republikanisch und die Vollziehung monarchisch ein, und bemerkt nicht, daß er damit einen Widerspruch zweier Statsprinzipe hervorruft, der entweder mit dem Untergange der Monarchie oder mit der Unterwerfung des republikanischen Parlamentes endigen würde, in keinem Falle aber fortbestehen könnte. Denselben Fehler hat später Rousseau gemacht, nur noch schlimmer. Die Geschichte der französischen Revolution hat die Welt darüber belehrt, welchen heftigen Schwankungen die Völker durch diesen Fehler ausgesetzt werden, wenn sie bald von den Leidenschaften einer stürmischen Versammlung getrieben, bald von der mächtigen Autorität eines Monarchen gedemütigt werden. Montesquieu aber ist von der Schuld nicht frei zu sprechen, daß seine Theorie einen Anteil an den späteren Mißgriffen habe.

„Da in einem freien State jeder Mann von freiem Willen auch durch sich selbst regiert werden soll, so sollte eigentlich das ganze versammelte Volk die gesetzgebende Gewalt haben. Aber da das in großen Staten unmöglich und in kleinen mit mancherlei Übeln verbunden ist, so wird es nötig, daß das Volk durch seine Repräsentation das thue, was es nicht selber thun kann. Der große Vorzug der Repräsentation ist ihre Freiheit, die öffentlichen Geschäfte zu beraten. Das aber kann das Volk nicht."

Wieder hat Montesquieu eine der fruchtbarsten politischen Wahrheiten auf dem Kontinente zuerst in gemeinverständlicher Fassung proklamiert: die Idee und das Bedürfnis der repräsentativen Körper für die Gesetzgebung. Aber wieder hat er diese Wahrheit mit verderblichen Irrtümern verflochten. In seiner Begründung geht er, wie die Naturrechtslehrer, durchweg von den Individuen aus. Das Prinzip der Sebstbestimmung der Individuen ist etwas ganz anderes als das der Selbstregierung des Volkes, und wie er das Volk mit der Summe der Bürger verwechselt, so vermischt er auch jene beiden Begriffe. Sein praktischer Blick hindert ihn freilich, die vollen Konsequenzen zu ziehen, die der logisch schärfere Rousseau rücksichtslos gezogen hat. Aber die falsche Voraussetzung verleitet ihn zu dem Kardinalfehler, das Haupt des Volkes in der Repräsentation des gesamten Volkes zu vergessen.

Das nationale repräsentative Parlament will er — im Hinblicke auf das englische Parlament — aus zwei Körpern zusammensetzen, deren jeder getrennt von dem anderen beratet und beschließt, die sich aber wechselseitig ergänzen sollen: einmal aus der eigentlichen Volksvertretung und zweitens aus einem aristokratischen Körper. An der Wahl der Volksvertreter sollen alle Bürger — mit einziger Ausnahme der so niedrig gestellten, daß man ihnen keinen eigenen freien Willen zutrauen kann — einen Anteil haben. Aber weil es in jedem Lande eine Anzahl Personen gibt, welche sich durch ihre Geburt, ihren Reichtum oder ihre Ehren auszeichnen, so wird für diese aristokratische Minderheit eine besondere Vertretung nötig. Könnten sie ihr Stimmrecht nur unter der Menge üben, so würde die gemeine Freiheit für sie leicht zur Knechtschaft werden und sie verleitet werden, ihre Kräfte eher gegen als für die Freiheit zu gebrauchen. Sie bedürfen daher einer eigentümlichen Stellung in dem gesetzgebenden Körper und müssen berechtigt sein, die Unternehmungen des Demos zu hemmen, wie hinwieder die Volksvertretung ihren Ansprüchen entgegentreten kann. Dem aristokratischen Oberhause weist er auch die Aufgaben eines ermäßigenden Regulators an in den Konflikten zwischen der Volksvertretung und der Monarchie.

Es sind das alles Gedanken von großer Tragkraft, welche zu verwirklichen die folgenden Geschlechter sich bemühten. Die Lehre Montesquieus hat sowohl auf die nordamerikanischen als auf die europäischen Verfassungsreformen einen mächtigen Einfluß geübt.

Wie er in dem Parlamente die repräsentative Demokratie und die Aristokratie verbindet, so empfiehlt er für die Exekutive die Monarchie, weil es hier „auf die momentane Aktion ankommt und diese besser von einem als von mehreren geübt wird". Damit dieselbe nicht von dem Gesetzgebungskörper unterdrückt werde, verlangt er, daß dieser nicht fortwährend tage, sondern nur von Zeit zu Zeit zusammentrete auf Anordnung der vollziehenden Gewalt, und gesteht der letzteren ein Recht zu, den Beschlüssen des ersteren ihr Veto entgegenzusetzen. Wohl soll die gesetzgebende Gewalt das Recht haben, die Vollziehung der Gesetze zu überwachen, aber nicht das Recht, die Befehle der vollziehenden Gewalt im einzelnen Falle unwirksam zu machen, noch das Recht, den Monarchen selbst zu bestrafen. Er fürchtet davon wieder, daß die gesetzgebende Gewalt zur Tyrannei ausarte. Damit aber jene Kontrolle nicht zu einer leeren Form werde, spricht er sich für das englische Prinzip der Ministerverantwortlichkeit aus. Der Monarch kann nicht wider die Gesetze handeln, wenn er nicht schlechte Ratgeber und Diener findet; daher kann man diese ergreifen und zur Strafe ziehen.

Für die Einrichtung der Gerichte wünscht er keine dauernden Senate, sondern Männer aus dem Volke, welche nur vorübergehend in bestimmten Jahreszeiten zur Bildung eines Gerichtes zusammentreten. Er verweist auf Athen und hätte auch auf Rom hindeuten können, aber er hat offenbar wieder das englische Institut der Schwurgerichte im Sinne.

In so kurzer genialer Skizze entwirft er den Bauplan des konstitutionellen States. Er zeichnet nur die Hauptlinien; die Details überläßt er wie die Ausführung anderen[1]). Er weiß

[1]) In der Wissenschaft haben die Lehre Montesquieus im einzelnen ausgebildet: Blackstone in seinen Commentaries on the Laws of England,

wohl, daß die Ideen dieser freien Statsordnung zwar zuerst von den Engländern ausgebildet worden sind; aber er erinnert zugleich daran, daß diese Ideen germanischen Ursprungs sind. „Wenn man das bewundernswürdige Werk von Tacitus über die Sitten der Germanen liest, so wird man sehen, daß die Engländer von ihnen die Idee ihrer politischen Verfassung bekommen haben. Dieses schöne System ist in den deutschen Wäldern zuerst erfunden worden.“ Man hat diese Äußerung oft verspottet. Voltaire sagte: Weshalb ist denn der Reichstag in Regensburg nicht eher noch in den deutschen Wäldern erfunden worden als das englische Parlament, er liegt denselben ja viel näher? In der That, die englische Verfassungsbildung ist ein wesentlich neues Werk. Aber trotzdem bleiben zwei Wahrheiten bestehen: Erstens, der uralte germanische Freiheitssinn ist die ergiebigste Quelle der politischen Freiheit in England und in Europa geworden. Zweitens, schon in der ursprünglichen germanischen Verfassung mit ihren hochgeehrten, aber rechtlich sehr beschränkten Volksfürsten, mit ihrem einflußreichen Adel und mit ihren Volksdingen, in denen alle freien Grundeigentümer zusammentraten, sind die noch rohen, aber der Ausbildung fähigen Grundlagen der späteren Verfassungen zu finden, welche die germanische Freiheit und die germanische Volksgliederung zu erhalten und mit den romanischen Statsideen der Einheit und der öffentlichen Wohlfahrt zu verbinden suchten.

Das zwölfte Buch behandelt die politische Freiheit der Individuen. „Die philosophische Freiheit besteht in der Übung des eigenen Willens oder wenigstens in der Meinung, die man von der Übung des eigenen Willens hat. Die politische Freiheit besteht in der Sicherheit oder wenigstens in der Meinung, die man von seiner Sicherheit hat. Diese Sicherheit wird am meisten durch die gerichtlichen Verfolgungen bedroht. Daher

---

zuerst 1765, und der Genfer De Lolme, The Constitution of England, zuerst 1775. Vgl. R. v. Mohl, Statswissenschaft 1, 275.

hängt die Freiheit vornehmlich von der Güte der Strafgesetzgebung ab" (XII, 2).

Indem er die Gruppen der Verbrechen durchgeht, greift er manche derselben heraus und macht das Bedürfnis der Reform anschaulich. Über die Gesetze seiner Zeit war er im Geiste weit vorausgeeilt; mit dem Strafgesetze der Gegenwart hätte er eher zufrieden sein können. Den Bereich der Verbrechen gegen die Religion sucht er enger zu begrenzen, denn davon hänge vorzüglich die geistige Freiheit ab. In diesen Dingen übertrifft unsere heutige Gesetzgebung seine Vorschläge, die ihn damals allen Zeloten verdächtig und verhaßt machten. Er verlangte, daß der Begriff des strafbaren Sacrilegium auf offenbar gewordene unmittelbare Angriffe gegen die Religion beschränkt, aber keine Inquisition gegen die religiöse Gesinnung verstattet werde. Er wagt es noch nicht, die Zauberei und die Ketzerei ganz aus der Liste der strafbaren Handlungen auszustreichen, aber er empfiehlt doch hier vorzüglich Mäßigung und schonende Vorsicht.

Ebenso macht er aufmerksam, daß die Gesetze über Majestätsbeleidigung von jeher sehr zur Unterdrückung und Tyrannei mißbraucht worden seien und daß auch hier es einer genauen Begrenzung bedürfe. Ganz besonders warnt er davor, daß man bloße momentane Äußerungen schon als Majestätsbeleidigung behandle. „Es ist wider die Natur des Rechtes, welches nur Handlungen strafen soll, wenn man bloße Worte zu einem Kapitalverbrechen stempelt. Nur wenn die Worte verbrecherische Handlungen verursachen, nur als Teile der Handlung werden sie Verbrechen." Er erinnert an das schöne Gesetz der Kaiser Theodosius, Arcadius und Honorius (Cod. IX, 7): „Wenn jemand von unserer Person oder unserer Regierung übel redet oder uns verwünscht, so wollen wir nicht, daß er deshalb gestraft werde" (XII, 11. 12). In diesem Stücke sind unsere neuesten Strafgesetze noch weit hinter den humanen Anforderungen zurück, die Montesquieu vor mehr als einem Jahrhunderte schon ausgesprochen hatte.

Gegen die **außerordentlichen** Gerichte durch Kommissionen erhebt er seine mahnende Stimme. „Den Fürsten nützen sie nichts und die Freiheit der Bürger gefährden sie aufs höchste“ (XII, 22).

Auch die **Sitten** der Fürsten sind von großem Einfluß auf die Freiheit. „Der Fürst kann die Menschen zum Vieh erniedrigen und er kann tierische Menschen zu Menschen erheben. Wenn er die freien Geister liebt, so wird er freie Unterthanen erhalten; wenn er die Niederträchtigen vorzieht, so wird er Sklaven haben. Die wahre Kunst zu regieren besteht darin, daß der Monarch die Tugend und die Ehre um sich versammle, daß er das persönliche Verdienst herbeiziehe. Auch den Talenten mag er seine aufmerksame Gunst wohl zuwenden. Er darf nicht fürchten, daß die verdienstreichen Männer seine Nebenbuhler werden; wenn er sie liebt, so ist er ihnen gleich. Er gewinne ihr Herz, aber verlocke nie ihren Verstand. Auf die Volksliebe soll er achten. Die Zuneigung des Geringsten unter seinen Unterthanen muß ihm angenehm sein, denn auch der Geringste ist ein Mensch. Die Menge verlangt so wenig Rücksichten, daß man ihr diese wohl gewähren darf; der ungeheure Abstand zwischen ihr und dem Souverän verhindert jede Belästigung desselben. Wohlgeneigt den Bitten, sei er fest gegen die Ansprüche; denn er soll wissen, daß wohl die Höflinge von seinen Gnaden leben, aber dem Volke seine Sparsamkeit zu gute kommt“ (XII, 27).

Den Beziehungen des Steuerwesens auf die politische Freiheit hat Montesquieu ein besonderes Buch (13.) gewidmet. „Die Steuerkraft steigt mit der Freiheit und sinkt mit der Knechtschaft. Das ist ein Naturgesetz, welches sich überall bewährt“ (XIII, 12). „Die Kopfsteuer paßt eher zu knechtischen Völkern, die Zölle, welche nur mittelbar die Person betreffen, eignen sich eher für einen gemäßigten Stat, in welchem die Freiheit wert gehalten wird“ (XIII, 14).

Die wirtschaftlichen Gedanken leiten ihn, die stehenden Heere ins Auge zu fassen. „Eine neue Krankheit hat sich über Europa verbreitet und unsere Fürsten ergriffen, daß sie eine übermäßige Zahl von Truppen unterhalten. Diese Krankheit ist ansteckend und ihre Wirkungen vergrößern sich beständig Jeder Fürst sucht den andern zu überbieten, und wenn ein Stat seine Truppen vermehrt, so vermehren die anderen Staten ebenso ohne Verzug die ihrigen, so daß dabei keiner etwas gewinnt, aber alle den gemeinen Ruin herbeiführen. Jeder Monarch hält so viel Truppen, als er haben müßte, wenn sein Volk in der äußersten Gefahr wäre, und diese Anspannung der Streitkräfte heißen sie Frieden. Die notwendige Folge dieser Lage ist eine fortgesetzte Steigerung der Steuern. Die Reichtümer und der Handel der ganzen Welt sind in unseren Händen, und trotzdem sind wir arm" (XIII, 17).

Diese Krankheit ist, seitdem Montesquieu das geschrieben, so entsetzlich noch gewachsen, daß die riesenhafte Größe dieses Übels die Hoffnung erweckt, es werde bald seine äußerste Grenze erreicht haben und dann die Heilung beginnen können.

Ausführlich und doch noch sehr unvollständig behandelt Montesquieu die Einflüsse des Klimas und der Bodenbeschaffenheit auf die Rechtszustände und die Politik (Buch 14—18). Von da aus beleuchtet er auch die Institute der Sklaverei und der Polygamie. Dann betrachtet er die Beziehungen der nationalen Sitten und des Handels, das Münzwesen, die Bevölkerungszahl (Buch 19—22). In den Büchern 23 und 24 kommt er auf die Religion zu sprechen. Er verfährt dabei mit der vorsichtigen Feinheit, die ihn überhaupt auszeichnet; aber nie als Theolog, immer als politischer Schriftsteller. „Ich werde die verschiedenen Religionen der Welt nur nach ihren Wirkungen auf das bürgerliche Leben betrachten, ohne Rücksicht darauf, ob die eine aus dem Himmel stamme und die andere irdischen Ursprunges sei" (XXIV, 1). „Die katholische Religion paßt eher zum Süden und zu der monarchischen Verfassungsform, die protestantische eher zum Norden und zu den republikanischen Staten" (XXIV, 5). Gegen Bayle behauptet er, das Christentum sei nicht im Widerspruch mit dem Statsprinzipe. „Wer seine religiösen Pflichten erfüllt, wird auch die Pflichten gegen sein Vaterland erfüllen wollen. Die Grundsätze des Christentumes, aufrichtigen Sinnes geübt, würden eine stärkere moralische Kraft sein als die falsche Ehre der Monarchie, die bürgerliche Tugend der Republik und die knechtische Furcht der Despotie." Stahl (Rechtsphilosophie 1, 349) hat diese Äußerung Montesquieus zum Mittelpunkte einer neuen Weltanschauung gesteigert und gemeint, diese „Leistung habe eine höhere Bedeutung als die konstitutionelle Theorie, ja diese selbst erscheine bei ihm nur als ein Teil in jener. Das vornehmlich begründe seinen unsterblichen Ruhm." Man muß mit dem Geiste und mit den Schriften Montesquieus sehr wenig vertraut sein, um in dem feinen Politiker einen Pietisten zu wittern.

Viel wichtiger sind die praktischen Bemerkungen, welche Montesquieu in diesen Büchern macht, vor allen die für die Gesetzgebung in allen den Dingen, welche auch von der Religion bestimmt werden, ganz entscheidende:

„Die menschlichen Gesetze, welche zum menschlichen Geiste reden, müssen Vorschriften enthalten, keine Räte; die Religion, welche zum Herzen reden soll, muß viele Räte und wenig Vorschriften geben. Es ist klar, wenn sie Regeln ausspricht nicht für das Gute, sondern für das Beste und Vollkommene, so sind das nur Räte, keine Gesetze; denn die Vollkommenheit kann nicht der Gesamtheit der Menschen zugeschrieben werden. So war das Cölibat ein Rat des Christentumes. Als man daraus für einen bestimmten Stand ein Gesetz machte, mußte man noch eine Menge von Gesetzen erlassen, um dieses eine künstlich zu stützen" (XXIV, 7).

Für den Stat nimmt er das Recht in Anspruch, verschiedene Religionen auf seinem Gebiete zu dulden. Eine Folge dieses Grundsatzes ist es, daß der Stat diese Religionen verpflichtete, auch gegen einander duldsam zu sein. Aber wenn es möglich ist, neue Religionen zu verhindern, so lasse, sagt er, das Statsinteresse an der Glaubenseinheit doch das Verbot der neuen

Religion als nützlich erscheinen (XXV, 9. 10). Man sieht, in dieser Hinsicht schwankt Montesquieu noch zwischen seinem richtigen Gefühle und der Rücksicht auf die enge Statspraxis seiner Zeit. Um so mehr verdient folgender Satz allgemeine Billigung: „Man muß in religiösen Dingen die Strafgesetze vermeiden. Allerdings erregen sie Furcht, aber da die Religion auch ihre Strafgesetze hat, die gleichfalls Furcht erregen, so wird die eine Furcht durch die andere aufgehoben und die Seelen der Gläubigen werden durch die widersprechenden Drohungen verhärtet und gereizt" (XXV, 12).

Aber so gemäßigt die Äußerungen Montesquieus sind, so ward er doch als Spinozist, Heide, Anhänger der natürlichen Religion und gar als Atheist verunglimpft. In seiner „Verteidigung" weist er diese Vorwürfe ab.

In den letzten Büchern seines Werkes gibt Montesquieu eine kurze Geschichte der französischen Monarchie. Seit den Arbeiten von Guizot, Laferrière, Schäffner und anderen hat dieser Teil nur noch den Wert einer ersten Anregung und eines ersten fragmentarischen Versuches zu einer französischen Rechtsgeschichte. Der Charakter aber der ganzen Politik Montesquieus spiegelt sich darin wieder deutlich ab. Er läßt sich vorzüglich von den Ideen der Humanität und der Freiheit leiten; aber wenn es gilt, dieselben zu verwirklichen, so beachtet er die Natur des besonderen Landes und des Volkes und sucht überall an die historischen Grundlagen anzuknüpfen. Dieser letzte Zug ist freilich noch mehr instinktiv als wissenschaftlich bewußt, aber er ist so mächtig, daß wir auch Montesquieu wie Vico zu den Vertretern der historisch-philosophischen Wissenschaft zählen dürfen.

In gewissem Sinne verdient unser Herder diesen beiden Heroen angereiht zu werden, obwohl er kein Kenner des Statsrechtes und der Rechtsgeschichte wie Vico ist, und kein so eminent politischer Kopf wie Montesquieu, und daher, wenn bloß der Maßstab der Statswissenschaft angelegt wird, hinter beiden weit zurückstehen muß. Aber für die geistige Befreiung, zunächst der deutschen Nation, und für die Ausbreitung humaner Ideen der Politik hat Herder viel erfolgreicher gewirkt als Vico in Italien, und seine „Ideen zur Geschichte der Menschheit“ dürfen sich in dieser Hinsicht mit dem Esprit des lois von Montesquieu wohl vergleichen lassen.

Johann Gottfried Herder, der Sohn eines armen Mädchenschullehrers, zu Mohrungen in Ostpreußen geboren den 25. August 1744, erhielt die Erziehung eines protestantischen Geistlichen und blieb auch im reiferen Leben diesem Berufe treu. Im Jahre 1776 auf Goethes Rat hin nach Weimar als Hofprediger berufen, nahm er unter den Häuptern der deutschen Litteraten, welche damals der Herzog Karl August um sich versammelte, eine der ersten Stellen ein. Die wiederholte Berufung an die Universität Göttingen, wo ihm ein Lehrstuhl der Theologie angeboten wurde, lehnte er ab, obwohl er eine lebhafte Neigung zum wissenschaftlichen Lehrberuf in sich verspürte und die kleinen Amtsgeschäfte, die mit seinen Ämtern eines Pfarrers und Generalsuperintendenten verbunden waren, ihm oft lästig wurden. In diesem Berufe starb er zu Weimar am 18. Dezember 1803.

An der ganzen glänzenden Litteraturperiode, in der sich der deutsche Geist nach langer Verwilderung eine neue Sprache schuf und seinen Reichtum an Empfindungen und Gedanken in schönsten Formen der bewundernden Mit- und Nachwelt offenbarte, hat das Stats- und politische Leben der Nation nur einen sehr geringen Anteil. Das spekulativ-philosophische und das ästhetische Moment wirkten damals fast ausschließlich ein. Mittelbar hatte wohl der Heldenkampf König Friedrichs von Preußen gegen die alten Mächte Europas auch den Mut und die geistige Freudigkeit der Deutschen wieder erfrischt; aber das war doch nur eine vorübergehende und wesentlich kriegerische Erscheinung. Ein politisches Volksbewußtsein gab es auch in Preußen nicht, und das alte des römisch-deutschen Reiches war schon lange gänzlich verkümmert und zerfahren. Unsere großen Dichter dachten wenig an das Vaterland, als ihr Geist sich in jene reinen und sonnigen

Höhen des Ideals emporschwang, von wo sie die Welt, das Treiben und Sinnen der Menschen überschauten. Der kosmopolitische und allgemein menschliche Charakter unserer klassischen Litteratur ist meines Erachtens ein hoher Vorzug derselben, aber es lag darin für die deutsche Nation die große Gefahr, daß sie über der Freude an diesen Blüten und Früchten ihrer schönen Litteratur die Mängel ihres nationalen und politischen Daseins leichter vergaß und schwerer zur Besinnung und zum Entschlusse gelangte, ihr Statsleben würdig auszubilden.

Lessing dachte wohl daran, auch auf den politischen Geist der Nation zu wirken. Er erkannte aber die Unmöglichkeit einer direkten Einwirkung, bevor die litterarische Kulturreform vorhergegangen und die konfessionelle Unduldsamkeit überwunden sei. Voraus die Geistesfreiheit, dann erst die politische Freiheit, das war Lessings Meinung, und für jene arbeitete er mit unverdrossenem Mute und mit stillem Erfolge sein Leben lang. Ihre sittlich verständige Erziehung hat die Nation großenteils diesem trefflichsten Manne zu verdanken[1]).

Wieland war wohl aufgelegt, über die Philister zu spotten, aber er war eine zu liebenswürdig flatterhafte Natur, um für so ernste Dinge wie die Politik ein wahres Verständnis zu haben. Er spielte wohl zuweilen mit dem Gedanken eines anmutiger geordneten States, aber weder wurde er selbst davon, noch die Nation durch ihn ergriffen.

Der tiefere Klopstock folgte dem Vorbilde Miltons nur auf den Wegen der religiösen Poesie und verirrte sich nur zufällig auf das politische Gebiet, wenn er sich den Träumen einer schwärmerischen Romantik überließ.

Goethe war eine so großartig und vielseitig angelegte Persönlichkeit, daß ihm auch das Statsleben nicht gleichgültig sein und nicht fremd bleiben konnte. Er fühlte wohl das ganze Elend der politischen Zustände in Deutschland. „Mit bittrem

[1]) Über Lessing in politischer Beziehung vgl. Bluntschlis Artikel im Deutschen Statswörterbuch.

Schmerz" gedachte er „des deutschen Volks, das so achtbar im Einzelnen und so miserabel im Ganzen ist". Er war auch nicht so zahm und weichlich geartet, um sich mit dem Troste, daß Wissenschaft und Kunst ihn über diesen Jammer emporheben, befriedigt zu fühlen; „dieser Trost", sagte er, „ersetzt das stolze Bewußtsein nicht, einem großen, starken, geachteten und gefürchteten Volke anzugehören". Er hatte „den Glauben an eine bessere Zukunft des deutschen Volkes". Aber auch er noch, wie vor ihm Lessing, gab die Hoffnung auf, diese Zukunft zu erleben, und bescheidete sich, an der Bildung seiner Nation mitzuarbeiten und jene Zukunft vorzubereiten. Selbst der Aufschwung der Befreiungskriege gegen Napoleon half ihm nicht über seine Zweifel hinüber. In dem kleinen Lande, in dem er eine neue Heimat gefunden hatte, griff er als Minister tüchtig in die öffentlichen Geschäfte ein, regte mancherlei Verbesserungen an und führte manche treffliche Maßregel durch. Im Egmont, in der Iphigenie, in der natürlichen Tochter, im Faust sind köstliche politische Wahrheiten ausgesprochen, in Wilhelm Meisters Lehr- und Wanderjahren ist sogar eine ganze ideale Volkserziehung dargelegt. Alles in allem aber hat sich Goethe der Statswissenschaft und der Politik möglichst enthalten und seine olympische Ruhe durch kein politisches Streben stören lassen[1]).

Viel energischer als der konservative Goethe hat der liberale Schiller dem Drange nach Freiheit einen mächtigen Ausdruck gegeben und mit der Flamme seiner idealen Begeisterung die Herzen des Volkes erwärmt und die Köpfe aufgehellt. Der wunderbare Schwung und der Zauber seiner Sprache haben auf die Nation einen unermeßlichen Einfluß geübt. Die meisten seiner Dramen haben einen politischen Stoff und wenn auch nicht eine politische Tendenz — davor bewahrte ihn sein poetischer Takt — doch mittelbar eine politische Wirkung. Das wilde, noch unbändige, die Schranken des Rechtes durchbrechende und

[1]) Vgl. den Artikel Goethe von Bodenstedt im Deutschen Statswörterbuch.

daher in Schuld und Strafe verfallende Ringen einer phantastisch aufgeregten Jugend gegen die innerlich faule Ordnung, die von Schuften ausgebeutet wird, ist in den Räubern gezeichnet, in Kabale und Liebe die Sünde und Ruchlosigkeit eines kleinen Tyrannen gegeißelt, im Fiesco der Kampf eines statsmännischen, aber herrschsüchtigen Ehrgeizes mit einer verrotteten Aristokratie und dem Freiheitssinne trotziger Republikaner dargestellt. Es gibt wohl in keiner poetischen Litteratur eine schärfere Zeichnung des romanischen Absolutismus, welcher in den letzten Jahrhunderten in Europa zur Herrschaft kam, als das Bild, das Schiller von Philipp II. gezeichnet, und keine idealere Darstellung des jugendlichen Liberalismus als den Marquis Posa, in dem Schiller sein eigenes politisches Ideal gestaltet hat. Die politische Romantik der Zeit findet in der Jungfrau von Orleans einen ergreifenden Ausdruck, das deutsche Kriegsleben in Wallenstein eine prachtvolle Schilderung. Endlich klärt sich alle Gärung im Wilhelm Tell zu dem schönsten und reinsten Bilde eines tapfern und sittlichen Volksmannes, der für die Freiheit seines Landes, für die Sicherheit von Weib und Kind, für wahre Menschenrechte den siegreichen Kampf mit einem frevelhaften Tyrannen besteht. Schiller hat nicht mehr bloß der künftigen politischen Befreiung durch Geistesbildung vorgearbeitet, er hat es schon gewagt, die Schleier von den verborgenen politischen Wünschen und Strebungen des Volkes wegzuziehen und die Gedanken der Zeit zu verkörpern. Deshalb hat er denn auch die Herzen gewonnen wie kein anderer und mächtiger auf die politische Gesinnung der Nation gewirkt als alle. Die deutsche Jugend wird fort und fort durch Schiller begeistert; und wenn auch der höher gebildete Mann sich gewöhnlich eine Zeit lang von ihm entfernt und die tiefere und reichere Weisheit Goethes weit vorzieht, das reifere Alter kehrt doch gerne wieder zu Schiller zurück, um sich in ihm zu erfrischen und zu verjüngen. Goethe wird mehr bewundert und verehrt, Schiller wird mehr geliebt.

Unter diesen Fürsten unserer schönen Litteratur ist aber Herder der einzige, welcher politische Ideen auch in wissenschaftlicher Form verarbeitet hat, und deshalb hier näher berücksichtigt werden muß[1]). Zum Teil haben seine kleineren philosophischen Schriften einen solchen Inhalt. Freilich sind dieselben voll rhetorischer Wendungen, welche die wissenschaftliche Begründung und Schärfe eher verderben als schmücken. Der Orakelton, die Ausrufe; die Salbung, wie sie den Predigern zumeist anhaften, sind auch da wiederzufinden. Aber die edle Gesinnung und der klare Verstand des berühmten Schriftstellers geben trotz jener Mängel seinen Schriften einen bleibenden Wert.

Herder war voraus ein Apostel der Humanität und sprach damit eine der wichtigsten sittlichen Anforderungen an den Stat und die Politik aus. „Humanität ist der Charakter unseres Geschlechtes; er ist uns aber nur in Anlagen angeboren und muß uns eigentlich angebildet werden. Das Göttliche in unserem Geschlechte ist Bildung zur Humanität. Sie ist gleichsam die Kunst unseres Geschlechtes. Die Bildung zu ihr ist ein Werk, das unablässig fortgesetzt werden muß, oder wir sinken, höhere und niedere Stände, zur rohen Tierheit, zur Brutalität zurück (Zur Philosophie und Geschichte 11, 4).

Daneben war er, wohl erkennend, daß zwischen Menschheit und Volkstum kein Widerspruch, wenngleich ein Gegensatz besteht, auch ein Vertreter der Nationalität. Er erklärt es geradezu als eine nationale Aufgabe der Deutschen, gemeinsam an dem Anbau der Humanität zu arbeiten (ebenda 10, 283). Freilich bezieht er die beiden Begriffe Humanität und Nationalität nicht bloß und nicht einmal vorzugsweise auf das Statsleben. Mit Bezugnahme auf Lessing und die Freimaurerei will er gerade die Mängel der bürgerlichen Ordnung durch Belebung der sittlichen und geistigen Gemeinschaft der Privatpersonen ergänzen und verbessern. Alle menschlichen und Volkskräfte sollen so zu harmo-

[1]) Vgl. den Artikel Herder von Scheidler im Deutschen Statswörterbuch.

nischer Entfaltung kommen. Der Romane denkt zuerst an den Stat und seine einheitliche Ordnung und Größe, der Germane zuerst an die Natur und ihre freie vielseitige Entwickelung. Erst von da aus, langsam und bedächtig vorwärts schreitend, sucht er aus der inneren Natur die äußere Gestalt des Gemeinwesens, den Stat zu erreichen. Auch der Deutsche Herder bewegt sich noch auf den Vorstufen, aber seine Richtung zielt doch unwillkürlich und unbewußt auf den humanen und nationalen Stat hin.

Indem er die beiden Ideen verband, wurde er vor jeder nationalen Engherzigkeit und Eitelkeit bewahrt. Er merkte überall auf „die Stimmen der Völker" und machte auch andere zuerst auf den nationalen Charakter der verschiedenen „Volkslieder" aufmerksam. Er eiferte gegen die unglückliche „Gallomanie", die „Franzosensucht", wie er das Wort übersetzte, an welcher damals noch die deutsche Erziehung besonders der oberen Stände krank war; aber zugleich hielt er die Wahrheit fest, daß von den Franzosen vieles zu lernen sei. Wenn alle anderen Völker den Deutschen ihre Knechtschaft und dazu ihre „hündisch treue Fürstendienerei" vorwerfen, so teilt er seinen Landsleuten diese bitteren Vorwürfe mit, um sie zu ernstem Fleiße aufzustacheln. Aber zugleich zeigt er ihnen auch, was für große Tugenden in der Nation schlummern, und weckt die Hoffnung in ihnen, daß auch ihr noch eine glücklichere Zukunft beschieden sei.

„Es wendet sich
Der Zeiten Blatt. Was sinket, ist darum
Das Schlechtre nicht. Wir lernen jetzt und stets,
Stets laßt uns lernen! Laßt uns fröhlich sä'n,
Im Nebel auch; die Ernte kommt gewiß." [1])

An der Erweckung des nationalen Gemeingeistes in Deutschland arbeitete er bis in sein höheres Alter; und noch bevor jedermann erfaßte, wie wenig mehr die alte abgefaulte Reichsverfassung gegen die Stürme der Revolution zu schützen vermöge, sprach er das politische Bedürfnis eines **neu geeinigten Vaterlandes** aus.

---

[1]) Zur Philosophie und Geschichte 11, 243.

In seiner Schrift: Vom Einflusse der Regierung auf die Wissenschaften und der Wissenschaften auf die Regierung (Zur Philosophie und Geschichte 7, 277 ff.) [zuerst 1780] mögen wir die Methode tadeln. Sie ist weder historisch noch logisch wohlgeordnet. Er springt hin und her aus dem Altertume in die Neuzeit und aus Europa nach Asien u. s. f. Die ganze Manier der Behandlung des interessanten Themas ist dilettantisch. Aber auch die Vorzüge Herders, die stete Verbindung von Philosophie und Geschichte, der helle Blick, das humane Streben, die genialen Griffe sind darin. Da findet sich der fruchtbare Gedanke noch schärfer als durch Friedrich den Großen ausgesprochen: „Jeder Stat hat seine Periode des Werdens, des Bleibens und des Verfalles, und darnach richten sich seine Wissenschaften und Künste."

Am günstigsten für die Wissenschaften und Künste erklärt er die republikanische Verfassung, am ungünstigsten die Despotie. Der Monarchie spricht er die erhöhte Kraft zu, dieselbe zu bewahren. „Die kühnsten, göttlichsten Gedanken des menschlichen Geistes sind in Freistaten empfangen, die schönsten Entwürfe und Werke im Freistate vollendet worden. Auch in mittleren und neueren Zeiten ist die beste Geschichte, die beste Philosophie der Menschlichkeit und der Statskunst immer republikanisch. Die Monarchie bringt sie unter Gesetze und bewahrt sie auf." Versteht man den Gegensatz von Monarchie und Republik im statsrechtlichen Sinne, so ist diese Behauptung sicher unrichtig: der Anteil, welchen die Italiener, Franzosen, Engländer, Deutschen, die in monarchischen Staten lebten, an der neueren Kunst und Wissenschaft haben, ist ohne Zweifel viel bedeutender, als die Beiträge derer, welche Republiken als Mitbürger angehörten. Aber wenn man mehr auf die innere Gesinnung sieht als auf die äußere Statsform, so ist nichts gewisser, als daß die Kunst und Wissenschaft aus dem göttlichen Quell individueller Geistesart und Geistesfreiheit entspringen und daß dem Befehle des Herrschers in diesen Dingen keine schöpferische Kraft innewohnt. Insofern läßt sich allerdings behaupten, Kunst und Wissenschaft sind republikanisch. Die Aussicht der neueren Völker in seiner Zeit zeichnet er mit jener überspannten Verehrung für das griechische Altertum, zu welcher die philologische Erziehung verleitet hatte, in folgender Weise: „Wir sind ein Gemisch von Völkern und Sprachen, haben ein Gemisch von Verhältnissen und Zwecken; der reine griechische Nationalcharakter, ihre Einfalt in Wissenschaft und Bildung kann uns nie werden: also lasset uns werden, was wir sein können, ihnen nachstreben, sofern es unsere Verfassung erlaubt, und in dieser werden, was jene nicht sein konnten. Vielleicht ersetzen wir an Frucht, was uns, gegen sie betrachtet, an schöner Blüte — an Dauer und Ausbreitung, was uns an Leben und Innigkeit abgeht."

Von der Wirkung der Wissenschaft auf den Stat sagt er unter anderm: „Die Wissenschaften, die im State waren, haben zum Bösen oder Guten beigetragen, nachdem die Zeit war, nachdem der Stat sie duldete oder senkte; an sich aber war jede Wissenschaft gut und jede konnte nützlich werden. — Die Wissenschaften milderten Roms Strenge, und als der Stat fiel, waren Wissenschaften beinahe die einzigen Mittel, die Wut der Tyrannen zu zähmen und sie wenigstens zum Scheine der Menschlichkeit zu gewöhnen. Wo ein Stat verdorben ist, müssen auch seine Wissenschaften mitverderben: sie werden teils unwirksam, teils wirklich mißbraucht."

Wenngleich er nicht zu dem verborgenen Kerne der ganzen Frage, der inneren Beziehung des individuellen Geistes und des gemeinsamen Statsgeistes, durch alle die verhüllenden Schalen hindurchdrang, so erkannte er doch ein Grundgebrechen auch der gelehrten Schulbildung und sprach die beherzigenswerte Mahnung aus: „Soll Wissenschaft auf den Stat wirken, so müssen Stände gebildet werden und nicht Gelehrte, Männer von Geschäften und nicht Polygraphen. Minister und Kriegsmann, Arzt und Ritter, Handwerker und Priester: jeder hat seine Wissenschaft, seine Erziehung und Bildung nötig. In Ländern, wo Priester und

Lateiner allein gebildet werden, steht's mit der Wissenschaft schlecht."

Das bedeutendste Werk Herders sind seine **Ideen zur Geschichte der Menschheit**, das durch eine kleinere Schrift im Jahre 1774 vorbereitet, zehn Jahre später erschien. Die Naturforschung, die Geschichte, die Philosophie und die Statswissenschaft haben seither so große Fortschritte gemacht, daß jeder Schüler in den Stand gesetzt ist, den großen Meister an hundert Stellen zu berichtigen und allbekannte Wahrheiten über Dinge auszusprechen, welche jener, noch unsicher tastend, in Frage stellte. Aber heute noch hat das Buch einen großen Wert, und niemand wird es aus der Hand legen, ohne durch dasselbe vielfältig zu tieferem Denken angeregt und gemütlich gehoben worden zu sein.

Um die Natur der Menschheit zu ergründen, beginnt der Verfasser mit der Betrachtung der Erde und ihrer Revolutionen, mit der Schöpfung der Pflanzen und der Tiere. Er zeigt ihre Beziehungen zu der höchsten irdischen Erscheinung, dem sprache- und vernunftbegabten Menschen, und wagt einen weissagenden Blick in die Zukunft einer vollkommeneren Welt, für welche die jetzige Menschenwelt erzogen wird.

Die Menschheit teilt sich in mancherlei verschiedene Nationen, aber das ganze Menschengeschlecht ist doch nur Eine Gattung, und ihr höchstes Ziel ist die Bildung zur Humanität. Der Grundgedanke des ganzen Werkes ist die Hinweisung auf die große, durch die Weltgeschichte bezeugte Entwickelung der Humanität und die Beleuchtung ihrer Wege zu diesem erhabenen Ziele.

Nur beiläufig und ganz ungenügend ist die eingeflochtene Geschichte der Statenbildung. Er ist sich dieses Mangels bewußt, indem er die für ihn selbst unlösbare Aufgabe bezeichnet. „O daß ein andrer Montesquieu uns den Geist der Gesetze und Regierungen auf unsrer runden Erde nur durch die bekanntesten Jahrhunderte zu kosten gäbe! Nicht nach leeren Namen dreier oder vier Regierungsformen, die noch nirgend und niemals dieselben sind und bleiben; auch nicht nach witzigen Prinzipien des States, denn kein Stat ist auf ein Wortprinzipium gebauet, geschweige daß er dasselbe in allen seinen Ständen und Zeiten unwandelbar erhielte; auch nicht durch zerschnittene Beispiele aus allen Nationen, Zeiten und Weltgegenden, aus denen in dieser Verwirrung der Genius unsrer Erde selbst kein Ganzes bilden würde; sondern allein durch die philosophische, lebendige Darstellung der bürgerlichen Geschichte, in der, so einförmig sie scheinet, keine Scene zweimal vorkommt, und die das Gemälde der Laster und Tugenden unsers Geschlechts und seiner Regenten, nach Ort und Zeiten immer verändert und immer dasselbe, fürchterlich-lehrreich vollendet" (Ausgabe von Luden [1841] 1, 318).

Wie schwer es dem philosophierenden Deutschen wird, den Stat zu begreifen, können wir wieder an Herder sehen. Natürlich erscheint ihm voraus die Ordnung der Familie, in der er den ersten Grad natürlicher Regierung erkennt; dann auch noch der zweite Grad derselben, insofern als nun die Menschen nach ihren Bedürfnissen die Tüchtigsten zu Führern und Fürsten wählten. Aber den dritten Grad der „Erbregierung" weiß er nicht mehr aus der menschlichen Natur zu erklären: „Die Natur teilt ihre edelsten Gaben nicht familienweise aus, und das Recht des Blutes ist für mich eine der dunkelsten Formen der menschlichen Sprache." In dem Kriege allein und in der Macht des Stärkeren sieht er den historischen Grund derselben, in der Tradition ihre Befestigung. „Nachfolger und Erbe bekamen, der Stammvater nahm." Er ist kein Verehrer der Eroberer und der Gewaltherrscher. „Die berühmtesten Namen der Welt sind Würger des Menschengeschlechtes, gekrönte oder nach Kronen ringende Henker gewesen. Nicht Humanität, sondern Leidenschaften haben sich der Erde bemächtigt und ihre Völker wie wilde Tiere zusammen und gegen einander getrieben."

Daran ist nicht die Natur schuld, sondern der Mensch selbst: „Die Natur leitete das Band der Gesellschaft nur bis auf Familien; weiterhin ließ sie unserm Geschlechte die Freiheit, wie es sich einrichten, wie es das feinste Werk seiner Kunst, den Stat, bauen wollte. Richteten sich die Menschen gut ein, so hätten sie's gut: wählten oder duldeten sie die Tyrannei und üble Regierungsformen, so mochten sie ihre Last tragen. Die gute Mutter konnte nichts thun, als sie durch Vernunft, durch Tradition der Geschichte oder endlich durch das eigne Gefühl des Schmerzes und Elends leiten" (1, 313).

Er suchte den Boden für eine künftige Statslehre urbar zu machen. Einige moralisch-politische Sätze von Bedeutung wagte er aber selber zu formulieren:

1. verwarf er mit aller Entschiedenheit den Satz, daß der Mensch ein Tier sei, das eines Herrn bedürfe. „Kehre den Satz um: der Mensch, der einen Herrn nötig hat, ist ein Tier: sobald er Mensch wird, hat er keinen eigentlichen Herrn mehr nötig. Die Natur hat unsrem Geschlecht keinen Herrn bezeichnet. Im Begriff des Menschen liegt der Begriff eines ihm nötigen Despoten, der auch Mensch sei, nicht."

2. „Die Natur erzieht Familien; der natürlichste Stat ist also auch Ein Volk, mit Einem Nationalcharakter. Jahrtausende lang erhält sich dieser in ihm und kann, wenn seinem mitgebornen Fürsten daran liegt, am natürlichsten ausgebildet werden; denn ein Volk ist sowohl eine Pflanze der Natur als eine Familie, nur jene mit mehreren Zweigen. Nichts scheint also dem Zweck der Regierungen so offenbar entgegen als die unnatürliche Vergrößerung der Staten, die wilde Vermischung der Menschengattungen und Nationen unter Einem Scepter."

3. „Wie bei allen Verbindungen der Menschen gemeinschaftliche Hülfe und Sicherheit der Hauptzweck ihres Bundes ist, so ist auch dem State die Naturordnung die beste, daß nämlich auch in ihm jeder das sei, wozu ihn die Natur bestellte. Da nun alle durch Tradition festgesetzte Stände der Menschen auf gewisse Weise der Natur entgegenarbeiten, die sich mit ihren Gaben an keinen Stand bindet, so ist kein Wunder, daß die meisten Völker, nachdem sie allerlei Regierungsarten durchgangen waren und die Last jeder empfunden hatten, zuletzt verzweifelnd auf die zurück-

kamen, die sie ganz zu Maschinen machte, auf die despotische Regierung."

Nur mit Vorbehalt läßt sich diesen Männern der Neapolitaner Cajetan Filangieri (geb. 18. August 1752, gest. 18. Juli 1788) anreihen, dessen „Wissenschaft der Gesetzgebung" [1]) ihm einen europäischen Ruf verschaffte. Filangieri hatte den Vorsatz, dem Werke Montesquieus ein ähnliches ergänzendes an die Seite zu setzen. Wie Montesquieu den Geist der Gesetze darzustellen versucht hatte, so wollte er die Regeln der Gesetzgebung finden. Sein Werk ist eigentlich eine Politik der Gesetzgebung. Was der Gesetzgeber zu beachten habe, um die politischen und ökonomischen Zustände zu sichern und zu verbessern, wie das Straf- und Privatrecht zu regulieren sei, das soll in demselben nachgewiesen werden.

Filangieri hat ein lebhaftes Gefühl von der neuen Zeit, die begonnen habe. „Der alte mittelalterliche Bau der Feudalität ist zu großem Teile schon eingestürzt und die noch erhaltenen Teile desselben in unaufhaltsamem Verfalle begriffen. Und ebenso ist der alte mittelalterliche Aberglauben erschüttert und hinfällig. Überall regt sich das Streben nach einer gründlichen Reform. Die Philosophie erleuchtet die Welt. Sie hat die Tyrannei des Aberglaubens gestürzt und die politischen Begriffe der Fürsten und der Völker aufgeklärt. Der Despotismus der Könige hatte den Adel gedemütigt und seine Herrschaft gebrochen. Nun entwickelt sich die allgemeine Freiheit der Völker. Eine friedliche Revolution bereitet sich in ganz Europa vor. Die Vernunft kommt nun zur Herrschaft."

Daß das Werk von dem Wehen des modernen Zeitgeistes ergriffen und getrieben war, ist ohne Zweifel eine Hauptursache

[1]) Die ersten Bände des Werkes „La scienza della legislazione" erschienen zuerst Neapel 1780. Dasselbe wurde (obwohl es auf den Index kam) wiederholt aufgelegt und in verschiedene Sprachen übersetzt. Ins Deutsche übersetzt von Zink (Anspach 1784 u. 1788) und von Gustermann (Wien 1784).

des allgemeinen Beifalls, den es erhielt. Alle reformatorischen Regungen der Zeit finden in Filangieri einen feurigen und beredten Vertreter. Er ist begeistert für das Wohl der Menschheit und für die Freiheit der Völker und voll Hoffnung auf die glücklichen Wirkungen, welche die Reform der Gesetzgebungen zur Folge haben werde. Von der russischen Kaiserin Katharina II. erwartet er die großartigste und weitwirkendste Verbesserung. „Es scheint, daß das Scepter Europas, das von Spanien auf Frankreich und von Frankreich auf England übergegangen war, nun in den Händen der Moskowiter festgehalten werde, die es durch gute Gesetze erwarben. Vielleicht wird es da lange Zeit bleiben und vielleicht werden einst alle Europäer die Gesetze dieser nüchternen Nation annehmen. Das Gesetzbuch Katharinens gibt mir mehr zu denken als ihre in den Archipelagus abgeschickte Flotte" (Buch 1 Kap. 3).

Mit solcher leicht entzündeten Phantasie und kindlich-naiven Unerfahrenheit betrachtete er die europäische Welt. Es ist etwas Liebenswürdiges, aber auch etwas sehr Unreifes in diesen Anschauungen, die übrigens wieder in der damaligen Zeit sehr gewöhnlich waren.

Das Werk ist zwar systematischer geordnet als das Montesquieus, aber es ist nicht so reich und weniger vollendet. Es hält sich noch mehr auf der Oberfläche und spielt gelegentlich wie jenes mit zufälligen Beispielen aus der Geschichte. Immerhin ist es nicht zu verachten. Es finden sich darin nicht bloß einzelne vortreffliche und klar ausgedrückte Bemerkungen und Gedanken, sondern auch manche ernste Untersuchungen und fruchtbare Vorschläge. Als frühzeitige Frucht einer neuen Weltperiode hat dasselbe einen Samen geborgen, der in den nächsten Generationen üppig aufgegangen ist und reichliche Früchte getragen hat.

Am bedeutendsten sind wohl die Partien über das Strafverfahren und das Strafrecht, worin er viele wichtige Reformen gründlich erörtert und anträgt. Die öffentliche Anklage, die Scheidung der Thatfrage und der Rechtsfrage, die Zuziehung von Geschwornen für die Beantwortung jener, die Sicherstellung der rechtsgelehrten Richter, die Abschaffung der Tortur, die Reinigung des ganzen Strafrechtes von dem Wuste der Barbarei waren damals auf dem Kontinente sehr kühne und meistens ganz neue Vorschläge, und sogar in England lag noch manches sehr im Argen, dessen Korrektur Filangieri verlangte.

Mit großer Energie fordert er, einer der ersten, die Preßfreiheit im Namen des Statswohles und der bürgerlichen Freiheit als ein allgemeines Recht: „Es gibt in jeder Nation einen Richterstuhl, der zwar unsichtbar ist, weil er keine Zeichen und Embleme der Gewalt hat, aber unaufhörlich wirksam und stärker ist als die Magistrate und die Gesetze, oder die Minister und der König, der durch eine schlechte Gesetzgebung wohl verdorben, durch gute Gesetze aber trefflich bestimmt und in Gerechtigkeit und Tugend erhöht wird, der aber weder durch jene noch durch diese beherrscht wird. Dieser Richterstuhl, welcher uns beweist, daß die Souveränetät im Grunde beständig und wirklich bei dem Volke ist und in gewissem Betracht auch immerfort von dem Volke geübt wird, wenngleich sie in anderer Hinsicht bald einer Mehrheit oder einem Senate oder einem Einzelfürsten anvertraut sind. Dieser Richterstuhl ist die öffentliche Meinung. — Die Preßfreiheit ist das Mittel, um diesen Richterstuhl in Kenntnis zu erhalten von allem was geschicht und allem was geschehen soll. Der Gesetzgeber darf dieselbe daher nicht vernachlässigen. Er muß sie gewähren und schützen. Es gibt ein Recht, das jedermann in jeder Gesellschaft zusteht, das man weder verlieren noch übertragen, worauf man nicht verzichten kann, weil es auf einer Pflicht beruht, die jedes Glied einer jeden Gesellschaft verbindet, die besteht, so lange die Gesellschaft besteht, von der keiner befreit werden kann, ohne aus der Gesellschaft ausgeschlossen zu werden oder ohne daß diese sich auflöst. Diese Pflicht besteht darin, daß ein jeder nach seinen Kräften zu dem Wohle der Gesellschaft beitrage, zu welcher er gehört, und das Recht, das von dieser Pflicht begründet wird, besteht darin, daß er der Gesellschaft seine eigenen Gedanken mittheile, die er entweder zur Verminderung ihrer Übel oder zur Vermehrung ihrer Güter für zuträglich hält. Die Preßfreiheit gründet sich also auf ein unveräußerliches Gesellschaftsrecht" (Buch 7 Kap. 53).

Am schwächsten sind seine Untersuchungen über die Natur des States und über die verschiedenen Regierungsformen. Wer heute z. B. das elfte Kapitel über die „gemischte Regierungsform" liest, worin die englische Verfassung einer bitteren Kritik unterworfen wird, dem wird es wunderlich vorkommen, daß der neapolitanische Autor zwei Hauptfehler dieser Verfassung in der Unabhängigkeit der vollziehenden Gewalt des Königs von der gesetzgebenden Gewalt und in der großen Gefahr zu finden vermeinte, welche für den Stat in den ungeheuren Mitteln zur Bestechung der Parlamentsglieder durch die königliche Regierung liege. Damals waren freilich derlei Vorwürfe, und insbesondere der der Korruption thatsächlich begründet, aber die englische Verfassung hatte nur einen sehr geringen Anteil an dieser Schuld und die rein monarchischen Verfassungen des Kontinentes waren gegen diese Übel noch weniger gesichert.

Besser verstand er die Übel des Feudalsystemes, die er in der Nähe beobachten konnte. Mit Meisterhand zeichnet er die Gebrechen, die mit der Vasallenherrschaft verbunden sind. Diese kleinen Herren, „die Abschnitzel der Souveränetät", helfen dem Monarchen nichts, wenn es darauf ankommt, den allgemeinen Nutzen zu befördern, denn in diesem Falle wird die Autorität des Monarchen von den massenhaften Kräften der Bürger hinreichend unterstützt. Aber ein Gesetz, welches auf Kosten des Volkes ihren Privatvorteil oder den des Monarchen begünstigt, findet in ihnen Gehülfen und mutige Vorkämpfer; sowie sie ihren trotzigen Widerspruch entgegensetzen, so oft es sich darum handelt, die Zustände des Volkes auf Kosten eines ihrer abgeschmackten Privilegien zu verbessern" (Buch 3 Kap. 18).

Die wahrhaft souveräne Gewalt ist ihm die gesetzgebende, aber das ganze Buch ist gegen die „despotische"

Maxime gerichtet, daß die Willkür des Gesetzgebers die einzige Regel der Gesetzgebung sei (Buch 1 Kap. 3; vgl. Buch 4 Kap. 45). Auch der Gesetzgeber soll nach Regeln handeln, die aus der Vernunft und der Gerechtigkeit fließen, und die Güte der Gesetze läßt sich wissenschaftlich beurteilen. Ihre absolute Güte ist ihre Übereinstimmung mit den ewigen Grundsätzen der Moral und mit dem Rechte der Natur: ihre relative Güte ist davon abhängig, daß sie dem Charakter der Nation zusagen, für welche sie gegeben werden (Buch 1 Kap. 4 u. 5). „Die Gesetzgebung wirkt, wenn sie überzeugt. Die Stimmen des Publikums sind für die Gesetze nicht unerheblich, ihre Kraft ist unzertrennlich von jener Geneigtheit der Geister, welche einen freien, wohlwollenden und allgemeinen Gehorsam verursacht“ (Buch 1 Kap. 6). Die Gesetze müssen dem Statszwecke dienen, um dessen willen die Macht aller in dem State geeinigt wird, nämlich der Erhaltung und der Ruhe der Bürger. So beschränkt aber faßt er den Statszweck nur in der allgemeinen Einleitung seiner Gesetzgebungslehre (Einleitung und Buch 1 Kap. 1 u. 2) auf. Die Erhaltung, das heißt die Fortdauer der Existenz, die Ruhe, das bedeutet die Sicherheit der Bürger. In der Ausführung des Werkes aber schwebt ihm beständig die Entwickelung der ökonomischen und geistigen Wohlfahrt als das eigentliche Ziel der Gesetze vor.

Von besonderem Interesse ist die Stellung, welche er gegenüber den religiösen und kirchlichen Fragen einnimmt. Leider ist gerade diese Partie nur im Bruchstück vorhanden, und wir kennen nur die Titel des neunten Buches, welches die Erörterung abschließen sollte. Filangieri bekennt sich da als einen katholischen Christen, aber zugleich als einen warmen Freund der Toleranz, welche eben damals eine Reihe von Triumphen feierte, und als einen Gegner des hierarchischen Druckes. Ein von den mittelalterlichen Mißbräuchen gereinigtes, mit der Philosophie und dem Statswohl versöhntes Christentum ist das Ideal, das er zu schildern vorhatte, als ihn der Tod überraschte. „Das Priestertum müßte einen der edelsten Teile des gesellschaftlichen Körpers, aber keinen abgesonderten Körper ausmachen, es müßte das Vorbild der Bürger, aber keine privilegierte Kaste sein, es müßte die Pflicht lehren, die öffentlichen Lasten zu tragen, und sich nicht selber von dieser Pflicht losmachen, es müßte die Unterordnung unter eine Rechtsgewalt einprägen, nicht aber sich dieser entziehen" (Buch 8 Kap. 8). Obwohl die Aufhebung des Jesuitenordens und die Toleranzgesetze König Friedrichs II. und Kaiser Josephs II. schon seit Jahren vorhergegangen waren, und obwohl damals auch im romanischen Süden eine liberale Anschauung an den Höfen gern gesehen ward, so griffen doch diese Ansichten den ganzen mittelalterlichen Bestand der katholischen Kirche so kräftig an, daß das Mißtrauen gegen die Pfaffen den frühen Tod des edlen Mannes durch Vergiftung zu erklären suchte. Viel wahrscheinlicher ist es, daß er durch übermäßige theoretische und praktische Arbeiten, zuletzt als Statsrat im Finanzministerium, seine Kräfte rasch verzehrte [1]).

[1]) Artikel Filangieri von Mittermeier im Deutschen Statswörterbuch.

Elftes Kapitel.

J. J. Rousseau. Die Statslehre der französischen Revolution. Sieyès.

Die zweite Hälfte des achtzehnten Jahrhunderts ist der *Anfang einer neuen Weltperiode*. Neue Ideen, welche von einem Umschwunge des Zeitgeistes zeugen, steigen auf; die alten des Mittelalters gehen vollends unter. Der mittelalterliche Stat war in den vorhergehenden Jahrhunderten alt und schwach geworden: er hatte sich schließlich der Absolutie des Fürstentumes ergeben. Vieles bestand äußerlich fort von der alten Ordnung, aber der Glaube an diesen Fortbestand war erloschen; die alte frische mächtige Aristokratie war entnervt, sie war zu einer privilegierten Kaste herabgesunken, die sich dem Hofdienst ergab und von dem aufstrebenden Bürgerstand gehaßt und verspottet wurde. Das Königtum hatte mehr Gewalt als je, aber die abgöttische Verehrung desselben war, wenn nicht von den Lippen, doch aus dem Herzen geschwunden; eine kritische Betrachtung hatte das Mysterium des göttlichen Rechtes nun auch auf dem Kontinente zersetzt; das Kapital der alten Treue war großenteils von den Fürsten selber verbraucht worden, und es geschah fast nichts, um den Verlust durch neue sittliche Bande zu ergänzen. Die Höfe verschlangen die öffentlichen Einkünfte in eitler Verschwendung und frivolen Genüssen. In der dunkeln Tiefe der unteren, verachteten Volksschichten fing es an unruhig zu werden. Es stiegen neue Talente auf, welche die herkömmliche und bemessene Schulbildung ebenso verachteten, wie sie mit der hergebrachten Ordnung zerfallen waren. Diesmal ging die *französische Nation* voran und versuchte es, eine neue Bahn zu eröffnen. Noch in der ersten Hälfte des Jahrhunderts hatte sich die französische Litteratur fast nicht mit der Politik beschäftigt. Ihre Angriffe, wo sie sich kritisch verhielt, waren fast alle gegen die Kirche und gegen den Aberglauben gerichtet. Voltaire war der höchste Ausdruck des damaligen letzten Zeitalters einer untergehenden Periode. Nun änderte sich die Richtung, und Rousseau ward der ausgesprochenste Repräsentant des ersten Zeitalters einer neuen Weltperiode [1]). Der Stat und die statlichen Mißbräuche und Mängel wurden nun das Ziel der erregteren litterarischen Kämpfe. Die Revolution in den Ideen ging der Revolution der Statsordnung voraus.

Die magische Wirkung der Schriften Rousseaus auf die damalige Welt wäre uns ein unerklärliches Rätsel, wüßten wir nicht, daß in dem Individuum Jean Jacques sich die Zeit selber erkannte. Es fehlten Rousseau fast alle Bedingungen, um politisch zu wirken. Er hatte nichts von einem Statsmanne an sich. Seine historische Bildung war sehr dürftig, er hatte sich von jeher viel mehr in die Romane als in die Geschichte vertieft; niemals hatte er irgend eine ernste Schule in irgend einer Wissenschaft durchgemacht, wenn er auch mancherlei Studien mit dem launischen Eifer des Dilettanten gewechselt hatte. Als Philosoph war er ein geistreicher spekulativer Träumer mehr als ein schöpferischer Denker. Er schwärmte in seiner Jugend bald für die Waffenehre der Franzosen, bald für die Genfer Freiheit, und las gelegentlich mit Leidenschaft die Zeitungen. Aber für eine praktische Teilnahme an den öffentlichen Angelegenheiten verspürte er kaum eine flüchtige Neigung. Er arbeitete einige Monate lang auf dem Bureau eines Statsingenieurs, dann hielt er auch diese regelmäßige Beschäftigung nicht aus. Er war kurze Zeit Sekretär des französischen Gesandten bei der Republik Venedig und fand hier mehr Gelegenheit, hinter den Coulissen die diplomatische Misère zu beobachten. Aber er war froh, auch

[1]) Buckle, Gesch. d. Civilisation 2, 297.

von dieser Arbeit los zu werden, und fühlte sich glücklicher in seiner „Einsamkeit“. Zu jedem Amte war er ganz untauglich. Er war ein unfähiger Wirtschafter; die Ökonomie seiner guten lieben „Mama“ geriet auch durch ihn in Verfall, und wenn das Glück ihm später manchen Beutel Gold zuwarf, so verstand er es nie, sich auch nur einen mäßigen Wohlstand zu erhalten. In seinem Alter noch hatte er mit Entbehrungen und sogar mit dem Hunger zu kämpfen. Sein unstetes Wesen, seine launische Heftigkeit, das Abenteuerliche in seinem Charakter und in seinem Leben, der plötzliche Wechsel von leidenschaftlicher Hingebung und beleidigendem Bruch, von Liebe und Haß, von bescheidenem, schüchternem Gebaren und übermütig kecker Herausforderung — das alles machte auch seine Freunde unsicher und konnte ihm bei ferner Stehenden kein Vertrauen gewinnen. Auch sein sozialer Ruf war so voller Flecken, daß es großen Mut und Liebe oder großen Leichtsinn brauchte, um mit ihm näher umzugehen. Wer darüber wegsehen mochte, daß er als Knabe aus der Lehre gelaufen war und versäumt hatte, einen Beruf zu erlernen, oder daß er in Turin Lakaiendienste genommen und später wieder als wandernder Musikmeister sich umgetrieben hatte, wer es noch hingehen ließ, daß er als junger Mann unter falschem Namen mit einem Schwindler ausgezogen war, um das leichtgläubige Publikum auszubeuten, wem seine zahlreichen Liebesabenteuer verzeihlich schienen, der konnte doch nicht ebenso leicht über manche Gemeinheiten hinwegsehen, die freilich nicht alle bekannt waren, bevor sie von Rousseau selber in seinen merkwürdigen „Bekenntnissen“ der Welt geoffenbart wurden [1]). Wenn er als junger Bedienter ein seidenes Band gestohlen hatte, so war diese Mauserei von geringer Bedeutung; aber man braucht den Wert dieses Bandes gar nicht durch den fingierten Schmuck von Brillanten zu vergrößern (wie das von Biographen Rousseaus geschehen ist), um es ganz abscheulich und niederträchtig zu finden, daß er den

[1]) Die berühmten „Confessions“ erschienen zuerst 1781, drei Jahre nach seinem Tode.

Verdacht seines Vergehens auf ein armes und unschuldiges Dienstmädchen gelenkt und dazu geholfen hat, dieselbe zu verstoßen. Sein wiederholter Übertritt von der reformierten zur katholischen Konfession und von dieser zu jener wäre leichter zu ertragen, wenn nur nicht ganz andere Interessen als die Macht der wechselnden Überzeugung ihn dazu veranlaßt hätten. Er kann sich selbst nicht von krassem Undanke freisprechen, mit dem er seinen Wohlthätern gelohnt hat, und bekennt sich mancher herzloser Versäumnis unter Umständen schuldig, welche die Schuld in ein grelles Licht setzen. Die schlimmste Schuld dieser Art aber ist die, daß er die eigenen Kinder dem Findelhause hingab, ohne sich irgend um ihre Erziehung weiter persönlich zu bekümmern, er, der ein Reformator der häuslichen Erziehung sein wollte und in gewissem Betracht es wirklich war, und die tiefste Erniedrigung, in die Rousseau verfiel, ist die, daß sein Leben an die Mutter dieser Kinder während Jahrzehnten und bis zum Tode gekettet blieb, die ihn individuell in keiner Weise und äußerlich und geschlechtlich doch nur ungenügend ergänzte, und deren gemeine Familie ihm fortgesetzte Widerwärtigkeiten und Demütigungen zuzog.

Ist es glaublich, daß ein solcher Mann einer ganzen Nation wie ein leuchtendes Vorbild, wie der Herold einer neuen besseren Weltordnung erschien? Und doch ist's so. Es gibt keinen anderen Namen, der in jener Zeit heller strahlte als der des Genfer Bürgers Jean Jacques Rousseau, und es gibt keine reformatorischen Schriften, die damals mehr wie ein neues Evangelium verehrt wurden als die Schriften dieses Rousseau. Er hat von sich selber gesagt, sein Leben schwanke zwischen Achilles und Thersites, zwischen Held und Taugenichts hin und her. Und das ist gewiß: bald strahlt sein Geist wie ein hellgeschliffener Diamant, bald ist derselbe wieder trübe und schmutzig wie feuchter Schlamm. Das eine Mal ist er aufrichtig und wahr, wie wenn er vor Gottes Gericht offenbar würde, das andere Mal verbirgt er sich hinter der Verstellung und der Lüge. Wenn er Gemeinheiten beging, so bewährte er auch wieder das feinste Ehrgefühl und in schwierigen Momenten eine bewundernswürdige Ehrenhaftigkeit. Seine Menschenfurcht und seine Menschenscheu wurde zuweilen von seinem edeln Mute und seiner opferwilligen Menschenliebe übertroffen; und war er zum Laster geneigt, so hat er auch manchen großen Sieg über sich selbst errungen und manche schwere Tugend geübt. Die Tugend, zu der er sich von innen heraus aufarbeitet, ist für ihn weder ein Schein vor der Welt, noch eine pietistische Zerknirschung vor Gott, sondern die gottgefällige Wahrheit der unverdorbenen Natur. Seine Eitelkeit und seine Schmähsucht konnten ihn zu Fall bringen, sein edler Stolz und seine Humanität richteten ihn wieder auf, und wenn ihm die eigene Selbstsucht einen schlimmen Streich spielte, so zwang er sich auch wieder, ihre Schande vor der Welt zu bekennen und der Menschheit zu dienen.

Rousseau war kein Statsmann, weil er kein Mann war. Aber er war ein glänzender politischer Schriftsteller, weil er das erste Kind seiner Zeit und diese selber in der ersten Kindheit ihrer politischen Genialität war. Wie der Knabe gern den Mann und der talentvolle Knabe den Helden mit Vorliebe spielt, so spielte Rousseau den Statsmann in seinen Schriften, ohne es zu sein. Das Heldentum war vornehmlich in seiner Phantasie, der Statsmann war nur in seinen Idealen. Rousseau war sein Leben lang ein Kind, im Geiste wie im Gemüte. Sein Herz war so trotzig und so verzagt, so wenig gehalten wie das des Kindes. Sogar von den Weibern, von der „Mama“ an bis zu seiner Therese wurde er wie ein Kind behandelt. Er war ein zuweilen verhätscheltes und dann wieder ein verhetztes — Kind, aber er war ein Kind einer neuen und einer in tiefem Grunde männlichen Zeit. Er war von Natur — und niemand ist für seine Natur verantwortlich — der echte Repräsentant des modernen Radikalismus. Das erklärt die seltsamen Widersprüche, das Verdrehte in seiner Erscheinung, die Revolution, die er in sich erlebte und in der Nation zum Bewußtsein weckte.

Er hat furchtbar gelitten unter den Widersprüchen in ihm selber und in der Zeit. Sein Ruhm sogar ist für ihn eine Quelle von Leiden geworden. Die ererbten Übel einer alt gewordenen Gesellschaft mit ihrer ungleichen Verteilung der Güter und der Ehren, mit ihren ungerechten Privilegien und ihren zähen Vorurteilen, mit ihrem Aberglauben, ihrem Zelotismus und mit ihrer herzlosen Aufklärung, mit der kalten Grausamkeit, den höfischen und den großstädtischen Manieren und mit der eiteln Reizbarkeit der Akademiker mußte er bis auf den Grund in seinem Leben kennen lernen und tief-schmerzlich erfahren. Aber der wie von den Furien verfolgte Rousseau suchte aus all den Qualen der falschen Kultur Hülfe und Erlösung in der Rückkehr zu der ursprünglichen Kraft und Einfachheit der Natur. Die energische Aufrichtigkeit, mit der er in seinem Leben und in seinen Schriften immer wieder auf die Natur zurückgriff und zurückwies, entsprach merkwürdig, ohne daß er es wußte, den tiefsten Instinkten der damaligen Welt, welche in der großen Wendung aus dem Mittelalter heraus in die moderne Weltperiode, wie er selber genötigt war, in die Urtiefe der menschlichen Natur zurückzukehren, um die Hülle einer abgestandenen Kultur abzustreifen und den Impuls zu ihrem neuen Leben zu finden.

Freilich verwarf er mit der Verbildung auch die Bildung, wenigstens dem Scheine und der Absicht nach, wenngleich ohne realen Erfolg. Freilich war die ursprüngliche wilde Natur, die er suchte, nicht wieder herzustellen. Was er Natur nannte, war großenteils nur ein Traumbild seiner Phantasie. Seine Irrtümer und Mißgriffe sind kolossal. Aber trotz alledem war der Ernst und die Liebe, mit denen er gegen die Künstlichkeit des ganzen gesellschaftlichen Wesens die Natur zu Hülfe rief, auch von heilsamen Wirkungen begleitet. Die Natur des Menschen ist in Wahrheit die reichste und noch lange nicht erschöpfte Heilquelle auch für die Übel der civilisierten Menschheit. Indem sie in das frische Bad der Natur eintaucht, wird sie gereinigt, erfrischt und verjüngt. Der Radikalismus Rousseaus kann nicht die Bedeutung einer neuen Statsphilosophie für die Nachwelt haben: es ist in seinen Lehren kaum ein Satz, der nicht eine Verdrehung der Wahrheit in sich schlösse. — Rousseau ist kein Weltreformator. Die Anschauung eines politischen Kindes kann die reife Menschheit nicht leiten. Aber es ist in seinen Werken ein genialer Zug von welthistorischer Wirkung. Für den Übergang von der mittelalterlichen in die moderne Zeit hat er feurige Worte gesprochen, welche die Herzen begeisterten und die Geister entflammten, und seine Worte sind in der französischen Revolution zu Thaten geworden. Wir sind nicht mehr von dem Zauber seiner Ideen gebannt, wir haben ihre Schwäche und ihre Irrtümer kennen gelernt; aber noch werden wir von dem Zauber seiner Sprache gefesselt und von dem mächtigen Strome seiner Beredsamkeit hingerissen: noch entzündet sich an der Glut seiner Leidenschaft unser Mitgefühl und noch bewundern wir die dialektische Schärfe seiner Beweise.

Außer seinen Schriften über Erziehung, den berühmten Werken Julie oder die Neue Heloise (1759) und Emil (1762), welche viele politisch wichtige Kapitel enthalten, haben vorzüglich drei politische Schriften einen großen Einfluß auf die Statswissenschaft geübt: 1. die Schrift über den Ursprung der Ungleichheit unter den Menschen (L'Origine de l'inégalité parmi les hommes), welche von der Akademie zu Dijon 1753 gekrönt ward; 2. das berühmteste seiner Werke: Über den Gesellschaftsvertrag (Du Contrat Social) von 1762, und 3. seine Genfer Bergbriefe (Lettres écrites de la Montagne) 1763.

Der Grundgedanke der ersten Schrift ist so verkehrt als möglich, dennoch fand dieses „heftige, bald unter allen Gebildeten verbreitete Manifest gegen die ganze bestehende gesellige Ordnung“ [1]) eben dieser Tendenz wegen lebhaften Beifall. Der Grundgedanke

[1]) Ausdruck F. C. Schlossers: Gesch. d. achtzehnten Jahrh. 2, 449.

der Schrift ist: Die gesellschaftliche und politische Ungleichheit, welche die Menschen drückt, ist nicht das Werk der ursprünglichen von Gott geschaffenen Menschennatur, sondern die Wirkung der menschlichen Entwickelung, der Geschichte, der Kultur. Zwar gab es auch eine ursprüngliche Ungleichheit unter den natürlichen Menschen. Das Alter, die Gesundheit, Körperkraft, Geistesgaben waren nicht ganz gleich unter alle verteilt. Aber ihre Unterschiede sind anfangs nicht sehr erheblich und werden nicht als Unrecht empfunden, wie die künstlichen Ungleichheiten in Reichtum, Ehre, Macht, welche erst mit der Bildung gekommen sind und als Privilegien der einen zum Nachteile der andern schmerzlich erfahren werden. Daher verwirft Rousseau die menschliche Vervollkommnung wie eine Entartung, wie ein Verderben, und erklärt die unentwickelte und stätige Gleichheit, wie wir sie in den Tiergattungen wiederfinden, für vorzüglicher. Der Wilde (l'homme sauvage), der in Wäldern lebt, ohne Sprache, ohne Wohnung, ohne Krieg und ohne Verbindung, ohne von seines gleichen etwas zu verlangen, ohne anderen schaden zu wollen, vielleicht ohne die individuelle Art eines anderen kennen zu lernen, selbstgenügsam und nur mit so viel Gefühl und Einsicht ausgestattet, um seine leiblichen Bedürfnisse zu erkennen und zu befriedigen, aber nicht wissensbegierig, dessen Geist so wenig fortschreitet als seine Eitelkeit, ohne Erziehung, ohne Bildung, dieser wilde, ganz und gar tierartige Mensch ist das Ideal, das Rousseau verherrlicht. Der Überdruß an den Genüssen der Kultur muß sehr arg gewesen sein in der Pariser Gesellschaft, um eine derartige Vertierung der Menschennatur schön und ihre Darstellung wahr zu finden. Nein, der Mensch ist gerade deshalb über das Tier geordnet, daß er die Entwickelungsfähigkeit seiner Naturanlage mit dieser als seine Ausstattung von Gott empfangen hat. Die Selbstvervollkommnung ist seine sittliche Pflicht und seine gottähnlichste Eigenschaft. Indem der Mensch jene Pflicht erfüllt, bewährt er erst die Vortrefflichkeit seiner Natur. Die menschliche

Entwickelung ist die Wirkung der menschlichen Natur als ihrer Ursache. Es ist unlogisch, diese gut zu heißen und jene zu verurteilen, und abgeschmackt, mit dem Mißbrauch den Gebrauch der Menschenkräfte, mit den Verirrungen auch den Erwerb und Fortschritt des Menschengeistes zu verwerfen. Es grenzt an Wahnsinn, die Roheit der Kultur, die Wildheit der Civilisation vorzuziehen.

Aber so verkehrt das alles ist, so wirkte diese phantastische Begeisterung für die Barbarei damals erfrischend wie ein Platzregen in der Sommerschwüle. Es war ein furchtbares Wort, in dem doch auch eine tiefe Wahrheit liegt, wenn er die Abhandlung mit dem Satze schloß: „Die moralische (künstliche) Ungleichheit, die nur von dem positiven Rechte autorisiert ist, ist in allen den Fällen dem natürlichen Rechte zuwider, in denen sie nicht in richtigem Verhältnisse mit der physischen (sollte heißen natürlichen) Ungleichheit zusammengeht: eine Unterscheidung, welche hinreichend bestimmt, was man von der allenthalben bei den civilisierten Völkern herrschenden Ungleichheit zu denken hat; denn es läuft klärlich gegen das Gesetz der Natur, wie immer man dieselbe erkläre, daß ein Kind dem Greise Befehle gebe, daß der Thor über den Weisen herrsche und daß ein Häuflein Leute im Überflusse ersticke, während die ausgehungerte Menge das Nötige entbehrt."

Von dem Standpunkte dieser Schrift aus erschien das Eigentum nicht als ein Gut der menschlichen Gesittung, sondern als die Grundursache aller gesellschaftlichen Übel. „Wer zuerst ein Stück Land einschloß, wer zuerst behauptete: der Boden ist mein, und Leute fand einfältig genug das zu glauben, der war der Gründer der bürgerlichen Gesellschaft. Das höchste Gut, die Freiheit, ging daran zu Grunde. Aber die Freiheit, die Rousseau meint, ist nur die Freiheit des Wildes im Wald, nicht die sittliche menschliche Freiheit, welche sich gerade in der Entfaltung der natürlichen Kräfte des Menschen offenbart. So wertlos und gefährlich seine Darstellung ist, so begründet und nützlich ist dagegen seine gegen eine Äußerung Pufendorfs gerichtete

Beweisführung dafür, daß die Freiheit des Menschen ein dem Wesen nach unveräußerliches Gut sei, weil sie in der menschlichen Natur ihre fortwirkende Ursache habe.

In dieser Schrift ist seine Vorliebe für die weise gemäßigte Demokratie bereits unverhüllt ausgesprochen. Seine Jugenderinnerungen und seine nicht erstorbene Vaterlandsliebe haben daran einen großen Anteil. Die Verfassung der Republik Genf, welcher er die Schrift widmet, ist sein Statsideal. Indem er das Bild seines Vaters, eines schlichten Genfer Bürgers, mit kräftigen Strichen zeichnet, eines Mannes, der von seinem Handwerk lebte und zugleich seine Seele mit den hohen Ideen nährte, die Tacitus, Plutarch und Grotius verkündet haben, gibt er ein Bild des politisch berechtigten gemeinen Mannes, dem gegenüber die hochmütige Verachtung der bürgerlichen Klassen bei anderen Völkern nicht bestehen kann. Die Verfassung nennt er die beste, in welcher der Souverän und das Volk dieselben Interessen haben und alle Einrichtungen nur auf das gemeine Wohl abzielen. Nur wenn Volk und Souverän dieselbe Person sind, findet er diese Forderung gesichert.

Im Contrat Social erweitert sich der Gedanke zu einer neuen Statslehre. Rousseau hatte vor, politische Institutionen zu schreiben. Das genannte Buch ist eine teilweise Erfüllung dieses Vorsatzes.

Rousseau ist ein spekulativer Philosoph. Auch seine Statslehre ist spekulativ begründet. Um den Grund des States zu finden, denkt er den Stat weg und löst das Volk auf in die Individuen wie in seine natürlichen Elemente. Von da aus sucht er den logischen Weg zur Verbindung der Individuen. Er will erklären, wie aus den Individuen das Volk, aus dem Volke der Stat nicht etwa historisch geworden ist, sondern logisch werden muß; und er findet den Weg des Vertrages als den allein vernunftmäßigen.

„Der Mensch ist von Natur freigeboren, und überall ist er in Banden. Wie ist diese Wandelung vor sich gegangen?

Ich weiß es nicht. Was kann dieselbe als rechtmäßig begründen? Diese Frage glaube ich beantworten zu können" (I. 1).

Die Familie ist die älteste Gesellschaft und die einzige natürliche. Aber sogar da hört der natürliche Verband auf, wenn die Kinder erwachsen sind und der Eltern nicht mehr bedürfen, um sich zu erhalten. Wenn sie auch nachher noch beisammen bleiben, so ist diese Familie selber die Wirkung des Vertrages. Die Familie konnte wohl zum Vorbilde der bürgerlichen Gesellschaften gedient haben. Aber die Analogie zwischen Vater und Statshaupt ist doch ebenso ungenügend wie das zuweilen noch gebrauchte Bild des Hirten und der Herde. Wenn Grotius sogar die Sklaverei wie einen möglichen Rechtszustand behandelt, so verwechselt er, wie öfters, die That und das Recht. Seine Auffassung und die des Hobbes ist die des Kaisers Caligula, der die Könige für Götter und die Völker für Vieh erklärt hat. Mit vernichtendem Hohne übergießt er, Locke folgend, die Meinung Filmers von dem König Adam und dem Kaiser Noah (I, 2). Sehr schön und treffend ist seine Widerlegung des sogenannten „Rechtes des Stärkeren", indem er erklärt: „Der Stärkste ist nicht stark genug, um Herr zu bleiben, wenn er nicht seine Stärke in Recht und den Gehorsam in Pflicht verwandelt. Daher das Recht des Stärkeren." — „Stärke ist physische Macht. Ich sehe nicht, wie daraus eine moralische Macht gefolgert werden kann. Der äußeren Gewalt weichen ist ein Akt der Notwendigkeit, nicht des Willens; höchstens ein Akt der Klugheit, aber nimmermehr ein Akt der Pflicht. Würde die Gewalt das Recht schaffen, so müßte diese Wirkung erlöschen, wenn die Ursache wegfiele. Jede stärkere Gewalt würde, indem sie die bisherige Gewalt überwindet, auch in ihr Recht eintreten. Muß man der Gewalt gehorchen, wozu noch das Recht? Es bringt nichts hinzu, es ist ganz überflüssig und vollkommen sinnlos. „Alle Gewalt kommt von Gott", sagt man. Ich gebe es zu. Aber alle Krankheiten kommen auch von Gott. Soll das heißen, daß es verboten sei, einen Arzt zu rufen?" (I, 3). Daß er die

Sklaverei ganz und gar verwirft als ein Unrecht — „die Worte Sklaverei und Recht widersprechen sich und schließen sich wechselseitig aus“ — versteht sich, und man wird seine Begründung größtenteils gelten lassen können. Aber wenn er es vollkommenen Unsinn nennt, sich folgenden Vertrag zu denken: „Ich mache mit dir einen Vertrag, der dir alle Lasten, mir allen Vorteil zuwendet und den ich halten kann, so lange es mir beliebt, und du halten mußt, so lange es wieder mir gefällt“ (I, 4); so hätte ihm jeder Jurist eine ganze Reihe von privatrechtlichen Verträgen entgegenhalten können (wie z. B. den Schenkungs- und den Hinterlegungsvertrag), welche einen sehr guten Sinn haben und dennoch ausschließlich dem Gläubiger zum Vorteil gereichen.

Es bleibt also nur der Weg des Vertrages. Zuerst muß man einig geworden sein, ein Volk zu bilden, dann erst kann der zweite Vertrag zwischen Fürst und Volk abgeschlossen werden (I, 5). Rousseau nennt seine Vorgänger eher, wenn er sie bekämpft, als wenn er ihnen folgt: eine undankbare Methode, die er mit vielen Gelehrten gemein hat. Hier folgt er augenscheinlich Pufendorf, dessen „Elemente“ er kannte, ohne ihn zu nennen. Aber ganz originell ist seine Anschauung und Ausführung dieser Verträge.

Wenn die Menschen dahin gekommen sind, daß sie dem Widerstande, welchen die natürlichen Hindernisse ihrer Erhaltung des eigenen Naturzustandes entgegensetzen, nicht mehr mit ihren vereinzelten Kräften gewachsen sind, so kann der ursprüngliche Zustand nicht mehr fortdauern. Die Menschen würden zu Grunde gehen, wenn sie nicht diesen Zustand änderten. Dann gibt es kein anderes Mittel, sie zu erhalten, als eine Summe von Einzelkräften zu verbinden, welche stärker ist als jener Widerstand. Diese Summe kann nur durch die Vereinigung mehrerer hergestellt werden. Aber da die Kraft und die Freiheit eines jeden die Grundlage seiner Selbsterhaltung sind, wie werden sie sich einigen können, ohne sich selber zu schaden? Das Problem ist also: „eine Form der Verbindung zu finden, welche mit gemeinsamer Kraft die Person und die Güter aller Verbundenen verteidigt und schützt, und bei welcher jeder, indem er sich mit allen einigt, doch nur sich selber gehorcht und ebenso frei bleibt wie zuvor". Der Gesellschaftsvertrag ist die Lösung dieses Problemes.

Die Klauseln dieses Vertrages, auch wenn sie vielleicht niemals urkundlich ausgesprochen worden, sind überall selbstverständlich und stillschweigend angenommen; und wenn sie verletzt werden, so tritt jeder in seine ursprüngliche Freiheit und in seine natürlichen Rechte zurück. Sie lassen sich wohlverstanden auf eine zurückführen, nämlich die völlige Hingabe (aliénation) jedes Gesellschafters mit allen seinen Rechten an die ganze Gemeinschaft. Denn indem jeder sich ganz hingibt, sind alle in gleicher Lage, und da die Lage aller dieselbe ist, so hat keiner ein Interesse, sie den andern lästig zu machen. Überdem da die Hingabe ohne Vorbehalt geschieht, so ist die Einigung möglichst vollkommen und keiner hat mehr etwas anzusprechen; denn würden den einzelnen gewisse Rechte vorbehalten, wie wenn es keine gemeinen Richter gebe zwischen ihm und dem Publikum, so würde, wer so Richter in eigener Sache bleibt, bald es in allem werden wollen, der Naturzustand würde fortdauern und die Verbindung würde tyrannisch oder bedeutungslos werden. Endlich indem jeder sich allen ergibt, ergibt er sich keinem; und da jeder dem anderen Gesellschafter gegenüber dasselbe Recht hat wie der andere gegen ihn, so gewinnt man einen Ersatz für seinen Verlust und größere Stärke, um das zu behalten, was man hat. Der Gesellschaftsvertrag läßt sich demnach so formulieren: „Jeder von uns gibt in die Gemeinschaft seine Person und alle seine Macht unter die oberste Leitung des Gemeinwillens, und wir nehmen in den Gesamtkörper alle einzelnen Glieder als untrennbare Teile des Ganzen auf" [1]).

---

[1]) I, 6. „Chacun de nous met en commun sa personne et toute sa puissance sous la suprême direction de la volonté générale; et nous recevons en corps chaque membre comme partie indivisible du tout."

„Dieser Gesellschaftsvertrag setzt sofort an die Stelle der einzelnen Kontrahenten einen moralischen und kollektiven Körper, der aus so vielen Gliedern besteht, als seine Versammlung Stimmen hat, und aus demselben Akt seine Einheit, sein Gesamt-Ich (son moi commun), sein Leben und seinen Willen erhält. Diese öffentliche Person ist die Republik oder der politische Körper, den man Stat nennt, wenn man an seine ruhende Ordnung denkt; der Souverän heißt, wenn er handelt, und Macht, wenn man ihn mit anderen gleichartigen Körpern vergleicht. Der Gesamtname der Gesellschafter heißt das Volk (peuple) und im einzelnen Bürger (citoyens), als Teilhaber der souveränen Autorität, und Unterthanen, inwiefern sie den Statsgesetzen unterworfen sind" (I, 6).

Jedes Individuum hat hier eine Doppelbeziehung: einmal als Teil des Souveräns zu den Privaten und zweitens als Einzelperson zu dem Souverän. Aber diese doppelte Beziehung mit ihren Pflichten kann nicht den Souverän gegen sich selber verpflichten. Für ihn gibt es kein Gesetz und keine Verfassung, die ihn bindet. Gegen andere Staten kann er wohl verpflichtet sein, denn da erscheint er als ein Individuum.

„Aber da der Souverän sein Wesen aus der Heiligkeit des Urvertrages ableitet, so kann er sich auch gegen andere nicht zu irgend etwas verpflichten, das diesen Vertrag beeinträchtigt, wie z. B. einen Teil seiner selbst zu veräußern, oder sich einem anderen Souverän zu unterwerfen. Indem er den Akt verletzt, durch den er besteht, verneint er sich selbst, und was nichts ist, kann nichts hervorbringen."

„Indem der Souverän aus den Privaten zusammengesetzt ist, kann er kein Interesse haben, das dem ihrigen entgegen ist; daher bedarf die souveräne Gewalt keiner besonderen Garantie im Verhältnis zu den Bürgern, denn es ist unmöglich, daß der Körper seinen Gliedern schaden wolle. Wohl aber bedarf der Souverän der Mittel, um die einzelnen zur Treue gegen die Gemeinschaft anzuhalten, denn nicht immer stimmt der Eigenwille des Individuums mit dem gemeinen Willen der Bürger zusammen. Daher enthält der Gesellschaftsvertrag die selbstverständliche Bestimmung, daß der Körper befugt sei, den einzelnen, welcher sich dem Gemeinwillen widersetzt, zum Gehorsam zu zwingen, was doch nichts anderes bedeutet, als ihn nötigen frei zu sein" (I, 7).

„Der Mensch verliert durch den Gesellschaftsvertrag seine natürliche Freiheit und das unbegrenzte Recht auf alles, was er erreichen kann; dafür gewinnt er die bürgerliche Freiheit und das Eigentum an allem, was er besitzt. Die erste Freiheit ist nur durch die Kräfte des Individuums, die zweite durch den allgemeinen Willen beschränkt. Die bürgerliche Freiheit ist zur moralischen geworden" (I, 8). „Der Gesellschaftsvertrag ersetzt die natürliche Gleichheit, die doch mancherlei physische Ungleichheit zuließ, durch die moralische und rechtliche Gleichheit. Auch die, welche ihren Körper- und Geisteskräften nach einander sehr ungleich sind, werden nun alle vor dem Rechte gleich" (I, 9).

Das ist der wesentliche Inhalt des ersten Buches, welches das Fundament der ganzen Lehre legt. Dieses Fundament ist aber nur ein lockerer Haufe Sand, der keinem Drucke und keinem Angriffe Stand hält. Der Grundfehler Rousseaus ist nicht der, den ihm Schlosser und andere vorgeworfen haben, daß er den Stat spekulativ erklären, nicht bloß historisch demonstrieren wollte. Auch die philosophische Spekulation hat ihr Recht. Sein Grundfehler war vielmehr der, daß er unrichtig, d. h. unlogisch spekulierte. Er löste den Statsbegriff in die Individuen auf und meinte von den Individuen aus den Weg zum State zu finden. Das aber ist logisch unmöglich. Von den Individuen als solchen aus kann nur die individuelle Entwickelung erklärt, von den Privaten aus können nur Privatgeschäfte und Privatverhältnisse begründet werden, denn immer entspricht die Wirkung ihrer Ursache. Eine Summe von Individuen ist niemals und kann gar nicht eine Einheit sein, so wenig als aus dem Haufen Sandkörner eine Statue wird. Wenn in den Einzelmenschen nur der individuelle Geist und Wille wäre und wirkte, so wäre die Existenz des States, als eines Gesamtkörpers, der von dem Gesamtgeiste und dem einheitlichen Gesamtwillen belebt und bestimmt wird, unbegreiflich. Nur weil die Einzelmenschen von Natur nicht bloß Individuen, d. h. Wesen für sich sind, weil der Trieb zur Gemeinschaft ihnen eingepflanzt ist, weil sie in ihrem Körper die gemeinsamen Züge der Familie, der Nation, der Menschheit sichtbar an sich tragen, weil in ihrer Rasse ein Gemeingeist wirkt, so ist der Stat, d. h. die Offenbarung dieser inneren Gemeinschaft und Einheit möglich geworden. Die atomistische Statslehre Rousseaus ist also im logischen Widerspruch mit sich selber.

Aber selbst wenn man das Unmögliche als möglich betrachten und zugeben wollte, daß der Vertrag der Individuen den Stat erkläre, so ist doch die fernere Annahme, daß die Individuen sich ganz und gar mit allen ihren Rechten an die Gemeinschaft veräußern, wieder unnatürlich. Da nach Rousseau die Menschen dem State nicht entgehen können, so machen sie nun die Augen zu und stürzen sich kopfüber in den Stat hinein. Je individueller die Natur und die Rechte eines Menschen sind, desto weniger wird er darauf verzichten und sie dem State hingeben. Die heiligsten Rechte der Liebe, des Glaubens, des Gedankens werden sicher nicht in die Gemeinschaft eingeworfen, sondern fortwährend individuell behauptet; und im Grunde wird das ganze Privatrecht, obwohl es des statlichen Schutzes bedarf, doch in seinem Inhalte nicht von dem State, sondern von den Privaten abgeleitet. Rousseau wiederholt hier den Irrtum des Hobbes und kommt wie dieser zu einer absoluten Statsgewalt. Freilich bekennt er sich als Freund der gemeinen Bürgerfreiheit, während Hobbes die Herrschaft des einen über alle begünstigt. Aber der Absolutismus seines als Souverän proklamierten Demos ist für die Freiheit der Individuen nicht weniger gefährlich als der Absolutismus des Monarchen bei Hobbes. Ob meine Eigenart von dem Unverstande der Menge unterdrückt oder von der Willkür eines Despoten gefesselt werde, ist für meine Freiheit gleich verderblich; und wenn auch die Demokratie Rousseaus der gemeinen

Freiheit aller nicht so abgeneigt ist wie die Despotie des absoluten Fürsten, so ist jene doch stärker als diese und es wird schwieriger, ihrer rohen Übermacht zu widerstehen.

Rousseau betrachtet nun im zweiten Buche den Begriff der Souveränetät näher, die er der Gesamtheit der Bürger zuschreibt und als eine absolute faßt. Diese Souveränetät, sagt er, „ist unveräußerlich. Da sie nichts anderes ist als die Äußerung des gemeinen Willens (l'exercice de la volonté générale), so kann dieselbe auch nur von ihm selber geäußert werden. Man kann wohl die Macht übertragen, aber nicht seinen Willen. Der Souverän kann wohl sagen: Ich will gegenwärtig, was dieser Mann will; aber er kann nicht sagen: Ich will, was dieser Mann in Zukunft wollen wird. Wenn ein Volk einfach zu gehorchen verspricht, so löst es sich selber auf und ist kein Volk mehr. Der Stat ist zerstört" (II, 1).

Ebenso ist die Souveränetät unteilbar, aus demselben Grunde. Entweder ist der Wille Gemeinwille, oder er ist es nicht. Zum Gemeinwillen ist nicht Einstimmigkeit erforderlich, aber es ist nötig, daß alle ihre Meinung äußern konnten. Das Stimmrecht aller muß gesichert sein. Ist ein Gemeinwille vorhanden, dann begründet er das Gesetz. Ist er nicht vorhanden, so kann nur ein Sonderwille oder der Wille eines Magistrates da sein, der höchstens ein Dekret zu erzeugen vermag. Da man so die Souveränetät nicht im Prinzip teilen kann, so teilt man sie in dem Objekte. Man unterscheidet dann die gesetzgebende und die exekutive Gewalt, die Steuer-, die Justiz-, die Kriegshoheit u. s. f. Das ist, wie wenn man den Menschen in verschiedene Körper zerlegte, deren einer nur Augen, ein anderer nur Arme, ein dritter nur Füße hätte. Was bloß einzelne Ausflüsse der Souveränetät sind, hat man für Teile derselben gehalten. Nur das Gesetz ist der wahre Souveränetätsakt; alles andere ist nur Anwendung" (II, 2).

Die entschiedene Betonung des Gesetzes als der eigentlichen Souveränetätsäußerung verdient unsere Anerkennung. Sie schneidet in der That viele Irrtümer ab und bewahrt die Statseinheit. Sehr merkwürdig aber ist es zu sehen, wie nun Rousseau von der eigenen Logik auf das Grundgebrechen seiner Lehre hingestoßen wird. Im folgenden Kapitel unterscheidet er wirklich zwischen dem Willen aller und dem Gemeinwillen, und spricht die Wahrheit aus: „Jener läßt sich von dem Privatinteresse leiten, dieser hat nur das gemeine Wohl vor Augen. Jener ist nur die Summe der Privatwillen.“ Aber statt nun hinzuzufügen: dieser ist die Einheit des Gemeingeistes, verfällt er sofort wieder in den alten Irrtum und konstruiert den Gemeinwillen, indem er sich an den Durchschnitt, an die Mehrheit jener Privatwillen hält, und nur die äußersten Besonderheiten aus jener Summe wegstreicht. Er bemerkt den Widerspruch, aber weil er keine Lösung weiß, so hält er die Hände so vor die Augen, daß er die äußeren Glieder der Privatwillen nicht mehr sehen kann, und beredet sich, indem er nur die Mitte sieht, er sehe den einen Gemeinwillen.

Seltsam, aber wieder einflußreich ist die Begriffsbestimmung der Regierung (gouvernement), zu der er im dritten Buche übergeht. „Jede freie Handlung hat zwei Ursachen, die zusammenwirken, um sie hervorzubringen: eine moralische, welche die Handlung bestimmt, und eine physische, d. h. die Kraft, welche sie ausführt. Wenn ich an ein Ziel hingehen will, so muß ich vorher den Willen haben, dahin zu gehen, und sodann müssen mich meine Füße dahin tragen. Ebenso ist es mit dem Statskörper. Auch da unterscheiden wir Willen und Kraft der Ausführung; jene kennen wir als die gesetzgebende Gewalt, diese unter dem Namen der vollziehenden Gewalt. Alles was geschieht ist von dem Zusammenwirken dieser beiden Kräfte bedingt.“

„Die gesetzgebende Gewalt gehört dem Volke zu und kann nur dem Volke zugehören. Die vollziehende Gewalt kann unmöglich der souveränen Gemeinschaft zukommen, welche das Gesetz gibt; denn diese Gewalt kann sich nur in einzelnen Handlungen äußern, welche nicht Gesetze und daher nicht ihrer Natur nach souveräne Akte sind. Der Stat bedarf daher eines eigenen Beauftragten, welcher die öffentliche Stärke zusammenfaßt und auf das Ziel hinleitet, welcher dem allgemeinen Willen gemäß die Bewegung vollzieht und den Stat und den Souverän wie Seele und Leib verbindet. Mit Unrecht hat man ihn „Souverän" genannt: er ist in Wahrheit nur der Diener des Souveräns."

„Die Regierung ist ein zwischen dem Souverän und den Unterthanen vermittelnder Körper, welcher berufen ist, die Gesetze zu vollziehen und die bürgerliche und politische Freiheit zu schützen. Die Glieder dieses Körpers nennen sich Magistrate oder Könige, und der ganze Körper trägt den Namen Fürst (Prince). Die, welche behaupten, der Akt, durch den ein Volk sich seinen Häuptern unterordne, sei kein Vertrag, haben Recht. Es liegt hier nur ein Auftrag vor, eine Geschäftsvollmacht, welche der Souverän jeden Augenblick beschränken, ändern oder zurücknehmen kann."

„Die Regierung ist im Kleinen, was der politische Körper im Großen ist. Sie ist eine moralische Person, mit gewissen Fähigkeiten ausgestattet, aktiv wie der Souverän, passiv wie der Stat, und die man stufenweise verzweigen und gliedern kann. Aber der Statskörper besteht durch sich selbst, der Regierungskörper nur durch den Willen des Souveräns. Würde der Fürst seinen Eigenwillen über den allgemeinen Willen setzen und die öffentliche Macht im Dienste seines Eigenwillens gebrauchen wollen, so hätten wir in gewissem Sinne zwei Souveräne, einen rechtmäßigen und einen thatsächlichen, und die gesellschaftliche Einheit wäre gebrochen, der statliche Körper würde sich auflösen" (III, 1; vgl. III, 17).

Man kann die Wahrheit nicht ärger auf den Kopf stellen, als indem man die Funktionen des Statshauptes mit der Thätigkeit der Füße vergleicht, wie das Rousseau thut. In der That, die bloße „Vollziehung" ist der Thätigkeit der Füße und der Hände vergleichbar. Sie setzt notwendig einen Willen voraus, der vollzogen werden soll. Im State sind es zuletzt die Amtsboten, die Gendarmen, die Soldaten, welche diese Vollziehung besorgen. Das Statshaupt vollzieht nicht, es gibt nötigenfalls den Auftrag zum Vollzug. In der Regierung selbst sind voraus die moralischen Kräfte wirksam und thätig, nicht die physischen. Sie erwägt das Ziel und die Mittel, die zum Ziele führen. Sie überdenkt die öffentlichen Bedürfnisse und sorgt für deren Befriedigung. Sie faßt Entschlüsse, sie spricht Willensakte aus, sie gibt Befehle und erläßt Verbote. Das ist vielleicht Auftrag zur Vollziehung, aber nicht Vollziehung selbst.

Auch mit Bezug auf die Gesetzgebung sind die Regierungsakte nur selten als Vollziehungsakte zu erklären. Bei weitem die meisten werden in ihrem Inhalte nicht von dem Gesetze bestimmt, das nur die Rechtsschranken normiert, innerhalb welcher die Wahl zwischen mancherlei Möglichkeiten sich frei bewegt. Der Richter hat es wohl mit der Anwendung des Gesetzes auf den einzelnen Fall zu thun, weil es die richterliche Aufgabe, lediglich das Recht, wie es ist, also auch wie es durch das Gesetz geordnet ist, gegen Verletzung zu schützen. Aber die Regierung hat in der Regel nicht Rechtsfragen zu entscheiden, sondern das Zweckmäßige zu verfügen; da reicht die Rechtsregel des Gesetzes nicht aus, da ist freie Erwägung der Umstände, der Ziele und der Mittel nötig. Regieren bedeutet, die immer neue und wechselnde Bewegung des States im einzelnen Falle je nach der Mannigfaltigkeit der Lebensaufgaben bestimmen und leiten. Der Gesetzgeber erläßt nur die festen und dauernden Normen und Ordnungen, welche bei jener Bewegung zu beachten sind, aber der Regierung bleibt die Freiheit des Entschlusses, je nach der Mannigfaltigkeit der Anlässe und der wünschbaren Ziele, das Geeignete von sich aus zu verfügen. Die beiden Mächte also sind wesentlich Geistes- und Willensmächte, und sie verhalten sich nicht wie Herr und Diener zu einander, sondern wie der Gesamtkörper, von dem das Haupt nicht zu trennen ist, zu dem Haupte allein.

Die Energie der Regierungsgewalt wächst nach Rousseau im entgegengesetzten Verhältnisse der Zahl derer, welche daran Teil haben. In der Monarchie ist sie am stärksten, weil hier der Individualwille mit dem Regierungswillen zusammengeht; am schwächsten in der Demokratie, weil der Privatwille der einzelnen auch in seinem Widerstande gegen den Regierungswillen am stärksten bleibt. Je größer das Statsgebiet wird, um so nötiger ist es, daß der Regierungswille durch Einheit Kraft gewinne (III, 2. 3).

Die Bemerkung, welche er über die drei Regierungsformen macht, Demokratie, Aristokratie und Monarchie, sind mit manchen pikanten Ausfällen gewürzt, aber wenig erschöpfend. Wären die Menschen göttlicher, so würde, meint er, die Demokratie die beste Regierungsform sein. Wie die Zustände wirklich sind, läßt sie sich nur in kleinen Staten erhalten; und auch da verrät Rousseau noch einige Neigung zu einer gemäßigten Wahlaristokratie. Seine Erfahrungen in Frankreich verstimmen ihn sehr gegen die Monarchie, die er für große Staten freilich als unvermeidlich betrachtet. „Ein wesentlicher Fehler", sagt er, „welcher die monarchische Regierung immer hinter die republikanische zurückbringt, ist der, daß die öffentliche Stimme in der Monarchie fast nie die fähigsten und tüchtigsten Männer in die Höhe bringt, sondern daß da meistens kleine Ränkeschmiede, kleine Schelme, kleine Intriganten, deren kleine Talente an den Höfen hochgeschätzt werden, die obersten Regierungsämter erhalten und dann, sobald sie auf diese Höhe gelangt sind, der öffentlichen Meinung nur ihre Unfähigkeit offenbar machen. Das Volk täuscht sich bei seinen Wahlen weniger leicht als der Fürst; daher ist ein Mann von wahrhaftem Verdienste fast ebenso selten in einem königlichen Ministerium zu finden, als ein Dummkopf an der Spitze einer Republik" (III, 6). Die treffende Bosheit dieses auf den Hof und die Regierung Ludwigs XV. abgeschossenen Pfeiles wäre in einer politischen Streitschrift besser am Platze als in einer allgemeinen Statslehre. Aber gerade solche Äußerungen dienten am meisten dazu, dem Buche Rousseaus einen lebhaften Beifall in dem Lesepublikum zu erwerben.

Der moderne Stat ist wesentlich zum **Repräsentativstate** geworden. Dafür hat Rousseau gar kein Verständnis. Der Gedanke der Repräsentation ist ihm zu civilisiert; je entfernter derselbe von dem rohen Urzustande ist, in den Rousseau die Völker zurückführen möchte, damit sie da zu einer freieren Ordnung wiedergeboren werden, desto widerwärtiger ist ihm diese Erfindung der neueren Bildung. Überall dringt er auf **Volksversammlungen** und **unmittelbare Volksabstimmung**.

„Die Souveränetät kann nicht repräsentiert werden, so wenig als veräußert. Sie ist der allgemeine Wille, und der Wille läßt sich nicht repräsentieren. Die Abgeordneten des Volkes können daher nicht seine Repräsentanten sein, sie sind nur seine Beauftragten, sie dürfen nichts abschließend verordnen. Jedes Gesetz, das nicht von dem Volke selbst genehmigt worden, ist nichtig; es ist kein Gesetz. Das englische Volk meint frei zu sein. Es täuscht sich; es ist nur frei, während es zum Parlament wählt: sobald es gewählt hat, ist es der Sklave des Parlamentes."

„Die Idee der Repräsentanten ist modern, sie stammt aus dem Feudalstate, jener ungerechten und unsinnigen Regierungsform, welche die menschliche Natur entwürdigt. Die alten Republiken und sogar die alten Monarchien wußten von keiner Repräsentation. Das Wort sogar war ihnen unbekannt" (III, 15).

Der Grundirrtum Rousseaus, welcher ihm die Einheit der Nation verbarg und aus der Verbindung vieler Einzelwillen einen Gesamtwillen zu konstruieren versuchte, hat ihm das Verständnis des repräsentativen Prinzips verschlossen. Zwar kennt auch das moderne Privatrecht, im Gegensatze freilich zu dem antik-römischen, die Stellvertretung des einen durch den andern; aber wenn wirklich die Menge der einzelnen Bürger der Souverän wäre, wie Rousseau voraussetzte, so begreift man doch, wie bedenklich es für die Souveränetät dieser Bürgermenge wäre, die Äußerung ihres Willens dem Willen einer Minderheit von Stellvertretern zu überlassen.

Hat man dagegen eingesehen, daß das Volk etwas anderes als die Summe der Einzelnen ist, und hat man die Eigentümlichkeit des einen Rassen- und Volksgeistes begriffen, dann wird man sich leicht überzeugen, daß die Repräsentation des einen Volkes durch eine auserwählte Körperschaft größere Garantien dafür bietet, daß der Volkswille — im Gegensatze zum Privatwillen — rein und klar zum Ausdrucke gelange, als wenn eine Volksversammlung demselben zum Organe dienen muß. Man vergleiche nur das englische Parlament oder die Thätigkeit der Kammern in einem Kontinentalstate mit den römischen Komitien oder gar mit einer athenischen Ekklesie, und man wird sich bald überzeugen, daß der Egoismus der Individuen, die Leidenschaften der Menge, die Unwissenheit und Unfähigkeit jener Massenkörper in einem sehr auffallenden und für die antike noch rohe Organisation ungünstigen Kontraste mit der gehobeneren patriotischen Stimmung, mit der politischen Bildung und der Urteils- und Arbeitsfähigkeit der repräsentativen Körper stehen. Indem Rousseau empfiehlt, die Repräsentation aufzugeben und zu der unmittelbaren Volksversammlung zurückzukehren, folgt er nur seiner sonstigen Neigung, aus der Stadt in den Wald zu flüchten, die Civilisation abzustreifen und die ursprüngliche Wildheit zu erneuern. Die modernen Kulturvölker haben aber keine Lust, diesem Rate zu folgen. Wenn sie sich in den Urwald stürzen, so thun sie es, um denselben auszureuten und für die neue Kultur zu erobern.

Eines der wichtigsten Kapitel des Contrat Social ist das achte des vierten und letzten Buches, welches von der „bürgerlichen Religion“ handelt. Auch Hobbes hatte die Religion als Statssache behandeln wollen, aber mit Berücksichtigung des Christentumes. Pufendorf hatte die natürliche Religion — im Gegensatze zu dem positiven Christentum — in den Bereich des öffentlichen Rechtes gezogen, damals aber die christlichen Kirchen unversehrt bestehen lassen. Aber Rousseau greift die christliche Kirche und sogar die christliche Religion selber an und verlangt, um die politische Souveränetät des States zu behaupten, eine totale Umwälzung der religiösen Zustände.

Sein Gedankengang ist folgender: Im Altertum war die Religion Statssache; die Götter waren Statsgötter. Anfangs schlossen sie sich wechselseitig aus und bekämpften sich, wie die verschiedenen Fürsten und Völker, welche ihnen dienten. In dem römischen Weltreiche aber fanden sich mancherlei Nationalgötter zusammen. Das Heidentum wurde so universell. Da kam Jesus und gründete auf der Erde ein geistiges Reich. Von da an trennte sich das theologische und das politische System; die Einheit des States war gebrochen und der innere Zwiespalt hörte nicht mehr auf. In einigen christlichen Staten versuchte man später die Einheit wieder herzustellen, aber ohne Erfolg. Der Geist des Christentumes widerstrebte zu entschieden. Mohammed verband wieder das religiöse und das politische System, aber sogar in den Reichen des Islam drang jener Zwiespalt mit der Zeit wieder ein.

Rousseau bestreitet die Meinung Bayles, daß gar keine Religion dem State nützlich sei, mit der Bemerkung, daß zu allen Zeiten die Religion auch eine Grundlage der Statsgemeinschaft gewesen sei, und setzt der Behauptung Warburtons, daß die christliche Religion die beste Stütze des States sei, den Satz entgegen, daß die christliche Religion einer kräftigen Statsverfassung eher schädlich als nützlich sei. Er unterscheidet im Hinblick auf den Stat drei Verhältnisse der Religion: „Die erste ist nur individuell menschlich, ohne Tempel, ohne Altäre, ohne Ritus, nur die persönliche Verehrung Gottes und der ewigen moralischen Gesetze; von der Art ist die einfache Religion des Evangeliums, der wahre Theismus, das göttliche Recht der Natur. Die zweite ist die Religion der nationalen Gemeinschaft, wie die antiken heidnischen Religionen. Die dritte seltsamste Art will zwei Gesetzgebungen, zwei Häupter, zwei Gemeinschaften, die sich notwendig bekämpfen. So die Religion der Lama, der Japanesen, und das römisch-katholische Christentum.

Man könnte diese dritte Art die priesterliche Religion heißen. Diese dritte Art taugt jedenfalls nichts, denn was die Einheit der Gesellschaft spaltet und die Menschen mit sich selber entzweit, ist vom Übel. Die zweite ist für den Stat nützlich, aber da sie auf Aberglauben und Lüge gegründet ist, dennoch verwerflich. Überdem ist sie intolerant und verleitet die Staten zur Grausamkeit gegen Andersgläubige. Die erste evangelische, welche die Menschen als Kinder desselben göttlichen Vaters betrachtet, sie als Brüder sich lieben lehrt und die Gemeinschaft über den Tod hinaus erhält, ist als Religion heilig, erhaben, wahrhaft. Aber man kann nicht sagen, daß sie dem State förderlich sei. Das Christentum ist eine nur geistige Religion, vorzugsweise auf die himmlischen Dinge gerichtet. Das Vaterland der Christen ist nicht auf dieser Welt. Sie thun ihre Pflicht, aber mit tiefer Gleichgültigkeit für den irdischen Erfolg. Ob es dem State wohl ergehe oder übel, berührt sie wenig. Im Glücke fürchten sie eitel zu werden auf den Ruhm ihres Landes; wenn der Stat untergeht, so segnen sie die Hand Gottes, der sein Volk züchtigt. Und da doch nicht die ganze Gesellschaft aus Christen besteht und es auch unter denen, die sich zum Christentume bekennen, Heuchler gibt und Ehrgeizige, so gewinnen diese leicht die Herrschaft über ihre frommen Brüder. Kommt es zu einem Kriege mit einer fremden Macht, so marschieren wohl die christlichen Bürger und thun ihre Schuldigkeit, aber ohne Leidenschaft für den Sieg. Sie verstehen eher zu sterben als zu siegen. Das Christentum predigt nur Demut und Gehorsam. Sein Geist wird von der Tyrannei bequem ausgebeutet. Die wahren Christen sind dazu gemacht, Sklaven zu sein. Das bekümmert sie wenig. Dieses kurze Leben hat einen zu geringen Wert in ihren Augen."

Nach dieser kritischen Betrachtung, welche die Natur des Gegensatzes von Stat und Kirche gänzlich verkennt, die Vorteile dieser Zweiheit für die Civilisation und die Freiheit völlig übersieht und den Geist des Christentums mit dem Mönchsgeiste verwechselt, kehrt Rousseau zu der Rechtsfrage zurück und fährt nun fort: „Das Recht, welches der Gesellschaftsvertrag dem Souverän über die Unterthanen gewährt, ist durch die Rücksicht auf die gemeine Wohlfahrt begrenzt. Die Unterthanen haben daher nur insoweit von ihren religiösen Meinungen Rechenschaft zu geben, als dieselben für die Gemeinschaft wichtig sind. Für den Stat ist es daher von Bedeutung, daß jeder Bürger eine Religion habe, welche ihm seine Pflichten lieben lehrt; aber die religiösen Dogmen interessieren den Stat nur, so weit sie die Moral und die bürgerlichen Pflichten betreffen. Es gibt also ein rein bürgerliches Religionsbekenntnis, dessen Artikel der Souverän bestimmt, nicht so fast als religiöse Dogmen als vielmehr als gesellschaftliche Prinzipien, ohne welche niemand ein guter Bürger und ein treuer Unterthan sein kann. Der Stat kann niemandem zumuten, daß er so glaube, aber er kann aus der Statsgemeinschaft jeden ausstoßen, der nicht daran glaubt; er verbannt nicht die gottlosen, aber die untauglichen Bürger. Im übrigen kann der Stat dann verschiedene Religionen dulden, nur die Unduldsamkeit darf er keiner Religion verstatten. Wer behauptet: „Außer der Kirche kein Heil" soll weggewiesen werden aus dem State, außer der Stat wäre selber die Kirche und der Fürst der Oberpriester. In der Theokratie hat dieser Satz einen Sinn, in jedem andern State ist er verderblich" (IV, 8).

Der moderne Stat hat das Problem in seiner Praxis viel gründlicher gelöst als Rousseau in seiner Theorie. Rousseau möchte die Existenz der Kirche negieren, um die Einheit des States zu retten; und dennoch gibt er selber zu, daß seine bürgerliche Religion nur dem politischen und nicht dem religiösen Bedürfnisse der Menschen genüge, und wird genötigt, das Nebeneinanderstehen nicht bloß individueller Religionsmeinungen, sondern religiöser Kultusgemeinschaften anzuerkennen; d. h. er verdeckt nur den Gegensatz von Stat und Kirche, aber läßt ihn unter der Decke fortwirken. Er erkennt ferner dem State nur das Recht zu, die Religion in ihren rechtlichen Beziehungen zu bestimmen, und will ein Verteidiger der weitherzigsten Toleranz in Glaubenssachen sein, und läßt sich dennoch dazu verleiten, den ungläubigen und andersgläubigen Individuen den Statsschutz zu entziehen, wenngleich sie niemandes Rechte verletzt haben. Wir tadeln nicht die Freiheit, vom Standpunkte des States und des Rechtes aus auch sein Verhältnis zu der geoffenbarten Religion zu ordnen; aber indem wir auf seinen Standpunkt eingehen, nehmen wir an seiner Inkonsequenz Anstoß. Ein Statsrecht, welches einem Spinoza oder Friedrich dem Großen keine Sicherheit und keine politischen Rechte gewährt, erscheint uns um nichts besser als das theokratische Statsrecht, das von der Autorität der Priester abhängt. Wie viel freier und wie viel duldsamer ist der moderne Stat, welcher den Kirchen religiöse Selbständigkeit, den Individuen volle Bekenntnisfreiheit gewährt, und trotzdem die Einheit und Macht des States so rein und voll behauptet, wie niemals früher in der Geschichte der Menschheit!

Die Genfer Bergbriefe Rousseaus waren die erste Anwendung der abstrakten Theorie des Contrat Social auf einen konkreten Fall. Rousseau hatte sich vor der Verfolgung der Sorbonne und des Pariser Parlamentes — trotz seiner vornehmen Gönner — flüchten müssen. In der Schweiz hoffte er Ruhe und Sicherheit zu finden. Da erfuhr er aber zu seinem Befremden, daß auch die Räte seiner Vaterstadt Genf seinen Emile und den Contrat Social wegen religionsgefährlicher Äußerungen von Henkern hatten verbrennen und einen Verhaftsbefehl gegen den Autor ergehen lassen. In seinen Schriften hatte er sich mit Stolz „Bürger von Genf" genannt, er hatte Freude daran, seinen Ruhm mit dem Ruhme seiner Vaterstadt zu verbinden. Seine Statsansichten waren großenteils der Genfer Verfassung entnommen. Und nun that ihm die geliebte Vaterstadt den empörenden Schimpf an: „Mein Buch", schrieb er, „greift alle Regierungen an und ist von keiner verboten. Es verteidigt eine einzige, es stellt sie als Vorbild für die andern dar. Und diese einzige läßt das Buch verbrennen. Ist es nicht wundersam, daß die angegriffenen Regierungen schweigen und die mit Ruhm erhobene Regierung wüte?"

Die Briefe geißeln die religiöse Unduldsamkeit und die oligarchische Willkür schonungslos mit glühenden Worten; und diese Briefe waren für jedermann verständlich. Sie brachten in der Genfer Bürgerschaft eine mächtige Wirkung hervor, und der Kampf der demokratischen Partei der Bürger, der sogenannten Repräsentanten, wider die aristokratische Ratspartei, die Negativen, welcher so oft schon den Frieden der Republik gestört hatte, ward von neuem entzündet[1]).

Der Vorfechter der Ratspartei, der Generalprokurator Tronchin, hatte in seinen Briefen vom Lande zu beweisen unternommen, daß die gottlosen und abscheulichen Schriften Rousseaus die reformierte Religion des States erschüttern. Rousseau erwiderte, daß im Gegenteil die Verfolgung durch den Rat ein Bruch der Fundamentalsätze des reformierten Glaubens sei.

„Als die Reformatoren sich von der katholischen Kirche lossagten, klagten sie dieselbe des Irrtumes an, und um diesen Irrtum zu beweisen, gaben sie der heiligen Schrift eine andere Auslegung als die Kirche. Als man sie nach ihrer Autorität fragte, beriefen sie sich auf die Autorität ihrer Vernunft und nahmen das Recht in Anspruch, die Bibel so auszulegen, wie sie dieselbe verstanden. Der individuelle Geist ist so zum Ausleger der Schrift gemacht und die Autorität der Kirche verworfen worden. Die Anerkennung der Bibel als Glaubensregel und die individuelle Auslegung der Bibel, das sind die Prinzipien, welche die Trennung der Reformierten von der katholischen Kirche bewirkt haben. Jene vereinigten sich in dem einen, daß sie die Kompetenz der eigenen Überzeugung und des eigenen Urteils behaupteten. Sie duldeten jede Auslegung, die eine ausgenommen,

[1]) Das Nähere in Schlossers Geschichte des achtzehnten Jahrhunderts 4, 21 f. und Ch. Monnard in der Fortsetzung von Joh. Müllers Schweizergeschichte 15, 246.

welche die Freiheit der Auslegung wegnimmt. Diese eine aber ist die Meinung der Katholiken. Wohl kann die Meinung der meisten als die wahrscheinlichste gelten, und der Souverän kann dieselbe in eine Formel fassen und anordnen, daß seine angestellten Lehrer darnach unterrichten; aber er kann nicht den einzelnen hindern, selber zu prüfen und frei zu urteilen, ohne das Prinzip der Reformation umzukehren. Man beweise mir, daß ich verbunden sei, in Glaubenssachen mich nach dem Urteile irgend jemandes zu richten, und ich werde sofort katholisch und alle konsequenten und wahrhaftigen Männer werden es mit mir" (zweiter Brief).

„Die protestantische Religion ist tolerant aus Prinzip, sie ist es so weit es irgend möglich ist; das einzige Dogma, gegen das sie nicht tolerant ist, das ist das Dogma der Intoleranz. Das ist die unübersteigliche Kluft, die uns von den Katholiken trennt. Wenn die protestantischen Kirchen Glaubensformeln gemacht haben, so sind das nur Vorschriften für den Unterricht. Hätte die Synode vorschreiben wollen, was der einzelne glauben solle, so hätte sie damit gezeigt, daß sie das Prinzip ihrer eigenen Religion nicht kenne."

Es versteht sich, daß es Rousseau noch leichter wird, die Freiheit der politischen Meinung zu verteidigen. „Der unglückliche Sidney dachte wie ich, aber er handelte auch; um dieser Handlung willen, nicht seines Buches wegen, hatte er die Ehre, sein Blut zu vergießen. Locke, Montesquieu und der Abt von Saint-Pierre haben als Unterthanen eines Königs sicher gelebt und sind nach ihrem Tode von ihrem Vaterlande geehrt worden, und Locke hat dieselben Grundsätze bekannt wie ich. Jede Bestrafung der Vernunft oder einer verständigen Erörterung würde immer gegen die beweisen, welche auf Strafe erkennen. — Das Verfahren des Rates gegen mich betrübt mich wohl, indem es Bande zerreißt, welche mir so teuer waren; aber es erhebt mich, denn es bringt mich auf die Stufe derer, welche für die Freiheit gelitten haben" (sechster Brief).

Wer die Schriften Rousseaus kennt, der hat den Schlüssel zu der **Statstheorie der französischen Revolution.** Rousseau schrieb in einer Zeit, die das Bedürfnis empfand, die aus dem Mittelalter überlieferten Ordnungen zu beseitigen und eine neue prinzipielle Statsordnung an ihre Stelle zu setzen. Was konnte ihr willkommener sein als eine Lehre, welche die bloße Mehrheit der Bürger für jederzeit berechtigt erklärte, das alte Recht abzuschaffen und das neue einzuführen. Aller Statswille ist nach Rousseau unveräußerlicher und immer neuer Mehrheitswille. Das Prinzip der Volkssouveränetät, wie es Rousseau verkündigte, ist nicht einmal das Prinzip der absoluten Demokratie, denn sogar in dieser ist der Demos organisiert und an seine Organisation wie an seine Geschichte gebunden, sondern es ist vorstatlich und unstatlich, es ist die launische und veränderliche Herrschaft der Massen. Gerade so eignete es sich zur Doktrin der Revolution. Indem Rousseau die Freiheit und die Gleichheit der Bürger zum Grunde und zum Ziele alles States machte, sprach er das Losungswort aus, welches von der nahenden Revolution mit Begierde aufgenommen und verbreitet ward.

Freilich nicht alle Führer der Revolution waren Verehrer Rousseaus. Eine Zeit lang war es in Frage, ob Montesquieus oder ob Rousseaus Statslehre größeren Einfluß gewinne. In dem Geiste **Mirabeaus**, eines wirklichen Statsmannes, der an intensiver Kraft dem Talente Rousseaus weit überlegen war, lebten ganz andere Ideen vom State, als die Rousseau dargestellt hatte; aber Mirabeau hatte dieselben nicht wissenschaftlich ausgebildet und folgte doch in wesentlichen Dingen der radikalen Lehre, welche der großen Mehrzahl der Politiker verständlich war und von den Massen mit Begierde ergriffen ward.

Eine Darstellung der Wirkungen dieser Lehre in der Revolutionsperiode, der Ausführungen im einzelnen, welche sie erfuhr, der Kämpfe, welchen sie ausgesetzt war, und der Modifikationen, welchen sie sich fügen mußte, ist nur in Verbindung mit der Geschichte der Revolution selbst möglich, die außer unserem Plane liegt. Für unseren Zweck genügt es, wenn wir aus der großen Zahl der radikalen französischen Schriftsteller dieser Zeit den berühmtesten und einflußreichsten, den Abt Sieyès, ergänzend dem Bilde Rousseaus hinzufügen.

Der Graf Emmanuel Joseph Sieyès[1]), geboren zu Fréjus den 3. Mai 1748, hatte den kirchlichen Beruf nicht aus Neigung, aber nach dem Willen seiner Eltern ergriffen und war zum Generalvikar des Bischofs von Chartres gestiegen. Seine Lieblingsstudien waren aber schon auf das öffentliche Recht hingewendet, bevor die große Bewegung der französischen Revolution ihm Kopf und Herz erfüllte. Unter den ersten beteiligte er sich an derselben durch einige politische Schriften, welche die gärenden Elemente beleuchteten und die Richtung ihrer Explosion bezeichneten.

Sein Versuch über die Vorrechte (Essai sur les Privilèges), im November 1788 zuerst erschienen, war ein Vorspiel jener merkwürdigen Nacht vom 4. August 1789, in welcher die hergebrachten Privilegien der Aristokratie auf dem Altare des Vaterlandes geopfert wurden, und seine berühmte Schrift: Was ist der dritte Stand? die kurz nachher erschien, leitete die Fusion der Stände in der einen Nationalversammlung, die von Sieyès ihren Namen empfing.

Er brannte dem Begriffe Privilegium das Schandmal des Unrechtes und der Entwürdigung für den gemeinen Bürger auf die Stirne und machte denselben zum Gegenstande des Abscheues und des Volkshasses: „In dem Augenblicke, wo die Statsverwaltung einem Bürger das Unterscheidungszeichen des Privilegierten aufdrückt, öffnet sie seine Seele einem besonderen Interesse und verschließt dieselbe mehr oder minder der Stimme des allgemeinen Wohles. Das Vaterland verengt sich in der Vorstellung des Privilegierten, es beschränkt sich auf die Kaste, die ihn nun aufgenommen hat. Alle seine vorher im Dienste des allgemeinen

[1]) Emmanuel Sieyès' Politische Schriften, gesammelt von dem deutschen Übersetzer (vermutlich dem Züricher Statsmann Paul Usteri). 2 Bde. 1796.

Wohles mit Erfolg verwendeten Kräfte wenden sich nun gegen dasselbe. Man wollte ihn anfeuern, noch wohlthätiger zu wirken, und man hat ihn nur schlechter gemacht. In seinem Herzen entsteht nun die Begierde, der Vornehmste zu sein, entsteht ein unersättliches Verlangen nach Herrschaft" (1, 15. 16).

„Die Bevorrechteten fühlen das Bedürfnis des Geldes sehr lebhaft, denn das Gefühl ihrer Hoheit reizt sie unaufhörlich zu allzugroßen Ausgaben; aber das Vorurteil ihres Standes, indem es sie antreibt, ihr Vermögen zu Grunde zu richten, untersagt ihnen zugleich jeden rechtlichen Weg, den Ausfall wieder einzubringen. Ihrer Geldgier bleibt nur die Intrigue und die Bettelei. Den Hof halten sie vollständig besetzt, sie belagern unaufhörlich die Minister; alle Begünstigungen, alle Pensionen, alle Pfründen reißen sie an sich. Die Talente werden ausgeschlossen von der Mitbewerbung, die Ämter werden zum Monopol. Den Privilegierten sind alle Pforten geöffnet. Sie dürfen sich nur zeigen und jedermann macht sich eine Ehre daraus, sich für ihre Beförderung zu verwenden" (1, 33 f.).

Die Schrift untersuchte nicht, aus was für Ursachen die besonderen Rechte der aristokratischen Stände entstanden waren, sie griff ihre ganze Existenz an. Sie unterschied nicht zwischen unnatürlichen Privilegien und naturgemäßen Eigentümlichkeiten, nicht zwischen historisch begründeten Rechten und veralteten Ansprüchen. Sie verwarf alle Unterschiede des Rechtes und verlangte völlige Gleichheit. Gerade dieser rücksichtslose Eifer, der auf das eine Ziel mit einseitiger Leidenschaft hinwies, entsprach der damaligen Zeitströmung ganz. Sie hob auch die anderen zu politischer Macht empor.

Denselben Charakter hat die zweite Schrift, über den dritten Stand. Jedermann kennt die drei berühmten Fragen und Antworten derselben: „Was ist der dritte Stand? Alles. Was ist bis jetzt gewesen? Nichts. Was verlangt er? Etwas zu werden." In der Antwort auf die erste Frage erklärt Sieyès den dritten Stand für gleichbedeutend mit der Nation, d. h. der Gesellschaft derer, die verbunden sind, unter einem gemeinsamen Gesetze zu leben. Den Adel stößt er als eine fremde und privilegierte Kaste aus der Nation aus. Die Antwort auf die zweite Frage erklärt das ursprüngliche Vorrecht des Adels aus der Eroberung durch die Franken, und verlangt, daß die Nachkommen der bürgerlichen Kelten und Römer die Abkömmlinge der wilden Eroberer, wenn sie sich nicht der Rechtsgleichheit fügen, in die germanischen Wälder zurücktreiben sollen. Bisher habe nur die Aristokratie in den Reichsständen sich breit gemacht, der dritte Stand keine wahren Vertreter gefunden. Daher sollen nun die Stellvertreter des dritten Standes nur aus seiner Mitte genommen werden, der dritte Stand mindestens so viel Vertreter erhalten als alle privilegierten Stände zusammengenommen und nach Köpfen, nicht nach Ständen, gestimmt werden.

Merkwürdig war es, daß er selber — wie der Graf Mirabeau — in Abweichung von seiner ersten Regel von den Bürgern gewählt ward. Auch die Pariser hatten sich vorgenommen, „keinen Adeligen und keinen Geistlichen" zu wählen, und sie wählten dennoch Sieyès, der von Geburt ein Adeliger und von Beruf ein Geistlicher war.

Derselben Zeit gehört eine dritte Schrift an, über die Mittel, worüber die Repräsentanten im Jahre 1789 verfügen können. In ihr spricht er seine Ansichten über die Verfassung zuerst näher aus. Wir finden den Grundgedanken Rousseaus vom allgemeinen Willen wieder, der als Mehrheitswille erscheint und das Gesetz gibt. Aber an einer Stelle geht er über Rousseau hinaus, und darin trifft er mit der modernen Statsidee glücklich zusammen. Er ist ein Freund der Repräsentativverfassung und macht auf ihre Vorzüge gegenüber der roheren absoluten Demokratie aufmerksam. Dabei verlangt er, daß jeder Abgeordnete, wenn auch von einem Teile der Nation nur gewählt, doch als Stellvertreter der ganzen Nation und nicht bloß seiner Wähler angesehen und an keine Instruktion gebunden werde. Er verwirft auch jedes Veto der einzelnen Bezirke. Die Reichsstände sollen den allgemeinen Willen hervorbringen, und das können sie am besten, wenn sie frei sind in der Beratung und Abstimmung. Gewiß sind diese Grundsätze, wie sie lange zuvor praktisch in dem englischen Parlamente und in manchen Räten auch des Kontinentes geübt waren, richtig, aber sie passen nicht zu jenem Grundgedanken der Revolutionstheorie, daß der allgemeine Wille aus der Menge der Einzelwillen bestehe. Erst wenn man sich der Einheit des National- oder des Volkswillens — im Gegensatze zu dem Einzelwillen — bewußt geworden ist, wird man es auch wissenschaftlich rechtfertigen können, daß die repräsentative Versammlung frei berate und beschließe. Von dem Einzelwillen aus ist nur die Selbstäußerung des Willens, wie Rousseau sie will, oder der Auftrag an den gewählten Abgeordneten von Seite der Wähler, wie er stimmen müsse, konsequent.

Während übrigens Sieyès seine Ansichten über Monarchie und Republik [1]) einigermaßen unter dem Eindrucke seiner Erlebnisse änderte, hielt er beharrlich an der Idee der Repräsentativverfassung fest und suchte dieselbe wiederholt zu begründen und zu verteidigen. In einem Aufsatze von 1793, der nur Bruchstück geblieben ist [2]), führt er folgende Gedanken aus: Die Freiheit, die der Zweck des States ist, besteht aus Ruhe und Thätigkeit. Sie bedeutet 1. Unabhängigkeit (liberté, indépendance), 2. Macht (liberté de pouvoir). Die Frage ist daher: Wird die Unabhängigkeit und die Macht der Menschen vermehrt oder vermindert, wenn sie sich dem Systeme der Repräsentation annähern oder davon entfernen? oder kürzer: Führt die Freiheit in ihrem Fortschritte zur Stellvertretung oder nicht? Er erklärt sich entschieden für die Bejahung dieser Frage.

---

[1]) Man vergleiche seine Briefe für die Monarchie im Gegensatze zur Republik von 1791 mit seinen Arbeiten für die republikanische Verfassung von 1795.

[2]) Polit. Schriften 2, 277 ff.

Er zeigt, daß in der wohl eingerichteten Gesellschaft der Mensch unabhängiger und seine Macht (sein Vermögen) größer werde als in dem wilden Zustande ohne Gesellschaft, daß also die Freiheit im State inhaltreicher und gesicherter sei als in der barbarischen Statenlosigkeit. „Zwei Menschen werden von einem Gewitter überfallen. Der eine bemerkt eine Leiter und einen geschützten Raum, zu dem man mit der Leiter gelangen kann. Er nimmt die Leiter, steigt hinein und ist geborgen. Der andere will nicht von der Leiter abhängig sein, und bleibt im Freien, vom Frost geschüttelt und von der Nässe geplagt. So verhalten sich der Gesellschaftsmensch und der Naturmensch" (2, 289).

An einer anderen Stelle[1]) schreibt er: „Alles ist im Gesellschaftsstande Stellvertretung. Sie findet sich überall in der Privat- wie in der öffentlichen Ordnung. Die Volksfreunde von 1793 hielten das Stellvertretungssystem mit der Demokratie für unverträglich, als ob ein Gebäude mit seiner natürlichen Grundlage unverträglich wäre. Oder sie wollten bei der Grundlage allein stehen bleiben, vermutlich weil sie sich vorstellten, daß der Gesellschaftsstand die Menschen dazu verurteile, ihr ganzes Leben hindurch Wache zu stehen. — Es ist ausgemacht, daß man seine Freiheit vermehrt, indem man in möglichst vielen Dingen seine Stelle vertreten läßt, so wie man sie vermindert, wenn man verschiedene Stellvertretungen auf dieselbe Person häuft. Im Privatleben ist der der freieste, der am meisten für sich arbeiten läßt."

Zu dem Gedanken einer organischen Stellvertretung erhob sich aber auch Sieyès nicht. Im Gegenteil, seine durchaus mathematische und mechanische Anschauung vom State übte einen großen Einfluß auf die Einteilung des Landes und der Nation aus, wie sie im Gegensatze zu den alten Provinzen, Vogteien und Gemeinden in der Revolution durchgeführt wurde. Die

---

[1]) Meinung über die Verfassung am 2. Thermidor III. (20. Juli 1795) vorgelegt. Polit. Schriften 2, 372 u. 374.

Repräsentation sollte auf drei „Grundsäulen" aufgerichtet werden: 1. der Einteilung des Reiches in 80 Departemente von je 324 Quadratmeilen, von denen jedes wieder in 9 Distriktsgemeinden von 36 Quadratstunden zerfällt, die hinwieder je in 9 Kantone von je 4 Quadratstunden gespalten werden, also 80 Departemente, 720 Distriktsgemeinden und 6480 Kantone; 2. der Bevölkerungszahl; es werden ungefähr 4400000 Aktivbürger berechnet, was durchschnittlich 680 Stimmen auf den Kanton trifft; demgemäß würden Urversammlungen von je 600 Stimmen ungefähr veranstaltet; 3. den Abgaben, so daß die Abgabesumme einer Provinz auch ein erhöhtes Stimmrecht sichert. Das war das Ideal von Sieyès, das er im September 1789 der Nationalversammlung vortrug (Polit. Schriften 1, 529). Daß einzelne Landesteile einen eigentümlichen Charakter von Natur und eine besondere Geschichte haben, und daß auch unter den Verbindungen der Menschen noch andere Momente von Bedeutung seien als die bloße Kopf- und Stückzahl, die bei den Herden entscheidet, und überdem noch das Steuerquantum, davon weiß diese Statslehre nichts.

Noch an einer zweiten Stelle kam Sieyès über Rousseau hinaus. Er verwarf mit Entschiedenheit den absoluten Begriff der Souveränetät und behauptete, „der monarchische Aberglaube", der in den Franzosen noch fortwirke, habe seinen Teil an der Übertreibung der Souveränetätsrechte. Sie meinen, „weil die Souveränetät der alten Könige etwas so Furchtbares und Gewaltiges gewesen sei, so müsse die Souveränetät eines großen Volkes noch furchtbarer und gewaltiger sein". Aber die Bürger tragen nicht mehr Macht und Gewalt in der Regierung zusammen, als durchaus nötig sei, um ihre Freiheit besser zu wahren; die Souveränetät werde daher mit zunehmender Bildung auch beschränkter werden. Sein Geist sah die fruchtbare Wahrheit in der Ferne, aber noch hatte sie für ihn keine klare Gestalt.

Sieyès hat ferner die Erklärung der Menschen- und Bürgerrechte verfaßt (Polit. Schriften 1, 426 f.), welche die französische Nationalversammlung als ein neues statliches Evangelium verkündet hat. Es gibt keine bessere und kürzere Darstellung der Prinzipien der Revolution, in denen so große und fruchtbare Wahrheiten mit gefährlichen Irrtümern seltsam gemischt sind. Es war doch ein ungeheurer Erfolg der Theorie, daß ihre Grundgedanken nun als Grundrechte sanktioniert wurden; und es gab niemanden, der es verstanden hätte, dieselben verständlicher und anschaulicher auszulegen als Sieyès, der dieselben großenteils formuliert hatte.

Der Ruhm, den er damals erwarb, und seine kluge Vorsicht, sich in der Schreckenszeit in die verborgene Stille des Privatlebens zurückzuziehen, retteten ihn aus der Gefahr, welcher fast alle seine Freunde erlegen sind. Nachdem die heftigsten Leidenschaften ausgewütet hatten, kehrte auch er in die gesetzgeberische Thätigkeit zurück, die seiner Natur am meisten zusagte. Eine Zeit lang war er Gesandter in Berlin. Als dann Napoleon die Erbschaft der totmüden Revolution antrat und dem Lande eine neue Verfassung gab, wurde Sieyès nochmals mit ihrer Bearbeitung betraut. Freilich war nun auch seine Zeit vorbei. Napoleon benutzte manche Einrichtungen, welche Sieyès beantragt hatte; aber er änderte das Centrum der bewegenden Gewalt und erfüllte die Maschine von Sieyès mit seinem total verschiedenen Geiste. Sieyès hatte aus dem stolzen, schöpferischen Herrscher einen behaglich ruhenden Wahlfürsten — einen „Masteber“ nach Napoleons Ausdruck — machen und vor allen Dingen die Freiheit der Bürger mit schützenden Garantien umgeben wollen. Aber beides konnte Napoleons Plänen nicht zusagen. Sieyès selbst, einer der provisorischen Konsuln nach dem 18. Brumaire neben Roger-Ducos und Napoleon Bonaparte, sollte noch mit dem Scheine der Ehre abgefunden werden. Er nahm aber das angebotene Konsulat nicht mehr an und legte auch bald wieder die Stelle eines Senatspräsidenten nieder. Er zog sich nun ganz ins Privatleben zurück, unmutig, daß seine redlichen Arbeiten für die allgemeine Freiheit an dem übermächtigen Imperatorentum gescheitert seien. Die restaurierten Bourbonen duldeten ihn — der auch zu den „Königstötern" von 1793 gehört hatte — nicht in seinem Vaterlande. Er flüchtete 1815 nach Belgien und kehrte erst nach der Julirevolution von 1830 nach Paris zurück, wo er in hohem Alter und tiefer Zurückgezogenheit 1836 starb [1]).

Die französische Revolution hat bedeutendere Statsmänner und energischere Charaktere hervorgebracht, aber Sieyès war ihr reinster und klarster Ausdruck in der Wissenschaft und die große Gesetzgebung der Revolution trägt seinen Stempel.

---

[1]) Über sein Leben vgl. die Polit. Schriften Bd. 2 und die Biographie nouvelle des Contemporains. Paris 1825.

Zwölftes Kapitel.

Immanuel Kant. Das Vernunftrecht.

Keine philosophische Lehre ist zu einer allgemeineren Verbreitung und Wirksamkeit in Deutschland gelangt als die Lehre des Königsberger Philosophen. Auch in der Rechtswissenschaft hat dieselbe, weniger noch durch ihren Inhalt als durch ihre Methode, über ein Menschenalter fast unbestritten geherrscht. Unzählige Naturrechte sind später auf der Grundlage des Kantischen Systemes entstanden, und selbst die Theorie des positiven Rechtes suchte sich mit der rationellen Kritik, die Kant gelehrt hatte, so gut es gehen mochte, zu befreunden. Über den Stat und das Recht hat sich Kant erst in höherem Alter ausgesprochen. Es war das die reife Frucht seiner „praktischen Philosophie". Vergleichen wir diese Schriften und ihre Wirksamkeit mit den Schriften Rousseaus, so ergibt sich sofort ein beachtenswerter Unterschied. Rousseau war ein großer, glänzender Volksschriftsteller. Seine Werke waren auf die französische Nation berechnet und ergriffen deren Geist durch ihre scharfe Dialektik und das Gemüt derselben durch die Glut ihrer Leidenschaft. Kant dagegen war vor allen Dingen ein deutscher Gelehrter, ein Universitätsprofessor. Er wirkte vornehmlich vom Katheder auf die studierende Jugend und seine Schriften waren vorzugsweise für die Universitäten und den Unterricht bestimmt. Er schulte die kommende Generation der Gelehrten, der Juristen. Seine Logik ist vor allen Dingen doktrinär, und auf das Gemüt der Leser und Hörer wirkte er nur durch den redlichen Ernst seiner Wahrheitsliebe und durch den edeln Eifer für die Reinigung der Wissenschaft. Rousseau hauchte seine Seele der französischen Revolution ein. Kant regte die Gedanken und die Praxis der Beamten und der Richter an und erhellte dieselbe in mancher Beziehung. Rousseau trug eine wildflammende Fackel auf Straße und Markt. Kant zündete in Tausenden von Studierzimmern die stillen Lampen und Kerzen an.

Das Leben Kants hat denn auch nichts gemein mit den Abenteuern Rousseaus. Immanuel Kant, am 22. April 1724 zu Königsberg geboren, war der Sohn eines ehrbaren Sattlermeisters und seiner verständigen und frommen Frau. In einer bescheidenen kleinbürgerlichen Familie erzogen, gedachte er sich zum evangelischen Geistlichen auszubilden. Aber auf der Universität zogen ihn die mathematischen und philosophischen Studien doch mehr an, und er entschloß sich, den Beruf des Lehrers zu wählen. Anfangs war er genötigt, die Stelle eines Hauslehrers anzunehmen. Während 9 Jahren diente er so zum Teil in vornehmen Familien. Dann ward er im Jahre 1755 Privatdozent an der Universität Königsberg und mußte in dieser noch immer sehr ungenügenden Stellung des beginnenden akademischen Lehrers 15 Jahre aushalten (1755—1770), bis es ihm endlich glückte, den vakant gewordenen Lehrstuhl der theoretischen Philosophie an dieser Universität zu erhalten. Der Minister v. Zedlitz hatte seine wissenschaftliche Bedeutung erkannt und der König Friedrich der Große mit Vergnügen bemerkt, daß Kant an den Fortschritten der Wissenschaft regen Anteil nehme, während die meisten anderen Professoren die veralteten Lehrbücher noch festhalten (kgl. Befehl vom 25. Dez. 1775)[1]. Die bedeutendsten Werke veröffentlichte Kant erst in seinem reiferen Mannesalter als Universitätsprofessor, so die Kritik der reinen Vernunft 1781, die Kritik der praktischen Vernunft 1788, die Kritik der Urteilskraft 1790. Als er seine metaphysischen Anfangsgründe der Rechtslehre schrieb (1797), war er ein Greis von 73 Jahren. Bis zu seinem Tode, 12. Februar 1804, behielt er seine Professur

[1]) Imm. Kants sämtl. Werke, herausgegeben von K. Rosenkranz und F. W. Schubert (12 Bde., Leipzig 1838—40) 11, 60.

bei, obwohl er in den letzten Jahren, körperlich entkräftet und geistig geschwächt, keine Vorträge mehr halten konnte[1]).

Auch er hat, wie alle aufgeweckten Geister in Deutschland, die Bitterkeit der zelotischen Geistestyrannei erfahren. Zwar so lange Friedrich der Große regierte und Zedlitz Kultusminister war, hatte er nichts zu besorgen. Als aber nach dem Tode des großen Königs der beschränkte Friedrich Wilhelm II. zur Regierung kam und die beiden Frömmler, der Minister Joh. Christoph Wöllner und der Generaladjutant v. Bischofswerder die Sorge für das Seelenheil der Preußen überkamen, da wagte sich der beschränkte Glaubenseifer auch an den berühmten Königsberger Philosophen. Die Ausschweifungen der französischen Revolution machten zudem jede freiere Richtung auch in der Wissenschaft verdächtig; die unbefangene Forschung galt als Unterwühlung der bestehenden Ordnung in Kirche und Stat und die Kritik als revolutionär. Mit Gewalt sollten die Völker wieder zum blinden Gehorsam gegen die überlieferte Autorität genötigt werden. Kant hatte die Grenzen des Verstandes zu bestimmen gesucht, aber innerhalb dieser Grenzen auch die Rechte des Verstandes geübt; aber die Eiferer fürchteten von jeder Verstandesübung eine Gefahr für den orthodoxen Kirchenglauben. Mit kluger Vorsicht und Mäßigung, aber zugleich mit ehrlichem Mute versuchte es Kant, das Recht der Wissenschaft gegen den Druck der geistlichen Censur zu verteidigen. Er wollte wenigstens innerhalb der theologischen Censur einen Unterschied gemacht sehen zwischen dem Censor, „der bloß für das Heil der Seelen", und dem, „welcher zugleich für das Heil der Wissenschaften Sorge zu tragen habe". Er meinte, der erstere richte nur als Geistlicher, der letztere als Geistlicher und Gelehrter. Dem letzteren — insbesondere dem, der im Namen einer Universität handle — liege es ob, die „Anmaßung

---

[1]) Vgl. das Leben Kants von Schubert in Kants sämtl. Werken Bd. 11 und den Aufsatz von Schubert: Immanuel Kant und seine Stellung zur Politik in Fr. v. Raumers Histor. Taschenbuch Jahrg. 1838.

des ersteren auf die Bedingung einzuschränken, daß seine Censur keine Zerstörung im Felde der Wissenschaft anrichte"[1]). In dieser Absicht hatte er die Erlaubnis zum Drucke seiner Schrift über „die Religion innerhalb der Grenzen der Vernunft" von der theologischen Fakultät zu Königsberg eingeholt, und dieselbe höher geschätzt als einen früheren Bescheid der Berliner Geistlichen. Aber Wöllner war nicht gesonnen, den Philosophen seinem Fangnetz entschlüpfen zu lassen. Er benutzte diesen Anlaß, um durch eine Kabinetsordre vom 1. Oktober 1794 ihm die fernere Veröffentlichung solcher Schriften und Lehren aufs strengste zu verbieten. Kant empfand die unwürdige Schmach und das Unrecht dieses Verbotes sehr tief, aber er hielt sich für verpflichtet zu gehorchen und beachtete, so lange dieses Regiment dauerte, völliges Stillschweigen über religiöse Fragen. Er meinte, „Widerruf und Verleugnung seiner inneren Überzeugung sei niederträchtig: aber Schweigen sei Unterthanenpflicht". Wenn er so bald vor der tyrannischen Autorität die Waffen streckte, so handelte er seiner Natur und seinen Grundsätzen gemäß und gab selber ein Beispiel für seine Behauptung, daß „der Deutsche unter allen civilisierten Völkern am leichtesten sich der Regierung füge, unter der er ist, und am meisten von Neuerungssucht und Widersetzlichkeit gegen die eingeführte Ordnung entfernt sei" (Werke 7, 255).

Durch die Dunkelmänner von jeder Berührung der religiösen Fragen weggescheucht, unternahm es Kant nun, seine Ansichten über den Stat und das Recht zu fixieren. Er hatte aber dafür kaum mehr die rechte Frische und den freien Mut. Mit lebhafter innerer Teilnahme und mit großen Hoffnungen hatte er die erste Entwickelung der französischen Revolution aus der Ferne beobachtet. Den Philosophen mußte das Experiment einer rationellen neuen Statenbildung höchlich interessieren. Er hatte Montesquieu studiert, sich mit Rousseaus Schriften bekannt gemacht, vermutlich

---

[1]) Schubert, Leben Kants. Werke 11, 135.

auch die Schriften von Sieyès kennen gelernt. Aber zu der großen Umwälzung verhielt er sich doch nur wie ein wissenschaftlicher Forscher, welcher ein merkwürdiges Phänomen studiert. Ängstlich vermied er jeden persönlichen Verkehr mit den handelnden Personen. Als die Wut der Revolution auch das Haupt des Königs nicht mehr verschonte, da wendete sich Kant mit Abscheu von diesen Greueln weg. Innerlich unruhig und gedrückt, und von den heimischen Dunkelmännern auch politisch verdächtigt, wurde es ihm schwer, eine feste Stellung einzunehmen und zu behaupten.

Die Statslehre Kants ruht durchaus auf denselben Grundgedanken, welche wir in der radikalen Schule der Franzosen gefunden haben. Nur nehmen dieselben bei Kant eine schulmäßigere Form an, und Kant gibt es nur der bestehenden Gewalt anheim, dieselben in die Praxis einzuführen, d. h. er rät zum Besseren und erträgt geduldig das Schlechtere. Den Zeitgenossen war die theoretische Übereinstimmung nicht verborgen. So schrieb der Übersetzer der Schriften von Sieyès [1]): „Mit Vergnügen werden die Freunde der Wahrheit bemerkt haben, wie sehr sich die beiden neuen philosophischen Schulen die Hand bieten. Der Bürger von Fréjus und der Lehrer von Königsberg bilden eine unübersehbare Gedankenkette von den Küsten des mittelländischen Meeres bis an die Ostsee. Calvin und Luther, Sieyès und Kant, ein Franzose und ein Deutscher reformieren die Welt.“ Die Späteren suchten diese Übereinstimmung zu vertuschen, und die Regierungen bemerkten wohl den Hauptunterschied in den praktischen Wirkungen. Sie ließen daher eine Lehre gewähren, welche sich bescheiden der herrschenden Autorität fügte.

Es gehören vorzüglich drei Schriften in den Bereich unserer Darstellung:

1. Über den Gemeinspruch: das mag in der Theorie richtig sein, taugt aber nicht für die Praxis, von 1793 (Werke 7, 175 f.).

---

[1]) Werke von Sieyès I—CXVI.

2. Zum ewigen Frieden, ein philosophischer Entwurf. 1795 (Werke 7, 229 f.).

3. Metaphysische Anfangsgründe der Rechtslehre von 1796 (Werke Bd. 9).

Den Stat gründet Kant mit seinen Vorgängern auf den Gesellschaftsvertrag (pactum sociale), zwar nicht historisch, aber prinzipiell. Er macht aber hier eine Bemerkung, welche tiefer begriffen und folgerecht erweitert ihn über die ganze herkömmliche Grundansicht hinausgeführt hätte. Er sagt nämlich: „der Vertrag der Errichtung einer bürgerlichen Verfassung (pactum unionis civilis) unterscheide sich doch wesentlich von allen anderen Verträgen. Verbindung vieler zu irgend einem (gemeinsamen) Zwecke (den alle haben) ist in allen Geschäftsverträgen anzutreffen; aber Verbindung derselben, die an sich selbst Zweck ist (den ein jeder haben soll), ist nur in einer Gesellschaft, sofern sie ein gemeines Wesen ausmacht, anzutreffen“ (Werke 7, 197). Jenes Soll setzt doch offenbar einen höheren als den Einzelwillen der Gesellschafter voraus, einen Gesamtwillen, der sich in der gemeinsamen Natur regt und etwas anderes ist als die Summe der Individualwillen. Indessen Kant hatte hier nur die Grenze berührt, nicht erkannt und noch weniger überschritten.

Wie Rousseau leitet auch Kant den Stat und das Recht aus der Freiheit der Einzelmenschen ab: „Der Begriff eines äußeren Rechtes überhaupt geht gänzlich aus dem Begriffe der Freiheit im äußeren Verhältnisse der Menschen zu einander hervor und hat nichts mit der Absicht auf Glückseligkeit zu thun. Recht ist die Einschränkung der Freiheit eines jeden auf die Bedingung ihrer Zusammenstimmung mit der Freiheit von jedermann, insofern diese nach einem allgemeinen Gesetze möglich ist. Der bürgerliche Zustand, bloß als rechtlicher Zustand betrachtet, ist auf folgende Prinzipien a priori gegründet:

1. die Freiheit jedes Gliedes der Societät, als Menschen;

2. die Gleichheit desselben mit jedem anderen, als Unterthan;

3. die **Selbständigkeit** jedes Gliedes eines gemeinsamen Wesens, als **Bürgers**. Diese Prinzipien sind nicht sowohl Gesetze, die der schon errichtete Stat gibt, sondern nach denen eine Statserrichtung, reinen Vernunftprinzipien des äußeren Menschenrechtes überhaupt gemäß, möglich ist."

„Die **Freiheit** als Mensch, deren Prinzip für die Konstitution des gemeinen Wesens ich in der Form ausdrücke: Niemand kann mich zwingen, auf eine Art (wie er sich das Wohlsein anderer Menschen denkt) glücklich zu sein, sondern ein jeder darf seine Glückseligkeit auf dem Wege suchen, welcher ihm selbst gut dünkt, wenn er nur der Freiheit anderer, einem ähnlichen Zwecke nachzustreben, die mit der Freiheit von jedermann nach einem möglichen allgemeinen Gesetze zusammen bestehen kann (d. i. diesem Rechte des anderen) nicht Abbruch thut" (7, 198).

„**Freiheit** (Unabhängigkeit von eines anderen nötigender Willkür), sofern sie mit jedes anderen Freiheit nach einem allgemeinen Gesetz zusammen bestehen kann, ist das einzige ursprüngliche, jedem Menschen kraft seiner Menschheit zustehende Recht" (9, 42).

„Eine jede Handlung ist recht, die oder nach deren Maxime die Freiheit der Willkür eines jeden mit jedermanns Freiheit nach einem allgemeinen Gesetze zusammen bestehen kann" (9, 33).

Das erinnert doch sehr an Sieyès Erklärung der Menschenrechte: „Die Grenzen der Freiheit fangen nur da an, wo sie der Freiheit der anderen zu schaden anfangen."

Im Hinblick auf diese Freiheit verwirft denn Kant die „**väterliche** Regierung" (imperium paternale) als despotisch, selbst wenn sie noch so wohlwollend für die Unterthanen sorgte, weil von derselben die Unterthanen als unmündige Kinder, nicht als freie Menschen behandelt werden, und verlangt eine „**vaterländische** Regierung" (imperium patrioticum). „**Patriotisch** ist nämlich die Denkungsart, da ein jeder im State (das Oberhaupt desselben nicht ausgenommen) das gemeine Wesen als den mütterlichen Schoß oder das Land als den väterlichen Boden, aus und auf dem er selbst entsprungen und welchen er auch so als ein teures Unterpfand hinterlassen muß, betrachtet, nur um die Rechte desselben durch Gesetze des gemeinsamen Willens zu schützen, nicht aber es seinem unbedingten Belieben zum Gebrauch zu unterwerfen, sich für befugt hält" (6, 199). Noch erhebt sich Kant nicht zu der Idee des Volkes, aber doch zu der ergänzenden des Vaterlandes, welches die Menschen wie die Mutter ihre Kinder einigt und mit gemeinsamer Liebe erfüllt.

Die Gleichheit ist ihm nur eine Folge der angebornen Freiheit. Aber er macht eine Ausnahme zu Gunsten des Statsoberhauptes, welches dem Zwangsrechte nicht unterworfen sei, weil die Ausübung des Rechtszwanges ihm zukomme. Nur die Unterthanen haben gleiches Recht. Überall, wo Kant auf die Person des Regenten trifft, da biegt er aus, um nicht Anstoß zu geben. Ist die Gleichheit auf die menschliche Natur gegründet, so umfaßt sie auch das Statsoberhaupt als Menschen. Wird von derselben abgewichen aus politischen Gründen, so ist nicht einzusehen, warum neben der Ausnahme zu Gunsten des Regenten nicht noch andere Ausnahmen bestehen können. Wenn Kant sagt, das Statsoberhaupt sei „kein Glied, sondern der Schöpfer und Erhalter des gemeinen Wesens" (7, 200), so gerät er in Widerspruch mit der Geschichte und mit seiner eigenen Grundansicht vom State.

„Aus dieser Idee der Gleichheit der Menschen im gemeinen Wesen als Unterthanen geht nun auch die Formel hervor: Jedes Glied derselben muß zu jeder Stufe eines Standes in demselben (die einem Unterthan zukommen kann) gelangen dürfen, wozu ihn sein Talent, sein Fleiß und sein Glück hinbringen können, und es dürfen ihm seine Mitunterthanen durch ein erbliches Prärogativ (als Privilegierte für einen gewissen Stand) nicht im Wege stehen, um ihn und seine Nachkommen unter demselben ewig niederzuhalten" (7, 201). Die Kantische Formel stimmt fast wörtlich mit der französischen Verkündung der Menschenrechte überein (Konst. von 1791, Art. 6): „Tous les citoyens étant égaux sont également admissibles à toutes dignités, places et emplois publics, selon leur capacité, et sans autre distinction que celle de leurs vertus et de leurs talens." Die Verfassung von 1795 war aber noch konsequenter, indem sie bestimmte, Art. 3: „L'égalité n'admet aucune distinction de naissance, aucune hérédité de pouvoirs." In der Bekämpfung alles Erbadels bleibt Kant nicht hinter Sieyès zurück. Er vertritt hier ganz die Gesinnung des dritten Standes, dem er in jeder Weise angehört, und stimmt völlig mit der Neigung der Zeit zusammen, welche nur das Recht der Individuen gelten läßt. „Im Grunde heißt es immer die Menschheit degradieren, gewisse Menschen durch die Geburt als eine besondere Spezies ohne Rücksicht auf Glücksgüter unter andere zu setzen. — Erbunterthänigkeit und Leibeigenschaft ist nur der Manier nach verschieden" (11, 157).

Die Selbständigkeit (sibisufficientia) des Bürgers (citoyen, Statsbürgers; nicht bourgeois, Stadtbürgers) erkennt er vornehmlich in der Teilnahme an der Gesetzgebung. Die, welche dieses Rechtes nicht teilhaftig sind, nennt er Schutzgenossen, nicht Bürger. „Alles Recht hängt nämlich von Gesetzen ab. Ein öffentliches Gesetz aber, welches für alle das, was ihnen rechtlich erlaubt oder unerlaubt sein soll, bestimmt, ist der Actus eines öffentlichen Willens, von dem alles Recht ausgeht, und der also selbst niemandem muß Unrecht thun können. Hierzu aber ist kein anderer Wille als der des gesamten Volkes (da alle über alle, mithin jeder über sich selbst beschließt) möglich: denn nur sich selbst kann niemand Unrecht thun" (7, 204).

Er nennt die Verfassung, in welcher die freien Menschen und gleichen Unterthanen auch Bürger sind, d. h. zur Gesetzgebung mitwirken, die republikanische, und verlangt, daß die bürgerliche Verfassung republikanisch sei, gleichviel, ob ein einzelner Fürst oder eine Aristokratie oder der Demos regiere. Den Gegensatz zu der republikanischen bildet die despotische Verfassung, welche auch in verschiedenen Regierungsformen möglich ist. Er meint sogar, die Demokratie könne am wenigsten republikanisch werden, „sie sei notwendig despotisch, weil alles da Herr sein will“.

Mit Wärme spricht er sich wie Sieyès für die Repräsentativverfassung aus: „Alle Regierungsform, die nicht repräsentativ ist, ist eigentlich eine Unform, weil der Gesetzgeber in einer und derselben Person nicht zugleich Vollstrecker seines Willens sein kann“ (— ein Grund, der freilich weder immer zutrifft, da auch in der Repräsentativverfassung die Einigung der Teilnahme an der Gesetzgebung und der Regierung in Einer Person möglich und sogar zweckmäßig ist, noch beweisend ist, da das Prinzip der Repräsentation ganz unabhängig ist von der Trennung der Gewalten). „Keine der alten sogenannten Republiken hat das repräsentative System gekannt, und sie mußten sich darüber auch schlechterdings in den Despotism auflösen, der unter der Obergewalt eines einzigen noch der erträglichste unter allen ist“ (7, 244. 246).

Die Absonderung der gesetzgebenden Gewalt von der Regierungsgewalt versteht er im Sinne der französischen Schule: „Der Republicanism ist das Statsprinzip der Absonderung der ausführenden Gewalt (der Regierung) von der gesetzgebenden; der Despotism ist das der eigentümlichen Vollziehung des Stats (haupts?) von Gesetzen, die er selbst gegeben hat, mithin der öffentliche Wille, sofern er von dem Regenten als sein Privatwille (?) gehandhabt wird“ (7, 244). Die preußische Verfassung, unter welcher Kant lebte, war so als eine Despotie bezeichnet, indem in ihr der König zugleich Gesetzgeber und Regent war.

In der That, der Widerspruch zwischen der Kantischen Theorie und dem preußischen State von damals war schroff genug und scheinbar unversöhnlich. Auch in der Rechtslehre spricht sich Kant über das Prinzip der Trennung der Gewalten in einer Weise aus, welche weit mehr mit der Verfassung des französischen Konventes als mit der damaligen preußischen Verfassung übereinstimmte: „Ein jeder Stat enthält drei Gewalten in sich, d. h. den allgemein vereinigten Willen in dreifacher Person (trias politica): die Herrschergewalt (Souveränetät) in der des Gesetzgebers, die vollziehende Gewalt in der des Regierers (zufolge dem Gesetze) und die rechtsprechende Gewalt (als Zuerkennung des Seinen eines jeden nach dem Gesetze) in der Person des Richters (potestas legislatoria, rectoria et judiciaria), gleich den drei Sätzen in einem praktischen Vernunftschlusse: dem Obersatze, der das Gesetz eines Willens, dem Untersatze, der das Gebot des Verfahrens nach dem Gesetze, d. i. das Prinzip der Subsumtion unter denselben, und dem Schlußsatze, der den Rechtsspruch (die Sentenz) enthält, was im vorkommenden Falle Rechtens ist" (Rechtslehre § 45; 9, 158). Mit diesem Vergleiche zwischen den verschiedenen Statsfunktionen und einer schulmäßigen Schlußfolgerung war der Irrtum in der französischen Theorie von der Trennung der Gewalten auf die Spitze getrieben. Wenn andere, wie z. B. Spittler (Vorlesungen über Politik § 15), die subsumierende Thätigkeit der richterlichen und die schließende der vollziehenden Gewalt verglichen, so diente diese Umstellung nur dazu, die Schwäche und Unsicherheit des ganzen Vergleiches deutlicher zu machen. Am wenigsten war freilich das Verhältnis der Regierung zum Gericht in demselben erklärt.

„Die gesetzgebende Gewalt kann nur dem vereinigten Willen des Volkes zukommen. Denn da von ihr alles Recht ausgehen soll, so muß sie durch ihr Gesetz schlechterdings niemandem Unrecht thun können. Nun ist es, wenn jemand etwas gegen einen anderen verfügt, immer möglich, daß er ihm dadurch Unrecht thue, nie aber in dem, was er über sich selbst beschließt (denn volenti non fit injuria). Also kann nur der übereinstimmende und vereinigte Wille aller, sofern ein jeder über alle und alle über einen jeden eben dasselbe beschließen, mithin nur der allgemein vereinigte Volkswille gesetzgebend sein" (Rechtslehre § 49; 9, 162).

Insoferne trifft die Kantische Vernunftordnung zusammen mit dem Prinzipe des modernen Repräsentativstates, als in diesem die Gesetzgebung nicht der Obrigkeit für sich, sondern nur der Einigung des ganzen Volkes zukommt; aber insoferne weicht sie von demselben ab, als Kant noch in der Vorstellung des Volkes als der Summe der Bürger (— „das Volk ist die Summe aller Unterthanen" — 9, 144) befangen war und noch nicht das Volk als ein organisches Gesamtwesen mit einem Haupte und mit Gliedern erkannt hatte. Einen Ansatz zu dieser höheren Erkenntnis hat freilich auch er gemacht, wie sich in folgender Äußerung zeigt: „Der Stat ist ein Volk, das sich selbst beherrscht. Die Fascikeln aller Nerven sind die Zustände, welche durch die Gesetzgebung entstehen. Das Sensorium commune des Rechtes entsteht von ihrer Zusammenstimmung" (9, 160).

Die drei Gewalten im State nennt er Statswürden. „Sie enthalten das Verhältnis eines allgemeinen Oberhauptes (der, nach Freiheitsgesetzen betrachtet, kein anderer als das vereinigte Volk selbst sein kann) zu der vereinzelten Menge ebendesselben als Unterthans, d. i. des Gebietenden (imperans) gegen den Gehorsamenden (subditus). Sie sind 1. einander beigeordnet (potestates coordinatae), indem sie sich wechselseitig ergänzen; 2. auch einander untergeordnet (subordinatae), so daß eine nicht zugleich die Funktion der anderen usurpieren kann, sondern ihr eigenes Prinzip hat, und 3. durch Vereinigung beider jedem Unterthanen sein Recht erteilend. Der Wille des Gesetzgebers ist untadelig (irreprehensibel), das Ausführungsvermögen des Oberbefehlshabers (summi rectoris) unwiderstehlich (irresistibel) und der Rechtsspruch des obersten Richters (supremi judicis) unabänderlich (inappellabel)."

„Der Regent des States (rex, princeps) ist diejenige (moralische oder physische) Person, welcher die ausübende Gewalt (potestas executoria) zukommt: der Agent des States. Seine Befehle an das Volk und die Magistrate sind Verordnungen,

Dekrete, nicht Gesetze, denn sie gehen auf Entscheidung in einem besonderen Falle und werden als abänderlich gegeben. Der Beherrscher des Volkes (der Gesetzgeber) kann nicht zugleich der Regent sein, denn dieser steht unter dem Gesetze, und wird durch dasselbe folglich von einem anderen, dem Souverän, verpflichtet. Jener kann diesem auch seine Gewalt nehmen, ihn absetzen, oder seine Verwaltung reformieren, aber ihn nicht strafen; denn das wäre wiederum ein Akt der ausübenden Gewalt (?), der zu oberst das Vermögen dem Gesetze gemäß zu zwingen zusteht, die aber doch selbst einem Zwange unterworfen wäre, welcher sich widerspricht. Endlich kann weder der Statsherrscher noch der Regierer richten, sondern nur Richter oder Magistrate einsetzen."

„Also sind es drei verschiedene Gewalten (potestas legislatoria, executoria, judiciaria), wodurch der Stat seine Autonomie hat, d. h. sich nach Freiheitsgesetzen bildet und erhält. — In ihrer Vereinigung besteht das Heil des States (salus reipublicae suprema lex est); worunter man nicht das Wohl der Statsbürger und ihre Glückseligkeit verstehen muß, denn die kann vielleicht (wie auch Rousseau behauptet) im Naturzustande, oder auch unter einer despotischen Regierung, viel behaglicher und erwünschter ausfallen, sondern den Zustand der größten Übereinstimmung der Verfassung mit Rechtsprinzipien verstehet, als nach welchem zu streben uns die Vernunft durch einen kategorischen Imperativ verbindlich macht" (Rechtslehre § 47—49; 9, 160 f.).

Die Idee des Rechtsstates war also hier als die allein vernünftige und freiheitliche Statsidee ausgesprochen, des States, dessen alleinige Aufgabe es ist, die Rechtsordnung der gemeinsamen Freiheit herzustellen. Das Heil des States wird ausschließlich in die Rechtseinheit gesetzt. So enge juristisch hatten freilich die Römer die Salus Publica, den obersten Statszweck, nicht verstanden. In dieser Beschränkung zu der Statsaufgabe, welche Kant freilich nur als „kategorischen Imperativ" hinstellte und nicht weiter ausführte, machte sich wohl die Reaktion eines freiheitliebenden Mannes gegen die unselige Vielregiererei der damaligen Zeit geltend, welche scheinbar um der allgemeinen Wohlfahrt und Glückseligkeit willen sich vermaß, alles Leben der Bürger durch ihre Verordnungen zu leiten und unter ihre Vormundschaft zu zwingen.

So nahe verwandt und wesentlich gleichartig [1]) die Kantische Statstheorie mit der Lehre von Rousseau und Sieyès ist, so

[1]) Diese Gleichartigkeit ist oft geleugnet worden, z. B. von Warnkönig (Rechtsphilosophie S. 133): „Die Kantische Rechtslehre unterscheidet sich wesentlich von der Freiheitstheorie der französischen Revolution, daß sie nicht unmittelbar politisch praktisch ist, daß sie sich auf das Recht, nicht auf die Willkür gründet und den Charakter einer Moralphilosophie hat." Der Gegensatz ist aber nicht im Prinzip, sondern in der Praxis, denn auch die französische Statslehre hält an der Verbindung der Freiheit mit dem Rechte fest, indem sie die Gleichheit fordert und das Nebeneinandersein der Freiheit aller will; und auch Kant erklärt die Freiheit als Willkür. Ahrens (in Bluntschlis Statswörterbuch, Art. Kant) sagt: „Kant will, wie Rousseau, den allgemeinen Willen finden, der für alle einzelne bindend sein soll; aber die Auffassung ist grundverschieden. Rousseau fühlt zwar auch die Notwendigkeit, einen Allgemeinwillen zu finden, der von dem numerischen Willen der einzelnen unterschieden sei. Aber da er über den empirischen Willen der einzelnen nicht hinauskommt, eine ideale Gesetzgebung der Vernunft für den Willen nicht kennt, so kommt er auf den sonderbaren Ausweg, den Allgemeinwillen durch eine Art Rechenexempel (durch Abzug des sich Widerstreitenden) zu finden. Die wahre Konsequenz der Lehre brach sich daher in der französischen Revolution bald Bahn, und die Souveränetät der volonté générale wurde bald in die Massensouveränetät des suffrage universel oder der volonté de tous umgewandelt. Während daher in Rousseaus Lehre das empirische Selbst zugleich Herr und Diener ist, jeder sich nur selbst gehorcht, will Kant das empirische Selbst dem idealen Selbst, der Vernunftgesetzgebung unterordnen, diese freilich auch auf dem schon bezeichneten Wege durch die einzelnen finden und durch ihre Mitwirkung feststellen lassen." Man kann zugeben, daß Kant schärfer als Rousseau zwischen dem idealen Vernunftrechte und dem positiven Erfahrungsrechte unterscheidet, aber der Unterschied ist auch Rousseau wohl bekannt, nur will Rousseau ihn beseitigen, indem er das positive Recht im Sinne des idealen umgestaltet, während Kant das Vernunftrecht als das Ziel der Zukunft zeigt, aber einstweilen sich willig dem empirischen Rechte unterwirft. Kant weiß aber gerade so wenig als Rousseau den allgemeinen Willen anders herzustellen als durch Summierung des Individualwillens, ist also in dieser entscheidenden Hinsicht nicht über Rousseau hinausgekommen;

groß ist der Gegensatz derselben in praktischer Hinsicht. Die Franzosen machten Ernst mit ihrer Theorie. Sie wollten sie rücksichtslos ins Leben einführen. Sie rechtfertigten die Revolution, als Konsequenz des natürlichen Statsrechtes. Der deutsche Philosoph dagegen hat nur die vernünftigen Ideen als Theorie ausgesprochen und wartet es ab, bis sie allmählich auch die Mächtigen gewinne. Er warnt eindringlichst vor jeder Auflehnung gegen die bestehende Statsgewalt, auch wenn sie irrationell sei; er eifert gegen allen Ungehorsam, er verwirft den aktiven Widerstand unbedingt.

Allerdings ist er nicht wie Hobbes ein Freund des fürstlichen Absolutismus, er verteidigt gegen denselben die unverlierbaren Volksrechte, aber er entwaffnet die Volksrechte und macht sie praktisch ohnmächtig gegenüber der Herrschergewalt. In der rationellen Doktrin hatte er das Volk, d. h. die Summe der Bürger für den wahren Beherrscher des States, für den Souverän erklärt, aber praktisch verehrt er das gegenwärtige Statsoberhaupt, d. h. den Fürsten, als „das Organ des Herrschers“ und untersagt es dem Volke, „über den Ursprung der obersten Gewalt, die in praktischer Absicht unerforschlich sei, zu vernünfteln“. Er erklärt die Vereinigung der Gesetzgebungsgewalt und der Regierungsgewalt für Despotie, aber zugleich erklärt er der Despotie unbedingt zu gehorchen. Das Statsideal Kants ist nicht minder radikal als das der Franzosen, aber seine Statspraxis huldigt dem Absolutismus des Hobbes, den er theoretisch verwirft. Trotz aller Achtung, die wir vor dem Geiste und dem redlichen Charakter Kants haben, so erscheint uns diese Verbindung einer doktrinären Volkssouveränetät mit einer praktischen Selbsterniedrigung unter die Despotie weder logisch noch moralisch.

denn daß der Individualwille die Gleichheit, d. h. das Recht aller nicht verletze und insofern auch vernünftig sei, ist auch ein Postulat Rousseaus wie Kants. Das bleibt bei alledem wahr, daß Kant die Abstraktion von der Erfahrung auf die Spitze getrieben und, wie Stahl (Rechtsphilosophie 1, 215) sagt, das bisherige Naturrecht zu einem denknotwendigen „Vernunftrecht“ sublimiert hat.

Hätte die deutsche Statswissenschaft auf der Grundlage, die Friedrich der Große gelegt hatte, fortgebaut, so wäre sie zugleich theoretisch gesunder und praktisch nützlicher geworden. Aber sie ließ sich durch die französische Doktrin auf Abwege verleiten und durch die französische Revolution wieder abschrecken, konsequent zu bleiben.

Einige Stellen aus Kants Schriften werden auch diese zweite, der Praxis zugewendete Seite seiner Ansicht am besten darstellen.

Daraus, daß der Stat wesentlich eine Rechtsanstalt und es dieser Natur gemäß sei, daß das Gesetz als untadelig und der Zwang als unwiderstehlich gelte, folgert er: „daß alle Widersetzlichkeit gegen die oberste gesetzgebende Macht, alle Aufwiegelung, um Unzufriedenheit der Unterthanen thätlich werden zu lassen, aller Aufstand, der in Rebellion ausbricht, das höchste und strafbarste Verbrechen im gemeinen Wesen ist, weil es dessen Grundfeste zerstört. Und dieses Verbot ist unbedingt, so daß, es mag auch jene Macht oder ihr Agent, das Statsoberhaupt (!), sogar den ursprünglichen Vertrag verletzt und sich dadurch des Rechtes, Gesetzgeber zu sein, nach dem Begriffe der Unterthanen, verlustig gemacht haben, indem sie die Regierung bevollmächtigt, durchaus gewaltthätig (tyrannisch) zu verfahren, dennoch dem Unterthan kein Widerstand, als Gegengewalt, erlaubt bleibt. Der Grund davon ist: weil bei einer schon subsistierenden bürgerlichen Verfassung das Volk kein zu Recht beständiges Urteil mehr hat, zu bestimmen, wie jene solle verwaltet werden. Denn man setze: es habe ein solches und zwar dem Urteile des wirklichen Statsoberhauptes zuwider, wer soll entscheiden, auf wessen Seite das Recht sei? Keiner von beiden kann es, als Richter in seiner eigenen Sache, thun. Also müßte es noch ein Oberhaupt über dem Oberhaupte geben, welches zwischen diesem und dem Volke entschiede, welches sich widerspricht. — Auch kann nicht etwa ein Notrecht (jus in casu necessitatis), welches ohnehin als ein vermeintes Recht, in der höchsten (physischen) Not Unrecht zu thun, ein Unding ist (!), hier eintreten und zur Hebung des die Eigenmacht des Volkes einschränkenden Schlagbaums den Schlüssel hergeben. Denn das Oberhaupt des States kann ebensowohl sein hartes Verfahren gegen die Unterthanen durch ihre Widerspenstigkeit, als diese ihren Aufruhr durch Klage über ihr ungebührliches Leiden gegen ihn zu rechtfertigen meinen: und wer soll hier nun entscheiden? Wer sich im Besitze der obersten öffentlichen Rechtspflege befindet, und das ist gerade das Statsoberhaupt" (7, 210).

Man bemerke wohl, der wahre Souverän ist nach Kant das Volk, und der Fürst nur dessen bevollmächtigter Agent, der selbst nicht richten darf; und trotz dieser Grundansicht kommt Kant praktisch dazu, das Volk absolut wehrlos der unbedingten Tyrannei und dem Gerichte des Fürsten zu überliefern; er kommt dazu, weil sich ihm der ganze Stat in eine bloße logische Formel — ohne lebendigen Inhalt — auflöst.

Das einzige Mittel gegen die Tyrannei sieht Kant in der freien Meinungsäußerung: „Die Freiheit der Feder ist das einzige Palladium der Volksrechte. Denn diese Freiheit dem Volke auch absprechen zu wollen ist nicht allein so viel, als ihm allen Anspruch auf Recht in Ansehung des obersten Befehlshabers (nach Hobbes) nehmen, sondern auch den letzteren, dessen Wille bloß dadurch, daß er den allgemeinen Volkswillen repräsentiert, Unterthanen oder Bürgern Befehle gibt, alle Kenntnis von dem entziehen, was, wenn er es wüßte, er selbst abändern würde, und ihn mit sich selbst in Widerspruch setzen" (7, 216).

In der Rechtslehre spricht er sich so über die praktische Frage aus: „Da das Volk, um rechtskräftig über die oberste Statsgewalt (summum imperium) zu urteilen, schon als unter einem allgemein gesetzgebenden Willen vereint angesehen werden muß, so kann und darf es nicht anders urteilen, als das gegenwärtige Statsoberhaupt (summus imperans) es will (!). Ob ursprünglich ein wirklicher Vertrag der Unterwerfung unter denselben (pactum subjectionis civilis) als ein Faktum vorhergegangen, oder ob die Gewalt vorherging und das Gesetz nur hintennach gekommen sei; das sind für das Volk, das nun schon unter dem bürgerlichen Gesetze steht, ganz zwecklcere und doch den Stat mit Gefahr bedrohende Vernünfteleien; denn wollte der Unterthan, der den letzteren Ursprung nun ergrübelt hätte, sich jener jetzt herrschenden Autorität widersetzen, so würde er nach den Gesetzen derselben, d. i. mit allem Rechte bestraft, vertilgt oder (als vogelfrei, exlex) ausgestoßen werden. — Ein Gesetz, das so heilig (unverletzlich) ist, daß es, praktisch, auch nur in Zweifel zu ziehen, mithin seinen Effekt einen Augenblick zu suspendieren, schon ein Verbrechen ist, wird so vorgestellt, als ob es nicht von Menschen, aber doch von irgend einem höchsten tadelfreien Gesetzgeber herkommen müsse, und das ist die Bedeutung des Satzes: „Alle Obrigkeit ist von Gott", welches nicht einen Geschichtsgrund der bürgerlichen Verfassung, sondern eine Idee, als praktisches Vernunftprinzip aussagt: der jetzt bestehenden gesetzgebenden Gewalt gehorchen zu wollen, ihr Ursprung mag sein, welcher er wolle."

„Hieraus folgt nun der Satz: Der Herrscher im State hat gegen den Unterthan lauter Rechte und keine (Zwangs-) Pflichten. — Ferner, wenn das Organ des Herrschers, der Regent, auch den Gesetzen zuwider verführe, z. B. mit Auflagen, Rekrutierungen u. dgl., wider das Gesetz der Gleichheit in Verteilung der Statslasten, so darf der Unterthan dieser Ungerechtigkeit zwar Beschwerden (gravamina), aber keinen Widerstand entgegensetzen. Ja es kann auch selbst in der Konstitution kein Artikel enthalten sein, der es einer Gewalt im State möglich machte, sich, im Falle der Übertretung der Konstitutionalgesetze durch den obersten Befehlshaber, ihm zu widersetzen, mithin ihn einzuschränken. Denn der, welcher die Statsgewalt einschränken soll, muß doch mehr, oder wenigstens gleiche Macht haben, als derjenige, welcher eingeschränkt wird (?). Alsdann ist aber nicht jener, sondern dieser der oberste Befehlshaber, welches sich widerspricht" (9, 164).

„Eine Veränderung der (fehlerhaften) Statsverfassung, die wohl bisweilen nötig sein mag — kann also nur vom Souverän selbst durch Reform, aber nicht vom Volke, mithin (!) durch Revolution verrichtet werden, und wenn sie geschieht, so kann sie nur die ausübende Gewalt, nicht die gesetzgebende, treffen. Übrigens wenn eine Revolution einmal gelungen und eine neue Verfassung gegründet ist, so kann die Unrechtmäßigkeit des Beginnens und der Vollführung derselben die Unterthanen von der Verbindlichkeit, der neuen Ordnung der Dinge sich als gute Statsbürger zu fügen, nicht befreien, und sie können sich nicht weigern, derjenigen Obrigkeit ehrlich zu gehorchen, die jetzt Gewalt hat" (9, 169).

Nach Kant ist der Regent, der ihm thatsächlich zugleich als Herrscher und Souverän gilt, „Oberbefehlshaber" über die Unterthanen, nach persönlichem Rechte, nicht Eigentümer des Volkes, nach dinglichem Rechte. Er kann auch „kein Privateigentum an irgend einem Boden haben, sondern nur (statsrechtliches) Obereigentum an dem ganzen Lande (territorium), also auch keine Domänen, d. i. Ländereien zu seiner Privatbenutzung, denn sonst machte er sich zu einer Privatperson und der Stat würde Gefahr laufen, alles Eigentum des Bodens in den Händen der Regierung zu sehen und alle Unterthanen als grundunterthänig (glebae adscripti)" (9, 171). Er vergißt dabei, daß keine Fiktion den Monarchen von den rein privaten Lebensbedürfnissen (Essen, Trinken, Schlafen u. s. f.) zu befreien vermag, und daß, wenn auch die statliche Majestät und Würde derselben bis in die Wolken erhoben wird, der natürliche Einzelmensch doch auf dem Boden der Erde bleibt, und folglich die Privatperson auch in dem Kaiser nicht verschwindet. Wenn aber das Privateigentum des Fürsten unter denselben Gesetzen steht wie das Privateigentum des Bauern — und sogar die absoluten Römer haben dafür gesorgt, daß es so sei —, so ist keine Gefahr, daß dieses von jenem verschlungen werde.

Aus jenem Satze leitet aber Kant die merkwürdige Folgerung ab, „daß es auch keine Korporation im State, keinen Stand oder Orden geben könne, der als Eigentümer den Boden zur alleinigen Benutzung den folgenden Generationen (ins Unendliche) nach gewissen Statuten überliefern könne. Der Stat kann sie zu aller Zeit aufheben, nur unter der Bedingung, die Überlebenden zu entschädigen. Der Ritterorden (oder Korporation), der Orden der Geistlichkeit, die Kirche genannt, können nie — Eigentum am Boden, sondern nur die einstweilige Benutzung desselben erwerben (?). Die Komtureien auf einer, die Kirchengüter auf der anderen Seite können, wenn die öffentliche Meinung mit Bezug auf Statsverteidigung oder kirchliche Heilmittel sich geändert hat, ohne Bedenken aufgehoben werden" (9, 171).

Um die Darstellung der durchaus formalen und widerspruchsvollen Statslehre Kants abzuschließen, ist es nötig, noch einen Blick auf seine Beleuchtung des Völkerrechtes zu werfen, welche kühner gedacht und frischer geschrieben ist als die Rechtslehre.

Schon in seiner Schrift über das Verhältnis von Theorie und Praxis von 1793 verteidigt er gegen Moses Mendelssohn in Übereinstimmung mit Lessing die Entwickelung des Menschengeschlechts zum Besseren. Der Fortschritt der Menschen aus dem Zustande roher Gewaltthätigkeit hat zur „statsbürgerlichen Verfassung" geführt, und derselbe Fortschritt wird die Völker aus der Not der rohen Kriege heraus zur „weltbürgerlichen Verfassung" führen, oder doch, weil ein weltbürgerliches gemeines Wesen unter einem Oberhaupt der Freiheit allzu gefährlich werden könnte, „zu einer Föderation nach einem gemeinschaftlich verabredeten Völkerrecht".

Seine Gedanken darüber entwickelt er weiter in der Schrift: Zum ewigen Frieden, die zuerst 1795 erschienen ist (in den sämtl. Werken Bd. 7), kurz nach dem Abschlusse des Baseler Friedens, welchen Preußen mit der französischen Republik abschloß. Den thatsächlichen Friedensartikeln der Diplomatie stellte der Philosoph ideale Friedensartikel gegenüber, von denen er hoffte, sie werden durch ihre einleuchtende Wahrheit mit der Zeit auch in die Praxis übergehen. Heute noch werden dieselben den meisten als ein leeres Gedankenspiel eines philanthropischen Träumers erscheinen: und dennoch sind beachtenswerte Wahrheiten darin ausgesprochen, welche zum Teile heute schon in das Bewußtsein der Völker übergegangen sind und sicher noch eine Zukunft haben.

Er unterscheidet Präliminarartikel und Definitivartikel. Als Präliminarartikel schlägt er folgende Sätze vor:

1. „Es soll kein Friedensschluß für einen solchen gelten, der mit dem geheimen Vorbehalte des Stoffs zu einem künftigen Kriege gemacht worden."

2. „Es soll kein für sich bestehender Stat (klein oder groß, das gilt hier gleichviel) von einem anderen State durch Erbung, Tausch, Kauf oder Schenkung erworben werden können."

3. „Stehende Heere (miles perpetuus) sollen mit der Zeit ganz aufhören."

4. „Es sollen keine Statsschulden in Beziehung auf äußere Statshändel gemacht werden."

5. „Kein Stat soll sich in die Verfassung und Regierung eines anderen States gewaltthätig einmischen."

6. „Es soll sich kein Stat im Kriege mit einem anderen solche Feindseligkeiten erlauben, welche das wechselseitige Zutrauen im künftigen Frieden unmöglich machen müssen, als das sind: Anstellung der Meuchelmörder (percusores), Giftmischer (venefici), Brechung der Kapitulation, Anstiftung des Verrates (perduellio) in dem bekriegten Stat ꝛc."

Als Definitivartikel, welche auch das Weltbürgerrecht sichern, das Kant dem Statsbürgerrecht (jus civitatis) und dem Völkerrechte (jus gentium) als dritte Ordnung hinzufügt und als das rechtliche Verhältnis des Menschen und des States erklärt, insofern sie als Bürger eines allgemeinen Menschenstates anzusehen sind (jus cosmopoliticum), erklärt Kant folgende Sätze:

1. „Die bürgerliche Verfassung in jedem State soll republikanisch sein."

2. „Das Völkerrecht soll auf einer Föderation freier Staten gegründet sein."

3. „Das **Weltbürgerrecht** soll auf Bedingungen der allgemeinen Hospitalität eingeschränkt sein."

Diesen Gesetzen, deren allmähliche Einführung er von der Macht der **Natur** (der menschlichen Natur) erwartet (fata volentem ducunt, nolentem trahunt), fügt er als geheimen Artikel noch bei:

„Die Maximen der Philosophen über die Bedingungen der Möglichkeit des öffentlichen Friedens sollen von den zum Kriege gerüsteten Staten zu Rate gezogen werden."

Der Einfluß der Kantischen Lehre auf die deutsche Wissenschaft und dann auch mittelbar auf die Praxis ward bald sehr bedeutend. Viele alte und scheinbar festgewurzelte Vorurteile mußten der prüfenden Verstandeskritik weichen, die nun mit großer Freiheit alles hergebrachte Recht und alle bestehenden Einrichtungen ihrer rationellen Sonde unterwarf und nachsah, ob dieselbe auch vernunftgemäß seien. Hatte Kant das Volk vor dem „Vernünfteln" in Statssachen gewarnt, so wurde sein Beispiel im „Vernünfteln" doch eher nachgeahmt als die Warnung befolgt, und natürlich waren dazu die Universitätsprofessoren, die seinem Vorbilde nachgingen, am ehesten veranlaßt. Es erschienen nun eine ganze Reihe von **Naturrechts-** oder **Vernunftrechtslehren**, in denen auch die Statslehre mehr oder weniger in Kantischem Sinne vorgetragen ward. Einer gelehrten Litteraturgeschichte mag es zukommen, diese Bücher aufzuzählen und zu klassifizieren[1]). Für eine Geschichte der Statswissenschaft, d. h. der leitenden Statsideen und Statsprinzipien, wäre eine genauere Darstellung dieser Werke im einzelnen eher verwirrend und ermüdend als fruchtbar. Wenn wir die Plane des Heerführers kennen und die Mittel, über die er verfügen kann, so

[1]) Ein Verzeichnis dieser Bücher seit Kant bis 1831 findet sich in **Warnkönigs** Rechtsphilosophie S. 137.

interessiert es uns nur wenig, wie seine Offiziere sich in die Aufgabe weiter teilen.

Gemeinsame Züge dieser rationalistischen Lehre sind:

Nichtbeachtung oder gar Mißachtung der realen Grundlagen des States;

Absehen von der historischen Entwickelung des Statslebens;

die bloße doktrinäre Einheit eines mehr oder weniger folgerichtigen abstrakten Systemes;

Dürftigkeit des Gehaltes neben einer großen Zuversicht der dogmatischen Form;

freisinnige Tendenz, ohne tieferes Verständnis für lebendige Freiheit;

gewandte Kritik, aber Unbrauchbarkeit für die Praxis.

Ihr Hauptverdienst ist ein negatives, ihr Hauptmangel ist der Mangel eines positiven Kernes.

Dreizehntes Kapitel.

Die Idealisten. Johann Gottlieb Fichte. Wilhelm v. Humboldt.

Die idealistische Richtung der Kantischen Philosophie, welche sich von der unzureichenden Erfahrung abwendete und durch Untersuchung der Denkgesetze und Denkbewegung die wahren Begriffe zu finden und zu erweisen unternahm, wurde in gewissem Sinne von Fichte noch verstärkt und gesteigert. „Ich bin ja wohl transcendentaler Idealist, härter als Kant es war; denn bei ihm ist doch noch ein Mannigfaltiges der Erfahrung; ich aber behaupte mit dürren Worten, daß selbst dieses von uns durch ein schöpferisches Vermögen produziert werde." So bezeichnet Fichte selbst in einem Briefe von 1795 an den „Realisten Friedrich Heinrich Jakobi" sein Verhältnis zu Kant. In der That, Fichte trieb den transcendentalen Idealismus auf die Spitze, indem er Denken und Gedachtes als das wahre Sein erklärte und alles andere Sein der Erscheinung als Schein verwarf.

Es gilt das auch von seiner Rechtslehre: „Alles Recht ist reines Vernunftrecht. Vertragenes und geschriebenes Recht ist niemals Recht, wenn es sich nicht auf Vernunft gründet" (nachgel. Werke 2, 498). Den Rechtsbegriff begründet er a priori aus der Vernunft, ohne alle Rücksicht auf die Erfahrung, auf die Geschichte; und dieser Rechtsbegriff ist ihm ein absoluter, „das Rechtsgesetz ein absolutes Vernunftgesetz".

Man könnte meinen, daß jenem Nationalgebrechen, das uns seit langem den Spott der Feinde eingetragen hat, wir seien ein Volk von Denkern, d. h. wir seien unfähig, ein politisches Volk zu werden, durch Fichte noch mehr Vorschub geleistet worden sei als durch Kant. Man könnte sich versucht fühlen, auch an jener unseligen Methode mancher deutscher Politiker, die Politik wie die Formulierung des logischen Gedankens, nicht wie die Entwickelung des realen Volkslebens zu betrachten und zu betreiben, an jener Politik der Reflexion statt der That, auch der Fichte'schen Philosophie einen erheblichen Teil der Schuld zuzuschreiben. Dennoch sind jene Meinung und dieser Vorwurf nicht begründet.

Trotz aller spekulativen Abgezogenheit war Fichte eine so markige, lebensvolle Person von so kräftigem Willen und selbst von so leidenschaftlichem Patriotismus, daß er noch mehr durch diesen seinen Charakter als durch seine Spekulation und daher erfrischend, stärkend, belebend auf die Nation wirkte. Auch seine Philosophie hat in den dialektischen Formen einen kernhaften Gehalt ausgeprägt, der ein Ausdruck seiner Persönlichkeit ist. Indem Fichte die getrennten Kantischen Seelenvermögen in der Einheit des Ich zusammenfaßte und von dem lebendigen Ich aus die ganze Wissenschaftslehre konstruierte, that er doch einen entscheidenden Schritt über das Gebiet eines bloßen kritischen Formalismus hinaus und wendete sich der unerschöpflichen Quelle des Geisteslebens zu. Indem Fichte ferner die großen Weltereignisse seiner Zeit nicht mit der kalten Ruhe des unbeteiligten Beobachters an sich vorübergehen ließ, sondern ihre Wirkung unmittelbar in sich selber tief empfand und hinwieder mit männlichem Mute und sittlichem Ernst auf den Gang derselben einzuwirken suchte, gab er ein Vorbild auch des patriotischen Handelns. Seine populären Schriften haben daher für die politische Erziehung der Nation keine geringere Bedeutung als seine in der strengen Form der wissenschaftlichen Darstellung erschienenen Werke. Kant war ein großer Philosoph, aber Fichte war ein großer Mann. Deshalb konnte die Fichte'sche Philosophie, auch wo sie in abstrakte Idealität ausschweifte, niemals entnervend wirken.

Das Leben Fichtes fließt nicht ganz so stille dahin wie das Leben Kants. Auch da zeigt sich die stärkere Bewegung der Affekte und ein wechselnderes Schicksal. Auch Fichte erhob sich aus dem Volksstande zu persönlicher Größe. Er war nicht einmal ein Bürgerkind einer großen Stadt, sondern ein Kind des Dorfes, wenngleich in seinen Eltern mit dem bäuerlichen die kleinbürgerliche Weise gemischt war.

Johann Gottlieb Fichte wurde am 19. Mai 1762 in Rammenau, einem Dorfe der Oberlausitz, geboren. Die ehrenfesten Eltern, die sich und ihre Familie von dem Ertrage einer kleinen Landwirtschaft und dem Arbeitslohne für ihre Handweberei ernährten, vermochten nicht, dem talentvollen Knaben eine wissenschaftliche Erziehung zu gewähren. Da nahm sich auf den Antrieb des Dorfpfarrers ein sächsischer Edelmann, der Freiherr von Miltitz, seiner an und ließ ihn auf seine Kosten unterrichten. Auf der Universität noch, die er im Jahre 1780 zuerst in Jena bezog, in der Absicht Theologie zu studieren und sich zum Prediger auszubilden, befand er sich in sehr kümmerlichen Verhältnissen und hatte fortdauernd mit Nahrungssorgen zu kämpfen, die den von Natur stolzen und selbstbewußten Jüngling besonders schwer drückten. Als er dann in seinem Vaterlande, wo von alters her eine enge beschränkte Orthodoxie herrschte, keine günstigen Aussichten fand, um als Pfarrer angestellt zu werden, versuchte er sich seinen eigenen Weg zu bahnen und ging nach der Schweiz (1788). In Zürich erhielt er in dem Hause eines wohlhabenden Bürgers, des Gastwirtes Ott zum Schwert, eine Hauslehrerstelle. Dort fand er unter den Geistlichen und Gelehrten der Stadt mancherlei Anregung und Unterstützung und machte sich hinwieder unter denselben als geistreicher und scharfer Denker und trefflicher Kanzelredner vorteilhaft bekannt. Wichtiger für ihn war es, daß er in einer anderen Familie eines Züricher Bürgers, in Johanna Maria Rahn, die weibliche Seele fand, welche sein Wesen in Liebe und Treue ergänzte und die ihm nach manchen Störungen des Geschickes am 22. Oktober 1793 als Ehefrau folgte. Seine Lebenserfahrung war inzwischen durch Reisen und durch Anstellungen in verschiedenen Familien erweitert worden, und seine philosophische Anlage hatte sich durch das Studium der Kantischen Werke rasch entwickelt. In Königsberg hatte er den alten Weisen persönlich kennen gelernt. Nun versuchte er seine eigenen Kräfte zunächst als philosophisch-politischer Schriftsteller. Seine beiden Jugendschriften: „Die Zurückforderung der Denkfreiheit von den Fürsten Europens, die sie früher unterdrückten" und die „Beiträge zur Berichtigung der Urteile des Publikums über die französische Revolution" (Werke Bd. 6) fallen in das Jahr seiner Heirat. Die Leidenschaften der Revolutionsepoche haben auch ihn ergriffen. Sein Standpunkt ist wesentlich derselbe, den Rousseau eingenommen hatte. In der Sprache ist etwas von dem rhetorischen Schwunge der französischen Tribüne. Aber der tiefe Ernst eines sittlichen Charakters und die unbestechliche Schärfe eines logischen Denkers sind doch deutlich zu erkennen und ermäßigen den wilden Drang nach Neuerung.

Den Fürsten ruft er zu: „Stören dürft ihr die freie Untersuchung nicht; befördern dürft ihr sie, — und fast könnt ihr sie nicht anders befördern, als durch das Interesse, das ihr selbst dafür bezeigt, durch die Folgsamkeit, mit der ihr auf ihre Resultate hört. — Leitet die Untersuchungen des Forschungsgeistes auf die gegenwärtigsten, dringendsten Bedürfnisse der Menschheit; aber leitet sie mit leichter, weiser Hand, nie als Beherrscher, sondern als freie Mitarbeiter, nie als Gebieter über den Geist, sondern als frohe Mitgenossen seiner Früchte. Zwang ist der Wahrheit zuwider; nur in der Freiheit ihres Geburtslandes, der Geisterwelt, kann sie gedeihen. Und besonders — lernt doch endlich kennen eure wahren Feinde, die einzigen Majestätsverbrecher, — die euch anraten, eure Völker in der Blindheit und Unwissenheit zu lassen, die freie Untersuchung aller Art zu hindern und zu verbieten. Sie halten eure Reiche für Reiche der Finsternis, die im Lichte schlechterdings nicht bestehen können" (6, 33).

In mehr wissenschaftlicher Form ist die größere Schrift verfaßt, über die französische Revolution. Sie ist aber nur ein Bruchstück. Er untersucht darin die Rechtmäßigkeit der Revolution und will später ihre Zweckmäßigkeit prüfen. Er will die Frage nicht historisch kritisch, sondern philosophisch kritisch erörtern. Es kommt ihm nur darauf an, die Rechtmäßigkeit der Revolution im Prinzip darzustellen.

Das Recht und den Stat leitet er noch aus dem individuellen Willen her. Er verteidigt Rousseau gegen den Angriff der historischen Kritik, welche ihm entgegnet, daß die vorhandenen Staten nicht aus Vertrag entstanden seien, mit der Bemerkung, daß die geschichtlichen Statsverfassungen wohl meistens nur „das Recht des Stärkeren" darstellen, aber rechtmäßigerweise eine bürgerliche Gesellschaft sich auf nichts anderes gründen könne als auf einen Vertrag. „Kein Mensch kann verbunden werden, ohne durch sich selbst: keinem Menschen kann ein Gesetz gegeben werden, ohne von ihm selbst. Läßt er durch einen fremden Willen sich ein Gesetz auflegen, so thut er auf seine Menschheit Verzicht und macht sich zum Tiere. Unser Wille, unser Entschluß, der als dauernd gefaßt wird, ist der Gesetzgeber und kein anderer. Ein anderer ist nicht möglich."

Indem er nach dem Endzwecke des States fragt, wie ihn die Vertreter der bestehenden Gewalt sich vorstellen, findet er nichts anderes als „die Alleinherrschaft ihres Willens im Innern und Ausbreitung dieser Herrschaft nach außen", und führt aus, daß „die Kultur zur Freiheit" der einzige wahre Endzweck der Statsverbindung sein könne. Unter politischer Freiheit versteht er „das Recht, kein Gesetz anzuerkennen, als welches man sich selbst gab" (6, 101). Von da aus kommt er zu dem Beweise der Veränderlichkeit aller Statsverfassungen. „Keine Statsverfassung ist unabänderlich, es ist in ihrer Natur, daß sie sich alle ändern. Eine schlechte, die gegen den notwendigen Endzweck aller Statsverbindungen streitet, muß abgeändert werden; eine gute, die ihn befördert, ändert sich selbst ab. Die Klausel im gesellschaftlichen Vertrage, daß er unabänderlich sein solle, wäre der härteste Widerspruch gegen den Geist der Menschheit. Ich verspreche, an dieser Statsverfassung nie etwas zu ändern oder ändern zu lassen, heißt: ich verspreche, kein Mensch zu sein, noch zu dulden, daß, so weit ich reichen kann, irgend einer ein Mensch sei" (6, 103). Die absolute Monarchie insbesondere muß abgeändert werden, weil mit ihr der Endzweck des States niemals zu erreichen wäre.

Fichte geht in dieser Schrift so weit, die naturrechtliche Verbindlichkeit auch der Verträge durch die Fortdauer des freien Vertragswillens zu bedingen. „Wenn einer seinen Vertragswillen ändert, so ist er nicht mehr im Vertrage" (6, 115). So kann jeder aus dem State wieder in den Naturzustand zurücktreten, wenn er nicht länger in diesem State sein will. Wenn alle austreten, so ist natürlich die Umwälzung vollzogen. Da aber keiner den anderen zwingen darf, seinen Willen zu behaupten oder zu ändern, so ist es möglich, daß die einen die alte Verfassung beibehalten und in der alten Verbindung fortleben wollen, die anderen aber dieselbe aufgeben wollen. Da weiß er keinen anderen Rat als den: „Wir müssen uns also beide einrichten, so gut wir können, und ertragen, was wir nicht hindern dürfen. Es kann wohl sein, daß es einem State unangenehm ist, einen Stat in sich entstehen zu sehen, aber davon ist hier nicht die Frage. Die Frage ist: ob er es rechtlich verhindern dürfe, und darauf antworte ich mit Nein" (6, 148). Die Konsequenz des Individualprinzipes mußte dahin führen, verschiedene Staten anzunehmen, die neben einander auf demselben Gebiete sind wie verschiedene Gesellschaften in einem Lande. Damit ist aber der ganze Begriff des States, die Einheit seiner Gebietshoheit aufgehoben.

Ganz im Geiste von Sieyès wendet er sich gegen die bevorrechteten Klassen im State, insbesondere gegen den Adel und den Klerus. Den Begriff der unveräußerlichen Menschenrechte hält auch er fest. „Im Vertrage ist die gegenseitige freie Willkür Grund der Rechte und der Verbindlichkeit. Daß nur über Dinge, die in unsrer Willkür stehen, welche veränderlich ist, nicht aber über solche, in deren Rücksicht unser Wille durch das Sittengesetz unveränderlich bestimmt sein soll, ein Vertrag stattfinde, ist erwiesen" (6, 159). „Jeder hat die Pflicht, mithin auch das unveräußerliche Recht, ins unendliche an seiner Vervollkommnung zu arbeiten und seinen besten Einsichten jedesmal zu folgen. Er hat demnach auch das unveräußerliche Recht, seine Willkür nach dem Grade seiner Vervollkommnung abzuändern; keineswegs aber das Recht, sich zu verbinden, daß er sie nie abändern wolle. — Sobald demnach der unbegünstigtere Bürger anfängt zu merken, daß er durch den Vertrag mit dem begünstigten bevorteilt sei, so hat er das völlige Recht, den nachteiligen Vertrag aufzuheben. Er entbindet jenen seines Versprechens und nimmt dagegen das seinige zurück" (6, 160. 161). Es lassen sich also alle gegebenen Privilegien widerrufen.

Den „Adel der Meinung" läßt er wohl gelten, wonach die Auszeichnung der Eltern eine günstige Meinung erweckt für ihre Nachkommen, aber nicht „den Adel des Rechtes". Er nimmt für den Stat das Recht in Anspruch, denselben aufzuheben, sobald er ihm beschwerlich falle. Die Frage, ob es in einem State eine oder mehrere Volksklassen gebe, die wegen ihres Ansehens und ihrer Reichtümer vorzugsweise zu Statsgeschäften gebraucht werden, erscheint ihm also als eine Frage der Klugheit, nicht des Rechtes (6, 244).

Bedeutender sind seine Betrachtungen über das Verhältnis der Kirche zum Stat: „Kirche und Stat als zwei verschiedene abgesonderte Gesellschaften gedacht stehen gegen einander unter dem Gesetze des Naturrechtes, wie einzelne, die abgesondert neben einander leben. Daß meistens die gleichen Menschen Mitglieder des States und der Kirche zugleich sind, thut nichts zur Sache; wenn wir nur die beiden Personen, die dann jeder ausmacht, in der Reflexion absondern können, wie wir es müssen. Geraten Kirche und Stat in Streit, so ist das Naturrecht ihr gemeinschaftlicher Gerichtshof. Wenn beide ihre Grenzen kennen und die Grenzen der anderen respektieren, so können sie nie in Streit geraten. Die Kirche hat ihr Gebiet in der unsichtbaren Welt, und ist von der sichtbaren auszuschließen; der Stat gebietet nach Maßgabe des Bürgervertrages in der sichtbaren, und ist von der unsichtbaren auszuschließen. Der Stat kann nicht in das Gebiet der Kirche eingreifen; das ist physisch unmöglich — er hat die Werkzeuge eines solchen Eingriffes nicht. Er kann in dieser Welt strafen oder belohnen. Er kann nicht in jener Welt Fluch oder Segen ausspenden. Er hat bloß über unsere Handlungen, nicht aber über unsere Gedanken zu richten. Wo es scheint, als ob der Stat etwa dergleichen unternehme, da ist es nicht der Stat; es ist die Kirche, die sich in die Rüstung des States verkleidet hat" (6, 264 f.).

„Man hat einen gewissen gegenseitigen Bund der Kirche und des States erdacht, kraft dessen der Stat der Kirche seine Macht in dieser und die Kirche dem State ihre Gewalt in der zukünftigen Welt freundschaftlich leiht. Die Glaubenspflichten werden dadurch zu bürgerlichen, die Bürgerpflichten zu Glaubensübungen. Man glaubte ein Wunder der Politik vollbracht zu haben, als man diese glückliche Vereinigung getroffen hatte. Ich glaube, daß man unvereinbare Dinge vereinigt und dadurch die Kraft beider geschwächt habe. Es läuft dem eigentümlichen Geiste der Kirche entgegen, und es ist offenbar ungerecht, wenn sie sich eine Gewalt in der sichtbaren Welt anmaßt; der Stat hat keine Verbindlichkeit und überhaupt auch keine Befugnis, nach unseren Meinungen über die unsichtbare Welt zu fragen" (6, 267 f.).

„Eine Kirche kann ihren Mitgliedern Verbindlichkeiten auflegen, die den Verbindlichkeiten derselben als Statsbürger widersprechen. Was soll ein Stat thun, wenn ihm dies bekannt wird? — Hat der Stat nur über Handlungen, nicht aber über Meinungen zu richten, so tritt seine Verbindlichkeit in diesem Falle nicht eher ein, bis jene kirchliche Meinung bei irgend einem

Bürger zur That geworden ist, dann hat er die That zu bestrafen. — Die Kirche kann die geforderte Handlung nicht durch äußere Gewalt erzwingen, der Stat aber kann es und hat daher auf seine Übermacht zu rechnen. — Aber man kennt die Kraft der religiösen Meinungen auf die Seelen der Menschen; je größere Aufopferungen sie fordert, desto leichter wird ihr gehorcht. Ich könnte hierauf antworten, daß der Stat diese Schwärmerei mit denjenigen Waffen zu bekämpfen habe, die uns ganz eigentlich gegen sie gegeben sind, mit kalter gesunder Vernunft, daß er nur desto mehrere und zweckmäßigere Anstalten zur Aufklärung und Geisteskultur seiner Bürger zu treffen habe. Aber wenn er nun dies nicht versteht? So bediene er sich seiner Rechte! Jeder hat das Recht, aus dem State zu treten, sobald er will, der Stat darf ihn nicht halten; der Stat hat gleichfalls das Recht, jeden von sich auszuschließen, den er will und sobald er will. Bediene sich der Stat dieses seines Rechtes gegen diejenigen seiner Bürger, von denen ihm bekannt wird, daß sie Meinungen hegen, die ihm gefährlich sind. — Ich sehe wohl ein, warum ein weiser Stat keinen konsequenten Jesuiten dulden könne; aber ich sehe nicht ein, warum er den Atheisten nicht dulden sollte. Der erstere hält Ungerechtigkeit für Pflicht, das setzt den Stat in Gefahr; der letztere anerkennt, wie man gewöhnlich glaubt, gar keine Pflicht: das verschlägt dem State gar nichts, als welcher die ihm schuldigen Leistungen durch physische Gewalt erzwingt, man mag sie nun gern vollbringen oder nicht" (6, 271 f.).

Fichte hat später auch in wesentlichen Stücken die in dieser Jugendschrift geäußerten Ansichten geändert und berichtigt, aber seine Jugend ist doch nicht mit dem reiferen Alter im Widerspruch. Der Geist des gärenden Mostes weist auf den Geist des geklärten Weines hin. Es dauerte noch lange, bis die öffentliche Meinung zu einem gerechten Urteile über die französische Revolution gelangen konnte. Mitten in den Leidenschaften des Parteikampfes und neben dem betäubenden und verwirrenden Schrecken des Einsturzes der alten Statsordnung war das nicht möglich; und auch das ideale Vertrauen der Philosophen auf die Wahrheit der neuen Statstheorie mußte vorerst noch an manchen gefährlichen Klippen anstoßen und Schaden nehmen, bevor die nötige Unbefangenheit, Freiheit und Klarheit des Urteils entstand. Fichte selber verbat es sich später, daß man „den noch unvollendeten Versuch des Jünglings zum Maßstab der politischen Grundsätze des Mannes mache" [1]).

Der Ruf eines „Demokraten", in den Fichte nun geraten war, hinderte die Regierung von Weimar nicht, ihn an Reinholds Stelle zum Professor der Philosophie nach Jena zu berufen (1794). Seine Freunde hatten geltend gemacht, daß „er die demokratische Partei doch nur in abstracto in Schutz nehme" (Leben Fichtes 1, 261); er galt damals als einer der ausgezeichnetesten Schüler Kants und Vertreter der Kantischen Philosophie. Aber bald erwies er sich als Begründer einer neuen, ihm eigentümlichen „Wissenschaftslehre", die er zuerst schon in Zürich vor einem ausgewählten Kreise von Zuhörern, unter denen auch Lavater gewesen, vorgetragen hatte, und nun in Jena gründlicher durcharbeitete.

Sein Naturrecht [2]) erschien zuerst 1796, ein Jahr vor der Kantischen Rechtslehre. Es ist mit dieser zwar verwandt, aber in einigen erheblichen Beziehungen davon verschieden. Fichte unterscheidet gründlicher zwischen Moral und Recht, und leitet beide als zwei Stämme aus der einen Wurzel des Selbstbewußtseins her. Er behauptet die Ursprünglichkeit des Rechtsbewußtseins neben der Ursprünglichkeit des sittlichen Bewußtseins.

„Das vernünftige Wesen kann sich nicht als solches mit Selbstbewußtsein setzen, ohne sich als Individuum, als eins unter mehreren vernünftigen Wesen zu setzen, welche es außer sich annimmt, sowie es sich selbst annimmt. Ich setze mich als

[1]) Verantwortungsschrift gegen die Anklage des Atheismus S. 93.

[2]) Grundlage des Naturrechtes nach Prinzipien der Wissenschaftslehre. In den Werken Bd. 3.

frei und ich setze zugleich andere freie Wesen. Der Begriff des Rechtes ist sonach der Begriff von dem notwendigen Verhältnisse freier Wesen zu einander. Sein Objekt ist eine Gemeinschaft zwischen freien Wesen als solchen" (3, 8).

„Das Sittengesetz ist das Gesetz der absoluten Übereinstimmung mit sich selbst. Die Rechtsregel heißt: Beschränke deine Freiheit durch den Begriff von der Freiheit aller übrigen Personen, mit denen du in Verbindung kommst" (3, 10). „Das endliche Vernunftwesen kann nicht noch andere endliche Vernunftwesen außer sich annehmen, ohne sich zu setzen als stehend mit denselben in einem bestimmten Verhältnisse, welches man das Rechtsverhältnis nennt" (3, 41). „Ich muß das freie Wesen außer mir in allen Fällen anerkennen als ein solches, d. h. meine Freiheit durch den Begriff der Möglichkeit seiner Freiheit beschränken" (3, 52).

Da das Recht zunächst aus dem Selbstbewußtsein abgeleitet wird, so gilt es freilich ohne Zwang, aber nur wenn Treue und Glauben unter den Menschen herrscht. Das ist die Bedingung des Naturrechtes; aber da gegenseitige Treue und Glauben von dem Rechtsgesetze nicht abhängig sind, so tritt, wenn dieselben verloren gegangen sind, Unsicherheit ein. Dann bedarf es einer anderen, äußeren Notwendigkeit, nicht um den fehlenden guten Willen zu erzwingen, was unmöglich ist, aber um zu erzwingen, daß jeder die Freiheit des anderen in seinen Handlungen achte und daß jede Verletzung des Rechtes ihre Strafe finde (3, 139 f.). Um die nötige Macht dafür zu gründen, wird das gemeine Wesen, der Stat, gegründet.

Fichte sieht die Aufgabe ein, „einen Willen zu finden, von dem es schlechthin unmöglich sei, daß er ein anderer sei als der gemeinsame Wille", oder anders ausgedrückt: „einen Willen zu finden, in welchem Privatwille und gemeinsamer synthetisch vereinigt sei" (3, 151).

In der Lösung des Problemes kommt er nicht über die Rousseau'sche Ansicht hinaus, aber er formuliert dieselbe genauer.

Zunächst als bloße Denkform: „Der zu suchende Wille heiße X. Jeder Wille hat sich selbst (in der Zukunft) zum Objekte. Der letzte Zweck des Wollenden ist die Erhaltung seiner selbst. So bei X; und dies wäre sonach der Privatwille von X. — Nun soll dieser Privatwille eins sein mit dem gemeinsamen Willen; dieser ist der der Sicherheit der Rechte aller. X demnach will, so wie er sich will, die Sicherheit der Rechte aller. Die Sicherheit der Rechte aller wird nur durch den übereinstimmenden Willen aller gewollt. Nur hierüber stimmen alle überein; denn in allem übrigen ist ihr Wollen partikulär und geht auf die individuellen Zwecke" (3, 152).

„Diese Übereinstimmung soll nun in der Sinnenwelt realisiert werden. Wollende Wesen in der Sinnenwelt sind für uns nur Menschen. In und durch Menschen mußte jener Begriff sonach realisiert werden. Hierzu wird erfordert:

a) daß der Wille einer bestimmten Anzahl von Menschen in irgend einem Zeitpunkte wirklich übereinstimmend werde und sich als solcher äußere, Statsbürgervertrag;

b) daß dieser Wille festgesetzt werde, als der beständige und bleibende Wille aller, den jeder, wie er ihn in dem gegenwärtigen Momente geäußert hat, als den seinigen anerkenne, so lange er an diesem Orte im Raume leben wird. Durch diese Festsetzung des gegenwärtigen Willens für alle Zeit wird nun der geäußerte, gemeinsame Wille Gesetz.

c) In diesem gemeinsamen Willen wird teils bestimmt, wie weit die Rechte einer jeden Person gehen sollen, und die Gesetzgebung ist insofern eine bürgerliche (civilis); teils wie derjenige, der sie verletzt, bestraft werden solle: die peinliche Gesetzgebung (criminalis).

d) Dieser gemeinsame Wille muß mit einer Macht und zwar mit einer Übermacht, gegen die die Macht jedes einzelnen unendlich klein sei, versehen werden, damit er sich selbst und seine Erhaltung durch Zwang verhalten könne: die Statsgewalt. Es liegt in ihr zweierlei: das Recht, zu richten, und das Recht, die gefällten Rechtsurteile auszuführen (potestas judicialis et potestas executiva in sensu strictiori, welche beide zur potestas executiva in sensu latiori gehören)" (3, 151 f.).

Der Gemeinwille ist also nur Vereinigung von Einzelwillen, d. h. Vertragswille. Der Stat wird also durch Vertrag begründet und das Gesetz ist wieder nur Vertragswille. Damit ist aber das Problem nicht gelöst, denn diesem Gemeinwillen fehlt es an Einheit und dieses Gemeinwesen ist keine Person. Der Zweck des Fichte'schen Gemeinwesens ist nur die Sicherheit aller, und die Thätigkeit desselben daher die Erhaltung der Rechte aller, also im Grunde nur die der Rechtspflege. Die Regierungsgewalt fehlt gänzlich; was er vollziehende Gewalt nennt, ist eigentlich nur Handhabung des Rechtes, also nur eine gerichtliche Thätigkeit. Wenn daher Fichte bemerkt: „Ganz zwecklos und sogar nur scheinbar möglich ist die Trennung der richterlichen und der ausübenden Gewalt; die ausübende Gewalt muß ohne Widerrede den Ausspruch der richterlichen ausführen und die zwei Gewalten sind nur scheinbar in den Personen getrennt, von denen der Vollzieher gar keinen Willen, sondern nur durch einen fremden Willen geleitete physische Kraft hat" (3, 161) — so sieht man, daß er die Hauptfrage, wie sich Regierung und Gericht verhalten, gar nicht begriffen hat und sich die Vollziehung nur als die Thätigkeit des Scharfrichters oder Auspfänders vorstellt, welcher das gerichtliche Urteil mit physischen Mitteln realisiert. Der ganze Stat ist auch ihm wie bei Kant nur bürgerliche Rechtsanstalt, Rechtsstat im engeren Sinn, Verwaltung der Gerechtigkeit sein alleiniger Zweck.

Dagegen verlangt Fichte, daß die Gemeine nicht selbst diese Verwaltung übernehme, sondern dieselbe auf einen oder mehrere besondere Personen übertrage: denn würde sie selber diese Gewalt ausüben, so hätte der einzelne keine genügende Sicherheit dafür, daß er niemals dem Gesetze zuwider behandelt werde. Er spricht sich demnach gegen die demokratische Verfassung aus, „als die allerunsicherste, die es geben könnte, indem man nicht nur, wie außer dem State, immerfort die Gewaltthätigkeiten aller, sondern von Zeit zu Zeit auch die blinde Wut eines gereizten Haufens, der im Namen des Gesetzes ungerecht verführe, zu fürchten hätte" (3, 158).

Soll man von der Unmöglichkeit überzeugt werden, daß man je dem Gesetze zuwider behandelt werde, so ist unerläßlich, daß der Verwalter des Gesetzes selbst zur Rechenschaft gezogen werden könne. „Eine Verfassung, wo die Verwalter der öffentlichen Macht keine Verantwortlichkeit haben, ist eine Despotie" (3, 160).

Demgemäß fordert er, daß von der sogenannten exekutiven (richterlichen) Gewalt „das Recht der Aufsicht und Beurtheilung, wie dieselbe verwaltet werde," getrennt sei. Diese Aufsichtsbehörde, auf die er einen sehr hohen Wert legt, nennt er Ephorat. Die Ephoren, die er vorschlägt, haben selber keine richterliche oder vollziehende Gewalt, aber sie üben eine fortdauernde Aufsicht über das Verfahren der öffentlichen Macht, und „haben eine absolut prohibitive Gewalt, d. h. nicht die Ausführung dieses oder jenes besondern Rechtsschlusses zu verbieten, denn dann wären sie Richter; sondern allen Rechtsgang von Stund an aufzuheben, die öffentliche Gewalt gänzlich und in allen ihren Teilen zu suspendieren" (3, 172). Er nennt diesen Akt Statsinterdikt und bezeichnet ihre Macht im Gegensatze zu der absolut positiven als eine absolut negative. „Die Ankündigung des Interdikts ist zugleich die Zusammenberufung der Gemeine." Die Ephoren sind Kläger, die Gewalthaber Beklagte, die Gemeine Richter. „Was die Gemeine beschließt, ist konstitutionelles Gesetz" (3, 173).

Der Vorschlag, der mit der Ansicht des Althusius nahe verwandt ist, erinnert einigermaßen an das Tribunat der Römer, wenngleich die Tribunen im einzelnen intercedieren konnten, während diese Ephoren stets die ganze Obrigkeit suspendieren und damit den Stat in seinem Leben behindern. Fichte macht verschiedene Vorschläge, um die Unabhängigkeit der Ephoren zu sichern, und Garantien dafür zu gewinnen, daß dieselben für die Volksfreiheit wirklich einstehen. Für den äußersten Fall aber, wenn die exekutive Gewalt und die Ephoren sich gegen die Freiheit des Volkes verbinden, dann weiß auch er keine andere Hilfe als in der Volkserhebung, dem Aufstand.

Der einzelne, der „gegen den Willen der exekutiven Gewalt die Gemeine zusammenruft, ist, indem sein Wille sich gegen den präsumtiven gemeinsamen Willen auflehnt und eine Macht gegen ihn sucht, ein Rebell. Aber das Volk ist nie Rebell, und der Ausdruck Rebellion, von ihm gebraucht, ist die höchste Ungereimtheit, die je gesagt worden; denn das Volk ist in der That und nach dem Rechte die höchste Gewalt, über welche keine geht, die die Quelle aller andern Gewalt und die Gott allein verantwortlich ist. Nur gegen einen Höheren findet Rebellion statt. Aber was auf der Erde ist höher denn das Volk! Es könnte nur gegen sich selbst rebellieren, welches ungereimt ist“ (3, 182).

Was Fichte hier Volk nennt, ist aber nicht die organisierte Nation mit Haupt und Gliedern, sondern nur die vereinigte Bürgerschaft, nach Abzug der Regierung (Richter) und der Ephoren, also nur die Menge der Regierten, der Demos im engeren Sinne. Diesem „Volk“ schreibt er die höchste Gewalt zu und kommt also zu keinem andern Begriff der Volksouveränetät, als den Rousseau hatte.

Indem Fichte den Statsbürgervertrag (contrat social) näher untersucht, unterscheidet er drei Verträge, aus welchen derselbe besteht:

1. Der Eigentumsvertrag. Unter Eigentum versteht er nicht, wie die Civilisten, die Rechtsherrschaft der Person (des Einzelmenschen) über die Sache (Grundstück, Haustier, Kleid), denn es widerstreitet seinem Rechtsbegriff, der immer ein Verhältnis der Menschen zu einander ist, von einem Rechte an Sachen zu sprechen. Er versteht darunter „das Recht auf freie

Handlungen in der Sinnenwelt“ überhaupt. Das erste ist nun, „daß jeder zu allen sagt: Ich will dies besitzen, und verlange von euch, daß ihr euch eurer Rechtsansprüche darauf begebt. Alle antworten darauf: Wir begeben uns dieser Ansprüche unter der Bedingung, daß du dich der deinigen auf alles übrige begibst. Jeder sonach setzt sein ganzes Eigentum als Unterpfand ein, daß er das Eigentum aller übrigen nicht verletzen wolle“ (3, 195). Dieser erste Vertrag begründet also das Privatrecht, und dieser lockere Sand ist, dem Grundgedanken dieser ganzen modernen Schule gemäß, welcher von dem Individuum ausgeht, das Fundament des öffentlichen Rechtes. Zu diesen Privatinteressen wird

2. der sogenannte Schutzvertrag errichtet. „Der Zweck des Statsbürgervertrags ist der, daß die durch den Eigentums- oder Civilvertrag bestimmten Grenzen der ausschließenden Freiheit eines jeden selbst durch Zwang mit physischer Gewalt geschützt werden sollen, da man sich auf den bloßen guten Willen nicht verlassen kann noch will.“ Zu dem negativen ersten Vertrag: „Jeder verspricht sich selbst des Angriffes auf das Eigentum eines jeden zu enthalten“ kommt nun der zweite positive: „Jeder verspricht, das Eigentum jedes andern gegen den möglichen Angriff jedes Dritten ihm schützen zu helfen“ (3, 197. 198). Der erste Vertrag begründet das Civilrecht, der zweite die Civil- und setzen wir hinzu die Strafrechtspflege. Um diesen Schutz wirksam zu machen, der überall eintreten muß, wo eine Rechtsverletzung begangen wird, und auch bereit sein muß, während es noch in der Schwebe ist, wessen Eigentum angegriffen wird, bedarf es einer einheitlichen Schutzmacht, die nur das Ganze selbst sein kann. Daraus wird der dritte Vertrag abgeleitet:

3. der sogenannte Vereinigungsvertrag. „Dadurch, daß alle einzelnen mit allen einzelnen als einem Ganzen kontrahieren, wird das Ganze vollendet. Der einzelne wird so Teil eines organisierten Ganzen und fließt mit ihm in eins zu-

sammen." In dieser Hinsicht ist aber Fichte vorsichtiger als Rousseau, welcher unbedingt behauptet: Jeder gibt sich ganz. Er behauptet dagegen: „Jeder gibt zum schützenden Körper seinen Beitrag: er gibt seine Stimme zur Ernennung der Magistratspersonen, zur Sicherheit und Garantierung der Konstitution, er gibt seinen bestimmten Beitrag an Kräften, Dienstleistungen, Produkten in Natur oder — in Geld. Aber er gibt nicht sich und was ihm gehört ganz. Denn was bliebe ihm unter dieser Bedingung übrig, das der Stat an seiner Seite ihm zu schützen verspräche? Der Schutzvertrag wäre dann nur einseitig und sich selbst widersprechend" (3, 204 f.).

Man sieht, wie sich Fichte vergeblich abmüht, die Einheit des Ganzen zu konstruieren, während er doch nur eine verbundene Vielheit hat.

„Die Teile hat er in der Hand,
Fehlt leider nur das geistige Band."

Indem Fichte am Schluß seiner Untersuchung „das organisierte Naturprodukt (Tier, Mensch) als das schicklichste Bild zur Erläuterung dieses Begriffs" herbeiholt und sagt: „Durch Vereinigung aller organischen Kräfte konstituiert sich eine Natur, durch Vereinigung der Willkür aller die Menschheit", widerlegt er sich selber. Der natürliche Körper ist nicht eine Verbindung von Kopf und Rumpf, von Auge, Nase, Mund, Ohren u. s. f.; sondern umgekehrt, seine Organe sind nichts als Glieder des ganzen Körpers, sie setzen die Einheit des Ganzen voraus. Allerdings ist das Bild zutreffend für die Statsorganisation, aber nur weil, wie Aristoteles schon lehrte, das Ganze vor den Teilen und die Einheit des States etwas anderes ist als die bloße Gesellschaft von Individuen.

In Jena hatte Fichte mancherlei Anfechtungen zu bestehen. Zuerst hatte das Oberkonsistorium daran Anstoß genommen, daß Fichte eine Vorlesung auf die Sonntage verlegen wollte. Es wurde ihm das wie eine Gottlosigkeit ausgedeutet, während er nur keinen Grund einsah, weshalb wissenschaftliche und moralische

Vorträge an einem Sonntag, nach Beendigung des Gottesdienstes, weniger zulässig seien als das öffentliche Schauspiel. Dann geriet er mit den Studenten, welche ihm erst ein seltenes Vertrauen gezeigt hatten und später wähnten darin getäuscht und mißbraucht worden zu sein, in einen vorübergehenden Zwiespalt, der ihn veranlaßte, im Sommer 1795 außerhalb Jenas zu wohnen. Er hatte die Aufhebung aller Ordensverbindungen unter den Studierenden durchsetzen wollen, und schon die Verzichtleistung der sämtlichen Corps erlangt, als das bureaukratische Ungeschick der Behörde alles wieder verdarb und ein ungerechtes Mißtrauen gegen Fichte hervorrief, der selber ein Ehrenmann das sittliche Ehrgefühl der Studenten angeregt hatte. Endlich wurde er gar als Lehrer des Atheismus angeklagt.

Wir können es verstehen, wie ängstliche Gemüter mit banger Besorgnis erfüllt werden konnten, wenn sie die Fortschritte der kritischen Philosophie und zugleich gewahrten, wie dieselbe die bisherigen Beweise Gottes angriff und gar die Behauptung aufstellte, daß Gott nicht gewußt, sondern nur empfunden und geglaubt werden könne. Konnte sich die Logik des Verstandes mit keinem Gottesbegriffe zurecht finden, so war das Zeugnis der Erfahrung doch sehr unsicher geworden. War der Verstand von Natur gottlos, wie konnte sich das Gemüt beruhigt fühlen, da es doch sonst genötigt war, sich der Leitung des Verstandes zu unterwerfen? Wenn Fichte auf die moralische Weltordnung hinwies und diese Gott nannte, die moralische Weltordnung, die sich in unserm Gewissen als Pflichtgefühl offenbart, und wenn er daneben die Existenz eines persönlichen Wesens als Ursache dieser moralischen Weltordnung bestritt, wenn er Persönlichkeit und Bewußtsein nur als endliche und beschränkte Eigenschaften verstand, und sie deshalb dem unendlichen Sein absprach[1]): so war diese Anschauung jedenfalls weder mit

[1]) Der Aufsatz von Fichte im Philos. Journal, der mit einem zweiten von Forberg den Stoff zur Anklage lieferte, ist abgedruckt in Fichtes Leben 2, 98.

dem Gotte der christlichen Religion noch mit dem (natürlichen) Gotte des Volkes zu vereinigen.

Wieder wie in früheren Zeiten kam der erste Klageruf der Zionswächter aus Kursachsen. Der Kurfürst schrieb an den Großherzog von Weimar (18. Dez. 1798) und verlangte Bestrafung des Fichte, indem er mit dem Verbote der Universität Jena für die kursächsischen Unterthanen drohte, und wendete sich überdem an die Höfe von Preußen und Hannover. Die Regierung Karl Augusts war in der That in einer schwierigen Lage und gedachte durch kluges Zögern und Beschwichtigen das heftige Gewitter zu überstehen. Aber diese diplomatische Haltung sagte dem Charakter Fichtes nicht zu. Er trat der Anklage kühn und trotzig entgegen und veröffentlichte eine „Appellation an das Publikum gegen die Anklage des Atheismus" (1795). Er wollte die Gegner besiegen oder im Kampfe untergehen, und indem er sich und die Freiheit des wissenschaftlichen Gedankens verteidigte, erwiderte er die Klage mit einer Gegenanklage. „Es ist nicht mein Atheismus, den sie gerichtlich verfolgen, es ist mein Demokratismus", schrieb er in seiner zweiten Verantwortungsschrift, und führte aus, weil er wegen seiner politischen Denkart verhaßt sei, habe man die populärere Anklage in religiöser Denkart gefunden (Leben Fichtes 1, 351).

Als Fichte erfuhr, daß die Regierung die Sache mit einem Verweise zu erledigen gedenke[1]), erklärte er seinen Entschluß, einen Verweis sich nicht gefallen zu lassen und eher seine Stelle aufzugeben, in einem Briefe an einen Freund, der von diesem

[1]) Das Reskript vom 29. März 1799 ist doch sehr besonnen und mäßig gehalten. Es heißt darin: „Ob nun wohl philosophische Spekulationen kein Gegenstand einer rechtlichen Entscheidung sein können, so müssen wir demohngeachtet die von den Herausgebern des Philos. Journals unternommene Verbreitung der nach dem gemeinen Wortverstande so seltsamen und anstößigen Sätze als sehr unvorsichtig erkennen, indem Wir berechtigt sind, von akademischen Lehrern zu erwarten, daß sie die Reputation der Akademie eher durch Zurückhaltung dergleichen zweideutiger Äußerungen und Aufsätze über einen so wichtigen Gegenstand prospizieren sollen." Fichtes Leben 2, 133.

zu den Akten gebracht wurde. Diese Drohung wirkte entscheidend. Der Großherzog ließ ihm erklären, daß er seine Entlassung auf Verlangen gewähren werde, und Fichte begehrte nun wirklich entlassen zu werden.

Fichte war jetzt in einer gefährlichen Lage. Er hatte nicht bloß seine wirtschaftliche Sicherheit verloren, er war als erklärter „Atheist und Demokrat" jeder Verfolgung der geistlichen Autorität und der weltlichen Gewalt ausgesetzt. Da eröffnete ihm der Minister Dohm in Preußen eine Zuflucht, und Fichte wendete sich nach Berlin (Juli 1799), wo er manche Freunde fand. Der König Friedrich Wilhelm III. ließ sich über die politische Haltung Fichtes Bericht erstatten und erklärte: „Ist Fichte ein so ruhiger Bürger, als aus allem hervorgeht, und so entfernt von gefährlichen Verbindungen, so kann ihm der Aufenthalt in meinen Staten ruhig gestattet werden." Obwohl selber sehr religiös gesinnt, fügte er doch ein Wort bei, das an den freien Geist Friedrichs des Großen erinnert: „Ist es wahr, daß er mit dem lieben Gott in Feindseligkeiten begriffen ist, so mag dies der liebe Gott mit ihm abmachen; mir thut das nichts" (Fichtes Leben 1, 391).

Mit der Übersiedelung nach Berlin beginnt für Fichte eine neue und höhere Stufe der Entwickelung, sowohl in der Wissenschaft als in der nationalen Wirksamkeit. Die erste vertieft sich und bricht teilweise durch die Schranken des beschränkten, endlichen Ichs hindurch, indem sie deutlicher als zuvor auch des unendlichen Ichs gewahr wird. Die zweite erweitert sich in den größeren Verhältnissen des States, in dem er nun zunächst als Privatgelehrter lebte und später als öffentlicher Lehrer zu wirken hatte.

Auch die Statslehre Fichtes macht Fortschritte, und kommt über das enge Gehäuse der bloß negativen Gerichtsanstalt hinaus. Dieser Forschritt zeigt sich schon in der sonderbaren Schrift, welche im Jahre 1800 unter dem Titel: Der geschlossene Handelsstat, ein philosophischer Entwurf, als Anhang zur Rechtslehre und Probe einer künftig zu liefernden

Politik erschienen ist (erste Ausgabe Tübingen 1800; in den Werken Bd. 3).

Fichte will den bisherigen „juridischen Stat, den eine geschlossene Menge von Menschen bildet, die unter denselben Gesetzen und derselben höchsten zwingenden Gewalt stehen,“ zu einem „geschlossenen Handelsstate“ machen; d. h. „diese Menge Menschen soll nun auf gegenseitigen Handel und Gewerbe unter und für einander eingeschränkt und jeder, der nicht unter der gleichen Gesetzgebung und zwingenden Gewalt steht, vom Anteil an jenem Verkehr ausgeschlossen werden.“ Er wendet die strengen Formen und die bindende zwingende Macht des Rechtes ganz ebenso an auf die Bewegung der gemeinen Wirtschaft innerhalb des Landes. Er verwandelt den Stat in ein großes gemeinsames Zwangsarbeitshaus, in welchem die verschiedenen Berufsthätigkeiten der einzelnen vom Ganzen aus genau geregelt, alle Preise für die Produkte und Fabrikate statlich bestimmt, die Ansprüche auf Lebensgenuß nach Rechtsregeln normiert, das gemeine Weltgeld abgeschafft und ein beschränktes Landesgeld an seine Stelle gesetzt und alle private Handelsverbindung mit dem Auslande abgeschnitten, der auswärtige Handel nur von dem State selber betrieben werde. Der Stat soll sich auch in wirtschaftlicher Beziehung selber genügen, aber im Innern dafür sorgen, daß alle seine Glieder wirtschaftliche Befriedigung erlangen.

Es ist nicht schwer nachzuweisen, daß der ganze Gedanke unhaltbar, unbrauchbar und geradezu verwerflich sei. Aber es ist trotzdem nicht ohne Interesse, nachzusehen, wie denn Fichte, der zuvor den Stat mit schroffer Energie auf den Rechtsschutz beschränkt hatte, dahin gelangen konnte, ihn zu einer Handelsanstalt zu machen; und es verdient immerhin Anerkennung, daß Fichte, vielleicht der erste in Deutschland, „die soziale Frage ernstlich in Angriff genommen hat“[1]), und Beachtung, wie er sie zu lösen versucht hat.

[1]) E. Zeller, Johann Gottlieb Fichte als Politiker in v. Sybels Histor. Zeitschrift 4, 23.

Er sucht und findet den Weg zu dieser Wandelung wieder von dem Rechtsbegriffe aus und will nichts davon wissen, daß es die Aufgabe des States sei, „die Menschen glücklich, reich, gesund, rechtgläubig, tugendhaft und ewig selig zu machen". Er verwirft die Statsvormundschaft in allen anderen Dingen, als unberechtigt, und fordert sie in dieser wirtschaftlichen Beziehung als rechtsnotwendig. Wenn man sich erinnert, daß der Statsvertrag Fichtes auf erster Stufe Eigentumsvertrag war und daß der Fichte'sche Rechtsstat zum Schutze des Eigentums gegründet war, so wird es begreiflich, daß Fichte glauben konnte, das Rechtsgebiet reiche ganz so weit, als Eigentumsverhältnisse wahrzunehmen sind. Er leitete das Eigentum ja nicht wie die meisten Juristen ursprünglich aus der Besitznahme, noch wie die Mehrzahl der Nationalökonomen aus der Arbeit, sondern aus dem Vertrage her, daß jeder den anderen in der Sphäre seiner freien Handlungen respektiere, und dieser Vertrag war ihm ja die Grundlage der Statsverbindung. Diese Vertragsmeinung hielt er auch später noch fest; und eben sie ist die Quelle vieler irriger Folgerungen. Die wirklichen Staten aber entsprechen nicht dem Vernunftstate. Zufall und Schicksale haben auf ihre Bildung eingewirkt, nicht bloß der vernünftige Rechtswille. Aber „der wirkliche Stat ist begriffen in der allmählichen Stiftung des Vernunftstates" und „die Politik beschreibt die stete Linie, durch welche der erstere sich in den letzteren verwandelt, und endigt in dem reinen Statsrecht" (3, 397 f.). Von diesem Standpunkte kann es nicht bloß die Statsaufgabe sein, jeden in seinem Eigentum zu schützen, wie es zum Teil zufällig geworden ist; die höhere Aufgabe des Vernunftstates ist, jedem erst das Seinige zu geben, ihn in sein Eigentum erst einsetzen, und sodann ihn dabei zu schützen" (3, 399).

Aber was ist das Rechtsprinzip der Teilung? Fichte antwortet: „Auf die Möglichkeit zu leben haben alle, die von Natur in das Leben gestellt wurden, den gleichen Rechtsanspruch. Die Teilung muß daher zuvörderst so gemacht werden, daß alle dabei bestehen können. Leben und leben lassen! Jeder will so angenehm leben als möglich: und da jeder dies als Mensch fordert und keiner mehr oder weniger Mensch ist als der andere, so haben in dieser Forderung alle Recht. Nach dieser Gleichheit ihres Rechtes muß die Teilung gemacht werden, so daß alle und jeder so angenehm leben können, als es möglich ist, wenn so viele Menschen, als ihrer vorhanden sind, in der vorhandenen Wirkungssphäre neben einander bestehen sollen: also daß alle ohngefähr gleich angenehm leben können. Können, sage ich, keineswegs müssen. Es muß nun an ihm selbst liegen, wenn einer unangenehmer lebt, keineswegs an irgend einem anderen."

„Setze man eine bestimmte Summe möglicher Thätigkeit in einer gewissen Wirkungssphäre als die eine Größe. Die aus dieser Thätigkeit erfolgende Annehmlichkeit des Lebens ist der Wert dieser Größe. Setze man eine bestimmte Anzahl Individuen als die zweite Größe. Teilet den Wert der ersteren Größe zu gleichen Teilen unter die Individuen; und ihr findet, was unter den gegebenen Umständen jeder bekommen solle. Der Teil, der auf jeden kommt, ist das S e i n i g e von Rechtes wegen; er soll es erhalten, wenn es ihm auch noch nicht zugesprochen ist. Im Vernunftstate erhält er es; in der Teilung, welche vor dem Erwachen und der Herrschaft der Vernunft durch Zufall und Gewalt gemacht ist, hat es wohl nicht jeder erhalten, indem andere mehr an sich zogen, als auf ihren Teil kam" (3, 402 f.).

Die Ähnlichkeit dieser Fichte'schen Ideen mit den sozialistischen Versuchen des französischen Konventes und selbst mit dem Kommunismus, der damals in Paris sich geregt hatte, ist unverkennbar. Noch viel umfassender und eingreifender, als der Konvent es gewagt hatte, will Fichte die ganze ökonomische Existenz aller Bürger von Stats wegen bestimmen, und wie die Kommunisten bringt auch er auf eine neue und von Zeit zu Zeit erneuerte Verteilung der materiellen Freiheitssphäre, wie er sagt, der materiellen Güter, wie die Kommunisten wollen, und zwar nach dem Maßstabe einer arithmetischen Gleichheit. Aber in anderer Hinsicht unterscheidet er sich doch sehr von den französischen Revolutionären. Vorerst will er nicht das ideale Vernunfteigentum durch Revolutionsdekrete einführen, sondern auf dem allmählichen Wege der wachsenden Überzeugung von der Wahrheit des Vernunftrechtes und durch ruhig fortschreitende Reform die Menschen aus dem unvollkommenen historischen Zustande in den idealeren hinüberführen. Sodann ist seine Gleichheit nicht so abstrakt und nicht so absolut wie die Gleichheit der Kommunisten. Er nimmt vielmehr Rücksicht auf die verschiedenen Gruppen der Menschen, je nachdem sie als „Produzenten“ für Gewinnung der Naturprodukte thätig sind (Ackerbau und Viehzucht), oder als „Künstler“ die Kunstprodukte bearbeiten, oder als „Kaufleute“ den Tausch der Waren vermitteln. Indem er zunächst unter die Gruppen den ganzen Eigentumsbereich verteilt und dann erst innerhalb jeder Gruppe wieder den ihr zugeschiedenen Anteil unter die Genossen der Gruppe nach ihrer Anzahl einer neuen Teilung unterwirft, kommt doch eine gewisse nach dieser Gliederung geordnete Mannigfaltigkeit in seine Eigentumsordnung und auf die Gegensätze der Bedürfnisse verschiedener Klassen wird doch einige Rücksicht genommen. Die persönliche, die individuelle Art und Freiheit freilich geht in allen diesen Dingen ganz unter; und der Grundfehler, der in allen kommunistischen und in den meisten sozialistischen Systemen immer wiederkehrt, ist auch in der Darstellung Fichtes wahrzunehmen, d. h. die Verwechselung des Eigentums als eines Rechtsbegriffes, welcher in gleichmäßiger Weise allen zukommt, indem die Bedingungen des Eigentumserwerbes und des Eigentumsschutzes für alle dieselben sind, mit dem Eigentum in seiner persönlichen Erfüllung als realisiertem Privatvermögen des Individuums, welches ursprünglich und immerfort nicht von der Gemeinschaft, sondern vornehmlich von den individuellen Eigenschaften und Handlungen (Fleiß, Sparsamkeit, Verbrauch u. s. f.) abhängt, und eben deshalb weder gleich sein kann, noch von dem State bestimmt werden darf. Zeller hat in seiner vortrefflichen Abhandlung über Fichte als Politiker die Frage aufgeworfen (v. Sybel, Histor. Zeitschr. 4, 25): „Was einen so scharfen Denker die Unhaltbarkeit seiner Voraussetzungen und die Unmöglichkeit seiner Ergebnisse, was einen so freisinnigen Mann das' Despotische seiner Vorschläge übersehen ließ", und diese Frage so vorzüglich beleuchtet, daß ich mir und meinen Lesern das Vergnügen machen will, die Stelle wörtlich aufzunehmen:

„Die Antwort wird uns teils durch die Persönlichkeit des Philosophen, teils durch sein System an die Hand gegeben. Durch jene: denn in Fichtes Charakter liegt überhaupt, wie schon früher bemerkt wurde, ein Zug von Unduldsamkeit und Herrschaft; je fester er von der Wahrheit seiner Ideen überzeugt ist, um so weniger kann er einen Widerspruch dagegen ertragen, um so lieber möchte er sie als allgemeines Gesetz, durch die Statsmacht, durchführen; sein Liberalismus trägt, wie der gleichzeitige der französischen Revolution, das entschiedene Gepräge der Gewaltsamkeit, er gilt nicht dem Einzelnen, sondern dem Ganzen, nicht den Personen, sondern der Idee, und er bedenkt sich deshalb nicht, die Personen zu dem, was ihm vernunftnotwendig erscheint, zu zwingen. Durch dieses: denn ein Idealismus wie der seinige ist immer despotisch: die Bedingungen der Wirklichkeit sind für ihn nicht vorhanden, die Individuen haben dem Systeme gegenüber kein Recht; Fichte verfährt in seiner Theorie aus ähnlichen Gründen absolutistisch wie Plato, mit dem er auch wirklich teilweise, schon durch seinen Sozialismus und durch spätere Vorschläge, noch vollständiger zusammentrifft. Was die vorliegende Frage im besonderen betrifft, so kommt in den Härten ihrer Lösung zunächst der Widerspruch zum Vorschein, in welchem sich Fichte durch seine mangelhaften Bestimmungen über das Wesen und die Aufgabe des States mit sich selbst verwickelt. Von der Voraussetzung ausgehend, daß der Stat nicht mehr sei als eine Vereinigung zum Rechtsschutze, kommt er in der Folge zu der Überzeugung, er habe sich doch zugleich auch mit der Fürsorge für die Interessen seiner Angehörigen zu befassen. Weil er sich aber doch zugleich von jener Voraussetzung nicht loszumachen weiß, macht er nun die Interessen selbst zu Rechten und verlangt von dem State, daß er ihre Befriedigung ebenso erzwinge, wie er die Achtung der Rechte zu erzwingen verpflichtet und befugt ist. Es sind wenige anscheinend unverfängliche Sätze, aus denen sein Sozialismus sich entwickelt, und eben darin liegt das Belehrende seiner Theorie, daß sie uns in ihrer Folgerichtigkeit und ihrer streng wissenschaftlichen Haltung die Punkte, auf deren richtige Fassung es hier ankommt, und die möglichen Irrwege deutlicher als die meisten verwandten Ausführungen erkennen läßt."

Der geschlossene Handelsstat war übrigens nicht eine bloße Jugendidee von Fichte. Er nahm die Hauptgedanken der Schrift auch in sein System der Rechtslehre von 1812 auf und führte dieselben hier noch sorgfältiger aus. In folgenden Sätzen sprach er seine spätere sozialistische Lehre noch präciser aus:

„Jeder hat das Recht der Selbsterhaltung. Die Natur hat dieselbe aber bedingt durch die Thätigkeit. Wer das Recht zum Bedingten hat, hat es auch zur Bedingung. Jeder darum hat als Recht eine Sphäre der Thätigkeit als Eigentum und dadurch auch das Recht der Erhaltung derselben. Jeder soll seine Thätigkeit üben können. Die Art der Arbeit muß so sein, daß man in dieser Verbindung (mit allen) davon leben kann. Wir gestehen dir das Recht zu, solche Arbeiten zu verfertigen, heißt zugleich, wir machen uns verbindlich, sie abzunehmen. (!) Alles Eigentum gründet sich auf den Vertrag aller mit allen, der so lautet: wir alle behalten dies unter der Bedingung, daß wir dir das Deinige lassen: unter der Bedingung, daß du arbeitest. Arbeit also ist Rechtsverbindlichkeit. Jeder muß von seiner Arbeit leben können. Da alle verantwortlich sind, daß jeder von seiner Arbeit leben könne und ihm beisteuern müßten, wenn er es nicht könnte, haben sie notwendig auch das Recht der Aufsicht, ob jeder in seiner Sphäre so viel arbeite, als zum Leben nötig ist, und übertragen es der für gemeinschaftliche

Rechte und Angelegenheiten verordneten Statsgewalt. Wie kein Armer, so soll auch kein Müßiggänger im State sein" (Fichtes Nachgelassene Werke. Bonn 1834. 2, 531 f.). Wer erinnert sich, indem er diese Sätze des deutschen Philosophen liest, nicht an die späteren Beschlüsse der französischen Regierung vom 25. Februar 1848: „Le Gouvernement provisoire de la République française s'engage à garantir l'existence de l'ouvrier par le travail, il s'engage à garantir du travail à tous les citoyens."

Die ganze Statsansicht Fichtes war aber immer noch niedrig und materiell. Der Rechtsschutz der Eigentümer war im Grunde doch noch der einzige Statszweck, den er erkannte; nur verstand er diesen Rechtsschutz nicht mehr bloß als juristisch konservativ, sondern auch als wirtschaftlich reformierend. Indessen war doch schon in seiner ersten Schrift dem State eine höhere Kulturaufgabe gestellt, und endlich erhob er sich zu einer geistigen und idealeren Betrachtung des States. Schon in seinen zu Berlin 1804—1805 gehaltenen Vorlesungen über „die Grundzüge des gegenwärtigen Zeitalters" (Werke Bd. 6) bezeichnet er „die Richtung aller individuellen Kräfte auf den Zweck der Gattung" als die wahrhaft statliche Aufgabe, erklärt „die Kultur als den Zweck der Gattung" und behauptet, es sei „die Bestimmung des menschlichen Geschlechtes, sich allmählich mit Freiheit zu dem absoluten State zu erheben". Er verwirft nun auch die Vorstellung, daß der Stat „auf Individuen beruhe und aus ihnen zusammengesetzt sei" (7, 144 ff.). Mit Einem Wort, sein Statsbegriff nähert sich der hellenischen Statsidee.

Ausgebildeter aber erscheint seine neue „Statslehre" (Werke Bd. 4) in den Vorlesungen, welche er im Sommer 1813 auf der Universität Berlin gehalten hat. Da zeichnet er selbst den Gegensatz zwischen der gewöhnlichen, auch seiner früheren, und der höheren wissenschaftlichen Auffassung des States mit folgenden Strichen:

„Dem gewöhnlichen natürlichen, unerleuchteten Menschen ist das Leben, das durch die Wahrnehmung ihm gegebene, mithin dermalige, zeitliche und irdische Leben letzter Zweck. Dies das Erste und Höchste. Das Nächste nach ihm, die Mittel, das Leben zu erhalten, es so mächtig, so bequem und so angenehm als möglich zu führen: irdische Güter und Besitztümer, und die Wege zu diesen zu gelangen, Gewerbefleiß und Handel. Diese Mittel des Lebens, Eigentum genannt, wie sie auch zusammengebracht seien, gegen gewaltsamen Raub jeder Art zu schützen, dazu ist der Stat, er bloß das Mittel dazu. — Zuerst das Leben, sodann das Gut, endlich der Stat, der es schützt" (4, 402). „Hieraus folgt: 1. Die Menschheit zerfällt in zwei Grundstämme, die Eigentümer und die Nichteigentümer. Die ersteren sind nicht der Stat — sie sind ja als solche vor allem State — sondern sie halten den Stat, wie ein Herr sich einen Bedienten hält, und der letztere ist in der That ihr Diener. 2. Es ist den Eigentümern durchaus gleichgültig, wer sie schützt, wenn sie nur geschützt werden; das einzige Augenmerk dabei ist: so wohlfeil als möglich. Der Stat ist ein notwendiges Übel, weil er Geld kostet. Der Krieg ist nur ein Streit zwischen zwei Herrscherfamilien über die Frage, ob die eine oder die andere einen gewissen Distrikt verteidigen solle. Die Eigentümer und Gewerbetreibenden geht die Frage in der Regel nichts an. Sobald der Feind — nicht der seinige, sondern der seines vorigen Herrschers — sich seines Wohnsitzes nur bemächtigt und die Söldner des anderen vertrieben hat, tritt alles wieder in seinen vorigen Gang; seine Habe ist gesichert und er geht seinen Geschäften nach wie vorher" (4, 404 f.).

Dieser niedrigen, auf den Eigennutz berechneten Statsansicht stellt Fichte nun seine neue Grundansicht gegenüber: „1. In der wahren Ansicht geht die Erkenntnis über die Wahrnehmung des Lebens, schlechthin über alles erscheinende und zeitliche Leben hinaus auf das, was in allem Leben erscheint und erscheinen soll, auf die sittliche Aufgabe — das Bild Gottes. — Hiezu ist Leben bloß Mittel. 2. Jene Aufgabe ist schlechthin unendlich, ewig, nie erreichbar; das Leben ist darum auch unendlich, ewig, nie zu erschöpfen, ebenso wenig als sein Zweck; es ist ewig und über alle Zeit erhaben. Die Zeit und das in ihr liegende und durch sie ablaufende Leben ist selbst nur die Erscheinung des Lebens über aller Zeit. Eine Form und Gestaltung desselben kann aufhören, das Leben selbst nimmer. 3. Das Leben der Individuen gehört nicht unter die Zeiterscheinungen, sondern ist schlechthin ewig (?), wie das Leben selbst. Also: das Leben und seine Erhaltung kann in dieser Ansicht nie Zweck sein, sondern es ist nur Mittel. 4. Weiter: die notwendige Beschaffenheit des Lebens, falls es sein soll Mittel für seinen Zweck, ist die: daß es frei sei, daß es absolut (?) selbständig und aus sich selbst sich bestimme, ohne allen äußeren Antrieb oder Zwang. Diese Freiheit aber ist nicht gesetzt schlechtweg, so wie die Ewigkeit des Lebens; sie kann gestört werden und zwar durch die Freiheit der anderen. Sie zu erhalten ist darum der Zweck, der erste der Freiheit eines jeden selbst aufgegebene Zweck."

„So darum die Schätzung der Güter in dieser Ansicht: 1. Die sittliche Aufgabe, das göttliche Bild. 2. Das Leben in seiner Ewigkeit, als Mittel dazu; ohne allen Wert, außer inwiefern es ist dieses Mittel. 3. Die Freiheit als die einzige und ausschließende Bedingung, daß das Leben sei solches Mittel, darum — als das einzige, was dem Leben selbst Wert gibt."

„5. Zeitliches Leben, ein Kampf um Freiheit, ist doppelt zu verstehen: Befreiung von den Naturantrieben — innere Freiheit, die jeder sich durch sich selbst geben muß. Von der Freiheit anderer — äußere Freiheit, die jeder einzelne in Gemeinschaft mit allen durch Übereinkunft und Erkennung eines Rechtsverhältnisses erwirbt. Diese Vereinigung zur Einführung des Rechtsverhältnisses, wo alle frei sind, ohne daß eines Einzigen Freiheit durch die aller Übrigen gestört werde, in diesem Zusammenhange der Erkenntnis der Stat, richtiger das Reich."

„6. Eine Menschenmenge, durch gemeinsame sie entwickelnde Geschichte zu Errichtung eines Reiches vereint, nennt man ein Volk. Dessen Selbständigkeit und Freiheit besteht darin, in dem angehobenen Gange aus sich selber sich fortzuentwickeln zu einem Reiche. 7. Des Volkes Freiheit und Selbständigkeit ist angegriffen, wenn der Gang dieser Entwickelung durch irgend eine Gewalt abgebrochen werden soll; es einverleibt werden soll einem anderen sich entwickelnden Streben zu einem Reiche, oder auch wohl zur Vernichtung alles Reiches und Rechtes. Das Volksleben, eingeimpft einem fremden Leben, oder Absterben, ist getötet, vernichtet und ausgestrichen aus der Reihe. 8. Da ist ein eigentlicher Krieg, nicht der Herrscherfamilien, sondern des Volkes, die allgemeine Freiheit und eines jeden besondere ist bedroht; ohne sie kann er gar nicht leben wollen, ohne sich für einen Nichtswürdigen zu bekennen. Es ist darum jedem für die Person und ohne Stellvertretung aufgegeben der Kampf auf Leben und Tod" (4, 409 f.).

Mag man auch die Fichte'sche Begründung noch mangelhaft finden, indem sie nicht hinreichend zwischen dem ewigen Leben Gottes und dem nicht ewigen Leben der Menschen unterscheidet, das Gesamtleben des Volkes zu sehr mit dem ewigen Leben identifiziert und die Bedeutung des Individuallebens im Gegensatze zum Gesamtleben ungenügend würdigt, so ist doch der geistige Forschritt, den Fichte in der Erkenntnis des States gemacht hat, unverkennbar, und es verdient unsere Beachtung, daß er — ganz im Gegensatze zu der hergebrachten Anschauung — dem State sogar eine über das zeitlich irdische Leben hinaus wirkende Bedeutung zuschreibt, in ähnlicher Weise, wie sie sonst nur der Kirche beigelegt ward. Zu diesem Durchbruch durch die engen Schranken des Eigentumsstates und zu dieser Vertiefung in die geistige Natur des States ist Fichte durch das furchtbare Schicksal gelangt, welches damals den Stat seiner Wahl, Preußen, betraf. In der Not des Vaterlandes, das von Napoleon zerschlagen und gebeugt ward, lechzte sein Herz nach Rettung und Befreiung von der Fremdherrschaft. Da erschien ihm die ganze alte eigennützige Statsansicht verächtlich und trostlos. Seine männlich trotzige Seele konnte und wollte nicht verzweifeln. Das allgemeine Elend regte ihn im Innersten auf. Indem er die Ursachen desselben erwog, suchte er zugleich die Kräfte zu finden, von denen Hülfe zu hoffen sei: und diese konnten nur sittliche und geistige sein. Dann aber mußte auch der Stat sittlicher und geistiger begriffen werden, als es bisher geschehen war.

Die Niederlage der Preußen bei Jena (14. Okt. 1806) war auch für Fichte ein heftiger Schlag. Erst seit dem Mai 1805 hatte er eine Professur an der damals preußischen Universität Erlangen erhalten. Von der Spannung, welche dem Kriege mit Frankreich vorherging, war er miterfaßt. Er hatte sich erboten, in seiner Weise persönlich mitzuwirken, indem er wünschte, als Redner, gleichsam als sittlich-politischer Feldprediger, dem Hauptquartier beigegeben zu werden. Nach der Schlacht floh er von Erlangen, das für Preußen verloren war, entschlossen, sein Schicksal im Unglück dieses States enger mit demselben zu verbinden. Er wollte nun in Königsberg die Professur verwalten, die in Erlangen nicht mehr möglich war. Aber auch da konnte er nicht bleiben, seitdem die französischen Heere im Norden siegreich vorrückten. Als nach dem Frieden von Tilsit (9. Juli 1807) Berlin von den Franzosen geräumt ward, kehrte Fichte sofort von Kopenhagen dahin zurück und hielt nun zu Berlin im Winter 1807 auf 1808 seine berühmten Reden an die deutsche Nation (Werke Bd. 7).

Noch zwei Jahre vorher hatte er in völliger Übereinstimmung mit unseren großen Dichtern auch das politische Leben mit wesentlich kosmopolitischer Gesinnung betrachtet. Damals fragte er noch: „Welches ist denn das Vaterland des wahrhaft ausgebildeten christlichen Europäers?" und antwortete noch: „Im allgemeinen ist es Europa, insbesondere ist es in jedem Zeitalter derjenige Stat in Europa, der auf der Höhe der Kultur steht. Jener Stat, der gefährlich fehlgreift, wird mit der Zeit freilich untergehen, demnach aufhören auf der Höhe der Kultur zu stehen. Aber eben darum, weil er untergeht und untergehen muß, kommen andere, und unter diesen Einer vorzüglich herauf. Mögen doch die Erdgebornen, welche in der Erdscholle, dem Flusse, dem

Berge, ihr Vaterland erkennen, Bürger des gesunkenen States bleiben; sie behalten, was sie wollten und was sie beglückt: der sonnenverwandte Geist wird unwiderstehlich angezogen werden und hin sich wenden, wo Licht ist und Recht. Und in diesem Weltbürgersinne können wir dann über die Handlungen und Schicksale der Staten uns beruhigen, für uns selbst und für Nachkommen, bis an das Ende der Tage" (7, 212). Aber nun hatte die Not seines deutschen Vaterlandes auch das schlummernde Nationalgefühl in ihm aufgeweckt, und er sah nun, daß auch „der sonnenverwandte Geist" doch mit tausend unsichtbaren Banden mit dem Leben seines Volkes verbunden sei und nicht so leichthin von dem gefallenen State zu dem siegreichen sich wenden könne.

Zwar erkannte er auch jetzt noch nicht die Nationalität als ein wichtiges Statsprinzip. Indem er das deutsche Volk an seinen Beruf mahnte und alle Hoffnungen der Zukunft auf die unerschöpfliche Naturkraft dieses Volkes gründete, hob er doch fortwährend mit größtem Nachdruck die „menschliche" Bedeutung desselben hervor, und so konnte sein Patriotismus sich mit dem Kosmopolitismus identifizieren. Aber es war doch ein Fortschritt, daß nun durch den Begriff des bestimmten Volkes der charakterlose Begriff einer bloßen Menschenmenge verdrängt und der Patriotismus der „Ausländerei" entgegengesetzt ward. Die Deutschen waren erlegen in dem Kampfe mit den Franzosen. Es kam nun darauf an, sie wieder aufzurichten. Er unternahm es, indem er das geistige Selbstbewußtsein der Nation wachrief und möglichst steigerte. Wie konnte das überzeugender geschehen als durch den Hinweis auf die deutsche Sprache, welche als lebendige Ursprache das ganze Leben der Nation begleitet hatte, als der Spiegel und Ausdruck ihres ursprünglichen lebendigen Geistes! Die Sprache ist das geistige Band, welches das Volk verbindet. Das Volk hat einen ihm eigenen Geist, indem es eine ihm eigene Sprache hat.

Gerade darin aber stand die deutsche Nation nach Fichtes Meinung allen anderen voran. „Der eigentliche Unterscheidungsgrund liegt darin: ob man ein absolut Erstes und Ursprüngliches im Menschen selber, an Freiheit, an unendliche Verbesserlichkeit, an ewiges Fortschreiten unseres Geschlechtes glaube, oder ob man an alles dieses nicht glaube. Alle, die entweder selbst schöpferisch und hervorbringend das Neue leben, oder die, falls ihnen das nicht zu Teil geworden wäre, das Nichtige wenigstens entschieden fallen lassen und aufmerkend dastehen, ob irgendwo der Fluß ursprünglichen Lebens sie ergreifen werde, oder die, falls sie auch nicht so weit wären, die Freiheit wenigstens ahnen und sie nicht hassen oder vor ihr erschrecken, sondern sie lieben: alle diese sind ursprüngliche Menschen, sie sind, wenn sie als ein Volk betrachtet werden, ein Urvolk, das Volk schlechtweg, Deutsche. Alle, die sich darein ergeben, ein Zweites zu sein und Abgestammtes, und die deutlich sich also kennen und begreifen, sind es in der That und werden es immer mehr durch diesen ihren Glauben: sie sind ein Anhang zum Leben, das vor ihnen oder neben ihnen aus eigenem Triebe sich regte, ein vom Felsen zurücktönender Nachhall einer schon verstummten Stimme" (7, 374).

In dem Volke offenbart sich „das Göttliche unter einem besonderen Gesetze der Entwickelung. Die Gemeinsamkeit dieses Gesetzes ist es, was in der ewigen Welt, und eben darum auch in der zeitlichen, diese Menge zu einem natürlichen und von sich selbst durchdrungenen Ganzen verbindet" (7, 381). „Jenes Gesetz bestimmt durchaus und vollendet das, was man den Nationalcharakter eines Volkes genannt hat" (7, 382). Der Volksgeist wird nun wirklich von dem Individualgeiste unterschieden, aber zugleich mit der Strömung des pantheistischen Gesamtlebens verbunden. Es ist etwas Ewiges, Göttliches in ihm, was die Liebe des Individuums anzieht und rechtfertigt. Es gibt nach Fichte auch eine irdische Ewigkeit. „Volk und Vaterland in dieser Bedeutung, als Träger und Unterpfand der irdischen Ewigkeit, liegt weit hinaus über den Stat, im gewöhnlichen Sinne des Wortes — über die gesellschaftliche Ordnung, wie dieselbe im bloßen klaren Begriffe erfaßt und nach Anleitung dieses Begriffes errichtet und erhalten wird. Dieser will gewisses Recht, innerlichen (?) Frieden und daß jeder durch Fleiß seinen Unterhalt und die Fristung seines sinnlichen Daseins finde, so lange Gott sie ihm gewähren will. Dieses alles ist nur Mittel, Bedingung und Gerüst dessen, was die Vaterlandsliebe eigentlich will, des Aufblühens des Ewigen und Göttlichen in der Welt, immer reiner, vollkommener und getroffener im unendlichen Fortgange. Eben darum muß diese Vaterlandsliebe den Stat selbst regieren, als durchaus oberste, letzte und unabhängige Behörde" (7, 384).

Diese höhere, geistige Vaterlandsliebe ist also etwas Anderes und Erhabeneres als die „bürgerliche Liebe zu der Verfassung und den Gesetzen". In gewöhnlichen Zeiten mag wohl diese genügen, aber in großen Gefahren reicht sie nicht aus. Da muß man „über neue, nie dagewesene Fälle entscheiden, dann bedarf es eines Lebens, das aus sich selber lebe" (7, 386).

Von der Erkenntnis dieser hohen Bestimmung des Volksgeistes aus fordert nun Fichte, daß der Stat vor allen Dingen die Nationalerziehung als seine nächste Aufgabe ernstlich betreibe. Wenn es wahr ist, wie Fichte — freilich nicht ohne Überschätzung der deutschen Nationalität — behauptete, daß die deutsche Nation allein eine naturkräftig fortlebende Sprache besitzt, während die anderen romanischen und germanischen Nationen nur halb oder ganz abgestorbene Sprachen haben und daher dem Tode verfallen sind, wenn wirklich die Deutschen vorzüglich die Träger der Freiheit und der Geistigkeit sind und das Göttliche auszubilden ihr ursprünglicher Beruf ist, so mußte die geistige Fortbildung der Nation das Hauptaugenmerk der deutschen Staten sein. Es schien ihm nun fast ein Glück zu sein, daß Preußen durch die Napoleonische Weltherrschaft genötigt ward, auf alle andere freie Statsthätigkeit zu verzichten, und daß nun die eine übersehene Aufgabe, die Erziehung, von dem fremden Machtgebote noch unberührt geblieben war; denn eben von diesem verborgenen Zufluchtsorte des freien Geisteslebens aus ließ sich alles Verlorene wiedergewinnen und das Vollkommenere erreichen.

Der Gedanke war fruchtbar und der Anstoß, den Fichte gegeben, trug gewiß zu der Reform der öffentlichen Schulen und der Gründung neuer Bildungsanstalten viel bei. Aber auch hier zeigte sich der Idealismus Fichtes in terroristischer Form. Die Nationalerziehung, die er empfahl, hatte etwas spartanisch Antikes. Sie achtete weder die Freiheit der Familie, noch die Mannigfaltigkeit des Individualgeistes. Alles sollte sich zunächst dem Statszwecke unterordnen, die ganze Erziehung von Stats wegen und mit Statsmitteln besorgt werden, ungefähr so wie die Bildung der Männer zum Kriegsdienst. In demselben Augenblick, in dem er auf eine neue Statsaufgabe stößt, denkt er sich dieselbe immer wieder als eine absolute. Der pantheistische Gedanke stellt sich unvermerkt ein, und dem Göttlichen und Ewigen muß sich das individuell Menschliche und Zeitliche unbedingt unterwerfen.

An der Stiftung der Berliner Universität nahm er natürlich den wärmsten Anteil. Das war ja ein lautes Zeugnis, daß trotz allen äußern Elendes der deutsche Geist an sich selber nicht verzweifle und von dem Aufschwunge der Wissenschaften Größtes erhoffe. Mit Wolf und Schleiermacher eröffnete er seine Vorlesungen, bevor die Universität selber förmlich eröffnet war (15. Okt. 1810), an welcher er nun einen Lehrstuhl erhielt.

Die Reden an die deutsche Nation hatten den Hauptzweck gehabt, den Mut der besiegten Nation wieder zu stärken und dieselbe zu der zukünftigen Erneuerung des Kampfes vorzubereiten. Er hatte darin gegen die Universalmonarchie Napoleons scharf polemisiert. Da kam der Umschwung der Dinge rascher als er gehofft, aber auch weniger gründlich als er gewünscht hatte. Der Brand von Moskau und die nordische Kälte hatten dem französischen Kaiser den Sieg über Rußland aus der Hand gewunden. Die gedrückten Nationen erhoben sich wieder gegen den gewaltigen Eroberer. Die Preußen voraus griffen zu den Waffen, um ihre Freiheit wieder zu erstreiten und den halb vernichteten Stat herzustellen. Fichte wurde von dem Gedanken der nationalen Befreiung im Innersten ergriffen; es war ja seit Jahren sein eigener politischer Grundgedanke. Von neuem regte sich der alte Plan in ihm, an dem Kriege in der Eigenschaft eines religiös-sittlich politischen Lehrers, Mahners, Trösters Teil zu nehmen: „Wenn ich wirken könnte“, schrieb er in sein Tagebuch, „daß eine ernstere, heiligere Stimmung in den Leitern und Anführern wäre, so wäre etwas Großes gewonnen; und dies ist das Entscheidende, heiligen, ernsten Sinn befördern und alles daraus herleiten“ (Fichtes Leben 1, 557). Er hatte dabei verlangt, nur unter dem Könige oder seinem Stellvertreter im Hauptquartier stehen zu müssen. An der formellen Schwierigkeit scheiterte der Plan. Man verdankte ihm sein edles Anerbieten, aber nahm es nicht an.

Im Sommersemester 1812, während des russischen Krieges, hatte er sein System der Rechtslehre vorgetragen (Nachgelassene Werke Bd. 2), und im Sommer 1813, als Preußen in den Krieg eintrat, hielt er die Vorlesungen über das Verhältnis des Urstates zum Vernunftreiche, von denen oben schon die Rede war. Wenn man beide vergleicht, so sieht man den höheren Schwung auch seiner Phantasie. Er glaubte jetzt der Verwirklichung seines Ideals näher gekommen zu sein.

Aber es war ihm nur noch vergönnt, die frohe Botschaft zu erleben, daß Deutschland von den Feinden geräumt sei. Seine Gattin hatte in aufopferndem Besuch der verwundeten und kranken Krieger sich ein Nervenfieber zugezogen. Sie selbst erholte sich wieder von der schweren Krankheit; aber eben als es sich bei ihr zur Genesung wendete, sprang das ansteckend gewordene Fieber auf Fichte über und machte seinem Leben ein Ende (27. Jan. 1814).

Das „System der Rechtslehre“ in der späteren Gestalt ruht auf denselben Grundlagen wie die frühere Darstellung, aber der Bau ist mehr in die Höhe geführt. Der Rechtsbegriff wird als „Denknotwendigkeit aller als frei in der synthetischen Einheit des Begriffes aller“ erklärt und wird realisiert durch „die Rechtsverfassung, welche eine bestimmte und geschlossene Gemeinde von Individuen umfaßt“. „Nur durch eine das Recht wollende Gemeinde kann eine Macht des Rechtes, d. h. eine Statsgewalt rechtlich hervorgebracht werden, und durch sie muß sie, so gewiß sie das Recht will, hervorgebracht werden“ (2, 502 f.).

Der Rechtsschutz, welchen der Stat allen zu gewähren hat, wird in dem weiten Sinne verstanden, daß der Stat auch die Arbeit ordne und für das Eigentum aller sorge. Neben dieser ökonomischen Statsaufgabe wird aber nun dem State die höhere sittliche gestellt. Als der letzte Zweck des States wird die Sittlichkeit bezeichnet, der absolut notwendige Zweck aller. „Nun kann dieser durch äußere und sinnliche Mittel nur so weit befördert werden, daß alle zu der Freiheit kommen, einen sittlichen Zweck sich zu setzen. Das Recht ist die faktische Bedingung der Sittlichkeit“ (2, 539 f.).

Der Stat muß daher zur wahren sittlichen Freiheit erziehen, und das kann er nur „durch Anstalten für die Bildung aller zur Freiheit“. Erst dadurch wird der Stat rechtmäßig, daß er dem höchsten Zwecke, der Sittlichkeit, dient, „zur Realisation des göttlichen Bildes“ mithilft. Fichte fordert daher: „allgemeine Bildungsanstalten zur Freiheit, nicht Anstalten zur Dressur, d. i. zur Fertigkeit und Geschicklichkeit, Werkzeuge zu sein eines fremden Willens. Das Kriterium des States und der Despotie ist dieses, ob Bildung in ihm herrscht oder Dressur (2, 540 f.).

Wieder wie früher behandelt er die Verfassungsfrage unter der Beleuchtung des Statsbürgervertrags, aber er faßt die Hauptaufgabe, die Herstellung des „souveränen Willens“, anders als früher. Indem er nicht „dem persönlichen Willen“ derer, welche für das allgemeine Recht zu sorgen haben, sondern dem in ihnen durchgebrochenen Willen des Rechtes die Souveränetät beilegt — rex eris, si recte facies —, sagt er:

„Es sind zwei Lösungen der Frage möglich: entweder a) dem persönlichen Willen des Rechtes, oder falls dieses nicht möglich sein sollte, dem, der sich am meisten annähert, die Oberherrschaft zu verleihen: der Beste soll herrschen; oder b) umgekehrt, den persönlichen Willen, der da faktisch herrscht, zum rechtlichen oder am meisten sich ihm annähernden Willen zu machen: der Herrscher soll der Beste sein“ (2, 629).

Die meisten, sagt er, und er selber mit ihnen, haben die zweite Lösung versucht, mit wenig Glück und geringer Sicherheit. Auch seinem früheren Vorschlage, daß das Ephorat die Gemeinde berufe, schreibt er nun einen zweifelhaften Wert zu; denn diese Berufung führt zur Revolution und so zu einem neuen Übel, das gewöhnlich, „ehe nicht eine gänzliche Umkehrung mit dem Menschengeschlechte vorgeht“, ein noch größeres Übel ist. Die wahre Verbesserung erwartet er nur von „dem Fortschritte der Bildung zu Verstand und Sittlichkeit“ (2, 634). Dagegen erklärt er sich nun zu Gunsten der ersten Lösung:

„Es ist kein Zweifel, daß beim Fortschritte der Bildung sich Männer zeigen werden, die durchaus sittlich und rechtlich sind, alles, selbst das Leben dem Rechte aufopfern, und bei denen diese Sittlichkeit auch zu rechter Erkenntnis durchbricht.“ Aber er weiß auch die Wege nicht zu bezeichnen, auf denen die Besten zur Herrschaft gelangen. Die im Besitze der Macht sind, werden dieselbe dem Besten nicht abtreten, und das Volk wird ihn auch nicht wählen, so lange es eine schlechte Regierung hat. Er weist daher diese Aufgabe „der göttlichen Weltregierung“ zu und hofft, irgend einmal werde „einer kommen, der als der Gerechteste seines Volkes der Herrscher desselben ist, und dieser werde auch das Mittel finden, eine Succession der Besten zu erhalten“. Also auch Fichte verlangt einen politischen Messias.

In seinen letzten Vorlesungen über die Statslehre arbeitet er mit Vorliebe an dieser obersten Aufgabe des States, „der Lehre von der Errichtung des Reiches“, welche er der bisherigen Rechtslehre hinzufügt. Er begründet die Erzwingbarkeit des

Rechtes aus dem Rechtsbegriff selbst, als der Vorbedingung zur sittlichen Freiheit: „1. Nur zum Rechte darf gezwungen werden, jeder andere Zwang ist durchaus widerrechtlich. 2. Für andere ist dieser Zwang rechtmäßig nur, inwiefern der Zwingherr erbötig ist, aller Welt den Beweis zu führen, daß seine Einsicht untrüglich sei. Kein Zwang, außer in Verbindung mit der Erziehung zur Einsicht in das Recht. Der Zwingherr zugleich Erzieher" (4, 437).

Die Frage: „Wer hat ein Recht, Oberherr zu sein?" beantwortet er nun: „Der höchste menschliche Verstand, und da es diesen in keiner Zeit gibt (?), der höchste menschliche Verstand seiner Zeit und seines Volkes, d. h. der das ewige Gesetz der Freiheit in Anwendung auf seine Zeit und sein Volk am richtigsten versteht" (4, 444). Diesen zu finden, das ist die Aufgabe. Fichte meint: „Nur die Lehrer zeigen durch die That, indem sie in anderen den gemeingültigen Verstand entwickeln, gemeingültigen Verstand" und deshalb müsse von ihnen der rechtmäßige Oberherr gewählt werden. Nur sie seien wahrhaft von Gottes Gnaden, und die äußere Erscheinung dieser Gnade zeige sich in der That des wirklichen — mit Erfolg gekrönten — Lehrens. „Die Ernennung des Oberherrn ist über alle menschliche Willkür hinweg wieder dahin gewiesen, wohin sie gehört (?), in den unerforschlichen Ratschluß Gottes." Die Forderung Platons, daß die Philosophen herrschen sollen, wird so von Fichte erneuert. Da der Stat nun vorzugsweise als Bildungsanstalt betrachtet ward, so war es natürlich, die Leitung des States dem Lehrerstande zu überweisen. Fichte sah nun geradezu nur noch zwei Stände, Lehrer und durch Lehrer Gebildete, Wissenschaftliche und Volk (4, 394. 453). Selbstverständlich gebührte den ersteren die Leitung der Bildungsanstalt. „Der Lehrerstand hat aus seiner Mitte denjenigen zum Herrscher zu ernennen, der sich als höchsten Verstand ausgesprochen hat durch die That vor dem höchsten Richter. Ob dieser nun Eine physische Person oder ein Senat sein solle, müßte wieder der Lehrerstand entscheiden."

Das Statsideal Fichtes ist also der freie, vernünftige Lehrerstat. Ihn betrachtet er als die geistige Fortbildung des von Jesu gestifteten christlichen Gottesreiches. Es ist für ihn das bewußt gewordene Vernunftreich, worauf der Gang der Weltgeschichte hinarbeitet. Die alte enge Theorie des bloßen Rechtsstates ist nun auch in der philosophischen Schule überwunden; aber indem die neue Statslehre den Stat und die Schule verwechselt und zugleich wieder pantheistisch-theokratische Vorstellungen in sich aufnimmt, kehrt sie, ohne es zu wissen, in ihren Gedanken zu den ursprünglich noch kindischen Anfängen der Statskultur zurück, welche wir in dem indischen Brahmanenreiche schon vor Jahrtausenden kennen gelernt haben.

Verwandt mit dem Idealismus Fichtes ist der seines Zeitgenossen Wilhelm v. Humboldts [1]). Wilhelm wurde in der Ehe des preußischen Kammerherrn Alexander Georg v. Humboldt mit einer Frau v. Colomb am 22. Juni 1767 zu Potsdam geboren, zwei Jahre früher als sein nicht minder berühmter Bruder, der Naturforscher Alexander v. Humboldt. Seine erste Jugend verlebte er abwechselnd in dem elterlichen Schlosse Tegel und in Berlin. Die Erziehung des Knaben war anfangs dem Philanthropen Joachim Campe, später dem kenntnisreichen und tüchtigen Kunth anvertraut. Damals florierte in Berlin die Periode der Aufklärung, und Humboldt verkehrte ganz in den Kreisen ihrer Förderer und Vertreter. Wir Späteren sind gelehrt worden, mit Geringschätzung auf diese Jahre der Aufklärungsschwärmerei hinzublicken, und unleugbar hatte sie etwas Kindisches und Eitles. Aber verglichen mit der Steifheit der alten Schule und mit dem erdrückenden Wuste herkömmlicher Vorurteile erscheint sie wie ein frischer Morgenwind, der die Nebel und Dünste zerstreut, und verglichen mit der fanatischen Wut der französischen Jakobiner ist sie das Bild liebenswürdiger Naivetät und Unschuld. Die

[1]) R. Haym, Wilhelm v. Humboldt, Lebensbild und Charakteristik. 1858. Gesammelte Werke. 7 Bde. Berlin 1841—1852. Schlesier, Erinnerungen an W. v. H. 2 Bde. Stuttgart 1843—1845.

Natur Humboldts litt keinen Schaden von diesen Einflüssen, und einen Teil wenigstens seiner immer heiteren Humanität dürfen wir wohl jenen auffallenden Jugendeindrücken zuschreiben.

Sein individueller Geist besaß eine angeborene Jugendlichkeit, die ihn auch in reiferem Lebensalter nie verließ. Er blieb als Individuum ein Jüngling, obwohl diesem Grundzuge seines Wesens der Körper nicht zu reinem Ausdruck diente. Er war sich dieses Widerspruches zwischen seinem etwas ältlichen und wie er sagte „häßlichen“ Gesicht und seinem schönen Jünglingsgeiste bewußt und deshalb nicht geneigt, sich porträtieren zu lassen. Wie alle wahren Jünglinge, so liebte er vor allem die Ideen. Darin fühlte er sich mit seinem Freunde Schiller urverwandt. Als 36 jähriger Mann schrieb er noch (1803) an diesen von Rom: „Seien Sie überzeugt, mein teurer Freund, daß mein Interesse, meine Richtungen sich nie ändern werden. Der Maßstab der Dinge in mir bleibt fest und unerschüttert; das Höchste in der Welt bleiben und sind — die Ideen. Diesen hab' ich ehemals gelebt, diesen werde ich jetzt und ewig getreu bleiben, und hätte ich einen Wirkungskreis, wie der, der jetzt eigentlich Europa beherrscht, so würde ich ihn doch immer nur als etwas jenem Höheren Untergeordnetes ansehen, und das ist meine wahre Meinung.“

Seine Ideale hatten übrigens von Anfang an einen großen Schwung, und frühe hatte er auch die Gegensätze der geistigen Richtungen, welche in seiner Zeit sich regten, mitempfunden und mitgemacht und war durch dieselben gehoben worden. Nicht immer und nicht ganz folgte er als Studierender den nüchternkalten Rationalisten, zuweilen gab er sich eifrig den wärmeren Reizen der Romantik hin, welche auch in Berlin ihre Verehrer sammelte. Er war wohl ein Jünger Engels und Biesters gewesen und hatte sich Kant und Mendelssohn angeschlossen, aber er schwärmte dann auch wieder für Henriette Herz, die Freundin Friedrich Schlegels und Schleiermachers, und erwarb frühe so eine nützliche Vielseitigkeit der Betrachtungsweise.

Seine Geistesanlage war zugleich durch einen kritisch sondernden Verstand ausgezeichnet, und durch eine leicht erregbare Phantasie, durch eine männliche Begeisterung für das Große und Edle und durch eine weibliche Empfindsamkeit. Abwechselnd trat bald die eine, bald die andere Kraft seines Wesens in seinem Leben bestimmend hervor. Von Zeit zu Zeit übte er sich in den ernsten Arbeiten der sprachlichen Kritik und in dem dialektischen Kampfe der Diplomatie; dann überließ er sich wieder ästhetischen Studien und Genüssen und versuchte sich in poetischen Formen; er schloß enge Freundschaften und gründete ein schönes Familienleben in stillem Fürsichleben, und wiederum entwickelte er die Energie des praktischen Statsmannes nach außen und folgte er der Anziehung geistreicher oder schöner Frauen. Für seine wissenschaftlichen Arbeiten und seine Menschenkenntnis kam ihm ein umfassendes und treues Gedächtnis sehr zu Hülfe. Vielleicht war das eine glückliche Rassebegabung, an welcher auch sein Bruder Alexander Teil hatte. Jedenfalls aber gehörte die sinnliche Reizbarkeit, welche ihm mancherlei übertriebene Vorwürfe zuzog, nur seinem Körperleben an. Auf sein inneres Wesen, auf seine wissenschaftliche Haltung und auf seine politische Haltung hatte dieselbe keine erhebliche Wirkung.

Seine Universitätsstudien betrieb er zuerst in Frankfurt a. d. Oder, dann in Göttingen, wo ihn Heyne in die klassische Philologie einführte. Mit dessen Tochter Therese und ihrem Manne Georg Forster schloß er ein enges Freundschaftsbündnis (1787. 1788). Den gelehrten Studien hielt das Bedürfnis nach vielseitigem Verkehr und „die Leidenschaft, interessanten Menschen nahe zu kommen" das Gegengewicht und bewahrte ihm die weltmännische Freiheit. In dieser Absicht unternahm er verschiedene Reisen, teils in der Nähe, teils größere nach Paris und in die Schweiz. Paris besuchte er in der bewegten Zeit der ersten großen Siege der Revolution im August 1789, sah Mirabeau in seiner Größe und die Nationalversammlung in ihrer Begeisterung; aber da schon teilte er die idealisierende Bewunderung seines Begleiters Campe nicht völlig. Der Bruch mit der Vergangenheit schien ihm bedenklich und der Einblick in die rohe Realität ernüchterte ihn. In der Schweiz fand er seine gespannte Erwartung von Lavater bei einem Besuche in Zürich ebenfalls enttäuscht. Die sichtbare Eitelkeit des Mannes war ihm zuwider und den edeln Kern desselben zu entdecken fand er keine Gelegenheit. Dagegen zog ihn der sinnige Jakobi näher an.

Seinen ersten Statsdienst begann er als Referendar am Kammergerichte zu Berlin (1790), hielt aber nicht lange in diesem Berufe aus. Die Neigung zu individueller Freiheit zog ihn ins Privatleben zurück. Bei einem Besuche in Weimar hatte er sich mit Karoline Dacheröden verlobt. Im Juli 1791 kam diese glückliche Ehe, welche ihn mit dem Kreise Dalberg und mit Schiller in freundliche Beziehung brachte, zur Erfüllung.

Bald nachher entstand auch seine wichtigste politisch-wissenschaftliche Schrift: „Ideen zu einem Versuche, die Grenzen der Wirksamkeit des States zu bestimmen“ (zuerst in Fragmenten in der Thalia von 1792; W. v. Humboldts gesammelte Werke Bd. 7, Berlin 1852). Die Schrift war in praktischer Hinsicht gearbeitet. Sie sollte den Koadjutor Dalberg, der im Begriffe stand, die kurfürstliche Regierung des Erzbistums Mainz zu übernehmen und zu politischen Reformen geneigt war, vor dem Fehler der Vielregiererei warnen und das Recht der individuellen Freiheit wider den Statsabsolutismus der Zeit energisch vertreten. Humboldt sprach übrigens darin seine damalige Statsansicht ganz allgemein aus.

Im Gegensatze zu der antiken Statslehre, welche den einzelnen Menschen rücksichtslos dem State unterordnet und aufopfert, betrachtet er den Stat nur als ein notwendiges Übel, welches im Interesse der persönlichen Freiheit auf enge Grenzen beschränkt werden müsse. Das Höchste ist ihm das Individuum. „Der wahre Zweck des Menschen — nicht der, welchen die wechselnde Neigung, sondern welchen die ewig unveränderliche Vernunft ihm vorschreibt — ist die höchste und proportionierlichste

Bildung seiner Kräfte zu einem Ganzen. Zu dieser Bildung ist Freiheit die erste und unerläßliche Bedingung." „Eigentümlichkeit der Kraft und der Bildung ist das, worauf die ganze Größe des Menschen zuletzt beruht, wonach der einzelne Mensch ewig ringen muß und was der, welcher auf die Menschen wirken will, nie aus den Augen verlieren darf" (7, 10. 11).

Von der Eigentümlichkeit der Einzelmenschen aus ist es schwer den Statsbegriff zu finden. Der Freiheit gegenüber, welche das Individuum wünscht und bedarf, um sich „aus sich selbst in seiner Eigentümlichkeit zu entwickeln", erscheint der Stat vornehmlich als eine Schranke, als ein Hemmnis; und das Bedürfnis, die Macht des States enge zu begrenzen, wird lebhaft empfunden. Humboldt sucht nun im einzelnen nachzuweisen, daß jede positive Sorge des States für das Wohl der Bürger schädlich und nur die negative Sorge für die Sicherheit der Bürger notwendig und gut sei. Der Zweck des States ist ihm nicht die öffentliche Wohlfahrt überhaupt, sondern nur „die Erhaltung der Sicherheit sowohl gegen auswärtige Feinde als innerliche Zwistigkeiten" (S. 43).

Er tadelt die Sorgfalt des States für die physische Wohlfahrt der Bürger, weil sie die natürlichen Kräfte und die Energie des Handelns schwäche, den Charakter erniedrige und die Eigentümlichkeit der Individuen in eine widerwärtige Gleichförmigkeit hineinzwänge. Von der Selbsthülfe und Selbstthätigkeit erwartet er alles; und wo ein Zusammenwirken der Kräfte nötig ist, da zieht er die freien Vereine den Statsanstalten weit vor. Die Statskrankheit der neueren Zeit, die bureaukratische Einmischung in das Privatleben und die mechanische Behandlung der öffentlichen Dienste schildert er vortrefflich: „Vorzüglich ist hierbei ein Schade nicht zu übersehen, weil er den Menschen und seine Bildung so nahe betrifft, nämlich daß die eigentliche Verwaltung der Statsgeschäfte dadurch eine Verflechtung erhält, welche, um nicht Verwirrung zu werden, eine unglaubliche Menge detaillierter Einrichtungen bedarf und ebenso viele Personen beschäftigt. Von diesen haben indessen doch die meisten nur mit Zeichen und Formeln der Dinge zu thun. Dadurch werden nun nicht bloß viele vielleicht treffliche Köpfe dem Denken, viele sonst nützlicher beschäftigte Hände der reellen Arbeit entzogen, sondern ihre Geisteskräfte selbst leiden durch diese zum Teil leere, zum Teil zu einseitige Beschäftigung. Es entsteht nun ein neuer und gewöhnlicher Erwerb, Besorgung von Statsgeschäften, und dieser macht die Diener des Stats so viel mehr von dem regierenden Teile des Stats, der sie besoldet, als eigentlich von der Nation abhängig. — Die, welche einmal die Statsgeschäfte auf diese Weise verwalten, sehen immer mehr und mehr von der Sache hinweg und nur auf die Form hin, bringen immerfort bei dieser vielleicht wahre, aber nur mit nicht hinreichender Hinsicht auf die Sache selbst und daher oft zum Nachteil dieser ausschlagende Verbesserungen an, und so entstehen neue Formen, neue Weitläufigkeiten, oft neue einschränkende Verordnungen, aus welchen wiederum sehr natürlich eine neue Vermehrung der Geschäftsmänner erwächst. Daher nimmt in den meisten Staten von Jahrzehnt zu Jahrzehnt das Personale der Statsdiener und der Umfang der Registraturen zu und die Freiheit der Unterthanen ab" (S. 30).

Sogar die Ehe will er der Einwirkung der statlichen Gesetzgebung entziehen. „Die Wirkungen der Ehe", sagt er, „sind so mannigfaltig als der Charakter der Individuen; daher muß es die nachteiligsten Folgen haben, wenn der Stat eine mit der jedesmaligen Beschaffenheit der Individuen so eng verschwisterte Verbindung durch Gesetze zu bestimmen und von anderen Dingen als von der bloßen Neigung abhängig zu machen versucht. — Dies muß um so mehr der Fall sein, als er bei diesen Bestimmungen beinahe nur auf die Folgen, auf Bevölkerung, Erziehung der Kinder u. s. f. sehen kann. Man hat die ungetrennte, dauernde Verbindung eines Mannes mit einer Frau der Bevölkerung am zuträglichsten gefunden, und unleugbar entspringt gleichfalls keine andere aus der wahren, natürlichen, unverstimmten Liebe. Der Fehler scheint nur darin zu liegen, daß das Gesetz befiehlt, da doch ein solches Verhältnis nur aus Neigung, nicht aus äußeren Anordnungen entstehen kann, und wo Zwang oder Leitung der Neigung widersprechen, diese noch weniger zum rechten Wege zurückkehrt. Daher sollte der Stat nicht nur die Bande freier und weiter machen, sondern überhaupt von der Ehe seine ganze Wirksamkeit entfernen und dieselbe vielmehr der freien Willkür der Individuen und der von ihnen errichteten mannigfaltigen Verträge gänzlich überlassen" (S. 25).

Stehen die Ansichten Humboldts über die Ehe im Widerspruch mit der noch heute herrschenden Meinung, so finden seine Einwendungen gegen die Beeinflussung der Religion von Seite des States allgemeinere Zustimmung. Auch da geht er von der sittlichen Aufgabe der Individuen aus, sich zu entwickeln: „Sucht der Stat die Religiosität direkt zu befördern oder zu leiten, fordert er statt wahrer Überzeugung Glauben auf Autorität, so hindert er das Aufstreben des Geistes, die Entwickelung der Seelenkräfte, so bringt er vielleicht durch Gewinnung der Einbildungskraft, durch augenblickliche Rührungen Gesetzmäßigkeit der Handlungen seiner Bürger, aber nie wahre Tugend hervor" (S. 72). Der in Religionssachen völlig sich selbst gelassene Bürger wird nach seinem individuellen Charakter religiöse Gefühle in sein Inneres verweben oder nicht; aber in jedem Falle wird sein Ideensystem konsequenter, seine Empfindung tiefer, in seinem Wesen mehr Einheit sein, und so wird ihn Sittlichkeit und Gehorsam gegen die Gesetze mehr auszeichnen. Der durch mancherlei Anordnungen beschränkte hingegen wird trotz derselben ebenso verschiedene Religionsideen aufnehmen oder nicht; allein in jedem Falle wird er weniger Konsequenz der Ideen, weniger Innigkeit des Gefühls, weniger Einheit des Wesens besitzen, und so wird er die Sittlichkeit minder ehren und dem Gesetze öfter ausweichen wollen" (S. 81).

Aus ähnlichen Gründen spricht sich Humboldt auch gegen alle Einwirkung des States in sittlichen Dingen aus und verteidigt den Grundsatz: „daß der Stat sich alles Bestrebens, direkt oder indirekt auf die Sitten und den Charakter der Nation anders zu wirken, als insofern dies als eine natürliche Folge seiner übrigen schlechterdings notwendigen Maßregeln unvermeidlich ist, gänzlich enthalten müsse, und daß alles, was diese Absicht befördern kann, vorzüglich alle besondere Aufsicht auf Erziehung, Religionsanstalten, Luxusgesetze u. s. f. schlechterdings außerhalb der Schranken seiner Wirksamkeit liege" (S. 98).

Indem er den Statszweck ausschließlich auf die Sicherheit der Bürger beschränkt, versteht er unter Sicherheit die „Gewißheit der gesetzmäßigen Freiheit". Der ganze Statsbegriff wird so ein bloßer Rechtsbegriff, und die Aufgabe des States ist nun die negative, die Bürger gegen widerrechtliche Störung ihrer Freiheit zu schützen.

Man begreift den einseitigen Radikalismus dieser Theorie nur, wenn man an ihren Gegensatz, an die gewaltsame bureaukratische Vormundschaft, insbesondere auch des preußischen States in jener Zeit sich erinnert. Es kam in der That darauf an, das Recht der Privatfreiheit nachdrücklich wider die vermeintliche Allgewalt des States zu vertreten und die individuelle Thatkraft gegen Regierungsmaximen zu schützen, welche den erwachsenen und selbständigen Mann wie ein unmündiges Kind behandelten. Hätte Humboldt in früheren Zeiten gelebt, in denen der Stat ohne Macht war und es außer der Rechtspflege fast keine öffentliche Verwaltung und keine statliche Sorge für die materiellen und Kulturinteressen gab, so hätte wohl auch er eingesehen, daß eine so enge Begrenzung der Stataufgabe den gemeinsamen Lebensaufgaben der Völker nicht genüge.

Allerdings war die ausschließliche Rücksicht auf die Individualität der Einzelmenschen geeignet, das Privatrecht zu erklären, nicht aber das Statsrecht zu begründen; und die Anschauung im ganzen war für die moderne Statsentwickelung, obwohl sie einzelne Sätze erhellte, doch unbrauchbar, indem der moderne Stat nicht bloß die Freiheit der Individuen, sondern zugleich die einheitliche und mächtige Gestaltung des Gesamtlebens anstrebt. Wie Humboldt persönlich damals aus dem State herausflüchtete, um ganz seiner Familie und seinen Privatneigungen zu leben, so suchte seine Theorie der Statsautorität wie der Statssorge sich zu entziehen und beide möglichst einzuschränken. Von der organischen Natur des States und von seiner Bestimmung, dem Gesamtleben des Volkes zu dienen und dasselbe darzustellen, hatte er damals noch keine Ahnung. Wie die antike Statslehre das Recht des States überspannt hatte, so übertrieb er nun in entgegengesetzter Richtung das Recht der Individuen. Er war darin ein echter Vertreter der urdeutschen statsscheuen Gesinnung.

Während mehrerer Jahre wendete Humboldt sich nun ganz den ästhetischen Genüssen und kritischen Beschäftigungen zu. Mit dem großen Philologen Wolf stand er in lebhaftem Briefwechsel und mit Schiller schloß er intimste Freundschaft. Auch Goethe kam er nahe und nahm an den Horen einen lebhaften Anteil. Wiederholt lebte er längere Zeit in Jena und in Weimar, den glänzenden Sitzen der neuen Litteraturepoche. Es war das die schöne genußreiche Blütenzeit seines Lebens, die er zu harmonischer Ausbildung seines Geistes zu benutzen verstand.

Endlich regte sich doch wieder der Trieb zu politisch-praktischer Thätigkeit in ihm, und er übernahm die Stelle eines preußischen Gesandten am päpstlichen Hofe (1802—1808). Seine politische Wirksamkeit konnte hier nicht bedeutend sein. Auf die Hauptfrage der Zeit, auf das Verhältnis des Papstes und Italiens zu dem Kaiser Napoleon vermochte Preußen keinen Einfluß zu üben. Desto bedeutender war seine soziale Stellung und sein fördernder Einfluß auf die künstlerischen und wissenschaftlichen Bestrebungen jener Zeit. Das Haus Humboldt war für Künstler und Gelehrte, vorzüglich aber nicht ausschließlich für die Deutschen, eine offene Zuflucht und eine reiche Förderung anmutiger Geselligkeit. Mit der Kurie stand der Minister persönlich auf dem besten Fuße. Er vermied es, die Dinge anzuregen, von denen er sagte, daß selbst der Engel Gabriel sie zu Rom nicht ausmachen könne; dagegen erreichte er von der geängstigten Regierung zahlreiche kleine Gefälligkeiten.

In Rom vollendete sich seine Selbstbildung. Er fand da die nötige Ergänzung seiner Ideen. Seine bisherige Neigung und Entwickelung war eigentlich von dem State abgewendet. Der germanische Individualismus war der ausgesprochenste Zug seines Wesens. Deshalb zog ihn auch im Altertum das freie Griechenland weit mehr an als der mächtigere römische Stat. Aber von jeher war Rom darauf angelegt, die Germanen zum State zu erziehen. Auch Humboldt bekam nun in Rom den Eindruck des großen Zusammenhanges in der Weltgeschichte und eines mächtigen Ganzen, dessen Schicksal auch das Leben der Individuen zum großen Teil bestimme. Rom weckte in ihm eine erhebende und zugleich eine wehmütige Stimmung. „In dieser Stadt", schrieb er, „und in ihrer Umgebung ist der Begriff des welthistorischen Ganges der Menschheit und das Gefühl des notwendigen Sinkens alles Bestehenden in der Zeit wie in einem ungeheuren Bilde auf alle Zeiten verkörpert hingestellt." In der That lief er Gefahr, in solcher quietistischer Betrachtung sich einzuspinnen. Das Schicksal aber sorgte auch diesmal besser für ihn. Die Not seines Vaterlandes rief ihn zu einem männlicheren Berufe.

Das von Napoleon geschlagene Preußen begann seine geistige Wiedergeburt, und Humboldt wurde eingeladen, dazu mitzuwirken. Zum geheimen Statsrate ernannt, erhielt er zu Anfang des Jahres 1809 die Leitung des Kultus- und Unterrichtswesens in Preußen. In seiner früheren Schrift hatte er sich auch gegen die öffentliche Erziehung ausgesprochen und der freien Privaterziehung den Vorzug gegeben. Jetzt war er genötigt, vor allen Dingen für die öffentlichen Schulen von Stats wegen zu sorgen. Er that das so viel an ihm lag in einer Weise, welche auch die individuelle Tüchtigkeit und Thatkraft der Jugend eher schützte und kräftigte als beschränkte, und wußte so, was in dem Ideale seiner Jugend Wahres gewesen, zu erhalten, und was darin

Überspanntes und Irriges gelegen war, zu ermäßigen und zu beseitigen. Auf die Volksschule wirkte er im Geiste Pestalozzis hauptsächlich durch den Würtemberger Zeller, den er einem Normalinstitut in Königsberg vorsetzte. Sein größtes und bleibendstes Verdienst aber war die Stiftung der Universität Berlin. „Die Kühnheit des Unternehmens in einem Zeitpunkte, wo ein Teil Deutschlands vom Kriege verheert, ein anderer in fremder Sprache von fremden Gebietern beherrscht wird, der deutschen Wissenschaft eine kaum gehoffte Freistatt zu eröffnen" (Worte seines Antrags), war ihm zugleich eine Bürgschaft für den beabsichtigten Erfolg. Er wollte so aufs neue „alles, was sich in Deutschland für Bildung und Aufklärung interessierte, auf das festeste verbinden und einen neuen Eifer und neue Wärme für das Wiederaufblühen des States erregen."

Noch bevor aber die neue Universität eröffnet wurde (15. Okt. 1810), ging Humboldt wieder in die diplomatische Laufbahn über. Die Regierung war froh, des schaffenden Drängers los zu werden, und er hatte keine Lust, ein bloßes Glied der alten bureaukratischen Maschine zu werden. Seitdem er zum preußischen Gesandten nach Wien ernannt war (14. Juni), begegnen wir ihm nun überall in den wichtigsten völkerrechtlichen Verhandlungen der folgenden Jahre und bei jeder Gelegenheit offenbart sich nun der gereifte Geist des Statsmannes.

Als der russisch-preußische Krieg gegen Napoleon sich erneuert hatte, hatte er voraus die Aufgabe, das schwankende und zaudernde Österreich zur Allianz mit den nordischen Mächten zu bestimmen. Er hatte das eiserne Kreuz verdient, als es endlich (am 10. August 1813) zum offenen Bruche Österreichs mit Frankreich kam. Mit Stein, dem er ganz vertraute, und mit dem Statskanzler Hardenberg kam er nun in nahe Beziehung, die alte mit Metternich und mit Gentz pflegte er geflissentlich, am Hofe war er nun beliebt geworden; er folgte dem vorschreitenden Hauptquartier und hatte Teil an den Verhandlungen von Teplitz, Frankfurt, Chatillon, an dem ersten Pariser Frieden

(30. Mai 1814). Er wurde Hardenberg als preußischer Gesandter zum Wiener Kongreß beigeordnet und wohnte demselben bis zum Schlusse bei.

Vorzüglich auf Humboldt lasteten die Arbeiten der Referate und der vermittelnden und vergleichenden Formulierung, zumal in den deutschen Angelegenheiten, die auf dem Kongresse geregelt werden sollten. Talleyrand gab ihm das Zeugnis, daß er von den drei oder vier ersten europäischen Statsmännern einer sei; aber er nannte ihn zugleich, um seinem Ärger über die dialektische Gewandtheit des Gegners Luft zu machen, einen „eingefleischten Sophisten". Hier unter den Diplomaten war seine weiche Empfindsamkeit nirgends zu bemerken. Sein Sarkasmus, der überall die lächerlichen Seiten der Gegner herauskehrte und verspottete, war gefürchtet. Er schien „kalt und klar wie die Dezembersonne". Er war eher zu kalt berechnend, zu leidenschaftslos, zu vermittelnd. Er betrachtete die Dinge zu sehr aus der Vogelperspektive eines von ihnen unabhängigen Philosophen. Es fehlte ihm doch der volle Glaube an den Stat und die Zuversicht auf die Bedeutung seiner Mission. Insbesondere die Geschichte der deutschen Bundesverfassung macht einen erbärmlichen Eindruck. Hardenberg und Humboldt ließen sich von Konzession zu Konzession drängen. Fast jeder weitere Schritt ist eine Verschlechterung der ursprünglichen Plane von Stein und Humboldt. Er verteidigte den Rückzug mit großem Fleiß und Geschick, aber er wagte keinen kühneren Angriff, und als der verbannte Napoleon plötzlich wieder in Frankreich erschienen war, unterzeichnete auch Humboldt im Eifer abzuschließen die Bundesakte (11. Juni 1815), nachdem der letzte Rest der besseren Vorschläge, das Bundesgericht, auch noch der kleinlichen Souveränetätspolitik deutscher Fürsten geopfert worden war. Der Patriotismus wurde von dem Absolutismus ausgebeutet.

Zum zweiten Male zogen die Alliierten siegreich in Paris ein. Auch an dem zweiten Pariser Frieden hatte er Anteil, und auch hier glückte es ihm nicht, die Interessen von Deutschland und von Preußen mit zureichendem Erfolge zu schützen. Seine Bemühungen, eine gesicherte Grenze gegen Frankreich zu erlangen, blieben fruchtlos. Statt dessen kam ohne sein Vorwissen die sogenannte heilige Allianz zu Stande. Die Befreiungskriege endigten mit der Verdüsterung aller modernen Ideen und mit der kurzsichtigen Restauration eines schwach gewordenen Absolutismus. Damals spielte man noch mit dem Scheine der Reform. Als der neue Bundestag in Frankfurt eröffnet wurde (5. Okt. 1816), durfte Humboldt noch im Namen Preußens eine Fortbildung des Bundes in Aussicht stellen, und der österreichische Präsidialgesandte stimmte zu. Aber das waren leere Hoffnungen, und Humboldt verließ bald nachher Frankfurt gänzlich enttäuscht.

Nicht besser sah es in Berlin aus, wohin Humboldt als Mitglied des neugebildeten Statsrates berufen wurde (1817). Die verheißene Verfassung wurde im Aufkeimen zurückgehalten, der Statskanzler Hardenberg selbst war gelähmt, eine reaktionäre Hofpartei sammelte auch hier die Früchte der Volkserhebung und der Siege über den Feind in ihre Keller. Humboldt kam im Statsrate scharf mit ihr ins Gefecht. Da wurde er als Gesandter nach London entfernt (September 1817), in ein „glänzendes Exil“, aus dem in die Muße des Privatlebens zurückzutreten Humboldt bereits entschlossen war, als man ihm endlich die längst verdiente Ministerstellung nicht länger vorenthalten konnte.

Die Leitung der ständischen und Kommunalangelegenheiten wurde ihm mit Sitz und Stimme im Ministerium übertragen (11. Jan. 1819). Wieder glimmte die Hoffnung auf, daß es endlich mit der Verfassungsreform in Preußen Ernst werde. Humboldt war nach Stein der entschiedenste Vertreter derselben, weniger weil der König die Stände zu berufen versprochen hatte und die vorgeschrittenen Parteien im Volke sie begehrten, als weil er von der Überzeugung durchdrungen war, daß die Repräsentativverfassung, indem sie „die sittlichen Kräfte der Nation erhöhe, auch den Stat stärke und eine sichere Bürgschaft sei sowohl seiner Erhaltung nach außen als seiner fortschreitenden

Entwickelung im Innern" [1]). Er war ein Gegner des sogenannten Nivellierungssystems, er wollte weder die amerikanische noch die französische Konstitution nachgeahmt wissen. Schon als junger Mann hatte er gegen die letztere Bedenken geäußert. Er hatte es getadelt, daß „die konstituierende Nationalversammlung ein völlig neues Statsgebäude nach bloßen Grundsätzen der Vernunft habe aufführen wollen" [2]). Damals schon meinte er: „Keine Statsverfassung könne gelingen, welche die Vernunft nach einem angelegten Plane gleichsam von vorn her gründet; nur eine solche kann gedeihen, welche aus dem Kampfe des mächtigeren Zufalls (?) mit der entgegenstrebenden Vernunft hervorgeht." Obwohl er seiner ganzen Denkweise gemäß eher, wie er es nannte, „metaphysisch" als historisch verfuhr und sich zunächst von philosophischen Ideen bestimmen ließ, so hielt er doch die schon früh erkannte Maxime fest, „daß neue Maßregeln und Einrichtungen im State an schon vorhandene geknüpft werden müssen, damit sie als heimisch und vaterländisch im Boden Wurzel fassen können", und wollte so in „Wiederherstellung" der alten ständischen Verfassung zugleich die neue Verfassung ins Leben führen. Er wollte die liberalen Ideen mit den konservativen Interessen versöhnen. Das historische Recht verstand er aber nicht im Sinne des vormals Gewordenen oder gar des Veralteten, sondern im Sinne des Werdenden und lebendig Fortwirkenden. Er war darin freier noch und unbefangener als Stein, welchen gelegentlich das reichsfreiherrliche Bewußtsein irre führte.

Er sprach sich für die Einführung einer ständischen Verfassung aus hauptsächlich in der Überzeugung, „daß eine solche dahin führen werde, dem State in der erhöhten sittlichen Kraft der Nation und ihrem belebten und zweckmäßig geleiteten Anteil an ihren Angelegenheiten eine größere Stütze und dadurch eine

[1]) „Denkschrift über Preußens ständische Verfassung." In den Werken 7, 198 f.

[2]) Brief von 1791; in den Werken 1, 302.

sicherere Bürgschaft seiner Erhaltung nach außen und seiner inneren fortschreitenden Entwickelung zu verschaffen" (7, 207). Er wollte nicht Stände als ein Gegengewicht gegen die Regierung, er verlangte vielmehr eine „politische Organisation des Volkes selbst", d. h. er verstand die neue Verfassung als Repräsentativverfassung. Die Regierung sollte dabei seiner Ansicht nach eher das Prinzip der Verbesserung, die Stände das der Erhaltung darstellen. Eine liberale Regierung mit konservativer Volksvertretung schien ihm der wünschenswerteste Statszustand, und wenn in vielen Staten eher das Gegenteil sich zeigte, so erklärte er diese Erscheinung teils aus den ungewöhnlich großen überlieferten Mißbräuchen der Regierungen, teils aus einem fehlerhaften Wahlsysteme.

Den Adel wollte er nur als „politischen Stand" und nur insoweit berücksichtigt wissen, als er noch lebenskräftig sei. Er widerrät es, daß der Stat positiv dem Adel zu Hülfe komme, „ihn gewissermaßen als einen halb erstorbenen ins Leben zurückführe". Er vertrat dagegen „die Ansicht, daß der Stat ihm nur Freiheit und gesetzlichen Antrieb geben soll, durch seine eigene Kraft ins Leben zurückzukehren". Das aber geschieht, nachdem die alte Reichsverfassung untergegangen war, durch Beteiligung des grundherrlichen Adels an den neuen Landständen. Von privatrechtlichen kastenartigen Privilegien des Adels will er nichts mehr wissen und erkärt sich gegen die Fortdauer der Steuerfreiheit wie gegen den abscheulichen Begriff der ungleichen Ungenossenehe im preußischen Landrecht. Er verlangt, daß auch den anderen Klassen der Bevölkerung eine ausreichende Vertretung gewährt und insbesondere der moderne Mittelstand berücksichtigt werde.

Als Basis der ganzen Reform erkannte er die Gemeindeordnung. Wie für die Städte gesorgt sei, so bedürfen auch die Landgemeinden einer Erneuerung; dann sollten die Kreisbehörden gebildet werden, darauf die Provinzialstände zusammentreten, endlich den Schlußstein des ganzen Baues die allgemeinen Stände ausmachen. Für alle Stufen wollte er unmittelbare Volkswahlen, aber nach Ständen gegliedert.

Aber alle seine Bemühungen für die Verfassung blieben fruchtlos. Es fehlte in dem Kabinett und in den übrigen einflußreichen Kreisen durchaus an dem Willen, eine durchgreifende Reform zu vollziehen. Man zog es vor, einstweilen absolut zu regieren und inzwischen die Revolution reifen zu lassen. Die Massen waren nach dem Kriege ermüdet und erschlafft; die politische Bildung war noch sehr gering, und die liberalen Gedanken und Einrichtungen schienen vielen als revolutionär verdächtig oder als französisch antinational; die Gefahr partikularistischer Gesinnung der Provinzen und der alten Stände schien die Einheit der Regierung zu bedrohen und in einer allgemeinen Repräsentation noch größer zu werden. Die Mächte der Restauration waren überall siegreich; und sogar die Wissenschaft nahm eine vorzugsweise historische und zum Teil eine antiquarische Richtung. Die Tollheit einzelner radikaler Fanatiker, insbesondere die Ermordung Kotzebues durch Sand, schienen die Demagogenhetze des Herrn v. Kamtz zu rechtfertigen; der Begeisterung der deutschen Burschenschaft an dem Wartburgsfest folgten die reaktionären Beschlüsse der deutschen Minister auf dem Karlsbader Kongresse. Humboldt wehrte sich tapfer gegen die eintretende Reaktion: aber er konnte ihre Triumphe nicht mehr hindern. Trotz seines Widerspruches wurden die Karlsbader Beschlüsse am 18. Oktober 1819 in Preußen publiziert. Am Jahresschlusse erhielt Humboldt die begehrte Entlassung. Die offizielle Opposition war nun gebrochen, und ungeniert machte sich das reaktionäre Regiment breit.

Von nun an lebte Humboldt ganz der Wissenschaft, aber nicht der Stats-, sondern vorzüglich der Sprachwissenschaft. In diese letzte Lebensperiode fallen seine tiefgehenden Forschungen über die Natur der Sprache und über die Mannigfaltigkeit ihrer Formen, welche ihm in der Geschichte des menschlichen Geistes für alle Zeiten einen hohen Rang sichern. Das Ideal seiner

Jugend, eines reichen individuellen Geisteslebens in harmonischer Entfaltung seiner Anlage, hatte er im Alter erreicht. Die Statsgewalt hatte es verschmäht, seine trefflichen Kräfte für das öffentliche Wohl ausgiebig zu benutzen; die Nation ehrte fortwährend in ihm einen ihrer vorleuchtenden Geister. Das Schicksal ersparte ihm den nachwirkenden Schmerz eines frühen Todes seiner geliebten und liebenswürdigen Frau nicht, aber er blieb doch fortwährend ein Liebling des Glückes. In seinem Gute Tegel fand er eine beneidenswerte Muße und in dem nahen Berlin die mannigfaltigste Anregung, bis er, ein noch rüstiger alter Herr, am 8. April 1835 starb.

Vierzehntes Kapitel.

Empirische Realisten. Johann Jakob Moser. Johann Stephan Pütter. Friedrich Karl v. Moser. Justus Möser. Gottfried Achenwall.

Die philosophische Richtung der Statswissenschaften war während des achtzehnten Jahrhunderts in Deutschland fast nur durch einige hervorragende Männer vertreten, die unter den höher Gebildeten einigen Anhang fanden, aber von dem Volke kaum gekannt und wenig beachtet waren. Daneben floß in breitem Bette langsam und trübe der Strom der gelehrten positiven Reichspublizistik; und die große Menge auch der Studierten folgte dieser Strömung. Ein unübersehbares Material von Akten und Kontroversen, wie sie die Sitten des altersschwachen römischen Reiches deutscher Nation angehäuft hatten, fand sich da beisammen, aber vergebens sucht man nach übersichtlichen Grundgedanken, nach klaren leitenden Ideen. Es gab sehr respektable Männer unter den deutschen Statsgelehrten dieser Zeit, aber äußerst selten erhob sich einer auf einen höheren Standpunkt. Ihre Arbeiten hatten für die damaligen Geschäfte und haben für die besondere Hof- und Landesgeschichte zuweilen heute noch einen Wert, aber für die allgemeine Statswissenschaft sind ihre vielbändigen Werke, die schon seit langem niemand mehr liest, fast ohne Bedeutung.

Dies gilt auch von dem ehrenfesten und rechtschaffenen schwäbischen Professor und Konsulenten Johann Jakob Moser (1701—1785), dem schreibseligsten Gelehrten der Welt. Sein Fleiß, seine Unbestechlichkeit, seine Treue, sein unerschütterlicher

Rechtssinn, sein tapferer Freimut, seine aufrichtige Frömmigkeit und seine biedere Vaterlandsliebe haben ihm ein rühmliches Andenken gesichert. Undank und Tyrannei des Landesfürsten haben den ehrwürdigen Veteranen schwer betroffen und seine Bürgertugend in das hellste Licht gestellt. In einer deutschen Litteraturgeschichte darf er nicht fehlen [1]. Aber in einer Geschichte der allgemeinen Statslehren nimmt er keinen merklichen Platz ein.

Ein mehr systematischer Kopf war Johann Stephan Pütter (geb. 1725, seit 1748 Professor in Göttingen, gest. 1807), der Nachfolger Johann Jakob Mosers und der gefeiertste Professor des deutschen Statsrechtes seiner Zeit. Mehr noch als jener kann dieser als der Repräsentant der historisch-positiven deutschen Statsgelehrsamkeit seiner Zeit angesehen werden. Seine Bücher waren nicht weniger gelehrt, aber planmäßiger gemacht und klarer geschrieben. In dem Labyrinth der deutschen Reichsverfassung war er ganz zu Hause und kannte die verschlungenen Wege vortrefflich. Er war ein sehr beliebter und bewunderter Dozent und galt als die größte Autorität in publizistischen Spruchsachen.

Aber er war doch nicht mehr als ein formelles Talent. Er konnte das Material, wie es die deutsche Reichspraxis lieferte, zweckmäßig gruppieren und unter juristische Formeln und Regeln bringen. Aber von den bewegenden Kräften des Statslebens hatte er keine Ahnung und die Idee des States war ihm etwas Unfaßliches. Er war geneigt, das Recht als ein Erzeugnis der Geschichte zu fassen, aber von dem Werden des Rechtes und den Wandelungen der Völker wußte er dennoch nichts. Seine Statslehre ist der Niederschlag der äußeren Erfahrung, empirisch eher als wahrhaft historisch. Die herkömmlichen Verhältnisse erscheinen ihm wie die absolute Rechtsnotwendigkeit. So erbärmlich die Zustände des heiligen deutschen Reiches waren, er hält sie dennoch

[1] Vgl. außer seiner Selbstbiographie über ihn den Artikel im Deutschen Statswörterbuch, von Bopp in dem Statslexikon von Rotteck und Welcker, und R. v. Mohl, Gesch. d. Statswissenschaft 2, 401 ff.

für unverbesserlich in der Hauptsache, und so wenig Verständnis für die neue Zeit und die neuen Statsideen hat er, daß er als Greis noch mitten in den gewaltigen Erschütterungen, welche die französische Revolution und ihre Kriege über Europa brachten, in demselben Jahre noch, in welchem die außerordentliche Reichsdeputation an dem alten Reiche die schmerzlichsten Operationen geschehen ließ, wie es dem französischen Konsul Napoleon Bonaparte nützlich schien — seine Überzeugung aussprach, daß, was auch noch kommen möge, das deutsche Reichs- und Statsrecht die unzerstörbare Grundlage der neuen Verfassung bleiben werde [1]). Pütter war ein fruchtbarer trefflicher Gelehrter, aber kein Stern der Wissenschaft; ein ausgezeichneter Professor des Statsrechtes, aber kein Statsmann und kein politischer Kopf. Wir finden das rühmlich, daß er im Gefühle seiner Naturanlage bei dem Professorenberuf verblieb, auch als ihm lockende Anerbietungen zum Eintritt in den höheren Statsdienst gemacht wurden [2]).

Fast nur die beiden geistreichsten Repräsentanten der empirischen und historischen Richtung unter den deutschen Statsgelehrten des vorigen Jahrhunderts, Friedrich Karl v. Moser und Justus Möser, erheben sich über die enge Gebundenheit und den beschränkten Gesichtskreis der übrigen und wagen es, gelegentlich allgemeinere Wahrheiten auszusprechen. Beide gelangen dazu, angeregt von dem Aufschwunge der klassischen deutschen Litteratur und getrieben vornehmlich von ihrem Charakter und ihrer Vaterlandsliebe. Ihre besten Gedanken kommen aus dem gesunden Herzen. Es fehlt zuweilen an der logischen Begründung und Darlegung, ihre Werke sind weniger Offenbarungen des wissenschaftlichen Geistes als des sittlichen Strebens, das verbunden ist mit einer aufmerksamen und scharfen Beobachtung des mannigfaltigen Lebens, der Sitten der Höfe und des Volkes und der hergebrachten Formen der Rechtsordnung.

---

1) Vorrede zu den Institutiones juris publici Germanici, Ausg. v. 1802.

2) Pütter, Selbstbiographie. 2 Bde. Göttingen 1798. R. v. Mohl, Gesch. u. Litt. d. Statsw. 2, 425 ff., und Kaltenborn im Deutschen Statswörterbuch.

Friedrich Karl v. Moser, der Sohn und Schüler des alten Johann Jakob Moser (geb. zu Stuttgart am 18. Dez. 1723), ward schon in dem väterlichen Hause in die Irrgänge des deutschen Reichs- und Landesrechtes eingeweiht und folgte auch in den ersten Jahren seiner praktischen Wirksamkeit dem Schicksale des Vaters. Mit diesem trat er zuerst in die Dienste des Landgrafen von Hessen-Homburg (1747) und verließ dieselben wieder, um dem Vater nach Hanau zu folgen. Neuerdings von der Witwe des Landgrafen von Hessen-Homburg in die Dienste dieses kleinen Fürstentumes berufen, ging er bald zu größerer Wirksamkeit über, im Dienste des Landgrafen Ludwig von Hessen-Darmstadt, und lebte einige Zeit als hessischer Gesandter in Frankfurt am Main, wo er mit Goethe bekannt wurde. Die Eitelkeiten und das Verderbnis an den kleinen deutschen Höfen lernte er damals schon aus dem Grunde kennen. Der regierende Landgraf Ludwig hatte durch seine schlechte Regierung und Verschwendung das Land in Schulden gestürzt und tief herabgebracht, und von dem Erbprinzen war wenig zu hoffen. Dieser spielte mit Soldaten wie jener mit der Jagd. Nur „Einen Mann" gab es an dem Hofe, nach dem Scherzworte Friedrichs des Großen, die verständige und energische Erbprinzessin Henriette Christiane Karoline, eine Wittelsbacherin aus dem Hause Pfalz-Zweibrücken-Birkenfeld. Diese Fürstin erkannte und ehrte den bedeutenden Charakter Mosers. Vermutlich war sie „die Herrschaft, welche den rühmlichen Vorsatz einer guten Regierung gefaßt"[1]) und Moser veranlaßt hatte, sein Buch: „Der Herr und der Diener" geschildert mit patriotischer Freiheit zu schreiben (1759). Vom Jahre 1763 an finden wir Karl v. Moser als Geheimerat des Landgrafen von Hessen-Kassel thätig und 1766 ging er in österreichische Dienste über. Kaiser Joseph II. ernannte ihn zum Reichshofrat und erhob ihn in den Reichsfreiherrnstand. Auch in dieser Stellung verblieb er

---

[1]) Vorwort.

nicht lange. Da inzwischen der frühere Erbprinz von Hessen-Darmstadt zur Regierung gelangt war, so gelang es dem Einflusse seiner Gemahlin, Moser zum leitenden Minister des Landes zu machen (1772). Als „Geheimeratspräsident“ stand er nun an der Spitze der darmstädtischen Verwaltung, brachte Ordnung in die zerrütteten Finanzen, stellte eine Menge von Mißbräuchen ab und hob den tief gesunkenen Wohlstand des Landes. Natürlich machte er sich am Hofe und unter den Schmarotzern des Fürsten zahlreiche Feinde, deren Bemühungen es endlich, nach dem Tode der Fürstin, gelang, ihn zu stürzen. Moser nahm und erhielt in ehrenvoller Weise seinen Abschied im Juni 1780. Indessen das genügte dem Hasse und der Rachgier seiner Feinde nicht. Er sollte auch moralisch vernichtet und die Ungnade des Fürsten zur Verfolgung des kühnen Mannes ausgebeutet werden. Seine Verwaltung und das Rechnungswesen wurden einer näheren Prüfung unterworfen. Anfangs beobachtete man noch einige Schonung in den Formen. Der Landgraf selbst hielt es für nötig, seine Geheimen Räte zu ermahnen, daß sie die Ehre und den guten Leumund des vormaligen Präsidenten sorgfältig dabei wahren, „indem ich“ — wie er wörtlich beifügte — „mit seinen Diensten zufrieden bin und gestehen, ja zu seinem unsterblichen Ruhme sagen muß, daß er mich aus meinem Labyrinth gezogen, woraus die übrigen Herren mich nicht ziehen können“. Später noch schrieb der Landgraf in derberem Stile: „Ich muß ihm (Moser) die Gerechtigkeit widerfahren lassen, daß er mich nicht nur aus dem Kote gezogen, sondern auch während seiner ganzen Dienstzeit mit ängstlichen Klagen über die Unzulänglichkeit des Kammeretats nicht beunruhigt hat.“ Aber der schwache Fürst war außer Stande, der Rachsucht der Höflinge und der Beamten zu widerstehen. Ohne Urteil und Recht wurde Moser durch einen Geheimeratsbeschluß die höchste Ungnade und Landesverweisung angekündigt. Als Moser sich das widerrechtliche und schmähliche Verfahren nicht gefallen ließ und sich an den Reichshofrat um Schutz wandte, wurde von diesem kaiserlichen Gerichte das Verfahren aufgehoben und der Landgraf verurteilt, dem gekränkten Manne Genugthuung zu gewähren. Diese Zurechtweisung diente aber nur, der Verfolgung eine andere Form zu geben; und nun wurde dem Präsidenten der Prozeß gemacht und vorläufig sein Gut mit Beschlag belegt. Auch dagegen erwirkte Moser wieder ein Nichtigkeitsdekret des Reichshofrates, aber gelangte deshalb doch nicht zu der verdienten Genugthuung. Erst der Tod des Landgrafen Ludwig IX. (April 1790) bewirkte wie eine Umgestaltung der Regierung so auch eine Änderung in seinem Schicksal. Der neue Fürst, der nachmalige Großherzog Ludwig I., hob das Prozeßverfahren gegen Moser auf, ersetzte ihm den erlittenen Schaden, gab ihm eine Pension und suchte das Unrecht des Vaters wieder gut zu machen. Moser starb zu Ludwigsburg im Jahre 1798.

Friedrich Karl v. Moser war ein Mann der That noch mehr als der Schrift, obwohl er auch diese mit großer Energie und Sicherheit handhabte. Sein Stil ist wie er selbst, voll Mark und allezeit schlagfertig. Sein psychologischer Scharfblick ist bewundernswürdig, mit wenig Zügen versteht er meisterhaft zu charakterisieren. Seine Sätze sind kühn, sein Freimut ist ungestüm und nur durch den feinen Humor gemildert. Seine Bilder sind farbig und seine Zeichnung ist jedermann verständlich. Ein sittlich-ernster Geist und ein lebendiges Christentum leuchten aus seinen Schriften hervor und bewachen den Hintergrund, wenn er der heiteren Laune hastig die Zügel schießen läßt. Seine politischen Schriften sind voll von trefflichen Beobachtungen und nützlichen Maximen. Das Hofleben und den Fürstendienst seiner Zeit hat er mit einer naturalistischen Wahrheit geschildert, welche die romantischen Verehrer der „guten alten Zeit“ erschrecken muß. Aber merkwürdigerweise hat auch dieser in mancher Hinsicht echt freie Geist keine Spur von Verständnis für die Macht der modernen Statsideen, welche in demselben Jahrhunderte anfingen die Welt zu bewegen. Für Friedrich den Großen hat er Bewunderung, „seine Thaten sind für ihn ein Gedankenfest“, aber „der Adler schwingt sich in Höhen“, in die er ihm nicht folgen kann. Vielleicht, meint er, werde sich in Zukunft „ein Newton unter den Politikern“ finden, der diesen Geist bemesse. Er selbst verzichtet darauf, ihn zu verstehen (Herr und Diener S. 19). Aus dem Gedankenkreise des fürstlichen Patrimonialstates kommt auch er nicht heraus, obwohl er die Schwächen und Mängel desselben deutlich sieht und nachweist. Er fühlt es wohl, daß eine neue Zeit begonnen habe, aber der wissenschaftliche Geist ist doch nicht in ihm aufgeweckt. Die empirische Schule hält ihn gebannt und gebunden. Er ist ganz aufrichtig der Meinung daß das Christentum auch die Quelle der Statskunst sei.

„Der Herr und der Diener“ ist ohne Zweifel seine beste politische Schrift. In höherem Alter, als er sich nach Mannheim von den darmstädtischen Verfolgungen zurückgezogen hatte, gab er ein ähnliches Büchlein heraus: „Über Regentenregierung und Minister. Schutt zur Wegebesserung des künftigen Jahrhunderts“ (Frankfurt 1784). Daneben ließ er Luthers Fürstenspiegel wieder drucken (1783). Eine Anzahl „moralische und politische Schriften“ waren schon früher gesammelt worden in zwei Bänden (Frankfurt 1764).

Einige Auszüge werden die Meinung und den Stil des Mannes am besten darstellen.

Über die deutschen Fürsten schreibt er: „Sollte man in einem Reich der Welt die größte Anzahl edelmütiger und würdiger Regenten finden können, so müßte es in Deutschland sein, denn unsere Verfassung benimmt einem Regenten keine Gelegenheit, Gutes zu thun; ja man weise noch einen Stat in Europa auf, in welchem ein Herr, dessen Gebiet nur etwa etliche Stunden im Umfang hat, seine Unterthanen glücklich machen kann, sobald er nur will; und wenn man hie und da einen dieser Herren findet, der mit dem Häuflein seiner Unterthanen wie ein liebreicher Vater mit seinen Kindern lebt, so ist es ebenso unmöglich, einem solchen würdigen Regenten die Bezeugungen der herzlichsten Ehrfurcht zu versagen, als man andererseits einen kleinen Tyrannen, der, da er nichts mehr erschinden kann, die Religion selbst zum Deckmantel seines Eigennutzes gebraucht, billig mit dem Stempel ewiger Schande bezeichnet. Allein ich sage es mit patriotischen Thränen, wie so sehr wenig seind auch Regenten, welche das so teure Geschenk der deutschen Freiheit ohne Mißbrauch gebrauchen?" (Herr und Diener S. 22).

Schon in der verkehrten Erziehung der künftigen Regenten findet er die Ursachen vieler Fehler. Er tadelt es, daß die Erbprinzen nicht arbeiten lernen. „Die Hofschranzen und Müßiggänger behaupten es als einen Glaubensartikel, daß die Arbeit eines Fürsten und Herren unanständige Beschäftigung sei und sie davor ihre Leute und Diener hätten." Allerdings braucht ein Fürst nicht wie ein Regierungsrat zu arbeiten: „Wenn die Wände seiner Kabinette mit Aktenschränken bekleidet sind, so ist das ebenso ein Zeichen einer unsystematischen Regierung, als wenn sie bloß mit Peitschen und Hirschgeweihen ausgeschmückt sind. Der Baumeister muß zwar den Riß und Modell des ganzen Gebäudes beständig vor Augen und den Maßstab in der Hand haben, sein Kopf braucht aber keine Leimengrube und sein Zimmer keine Holzkammer zu sein, es ist genug, daß er das Ganze übersieht und das Detail in Gang und Ordnung, in rechter Qualität und Quantität erhält. Die mehrsten unserer jungen Fürsten verstehen aber weder jenes, noch bekümmern sie sich um dieses." „Ein Prinz trägt nicht das geringste Bedenken, mit einem Junker ganze Tage zu Parties de plaisir anzuwenden, aber die meisten dieser Herren würden sich vor diesen ihren Zeitvertreibern schämen, wenn es herauskäme, sie hätten einen bürgerlichen Geheimen Rat besucht, um sich von ihm über Landessachen belehren zu lassen" (H. u. D. S. 28 f.).

Eine andere Ursache vieler Übel erkennt er in der vorzugsweise militärischen Ausbildung der Fürsten. Diese Methode, die von Paris nach Berlin übergegangen und dann überall nachgeahmt worden ist, erklärt „das despotische Wesen vieler unserer deutschen Herren, die harte Behandlung der Unterthanen, die mannigfaltige Übertretung der heiligsten Versprechen und Verbindungen mit ihren Landständen, die Unwissenheit der mehrsten Regenten in ihren eigentlichen Pflichten" u. s. f. (S. 45). Wenn der Prinz lange „dient", bevor er zur Regierung kommt, so „lernt er nur allzuleicht diejenige Art zu befehlen, welche dem Kriegsstand eigen ist und nur in demselben ohne Schaden Platz findet. Er gewöhnt sich, von seinen Ministern, Räten und Unterthanen denjenigen blinden unbedingten und keiner Überlegung oder Widerspruch Raum lassenden Gehorsam zu verlangen, den man einem in die Trancheen kommandierten Offizier und zum Sturmlaufen ausersehenen Soldaten zumuten kann" (S. 50).

Damals war noch der fürstliche Menschenhandel in Form von Subsidientraktaten im Schwang: die Hessen voraus wußten davon zu erzählen. Es versteht sich, daß Moser sich bitter dagegen äußert. „Man nenne das deutsche Land, welches von Subsidientraktaten jemals einen Nutzen gehabt hat. Wem ist aber ein Fürst die höchste, nächste und erste Rücksicht schuldig? Sich selbst oder dem Land?" (S. 59). Er heißt die Fürsten, die ihre Unterthanen so als Soldaten verhandeln, „Landesväter, die um fremdes Geld ihre Kinder erwürgen", und droht ihnen mit dem Zorn und Gerichte Gottes (S. 67).

Die autokratische Einbildung geißelt er mit scharfem Spotte. „Alle Regenten prangen in dem Prädikat selbstregierender Herren, sie sind es aber alle so wenig, als wenig alle so im Harnisch gemalt werden Helden sind." Er erinnert daran, daß jedermann die Pflicht habe, mit seiner Bestimmung auch seine Gaben und Fähigkeiten zu prüfen. Auch der Regent ist dieser Pflicht der Selbstprüfung nicht enthoben. „Wer nicht selbst regieren kann, muß es durch andere thun; unglücklich ist ein Haus, dessen Herr aus Furcht, man möchte ihn übersehen, sich von niemand raten lassen will. Dreimal glücklich ist Herr und Land, dessen Regent hinlängliche Fähigkeit und eine feste Neigung hat, wohl zu regieren, der aber so viel Überlegung besitzt, nichts ohne guten Rat vorzunehmen, und der sich von dem Stand eines mittelmäßigen Geistes dadurch erhebt, wann er Bescheidenheit genug hat, um große Männer zu Gehülfen an dem Ruder der Geschäfte neben sich zu sehen" (S. 76).

„Man ist es von Fürsten gewohnt, daß sie je ein oder zwei Jahre eine verständige Person übers Meer schicken, um Hunde, Pferde und Falken einzukaufen; man hat ferner Beispiele, daß sie die Kosten von zehn und mehr tausend Gulden nicht bereuen, um einen Flügelmann von außerordentlicher Größe zu erhalten. Würde ein solcher Herr nicht denjenigen für einen Träumer und Schwärmer halten, der ihm die Zumutung thun wollte, etliche tausend Gulden anzuwenden, um ehrliche und geschickte Männer in den Dienst zu bringen, und gleichwohl besteht das größte Präsent, so ein Minister seinem Herrn machen kann, darin, wann er tapfere und redliche Männer im Dienst anzieht und selbige auswärts herbeizuschaffen sucht" (S. 154).

Die wünschenswerten Eigenschaften eines Ministers schildert Moser so: „Ein Minister muß eine beugsame Seele haben, die sich mit Leichtigkeit zu allen Dingen herablassen, mit mannigfaltigen Geschäften beschäftigen und aus einer Sache in die andere übergehen kann, ohne daß solches die Deutlichkeit seiner Begriffe verwickle oder die Heiterkeit des Gemütes verdunkle. Diese Eigenschaft mildert den Eigensinn, einen Fehler, der sich mit den Jahren, unter der Menge vieler und verdrießlicher Geschäfte und durch die Gewohnheit zu befehlen, leicht ansetzt. Wie wenig aber Eigensinn mit einer gewissen Standhaftigkeit zu verwechseln sei, bedarf wohl nicht erst einer Erläuterung, denn zu dem Titel eines eigensinnigen Mannes kann man endlich bald genug kommen, wenn man nicht blindlings alles thun will, was ein wirklich eigensinniger, ungerechter und verschwenderischer Herr oder dessen Maitresse und Favorit haben will. Ein Minister muß ein gewisses Feuer haben, doch nicht brennend, zehrend und von sich schmetternd, sondern eine (moralischer Weise) elektrische Kraft, mit welcher er Funken des Fleißes, Eifers und einer unschädlichen Erschütterung in diejenigen streut, die ihn sehen, hören und mit und unter ihm Geschäfte zu behandeln haben. Ein schläfriges Ministerium wirkt in die Regierung eines Landes mit ebenso nachteiligen Folgen, als sich bei den stockenden Säften eines nicht genug bewegten Körpers ergeben" (S. 244 f.).

Damals schon fing das Übel der Bureaukratie an, flechtenartig um sich zu greifen. Die kleinen Fürstentümer ahmten die Verzweigung der Geschäfte, wie sie zuerst in Preußen im Interesse einer größeren Pünktlichkeit und Sicherheit der Bewegung eingeführt war, ungeschickt nach und brachten so Schwerfälligkeit und Verwirrung hervor. Moser spottete über die Großthuerei in einem Ländchen von einigen Dörfern und einer kleinen Stadt, welche nur eine Regierungskanzlei, Konsistorium, Kammer, Hofmarschallamt, Forstamt, Bauamt und Polizeiamt für nötig erachte, und erzählt von einem wahren Fall, in dem einige zerbrochene Schieferplatten des Schloßdaches, welche auf einen einfachen mündlichen Befehl ebenso sicher geflickt worden wären, fünf Kammerdekrete erfordert haben. Würde er die heutigen Zustände gekannt haben, so hätte er leicht schlimmere Beispiele anführen können.

Die spätere Schrift unseres Moser über Regenten und Minister ist noch mehr in aphoristischer Manier gehalten. Sie ist die Ergänzung der vorigen durch neue Erfahrungen. Aber merkwürdig und erquickend zugleich ist es, zu sehen, daß die gute Laune den gestürzten und geächteten Minister nach Mannheim in seine gelehrte Muße begleitet hat. Freilich verschont er seine Feinde nicht. „An einem großen Hof muß man viel ausstehen, der würdigste Mann besteht selten oder gar nicht gegen die Familienketten. Aber man läßt ihn doch eher in Ruhe, belohnt seine Arbeit, macht ihm sein Leben angenehm und leicht. An einem kleinen Hof hingegen geht's gleich auf ehrlichen Namen, auf Leben und Tod, sobald man einer Kette von Schurken mißfällt" (Reg. u. Min. S. 37). Aber heiteren Sinnes freut er sich, daß die Sitten doch milder geworden sind und in Ungnade gefallene Minister doch nicht mehr so leicht wie früher enthauptet werden. „Unter 20 abgedankten oder zu freiwilliger Ruhe des Alters eingegangenen Ministern großer und kleiner Höfe wird man immer 12 bis 15 finden, die zuletzt Gärtner und Landleute geworden. Das ist ein herrlicher Stoff zum Moralisieren" (S. 119). Ganz nach der Natur gezeichnet sind folgende Schilderungen: „Zu dem besten, überlegtesten, wohlthätigsten Plan und Vorschlag eines Ministers ist nicht allemal genug, daß ihn sein Herr fasse und billige, das Nachtministerium muß auch nichts dagegen einzuwenden haben: die Gemalin, die Maitressen, die Kammerdiener, die Beichtväter. Wo nun ein solches Heckenkabinett vorhanden ist, da muß eine Sache nicht nur vorgetragen, sondern vorher auch unterbaut werden. — Wann ein Herr seines Ministers müde ist und ihn doch nicht gehen heißen mag, so darf er ihn nur die kleinen Demütigungen und Neckereien empfinden lassen, an denen die Höfe so sinnreich und so fruchtbar sind, und wozu sich tausend willige Hände vor einen darbieten. Wann aber die Mine gut angelegt ist und die Maschinen in harmonische Bewegung gesetzt sind, so ist die Wirkung unfehlbar. Will sich der gute Mann beklagen, so ist Mißverstand, Übereilung, Etourderie von diesem und jenem die erste Entschuldigung, die Rollen werden anders ausgeteilt, das Spiel bleibt immer das nämliche; klagt er wieder, so heißt's unzeitige Empfindlichkeit, Stolz, Prätension, Unverträglichkeit; endlich wird er argwöhnischer, mit sich selbst mißvergnügter, hypochondrischer, schwarzsehender, gallsüchtiger Träumer und Visionär, bald ausgelacht, bald ausgeputzt und das Spiel geht seinen Gang immer fort, der gute Mann stieg in solchem Zustande ebenso leicht auf den Vesuvius, als er an Hof geht; endlich brennt's durch, er kann nicht mehr und thut, was man schon lang von ihm erwartet, er geht, muß sich noch ins Angesicht vorlügen lassen, wie nahe dem Herrn die Trennung gehe. Wo dies Rezept helfen soll, muß der Herr mit einem Manne zu thun haben, der Gefühl von Ehre und Achtung vor sich selbst hat. Bei Taglöhnern hilft's nichts, die kann er — beißen, so oft er will, ihre Weiber und Töchter schänden, ihre Söhne debauchieren, ihnen die Fenster einwerfen oder ihnen auch wie der Kaiser von Marocco seinem Minister Schmuel auf einmal 50 auf die Fußsohle geben lassen, sie bleiben ihm doch" (S. 141).

Die Gedanken Friedrich Karls v. Moser bewegen sich fortwährend in demselben Kreise. Der ganze Stat und das öffentliche Leben erscheint ihm immer in der Gestalt des Herrn und seines Dieners. Der Begriff des Volkes existiert noch nicht für ihn. Man muß die Schriften dieses klarsehenden, bis zur Derbheit aufrichtigen und in die öffentlichen Geschäfte völlig eingeweihten Statsgelehrten lesen, um den unbeschreiblich kläglichen Zustand zu bemessen, in dem das politische Leben in Deutschland während des vorigen Jahrhunderts sich befunden hat.

Ganz dieselben Eindrücke bekommt man, wenn man die Schriften eines anderen Patrioten aus jener Zeit zur Hand nimmt, der die Dinge nicht von der Höhe des Landesherren, sondern von unten aus dem Standpunkte des Bürgers und Bauern betrachtet, ich meine des trefflichen Justus Möser.

Geboren zu Osnabrück den 14. Dezember 1720, gehörte seine ganze Wirksamkeit zunächst dem kleinen paritätischen Hochstifte Osnabrück in Westfalen an. Er bekleidete nach einander verschiedene Justizstellen, zuerst als Advokat und Syndikus der Ritterschaft, dann als Richter, zuletzt als geheimer Justizreferendar, und erwarb sich in allen Stellungen das Vertrauen eines redlichen, wohlwollenden, geschäftskundigen und tüchtigen Mannes. Er starb in allgemeinem und hohem Ansehen am 6. Januar 1794[1]). Sein Andenken lebt in seiner Heimat noch heute unter allem Volke, und vor wenigen Jahren noch erwiesen seine Mitbürger ihm die Ehre eines öffentlichen Denkmals.

Möser ist der edelste Repräsentant der historisch-realistischen Statsweisheit jener Zeit. Im entschiedensten Gegen-

[1]) Mösers Leben von Friedrich Nicolai, in dessen vermischten Schriften (Berlin 1797) Bd. 1. Wegele im Deutschen Statswörterbuch Bd. 7.

satze gegen Rousseaus radikale Spekulationen wendet er der vaterländischen Geschichte seine Aufmerksamkeit und seine Liebe zu. Er ist ein Konservativer von echtem Schrot und Korn, ein Freund der naturwüchsigen Volkssitte und der überlieferten Rechte, keineswegs willens, alle alten Mißbräuche und Vorurteile zu bewahren, aber bemüht, durch Erklärung und Wiederbelebung des Geistes der alten Institutionen diese so gut als möglich vor dem negierenden Aufklärungseifer seiner Zeitgenossen zu retten, mißtrauisch gegen die Neuerungen der Weltverbesserer, aber selber fruchtbar an mancherlei nützlichen Reformvorschlägen. Ein mehrmonatlicher Aufenthalt in England im Jahre 1761 hatte ihm eine weitere Aussicht in das politische Getriebe eröffnet, als die enge Heimat gewährte.

Auch sein Herz schlägt für die Freiheit, aber sein Ideal der Freiheit ist von dem Rousseaus total verschieden. Den Kern der deutschen Nation findet er in dem Bauernstande. Ein Verband von freien Grundeigentümern, die ihren eigenen Boden bebauen und die alte Sitte derb und stark fortpflanzen, das ist das Ideal, woran seine Seele hängt. Er bildet sich ein, der ursprüngliche Zustand der germanischen Volksgemeinde bis auf Karl den Großen entspreche diesem Ideal am besten. Wie Rousseau von der Rückkehr aus der städtischen Kultur in die Wildheit des Waldlebens die Hülfe suchte, so kehrt Möser, um Erfrischung und neue Kraft zu holen, in die „goldene Zeit" der germanischen Urfreiheit zurück, „wo noch jeder deutsche Ackerhof mit einem Wehren besetzt, kein Knecht auf dem Heerbannsgut gefestet, nichts als hohe und gemeine Ehre in der Nation bekannt und der gemeine Vorsteher ein erwählter Richter war" [1]). Er schwärmt nicht für das Mittelalter. Er beklagt es, daß schon von Ludwig dem Frommen an „aus Einfalt, Andacht, Not und falscher Politik die Gemeinen den Geistlichen, den Bedienten (Ministerialen) und Reichsvögten geopfert" worden seien. Als

[1]) Vorrede zur osnabrückischen Geschichte. Osnabrück 1768.

die gemeine Ehre verschwand und nur noch die Dienstehre Geltung fand, als die Freiheit in dem Herrendienste unterging, als der ganze Reichsboden aus dem Eigentum sich in Lehen-, Pacht-, Zins- und Bauerngüter verwandelte, war das Verderben nur noch durch die Bildung eines Unterhauses zu überwinden, aber dazu fehlte es den Kaisern an der Kraft. Es war nach Mösers Meinung fast ein Glück, daß die Landeshoheit entstand und die Landesherren in dem Reichsoberhaupt auf der einen und in den Landständen auf der anderen Seite die nötige Beschränkung fanden.

Möser hat nur eine Einleitung zur osnabrückischen Geschichte geschrieben, aber dieser Einleitung hat die vaterländische Geschichtsforschung viel Anregung und die vaterländische Gesinnung der Deutschen viel Aufmunterung zu verdanken. Der heutigen Kenntnis der Rechtsgeschichte erscheint manches darin als unreif und unhaltbar, aber in den stammelnden ersten Versuchen, die dunkle Vorzeit aufzuhellen, offenbart sich doch ein männlicher Geist und ein ehrenwerter Patriotismus.

Aber wir dürfen auch die Mängel in der ganzen Grundanschauung Mösers nicht verschweigen und können seiner Opposition gegen die radikalen Theorien doch nur eine vorübergehende und beschränkte Bedeutung zugestehen. Der altgermanische Freie, der allezeit bereit ist, sein Schwert zu zücken, der das blutige Spiel des Krieges der Arbeit des Friedens vorzieht, dessen unbändiger Trotz sich nur schwer und notdürftig einer Ordnung fügt, der zwar ein tiefes sittliches Gefühl für männliche Ehre und Freiheit in seiner Brust trägt, aber kein Verständnis hat für edlere Bildung, keine Neigung zu dem großen Gesamtwesen, das wir Stat heißen, dieser uncivilisierte Germane ist doch fast so wenig ein Vorbild für uns als der homme sauvage von Rousseau. So sehr wir es zu schätzen wissen, daß in dem Bauernstande ein unerschöpflicher Schatz von ursprünglicher Volkskraft angesammelt ist, unsere heutige Welt läßt sich doch von dem Standpunkte des Bauerntumes weder begreifen noch bestimmen.

Die Ehrfurcht vor den überlieferten Gütern der Vergangenheit ist uns achtenswert, aber Möser wird durch seine Vorliebe für den altfränkischen Stat und Sitte doch oft verleitet, auch ganz unhaltbare und verwerfliche Einrichtungen in Schutz zu nehmen. Er will wohl im einzelnen reformierend einwirken, aber die Macht des Bestehenden hängt sich dem schüchternen Reformator wie eine eiserne Kette an die Füße und hemmt seinen Gang bei jedem Schritte. Er traut sich nicht, seine wirkliche Meinung unverhohlen auszusprechen, aus Furcht, bei der fürstlichen Regierung und den adeligen Ständen das Vertrauen zu verlieren. Die wahrhaft konservativen Neigungen und Gaben des Mannes werden von der absolutistischen Reaktion in den Dienst genommen und ausgebeutet, und er weiß sich dieses Mißbrauches nicht zu erwehren.

Am bekanntesten unter seinen Schriften sind die patriotischen Phantasien[1]), herausgegeben von seiner Tochter; eine Sammlung von kleinen Aufsätzen von sehr mannigfaltigem Inhalte, die zuvor in einem periodischen Blatte einzeln erschienen waren. Sie besprechen alles Mögliche in mancherlei Formen, nicht ohne anmutigen Humor und mit liebenswürdiger Naivität. Neben juristischen Artikeln finden auch die Briefe einer Kammerjungfer ihren Platz, und neben Vorschlägen über das Armenwesen die Rechnungen über den Putz einer Majorsfrau. Bald begleitet er die sogenannten „Hollandgänger" aus Westfalen auf ihren Sommerreisen, bald handelt er von dem Kaffeetrinken. Politische Betrachtungen wechseln ab mit Sittengeschichten u. s. f. Aber überall ist es derselbe Charakter, der in allen diesen Formen erscheint, eine treuherzige und scharfsichtige, sittlich-strenge und wohlwollende Natur, welche in beschränkten Verhältnissen Treffliches leistet, deren enge historische Begriffe die alte Zeit nicht vor dem Untergange zu retten und die neue Zeit nicht zu begründen vermögen. Er trug den Zopf seiner Zeit mit Ehren, aber „der Zopf hing ihm hinten".

---

[1]) Patriotische Phantasien von Justus Möser. 4 Teile. Berlin 1778.

Als sogar die Reichsgesetzgebung in einer humanen Anwandlung im Jahre 1731 sich bewogen fand, ganze Klassen von „unehrlichen Leuten“ von diesem Makel zu befreien und für zunftfähig zu erklären, so sprach Möser dagegen sein Bedenken aus. Er war mit den Lehrern des kanonischen Rechtes davon überzeugt, daß die Ehre der Ehe darunter leide, wenn die „Hurkinder“ als ehrliche Menschen behandelt werden, und meinte, die „Schäfer“ haben kein Recht, sich zu beschweren, daß man sie aus der Genossenschaft der ehrlichen Leute ausschließe (Patr. Phant. 1, 289). Die hergebrachte Standes- und äußere Sittenordnung galt ihm mehr als der moralische Wert der Person; er stellte die Rasse höher als das Individuum. Das war wohl altgermanisch, aber es war nicht menschlich gedacht. Er fürchtete beständig, der Osnabrücker gehe verloren, wenn der Mensch zu Ehren komme.

Die mittelalterliche Fehde schien ihm „vernünftiger“ als der moderne Krieg, weil sie in engere Grenzen gebannt war und weniger Unglück verursachte, und das Faustrecht besser als das Völkerrecht, weil jenes ein Gottesurteil anerkannt habe, dieses aber von dem Starken rücksichtslos mißachtet werde (Patr. Phant. 1, 321). Er bedachte nicht, daß Fehde und Faustrecht den Krieg aller gegen alle zur Regel machten, die großen Kriege aber immer mehr zur Ausnahme werden, und übersah, daß trotz aller Theorien von Gottesurteilen im Mittelalter der Starke den Schwachen noch leichter unterdrückte und daß für die Mißachtung des Völkerrechtes das Völkerrecht ebenso wenig verantwortlich ist als Gott für den Sieg der rohen Gewalt über das waffenlose Recht.

Sein Rechtsbegriff ist auf den hofgesessenen Bauer gegründet und beschränkt. Die „Menschenrechte“ sind ihm verdächtig und zuwider. Er will dem Wechsel der Bevölkerung durch ausschließende Statuten steuern und macht den Vorschlag: „In jedem Kirchspiel sollten sieben geschworne hofgesessene Männer angesetzt und erwählt werden, von deren Urteil es abhangen soll, ob dieser oder jener Heuerling im Kirchenspiele zu dulden sei oder nicht? — Vielleicht denken einige, die Gerechtigkeit werde hierdurch verletzt und man könne keinen ohne ordentliches Recht des Kirchspiels oder des Landes verweisen. Allein eben hierin zeigt sich mehr Unverstand, daß wir nicht bemerken, wie den hofgesessenen Unterthanen oder den ursprünglichen Kontrahenten eines States (sic! man sieht, der konservative Historiker kann sich des Rousseauschen Gesellschaftsvertrags nicht erwehren) ein ganz ander Recht als jenen Flüchtlingen zu statten komme. Ein Hofgesessener muß nie des geringsten Teils seines Eigentums oder seiner Freiheit beraubt werden, ohne eine genaue und vollständige Untersuchung; der geduldete und aufgenommene Fremde hingegen hat hierauf keinen Anspruch" (Patr. Phant. 2, 5). — Wir danken Gott, daß dieser historische Rechtsbegriff, welcher sich vor dem Hofgute beugt und den Menschen mit Füßen tritt, einem rationelleren Rechtsbegriffe hat weichen müssen.

Möser ist ein entschiedener Gegner der „allgemeinen Gesetze und Verordnungen". Er erklärt sie „der gemeinen Freiheit gefährlich". Er schreibt: „Die Herren beim Generaldepartement möchten gern alles, wie es scheint, auf einfache Grundsätze zurückgeführt haben. Wenn es nach ihrem Wunsche ginge, so sollte der Stat sich nach einer akademischen Theorie regieren lassen und jeder Departementsrat im Stande sein, nach einem allgemeinen Plan den Lokalbeamten ihre Ausrichtungen vorschreiben zu können. Sie wollten wohl alles mit gedruckten Verordnungen fassen, und nachdem Voltaire es einmal lächerlich gefunden hat, daß jemand seinen Prozeß nach den Rechten eines Dorfes verlor, den er nach der Sitte eines nahe dabei liegenden gewonnen haben würde, keine anderen als allgemeine Gesetzbücher dulden. — Nun finde ich zwar diesen Wunsch für die Eitelkeit und Bequemlichkeit dieser Herren so unrecht nicht, und unser Jahrhundert, das mit lauter allgemeinen Gesetzbüchern schwanger geht, arbeitet ihren Hoffnungen so ziemlich entgegen. In der That aber entfernen wir uns dadurch von dem wahren Plane der Natur, die ihren Reichtum in der Mannigfaltigkeit zeigt, und bahnen den Weg zum Despotismus, der alles nach wenigen Regeln zwingen will und darüber den Reichtum der Mannigfaltigkeit verliert" (Patr. Phant. 2, 15).

Ganz in diesem Geiste des mittelalterlichen Partikularismus wirft er die Frage auf: Sollte man nicht jedem Städtchen seine besondere politische Verfassung geben? — „Ob es nicht eine größere Mannigfaltigkeit in den menschlichen Tugenden und eine stärkere Entwickelung der Seelenkräfte wirken würde, wenn jede große oder kleine bürgerliche Gesellschaft mehr ihre eigene Gesetzgeberin wäre und sich minder nach einem allgemeinen Plane formierte, das ist eine Frage, die noch immer eine Untersuchung verdient" (Patr. Phant. 3, 66). Wir kennen den Wert dieser autonomischen Gestaltung aller kleinen Bruchteile der Nation. Die Mannigfaltigkeit der Einrichtungen und der Statuten war unübersehbar geworden, und in ihr mochte sich auch eine gewisse Freiheit der Eigenart wohl fühlen. Aber die übertriebene Selbständigkeit der Glieder war die Auflösung des ganzen Körpers; die Herrschaften teilten sich in das Vaterland, die genossenschaftlichen Tugenden konnten sich wohl in philisterhafter Beschränkung zeigen, aber die nationalen Tugenden konnten sich nicht entfalten. Die Kräfte des Ganzen waren zerrissen; es gab wohl mancherlei öffentliche Ordnungen, aber die höchste Erscheinung der nationalen und der politischen Lebensgemeinschaft, der Stat, konnte sich nicht entwickeln.

Welch bitteren Beigeschmack jene süße Macht des Herkommens hatte, welches die allgemeinen Gesetze entbehrlich machte, darüber erzählt uns Möser selbst eine anmutige Geschichte. Ein junger Edelmann, der an einem hübschen Bauernmädchen ein lebhaftes Wohlgefallen fand, erbat sich von ihr einen Kuß, und das Mädchen hatte nicht übel Lust, ihm die Gunst zu gewähren. Aber die Mutter, die dem Spiele unbemerkt zugesehen, rief plötzlich hinter der Hecke: „Kind, thu's nicht, es möchte eine Pflicht daraus werden." Im ganzen Dorfe war man der Meinung, daß der Bauer, der seinen Hof mit einer neuen Pflicht beschwere, zur Strafe nach dem Tode noch spuken müsse. Vergebens erbot sich der Junker, den Kuß so insgeheim zu geben, daß niemand es erführe. Die alte Bäuerin ging darüber mit ihrem Manne zu Rate, und dieser versammelte die Hofsprache aller hofgesessenen Bauern. Die Männer meinten, auch das Geheimnis helfe nichts mehr, seitdem die Juristen den verwünschten Eid erfunden haben. Das Mädchen könnte den empfangenen Kuß doch nicht abschwören, und dann hieße es: der Gutsherr ist im Besitz, und der Besitz entscheidet alles. Aus der Gefälligkeit würde eine Pflicht. Nur wenn die Gutsherrschaft auf das Herkommen verzichte und wieder die Pflichten alle, die aus jedem Hofe gehen, öffentlich beschrieben und auf steinernen Tafeln in der Kirche aufgehängt würden, dann möge sie nach Belieben Küsse verlangen, und dann sei es ungefährlich, einen Kuß zu geben (Patr. Phant. 2, 492). Die Geschichte ist ganz in Mösers Geist. Der Hof ist das erste; für den Hof zu sorgen die heiligste Pflicht, den Hof zu belasten die schwerste Sünde. Dann erst kommen, wenn das Hofrecht gesichert ist, menschliche Verhältnisse zur Geltung.

Es ist ganz dasselbe enge Wesen, wenn er das Verbot, Selbstmörder auf den Kirchhöfen zu begraben, verteidigt: „Die Hauptursache, warum man hierin zu unserer Zeit milder ist als man ehedem war, liegt wohl in unserer immer spekulierenden und raisonnierenden Philosophie. Diese entweihet (!) fast alles; die Kirche oder das Haus, worin die Gemeine sich zum öffentlichen Gottesdienst versammelt, ist ihr nicht heiliger als der Berg, worauf der Nomade anbetet; die Kirchhöfe sind ihr gemeine Äcker, worauf man die Toten verscharrt; sie findet es ungroßmütig, diese letzte Ruhestätte einem armen hingefallenen Pilgrim zu versagen, und lehret, daß was Gott im Himmel aufnehme, wir arme kurzsichtige Geschöpfe in der Gruft nicht trennen sollten. Ist dieses nicht aber wiederum die Sprache der Menschenliebe, welche alle Hurkinder zunftfähig macht und den Menschen mit dem Bürger und Christen verwechselt? Heißt dieses nicht wiederum die Rechte der Menschheit über die bürgerlichen erheben, alle

Stände und geschlossenen Gesellschaften vernichtigen und die Menschen, wie im Himmel also auch auf Erden in gleiche Brüder und Erben verwandeln?" (Patr. Phant. 3, 74). Wunderliche Logik, welche nicht beachtet, daß die allgemeine Menschennatur der besonderen Gesellschaft von Menschen als ihre Grundbedingung vorgeht, daß wer Bürger eines States wird, doch nicht aufhört ein Mensch zu bleiben, daß die Bürger als Bürger verschiedener Staten verschieden, aber als Menschen gleichartige Personen sind, daß die besondere Mannigfaltigkeit der Vereine nur auf jener gemeinsamen Grundlage möglich, aber eben deshalb auch jeder verpflichtet ist, die Menschennatur in dem Mitmenschen zu achten. Überall gibt Möser der wandelbaren historischen Form den Vorzug, gesetzt auch, sie sollte das wesentliche Recht der Natur verletzen.

In einem sehr gelungenen Aufsatze unterscheidet er so das wirkliche und das förmliche Recht. Wir können es nur billigen, wenn er — darin ein echter Jurist — die Notwendigkeit des letzteren verteidigt: „Alle Menschen können irren, der König wie der Philosoph, und letztere vielleicht am ersten, da sie beide zu hoch stehen und vor der Menge der Sachen, die vor ihren Augen schweben, keine einzige vollkommen ruhig und genau betrachten können. Deswegen haben es sich alle Nationen zur Grundfeste ihrer Freiheit und ihres Eigentumes gemacht, daß dasjenige, was ein Mensch für Recht oder Wahrheit erkennt, nie eher als Recht gelten solle, bevor es nicht das Siegel der Form erhalten. Zur Form Rechtens gehört, daß es von einem befugten Richter ausgesprochen und in die Kraft Rechtens getreten sei. Dies ist ein Grundgesetz, worin ebenfalls alle europäischen Nationen übereinkommen, und der Monarch, der eine wirkliche Wahrheit gleich einer förmlichen zur Erfüllung bringen läßt, wirft dieses erste und jedem State heilige Grundgesetz, ohne welches es gar keine Sicherheit mehr gibt, über einen Haufen; ein Unternehmen, das die Weisheit Salomons nicht entschuldigen kann, da alle Weisheit in der Welt nur zur wirklichen, nicht aber zur förmlichen Wahrheit führt" (Patr. Phant. 4, 114).

In der That: das Recht bedarf der Form, um erkennbar und sicher zu sein und um äußeren Schutz zu gewähren, und aus Not müssen wir uns auch ein letztinstanzliches Urteil als rechtskräftig gefallen lassen, wenngleich es nur förmliches, nicht wirkliches Recht enthält. Aber sogar für die Rechtsordnung geht es nicht an, die Form zur absoluten Herrschaft über das Wesen zu erheben. Die Form muß noch ihre Kraft aus dem Wesen schöpfen. Die Autorität des förmlichen Rechtes besteht doch nur, weil es als der Ausdruck des wirklichen Rechtes angesehen wird. Ist aber die Form des Rechtes in einen so auffallenden Widerspruch geraten mit dem wirklichen Rechtsbewußtsein einer Nation, daß jener Glaube zerstört wird, so kann die leere Form nicht länger ihre Herrschaft behaupten und die frischen Lebenssäfte stoßen die welken Blätter ab.

Noch viel minder erlaubt ist es aber, die Form der Wahrheit über die Wahrheit selber zu setzen, und was für die Rechtspflege unentbehrlich ist, die Autorität eines endgültigen Entscheides, auch zum Gesetze der wissenschaftlichen und der Gewissensfreiheit zu machen, wie es Möser wirklich thut. „Wenn die wirkliche Wahrheit der förmlichen Wahrheit vorzuziehen wäre, so müßte jeder Pfarrer sich ein Bedenken daraus machen, das Glaubensbekenntnis seiner Kirche zu unterschreiben, sobald es seiner Überzeugung nach nicht wirklich wahr wäre, da er es doch unterschreiben kann, sobald er nur gewiß ist, daß es eine förmliche Wahrheit sei.“ Alle großen Entdeckungen neuer Wahrheiten der Wissenschaft oder des Glaubens sind nach schweren Kämpfen mit der Autorität der „förmlichen Wahrheit“ von ihren Vertretern errungen und von den Menschen angenommen worden. Wer daher jene Autorität unbedingt verehrt, der macht jeden Fortschritt des Geistes, so viel an ihm liegt, unmöglich.

Daß Möser noch an den hergebrachten ständischen Ordnungen hing und daß er die offenbare Zerrüttung, welche in alle diese Verhältnisse eingebrochen war, schmerzlich empfand, kann nicht befremden. Das Bedürfnis der Reform sah er wohl ein. Besonders merkwürdig ist der Aufsatz über die Adelsreform: „Warum bildet sich der deutsche Adel nicht nach dem englischen?" Eine einfache Nachbildung der englischen Einrichtung, daß immer nur Ein Erbe in das Recht des adeligen Vaters eintrete, hält er zwar für unthunlich, aber er will auf einem Umwege dasselbe Ziel erreichen. Er unterscheidet zwischen Adelsfähigkeit und wirklichem Adel und begründet jene zunächst auf die Geburt, diesen auf die Reichswürde oder den Besitz eines Herrengutes. Edelgeboren sind alle Kinder von adeliger Abkunft. Aber wirklicher Herzog, Graf, Freiherr soll nur sein können, wer ein Herzogtum, eine Grafschaft, eine Freiherrlichkeit besitzt. Die adelig Geborenen mögen jedes bürgerliche Geschäft betreiben dürfen, unbeschadet ihrer Adelsfähigkeit, die wirklich Adeligen nicht (Patr. Phant. 4, 248). — Zu meiner Überraschung sehe ich, daß hier Möser denselben Gedankengang eingeschlagen und auf dieselbe Unterscheidung zwischen allgemein vererbter Adelsanlage und persönlich verwirklichtem Adelsrecht als den Ausweg aus der vorhandenen Verwirrung aufmerksam gemacht, zu dem ich — damals ohne an sein Vorbild zu denken — ebenfalls gelangt bin, als ich die Frage einer Adelsreform einer Prüfung unterwarf (Deutsches Statswörterbuch 1, 32). Indessen hat Mösers Rat keine Reform zur Folge gehabt, und seitdem Möser geschrieben, ist mit dem Einsturz der deutschen Reichsverfassung und der Umbildung der Landesverfassungen auch die ganze öffentliche Rechtsgrundlage des deutschen und des landsässigen Adels zerstört worden. Es ist daher sehr zweifelhaft geworden, ob eine Adelsreform überhaupt noch möglich sei, und wahrscheinlicher, daß heute nicht mehr eine Restauration des alten Adels möglich, wohl aber die eine zeitgemäße Organisation der aristokratischen Klassen überhaupt ohne Rücksicht auf die historische Adelsinstitution eher ausführbar und wirksamer werde.

Fast noch mehr als mit dem Adel hat sich Möser mit der Leibeigenschaft und mit der Hörigkeit beschäftigt. Nach seiner Weise suchte er auch da vorerst das Institut zu erklären.

„Wenn ich auf eine alte Sitte oder alte Gewohnheit stoße, die sich mit den Schlüssen der Neueren durchaus nicht reimen will, so gehe ich mit dem Gedanken: die Alten sind doch auch keine Narren gewesen, so lange darum her, bis ich eine vernünftige Ursache davon finde, und gebe dann (jedoch nicht immer) den Neueren allen Spott zurück, womit sie das Altertum und diejenigen, welche an dessen Vorurteilen kleben, oft ohne alle Kenntnisse zu demütigen gesucht haben" (Vermischte Schriften 2, 115). Er fand daher auch für die Leibeigenschaft und für die Hörigkeit, welche er davon wohl unterschied, historische Ursachen, die nicht geradezu als unvernünftig zu bezeichnen waren. Was Wunder, daß er, besonders außerhalb der osnabrückischen Heimat, als ein Verteidiger dieser Zustände angesehen ward, welche dem Zeitbewußtsein als unwürdig und unhaltbar erschienen. Seine Schriften konnten nicht anders verstanden werden. Aber zu Hause nahm man eher Vormerk von den Milderungen und Reformen, die er antrug, und da kam er in den Verdacht, daß er im Stillen die Herrschaftsrechte zu untergraben versuche. Einmal schrieb er doch geradezu wenngleich sehr vorsichtig und fast zaghaft „gegen das Leibeigentum" (Verm. Schr. 2, 118) und wies auf den Weg hin, der auch die Eigenen zur Freiheit führe, den Weg der Verteidigung des Vaterlandes und der Soldatenehre.

Immer wieder zogen ihn Studien und Neigung zu den freien Volksständen des Bürger- und Bauerntums hin. In diesen das Selbstgefühl zu wecken, ihre Ehre zu beleuchten, ihre sittliche Kraft zu stärken, ihre Freiheit zu befestigen, das erschien ihm voraus eine würdige und lohnende Arbeit. Seine volle Liebe aber war bei dem Bauern, dessen Anhänglichkeit für die alten Sitten und dessen Abneigung gegen die neumodischen Theorien er von Herzen teilte. In dem Bauernstande sah er die wahre Grundlage des ganzen Gemeinwesens und die unerschöpfliche Quelle seiner Wohlfahrt. Im Scherz machte er sogar einmal den Vorschlag, die Fortpflanzung des Menschengeschlechts zu einem Privilegium der Bauern zu machen.

Der Gang der Zeit war übrigens nicht mit Mösers Wünschen in Übereinstimmung. Er erlebte es noch, daß die französische Revolution die ihm verhaßten philosophischen Abstraktionen zu verwirklichen unternahm und die überlieferten Rechte des Mittelalters in wildem Grimme zerschlug. Die für ihn peinlichen Erfahrungen trübten doch seinen Gleichmut nicht; und selbst die gute Laune verließ ihn nicht. Noch in seinen letzten Äußerungen verteidigte er eine verlorene Sache so gut er es vermochte. Im Jahre 1790 schrieb er in solcher Tendenz „Über das Recht der Menschheit als den Grund der neuen französischen Konstitution" (Verm. Schr. 1, 306), sowie „Über das Recht der Menschheit, insofern es zur Grundlage eines States dienen kann" (Verm. Schr. 1, 313).

Er kommt eben nicht hinaus über das Gewebe seiner Vorstellungen. In dem State sieht er eine Gesellschaft, aber nicht von Menschen, auch nicht von Volksgenossen, sondern anfänglich von „Gewahrten" Grundeigentümern, gewissermaßen von Besitzern von Landaktien, denen später die Besitzer von Geldaktien, d. h. die vermöglichen Bürger beitreten. Die übrige Menge ist nur bestimmt, „in die Brüche zu fallen" oder als Ausfüllsel zu dienen. Noch in einem seiner letzten Aufsätze: „Wenn und wie mag eine Nation ihre Konstitution ändern?" (Verm. Schr. 1, 335 ff.) bestreitet er das Recht einer Nation, sich beliebig eine neue Verfassung zu geben, aus dem Grunde, daß die Nation kein in sich einiges Wesen sei, sondern immer aus zwei Klassen bestehe, den älteren Besitzern und den neueren Nichtbesitzern. Er meint, „Beide Hauptklassen könnten zwar unter dem Namen Nation begriffen werden, aber es müsse doch einem jeden einleuchten, daß jede dieser Klassen ihr eigenes Verhältnis habe und einen besonderen Sozialkontrakt voraussetze, den ersten die Landeigentümer unter sich, den andern aber die Pächter mit jenen geschlossen hatten. Die letzte Klasse könne und müsse sich mit ihrem Kontrakte begnügen, welchen sie von der ersten erhalten habe, und die erste habe kraft des von ihr zuerst ergriffenen Besitzes und des dadurch erlangten Eigentums ein Recht, alle späteren Einkömmlinge davon auszuschließen, oder diesen Bedingungen vorzuschreiben, unter denen sie solches von ihm zu nehmen hätten. Dieses Recht fließe aus dem Begriffe des Eigentums und stehe sowohl jedem einzelnen Mitgliede in Ansehung des Seinigen als der ganzen ersten Klasse in Gemeinschaft zu, und diesemnach sei es offenbare Gewalt, wenn die zweite Klasse zusammentreten und sich und die Mitglieder der ersten für Menschen erklären und sich mit ihnen einer gleichen Disposition über das Landeigentum anmaßen wollten" (S. 341).

Auch Rousseau hatte den Stat nur als Gesellschaft begriffen, aber er hatte doch eingesehen, daß der Stat eine Einheit, eine Person sei und sein müsse. Möser steht noch mit beiden Füßen auf dem privatrechtlichen Boden und erniedrigt den Stat zu einer Aktiengesellschaft eines bloßen Teiles der Bürger, zu einem bäuerlichen Deichverband ohne volle Einheit, ohne wahre Persönlichkeit. Die moderne Wahrheit ist ihm daher auch ganz unverständlich, daß niemand in sich selbst, als Privateigentümer ein öffentliches Recht besitzen kann. Eben wie Privateigentum betrachtet er alle öffentlichen Rechte. Wie der Boden schon lange von glücklichen ersten Ansiedlern in Besitz genommen ist, so denkt er sich auch den Stat von den Fürsten und dem Adel in Besitz genommen. Wehe den Armen, die zu spät geboren wurden, um an der verteilten Welt irgend einen Anteil zu erhalten; und wehe den Völkern, deren Entwickelung gebunden bleibt an die Willkür der Grundherren. Diese beschränkte Lehre des absoluten Erbeigentumes wirkt auf dem Gebiete des öffentlichen Rechtes viel ausschließlicher und drückender als auf dem Gebiete des Privatrechtes, wo sie eine relative Berechtigung hat: denn die Vermögenslosen können doch durch Fleiß und Sparsamkeit Vermögen erwerben, aber die politisch Rechtlosen bleiben hoffnungslose Knechte ihrer älteren Brüder. Diese Ungerechtigkeit sollen wir uns als ein heiliges und unanfechtbares Erbteil deutscher Treue und gar deutscher Freiheit aufreden lassen! Das ist undenkbar.

Den Übergang von der mehr realistischen Empirie zu der historischen Richtung im eigentlichen Sinne bildet der gelehrte Zeitgenosse und Kollege Pütters, Gottfried Achenwall. Geboren zu Elbing in Westpreußen am 20. Oktober 1719, gleichzeitig mit Pütter von Marburg nach Göttingen berufen 1748, verblieb er daselbst als Professor bis zu seinem Tode, 1. Mai 1772.

Es ist bekannt, daß Achenwall zuerst die Statistik zu einer besonderen Wissenschaft erhoben hat, welche auch gegenwärtig noch unter den Statswissenschaften als die Lehre von den gemeinsamen Zuständen eine eigentümliche Stellung behauptet. Schon deshalb verdient Achenwall in einer allgemeinen Geschichte der Statswissenschaft eine ehrenvolle Erwähnung; denn je umfassender und verlässiger das Material ist, welches die Beobachtung und Klassifizierung der äußeren Erscheinungen des nationalen Daseins zur Stelle schaffen, um so sicherer wird auch die Arbeit der Rechts- und besonders der politischen Wissenschaft vorgehen und um so inhaltsvoller werden ihre Resultate sein. Die Statistik hat unzählige Vorurteile der Gelehrten und der Praktiker zerstört und zu vielen Verbesserungen des Völkerlebens Anstoß gegeben.

Achenwall lehrte in Göttingen auch Naturrecht und Politik und gab über beide Disziplinen kurze Grundrisse heraus. Im Naturrecht [1]) behandelt er die Grundbegriffe des allgemeinen Statsrechtes in der damals üblichen Weise und nach seiner Art nüchtern und verständig. Wie alle, so erklärt auch er die Entstehung des States aus Vertrag und unterscheidet das pactum unionis, den Einigungsvertrag, durch den alle einzelnen sich der Gesamtheit gegenüber verpflichten, die gemeinsame Wohlfahrt zu fördern, und diese den einzelnen gegenüber verspricht, ihnen Sicherheit und was für ihr Leben nötig sei zu verschaffen, von dem pactum ordinationis, dem Verfassungsvertrag, durch welchen die Einrichtungen hergestellt werden, welche

[1]) Prolegomena juris naturalis. 4. Aufl. Göttingen 1774.

jene Bestimmung des Ganzen erfüllen sollen. Diese Verträge werden von „Freien und Gleichen" (liberi et aequales) abgeschlossen (III § 91—93). Die Gewalten unterscheidet er, ohne sie noch in den Organen scharf zu sondern: 1. gesetzgebende; 2. exekutive (potestas executoria), die er erklärt als die Macht, dafür zu sorgen, daß, was die öffentliche Wohlfahrt erfordert, thatsächlich geschehe; 3. die Aufsichtsgewalt (potestas inspectoria), die dem Statistiker vorzüglich am Herzen lag. Diese Gewalten fordert er für den, dem die oberste Gewalt anvertraut ist, die er im letzten Grunde immer von dem Volke ableitet. 4. die Amts- und 5. Steuerhoheit; 6. Gerichtsgewalt; 7. Mannschaftsrecht; 8. Polizeigewalt auch in kleinen Dingen; 9. Kirchenhoheit, wobei er die individuelle Gewissensfreiheit nachdrücklich verteidigt und dem Stat in allen äußeren Kirchenverhältnissen nicht bloß ein Aufsichts- und ein Verteidigungsrecht gegen statswidrige Handlungen der Kirche, sondern auch ein Recht zuspricht, die Kirche insofern zu regieren, als das öffentliche Wohl es fordert; 10. die Leitung der auswärtigen Beziehungen und endlich 11. die Ausnahmegewalt, das sogenannte jus eminens. In der Frage des Widerstandes gegen Mißbrauch der Statsgewalt und der Auflehnung gegen offenbare Tyrannei erklärt er sich gegen die „Machiavellisten", wie er die Absolutisten freilich nicht richtig benennt, welche unbedingten Gehorsam verlangen, aber auch gegen die „Monarchomachen", welche dem Volke eine Strafgewalt über den Fürsten zuschreiben. Er verteidigt eine mittlere Meinung. Dem einzelnen, der verletzt wird, empfiehlt er, wenn alle gesetzlichen Mittel und Vorstellungen fruchtlos erschöpft sind, auszuwandern. Wenn aber das Recht aller oder eines bedeutenden Volksteiles verletzt wird, wenn ferner die friedlichen Mittel nicht helfen und die Gefahr der Fortdauer des Unrechtes größer ist für das Gemeinwesen als die Gefahr der gewaltsamen Erhebung, dann erklärt er den Aufstand für gerechtfertigt und die Entthronung des offenbaren Tyrannen für erlaubt (III § 201—205).

Endlich brachte Achenwall die auf deutschen Universitäten sehr vernachlässigte Wissenschaft der Politik in Göttingen wieder zu Ehren. Zuerst erschien sein Handbuch: „Die Statsklugheit nach ihren ersten Grundsätzen", im Jahre 1761, noch während des siebenjährigen Krieges [1]). Er selbst nennt das ein „Wagnis".

Er unterscheidet Statsrecht und Politik als zwei Statswissenschaften und erklärt die Politik als „die Wissenschaft der schicklichsten Mittel, den Zweck des States zu erreichen, oder auch als die Lehre von dem, was der Statsgemeinschaft nützlich oder schädlich ist" (1, 6. 7). Den Ausdruck Klugheit versteht er nicht in dem gemeinen, sondern in dem edelsten Sinne, der eher als Weisheit bezeichnet wird.

Für seine Politik fordert er eine historische Grundlage. Er setzt nicht einen abstrakten Statsbegriff voraus, wie ihn die Spekulation erdenkt, sondern den „wirklichen" Stat seiner Gegenwart (Vorrede § 4), mit seiner christlichen Religion, seinem Gold und Silber, seinen Kriegsmitteln, seinem Handel und seinen Machtverhältnissen. Zu diesem Behufe dringt er auf historische Vorbildung. Er selbst hat eine „Geschichte der vornehmsten europäischen Staten im Grundrisse" geschrieben, einen Vorläufer von Heerens „Geschichte des europäischen Statensystems". Er denkt nicht daran, für politische Wahrheiten die philosophischen Beweise zu verwerfen; aber er behauptet, daß die historischen Beweise ebenfalls nützlich, in manchen Fragen unentbehrlich seien und für die Praxis den Vorzug haben, daß ihre Beachtung mit geringeren Gefahren für den Stat verbunden sei und sicherer zu den angestrebten Zielen führe (Vorrede § 20—26).

Den Statszweck sieht er in der „gemeinsamen Glückseligkeit". Um dieselbe besser zu erreichen, sind die Familien zum State zusammengetreten, haben aus „der Vereinigung der vielen einzelnen Willen" den einen Statswillen gebildet (I, 1 § 8—10). „Die Statsklugheit besteht in der Geschicklichkeit, das Beste des

[1]) Ich habe die vierte Auflage vom Jahre 1779 vor mir.

ganzen States dergestalt zu besorgen, daß dadurch die Glückseligkeit aller und jeder Mitglieder samt und sonders wirklich befördert werde. Die Beförderung der äußerlichen Glückseligkeit eines Menschen besteht überhaupt in der Erhaltung und Vergrößerung seiner äußerlichen Vollkommenheit; in Absicht auf den Stat aber besteht solche besonders in der Sicherheit und dem Überfluß an zeitlichen Gütern aller Mitglieder des States samt und sonders; folglich daß ein jeder Bürger in Ansehung seiner Person, seiner Freiheit, seines Eigentumes, seiner Gerechtsame gesichert und ihm die Erlangung der Mittel seiner Wohlfahrt erleichtert werde; der ganze Stat aber in einer ungekränkten Ruhe und Freiheit erhalten und seine innerliche Stärke und äußerliche Sicherheit befördert werde" (§ 12. 13).

Dem Volke schreibt er die Grundgewalt zu: „Da das Volk seine Gesellschaft und oberste Gewalt nach freiem Belieben einrichten kann, so hängt es bloß von ihm ab, ob es die oberste Gewalt für sich behalten oder an jemanden übertragen und wie es solche übertragen will. Die Regierung eines States, welche nicht das Volk ist, heißt noch die oberste Gewalt, sofern diese Person berechtigt ist, solche unabhängig vom Volke zu führen. Sie besteht also eigentlich in dem Rechte der Ausübung der obersten Gewalt und muß daher mit der ursprünglichen obersten Gewalt des Volkes, die man zum Unterschied die Grundgewalt nennt, nicht verwechselt werden" (§ 23. 25).

Damit der Statszweck erfüllt werde, ist vorerst eine wohleingerichtete Grundverfassung nötig. Achenwall bespricht die verschiedenen Verfassungsformen in der herkömmlichen Weise, ohne neue Gedanken. Aber die Verfassung gewährt nur die Möglichkeit, daß nun die gemeinsame Glückseligkeit gefördert werde. Verwirklicht wird dieselbe erst durch eine kluge Regierung. Regieren ist ihm Sorge für das gemeine Beste und daher Pflichtübung auch der Fürsten: „Ein Fürst ist kraft der ihm obliegenden Reichsverwaltung schuldig, in allen seinen öffentlichen Handlungen die Glückseligkeit seines Volkes zu seinem unverrückten Augenmerk zu haben und solche nicht bloß zu seiner Nebenabsicht, sondern vielmehr zu seinem Hauptzweck zu machen" (II, 1 § 19). „Die Liebe des Fürsten gegen sein Volk ist das gewisseste und leichteste Mittel, die Gegenliebe der Unterthanen zu erlangen" (§ 26).

Er durchgeht sodann, freilich immer nur in wenig Sätzen, die verschiedenen Zweige der Verwaltung. Nur einiges ist daraus zur Charakteristik des Mannes und der Zeit anzumerken. Auf dem Gebiete der Justiz hält er große Reformen für nötig und verlangt insbesondere gute und klare Gesetzbücher. Mit Vorliebe bespricht er das Nahrungswesen und die Gewerbe. Es gibt, sagt er, zwei Grundvermögen des States, den Erdboden und die Arbeitstüchtigkeit der Bürger. Darauf beruht alles. „Die Statswirtschaft ist nur ein Teil der Statsklugheit" (II, 4 § 36). Als zwei Hauptthindernisse, welche die Verbesserung der Landwirtschaft erschweren, bezeichnet er die allen Neuerungen abgeneigte Denkungsart des gemeinen Landmannes und die Ausfuhrverbote gegen den Getreidehandel, die sogar in Teuerungszeiten das Übel vergrößern, statt es zu lindern (II, 4 § 13. 14). Bezüglich der Handwerke wirft er die Frage auf, ob die Innungen abzuschaffen seien? Den Handel betrachtet er als eine Hauptquelle des Nationalreichtumes und fordert von der Statsverwaltung, daß sie eine günstige Handelsbilanz im auswärtigen Handel zu fördern suche. Auch da tadelt er die Ausfuhrverbote im Geldverkehre. Den öffentlichen Kredit nennt er „ein Heiligtum, an dessen unverletzter Aufrechthaltung dem Stat alles gelegen ist" (II, 10 § 39), und will, daß dieser Grundsatz auch den Banken gegenüber sorgfältig beachtet werde. In religiöser Hinsicht empfiehlt er die Toleranz, obwohl er die Glaubenseinheit für einen Vorteil des Landes hält. Das Kriegswesen hält er für so entwickelt, daß es nicht leicht weiter vervollkommnet werden könne, wünscht aber, wenn die menschliche Erfindungskraft noch weitere Fortschritte machen sollte, daß diese Verbesserungen zum Vorteil der Verteidigung ausfallen möchten. Er tadelt „den vielfältigen Mißbrauch des Majestätsrechtes" in Ansehung des Kriegswesens (II, 11 § 20). Er bespricht ferner das Finanzwesen in mehreren Kapiteln und gibt schließlich auch einen Überblick über die Beziehungen der äußeren Politik im Frieden und im Kriege. Man soll im Kriege eine beständige Mäßigung ohne feindselige Leidenschaften und eine unveränderliche Bereitwilligkeit, billigen Friedensvorschlägen Platz zu geben, zeigen; die Kriegsverträge heilig erfüllen und die herkömmlichen Schranken des Kriegsrechtes und der Kriegsraison, wodurch die großen Drangsale dieser schrecklichen Landplage gemildert werden, niemals überschreiten" (III, 5 § 20).

Fünfzehntes Kapitel.

Die Vertreter der geschichtlichen Politik im Zeitalter der französischen Revolution. Edmund Burke. Friedrich Gentz. Johannes Müller.

Das Ringen des modernen Statsgeistes nach neuen Statsformen hat sich in dem letzten Viertel des achtzehnten Jahrhunderts vorzüglich in zwei großen Ereignissen versucht, in der Ablösung der nordamerikanischen Kolonien von dem englischen Mutterland und in der französischen Revolution. Beiden Ereignissen gegenüber nahm England eine feindselige Stellung ein; in Amerika wollte es die hergebrachte eigene Herrschaft über die Kolonien behaupten, auf dem europäischen Kontinente die Ausbreitung der französischen Herrschaft beschränken. In beiden Fällen war die englische Politik konservativ, sie wollte die historischen Zustände erhalten und befestigen; nicht bloß aus Interesse, auch aus Neigung. Die Aristokratie Englands wollte den amerikanischen Demos nicht aus ihrer Leitung entlassen und ward erschreckt von der zügellosen Wut, mit der die demokratischen Franzosen den alten Adel vertilgten und den Palästen den Krieg erklärten.

Aber der geistreichste Vorkämpfer der englischen Statsidee in der damaligen Zeit, Edmund Burke, verhielt sich doch ganz anders in der amerikanischen als in der französischen Frage. In der glänzenderen Jugendperiode seines Lebens war er ein entschiedener Reformer und geneigt, den Amerikanern dieselbe Freiheit zuzusprechen, welche dem Engländer teuer war. Erst im Alter wurde der Haß gegen die französische Revolution in ihm zur Leidenschaft. Man hat ihn daher mit Vorwürfen des Unbestandes in seinem Charakter und in seinen Meinungen überschüttet, und das Verhältnis zu seinen früheren Freunden, insbesondere zu Fox, ist durch die Wendung seiner Parteinahme ernstlich getrübt worden. Burke hat sich gegen diese Vorwürfe verteidigt, welche eher auf die Leidenschaft seines Gemütes und seiner Sprache als auf eine unehrenhafte Umstimmung gestützt werden können. In seiner Jugend sah er, daß die große Gefahr für die Volksfreiheit und den Stat in der Herrschsucht des Königs, in den Launen des Hofes, in der Korruption des Parlamentes, in verbreiteten Mißbräuchen der Gewalt zu finden sei, und daher wendete er seine Waffen gegen diese Gefahren. Zur Zeit der französischen Revolution aber sah er die Gefahr auf der entgegengesetzten Seite, in der drohenden Pöbelherrschaft, in der Anarchie, in der Zerstörung alles historischen Rechtes und der ihm ehrwürdigen Institutionen, und nun griff er die Revolution mit allem Eifer an: „Die Gefahr, ein uns teures Wesen zu verlieren, erlöscht für den Augenblick jede andere Zuneigung. Als Priamus alle seine Gedanken auf Hektors Leichnam richten mußte, da trieb er in seinem Schmerz um den toten einen Sohn alle die lebenden Söhne von sich.“ Im Grunde ist es doch derselbe Mann, welcher seiner liberalen Natur treu, zuerst den mächtigen Absolutismus und später den drohenden Radikalismus bekämpft, und es fällt ihm nur zur Last, daß er im Alter sich von seiner Leidenschaft zu weit fortreißen läßt und im Zorne über die Gewaltthaten und Verbrechen, welche die französische Revolution befleckten, alles Verständnis verliert, sowohl für das Weltgericht, das sich in ihr offenbarte, als für ihre großen Gedanken und ihre gewaltigen und der Menschheit nützlichen Wirkungen.

Burke war vorzugsweise ein großer politischer Schriftsteller und erst in zweiter Linie ein ausgezeichneter Parlamentsredner. Geboren zu Dublin am 1. Januar 1730, der Sohn einer bürgerlichen Familie, gelangte er im Jahre 1764 durch das Patronat des Marquis von Rockingham ins Parlament. Schon früher

(1756) hatte er sich durch seine Schrift für die natürliche Gesellschaft[1]) einen schriftstellerischen Namen gemacht. Dieselbe war eine ironische Bekämpfung einer Schrift des Lord Bolingbroke, welcher in „unnachahmlichem“ Stil die positive Religion durch eine beredte Schilderung der religiösen Mißbräuche angegriffen hatte. Burke ahmte die glänzende Sprache desselben vollständig nach und zeigte, daß mit denselben Argumenten auch der positive Stat vernichtet werde, indem er ebenso die Mängel und Mißbräuche aller künstlichen Statsordnung einseitig darstellte und daraus folgerte, die Menschen thäten am besten, wieder in den Naturzustand der Wilden zurückzukehren. Was Rousseau ernstlich empfohlen hatte, das behandelte Burke als passenden Gegenstand der Satire. Damals schon trat Burke als Gegner der radikalen Negation und Abstraktion auf, aber er führte den Kampf noch mit dem guten Humor und der freudigen Zuversicht eines jungen Mannes.

Eine seiner besten Schriften und von bleibendem Werte sind die „Gedanken über die Ursache der gegenwärtigen Mißstimmung“[2]) von 1770. Burke liebte es, die realen Zustände mit seinen Ideen zu beleuchten und an Bedürfnisse des Augenblickes die Darstellung bleibender Wahrheiten anzuknüpfen. Seine Reden im Parlamente haben zuweilen in Folge dieser Neigung, sich in allgemeinen Betrachtungen zu ergehen, an momentaner Wirksamkeit eingebüßt, aber sie sind, wie seine Schriften, gerade deshalb für die Nachwelt um so interessanter und wirksamer geworden. In dieser Schrift sprach Burke die politische Meinung der liberalen Partei aus und zeichnete mit Meisterhand die Grundlinien der englischen Verfassung. Die Aufgabe des Parlamentes charakterisierte er mit wenig Worten vortrefflich. „Nicht der volkstümliche Ursprung ist eine charakteristische Eigenschaft der Repräsentativverfassung, denn im Grunde

[1]) Vindication of natural society. Im ersten Bande des Werkes. (London 1854. 2 Bde.)

[2]) Thoughts on the cause of the present Discontents. Works I, 124.

haben alle Regierungsformen denselben Ursprung. Die Kraft, der Geist, das Wesen des Hauses der Gemeinen besteht darin, daß es das deutliche Bild des Nationalgefühles sei. Es ist nicht eingerichtet worden, um eine Kontrolle über das Volk zu sein, es wurde gegründet als Kontrolle für das Volk." Er enthüllte den verderblichen Einfluß der sogenannten „Königsfreunde", die neben den Ministern her in unverantwortlicher Stellung am Hofe wirkten und an die Stelle einer Volksregierung ein launenhaftes Regiment von Günstlingen setzen wollen; er erklärte, daß das „doppelte Kabinett" (das der Höflinge und das der Minister) mit der Verfassung unverträglich sei; er machte aufmerksam auf die Fälschung der Repräsentation und auf das Bedürfnis des Volkes, daß es selber zusehe und Hand ans Werk lege, um den Zusammenhang mit der Stellvertretung herzustellen; er bewies, daß Parteien im State notwendig und für das gemeine Wesen nützlich seien, und ermahnte die Partei der Whigs, sich fester zusammenzuschließen; er rief das öffentliche Gewissen zugleich mit der Macht des englischen Freisinnes auf, um den Übeln entgegenzuwirken.

Auch in den amerikanischen Verhältnissen vertrat er liberale Grundsätze. Er widersetzte sich im Jahre 1774 in einer großen Rede über die Besteuerung Amerikas (Works I, 154) dem unglücklichen Versuch, von England aus den Kolonien gegen ihren Willen Steuern aufzulegen, und verteidigte in einer berühmten Rede „über die Versöhnung mit den Kolonien" seine Vermittlungsvorschläge (Works I, 181). Die politische Weisheit dieser Anträge wurde erst später anerkannt, als die falsche Herrschsucht in einem mehrjährigen Kriege ihre Kräfte erschöpft und die Erfahrung bewiesen hatte, daß Englands Macht nicht ausreiche, um den Widerstand der Kolonien zu brechen und den Abfall derselben zu verhindern.

Seine Auffassung war nicht die eines Rechtsgelehrten, sondern eines Statsmannes. Schon als Student war ihm die formale Methode der Jurisprudenz zuwider gewesen, er folgte lieber der bewegten Strömung der politischen Interessen. „Wir waren glücklich, so lange wir die Amerikaner sich selber besteuern ließen. Der gefährliche Streit entspann sich, als wir ihnen Steuern auferlegten. Dieser eine Grund genügt, um von der Besteuerung abzustehen. Solche Motive müssen die Staten bestimmen, das übrige ist der Erörterung der Schule zu überlassen, die ungefährlich ist." Das ist sein Hauptargument in der ersten amerikanischen Rede. Und in der zweiten sprach er: „Die Frage, die ich aufwerfe, ist nicht, ob ihr ein Recht habt, euer Volk unglücklich zu machen, sondern die, ob es nicht euer Interesse sei, es glücklich zu machen. Nicht darauf kommt es an, was mir ein Rechtsgelehrter sagt, das ich thun dürfe, sondern darauf, was Menschlichkeit, Vernunft und Gerechtigkeit mir sagen, das ich thun solle."

Seine Reden über die „ökonomische Reform" an die Wähler in Bristol sind ebenso voll von allgemeinen Prinzipien und reich geschmückt durch die Schönheit der Bilder und den Schwung der Sprache. Seine Beredsamkeit erinnert an die Ciceros, aber sie ist männlicher und freier.

Die Reform der ostindischen Verwaltung gab ihm eine neue Gelegenheit, sein Wohlwollen für die ferne Provinz zu bethätigen, und unter den Anklägern des zwar gewaltthätigen, aber erfolgreichen Gouverneurs Warren Hastings stand er voran. Die Rede, die er vor dem Statsgerichtshofe des Oberhauses hielt, erschütterte und blendete zugleich die Zeitgenossen durch die Heftigkeit und die Schönheit des Angriffs [1]).

Als die französische Revolution ausbrach, war Burke schon ein alter Mann, ein angehender Sechziger. Er betrachtete ihre Entwickelung von Anfang an mit Mißtrauen. Während sein Freund Fox im Parlamente erklärte, daß er voll Bewunderung und Hoffnung die große Erscheinung wahrnehme, warnte Burke ebenso entschieden vor einem unbegründeten und unweisen

---

[1]) Die Anklageartikel gegen W. H. In den Works II, 86.

Vertrauen; und je mehr dieselbe fortschritt, um so feindlicher wurde seine Stimmung. Schon während des Jahres 1790 arbeitete er seine „Betrachtungen über die französische Revolution"[1]) aus, welche im November dieses Jahres veröffentlicht wurden. Die Schrift war ein offener Absagebrief des englischen Liberalen mit seinen konservativen Sitten und Neigungen gegen den französischen Radikalismus, ein Manifest gegen den Geist der Revolution, eine heftige Anklage ihrer abstrakten Ideen und Vertreter, eine eindringliche Warnung vor ihren verderblichen Wirkungen. Man kann nicht bestreiten, Burke sah den nächstfolgenden Gang der Dinge voraus. Er sah, daß das neugeordnete Königtum sich nicht behaupten, daß die losgebundenen Leidenschaften der Menge den Thron vollends umstürzen und eine fanatische Demokratie dekretieren werde; er ahnte in der Ferne die Greuel der Schreckensherrschaft und prophezeite die spätere Bändigung der Revolution durch einen glücklichen Imperator. Sein scharfer und klarer Blick enthüllte ihm alle Schwächen und die Gefahren der großen Erschütterung. Aber er übersah in seinem Eifer und in seiner aristokratischen Befangenheit ihre welthistorische Notwendigkeit und das berechtigte Ringen nach der vernunftgemäßen modernen Rechts- und Statsordnung. Er wollte die französische Revolution an dem Maße der englischen von 1648 messen und bemerkte nicht, daß nicht nur der Charakter der beiden Nationen, sondern auch der Charakter der beiden Weltalter durchaus verschieden sei.

Das Aufsehen, welches diese Parteischrift machte, war für Burke nicht günstig, obwohl sein Name jetzt erst einen europäischen Ruf erlangte. Seine bisherigen Freunde warfen ihm vor, daß er seine Partei und die Sache der Freiheit verraten habe. Dagegen appellierte Burke wieder von dem Urteile der neuen Whigs an das der alten Whigs. Es war doch kein genügender Ersatz für ihn, daß ihn nun die Tories auf

[1]) Reflexions on the Revolution in France. Works I, 382.

den Schild erhoben: „denn er wußte zu gut, daß dieser Beifall der bisherigen Gegner kein reiner und nur halb aufrichtig sei". Noch weniger konnte es ihn befriedigen, daß er von den Machthabern der Kontinentalstaten gelobt werde, denn dieses Lob galt nur dem Feinde der falschen, nicht dem Freunde der wahren Freiheit. Dupont übersetzte die Schrift ins Französische, Gentz ins Deutsche. Es erschienen hinwieder manche Gegenschriften, und Burke wurde veranlaßt, sich weiter zu verteidigen und seinen Angriff auf die französische Revolution fortzusetzen. Es gibt einen ganzen Schwarm Burke'scher Schriften über die Revolution[1]), und alle verlangen und rechtfertigen den Krieg gegen Frankreich in der Absicht, die Revolution zu unterwerfen und die Ordnung mit äußerer Gewalt herzustellen. Die Koalitions- und Restaurationspolitik des englischen Hofes und des Ministeriums Pitt wurde von Burke lebhaft unterstützt. Er wurde immer einseitiger und leidenschaftlicher, und die Kluft, die ihn von seinen alten politischen Freunden trennte, wurde immer größer. Dieser Kampf steigerte seine nervöse Reizbarkeit. Da zog er sich nach dem Tode seines einzigen Sohnes 1794 aus dem Parlamente zurück und erhielt noch eine Pension (1795), die er auch gegen die Mißgunst verteidigen mußte, und in dem „Briefe an den edeln Lord" ehrenhaft verteidigte. Seine „Briefe über den königsmörderischen Frieden" waren seine letzte Schrift. Er starb an einem Herzleiden am 8. Juli 1797.

Nach Burkes Tod hat sich der Parteieifer, der eine gerechte Würdigung des Mannes verhinderte, allmählich gelegt. Sein Ansehen ist mit der Zeit gestiegen. Seine Vorzüge werden nun allgemeiner und williger anerkannt, man erinnert sich, daß seine Leidenschaft, die ihn zuweilen über die Schranken fortriß, die er sich selber gesetzt hatte und im ganzen sorgfältig beachtete, doch nie einer niedern Gesinnung entsprungen war und den Grundzug seiner statsmännischen Weisheit doch nur vorübergehend zu trüben

---

[1]) Vgl. das Verzeichnis in der Biographical and critical introduction zu seinen Werken von H. Rogers. London. Ebenda I, LXXIX.

vermochte. Hatte er es als das Kennzeichen des Statsmannes erklärt, daß er mit der Neigung zum Erhalten die Fähigkeit zum Verbessern verbinde, so war er doch diesem reformatorischen Charakter nie untreu geworden.

Man hat mit dem Engländer Edmund Burke oft den Deutschen Friedrich Gentz verglichen[1]), den Übersetzer der antirevolutionären Schriften Burkes. Zwischen beiden besteht allerdings eine gewisse Verwandtschaft, und es ist nicht zufällig, daß der glänzendste und beredteste politische Schriftsteller der deutschen Restauration vorzüglich von den Schriften Burkes angezogen wurde. Aber wir können doch nicht so freudigstolz zu unserem Gentz hinblicken wie die Engländer zu ihrem Burke. Als politischer Kopf und publizistisches Talent freilich darf er sich wohl mit Burke messen, aber die Reinheit und der Adel des Charakters, die wir in Burke verehren, sind bei Gentz nicht zu finden. Er gleicht einem Haus, aus dessen oberstem, prächtig ausgestattetem Stockwerk man eine wundervolle weite Aussicht genießt, während die Mittelräume vernachlässigt und dunkel sind, das dumpfe niedere Erdgeschoß aber zu einer Schenke vermietet und der Eingang nicht selten beschmutzt ist.

Auch der öffentliche Mann hat sein Privatleben für sich und ein Recht darauf, daß die öffentliche Meinung seinen Hausfrieden ehre. Wenn die Untugenden des Privatmannes einen schädlichen Einfluß üben auf sein öffentliches Leben, dann freilich verfallen sie auch dem Urteile der Öffentlichkeit. Aber nicht immer zeigt sich diese Wirkung, und die Geschichte weiß von vielen Beispielen tugendhafter Privatmänner zu berichten, die dennoch schlechte Regenten waren, und von ungemütlichen und

---

[1]) Die Werke von Gentz sind gesammelt von Weick, ausgewählte Schriften von Fr. v. Gentz (5 Bde. Stuttgart und Leipzig 1836—38), und von G. Schlesier, Schriften von Fr. v. Gentz (5 Bde. Mannheim 1838—40). Briefwechsel zwischen Fr. v. Gentz und Ad. Müller. Stuttgart 1857. Tagebuch zur Charakteristik von v. Gentz, vgl. Haym in der Encyklopädie von Ersch und Gruber, und R. v. Mohl, Gesch. d. Statswissensch. 2, 488.

ausschweifenden Hausvätern zu erzählen, die trotzdem ausgezeichnete Statsmänner waren. Auch Gentz ist als Privatmann und als öffentlicher Mann sehr verschieden. Als Privatmann ist er nicht selten sentimental, bald der platonischen, bald der erotischen Frauenliebe hingegeben, ein arger Spieler, ein leichtsinniger Verschwender, ein frivoler, toller Gesellschafter. Aber als Statsmann erscheint er kaltverständig, umsichtig und scharfblickend in der Beobachtung der realen Zustände, ernst und gemäßigt in der Bestimmung der anzustrebenden Ziele, sorgfältig in der Berechnung der Mittel, die dahin führen. Seine politische Sprache trifft mit sicherem Takte die feinen Züge der edeln Form, und selbst dann bleibt er würdig und mäßig im Ausdruck, wenn der Zorn der Leidenschaft in seinem Blute glüht und wallt. Mit schonungsloser Aufrichtigkeit reißt er alle Illusionen ein, welche die realen Zustände teils verdecken, teils entstellen. Die Einbildungen seiner Phantasie reißen ihn nicht wie sein Vorbild Burke im Sturme ins Schrankenlose fort. Immer behält der Verstand die Zügel in der Hand. Er ist auch kein niederer Materialist, kein bloßer Reaktionär in der Politik. Er kennt und liebt die Macht der Ideen, welche das Einzeln- und das Volksleben aus der Tiefe bewegen. Er ruht nicht, bis sich ihm der geistige Begriff der Dinge enthüllt, bis er das lichtende Wort gefunden hat. Seine politische Art hat einen voraus wissenschaftlichen Charakterzug. Der Stat ist ihm, wie einst Machiavelli, alles, seine Kunst, seine Religion, seine Philosophie.

Aber in zwei Beziehungen hat sein ungeregeltes Privatleben doch einen spürbaren Einfluß gehabt auf sein öffentliches Leben und auf seine Werke. Einmal hat dasselbe seine physische Kraft zu früh aufgezehrt und die Schwungkraft gelähmt, deren er später bedurfte, um dem Prinzipe seines Geistes zu genügen. Sodann hat es ihn in eine völlige Abhängigkeit von der Gunst der Machthaber gebracht und zum Sklaven von Menschen erniedrigt, die er von Grund seiner Seele verachtete.

Es ist ungerecht, Gentz lediglich als einen feilen Litteraten zu bezeichnen und ihn den Söldlingen gleichzustellen, welche ihre Federfertigkeit bald den Regierungen, bald der Opposition, immer aber dem Meistbietenden zur Verfügung stellen. In der Regel verhält es sich doch bei Gentz umgekehrt. Er schrieb nicht für Geld, sondern er nahm Geld für seine Schriften. Er ließ sich reichlich zahlen für seine publizistischen Arbeiten, aber er schrieb — besonders in den früheren Perioden — nach seiner Überzeugung. Es ist ein innerer Zusammenhang, eine Harmonie des Geistes und selbst des Charakters in seinen Werken, der sicherste Beweis gegen jenen Vorwurf. Billigermaßen darf man es aber dem Publizisten nicht verargen, wenn er für seine Arbeit Lohn verlangt und annimmt, da Professoren und Geistliche, Generale und Minister dasselbe thun und jede Arbeit ihren Lohn verdient. Aber zuweilen hat Gentz hier das Maß des Anstandes überschritten und ist von Bestechlichkeit nicht immer frei zu sprechen. Die großen Luxusbedürfnisse, die seine leidenschaftliche Natur nicht entbehren konnte, brachten ihn gelegentlich in Nöte, die für die Unbescholtenheit seines Charakters verderblich wurden. Wie durchweg in den Künstlernaturen war auch in seinem schriftstellerischen Talente ein weibliches Element, das ihn für manche Genüsse reizbar und empfänglich stimmte.

Aus dieser Weiblichkeit in seinem Charakter, die er selber gar wohl kannte: — „Ich bin ein unendlich empfangendes Wesen, das erste aller Weiber, welche je gelebt haben", schrieb er einst an die Rahel — erklären sich zwei für sein politisches Verhalten wichtige Züge. Einmal sein krankhafter Abscheu vor der Roheit der unteren Volksklassen. Wie seine Nerven vor dem Gewitter tief erzitterten, so war ihm auch jede Entladung der aufgeregten Volksstimmung ein Greuel. Sehr passend hat er sich deshalb einmal mit dem gelehrten Zürcher Hämmerlin verglichen, welchem die bäuerischen Schwyzer und ihr derbes Dreinschlagen nicht minder verhaßt waren. Diese reizbare Stimmung seiner Natur hat keinen geringen Anteil an seinem heftigen Haß gegen die französische Revolution; und schwerlich hätte er selbst die civilisierteren Stürme in einem freien Parlamente persönlich ausgehalten, während er in dem leiseren Geplänkel der Diplomatie seinen Mann stand und an dem einsamen Schreibtische seine Sprache bis zum Ausdrucke des Heldentumes zu steigern vermochte. Zweitens seine Hinneigung zu einer herrschenden Autorität und seine völlige Hingabe an die Statsmacht. Erst in diesem Anschlusse fühlte er sich sicher und mutig, und nun erst erlangte die andere in Wahrheit männliche Seite in ihm die nötige Freiheit, um sich äußern zu können. Die Weiblichkeit war in seinem Charakter, die Männlichkeit in seinem Geiste überwiegend. Weil auch diese in merkwürdiger Stärke in ihm war, so war er nicht bloßer Schriftsteller, sondern ein wirklicher Statsmann; und war einmal sein statsmännischer Geist vollends erregt, dann erfüllte derselbe auch die schwächere Charakterseite mit seiner Männlichkeit. Dann verschwand die Zaghaftigkeit seiner Natur, und er offenbarte im Angriffe einen feurigen Mut und eine entschlossene Energie und entwickelte im Kampfe gegen ein ungünstiges Schicksal eine großartige Ausdauer und eine stolze Beharrlichkeit.

Eben diese Verbindung zweier heterogener Eigenschaften in dem einen Menschen ist charakteristisch für Gentz. Aus ihr sind seine Schriften und seine Thaten hervorgegangen. Seine Schriften wurden zu politischen Thaten erhoben, seine Thaten zu Schriftstücken gestempelt. Seine Grundansicht über die Parteien spricht er in einem Briefe an Joh. v. Müller (23. Dez. 1805) aus, in dem er sich gegen den Vorwurf verwahrt, daß ihm die Kultur verhaßt sei: „Zwei Prinzipien konstituieren die moralische und die intelligible Welt. Das eine ist das des immerwährenden Fortschrittes, das andere das der notwendigen Beschränkung dieses Fortschrittes. Regierte jenes allein, so wäre nichts mehr fest und bleibend auf Erden und die ganze gesellschaftliche Existenz ein Spiel der Winde und Wellen. Regierte dieses allein oder gewänne es auch nur ein schädliches Übergewicht, so würde alles versteinern und verfaulen. Die besten Zeiten der Welt sind immer die, wo diese beiden entgegengesetzten Prinzipien im glücklichsten Gleichgewicht stehen. In solchen Zeiten muß denn auch jeder gebildete Mensch beide gemeinschaftlich in sein Inneres und in seine Thätigkeit aufnehmen, und mit der einen Hand entwickeln, was er kann, mit der andern Hand hemmen und aufhalten, was er soll. In wilden und stürmischen Zeiten aber, wo jenes Gleichgewicht wider das Erhaltungsprinzip, sowie in finsteren und barbarischen, wo es wider das Fortschreitungsprinzip gestört ist, muß, wie mich dünkt, auch der einzelne Mensch eine Partei ergreifen und gewissermaßen einseitig werden, um nur der Unordnung, die außer ihm ist, eine Art von Gegengewicht zu halten. Wenn Wahrheitsscheu, Verfolgung, Stupidität den menschlichen Geist unterdrücken, so müssen die Besten ihrer Zeit für die Kultur bis zum Märtyrertum arbeiten. Wenn hingegen, wie in unserem Jahrhunderte, Zerstörung alles Alten die herrschende, die überwiegende Tendenz wird, so müssen die ausgezeichneten Menschen bis zur Halsstarrigkeit altgläubig (?) werden. So allein verstand ich es. Auch jetzt, auch in diesen Zeiten der Auflösung müssen sehr viele, das versteht sich von selbst, an der Kultur des Menschengeschlechtes arbeiten; aber einige müssen sich schlechterdings ganz dem schwereren, dem undankbareren, dem gefahrvolleren Geschäfte widmen, das Übermaß dieser Kultur zu bekämpfen. Daß diese vor allen Dingen selbst hoch kultiviert sein müssen, setze ich als unumgänglich voraus. Nur für einen der hierzu Bestimmten halte ich mich und halte ich Sie."

Man sieht, sein klarer Verstand erkannte die Zweiseitigkeit der sittlichen und geistigen Weltordnung und verlangte in der Regel von dem Statsmanne die zwiefache Berücksichtigung sowohl des Fortschrittes als der Erhaltung. Mit anderen Worten, Gentz verteidigte und empfahl die einseitige Parteirichtung nur ausnahmsweise für die gefährlichen Zeiten, in denen je das entgegengesetzte Prinzip zu mächtig sei. Wohl mag die ihm angeborene Leidenschaftlichkeit seiner Natur ihn verleitet haben, sich dieser Einseitigkeit rascher und voller hinzugeben, als es nach der Weltlage zu rechtfertigen war. Es läßt sich das eher beklagen als tadeln. Aber die Anforderung ergibt sich unzweifelhaft aus seinem Prinzip, daß der Statsmann nie bis zur Blindheit einseitig werden dürfe, sondern in eben dem Verhältnisse die ergriffene Richtung ermäßigen müsse, in welchem die bekämpfte Gefahr der Gegenseite schwindet und die Fehler der eigenen Partei zunehmen. Er hat selbst später diese Konsequenz ausgesprochen in einem Briefe an Adam Müller vom 12. Mai 1817: „Ein Schriftsteller, den Sie nicht verleugnen werden (Schlosser), sagt: „„Eine rationelle Bildung, wenn sie zu einseitig oder über ihre Grenzen gesteigert ist, fordert ganz ebenso ihre traditionelle Ergänzung, wie umgekehrt eine traditionelle Bildung, wo sie erstarrt und der Natur der Menschen entfremdet ist, rationelle Belebung fordert.““ Dies ist die Quintessenz meiner jetzt zur Reife gediehenen Weltansicht. Auf welcher von beiden Seiten in jedem gegebenen Zeitpunkt das Gleichgewicht bedroht sei, darüber kann zuweilen Zweifel und Zwiespalt obwalten. In der Zeit, wo ich den politischen Schauplatz betrat, schien es wirklich darauf abgesehen, das traditionelle Element ganz zu verdrängen und dem rationellen die Alleinherrschaft zu bereiten. Gegen dieses falsche Bestreben bin ich zu Felde gezogen, und wenn ich gleich in der Hitze des Gefechtes manchmal zu weit gegangen sein mag, so wird man mir doch nicht leicht zur Last legen können, daß ich aus Furcht vor der Skylla meine Augen gegen die Charybdis je völlig verschlossen hätte. Daß die Lage der Dinge sich in den letzten Jahren wesentlich geändert hat — scheint mir unverkennbar; denn obgleich eine Menge wüster Schreier und Schreiber noch immer die Revolutionsposaune anstimmen, so neigen sich doch fast alle bedeutenden Köpfe auf die Seite des Traditionellen, nach welcher ohnehin die sämtlichen Regierungen (die ich für mächtiger halte als je) gravitieren. Das Gleichgewicht ist auf der rationellen Seite bedroht.“ Das war ein echtes statsmännisches Wort — und hätte Gentz in der späteren Periode seines Lebens diesem Grundsatze treu und dieser Einsicht gemäß gehandelt, so würde sein Andenken in der Nation makellos und sein Name nur mit dankbarer Verehrung und Liebe zu nennen sein. Unter den konservativen Statsmännern, welche jenes Zeitalter in Deutschland hervorgebracht hat, nimmt Gentz auch so noch einen hohen Rang ein. Aber er hätte einen noch höheren einnehmen können und als konservativer Statsmann Deutschlands sich eine Verehrung erwerben können, wie sie Stein und W. v. Humboldt als liberale Statsmänner sich in dem Herzen der Nation gegründet haben. Daß er es nicht gethan hat, und als die „traditionelle Einseitigkeit" sich noch mehr bis zu den ungereimten Versuchen steigerte, die jungen Triebe der Gegenwart in dem abgestorbenen Laube der Vergangenheit zu ersticken, sich trotzdem ohne namhaften Widerstand dem steigenden Absolutismus fortwährend hingab und mit Knechtesdemut und Knechteseifer die Gräber mit den Farben seines Talentes schmückte, das ist seine Schuld. Er hätte konsequenterweise im Alter liberaler werden sollen, und er ist absolutistischer geworden. An dieser Schuld haben vermutlich die Fehler seines Privatlebens ihren Anteil; er fand in sich nicht mehr die nötige Spannkraft, um sich der Dienstbarkeit zu entziehen, in die er allmählich sich hatte verstricken lassen. Billigerweise muß aber die Nation ihm diese Schuld tragen helfen, von der er keine wirksame Unterstützung hoffen durfte, wenn er auch diesen Kampf unternahm, und in der er keinen Halt fand, als die Versuchung über ihn kam. Denken wir uns Gentz als Engländer geboren, von männlichen Parteien als Führer getragen und gehalten, und fortwährend dem Lichte der Öffentlichkeit und der Kritik einer freien Presse ausgesetzt, er wäre gewiß größer geworden und reiner geblieben.

Friedrich Gentz wurde im Jahre 1764 zu Breslau geboren, der Sohn eines preußischen Münzbeamten, ein Jahr nach der Beendigung des siebenjährigen Krieges und ein Jahr vor der Thronbesteigung Josephs II. Seine Kindheit und erste Jünglingszeit fällt in eine für die beiden größten deutschen Staten glückliche Periode. Preußen erholt sich von den Leiden des siebenjährigen Krieges und erfreut sich eines ruhmvollen Herrschers und großer innerer Fortschritte, und in Österreich blühen die Hoffnungen auf einer Erfrischung des gesamten geistigen und politischen Lebens. Die klassische Litteratur beginnt ihre schönsten Schätze der Nation aufzuschließen und erneuert die Ehre des deutschen Namens. Auf den Gymnasien von Breslau und Berlin vorgebildet, wurde Gentz auf der Universität Königsberg tiefer in die Wissenschaft eingeführt. Vorzüglich Kant, mehr als seine juristischen Lehrer, gewann einen großen Einfluß auf ihn. Seine ungemeine Verstandesanlage wurde durch das Studium der Kantischen Philosophie geschult und geschärft; und so sehr wird er von Kants Rechtsphilosophie angezogen, daß er einige Jahre nach seinem Abgang von der Universität den Versuch macht, die Kantische Lehre dem größeren Publikum zuerst bekannt zu machen — Aufsatz von 1791: „Über den Ursprung und die obersten Prinzipien des Rechtes".

Wir können seit seinem Eintritt in die Öffentlichkeit drei Perioden unterscheiden: die erste, in welcher er vorzugsweise als freier politischer Schriftsteller erscheint, 1791—1802; die zweite, in der er als österreichischer Statsmann an dem Kampfe wider die Revolution und wider die Napoleonische Herrschaft einen großen und rühmlichen Anteil hat, 1802—1815, und die dritte von 1816—1832, in welcher er von Europa als erster diplomatischer Protokollführer gefeiert wird, aber innerlich geschwächt und seiner edleren Natur nicht mehr treu geblieben ist.

Von Anfang an macht sich Gentz als konservativer Publizist einen Namen, in dieser ersten Zeit freilich so noch, daß er zugleich die liberalen Institutionen und Tendenzen willig anerkennt. Nicht ohne Hoffnung betrachtete er die ersten Anfänge der französischen Revolution, aber bald erschreckte ihn der gewaltsame Fortgang derselben, und der Anblick der wilden Zerstörung und der blutigen Greuel, welche in ihrem Gefolge erschienen, erfüllte ihn mit Entsetzen und Haß. Er fing an, die Bekämpfung der Revolution für seine nächste Lebensaufgabe anzusehen. Der Vorgang Burkes wirkte mächtig auf ihn, und er lebte sich in die Denk- und Sprechweise des englischen Statsmannes ganz hinein. Im Jahre 1793 teilte er die Betrachtungen Burkes über die französische Revolution in freier Übersetzung der deutschen Nation mit und begleitete das Werk mit eigenen Anmerkungen und Beigaben. Das Buch verschaffte ihm sofort einen Namen. Er hatte nun Partei ergriffen, und er trug die Fahne hoch, zu der er sich bekannte. Noch andere Übersetzungen der französischen Schriften von Mallet du Pan (1794), Mounier (1795) und d'Ivernois (1796) über und gegen die Revolution verfolgten dieselbe Tendenz, sind aber von geringerer Bedeutung.

Nebenher übt er seine produktive Kraft auch in Originalschriften. Er redigiert eine eigene Zeitschrift und beteiligt sich bei anderen Zeitschriften. Er bekämpft die Revolution nicht in der Weise Ludwigs v. Haller. Er ist kein Verehrer des mittelalterlichen Feudalismus und will nichts weniger als Herstellung der kleinen Herren. „Verdient die Licenz einiger hundert tyrannischer Vasallen Freiheit zu heißen? Konnte diese Ungebundenheit weniger Mächtiger die unendliche Verwirrung und Anarchie, welche von dem Lehenssystem unzertrennlich war, gut machen? Muß nicht vielmehr jeder, der die Geschichte mit Unbefangenheit studiert, in dem allmählichen Untergange dieses Systems die erste Annäherung zu einer die Vernunft befriedigenden Statsverfassung gewahr werden?" So schrieb er 1795.

Auch nicht im Sinne der Hierarchie und der pfäffischen Gelüste. Er war zu sehr Statsmann, um der Kirche die erste und höchste Autorität einzuräumen; und wenn er auch beklagte, daß der religiöse Glaube in den Völkern der Neuzeit schwach geworden sei, und eine entschiedene Zuneigung zu der imponierenden Gestalt der katholischen Kirche hatte, so betrachtete er im Grunde Religion und Kirche von dem Standpunkte nicht eines Gläubigen, sondern eines außerhalb stehenden Politikers. Der Reformation des sechzehnten Jahrhunderts war er abhold, er sah in derselben einen Vorläufer der Revolution und wurde deshalb von Joh. Müller ernstlich zurechtgewiesen. Aber alle Bemühungen seines Freundes Adam Müller, ihn zum Übertritte in die katholische Kirche zu bewegen, scheiterten dennoch an dem Widerspruche seines Verstandes. „Der Sinn für den Glauben ist mir nie aufgegangen. Mithin kann Offenbarung in der theologischen Bedeutung des Wortes für mich weder mittelbar noch unmittelbar existieren" (Brief vom 6. April 1817). Es war nur die Schwäche und Verzweiflung des herabgekommenen älteren Mannes, die ihn vorübergehend bestimmte, in schroffem Gegensatz zu seinem besseren Wesen den absurden und ganz eigentlich pfäffischen, nicht christlichen Satz auszusprechen: „Nie wird Religion wieder als Glaube hergestellt werden, wenn sie nicht zuvor als Gesetz wieder hergestellt wird" (Brief vom 19. April 1819).

Auch von der romantischen Vorstellung von göttlicher Legitimität in dem Sinne Chateaubriands war er nicht beherrscht. Er schrieb im Jahre 1815 an A. Müller: „Das Prinzip der Legitimität, so heilig es sein mag, ist in der Zeit geboren, darf also nicht absolut, sondern nur in der Zeit begriffen und muß durch die Zeit, wie alles Menschliche, modifiziert werden. Für einen neuen Ausfluß oder einen geoffenbarten Willen der Gottheit hielt ich es nie. Die höhere Statskunst kann und muß unter gewissen Umständen mit diesem Prinzipe kapitulieren. Dies vermutete ich vor zehn oder zwölf Jahren: jetzt glaube ich es einzusehen." In der That, nur der Unwille über die Ausschweifungen und den Mißbrauch der Freiheit und seine zur Statsautorität gravitierende und vor allen Dingen friedliche Ordnung verlangende Gesinnung trieben ihn zum Kampfe wider die Revolution.

Die Denkweise der englischen Tories harmonierte am meisten mit seiner eigenen in dieser Periode. Mit der Politik

Pitts, der hinwieder ihn zu schätzen wußte, fühlte er die seinige verwandt und befreundet. Sogar so weit ging er damals noch mit den liberalen Tendenzen, daß er mit dem Enthusiasmus eines begeisterten Jünglings die Entdeckung von Amerika als den mächtigsten Anstoß zu jedem menschlichen Fortschritte in neuerer Zeit pries. Noch glaubte er an die fortschreitende Vervollkommnung der bürgerlichen Gesellschaft, und erklärte: „Die höchste mögliche bürgerliche Freiheit, gesichert durch diejenige Verfassung, mit welcher sie am besten besteht, ist der letzte Zweck und das Ideal einer jeden politischen Verbindung" und schrieb damals die schöne Stelle: „Über gesittete Menschen herrscht man auf die Dauer nur durch gesittete Mittel und liberale Methoden, sowie über rohe und barbarische nur durch ernste Strenge und ungedämpfte Gewalt. Es ist ein alter verlegener, von aller Wahrheit entblößter Gemeinplatz, daß Könige und ihre Diener immer dieselben blieben, wenn auch über und unter ihnen Himmel und Erde sich veränderten. Die gehässige Untersuchung, ob sie es wollten, sei fern von mir. Wenn sie es aber auch wollten, sie können es nicht. Der allmächtige Strom reißt sie fort, wie alles, was er auf seinem Wege findet. Was waren wir Europäer alle insgesamt vor hundert, vor zweihundert Jahren, was waren wir in Bezug auf unsere Regenten, und was sind wir jetzt? Wie haben sich die Regierungsmaximen, wie haben sich die Manieren der Fürsten und Großen, wie hat sich der Geist und der Ton ihrer Prozeduren, wie hat sich der bloße Stil ihrer Verordnungen geändert" (Über den Einfluß der Entdeckung von Amerika, 1795).

Denselben Geist atmet sein berühmtes Sendschreiben an den König Friedrich Wilhelm III. von Preußen bei dessen Thronbesteigung (1797). An seine Bitte um Preßfreiheit, die er damals, ein unterer Beamter, seinem Könige unmittelbar vortrug, hat man ihn oft erinnert, als er später mißtrauisch geworden, die Unterdrückung der Presse verteidigte. Heute noch lesen wir die klassische Stelle über Preßfreiheit mit Bewunderung.

„Von allem, was Fesseln scheut, kann nichts so wenig sie ertragen als der Gedanke des Menschen. Der Druck, der diesen trifft, ist nicht bloß schädlich, weil er das Gute verhindert, sondern auch weil er das Böse befördert."

Zum Teile noch in diese, zum Teile in die folgende Periode gehören mehrere selbständige Schriften, mit denen er für die englische und österreichische Politik wider die Napoleonische Partei ergriff und die Notwendigkeit des Krieges zur Verteidigung der größten ernstlich bedrohten Interessen nachwies. 1. Über den Ursprung und Charakter des Krieges gegen die französische Revolution, 1801; 2. Über den politischen Zustand von Europa vor und nach der französischen Revolution, 1801 und 1802; 3. Fragmente aus der neuesten Geschichte des politischen Gleichgewichtes in Europa, 1806; 4. Authentische Darstellung des Verhältnisses zwischen England und Spanien vor und bei dem Ausbruche des Krieges zwischen beiden Mächten, Petersburg 1806.

Wie die französische Revolution in der Napoleonischen Herrschaft ihren Gipfel und ihre Krone fand, so potenzierte sich in der zweiten Periode die erklärte Feindschaft von Gentz gegen die Revolution zur Bekämpfung der Napoleonischen Weltherrschaft. Gentz erstieg in diesem Kampfe die Höhe seines Lebens. Er sah in Napoleon die personifizierte und centralisierte Revolutionsgewalt, welche nun das übrige Europa gefährlicher bedrohe als die Propaganda der Jakobiner. Mit seinem Hasse gegen den fremden Feind verband sich nun die Liebe zu dem deutschen Vaterlande zu einer Flamme, die mächtig loderte. Indem er seine Waffen gegen den französischen Diktator und Eroberer schärfte, glaubte er zugleich wider die falsche Freiheit der Revolution und für die wahre Freiheit seiner Nation, zugleich wider den Despotismus der absoluten Gewalt und für die berechtigte Autorität der selbständigen europäischen Staten zu kämpfen. Er war sich bewußt, das historische Recht der deutschen Regierungen zu verteidigen und die künftige Wohlfahrt der deutschen Völker retten zu helfen. In diesem Geiste arbeitete er mit außerordentlicher Energie und mit nachhaltiger Tapferkeit.

Es war ein vortrefflicher und glücklicher Griff der österreichischen Statsmänner, zunächst des Grafen Stadion, dann des Fürsten Metternich, den großen Publizisten, dessen Talente man in Berlin nicht hinreichend schätzte, für Österreich zu gewinnen und nach Wien zu ziehen. Er trat unter günstigen Bedingungen in österreichische Dienste (1802) und hat Österreich reichlich vergolten, was es ihm Gutes erwiesen hat. Mehrere Jahre hindurch arbeitete er als wahrer Volontär in freier Stellung mit, und im Verfolge übernahm er als eine der einflußreichsten Personen der kaiserlichen Statskanzlei ein in die Statsordnung fester eingefügtes Amt. Er wurde frühe schon der Vertraute des Fürsten Metternich, und an der politischen Diskussion der leitenden Statsmänner erwarb er sich einen erheblichen Anteil. Da er die statsmännische Feder besser als alle anderen zu führen verstand, geschah fast nichts Entscheidendes ohne seine Mitwirkung.

Seine Thätigkeit in dieser neuen Stellung ist nur zu einem Teile zu allgemeiner Kunde gekommen. Wir kennen die verschiedenen offiziellen Manifeste, welche er verfaßt hat, um in den wiederholten Kriegen mit Napoleon das überlieferte Statssystem vor der öffentlichen Meinung zu rechtfertigen und die Völker zu opferwilliger Teilnahme zu begeistern. Wir haben auch manche seither publizierte Briefe, die er damals geschrieben und welche seine persönliche Auffassung der Verhältnisse und seine Gesinnung noch deutlicher erkennen lassen. Aber sehr vieles ist noch in den Archiven und in Privathänden verborgen. Wir wissen indessen genug, um eine hohe Meinung von der Kraft und Gewandtheit seines Geistes zu erhalten und ihm unter den statsmännischen Führern jener Zeit eine würdige Stellung zuzugestehen. Auch die furchtbaren Schläge, welche die deutsche Nation und Österreich damals erdulden mußten, machten ihn nicht irre an der für wahr und gut erkannten Richtung; die schweren Niederlagen erschütterten ihn wohl heftig, aber immer wieder richtete ihn die Elasticität seines Geistes neu auf, und kaum erholt feuerte er alle wieder an, den großen Kampf fortzusetzen. Sein österreichisches Kriegsmanifest von 1809 ist ein Meisterstück politischer Beredsamkeit, das von 1813 ein Muster diplomatischer Gewandtheit. Wie scharf er die realen Verhältnisse erkannte, sehen wir aus dem merkwürdigen Tagebuche über die Lage der preußischen Armee vor der Schlacht bei Jena. Die Briefe an Joh. Müller sind voll von deutscher Statsweisheit und sind von jedem deutschen Statsmanne auch heute noch wohl zu beherzigen. Sein Absagebrief an den großen Historiker, als dieser zum Feinde überging, ist zwar nicht ohne Leidenschaft geschrieben, aber es ist eine edle patriotische Leidenschaft, welche ihm vernichtende Worte des Zornes und des Bedauerns eingibt.

Endlich war Deutschland wieder frei geworden von dem Drucke der französischen Übermacht. Der Sieg war auf Seite der verbündeten alten Mächte. Sie hatten gesiegt mit Hülfe des neu erwachten nationalen Geistes der Völker. Die Revolution schien überwunden, die Legitimität wurde als das leitende Prinzip proklamiert, die Restauration übernahm es, die Ordnung der Welt herzustellen und zu befestigen. Zu den Friedensschlüssen und politischen Kongressen wurde Gentz wie der unentbehrliche diplomatische Protokollführer beigezogen. Er konnte sich rühmen, „auf sechs souveränen und zwei ministeriellen Kongressen, in Wien, Paris, Aachen, Karlsbad, Troppau, Laybach und Verona die Feder geführt zu haben". Seine Brust war mit Orden überdeckt. Schon seit langem in den Adelsstand erhoben, nahm er auch in der vornehmen Gesellschaft eine beneidete Stelle ein. Er war anerkanntermaßen einer der ersten und von den Mächtigen geachtetesten Diplomaten seiner Zeit. Kam er auch später noch zuweilen in Geldverlegenheiten, welche Luxus und Spiel ihm gelegentlich bereiteten, so wurden dieselben immer wieder von der Macht gehoben, der er diente.

Aber so äußerlich hoch und glücklich er war, sein statsmännisches Leben war doch zu einem geschmückten Grabe geworden, wie im Grunde die gesamte Restauration jener Jahre. Er hatte mit seiner eigenen Einsicht kapituliert, welche ihm sagte, daß diese Politik ohne lebendiges Prinzip und ohne Aussicht auf dauerhaften Erfolg sei. Er wußte ganz gut, daß die größte Macht der Erde der Zeitgeist sei. „Ich war mir stets bewußt, daß ungeachtet aller Majestät und Stärke meiner Kommittenten und ungeachtet aller der einzelnen Siege, die sie erfochten, der Zeitgeist zuletzt mächtiger bleiben würde als wir, daß die Presse, so sehr ich sie in ihren Ausschweifungen verachtete, ihr furchtbares Übergewicht über alle unsere Weisheit nicht verlieren würde, und daß die Kunst so wenig als die Gewalt dem Weltrade nicht in die Speichen zu fallen vermag" (Brief von Gentz an die Generalin v. Helvig von 1827). Und dennoch vertauschte er mit Bewußtsein die allein statsmännische Aufgabe, das Völkerleben den Bedürfnissen der Zeit gemäß zu schützen und zu leiten, mit der nicht bloß undankbaren, sondern unsinnigen, die fortschreitende Zeit selbst aufzuhalten und zurückzuschrauben, er vertauschte das Leben mit dem Tode. Da er selbst an die Fesseln der Knechtschaft sich gewöhnt hatte, so überredete er sich, daß die Knechtschaft für die verachteten Völker nötig und weniger gefährlich sei als die Freiheit. Freilich machten es fast alle mehr oder weniger so, welchen die Leitung der Geschäfte damals anvertraut war: die Strömung der Regierungspolitik nahm nun diesen Zug. Aber Gentz war gescheiter als fast alle andern und einer von denen, welche die Richtung angaben, welcher die andern folgten. In der That, an allen restaurativen Maßregeln, welche mit den Äußerungen der Zügellosigkeit zugleich die gesunde Entwickelung hemmten, welche die Völker um die Früchte auch ihrer Anstrengungen während des Befreiungskampfes und die Fürsten um den sichersten und besten Teil ihrer Macht betrogen, hatte er einen reichlichen Anteil. Wenngleich er in manchen Fällen vor Übertreibungen warnte und immer eine gewisse Mäßigung empfahl, so läßt sich doch ein Wort, mit dem er früher das Verhältnis Napoleons zu dem spanischen Hofe bezeichnet hatte: „es besteht aus wesentlicher Übermacht auf einer Seite und zuvorkommender Schwäche auf der anderen", zur Bezeichnung seines eigenen Verhaltens wider ihn kehren. Er war sogar noch eifriger in dem Dienste der Reaktion, als selbst die damaligen deutschen Regierungen es ertrugen. Nicht ihm ist es zu verdanken, daß das konstitutionelle Leben in den mittleren und kleinen deutschen Staten nicht ganz erstickt und die politische Civilisation in Deutschland nicht bis auf das Niveau der damaligen österreichischen Verfassungszustände niedergedrückt worden ist. Der Instinkt der Selbsterhaltung bewahrte die übrigen Regierungen vor dieser Gefahr, und Gentz zürnte es nur nicht, daß seine Anträge nicht alle gebilligt wurden. Er half doch noch lieber die vermittelnde Formel finden, welche die bestehenden Gegensätze schonte und die Zustimmung aller Mächtigen gewann.

Eine Anzahl Aufsätze, welche Gentz in dieser Periode in den Österreichischen Beobachter schrieb, z. B. über die heilige Allianz, über das Wartburgfest, über die Kongresse von Aachen und von Karlsbad, über oder vielmehr gegen das Asyl für politische Flüchtlinge u. s. f., hat Schlesier gesammelt und wieder herausgegeben. Man kann dieselben heute kaum anders als mit dem Bedauern lesen, daß ein so klarer Kopf für so unhaltbare Dinge sich so thörichterweise ereifert hat.

Das konservative Erhaltungsprinzip, welches das Leben schützt, war unvermerkt verdichtet und erstarrt zu dem absolutistischen Stabilitätssystem, als dessen Bannerträger Gentz sich selbst bekannt hat. Und so wenig vermochte dieses „ehrwürdige Stabilitätssystem", wie Gentz es nannte, die wichtigsten Erbschaften der Vergangenheit zu sichern, daß eben von ihm gereizt und neu belebt die tot geglaubte Revolution wieder aufstand. Gentz selbst hat noch die Julirevolution vom Jahre 1830 erlebt, und so stark war der Eindruck auf ihn, daß er sich nun zu dem Systeme der friedlichen Duldung des konstitutionellen Systemes entschloß und mit Wärme vor einem Prinzipienkriege warnte. Gerade den mittleren deutschen Staten, auf die er zuvor im Namen des „monarchischen Prinzipes“ in Karlsbad und in Wien einen starken Druck auszuüben versucht hatte, wies er nun begütigend die schöne Aufgabe an, ihrer konstitutionellen Verfassung gemäß „den Geist der Ordnung mit dem Geiste des Jahrhunderts in Übereinstimmung“ zu bringen und der Welt zu beweisen, daß das System regelmäßiger Fortschritte mit dem Systeme der Erhaltung nicht notwendig im Widerspruche stehen müsse, daß vielmehr eine harmonische Verbindung zwischen beiden möglich sei, daß gerade in solcher Verbindung die eigentümliche Stärke dieser Staten (bloß dieser?) bestehe. Man sieht, die Gefahr der Zeit drängte ihn noch einmal kurz vor seinem Tode, dem Erhaltuug und Fortschritt vermittelnden Prinzipe zu huldigen, das ihm schon in der Jugend als Ideal vorgeschwebt hatte.

Nur Ein, freilich ein großes Verdienst können wir Gentz auch in dieser dritten Periode zuschreiben. Er arbeitete unverdrossen, mit großem Geschicke und mit Erfolg an der Bewahrung des europäischen Friedens während dieser Zeit. Die Völker bedurften dieses Friedens, um ihren Wohlstand herzustellen, der in den langen Kriegsjahren schwer gelitten hatte, um sich in den Gewerben und in den Künsten des Friedens auszubilden, um in Gesittung und Civilisation fortzuschreiten; und sie dürfen dafür den Statsmännern dankbar sein, welche ihnen den Frieden gaben und sicherten. Gentz selbst war von diesem Friedensbedürfnisse persönlich ganz durchdrungen; in dieser Hinsicht konnte er seine eigenen Wünsche auch mit den Volkswünschen identifizieren.

Gentz starb am 9. Juni 1832, im Alter von 68 Jahren. Er hatte den Fall Polens noch erlebt. Seine Herzensneigung war mit den Polen, er haßte die Russen und fürchtete ihr Übergewicht. Der Beruf und die Gewohnheit der legitimen Macht zu huldigen nötigten ihn aber, den Sieger zu beglückwünschen.

Es war das eine seiner letzten und wohl traurigsten Pflichterfüllungen gewesen.

Unter den Publizisten, welche vom Boden der Geschichte aus die französische Revolution und ihren Bändiger, Erben und gewaltigsten Repräsentanten, Napoleon bekämpften, nimmt der langjährige Freund und Kampfgenosse von Gentz, der Schweizer Johannes Müller die oberste Stellung ein. Aber während Gentz mit berechnender Leidenschaft sich immer tiefer in die dunkeln Gänge der Restaurationspolitik hineinziehen ließ, machte Johannes Müller in der letzten Zeit seines Lebens eine plötzliche Wendung und begab sich in den Dienst der Macht, gegen die er so lange, wenn auch erfolglos gestritten hatte. Die Leidenschaft der Zeitgenossen sah darin nur einen verächtlichen Treubruch und einen strafbaren Verrat. Eine gründlichere psychologische Prüfung aber führt, indem sie die auffallende Handlung in Zusammenhang bringt mit der ganzen Weltanschauung des Mannes, zu einem ganz anderen Ergebnisse. Müller war vom Schicksal auf eine hohe Grenzscheide gesetzt zwischen der alten und der neuen Zeit, und mit einem scharfem Blicke ausgestattet, welcher die Bewegung der Völker von weither überschaute. Er wollte gerecht sein nach allen Seiten und er wollte die Vergangenheit mit der Zukunft verbinden, das Alte bewahren und zugleich dem Neuen Licht und Raum gewähren, zwei furchtbar schwierige Aufgaben in so leidenschaftlich bewegter Zeit. Gentz hatte schon früher darüber geklagt, daß Müller, nicht wie er, ausschließlich für die alte Weltordnung arbeite und immerfort „das Neue in das Alte hineinwebe"; aber Gentz erkannte damals zugleich an, daß der Standpunkt Müllers der höhere und sein Gesichtskreis der weitere sei. Das Schwanken in Müllers Parteinahme entsprach daher dem Schwanken der Welt. Seine persönliche Neigung war mehr dem Alten zugewendet, er war konservativ auch im Geiste; aber er war nie blind für die alte Weltordnung eingenommen: als er zu erkennen glaubte, daß sie unrettbar verloren und größtenteils schon zusammengestürzt sei, da wendete er sich, auch darin ein echter Historiker, hoffend dem neuen Leben zu. Joh. Müller ist in der ersten Zeit seines Lebens in mancher Beziehung überschätzt und allzu enthusiastisch verehrt, dann später eine Zeit lang sehr unterschätzt und unbillig verdammt worden. Es ist Zeit, daß er endlich eine gerechtere Würdigung erfahre, welche seine Schwächen nicht verschweigt, aber die höheren Vorzüge willig anerkennt. Unter den deutschen Publizisten seines Zeitalters gibt es keinen, dessen Schriften reicher wären an politischer Weisheit, keinen, von dem mehr zu lernen wäre. Er voraus ist der deutsche Repräsentant der geschichtlichen Politik.

Johann Müller[1]), geboren am 3. Januar 1752, war der Sohn eines Geistlichen in Schaffhausen. Seine Bildungszeit fällt noch ganz in die Periode der alten Eidgenossenschaft mit ihren Städterepubliken und herrschenden Geschlechtern. Er selber gehörte einer gebildeten Familie der souveränen Stadt Schaffhausen an und kam früh in nahe Beziehungen mit angesehenen Männern aus anderen Städtekantonen, die ebenfalls zu den regimentsfähigen Klassen gehörten. War er so mit den aristokratischen Kreisen seines glücklichen Vaterlandes vielfältig verbunden, so blieb doch der Geist des Jünglings nicht den neuen Ideen verschlossen. Als Studierender der Universität Göttingen entsagte er der Theologie, für die ihn der Vater bestimmt hatte, weil die damals mächtige Aufklärung ihm die herkömmliche Orthodoxie seiner Kirche ungenießbar machte. Seinem unersättlichen Wissensdurst kamen eine rasche Auffassung, ein sehr umfangreiches und glückliches Gedächtnis und eine merkwürdige Spürkraft des Geistes außerordentlich zu statten, und die heiße Ruhmbegierde seiner Seele trieb ihn zu einem unablässigen Fleiße an. Da schon erkannte er, besonders von Schlözer angeregt, in der Geschichte seinen Lebensberuf, und einen so ausgezeichneten Ruf erlangte

---

[1]) Müllers sämtliche Werke sind wiederholt erschienen, in 18 und in 40 Bänden. Dazu kommen verschiedene Briefsammlungen. Julian Schmidt im Grenzboten 1858. Mörikofer, schweiz. Litteratur 1861. Emmert, Artikel J. Müller im Deutschen Statswörterbuch.

er in kurzer Zeit, daß seine Vaterstadt sich beeilte, dem noch nicht zwanzigjährigen Jüngling eine Professur der griechischen Sprache an ihrer gelehrten Schule zu übertragen (1771).

Seine Jugendschrift über den Cimbrischen Krieg hatte große Hoffnungen auf ihn erweckt, und als sein Vorsatz, die Schweizergeschichte zu bearbeiten, bekannt ward, erhielt er von allen Seiten durch die schweizerischen Gelehrten, welche ihm ihre Sammlungen und Vorarbeiten willig überließen, die eifrigste Unterstützung. Dieses Werk, dessen erster Band zuerst 1780 erschienen ist, verschaffte ihm sofort einen großen Ruf durch ganz Deutschland. Seitdem Müllers Schweizergeschichte erschienen ist, hat die Geschichtforschung weitere Fortschritte gemacht. Wir sind über die früheren Zustände des Volkes und des Landes, über die Rechtsentwickelung, über den Charakter der Personen, über manche Begebenheiten durch neuere Arbeiten besser unterrichtet worden. Aber die Ehre, zuerst durch ein unsterbliches Kunstwerk die Bahn eröffnet zu haben für alle späteren Geschichtsforscher und Geschichtschreiber der Schweiz, und wir dürfen hinzusetzen auch für die gesamte deutsche Geschichtswissenschaft, darf niemand unserem Müller streitig machen. Mag auch sein Stil öfter allzu künstlich, der Satzbau zu gedrungen, die Nachbildung des Tacitus gesucht und manieriert erscheinen, viele Schilderungen und Charakteristiken des Buches sind doch von wunderbarer Schönheit und von einer Energie der Sprache, welche das Gemüt in der Tiefe packt.

Das Buch war aber nicht bloß ein wissenschaftliches Meisterwerk für seine Zeit und ein Kunstwerk für alle Zeiten, es hatte zugleich die Bedeutung einer großen patriotischen und politischen That. Auch damals, als Müller die Bilder der Vergangenheit aufrollte und das Ringen der eidgenössischen Städte und Länder nach einem freien Gemeinwesen mit markigen Worten schilderte, dachte er ernstlich an die Zukunft. Er fürchtete neue Angriffe auf die schweizerische Freiheit und er wollte sein Volk lehren, für die Erhaltung der Freiheit zu kämpfen, indem er demselben zeigte, wie sie erstritten worden war. Er wollte, was nur instinktiv und gewohnheitsmäßig in seinem Vaterlande fortlebte, zu geistigem Bewußtsein erheben und den Geist der Geschichte lebendig erhalten, indem er die Ideen der Geschichte aussprach und in ihren Bildern zur Anschauung brachte. Die Engherzigkeit der bloß kantonalen und ständischen Gesinnung wollte er erweitern durch die Belebung des gemeinsamen Nationalgefühles. Das Buch sollte an der politischen Erziehung seines Volkes arbeiten und unvergängliche politische Wahrheiten verkünden. Überall streut er seine Mahnungen und Warnungen aus, bei jeder Gelegenheit sucht er in den Lesern die Ehrfurcht vor dem Rechte zu befestigen, schlichte natürliche Sitten zu empfehlen, den frischen Mut zu wecken, die männliche Ehr- und Freiheitsliebe zu entflammen, zu patriotischer Tugend zu begeistern. Wie treffend sind seine psychologischen Zeichnungen, wie fein und scharf ist der Ausdruck der politischen Gedanken. Wer kann es ermessen, wie vielen Lesern er zuerst den politischen Blick geöffnet, wie viele er vornehmlich zu politischer Pflichterfüllung angeregt hat. Für die tiefe Wirkung seines Buches auf die gebildeten Kreise spricht vor allen vornehmlich der Eindruck, den dasselbe auf Schiller gemacht hat, dessen Wilhelm Tell das laut bezeugt.

Wie in einer Ouvertüre der Oper faßt er in seinen einleitenden Zuschriften an die Eidgenossen, die er dem Werke vorausschickte, den Geist und die Absicht des Ganzen zusammen. Da heißt es in der Zuschrift von 1786: „Die Historie ist ein Spiegel der Wahrheit, welcher die vorigen Zeiten darstellt, wie sie waren, damit unser Zeitalter sorgfältiger wache. Und von der Denkungsart, welcher ich die Oberhand wünsche (daß in gemeinen Sachen jeder nicht als Bürger oder Landmann von diesem oder jenem Ort, sondern als Schweizer denke), von derselben glaubte ich mich zu einem Beispiel verbunden.

„Zu euch, Väter des Volkes — meine Rede. In Zeiten allgemeiner Gärung der Begriffe und Sitten, in einem fast nur durch altes Herkommen, angewöhnte Grundsätze und gegenseitiges

Vertrauen regierten Lande, notwendigen Gehorsam und lebhaftes Freiheitsgefühl mit einander zu behaupten, ohne Waffen Herr und in der höchsten Gewalt populär zu bleiben — dieses euer schweres Amt verbittere euch kein Sophist mit Aufzählung augenblicklicher Übereilungen oder unvermeidlicher Mängel. Für euch wird in billigem Gericht gegen andere Gewalthaber das Glück unseres Volkes antworten; der Ursprung der Verfassungen wird aus der Historie als das unerzwungene Werk der Umstände erhellen; eben als lokal und national verdienen sie unsere Liebe. Despotismus ohne Mittelmacht ist an Titus und Antonin abscheulich, weil Domitian und Commodus folgen kann; gegen alle anderen Verfassungen werdet ihr euren Geschichtschreiber uneingenommen und jedem State Fortdauer der seinigen wünschen sehen; zuerst euch der eurigen, ohne Ausnahme. Die Formen sind, was der Geist aus ihnen macht. Auf den Geist geziemt uns zu sehen; der muß unterhalten, hergestellt, gebildet werden."

„Denn daß der Privatmann seine Meinungen und Leidenschaften dem State und jeder Kanton der Nation sich aufopfere, wird nicht eher Sitte, als wenn die Vorsteher alle ihre Neigungen und Interessen ihrem Amt, nie den Unterthan der Obrigkeit, nie die Bürgerschaft einer Zunft, niemals den Bürgern die Landschaft aufopfern, wenn sie die Privilegien und Herkommen des Volkes desto heiliger halten, je mehr man sie anderwärts untertritt, wenn sie — ihre Person, ihre Familien, ihr Corps und alle Gewalt so selten und bescheiden zeigen, daß bei der Nation das allgemeine Gefühl bleibe, sie sei wirklich vor anderen frei. Nicht eure Geschichtschreiber, Vorsteher des Volkes, der Geist eurer Altvordern, auf deren Stühlen ihr sitzet, er ist's, welcher zu Befestigung ihrer Eidgenossenschaft eine unversöhnliche Fehde wider Selbstsucht und Statsvergessenheit von eurem Verstand und von eurem Edelmut fordert."

„Offenbar ist nichts Großes und Gutes möglich ohne dies; dieses aber selbst unmöglich, ohne folgendes Größere; „daß ihr die öffentliche Aufklärung nicht aufhaltet (welches gehässig ist), nicht unterdrückt (wie es denn auch nicht in eurem Vermögen steht), sondern (welches durch Weisheit geschehen kann) sie leitet. Wenn es wahr ist, wer kann daran zweifeln? — daß von den Begriffen die Sitten abhängen und auf dem Eide, auf Arbeitsamkeit und Selbstverleugnung die Republik beruhet; und es wäre bei einem freien Volke die Erziehung teils nach der alten katholischen Art scholastisch, teils nach der ersten Protestanten Manier kontroversiert; Voltaire — welcher durch scheinbare Zweifel und witzigen Spott alles ungewiß und über alles gleichgültig macht, — Rousseau, über Verfassungen zu urteilen ungeschickt, weil er sie nicht nach Umständen und Historie, sondern aus metaphysischen Theorien und seiner Einbildung beurteilt, — überhaupt ausländische, in anderen Sitten und meist despotischen Verfassungen gebildete Schriftsteller, deren die edelsten für ihr Volk, die meisten bloß für sich geschrieben, — wären die Lehrmeister des aufblühenden Geschlechtsalters; die großen Republikaner der alten Zeit als lateinisch verschmäht; kein Unterricht von der politischen Erfahrung anderer Freistaten; über die inländischen Rechte und Verhältnisse kein lesbares Buch; Gleichgültigkeit hiebei; keine Nationalerziehung; nichts Nationales im Leben; — eben dieses Volk wäre in einer politischen Lage, worin es ohne Nationalgeist nicht einen Augenblick seiner selbst sicher sein kann .... was müßte die Welt von ihm denken? Es wolle den Zweck, nicht aber die Mittel."

Vorarbeiten zur Schweizergeschichte hatte Müller schon in Schaffhausen gemacht. Aber da konnte sein unruhiger und strebsamer Geist nicht bleiben. Seine griechische Professur war ihm zuwider, er fand in der Stadt keine Gesellschaft, die ihm zusagte, die kleinlichen philisterhaften, von Junkern und Pfarrern beherrschten Verhältnisse waren ihm unerträglich. Er wendete sich nach dem gebildeten Genf, um da im Umgange mit geistreichen Männern seinen Studien besser obzuliegen. Dieser Genfer Aufenthalt (1774—1780) war entscheidend für sein wissenschaftliches

Leben. Da fand er vielseitige Hülfe und Anregung und schloß enge, dauernde Freundschaften, zu denen er einen stärkeren Zug verspürte als zur Frauenliebe. Die beiden Tronchin, der Alt-Statsrat Jakob und sein Bruder, der Generalprokurator Robert, derselbe, der mit Rousseau jene litterarisch-politische Fehde bestanden hatte, wurden seine vertrauten Gönner und Freunde. Karl Bonnet führte ihn in die Psychologie ein und nahm sich seiner wie ein Vater an. Mit dem Nordamerikaner Francis Kinlock schloß er eine enge Freundschaft; mit diesem las er seine Lieblingsschriftsteller Tacitus und Montesquieu, bis die tägliche Gemeinschaft durch den Ausbruch der nordamerikanischen Revolution gelöst werden mußte. Auch Machiavelli studierte und verehrte er.

In diese Zeit fielen die Genfer Unruhen, ein merkwürdiges Vorspiel der großen französischen Revolution. Müllers Neigung war entschieden auf der Seite der alten Autoritäten, der aristokratischen Räte, die an Geschäftskunde, Bildung, Form die demokratisch aufgeregten unteren Schichten der Bürgerschaft weit überragten, unter denen er seine Freunde gefunden hatte und welche vorerst auch von der französischen wie von den verbündeten Schweizer Regierungen Bern und Zürich gehalten wurden. Über seine politische Gesinnung spricht er sich in der Selbstbiographie so aus:

„Damals lang vor den Ereignissen, welche die Welt betrauert oder welche sie erschüttern, hatte er seine politischen Grundsätze bei sich ausgemacht: Verehrung der Demokratie zu Unterwalden, der Aristokratie zu Venedig, zu Bern, der Monarchie in jedem größeren State; in der Religion des Reinsten, Innigsten, Höchsten und eine unerschütterliche Festigkeit der Behauptung urkundlichen Rechtes, welcher der Anker der Sicherheit und Ruhe ist; der Zweck fortgehender Vervollkommnung durch die möglichste aber geordnete Freiheit, durch eine weise Stimmung der öffentlichen Meinung und eine wohl vorbereitete Verbesserung der Gesetze und Anstalten; drei haßwürdige Ungeheuer: die Anarchie, welche die Auflösung der Ordnung ist und nicht bestehen kann; die Despotie, welche die Übertretung der Gesetze ist und der man zu entweichen sucht; am allermeisten die ungemessene Präpotenz irgend einer einzelnen Macht, welche die Zerstörung aller Freistätte, der Tod aller Hoffnungen des Menschengeschlechtes ist und ohne einen gänzlichen Unwert der Völker, eine gänzliche Erstummung aller Männer von Geist und Mut und ohne die doppelte Verräterei der Räte an den Fürsten, der Fürsten an ihren Häusern und sich selbst nicht sollte aufkommen können."

Der Haß gegen die Universalmonarchie bewegt ihm die Feder, während er an der Schweizergeschichte schrieb; aber er sah damals die Gefahr eher im Osten als im Westen: „Seit wir Barbaren im Norden den Thron der Cäsaren zerstört haben, war unser Europa noch nie so nahe an der Reunion aller Gewalt in einigen Despoten. — Das Geschlecht Graf Rudolfen von Habsburg an der Spitze der deutschen Völker und auf dem Throne der Tschechen und Hunnen, mächtig an der Weichsel bis unweit der Tiber, gründet durch Armeen und Schätze, wie vormals durch Negotiationen und Heiraten, eine neue Monarchie; wenn durch seine Waffen und Politik, auf Absterben der großen fürstlichen Häuser in Deutschland dies weite Reich dem Kaiser unterworfen werden wird, so kann Wien Rom werden und der Adler sein Reich über den Ruinen der alten europäischen Verfassung aufbauen" (Brief vom 22. Aug. 1774).

Er schreibt die Schweizergeschichte auch deshalb, um die Schweiz gegen erneuerte Ansprüche Österreichs besser zu sichern: und wenn auch die Erfahrungen von 1798 bis 1803 dagegen zu sprechen scheinen, indem die Schweiz, seit drei Jahrhunderten gegen alle feindlichen Einfälle gesichert, damals zum Schauplatze des europäischen Krieges gemacht und von fremden Heeren zertreten wurde, so ist es dennoch wahr, daß Müllers Schweizergeschichte nicht allein das schweizerische Selbstbewußtsein gehoben und gestärkt, sondern zugleich der schweizerischen Eidgenossenschaft in dem politischen Bewußtsein Europas eine bedeutende Stellung verschafft und an der Gunst einen erheblichen Anteil hat, welche ihr so oft seither widerfahren ist.

Gegen die radikale Spekulation, als deren Repräsentanten er vorzüglich Rousseau und die Encyklopädisten betrachtete, hatte er eine heftige Abneigung. Dort eine despotische, alle kleineren Staten verschlingende und unterdrückende Universalmonarchie, hier eine innere Auflösung aller bestehenden Verfassungen, das waren die beiden Gefahren, von denen er die Gegenwart bedroht sah. Wie Niebuhr nach 1830 den Einbruch der Barbarei besorgte, so fürchtete Müller vor 1776 und vor 1789, daß Europa in die Nacht der Tyrannei versinke. „Es ist eine Klasse leidiger Tröster" (schrieb er an Schlözer 1774) „aus der Schule Rousseaus und einiger Encyklopädisten, welche von dem Naturrechte, einem Contrat Social, einer allgemeinen Gleichheit und den Vorzügen der Demokratie schreiben, wie Descartes von seinen Wirbeln, Grundsätze setzen, Folgen daraus ziehen, das große Schauspiel der Universalhistorie aber nur aus Bossuet und Iselin kennen. Ihre Chimären untergraben die Throne, denn sie entfremden den Verfassungen die Herzen der Unterthanen, sie machen auch letztere unglücklich durch unvorsichtige Empfehlung gewisser zur Zeit unmöglicher Systeme und Grundsätze. Ich sehe unsere Zeit schwanger an großen Veränderungen und unser Jahrhundert das Glück oder Verderben vieler folgenden bereiten."

Er wollte die Wissenschaft der Politik auf die Geschichte, auf das Studium der Gesetzgebungen, auf die Beachtung der Erfahrungen gegründet wissen, „so wahr als sich Newtons Optik auf Experimente gründen mußte"; die Detailstudien hielt er für unerläßlich; aber eben diese zeigten ihm, daß jedes Land seine eigene Politik habe: „Aus Mangel des Details über die Berner Verfassung gedachte Henzi sie zu stürzen und hätte sie so wenig als Peter Kistler verwalten können." An demselben Mangel leiden, meinte er, auch die Encyklopädisten. Der Vorwurf traf die schwache Stelle derselben; aber sie hätten ihm ebenfalls mit

Recht entgegnen können, daß doch nicht die ganze Zukunft in der Vergangenheit zu finden sei, daß der bloß historische Politiker zuweilen durch neue Ereignisse überrascht werde und für die neuen Zeitideen kein rechtes Verständnis habe, und daß trotz aller Mannigfaltigkeit des Details in der menschlichen Natur und in dem menschlichen Geiste eine Einheit wirke, welche dieselbe zusammenhalte. Müller ahnte wohl die großen Umwälzungen, die bevorstanden; bald schreckten sie ihn, bald hoffte er von ihnen. In diesem Vorgefühle faßte er den Entschluß, nicht zu heiraten: „Ich bin im Grunde des Apostels Meinung, daß nicht heiraten besser ist; besonders für den gelehrten Stand und in unsern Zeiten: erstlich weil sich nach der Beobachtung aller großen Statsmänner Europa zu Revolutionen bereitet, in welchen immer besser ist, nur für sich sorgen zu dürfen; zweitens weil die allgemein werdenden Sitten dieser Zeit eine solche Menge Bedürfnisse aufbringen, daß viele Hausväter kaum mehr ankommen können" (Brief von 1782).

In Genf legte er eine Sammlung von Bemerkungen an, über Geschichte, Gesetze und Interessen der Menschen, die nur teilweise herausgegeben ist. Über die Politik schreibt er:

„Ein System der Politik ist ein schönes Schauspiel. Aber ehe man vom Berge herunter unter einem Blick alles vereinigt, muß die Ebene im Detail gesehen werden, sonst verwirren sich die Objekte und das Gemälde befriedigt nicht."

„Wer ein Haus zu bauen verspricht und es auf Sand gründet oder ein Kartenhaus macht, ist ein Betrüger. So der politische Schriftsteller ohne Kenntnis der Geschichte und Statistik.

„Wir lernen aus der Geschichte der Gesetze das allgemeine Naturrecht, also die ursprünglichen Bedürfnisse, also die Natur des Menschen. Sie ist die Wissenschaft der Interessen der menschlichen Gesellschaft."

„Wo wir waren, zeigt uns die Geschichte; die Statistik, wo wir sind; die idealische Philosophie, wo wir sein sollten; die wahre Politik, wie weit wir gehen können."

„Eines Mechanikers, Astronomen oder Piloten Fehler kostet vielen Tausenden ihr Leben; eine unvorsichtige politische Deklamation erhitzt eine junge Seele, welche ihr Vaterland in Flammen setzt.“

„Der Erfolg des Proselytengeistes und der Unternehmungen für Hierarchie und Religion bewirken die Möglichkeit, einst den ganzen Weltteil für Freiheit, Frieden, Glück und Wissenschaften zu interessieren.“

„Es bleibt den kleinen Staten Recht und Tugend übrig; in Waffen und Politik sind ihnen die Fürsten überlegen.“

„Cromwell sprach: „Man wird nur groß, wenn man nicht weiß, wie es kömmt.“ Rom wurde groß, weil die Republik kein System oder in Grundsätzen wenigstens solche Behutsamkeit hatte, daß dieselben alles Steife eines befolgten Systemes verloren und sich von den Konjunkturen leiten ließen. Rom wurde also groß, weil seine Stifter, Gesetzgeber und Helden gerade das alles, was viele schmeichlerische Geschichtschreiber ihnen beimessen, nicht dachten. Also wird wohl das beste Statssystem in klugen Anstalten nach vorkommenden Umständen, in decenter Unterwerfung unter die Allgewalt derselben und in der Standhaftigkeit in ihrer Ausführung bestehen.“

„Es ist zur Erhaltung der Würde des States die politische Divination nötig, damit man früh gutwillig thue, wozu die Folge nötigen würde, und damit man Abänderungen der Handlungsweise durch lange Zubereitung unmerklich mache.“

„Die Freiheit wie das Leben ist voll Unruhe, die Ruhe kömmt mit der Sklaverei wie mit dem Tode.“

„Die ersten Gesetze sind die Triebe der menschlichen Natur; gut sind die Gesetzgebungen, welche sie nicht hindern.“

„Im Anfang und bisher sorgten die nordischen Verfassungen meist allein für die Sicherheit der Regierungen; erst nun endlich erheben einige Weise ihre Stimmen auch für das Volk.“

„Liberté, l'indépendance de toute autre chose que des lois. Sie besteht in der allgemeinen Abhängigkeit von bestimmten

Gesetzen, ist daher in Ländern, wo die Gesetze unbestimmt oder unbekannt sind, und in Staten, wo das Recht des Stärkeren gilt, in der Abhängigkeit von Hofgunst und Faktionen nicht zu suchen."

„Es ist gefährlich, Aufhebung einer Beschwerde oder Geschenk einer Freiheit auf die Zeit der Not zu verschieben. Ein Volk, welches diesen Grundsatz weiß, ruft die Not herbei und freut sich des anrückenden Feindes. In der Zeit der Not werden alle Einrichtungen übereilt und nur für die jedesmalige Krisis, nicht für die Zeit der Ruhe eingerichtet, sind daher nachmals verderblich. Den einzigen Fall nehme ich aus, wenn eine Revolution seit langen Zeiten durch weise Männer vorbereitet worden, die eine Krisis, um sie durchzusetzen, erwarten."

„Wie der Papst die allgemeinen Konzilien beruft, so sollte ein europäischer Kaiser Reichstage des Weltteiles zu berufen vorhanden sein."

In derselben Genfer Periode legte Müller auch den Grund zu seinem zweiten berühmten Geschichtswerke, den XXIV Büchern allgemeiner Geschichte, in welchem er seine Anschauung der Weltgeschichte der Nachwelt hinterließ; denn in Genf hielt er zuerst vor einem gebildeten Publikum Vorträge über allgemeine Geschichte. Auch dieses Werk wurde zu einem Lieblingsbuch für politische Männer.

Auf die Dauer konnte es aber Müller nicht in Genf aushalten, wo er keine feste Anstellung hatte und großenteils auf Kosten der Freunde leben mußte. Ebenso wenig wollte er nach Schaffhausen zurück, obwohl ihm der Rat sein altes Amt offen behalten hatte. Nachdem er sich einen Namen gemacht, suchte er in Deutschland eine Anstellung. Zunächst in Preußen, „um die Monarchie zu sehen, welche der Geist Friedrichs über sich selbst erhoben hatte", in Berlin, wo man ihm die Aussicht auf einen Platz in der Akademie und freie Muße für gelehrte Arbeiten eröffnete. Zu Potsdam sah er Friedrich den Großen. Für ihn war es ein berauschender Genuß, einem welthistorischen Feldherrn und Statsmann ins Auge zu sehen. Enthusiastisch schilderte er die Audienz an die Freunde. Aber der alte Herr lag in den Netzen der französischen Umgebung gefangen; es gelang der Intrigue wiederum, wie früher Lessing, so jetzt Müller wegzudrängen. Müller hatte in seinem Äußern etwas Zappliges, eine kleine Stimme, er imponierte nicht durch die Erscheinung, und gegen die deutschen Gelehrten war der König ohnehin mißtrauisch und geneigt dieselben gering zu schätzen. Man gab ihm gute Worte und ließ ihn gehen.

Er fand in Kassel an dem General v. Schlieffen einen Freund und erhielt durch dessen Verwendung bei dem Landgrafen von Hessen eine kleine Anstellung (1781). Dort hielt er geschichtliche Vorträge, die auch von Offizieren zahlreich besucht wurden, und schrieb „die Reisen der Päpste", um dem übertriebenen Jubel zu begegnen, welchen die Herabwürdigung des heiligen Stuhles durch Kaiser Joseph II. hervorgerufen hatte. Aber bald kehrte er wieder nach Genf zurück, wo er auf dem Gute seines teuersten Freundes, des Freiherrn Karl Viktor v. Bonstetten, in einsamer Muße an der Schweizergeschichte fortarbeitete. Auch in Bern hielt er einige Vorträge. Zu seinen Füßen saß der General v. Erlach, der den letzten Todeskampf der sterbenden Aristokratie wie ein Held leitete und darin unterging. Eine Berufung, die er von dem Kurfürsten von Mainz, Friedrich Karl Joseph, erhielt (1786), zog ihn nach Mainz, wo er tief in die deutsche Politik eingeweiht wurde. In diese Periode fallen seine bedeutendsten politischen Schriften.

Schon „die Reisen der Päpste", so kurz dieser Aufsatz ist, war eine Schrift von nachwirkender Bedeutung. In schroffem Gegensatze gegen die Meinung der meisten und zur Verwunderung aller verlangte der protestantische Schriftsteller Ehrfurcht vor einer Institution, welche die aufgeklärte Welt, der deutsch-römische Kaiser an ihrer Spitze, mit Geringschätzung betrachtete. Er verlangte das nicht als gläubiger Katholik, sondern als Historiker, im Namen der Gerechtigkeit, der Dankbarkeit, der Humanität. Die welthistorische Bedeutung des Papsttumes begeisterte ihn.

Ohne die moralische Macht der Päpste wäre im Mittelalter die noch barbarische Welt der rohen Kriegsgewalt völlig unterlegen. „Die Päpste haben die weltliche Macht in Schranken gehalten, die Niedrigkeit emporgehoben, indessen sie Rom selten, den Kirchenstat nie besessen. Sie lebten in finsteren Zeiten, welche uns aber alles gegeben, was wir nutzen, und anstatt blutiger Trümmer und morastiger Wälder viele kraftvolle Statskörper auf uns hinuntergesandt haben. Vorher, als der Imperator auch der erste Pontifex war, war die ganze gesittete Welt in Schande, Barbarei, Tod und Ruin verfallen: aus keiner anderen Ursache, als weil bezaubert von den Tugenden des Diktators Cäsar die Römer einem einzigen Menschen über Millionen, beides in göttlichen und menschlichen Dingen, unumschränkte Obergewalt gelassen, ohne zu bedenken, daß ein Tiberius kommen könne."

Aber war nicht das Christentum, war nicht Christus eine noch weit größere welthistorische Erscheinung? Auch diese Frage fing ernstlich an von ihm erwogen zu werden. „Die Vorsehung", schreibt er an Herder, den er sehr verehrte, „leitete mich von Kindheit auf zur Historie, und vor nicht langem durch die Historie zum Glauben." Er hatte früher in Genf Anstoß erregt durch seine Freigeisterei. Bonnet hatte ihn einmal darüber mit heiliger Entrüstung zur Rede gestellt. Nun schrieb er ein Gespräch über „das Christentum", in welchem er bekannte, zuerst aufmerksam geworden zu sein durch die „wunderbare Zusammenstimmung aller großen und kleinen Weltbegebenheiten zu der Beförderung der christlichen Lehre". Allerdings, bemerkte er, sei dieser Beweis „nur von der zweiten Ordnung", weil alle großen welthistorischen Entwickelungen ebenso übereinstimmen, „weil die Welt Ein Ganzes ist". Tiefer hatte ihn das wiederholte Lesen alles dessen, was Jesus gesprochen hatte, überzeugt. In seinem Gemüte, welches für Freundschaft schwärmte, war auch ein mystischer Zug. Aber enge, dogmatisch, konfessionell war sein Glaube nicht, es war der Glaube des Historikers an die einzige Größe dieser Erscheinung: „Das Christentum ist nicht in Rom oder zu Genf oder zu Wittenberg oder zu Barby oder zu Philadelphia: die Formen, welche ihm an diesen Orten gegeben sind, mögen sich verändern; das Christentum selbst war nie von Gott, oder es muß bleiben länger als Himmel und Erde, so daß die stolzen Denker dieser Zeit ebenso wenig dagegen ausrichten werden als die tausendjährige Nacht, welche vor dem fünfzehnten Jahrhundert Europa bedeckte."

„Nach dem Verfalle der alten Welt — wurde der Norden zu Jesu Christo gerufen; aber unsere Väter waren am Verstand Kinder; um deswillen erkannten sie die hohe Lehre des Christentumes nicht in ihrer ganzen Freiheit und Mildigkeit; vielmehr bedurften ihre rohen Seelen, um im Zaume gehalten zu werden, vieler Schrecknisse, wie widerspänstige Knaben, und Gott setzte ihnen einen Vormund, den Papst. Erst nach tausendjährigem — nicht Verfall, denn die verdorbenen Menschen der altrömischen Welt waren umgebracht und unsere Väter konnten von keiner Höhe fallen — erst nach tausendjährigem Emporsteigen erschien die Zeit, in welcher nach Verwerfung schädlicher Satzungen endlich der kindliche Glaube an den, der Wahrheit und Leben ist, als die Summe alles Heils erkannt wurde."

Man hat Müller diese „Bekehrung" und hinwieder sein Schwanken zwischen Glauben und Unglauben als Charakterschwäche vorgeworfen. Besonders sein reicher Briefwechsel, eines der kostbarsten Denkmäler der deutschen Litteratur, ist vielfach ausgebeutet worden, um ihn der Inkonsequenz zu beschuldigen und als Egoisten anzuschwärzen: und doch sind die Widersprüche darin und die sich durchkreuzenden Neigungen und Tendenzen nicht größer als fast in jedem geistreichen Menschen, der mit sich und dem Leben ins Reine zu kommen sucht und nicht wie eine geschossene Kugel in zuvor bestimmter Bahn dahinfliegt. Das Eigentümliche ist nur, daß wir Müller in seinen Briefen öffentlich denken sehen; und ich finde nicht, daß er dabei verliert, wenn man ihn unbefangen beobachtet. Auch in den religiösen Dingen behielt er die geistige Freiheit bei, welche so viele dem Glauben gefesselt überliefern, und blieb seinem Grundcharakter als Historiker durchaus treu. Diese ganze untheologische und ungeistliche, aber geschichtlich ehrfurchtsvolle und großartige Betrachtung des Christentumes und der kirchlichen Institutionen war mit der Haltung von Lessing und der Auffassung von Herder verwandt und übte, wie diese, einen bedeutenden Einfluß aus auf die Stimmung des deutschen Geistes, auch in politischer Beziehung. Ein gereinigtes Christentum wurde wieder als ein unzerstörbares und fruchtbares Lebenselement der ganzen Fortbildung angesehen und zugleich die konfessionelle und pfäffische Beschränktheit als unserer Zeit unwürdig verworfen.

Die beiden wichtigsten politischen Schriften Müllers beziehen sich auf den deutschen Fürstenbund. Zunächst angeregt, um den Planen Kaiser Josephs II. auf den Erwerb Bayerns für Österreich entgegenzutreten und die aristokratische Unabhängigkeit der deutschen Fürsten vor dem Kaiser zu sichern, war im Jahre 1785 unter Friedrichs II. von Preußen Leitung der deutsche Fürstenbund entstanden. Der nächste Zweck ward freilich noch vor Friedrichs Tode erreicht; aber es wurden unter seinem Nachfolger Friedrich Wilhelm II. weitere Versuche gemacht, dem Verbande erhöhte Stärke und Wirksamkeit zu verschaffen. Mit feuriger Lust ging Joh. Müller auf diese Plane ein. Sie entsprachen ganz seiner Neigung, das Gleichgewicht der vorhandenen Statenbildungen gegen die Gefahr der Universalherrschaft zu verteidigen, die noch immer in der Gestalt Josephs II. zu drohen schien. Im Auftrage seines Fürsten verfaßte er die „Darstellung des Fürstenbundes“ (1787).

Die gehaltvolle Schrift geht aus von den politischen Ideen der Freiheit und des Gleichgewichtes: „Bürgerliche Freiheit ist, wo Gesetze einen jeden Menschen wider alle willkürliche Gewalt bei Ehre, Leib und Gut sichern. Die politische Freiheit besteht in dem, daß Fundamentalverordnungen und Friedensverträge einem jeden Stat seine Verfassung und seine Besitzungen gewähren.“

Er schildert die Universalmonarchie und bezeichnet sie als die größte Gefahr, welche der Freiheit der Völker drohe. Um diese Gefahr zu beseitigen, ist das System des Gleichgewichtes eingeführt worden: „Die Idee des europäischen Gleichgewichtes ist groß und wohlthätig. Wie dem gewaltigsten, so dem geringsten State werden durch die Teilnehmung der zunächst interessierten und ferner der übrigen Staten seine Rechte gesichert. Verträge soll keiner unter irgend einem Vorwande eigenmächtig verändern. Die Verfassung von Europa beruht hierauf: wen diese Bande nicht fesselten, der hätte, wie die Alten sagen, keinen Gott als die Tyrannei. In unbestimmten Fällen wird nach allgemeinem Interesse entschieden. Am aufmerksamsten werden die Schritte des Mächtigsten beobachtet; man darf ihm nicht erlauben, was Geringeren hingehen könnte. — Nicht sowohl in der Machtgleichheit als in dem gleichen Rechte besteht es; auch jene existiert, aber durch Bündnisse und moralische Anstrengung."

Vor Ludwig XIV. hatte das Haus Habsburg vornehmlich das Gleichgewicht gefährdet, und nun drohte wieder dieselbe Gefahr von dieser Seite: „Alles, wodurch Vergrößerung zu befördern war, alles erlaubten sich diese Kabinette ohne Bedenken; wer alles wagt, kann weit kommen. In der Verwaltung waren sie für ihre Macht ängstlich; das Glück des Volkes war eine untergeordnete Sorge. Der Entwickelung des menschlichen Geistes waren sie so hinderlich, daß ihre hinterlassenen Länder noch daran leiden; die Christenheit würde an Licht und Kultur unter ihnen ziemlich türkisch geworden sein."

Darauf schildert er die deutsche Reichsverfassung: „Deutsche haben die letzte Weltmonarchie gestürzt; von ihnen sind die Könige der neuen Staten ausgegangen; in dem, welchen sie über sich selbst erwählen, erkennt Europa den Titel und Rang der Cäsaren; daß er ihre Gewalt nicht herstelle, wird hauptsächlich durch die deutsche Freiheit verhindert."

„Die Majestät war bei dem Könige, die Macht bei der Gemeinde. Nicht sowohl die Kaiser haben im Laufe der Zeit

Verlust erlitten, als die Gemeinde. Die Rechte der letzteren kamen durch Zufälle, Vernachlässigung, auch natürliche, vernünftige Ursachen an die Landstände und Fürsten."

„Wenn die Souveränetät eine ursprüngliche Gewalt ist, von welcher die übrige Macht entsprungen, so ist in dem Reiche niemand souverän als das Reich selber. Durch seinen Willen sind Kaiser gesetzt; von ihm ist ihre Majestät ausgegangen. Wenn Souveränetät höchste Gewaltübung ist, so gebühret sie weder dem Kaiser noch dem Reiche, sondern dem Gesetze, welches dem Reichshaupt und jedem Stande Gewalt und Grenze bestimmt. Ein Kaiser ist Kaiser nach Gesetzen; in dem Augenblick, da er sie übertritt, in demselben Augenblick verschwindet der Kaiser; der Despot beginnt; ihm ist keiner verbunden, sondern jeder wider ihn."

„Das eiserne Germanien ist vor allen Reichen vorzüglich gelegen, durch seine sechsmalhunderttausend harten, wohldisziplinierten Krieger das Gebäude der Universalmonarchie (allgemeiner und eigener Dienstbarkeit) unwiderstehlich aufzuführen. Eben dasselbe, mit halb so viel Heeresmacht, welche der anderen Hälfte zum Gegengewicht sei, kann mitten in Europa, selber frei, glücklich und stark, die Mutter des Friedens, die Grundsäule des allgemeinen Systems, die Schutzwehr der Freiheit und Freundin der Völker sein. Die Wage hängt. Dort liegt Gold neben Fesseln; hier der seltene Ruhm, zugleich die stärkste und beste Nation zu sein."

Mit der Erhebung des Hauses Lothringen, dem Erben des Hauses Habsburg, dessen Gründer Rudolf und dessen letzte Stammhalterin Maria Theresia am meisten hervorragen in der langen Reihe oft statskluger, aber öfter noch abergläubischer und schwacher Fürsten, mit Joseph II. kamen „neue Grundsätze" auf den Thron. „Der Kaiser hört kein Gesetz, als das Beste seiner Staten; letzteres bestimmt er nach dem Lichte seines Geistes, dem Eifer seiner großen Seele und nach den Berichten derer, welchen er sein Zutrauen schenkt. Diese sagen: man müsse Verträge halten, so lange die Machtverhältnisse dieselben bleiben; wenn diese sich ändern, wenn einer der kontrahierenden Teile schwach geworden, so sei der andere zu nichts mehr verbunden. Patriotismus ist Selbstsucht. Es falle der Stat, welcher sich nicht weiß zu erhalten; ein aufgeklärter Mann ist Kosmopolite. Es ist eine Verbrüderung der Guten und Edeln, die unsichtbar und wirksam, gleich der elektrischen Materie, die Masse der Nationen durchdringt; es ist eine Regierung der Meister des Wissens, die alles leitend und unzugänglich wie die olympischen Götter Senaten und Fürsten, die nicht selbst Weise werden, das Gegengewicht hält. Hier ist Freiheit; in Republiken mästen sich statt Eines Herrn zweihundert. Kleine Fürsten haben eine erkünstelte, unnatürliche, ängstliche Macht. Besser, wo von Weisen umringt Einer herrscht; er wird Freiheit gestatten — wen sollte er fürchten? — und Menschenglückseligkeit schaffen, weil er es kann. Die Friedensschlüsse sind das Werk augenblicklicher Not. Nur das Gesetz des Wohles vom Ganzen ist ewig, unveränderlich, impräskriptibel."

Bevor die französische Nationalversammlung und der Nationalkonvent ähnliche Grundsätze verkündigten, wurden sie in den Manifesten des deutschen Kaisers vor der Welt ausgesprochen. Das ganze historische Recht ward durch das neue Naturrecht in seiner Sicherheit erschüttert. Das mittelalterliche Recht erbebte in seinen Fundamenten. Die Seele des Historikers Müller wurde davon erschüttert. Mit Entrüstung beobachtete er die vielen Eingriffe des Kaisers in alte verbriefte Rechte, der Bischöfe, der Klöster, der Landesfürsten, der Reichsritter, der Reichsstädte; er konnte darin nur Unterdrückung des Schwächeren durch den Stärkeren, Gewalt und Unrecht sehen. Die Ansätze zu einer Stats- und Weltordnung, die sich aus der verfallenden mittelalterlichen Rechtsüberlieferung losrang, sah er nicht oder wollte er damals nicht sehen. Der Eifer des historischen Rechtes und der historischen Politik erfüllte ihn ganz.

Es fällt Müller nicht schwer, im Angesicht der drohenden Revolution von oben den Fürstenbund zu verteidigen. „Der Fürstenbund ist eine in Maßregeln und Mitteln bestimmtere Erklärung der allgemeinen Reichspflicht, gegen widerrechtliche, gewaltthätige Ansprüche und willkürlich aufgedrungene Zumutungen, gegen alle eigenmächtigen, dem Reichssysteme entgegenlaufenden Unternehmungen, die Reichsverfassung zu erhalten und ihre Glieder bei Rechten, Ländern und Besitzungen zu schützen.“ Sogar die auswärtigen Staten haben ein Interesse daran, und Müller nimmt so wenig als seine Leser daran Anstoß, auch auf Frankreichs Interessen für den Fall eines Krieges mit Österreich als verbündete hinzuweisen.

So sehr aber die Erhaltung der historischen Reichsverfassung der Wunsch Müllers war, als ein echter Konservativer wußte er doch wohl, daß erhalten ohne verbessern unmöglich sei. „Periodischer Verbesserungen sind alle Anstalten der Menschen bedürftig; aber die bestgemeinte darf nicht einseitig, noch weniger gewaltthätig sein. Es ist nicht genug, daß die Formen der Verfassung bleiben, wo nicht jeder den Geist und Flor seines Volkes höher treibt. In der ganzen politischen und moralischen Lage der Menschheit ist wie in der Natur unaufhörliche Bewegung; was nicht vorwärts dringt, gerät hinter sich.“

Im Grunde waren es aber egoistische Interessen der Gewalthaber, welche den Kitt des Fürstenbundes bildeten, und für den nationalen Reformgedanken waren nur ganz wenige der Fürsten empfänglich, wie vorzüglich der Herzog Karl August von Weimar. Die Mehrzahl gab sich behaglich wieder dem Schlummer und den Genüssen hin, als Kaiser Joseph das bayerische Projekt fallen ließ. Die Macht der Trägheit und die Lust des Besitzes waren stärker als die Vaterlandsliebe und als der Trieb zur Verbesserung der Übelstände. Auch Preußen zog sich bald wieder von dem Fürstenbunde auf sich selbst zurück.

In der anonym erschienenen Schrift: Deutschlands Erwartungen vom Fürstenbunde (1788) schüttelt Joh. Müller die Schläfer und sucht sie aufzuwecken und zu der unerläßlichen Reformarbeit anzutreiben. Durch Reform der Revolution zuvorzukommen und sie unmöglich zu machen, das war der konservative Gedanke, den er vertrat. Nur freilich waren die Stützpunkte seiner Reform selber morsch und die Ziele derselben zu tief und daher unbefriedigend. Die alte Reichsverfassung war nicht mehr zu retten. Müller kannte und sprach die Meinung der Menge aus: „Mag sie nur fallen, wir harreten umsonst!“

Er erhebt sich in dieser kleinen Flugschrift auf die Höhe des nationalen Gedankens:

„Wenn die deutsche Union zu nichts Besserem dienen soll, als den gegenwärtigen Statum quo der Besitzungen zu erhalten, so ist sie unter den mancherlei politischen Operationen, die in Deutschland vorgenommen wurden, wirklich die uninteressanteste. Sie ist wider die ewige Ordnung Gottes und der Natur, nach der weder die physische noch die moralische Welt einen Augenblick im State zu verharren, sondern alles in Leben, ordentlicher Bewegung und Fortschreitung sein soll. Sie ist wider alle politische Erfahrung, nach welcher, wie die physischen Körper durch Stockung in Verwesung übergehen, so alle Konföderationen durch Unthätigkeit in Erkaltung, Privatleidenschaften und zuletzt in unwidertreibliche Selbstauflösung. Sie kann keinen vernünftigen Menschen interessieren. Ohne Gesetz noch Justiz, ohne Sicherheit vor willkürlichen Auflagen; ungewiß unsere Söhne, unsere Ehre, unsere Freiheiten und Rechte, unser Leben einen Tag zu erhalten; die hülflose Beute der Übermacht; ohne wohlthätigen Zusammenhang, ohne Nationalgeist, zu existieren so gut bei solchen Umständen einer mag — das ist unserer Nation Status quo. Und die Union wäre da, ihn zu befestigen?“

„Daß einige sagen: „Sittenverfeinerung habe unsere Kraft geschwächt und wir seien nicht mehr wie unter Maximilian“, dieses hat mehr Schein als Grund. Das menschliche Geschlecht hat nicht mit Patagonen angefangen, um mit Liliputen zu endigen, und es ist nicht wahr, daß Entschlossenheit, Selbstüberwindung, Arbeitslust und Tapferkeit nicht mit Aufklärung bestehen können. — Daher kann ich nicht begreifen, wie, seit man den Zusammenhang, die Verhältnisse und Gründe der Dinge einsieht, wir Deutschen Verstand und Mut verloren haben sollten, endlich einmal den Machtsprung zu thun, hinaus über die jahrhundertalten Pedanterien zu ordentlichen Kammergerichtsvisitationen, einer wohleingerichteten Reichshofratsvisitation, festen Vorschriften und einem subsidiarischen Gesetzbuche; zu einer zweckmäßigen, billigen und beständigen Wahlkapitulation, einer thätigen Reichsverfassung, einer guten Reichspolizei, einer angemessenen Defensivanstalt; zu echtem Reichszusammenhange; alsdann auch zu gemeinem Vaterlandsgeiste; damit auch wir endlich sagen dürfen: „Wir sind eine Nation!"

Er deutet es an: Wenn die Alternative heiße: eine Union, welche nur die Mißbräuche erhält, oder: eine durchgreifende Verbesserung durch den Kaiser; so werde er mit der Nation dem Kaiser zufallen.

„Etwas muß für das Reich geschehen; es muß der Nation geholfen werden. Die Palme ist aufgesteckt; wer sie erreicht, dem werden die Völker zujauchzen. Wir glaubten, in der Union sei Sinn für etwas Edles. Fast scheint es, wir haben uns geirrt; sie wolle den Ruhm dem lassen, welchem er von Amts wegen gebührt. Wohl! So wird die Nation auch für ihn sein, und sein Lohn unsterblicher Ruhm."

Ähnliche Reformgedanken hatte Müller schon ein Jahr früher in seinen „Briefen zweier Domherren" ausgesprochen, welche die Erwählung Dalbergs zum Koadjutor von Mainz vorbereiteten. Die Schrift war vorzüglich der Reichsritterschaft günstig, die ausschließlich in den Wahlen der Domkapitel berücksichtigt werden sollte; Müller hielt an den ständischen Grundgedanken der Reichsverfassung fest. Aber zugleich befürwortete er den Übergang aus einem niederen Stande in den höheren und bemerkte sehr wahr: „Es würden bald weder die Despoten den Adel, noch der Adel die Bürgerlichen, oder diese den Landmann ferner verachten, wenn jeder das Gewicht seiner Stelle ganz fühlte und in derselben vortrefflich die, so sich vermessen, auf ihn herabzusehen, nicht würdigte anzusehen. Zu dem Ende aber muß auf die ganze Nation, wie sie in hundert mannigfaltig nüancierten Verfassungen und vom Fürst bis auf den Bauer in verschiedenen Gradationen einer stolzen offenbaren oder einer unmerklicheren, demütigeren Freiheit genießt, ein anderer Geist und neues Leben ausgegossen werden; der Deutsche müßte gewahr werden und fühlen, wer zu sein ihm obliegt: nämlich der Gewährsmann der europäischen Verfassung und Retter der Menschheit gegen wiederkommenden Despotismus."

Alle diese Galvanisierungsversuche aber, den sterbenden Reichskörper zu neuem Leben anzureizen, waren ohne Erfolg. Als die französische Revolution erschienen war, so fiel in Folge ihrer gewaltsamen Erschütterung das alte Reich aus einander. Anfangs betrachtete er die Revolution mit Hoffnung und Befriedigung. Er schrieb an Dohm am 6. August 1789: „Welch eine Scene in Frankreich! Gesegnet sei ihr Eindruck auf Nationen und Regenten. Ich hoffe, mancher Sultan im Reiche werde heilsam erzittern, und auch manche Oligarchie lernen, daß man's nicht zu weit treiben darf. Ich weiß die Excesse. Hiefür ist aber eine freie Verfassung keineswegs zu teuer erkauft. Kann's eine Frage sein, ob ein luftreinigendes Donnerwetter, wenn es auch hie und da einen erschlägt, nicht besser sei als die Luftvergiftung, als Pest? Diesen Samen hat vor 40 Jahren Montesquieu gestreut. Also ist nichts verloren, warten muß man nur." Indessen fast gleichzeitig kamen doch auch wieder die Bedenken seiner konservativen Natur über ihn. An seinen Bruder schrieb er am 16. September: „Auch mir wird bald unglaublich, daß dasselbe Werk bestehen könne. Es ist nicht gleich dem englischen vor hundert Jahren. Verstand präsidierte letzterem; diesem Witz, Systeme, Phraseologie. Hiezu kommt, daß nach der Erfahrung aller Völker kein freies Volk ohne Sitten, noch diese ohne Religion bestehen mögen, die Nationalversammlung aber letztere für Thorheit hält."

Dann besann er sich wieder und erkannte die Notwendigkeit einer Umwandlung, wie der Brief vom 10. März 1790 zeigt: „In der That sind die meisten adeligen Corps, Domkapitel,

Stände u. dgl. caput mortuum, und es ist eine Konvulsion wohl nötig. Wer aber, o Bruder, hätte noch in Friedrichs letzten Jahren die Möglichkeit solcher Scenen geträumt! Wer gab nicht die Völker auf, als eine Million disziplinierter Krieger für die Fürsten standen! Wie weit es gehen und wie es endigen werde, kann ein menschlicher Verstand nicht voraussagen; doch ist wahrscheinlich am Ende Gewinn für die Menschheit. Viele hoffen oder fürchten, der Fall des Thrones werde auch den Altar mit umreißen. Ich gestehe, daß ich dieses nicht eben für das größte Unglück hielte. In Christi Religion sind weder Priester noch Altäre, und wahrlich hat der esprit de corps sie wohl mehr verderbt als gefördert, so daß sie ohne dieses Gerüst in Geist und Wahrheit gar wohl bestehen kann. Indessen wird etwas Äußerliches immer doch auch sein müssen: Ich glaube dieses, aber etwas Neues; das Alte bedurfte der Wiederauffrischung; es müssen periodische Revolutionen kommen, sonst schlummert alles in Sinnlosigkeit ein." Und am 13. Mai 1792 schrieb er bezüglich der Koalition gegen Frankreich: „Doch scheint mir unmöglich, den seit einem halben Jahrhundert in Europa verbreiteten Geist nun mit Bajonetten zu vertilgen. Es wäre vielleicht das größte Unglück für die Menschheit."

In dieser gemäßigten Gesinnung verharrte er noch, als schon Mainz von den Franzosen unter Custine genommen war. Damals in Wien in Statsgeschäften abwesend, hatte ihn selber die Eroberung betroffen; denn alle seine Bücher und Papiere waren in die Hände des Feindes gekommen. Indessen erfuhr er heimgeeilt von dem französischen General humane Rücksichten, von Seite der „freiheitberauschten" Bürger lebhaftes Vertrauen. Seines Bleibens war aber hier nicht mehr; und nach langem Schwanken trennte er sich von dem Kurfürsten, der ihn wie einen Freund aufgenommen und ihn zum Geheimen Statsrate erhoben hatte, und folgte einem Rufe nach Wien (1793). Der neue Kaiser Leopold hatte ihn schon vorher (1790) in die Reichsritterschaft aufgenommen — eine Ehre, von der Müller übrigens wenig Gebrauch machte — und ihm eine Pension verliehen. Nun erhielt er eine Stelle in der Wiener Statskanzlei.

In Wien fand sich übrigens Müller nicht so glücklich als er gehofft hatte. Die Stellung war für den Geschichtschreiber der Eidgenossenschaft und für den wissenschaftlichen Denker doch eine grundfalsche, und so empfänglich er für die Macht war, so erfuhr er doch zuweilen Zumutungen, die er unmöglich erfüllen konnte. So wurden wiederholte Versuche gemacht, ihn zum Übertritte in die katholische Kirche zu bewegen. Man setzte ihm deshalb scharf zu. Aber er fühlte zu tief, daß das mit seiner Ehre unvereinbar sei, und widerstand. Aber die politische Atmosphäre von Wien übte einen stärkeren Einfluß auf ihn aus. Das Entsetzen über die Pariser Schreckensherrschaft erfüllte ihn mit Abscheu gegen die Revolution. Der Friede von Basel empörte sein deutsches Nationalgefühl. Er schrieb „Philippiken", um den Mut der Deutschen aufzustacheln und sie zum Kampfe gegen die Franzosen zu entflammen. Damals stand er mit Gentz zusammen; sie waren die Vorkämpfer des Widerstandes in der Litteratur. „Ich kenne in der Welt nichts Abscheulicheres als Zerstörung aller Ordnung durch Pöbelswut, als Herunterwürdigung alles Ehrfurchtwürdigen durch Demagogenhohn, als Untertretung der Humanität durch Phrasen. Für alle Evolutionen bin ich, aber für keine einzige Revolution. Aber wie blind sind unsere Zeitgenossen, wie stürmisch zum Umkehren unsere Jünglinge!" (Brief vom 2. Juli 1796).

Auch seine geliebte Eidgenossenschaft wurde nun von dem Weltbrande ergriffen. Müller sah die Gefahr sich nähern, warnte die Freunde und drängte wieder — treu seiner ganzen historischen Grundanschauung — mit allem Nachdruck auf eingreifende ernste Reformen. Er reiste persönlich in die alte Heimat (1797), um die notwendige Erneuerung der Bünde besser zu betreiben: „Es ist, ich weiß es, eine starke Pille, Rechte, die sich einige Städte vorbehalten haben, der Nation gemein zu machen; es ist, ich weiß es, eine für den schweren Gang unserer Politik starke

Zumutung, die Grundfeste, die Bünde auf einmal zu erneuern und neu zu festigen. Ich habe aber nur Eine Antwort; es muß sein; thut es, damit es nicht andere thun" (Brief vom 3. Jan. 1798).

Seine Warnungen wie seine Räte waren vergeblich. Die Patrizier wollten ihre Vorrechte nicht aufgeben, die Stadtbürger ihre Herrschaft nicht mit den Landleuten teilen. Die neuen Ideen, welche ihren Gewohnheiten, ihrem Stolze, ihren Interessen widersprachen, waren ihnen verhaßt. Auf die Vernunft hörten sie nicht; erst die gewaltsame Not überwand ihren Starrsinn. Die alte Eidgenossenschaft brach zusammen und die eine helvetische Republik, eine Nachbildung der französischen Republik, trat an ihre Stelle. Müller litt schwer unter den furchtbaren Schlägen des Schicksals; aber die Hoffnung, daß es den Alliierten gelingen werde, auch in der Schweiz eine Restauration einzuleiten, milderte den Schmerz. Er arbeitete Verfassungspläne aus, nach welchen die alten Kantone zwar hergestellt, aber die gemeinen Herrschaften freigegeben, der Zutritt zu den Ämtern auch den Landbürgern eröffnet und ein höchster Rat für die ganze Schweiz gebildet werden sollte. Die alten Formen sollten möglichst geschont, aber mit neuem Geiste erfüllt werden, ein charakteristischer Zug der konservativen Politik, vor welchem Christus freilich seine Jünger gewarnt hat. Übrigens waren seine Vorschläge doch weit besser als die endliche Restauration des Jahres 1815. Die Schlacht von Marengo und der Friede von Lüneville nötigten freilich, diese Pläne auf bessere Zeiten zu vertagen. Unverhofft erneuerte der Konsul Napoleon dieselben und richtete seine Mediation der Schweiz vom Jahre 1803 nach verwandten Grundsätzen ein. Für Müllers Gesinnung aber sind sie ein ehrenvolles Zeugnis. Er unterschied sich hierdurch sehr vorteilhaft von seinem Freunde Gentz[1]), welcher in der Theorie wohl das Bessere einsah, aber in der Praxis mithalf, jede wahrhafte Reform zu verhindern.

[1]) Es ist unbegreiflich, wie Julian Schmidt (Grenzbote 1858 II.) ihm vorwerfen mochte: „Seine Freunde konnten ihn nicht verstehen, weil er

Niemals fühlte er sich in Wien recht heimisch. Er hatte in der Schweiz politische und in Deutschland geistige Freiheit gehabt, und empfand nun den Geistesdruck, der alle freien Regungen niederhielt, wie eine ungewohnte und unleidliche Pein. An den Statsgeschäften hatte er bald fast keinen Anteil mehr; um so eifriger beschäftigte er sich mit gelehrten Arbeiten. Seine Wißbegierde blieb unerschöpflich, er las unglaublich viele Werke, aus allen Zeitaltern und von dem mannigfaltigsten Inhalte. Aber sogar in dieser harmlosen Arbeit lastete die lichtscheue und ängstliche Censur auf ihm wie ein Alp und beschwerte ihm den Atem. Es wurde ihm fast unmöglich gemacht, die Schweizergeschichte fortzusetzen. Da er die Erwartungen, die auf seinen Übertritt zum Katholicismus gesetzt waren, getäuscht hatte, so zogen sich die vermeintlichen Freunde zurück. Als ihm die Gelegenheit geboten wurde, in preußische Dienste überzutreten, ergriff er dieselbe mit dankbarer Hast. Als er zuerst wieder den preußischen Boden betrat, war es ihm „wie einem aus der Fremde heimgekehrten Sohn. Ich fühlte mich wie neu belebt, hier ohne Scheu reformiert und Gelehrter sein zu dürfen“. Hierzu kam die Tendenz des Königs, Berlin zu einer Freistätte und einem Mittelpunkt deutscher Art und Kunst und aller vernünftigen Freiheit zu machen (Brief vom 12. März 1804). In Berlin wollte er nun ganz der Wissenschaft leben, als „Historiograph des Hauses Brandenburg“ und Mitglied der Akademie. Er wollte eine Geschichte Friedrichs des Großen schreiben und erhielt zu dem Behufe den Zutritt zu den geheimen Archiven. Da brach das Gewitter auch über Preußen herein. Die Niederlage bei Jena (14. Okt. 1806) zertrümmerte wiederum seine Hoffnungen auf ein stilles gelehrtes Leben.

Schon in der Krisis hatte sich Müller scheu gezeigt. Sein Geist war männlicher als sein sanguinisches Gemüt, das leicht aufjubelte und dann wieder ängstlich und furchtsam erzitterte.

---

in jedem Reformversuch revolutionäre Bestrebungen witterte und das Heil nur in der unbedingten Rückkehr zum Alten sah“, denn so ziemlich das Gegenteil ist wahr.

Nur mit Mühe entzog er sich einem energischen Eindruck. Noch war der Haß in ihm gegen die Revolution und gegen Napoleon; er hielt diesen für einen Barbaren und hieß ihn einen neuen Attila. Erst von der Zukunft erwartete er eine Reaktion gegen den siegreichen Fortschritt der französischen Waffen und Ideen. Sogar nach Rußland sah er sich um, wie nach einer Freistätte, wenn auch Preußen fallen sollte. „Mir liegt immer im Sinn, daß endlich noch eine russische Hand Europa retten wird", schrieb er einige Monate vor der Schlacht bei Jena. Sein Vertrauen in die Kraft Preußens und in die Einsicht des Berliner Hofes war damals schon erschüttert. Daß damals von Berlin aus auch das deutsche Reich nicht erneuert werde, sah er ein. Aber ebenso wenig behagte seiner deutschen Gesinnung der Vorschlag von Gentz, Deutschland zwischen Österreich und Preußen zu teilen. Überall erschien ihm die Aussicht dunkel und hoffnungslos. Nun besann er sich, daß seine eigentliche Mission die historische sei, nicht die politische, und er verlangte vor allem Ruhe für sich und seine Arbeiten. „Es ist herrlich", schrieb er an Gentz, „der Mann des Jahrhunderts, es ist auch nicht zu verwerfen, der Mann der Universalhistorie zu sein. Wer dieser oder jener zu sein habe, wird vom Schicksal bestimmt."

Die Katastrophe traf ihn heftiger als er erwartet hatte. Sie war aber so groß, so überwältigend, daß Müller darin die Hand Gottes zu sehen glaubte. Er hatte schon so viele ähnliche erlebt, in Mainz, in der Schweiz, in Wien. Länger glaubte er sich der Wahrnehmung nicht mehr verschließen zu können, die ihn von Anfang an, wenn auch in zweifelhafter Gestalt, beunruhigt hatte, daß die alte Weltordnung zum Untergange reif und eine neue Weltordnung im Entstehen sei. Schon wenige Tage nach der unglücklichen Schlacht schrieb er: „Ich war in den ersten Tagen wie physisch gelähmt .... denn unermeßlich ist das Unglück; ruit alto a culmine Troja; der Name, die Hoffnungen selbst. Alles Alte ist hin; siehe, etwas Neues wird, die große Periode der mancherlei Reiche seit dem Untergange des römischen ist geschlossen. Die anfängliche Erschütterung meiner ganzen Lebenskraft hat sich gelegt; die Betrachtung so vieler Revolutionen in der Geschichte, etwas guter Glaube und eine natürliche Neigung zur Heiterkeit erleichtert es einem." Er erinnert sich, daß Livius sich auch in die Weltherrschaft des Augustus gefügt habe. „Ich finde in der Geschichte, daß, wenn zu einer großen Veränderung die Zeit da war, alles dawider nichts half; die wahre Klugheit ist Erkenntnis der Zeichen der Zeit." Schon sehnt er sich nach Paris, der eigentlichen Hauptstadt der civilisierten Welt.

Als er nun den Kaiser in Berlin sah und sprach, den Mann mit dem starken Willen, den die Hand des Höchsten über schlaftrunkene Völker führte, da ward der Umschwung in seiner Seele vollzogen. Schon einmal in seinem Leben war Müller einem genialen Fürsten von welthistorischer Bedeutung begegnet und war entzückt. Nun hatte er zum zweiten Male eine Unterredung mit einem noch mächtigeren Genie. Er hatte sich wohl darauf gefürchtet und fand nun den Kaiser ebenso liebenswürdig wie groß. „Der Kaiser redet wie das Genie selbst und ist so einfach, so anspruchslos, daß man ihn durch Fragen und Einwendungen wie unsersgleichen zum weiteren Gespräche fortziehen darf." Müller war außer sich vor Entzücken. Der Zeitgeist erschien ihm gleichsam persönlich in dem Kaiser. Das war doch nicht der furchtbare Barbar, nicht der blutige Attila. Er ward „durch sein Genie und seine unbefangene Güte erobert".

Man kann dem Universalhistoriker, dem Schweizer, dem Deutschen Johannes Müller nicht übel nehmen, daß er nicht wie ein geborener Preuße dachte, daß ihm die Erhaltung oder Wiedergeburt des preußischen States nicht als das höchste und letzte Ziel seines Lebens galt, daß er den engen und kurzsichtigen, für einen Historiker unpassenden Haß gegen ein mächtiges Genie von sich warf und dem Manne huldigte, vor dessen Geist und Macht alle Fürsten Europas sich beugen mußten. Aber der Abfall Müllers von der Politik des historischen Rechtes, deren größter Vertreter er auf dem Kontinente gewesen war, und der Übergang in das Lager des siegreichen feindlichen Imperators und zu der abstrakten französischen Statslehre, die er ein Leben lang bekämpft hatte, macht dennoch einen widerwärtigen und peinlichen Eindruck. Nicht allein die Schwäche seines Charakters, auch die Schwäche des Prinzipes, das er repräsentierte, war nun schonungslos vor aller Welt aufgedeckt. Das Prinzip der historischen Politik, welche die Formen des urkundlichen Rechtes retten und dennoch den neuen Geist in sich aufnehmen wollte, konnte nicht ausreichen und nicht aushalten, da wo wirklich eine alte Weltordnung unterging und eine neue nach Luft und Licht rang. Müller hatte zu fest auf die alte Historie gebaut und die philosophischen Ideen zu sehr verachtet. Nun zwang ihn das Schicksal, auf den Ruinen der geschichtlichen Statszustände sich vor dem neuen Zeitgeiste zu demütigen, der ihm mit überwältigender Klarheit und Siegeszuversicht als der Weltherrscher der Gegenwart persönlich vor Augen trat. Sein Mut war gebrochen und sein Geist gab sich dem Überwinder gefangen.

Der Eindruck von Müllers „Abfall“ war groß in Deutschland. Gentz gab seinem Zorn darüber einen höchst beredten Ausdruck in einem Absagebrief, den er an Müller schickte: „Der ganze Zusammenhang Ihres Wesens ist ein sonderbarer Mißgriff der Natur, die einen Kopf von außerordentlicher Stärke zu einer der kraftlosesten Seelen gesellte. Wenn Gott unsere Wünsche erfüllt und meine und anderer Gleichgesinnter Bemühung krönt, so wartet Ihrer nur eine einzige Strafe; aber diese ist von allmächtigem Gewicht: die Ordnung und die Gesetze werden zurückkehren; die Räuber und der Usurpator werden fallen; Deutschland wird wieder frei und glücklich und geehrt unter weisen Regenten emporblühen!“ Nur wenige, wie Goethe, billigten, andere, wie Fichte, Stein, Alexander v. Humboldt, entschuldigten ihn und bewahrten ihm ihre Freundschaft. Aber die Menge schrie über Verrat, und seine Feinde mehrten sich gewaltig.

Die Strafe, die Gentz ihm angewünscht hatte, ersparte ihm zwar das Schicksal. Aber es ließ ihn doch nicht ungestraft. Er sollte auch die kalte Härte der Napoleonischen Herrschaft an sich selber erfahren und persönlich inne werden, wie wohlbegründet sein Kampf gegen die Universalmonarchie gewesen und wie thöricht daher seine halb kindlich-naive, halb leidenschaftliche Hingabe an den neuen Weltherrscher sei.

Genötigt, die Festrede auf Friedrich den Großen in der Akademie zu halten, im Angesichte des französischen Generalstabes, benahm er sich mit Würde und Geschick, auch mit Patriotismus. Er verlangte von dem Genie Napoleons Achtung vor dem Genie Friedrichs und stellte den Franzosen die Preußen als eine ebenbürtige, von dem Geiste berührte Nation an die Seite. Dennoch konnte es ihm nicht länger in Berlin gefallen. Eben wollte er nach Tübingen reisen, um endlich eine rein wissenschaftliche Stellung an der Universität zu übernehmen, als er nach Fontainebleau zu Napoleon entboten und bestimmt wurde, die Stelle eines Ministerstatssekretärs in dem neuen Napoleonischen Königreich Westfalen anzunehmen (1807).

In Wien und in Berlin hatte er doch voraus deutsche Politik getrieben. Für die deutsche Nation schlug sein Herz, und deutschen Geistes war er voll. Österreich und Preußen waren ihm nur insofern wichtig, als sie die deutsche Sache stützten. In derselben Weise vertrat er auch in Kassel voraus die Interessen der deutschen Wissenschaft. Aber die liederliche und despotische Präfektenwirtschaft des Königs Jerôme war damit gar nicht einverstanden. Seine Anstrengungen zogen ihm vielen Verdruß zu und hatten geringen Erfolg. Der König wollte keine Gelehrten, sondern „Ignoranten und Soldaten“ Diese rohe Äußerung des Königs brach ihm das Herz. Entrüstet forderte und erhielt er seine Entlassung. Wenige Tage nachher starb er, am 29. Mai 1809, ein Opfer der deutschen Geisteswürde und Wissenschaftlichkeit, hingeschlachtet von brutalem Soldatendespotismus.

Sechzehntes Kapitel.

Katholisierende Reaktions- und Restaurationspolitik. Bonald. De Maistre. Lamennais. Ludwig v. Haller. Adam Müller. Joseph Görres.

Das geschichtliche Statsprinzip konnte wohl die allgemeine Umwälzung aller öffentlichen Zustände ermäßigen, aber es konnte ihr nicht widerstehen. Da die Geschichte selber die Wandelung der Dinge ist, so war in ihr keine feste Stütze zu finden, an der man sich unter allen Umständen halten konnte. Aber gab es denn nirgends einen ruhigen, unveränderlichen Punkt, von dem aus der prinzipielle Widerstand gegen die Revolution nachhaltig geführt werden konnte? War nicht ein Ewiges zu finden, an dem ihre Wogen sich brechen mußten?

Die neue Lehre berief sich auf die menschliche Natur. Nun lehrten die Priester, daß die Menschennatur voller Schwächen, daß sie verdorben und entstellt sei durch die Sünde. Sollte daher nicht außerhalb des Menschen in Gott der feste Halt gefunden werden, den die erschreckten Herzen suchten? Die Anschauung des achtzehnten Jahrhunderts hatte zuerst die Kirche, dann erst den Stat angegriffen und aufgelöst. Die Pariser Revolution hatte nicht bloß den irdischen König gestürzt, sie hatte auch den himmlischen verworfen. Sie hatte die Kirchen geschlossen und die Priester verfolgt. Aber die Kirche hatte trotzdem in den Herzen des Volkes fortgelebt, und nun wurde sie zuerst wieder in der altehrwürdigen Form hergestellt. Der alte Papst schloß mit dem neuen Kaiser das Konkordat ab. War nicht die katholische Kirche das Unvergängliche, das Ewige, was der Wandelung der

Zeiten widerstand; war nicht das universelle Papsttum der starke Fels, der in den Stürmen der Zeiten nicht wankte?

Die menschliche Seele wird nicht bloß von dem lichten selbstbewußten Verstande geleitet, es wirken in ihr auch dunklere Gemütskräfte, welche das Göttliche lieber ahnen und glauben als schauen und denken. Menschen, in denen diese Ahnungs- und Wahrungskräfte überwiegen, haben meistens eine religiöse Bestimmung. Sie geben sich den religiösen Gefühlen mit Inbrunst hin und suchen in der göttlichen Offenbarung voraus ihren Trost und ihre Stärkung. Nur selten haben solche Naturen die Wissenschaft bereichert und den Stat vervollkommnet. Aber obwohl sie eher für die Kirche als für den Stat geschaffen sind, so sind sie doch nicht immer frei von politischem Ehrgeize und verschmähen die Herrschaft nicht allemal, wenn sich die Gelegenheit bietet, die Zügel derselben zu ergreifen.

Die Geschichte der katholischen Kirche im Mittelalter zeigt solche religiös-politische Herrschernaturen in höchster Vollendung. Unsere Zeit ist spärlicher mit ihnen bedacht. Aber sie finden sich doch, und die Geschichte der Statswissenschaft darf sie nicht übersehen. Nicht immer sind sie im einzelnen einander gleich. Es gibt verschiedene Schattierungen auch unter ihnen, von weltflüchtigem Mönchssinn bis zu jesuitischer Vielgeschäftigkeit, von finsterem, inquisitorischem Geistesdrucke bis zu warmer Sorge für bürgerliche Freiheit. Aber der Grundton ist dennoch allen gemeinsam. Die katholische Kirche ist das Ideal ihrer Seele; der Stat bleibt mit unauflösbaren Ketten an den Felsen gebunden, auf dem der heilige Stuhl des Apostelfürsten sicher ruht. Die Wissenschaft bleibt abhängig von der Religion, wie die unerfahrene Tochter von der weiseren Mutter.

Ziemlich gleichzeitig erhob sich in Frankreich und in Deutschland eine antirevolutionäre katholische Statstheorie. In der französischen Litteratur ragen der Marquis v. Bonald, der savoyische Graf de Maistre, der Priester Lamennais als die wissenschaftlichen Spitzen dieser Richtung hervor. Die deutsche

Litteratur hat ihnen Karl Ludwig v. Haller, Adam Müller und Joseph Görres gegenüber zu stellen. Ohne Zweifel fand diese Richtung in dem alten von der Revolution zerschlagenen Adel und in dem Klerus am meisten Beifall und Anhang. In Frankreich gehörten auch die geistigen Führer diesen Ständen an. Aber die deutschen Vertreter derselben sind aus dem gebildeten Bürgerstande hervorgegangen. Nur Einer, freilich der bedeutendste deutsche Repräsentant der Restaurationspolitik, Haller, war von adeligem Geschlecht. Dieser unterscheidet sich auch wesentlich von den anderen. So verwandt er im übrigen mit ihnen ist, so ist er doch in gewissem Sinne ihr Widerspiel. Die einen nämlich gehen von der mittelalterlichen Idee der Göttlichkeit der katholischen Kirche aus und bekämpfen von da aus die Revolution. Haller dagegen eröffnet den Kampf gegen die revolutionäre Statslehre von den politischen Prinzipien des späteren Mittelalters aus und wird schließlich aus Reaktionseifer auch katholisch. Bei jenen ist die katholische Religion der feste Grund ihrer Gedanken auch über den Stat; bei diesem ist sie die notwendige Folge seines politischen Systemes.

Die Schriften von Bonald[1]) sind in Deutschland sehr wenig bekannt, aber sie sind von den deutschen Vertretern derselben Richtung wohl beachtet und gerne benutzt worden und müssen deshalb in diesem Buche berücksichtigt werden.

Auf dem Schlosse Monna bei Milhaud am 2. Oktober 1754 geboren, gehörte der Marquis Louis Gabriel Ambroise de Bonald zu der alten Noblesse, welche von der Strömung der Revolution überflutet ward. Schon 1791 ist er unter den Emigranten, und während der französischen Republik schrieb er seine théorie du pouvoir politique et réligieuse dans la société

---

[1]) Oeuvres de M. de Bonald, wiederholt gedruckt. Mir liegt teilweise die dritte Pariser Ausgabe von 1829, teilweise die vierte von 1840 u. f. vor. Fr. v. Raumer in seiner geschichtl. Entwickelung der Begriffe Recht, Stat und Politik S 175.

civile, démontrée par le raisonnement et l'histoire[1]). Sie war ein wissenschaftlicher Angriff nicht etwa auf die Ausschweifungen der französischen Revolution, sondern auf ihre Grundgedanken.

Die Revolution hatte den Stat als das freie Werk der zum Gesamtwillen verbundenen Einzelwillen betrachtet. Im Gegensatze dazu erklärt Bonald den Stat für die notwendige Wirkung der Natur. Nicht die Menschen konstituieren die Gesellschaft, sondern die Gesellschaft soll die Menschen konstituieren, d. h. gesellschaftlich erziehen. „Der Mensch existiert nur für die Gesellschaft" (Préface p. 3). Die antike Überspannung der Statseinheit wird also wiederum der modernen Auflösung des States in lauter selbständige Individuen entgegengesetzt.

Die „öffentliche Religion" ist ihm das erste, die „Einheit der Statsgewalt" das zweite und die „ständischen Gegensätze" das dritte Grundgesetz des States. Er erklärte daher den Stat als die Gesamtheit der Beziehungen und notwendigen Gesetze, welche Gott und die Menschen verbinden, die intelligenten und die physischen Wesen zu ihrer gemeinsamen und wechselseitigen Erhaltung (XIII, 75).

Dieses Thema, in dem er Gott und Menschen wie einen Kreisel umtreibt, begleitet er nun mit zahlreichen Variationen, in denen seine Vorliebe für die alten Institutionen sich bequem ergeht. Wie die politische Revolution, so ist ihm die religiöse Reformation verhaßt. Er sieht in ihr die Auflehnung der individuellen trügerischen Vernunft wider die sichtbare und göttliche Autorität der Kirche und betrachtet sie als Vorläuferin der Revolution, welche aus der vermeintlichen Untrüglichkeit der menschlichen Vernunft auf die Unfehlbarkeit des Volkes geschlossen habe (Essai anal. I, 64). Er meint, „der Protestantismus, in kleinen Staten entstanden, könne nicht lange in großen Staten fortbestehen, weil diese mit ihm nicht ihre Einheit erhalten, also selber nicht bestehen könnten" (Du traité de Westph. IV, 389).

[1]) Die erste, seltene Ausgabe Konstanz 1796.

Zur Zeit der Krönung Napoleons I. nach Frankreich zurückgekehrt, schrieb er da seine Législation primitive (3 Bde. Oeuvres II—IV).

Indem er in einer späteren Schrift die Naturgesetze des States analysiert[1]), wendet er das mystische Dogma der Trinität auch auf den Stat an und erklärt denselben als die Einheit der „drei Personen: pouvoir, ministre, sujet". Das Pouvoir, die Statsgewalt, nimmt die Stelle Gottes ein unter den Menschen, der Adel besorgt die öffentlichen Ämter, und die Menge des Volkes (der tiers État mitbegriffen) ist der passive Gegenstand ihrer Thätigkeit und ihrer Pflege (I, 5 s.). In der kirchlichen Ordnung bezeichnet er dieselbe Dreiheit als Gott, Priester, gläubige Laien; wobei dann immer der Repräsentant des „heiligen Geistes", das arme Volk, sehr zu kurz kommt.

Man begreift es, daß der alte ägyptische Stat mit seinem von Priestern geleiteten Pharaonentum und seinen Kasten und erblichen Berufsklassen diesem Manne viel besser gefiel als etwa die englische Verfassung mit ihrer parlamentarischen Zerpflückung der Statseinheit. Sein Blick ist so eingenommen von der eigentümlichen und krankhaften Färbung seines Geistes, daß er die Dinge in ganz anderem Lichte sieht als die übrige Welt. In allem Ernste behauptet er, die Engländer seien in der menschlichen Civilisation unter allen Kulturvölkern am weitesten zurückgeblieben, und der Grund dieser Erscheinung liege in den Mängeln ihrer Verfassung (IV, 408). Er erwartet, daß die Jesuiten die rechten Leute seien, um über die von England nach dem Kontinente verpflanzte Philosophie schließlich Herr zu werden (IV, 407 s.).

Nach der Restauration der Bourbonen versuchte man es auch in Frankreich wieder mit diesen Ideen. Damals erhielt Bonald Gelegenheit, in den Kammern seine altertümlichen Theorien praktisch zu verwerten. In jener seltsamen ersten Restaurationskammer, der Chambre introuvable, welche königlicher als der

[1]) Essai analytique sur les lois naturelles de l'ordre social ou du pouvoir. Paris 1817. Oeuvres I.

König gesinnt war, hatte er auf der äußersten Rechten seinen Sitz genommen. Der König ernannte ihn zum Vicomte, Minister und Pair de France. Er war Mitglied des Institutes geworden. Aber Bonald mußte es doch schon im Jahre 1830 erfahren, wie wenig die aus einer vergangenen Welt zurückgekehrten Geister (die „revenans") die umgewandelte Welt zu beherrschen vermochten. Alles worauf er gebaut hatte, absolutes Königtum, alter Adel, Censur, Priestertum und Jesuiten, stürzte in der Julirevolution ohnmächtig zusammen. Bonald selber verlor mit diesem Schlage seine politische Stellung. Er weigerte sich, dem neuen Könige zu schwören, und büßte in Folge davon seine Pairsstelle ein. Die Welt schritt über ihn weg, und er zog sich in die Einsamkeit seines Schlosses zurück, wo er am 23. November 1840 starb.

Mehr als Bonald hat der Graf Joseph de Maistre[1]) (geb. 1. April 1754, gest. 26. Febr. 1821) auf die katholische Richtung der Politik in Deutschand eingewirkt. So nahe verwandt fühlte er sich mit Bonald, daß er an diesen schrieb (10. Juni 1818): „Ist es möglich, daß die Natur sich gefallen hat, zwei so völlig harmonierende Saiten zu spannen, wie Ihren Geist und meinen? Das ist eine einzige Erscheinung." In den Revolutionsjahren hatte der savoyische Edelmann sein Vermögen, sein Vaterland, seine Aussichten auf eine hohe Lebensstellung verloren. Da suchte er Trost in dem Glauben an die göttliche Leitung des Weltschicksals. Auch in der Revolution sah er die Hand Gottes; aber nicht die erneuernde und vorwärts treibende, sondern nur die strafende Hand Gottes. Der Abfall von der alten heiligen Autorität der katholischen Religion forderte die Züchtigung heraus, und nur eine Restauration konnte wieder Frieden bringen. Diese Restauration aber konnte nur von der Wiederbelebung der religiösen Gefühle ausgehen. Diese Gedanken

[1]) Vgl. den vortrefflichen Aufsatz von Sybel in der Historischen Zeitschrift 1, 152 ff. Oeuvres de Joseph de Maistre. T. I. Du Pape.

führte er schon in seinen 1796 erschienenen Considérations sur la France aus.

Man mag dem Mute, mit dem er damals für eine religiöse Reinigung der Politik das Wort ergriff, Anerkennung zollen. Aber man darf nicht verbergen, daß er sich in der Wahl seiner Waffen arg vergriffen habe, indem er die Religion in der Gestalt der mittelalterlichen Hierarchie zu Hülfe rief und für das neunzehnte Jahrhundert ein Prinzip als Heilmittel empfahl, welches zur Zeit seiner größten Macht auf die Gemüter, auf der Höhe des Mittelalters sich ohnmächtig erwiesen hatte, einen menschenwürdigen Stat hervorzubringen oder zu erhalten.

Am bekanntesten und gelesensten ist seine Schrift vom Papst (Du Pape), die er teilweise als sardinischer Gesandter in Petersburg, noch unter den Eindrücken der Gefangennehmung Pius' VII. durch den Kaiser Napoleon geschrieben hatte, dann aber erst herausgab (1817), als Napoleon gestürzt und der triumphierende Papst wieder in den Vatikan zurückgekehrt war. Die gallikanische Kirche hatte, indem sie die Statshoheit in weitem Umfange anerkannte und das Prinzip der Unfehlbarkeit des Papstes verwarf, den Versuch gemacht, die katholische Kirche in Frankreich mit dem nationalen State zu versöhnen. Der ultramontane Savoyarde war umgekehrt der Meinung: eben die päpstliche Unfehlbarkeit sei der feste Punkt, an welchem die Hebel der Restauration angesetzt werden müssen.

„Die Unfehlbarkeit“, schreibt er, „in der geistlichen und die Souveränetät in der weltlichen Ordnung bedeutet dasselbe, die oberste Gewalt, die alle anderen beherrscht, von der alle anderen abgeleitet sind, welche regiert aber nicht regiert wird, richtet aber nicht gerichtet wird. Die Revolution des sechzehnten Jahrhunderts schrieb die Souveränetät der Kirche zu, d. h. dem Volke. Das achtzehnte Jahrhundert übertrug nun diese Maximen auf die Politik. Es ist dasselbe System. Was für ein Unterschied besteht denn zwischen der Kirche Gottes, die nur von seinem Worte regiert wird, und der großen Einheitsrepublik, die nur von den Gesetzen und den Abgeordneten des souveränen Volkes regiert wird? Keiner. Es ist dieselbe Thorheit, nur unter anderem Namen" (I, 1). „Das Konzil von Konstanz, welches sich über den Papst setzte, war ebenso unvernünftig als das lange Parlament von England und die französische Nationalversammlung und die spanischen Cortes. Ohne den Papst ist das Konzil nichts" (I, 12). „Freilich hat auch der Papst keine bloße Willkürgewalt. Er ist kein unbeschränkter Weltherrscher. Die Canones, die Gesetze, die Gewohnheiten der Völker, die Statsgewalten, die hohen Gerichtshöfe, die Nationalversammlungen, die Verjährung, die Vorstellungen, die Unterhandlungen, die Pflicht, die Besorgnis, die Klugheit, und voraus die öffentliche Meinung: die Königin der Welt, alles das hemmt auch ihn" (I, 18).

Das Prinzip der Unfehlbarkeit ist ein bloßes Formalprinzip, es ist, wie das der Souveränetät, im Grunde ein juristischer und äußerlicher, ganz und gar menschlicher Gedanke. Wie die Form des rechtskräftigen Entscheides die Göttlichkeit des Inhaltes zu begründen vermöge, ist daher nicht zu verstehen. Aber auch sonst stellt de Maistre die Logik auf den Kopf. So sagt er über die Souveränetät: „Kein Souverän ohne ein Volk, wie kein Volk ohne Souverän. Dieses verdankt dem Souverän mehr als der Souverän dem Volke verdankt. Denn das Volk verdankt ihm seine politische Existenz und alle Güter, die daraus hervorgehen, während der Fürst der Souveränetät nur den leeren Glanz verdankt, der nichts gemein hat mit wirklichem Glück, vielmehr das meistens ausschließt" (II, 1). Auch hier also stellt er die Form über das Wesen und vergißt, daß die Eigenschaft des Souveräns wohl die Nation als notwendige Unterlage voraussetzt, aber nicht umgekehrt; denn bekanntlich bleiben die Völker dieselben, wenngleich ihre Dynastien wechseln.

Wo aber die Klarheit des logischen Gedankens nicht ausreicht, da ruft er, wie überhaupt seine Parteigenossen, die mystische Einwirkung des Glaubens zu Hülfe; Unfehlbarkeit und Souveränetät, zunächst bloße Formgedanken, erscheinen dann auf einmal in dem blendenden Glanze des göttlichen Lichtes. Sie werden als „Emanation der göttlichen Gewalt“ begründet (II, 3). Die weltliche Statsregierung wird ebenso zur Theokratie verklärt wie die geistliche Regierung der Kirche. Aber doch nicht gleichmäßig; denn die geistliche Unfehlbarkeit steht höher als die weltliche Souveränetät. Die göttliche Emanation ist voller und erhabener in dem Papste als in den Fürsten dieser Welt. Die Souveränetät der Fürsten findet daher ihre natürliche und allein rechtmäßige Beschränkung in der höheren Autorität des Papstes. Die englische Verfassung, die konstitutionelle Monarchie ist nur eine insularische Sonderbarkeit, die keine Nachahmung verdient. Nur der Papst darf die Völker ihres Eides der Treue entbinden, wenn der absolute weltliche Souverän zum Tyrannen wird. Die mittelalterliche Oberherrschaft des Papstes über die christlichen Staten, das ist der romantische Grundgedanke der Schrift; und dieses Prinzip ward Europa in einer Zeit empfohlen, als die eine Hälfte des Occidents sich von dem Papsttume seit Jahrhunderten völlig losgesagt hatte und der mächtigste Stat der anderen katholischen Hälfte sich seiner politischen Unabhängigkeit von dem päpstlichen Stuhle vollkommen bewußt geworden war, in einer Zeit, in der die Bannstrahlen nicht mehr zündeten und die geistige Autorität der philosophischen und historischen Wissenschaften in den gebildeten Volksklassen willigere Folge fand als die geistliche Autorität des Klerus.

Überdem wurde die ganze Theorie nur dazu erfunden, um die Bewegung der Völker zurückzuhalten, unhaltbare Ansprüche der vornehmen Klassen zu erneuern, die alte verschüttete Ordnung mit dem alten zerbröckelten Mörtel wieder zusammenzufügen, die Gegenwart in die Vergangenheit zurückzuschrauben.

Es kann nicht befremden, wenn dieselbe von der öffentlichen Meinung der Gegenwart mit Entrüstung verworfen und nur von einer kleinen herrschsüchtigen und geistig beschränkten Partei beifällig aufgenommen wurde.

Ein Mann von ganz anderem Charakter ist Hugues Felicité Robert de Lamennais[1]). Er kämpft nicht für die Erneuerung der zerrissenen Privilegien, er war kein hochmütiger Aristokrat, sein Herz schlägt leidenschaftlich für die Wohlfahrt der Nation. Er ist für das Christentum begeistert, als die Religion der Liebe und der Brüderlichkeit. In dem Katholicismus glaubt er die höchste Erscheinung der göttlich-menschlichen Vernunft zu verehren und in der Autorität des Papsttumes die ersehnte Sicherheit für die ewige Wahrheit zu finden, welche der individuelle Geist anzweifelt und entstellt. Er meint, alle obrigkeitliche Autorität sei von dem Papste abgeleitet; er will den Stat völlig der Kirche unterordnen. Fast mit größerer Heftigkeit bekämpft er die gallikanische Kirche als den Protestantismus. Er ist vorerst ein Eiferer der Hierarchie, die ihn hochhält und dem begeisterten Priester die Kardinalswürde anbietet.

Das ist die Richtung seiner naiven Jugend. Geboren zu St. Malo in der Bretagne den 17. Juli 1782, fällt schon seine erste Knabenzeit in die Zeit der Revolution. Als Jüngling erlebt er die Entfaltung der Napoleonischen Macht und die Herstellung der katholischen Kirche. Dann folgt er dem Schicksale der Restauration und ist sogar mit der Regierung Karls X. deshalb unzufrieden, weil sie den Gallikanismus erhält und schützt. Die Julirevolution brachte eine Wendung in ihm hervor. Das schien ihm nunmehr gewiß: an der alten Monarchie war kein Halt mehr zu finden. Er erklärt daher die Allianz des Priestertumes mit dem Absolutismus für einen Fehler und verlangt, daß die Kirche ihre Interessen von denen der Statsgewalt vollständig trenne. Freiheit der Kirche vom State, aber zugleich Verzicht der Kirche auf alle Statsunterstützung ist nun das Losungswort, das er ausgibt. Wenn die Kirche wieder arm werde und nur der religiösen und moralischen Kraft vertraue, dann werde sie, versichert er, wieder wirksam und mächtig werden in dem Gemüte der Nation. Er begehrt nun im Namen

[1]) Vgl. den Artikel von Joh. Huber im Deutschen Statswörterbuch.

der Wahrheit und der Religion Preßfreiheit und Religionsfreiheit. Er will die Kirche mit der Demokratie, die Autorität mit der Freiheit versöhnen. Aber vergeblich mutet er der Kirche solche Entsagung zu, als den Preis für ihre Freiheit. In allen Jahrhunderten hielt die Kirche mit zähem Mute an ihrem äußeren Besitze ebenso fest wie an ihrer unbegrenzten Autorität, und niemals schätzte sie ihre Freiheit höher als ihre Güter oder ihre äußere Macht.

Wie ein glänzendes Meteor erschienen nun im Jahre 1834 die Worte eines Gläubigen (Paroles d'un croyant) und verkündeten in bilderreicher und schwungvoller Sprache den Untergang der alten teuflischen Statsordnung und die Zukunft des neuen christlichen Reiches, das Evangelium der politischen Freiheit als die Erfüllung des Evangeliums Christi. Die religiöse Schwärmerei erschien jetzt zugleich als politische Träumerei. Lamennais hatte die Monarchie zu Gunsten der Hierarchie aufgegeben: nun sagte er sich auch von der Hierarchie los zu Gunsten der Demokratie. Der fanatische Priester wird zuletzt ein Jünger Rousseaus; und die Autorität, welche die Freiheit nicht will, gilt ihm nichts mehr. Die Revolution des Jahres 1848 brachte ihn in die gesetzgebende Versammlung, wo er auf der äußersten Linken saß, ein Repräsentant des Sozialismus. Als der Statsstreich des 2. Dezember 1851 diese Wirksamkeit abschnitt, zog er sich aus dem politischen Leben ganz zurück. Er wies den Versuch des Papstes Pius IX., ihn mit der Kirche zu versöhnen, ab und starb am 27. Februar 1854 beruhigt in dem Glauben an den künftigen Sieg des christlich-demokratischen Gedankens, dem er in seinen letzten Jahren alle seine Geisteskräfte gewidmet hatte. Er war weder ein Statsmann noch ein Statsphilosoph; aber er war ein aufrichtiger und begeisterter Freund der Armen und der Niedrigen. Sein Herz war groß und gut, und in seinen Phantasien spricht sein Herz.

Einigermaßen erinnert Ludwig v. Haller an Bonald, Adam Müller an de Maistre und Joseph Görres an Lamennais.

Wie Bonald war auch Haller noch in dem alten vorrevolutionären Statswesen erzogen und hatte schon die Kraft der Jugend im Kampfe gegen die Revolution versucht. Geboren zu Bern am 1. August 1768, ein Enkel des großen Albrecht v. Haller und ein Sohn des gelehrten Emanuel v. Haller, gehörte er nicht bloß einem privilegierten Adelsstande, sondern der souveränen Aristokratie des Berner Patriziats an. Er wurde früh in die Statsgeschäfte eingeweiht und mit Statsämtern betraut. Mit Unwillen sah er, wie von Frankreich her Prinzipien und Neigungen der Revolution in die Schweiz epidemisch eindrangen. Vergeblich machte er noch — freilich viel zu spät und ungeschickt — einen Versuch, durch eine Verfassungsänderung[1]) die neuen Begehren zu befriedigen. Als Bern dem französischen Angriffe erlegen und die helvetische Republik proklamiert war (1798), verließ er die der Revolution verfallene Heimat, und kehrte erst 1806, als in Folge der Napoleonischen Vermittelung der Kanton Bern wieder hergestellt war und seine Freunde wiederum in die neue Regierung gewählt waren, als Professor der Statswissenschaft nach Bern zurück. Inzwischen hatten sich in Wien seine antirevolutionären Neigungen zu einer systematischen Statslehre ausgebildet, in welcher er die ganze bisherige Theorie als grundverkehrt angriff und die nötig gewordene „Restauration der Statswissenschaften" darzulegen und zu rechtfertigen unternahm. Er entwickelte diese neue Statslehre zuerst in dem 1808 erschienenen „Handbuch der allgemeinen Statenkunde" und dann ausführlicher in seinem sechsbändigen Werke: „Die Restauration der Statswissenschaft oder Theorie des natürlich geselligen Zustandes der Chimäre des künstlich bürgerlichen entgegengesetzt"[2]).

Die Konsequenz seiner — aus dem Mittelalter abgezogenen Grundansicht trieb ihn, zur katholischen Kirche zurückzukehren; und da er in Folge dessen in dem reformierten Bern seine Ämter

[1]) Projekt einer Konstitution für die schweizerische Republik, Bern 1798.
[2]) Winterthur 1816—1820. Der letzte, sechste Band erschien 1825.

einbüßte und auch aus der Restaurationsregierung ausgestoßen wurde (1821), so ging er nach Paris und wurde dort im Ministerium verwendet, bis die Julirevolution von 1830 auch dieser Thätigkeit ein Ende machte. Den Rest seines Lebens brachte er einsam und fast verschollen in Solothurn zu. Im Alter nahm sein leidenschaftlicher Haß gegen die ganze neue Zeit und die moderne Statsentwickelung, in der er zuletzt nur noch das ruchlose Werk einer Verschwörung von Jakobinern, Atheisten, Illuminaten und Freimaurern sah, mit der Unfähigkeit dieselben zu verstehen zu. Er starb als lebensmüder Greis im Jahre 1854[1]).

Haller hatte ein scharfes Auge für die Schwächen der modernen, auf den Gesellschaftsvertrag freier und gleicher Individuen gebauten Statstheorie. Seine Kritik derselben hat deshalb ein bleibendes Verdienst. Er zuerst griff jenes falsche Dogma mit der Energie des tödlichen Hasses an und erschütterte die bis dahin fast unbestrittene Herrschaft desselben. Er rief den Gang der Weltgeschichte zum Zeugnisse dagegen auf. Frühe schon hatte er den Widerspruch bemerkt zwischen der gesamten in Europa überlieferten Statsordnung und der neuen Theorie, die zu einer gänzlichen Umwälzung führen müsse. Dann hatte er gesehen, wie die französische Nationalversammlung und ihre Nachfolger den Versuch wagten, die neue Lehre zu verwirklichen. Anfänglich mit scheinbarem Erfolg, bis ein starker und glücklicher Feldherr als der Erbe und Herr der Revolution auftrat und die innere Lüge des Systemes aller Welt offenbarte. Endlich ermannten sich die alten Gewalten, und die Restauration siegte über die Revolution. War der Genfer Rousseau der Prophet der Revolution gewesen, so betrachtete sich der Berner Haller als wissenschaftlichen Begründer und Lehrer der Restauration.

Als die Grundlage der revolutionären Lehre bezeichnet er die vier Sätze:

---

[1]) R. v. Mohl (Statswissenschaft 2, 529 f.) hat in seiner Charakteristik Hallers auch seine schriftstellerische Thätigkeit überhaupt geschildert. Wir haben es hier nur mit dem Grundgedanken seiner Restauration zu thun.

1. ursprünglicher Naturzustand der Menschen, in vollkommener Freiheit und Gleichheit, ohne Stat;

2. Unsicherheit der Rechte aller;

3. Verbindung der Menschen und Übertragung der Gewalt an einen oder mehrere unter ihnen, zur Handhabung der allgemeinen Sicherheit;

4. bessere Sicherung der Freiheit der einzelnen durch solche Statseinrichtung;

und er führt nun aus, wie diese Sätze alle der Geschichte und der Vernunft zugleich widersprechen (Bd. 1 Kap. 2). Er erklärt sie als willkürliche, unwahre und schädliche Fiktionen.

Im Gegensatze dazu will er den Stat auf die wirkliche Natur begründen und behauptet, daß der Stand der Natur, die ewige Ordnung Gottes nie aufhört, auch nicht anfänglich als absolute Ungeselligkeit bestanden habe, sondern fortdauernd aus Geselligkeit und Ungeselligkeit gemischt sei, wie sie von jeher nicht aus lauter Gleichen, sondern aus Starken und Schwachen, Herren und Dienern zusammengesetzt sei (Kap. 12).

Viel schwächer als die negative ist die positive Seite der Hallerischen Lehre. Im Grunde ist es die letzte abstrakte Aussprache der mittelalterlichen Statsansicht, welche er der radikalen Theorie vom Gesellschaftsvertrage gegenüber stellt. Es ist wahr, daß der Stat in seiner Persönlichkeit und Einheit nicht zu erklären ist aus dem Zusammenschließen der Menge Einzelwillen. Aber Haller verzichtet geradezu auf die Einheit der Statsidee selbst. Er verwirft den allgemeinen Statsvertrag, aber er führt uns in das Labyrinth von unzähligen Partikularverträgen über öffentliche Dinge wie über Privatinteressen. Er löst den Stat nicht in Individuen, aber er löst ihn in Fürsten und Stände, Körperschaften, Familien und Einzelpersonen auf. Seine ganze Statslehre hat einen engpersönlichen Charakter. Sein Statsrecht ist wie das mittelalterliche nur ein gesteigertes Privatrecht. Er bezeichnet selbst die Staten als „die höchste Gradation natürlicher Dienst- und Societäts- oder sogenannter Privatverhältnisse", die sich von anderen Privatverhältnissen „nur durch die Unabhängigkeit oder höhere Macht und Freiheit ihres Oberhauptes unterscheiden" (Bd. 1 § 449).

Statt auf künstlichen Vertrag will Haller den Stat voraus auf das Gesetz der Natur gründen, daß „der Überlegene, der Mächtigere herrsche". Das Gesetz, das in der gesamten Natur gilt, daß wo Macht und Bedürfnis zusammentreffen, der Macht die Herrschaft und dem Bedürfnisse die Abhängigkeit zu Teil wird, wirkt auch unter den Menschen und hat die mannigfaltigsten Rechtsverhältnisse hervorgebracht, zuweilen mit wechselseitiger Überlegenheit und Dankbarkeit (Bd. 1 Kap. 13). Aber er ist doch nicht der Anwalt der rohen Gewalt. Nur eine nützliche Macht (potentia) herrscht rechtmäßig, „und nicht eine schädliche Gewalt (vis)"; denn den Menschen ist auch „das Pflichtgesetz" von Gott in die Herzen geschrieben worden, das Gesetz der Gerechtigkeit: „Meide Böses und thue Gutes" und das Gesetz der Liebe: „Beleidige niemanden, sondern nütze wo du kannst." Dieses Gesetz gilt auch für die Mächtigen, aber es ist nicht durch den allgemeinen Volkswillen hervorgebracht, noch durch Verträge bestimmt; es wird von der Vernunft erkannt, nicht geschaffen. Allerdings ist, er gibt es zu, Mißbrauch der Macht möglich; aber er meint, diese Gefahr sei geringer als die entgegengesetzte der Empörung der Unterthanen gegen die göttliche Ordnung, und er empfiehlt als erlaubte Sicherheitsmittel dagegen, ganz im Geiste des Mittelalters, auch die Selbsthülfe, d. h. den Gebrauch des Verstandes und der eigenen Kräfte, welche Gott dem Menschen zu ihrem Schutze gegeben hat und die also in dem göttlichen Rechte begründet ist. Wenn die Selbsthülfe nicht stark genug ist, um die widerrechtliche Gewalt abzuwehren, so ist die fremde Hülfe anzurufen, sei es in Form des Dienstes von den Untergebenen oder in Form der Freundschaft von den Gleichen oder der Gerichtsbarkeit von den Obern Mächtigeren. Zuletzt bleibt die Flucht als Auskunft. Dagegen erklärt er die modernen künstlichen Einrichtungen, um den

Mißbrauch der obersten Gewalt zu hindern, für eine dünkelhafte Anmaßung der neueren Philosophie. Er erklärt Religiosität und Moral derer, über welche es keinen menschlichen Richter geben könne, als die einzige wahrhafte Gewähr gegen den Mißbrauch der höchsten Gewalt und findet zuletzt nur bei Gott Hülfe dagegen (Kap. 14. 15).

Da der Stat nach Haller nur ein Konglomerat ist von mancherlei Verbänden, ähnlich der Nagelfluhe, so weiß er auch von keinem allgemeinen Statszwecke. Die Statszwecke sind seines Erachtens so verschieden wie die Staten und abhängig von den besonderen Privatverhältnissen, welche sie hervorgebracht haben (Kap. 19).

Er unterscheidet Fürstentum und Republik. Der Fürst aber ist ihm nicht etwa das Statshaupt, sondern nichts anderes als „ein begüterter, mächtiger und eben dadurch unabhängiger Mensch (homo locuples, potens, nemini obnoxius), oder umgekehrt jeder Mensch, den Glück und Umstände vollkommen frei machen, wird eben dadurch ein Fürst. Er gebietet über andere und dient niemandem. Wenn hinwieder eine Gesellschaft oder eine Korporation von Menschen, welchen Zweck sie auch habe, sich bis zu jener gänzlichen Freiheit emporzuschwingen vermag, so wird sie sofort unter die Reihen der Staten gezählt, eine Republik genannt, und so sind die Republiken wieder nichts als „mächtige, begüterte, unabhängige Kommunitäten" (1, 459). Die Unabhängigkeit der Fürsten und der Gemeinden ist nicht ein angeborenes Recht, sondern ein erworbenes Glücksgut und zwar das höchste von allen. Eigene Kraft und Anstrengung, Verträge oder Schenkungen von früheren Besitzern und zufälliges Glück bringen sie hervor (Kap. 19). Es gibt keine delegierte Statsgewalt. Die Fürsten und Gemeinden „herrschen nicht aus anvertrautem, sondern aus eigenem Rechte. Sie sind nicht von dem Volke gesetzt oder geschaffen, sondern sie haben im Gegenteile dieses Volk (die Summe ihrer Untergebenen) nach und nach um sich versammelt. Die Fürsten sind nicht Administratoren des gemeinen Wesens, nicht die ersten Diener des

States, nicht die obersten Beamten des Volkes, wodurch die Diener zu Herren und der Herr zum Diener gemacht würde, nicht bloß das Oberhaupt des States — alle diese verkehrten Ausdrücke fließen aus dem revolutionären Geiste —, sondern selbständige Personen, unabhängige Herren, die ihre eigene Sache regieren. Alle ihre Befugnisse müssen aus ihren eigenen Rechten hergeleitet werden, aus Freiheit und Eigentum. Die Befugnis und die Ausübung ihrer Regierung ist in ihren Händen ein Recht und nicht eine Pflicht. Nur die Art der Regierung ist eine Pflicht, darin nämlich, daß sie nicht fremde Rechte beleidige, sondern vielmehr fördere. Sie sind nicht allein für das Volk geschaffen, sondern vor allem aus und wesentlich für sich selbst" (Kap. 21).

Das weitschichtige Werk ist nur eine folgerichtige Anwendung dieser Grundgedanken auf die verschiedenen Statsformen. Der zweite Band ist den Patrimonialfürsten gewidmet. Er läßt sich nicht belehren durch die ganze Entwickelung der neueren Geschichte, welche die mittelalterliche Form der Patrimonialherrschaft überall als veraltet ausstößt und den Volksstat anstrebt. Gerade die Patrimonialherrschaft entspricht am besten seinem Systeme. Die Souveränetät des Landesherrn ist nicht Statsgewalt, sondern persönliche Freiheit und Unabhängigkeit. Derselbe ist nur den göttlichen und natürlichen Gesetzen unterworfen, und wenn er sich Statthalter Gottes nennt, so liegt darin nur die Anerkennung ausgesprochen, daß seine Macht wie alle Güter Gott zu verdanken und er an Gottes Gesetz gebunden sei (Bd. 2 Kap. 27). Wenn er Krieg führt, so übt er nur das Recht der Selbstverteidigung und führt seine Sache. Die Pflicht der Unterthanen, Hülfe zu leisten, ist nur eine moralische, eine Rechtspflicht nur in Folge besonderer Dienstverträge. Die allgemeine Konskription ist ein revolutionäres Prinzip und zu verwerfen. In der Regel soll der Fürst den Krieg auf eigene Kosten führen, die Beihülfe der Unterthanen ist eine freiwillige. Zunächst hat jedermann das Recht, Krieg zu führen; denn jeder kann sein

Recht verteidigen, wenn er die Kraft dazu hat (Kap. 28). Die Beamten sind nur Diener des Fürsten und für seine Geschäfte bevollmächtigt. Ihr Verhältnis beruht auf dem Dienstvertrage (Kap. 31).

Es kostet ihn große Anstrengung, den Begriff des Gesetzes zu erklären, das ohne Einheit des Statswillens nicht zu denken ist. Er nennt jede verbindliche Willensäußerung (also auch den Vertrag) Gesetz und folgert aus seinem Grundgedanken die Befugnis des Fürsten, wie jedes Privatmannes, „so weit sein Recht und seine Macht geht, einen verbindlichen Willen zu erklären, mithin Gesetze zu geben". Am freiesten ist er in seinen eigenen Angelegenheiten und in den Vorschriften, welche er seinen Beamten gibt. Civil- und Strafgesetze sind wesentlich nur Instruktionen für die Richter (Kap. 32). Die Gerichtsbarkeit ist kein ausschließliches Souveränetätsrecht, sondern nur die Rechtshülfe, die jedermann, aber der Fürst vorzugsweise gewähren und durch seine Beamten ausüben lassen kann. Der Fürst kann frei verfügen über sein Vermögen, seine Einkünfte und seine Ausgaben. Die Finanzen sind nicht Stats-, sondern fürstliche Wirtschaft. Dagegen kann er nicht beliebig Steuern auflegen; diese werden vielmehr von dem Fürsten nachgesucht und von den Unterthanen freiwillig zugestanden. Es ist nur eine moralische, keine Rechtspflicht und ein gemeines Interesse, wenn die Völker die Fürsten mit Steuern unterstützen. Die ganze Regierung wird wie eine persönliche Sache des Fürsten zunächst auch auf dessen Kosten geführt (Kap. 34—37). Aber auch die gemeinnützigen Anstalten für die Sicherheit, den Wohlstand, die Bildung sind nicht Rechtspflicht des Fürsten, sondern nur Wohlthaten, welche er ähnlich anderen Privatstiftern von Spitälern u. s. f. erweist (Kap. 38).

Charakteristisch für die Statslehre Hallers ist der geringe Wert, den er auf alle sogenannten konstitutionellen Garantien der Grundrechte und der bürgerlichen Freiheit legt. Er schreibt dem Fürsten keine absolute Gewalt zu, er ist der Meinung, daß die Rechte der anderen eine notwendige Schranke seien für das

Recht des Fürsten. Die Rechte der Fürsten und der Unterthanen gelten ihm gleichmäßig für persönliche Privatrechte. Ganz unbedenklich spricht er sich daher auch für die Veräußerlichkeit der Landesherrschaft aus und wendet die privatrechtlichen Formen des Eigentumsverkehres auch auf die öffentlichen Zustände an (Kap. 39—43).

Alle Mängel der mittelalterlichen Statsidee finden sich in der Hallerischen Lehre wieder, und sie werden noch dadurch verschlimmert, daß sie zum Systeme erhoben werden. Vorher konnte das flüssige Leben manches ergänzen und verbessern, was nun von dem winterlichen Hauche Hallers berührt zu dogmatischen Formeln gleichsam eingefroren ist. Sein Bemühen aber blieb ebenso erfolglos wie das der französischen Legitimisten. Die Zeit schritt darüber hinweg und überließ es den Toten, ihre Toten zu begraben.

Nicht so trocken, nüchtern und kalt-verständig wie die Werke Hallers sind die Schriften Adam Müllers. Es ist mehr dialektische Logik und es ist mehr mystische Vertiefung darin, aber trotz alles geistvollen Wesens ist die ganze Erscheinung weder gesund noch wohlthätig.

Adam Heinrich Müller, geboren in Berlin 1779, trat im Frühjahr 1805 in Wien zum Katholicismus über und kam nun in nähere Beziehungen zu der kaiserlichen Statskanzlei, welche sein litterarisches Talent benutzte. Er hielt Vorlesungen zu Dresden, zu Berlin und in Wien, nahm in Gemeinschaft mit seinem alten Freunde Gentz und mit Joh. Müller an dem litterarischen Kampfe gegen die Revolution und die Napoleonische Herrschaft Teil und folgte dem österreichischen Hauptquartiere im Jahre 1815 nach Paris. Nach dem Friedensschlusse erhielt er die Stelle eines österreichischen Generalkonsuls in Leipzig, um an diesem Hauptsitze des deutschen Buchhandels die Bewegung der Litteratur zu beobachten und darauf einzuwirken. Da gab er seine „Statsanzeigen“ in den Jahren 1816—1818 heraus. Bei den reaktionären deutschen Ministerkonferenzen zu Karlsbad und Wien 1819 wirkte er mit. Im Jahre 1827 wurde er nach Wien gezogen und beteiligte sich als Hofrat an den Geschäften der Statskanzlei. Den gefürchteten Zusammensturz der Restaurationspolitik erlebte er nicht mehr, indem er noch vor der Julirevolution am 17. Januar 1829 plötzlich starb.

Adam Müller versuchte sich zuerst in einer spekulativen Schrift: Die Lehre vom Gegensatze (1804), die zwar wenig gelesen und noch weniger verstanden wurde, aber die fruchtbare Wahrheit der Zweiseitigkeit aller Dinge in der gespannten Form des Gegensatzes darstellte. Daher bemüht er sich, in seinen politischen Schriften[1]) jede Einseitigkeit zu vermeiden und durch Balancieren des Gegensatzes sein Gleichgewicht zu bewahren. Leider gelingt ihm das nicht immer: bald ziehen ihn seine frommen Stimmungen, bald die Bande der Metternichschen Statsleitung, zuweilen auch Frauenliebe und Männerfreundschaft oder gar die Angst vor dem Ausbruche des Gewitters und astrologische Träume so heftig an, daß er seine philosophische Ruhe verliert und wider Willen zum Ultra wird.

Den Stat hält er hoch. Er eifert gegen die unwürdige Meinung, daß der Stat „eine Manufaktur, Meierei, Assekuranzanstalt, Handelsgesellschaft" sei, und erklärt ihn als „die innige Verbindung der gesamten physischen und geistigen Bedürfnisse, des gesamten physischen und geistigen Reichtumes, des gesamten inneren und äußeren Lebens einer Nation zu einem großen energischen, unendlich bewegten und lebendigen Ganzen" (Elem. 1, 51). Er ist der Meinung, „der Mensch sei nicht zu denken außerhalb des States" (ebenda 1, 40), und verwirft den Wahn, daß es einen Naturzustand ohne Stat gebe, indem er das ganze Natur-

---

[1]) Die Elemente der Statskunst, 3 Bde., Berlin 1809. Über König Friedrich II., Vorlesungen, Berlin 1810. Vermischte Schriften, 2 Bde., Wien 1812; zweite Aufl. 1817. Von der Notwendigkeit einer theologischen Grundlage der gesamten Statswissenschaft, Wien 1819. Briefwechsel zwischen Fr. Gentz und A. H. Müller, Stuttgart 1857.

recht eine Chimäre nennt. Es ist auch da wieder die antike Statsidee, die erneuert wird, mitsamt ihrer Übertreibung. Auch die Wissenschaften, das freie Individualleben des Geistes, will er dem State einfügen und von dem Gesamtleben des Geistes durchdringen und beherrschen lassen: „Der Stat ist das ewig bewegte Reich aller Ideen. Wissenschaft und Stat sind, was sie sein sollen, wenn sie beide eins sind" (Elem. 1, 63. 64).

Er bekennt sich als Schüler Burkes; aber was Burke statsmännisch und praktisch wollte, das wird bei ihm philosophisch-mystische Theorie. Mit Verachtung sieht er auf die „mechanische Statslehre" herab, aber das Gleichgewicht von Kraft und Gegenkraft, das er anstrebt, hat selber etwas Mechanisches. Zum ersten Male begegnet uns in seinen Schriften wieder die richtige Forderung, daß die Statslehre organisch sei; aber es ist sicherlich keine Erkenntnis der organischen Natur des States, wenn er denselben auf „das Wechselleben der beiden Geschlechter" gründet (Über Friedrich II. S. 71) und behauptet, die Statsinstitute seien „in dem Maße unter einander verbunden, als sie sich wie die beiden Geschlechter verhalten; Parliament und Ministerium, Ständeverfassung und Administration, Adel und Künstlerschaft, Grundeigentum und bewegliches Eigentum seien in dem Maße vollkommen naturgemäß und statsgemäß, als sie sich verhalten wie Weib und Mann" (ebenda S. 205).

Man kann zugeben, daß in diesen Bemerkungen einzelne Keime einer organischen Auffassung zu entdecken seien, aber sie sind nur unsichere Regungen einer undeutlichen Ahnung und werden von dem üppig wuchernden Unkraut phantastischer Gedankenbilder erstickt. Die große Bedeutung der Persönlichkeit für alle Rechtsbildung bemerkt und betont er nachdrücklich; aber der gesunde Gedanke wird sofort wieder durch die Beimischung mit krankhaften Vorstellungen unbrauchbar gemacht. Statt die Persönlichkeit menschlich zu fassen, trägt er sie auch auf die Sachen über, und indem er den Grundstücken und anderem Vermögen auch eine Art Persönlichkeit zuschreibt, erklärt er hinwieder die Bürger als Gegenstand des Statsbesitzes und macht so die wirklichen Personen zu Sachen (Elem. 1, 221 f.).

Er macht die gute Bemerkung, das achtzehnte Jahrhundert habe nur die Organisation der Regierung gekannt und eine Administration hervorgebracht, und das neunzehnte Jahrhundert wolle dieselbe durch „die Organisation des Volkes" ergänzen (Verm. Schr. 1, 184). Aber er versteht darunter nur die Wiederbelebung der mittelalterlichen Stände, d. h. die Auflösung des Volkes. Er möchte wieder den Klerus als ersten Stand erneuern und ihm die Erziehung und Vermittelung der übrigen Stände übergeben; er nennt das ein „echt diplomatisches apostolisches Element", das mit korporativem Vermögen ausgestattet bleiben soll (Elem. 2, 105); mit anderen Worten, die ganze moderne weltliche Bildung wird verneint und die Abhängigkeit von der Hierarchie hergestellt. Sodann betrachtet er den Adel als das kriegerische und ideale politische Element, und will sogar das Lehensrecht restaurieren. Dann folgt der Bürgerstand, für den er das bürgerliche Recht und die bürgerliche Freiheit, aber eine vielfältig gehemmte in Anspruch nimmt. Der politische Begriff des Volkes ist ihm unverständlich.

Der Grundton seiner Schriften aber ist die theologisierende und katholisierende Tendenz. Je älter Adam Müller wurde, desto vernehmlicher und ausschließlicher ward dieser Grundton vernommen. Selbst seinem Freunde Gentz wurde es gelegentlich zu arg. Die Wiener Statskanzlei schätzte ihn hauptsächlich um der ungewöhnlichen Ideen willen, welche der geistreiche Mann hervorbrachte, und benutzte ihn, um die Blößen der herkömmlichen Ideenarmut zu verbergen. Aber mit reiner Theologie war ihr nicht gedient; diese konnten die katholischen Priester doch noch sicherer und besser liefern. Gentz sprach sich darüber einmal ohne Rückhalt in einem Briefe aus, der die Unhaltbarkeit der ganzen Doktrin treffend schildert:

„Die Frage ist heute nicht, wie die Gesellschaft nach einem besseren gottgefälligeren Plane für die Zukunft zu bilden sein wird; unser einziges Geschäft ist und muß sein, sie vor der von bekannten und bestimmten Feinden ihr drohenden nahen Auflösung zu bewahren. In einem Ihrer Briefe habe ich zwar, nicht ohne geheimes Grauen, eine Äußerung gefunden, woraus ich schließe, daß Sie selbst aus dem Abgrunde der Zerstörung gewisse (höchst chimärische) neue Formen erwecken, die Ihnen lieber sein würden als der ganze alte Wust, von welchem — wie ich beständig bemerken muß — kein Jakobiner verächtlicher sprechen kann als Sie. — In einem Zeitpunkt, wo der Boden unter unsern Füßen wankt, wäre es Wahnsinn, sich darauf einzulassen. Bei den ersten in Ihrem Sinne unternommenen Schritten stürzt das ganze Gebäude über unsern Köpfen zusammen. Jetzt können Sie freilich antworten: „„Die gemeine Not der Welt kümmert mich nicht; ich strebe nach einem höheren Ziele. Die Staten von ihrem sogenannten Untergange retten ist eine Sorge, die ich anderen überlasse. Ich will den Grund eines Gebäudes für bessere Zeiten legen. Der Herr hat mir verheißen, seine Kirche nie zu verlassen. — Ich predige die ewige Wahrheit und wasche meine Hände in Unschuld."" — Dies sind seit vier Jahren die Maximen Ihres Lebens — und Ihres Schreibens gewesen. In späteren Zeiten hat Ihre Opposition oft einen Charakter angenommen, der mich zittern gemacht hat. Und daß Sie nicht unendlichen Schaden gestiftet haben, liegt einzig und allein in dem Umstande, daß wenige Ihrer Hörer und Leser zu fassen vermochten, was Sie eigentlich meinten."[1])

Die Unbrauchbarkeit der ganzen theologisch-mystischen Lehre für das heutige Statsleben kann nicht lebhafter empfunden werden, als sie in dieser Wehklage der Wiener Statskanzlei erscheint.

Ludwig v. Haller und Adam Müller, die auf schönwissenschaftlichem Gebiete in Friedrich Schlegel einen Bundesgenossen fanden, dienten ausschließlich der Reaktion und waren

---

[1]) Brief von Gentz vom 8. Oktober 1820, im Briefwechsel S. 328.

sämtlich leidenschaftliche Feinde der Revolution. Aber **Joseph Görres**, der in der Jugend für die französische Republik geschwärmt hatte, versuchte es, wie Lamennais, die politische Freiheit mit dem kirchlichen Glauben zu versöhnen. Sein Lebensgang aber bewegte sich in umgedrehter Richtung. Lamennais fing an als idealer Papist und endete als isolierter Demokrat, Görres begann als idealer Demokrat und war am Schlusse seines Lebens nur noch ein Führer der ultramontanen Partei.

Joseph Görres, geboren den 25. Januar 1775 zu Koblenz, erlebte als Jüngling die französische Revolution und ward begeistert von ihren Ideen. Aber bald stürzte er aus dem eingebildeten Himmel, als er in Paris am Schlusse des Jahres 1799 hinter die Coulissen und die Schauspieler entkleidet sah. Er überzeugte sich, daß die fränkische Nation sich vor dem mächtigsten Manne gebeugt und um den Preis der Freiheit von demselben Ruhe, Macht und Ehre gekauft habe.

Er hatte in den Franzosen die Träger der neuen Weltordnung verehrt und an ihre Freiheitsbestrebung als an eine allgemeine **menschliche** geglaubt; jetzt wurde er gewahr, daß sie sich auf ihre **nationalen** Interessen beschränken, und der früher übersehene Unterschied zwischen deutschem und französischem Charakter und Denken schien ihm nun unüberwindlich stark. Jetzt stiegen ihm doch Zweifel auf, ob die vorher ersehnte Reunion der deutschen Rheinlande mit Frankreich wirklich wünschenswert und ausführbar sei.

Seine Eindrücke teilte er mit seltenem Freimute in einem vortrefflichen Berichte mit[1]). Von da an widmete er sich ausschließlich seinem Lehrberufe, ohne politisch zu wirken.

Erst der große Kampf für Befreiung der Völker von der Napoleonischen Weltherrschaft führte ihn auf die politische Bühne zurück. Er nahm vorzüglich als Publizist daran Teil, und der

[1]) Resultate meiner Sendung nach Paris, Koblenz 1800. In Joseph v. Görres' **politischen Schriften**, herausgegeben von Marie Görres, (6 Bde. München 1854—1860) 1, 25.

von ihm redigierte Rheinische Merkur 1814—1816 vertrat die deutsche Gesinnung auch auf dem linken Rheinufer, welches eine Zeit lang unter französische Herrschaft gekommen war. Die leitenden Aufsätze von Görres beurkunden in kräftiger und schwunghafter Sprache einen tiefen sittlichen Ernst, eine glühende Begeisterung für die deutsche Nationalität, einen großen Freimut, eine tiefe Einsicht in die Gebrechen der modernen Statsmaschine und ein lebhaftes Verlangen nach einer organischen Gliederung des Volkes und States; aber sie sind nicht frei von jener seltsamen romantischen Schwärmerei für das mittelalterliche Papsttum und Kaisertum, welcher die germanische Jugend jener Zeit so gerne nachhing. Diese Aufsätze wurden später gesammelt und wieder herausgegeben (Werke Bd. 1—3). Manches darin ist vortrefflich geschrieben, z. B. die erdichtete Proklamation Napoleons an die Völker Europas vor seinem Abzuge auf die Insel Elba. Da findet sich jene grauenhafte Schilderung von Deutschland: „Ein Volk ohne Vaterland, eine Verfassung ohne Einheit, Fürsten ohne Charakter und Gesinnung, ein Adel ohne Stolz und Kraft, voll Soldaten und ohne Heer, Unterthanen und kein Regiment, von alter Trägheit nur gehalten" (1, 391). Mit der neuen Charte Ludwigs XVIII. ist er auch nicht zufrieden; er findet, die Freiheit der Nation habe darin keine Gewähr gefunden (1, 458). Für Deutschland wünscht er die Wiederherstellung des Kaisertumes und glaubt Österreich dazu berufen. Das preußische Königtum soll ihm dann zur Seite stehen, und die übrigen Königreiche wieder in Herzogtümer des Reiches umgewandelt werden. Die preußische Regierung war indessen mit diesem Streben keineswegs einverstanden und unterdrückte den Merkur. Auch die Adresse der Stadt Koblenz, die Görres nach Berlin überbrachte (Januar 1818), wurde von dem Könige ungnädig zurückgewiesen.

Nun veröffentlichte Görres die berühmt gewordenen Schriften: „Deutschland (oder wie er schrieb: Teutschland) und die Revolution (1819). Europa und die Revolution (1821). Die heilige Allianz und die Völker auf dem

Kongresse zu Verona (1822)." Durch die erste dieser Schriften wurde der Unwille des Königs Friedrich Wilhelm III. von Preußen so heftig gereizt, daß er durch einen Akt der Kabinettswillkür befahl, den Autor zu verhaften und auf eine Festung abzuführen, „da seine Straffälligkeit so klar vorliege, daß es, um sie zu erkennen, keiner richterlichen Untersuchung bedürfe". Dem unbefangenen Leser wird es im Gegenteile glaublicher erscheinen, daß ein selbständiges Gericht ihn schwerlich eines Vergehens schuldig befunden hätte. Freilich spricht sich in der Schrift der lebhafte Unmut aus über die getäuschten Hoffnungen und den jämmerlichen Ausgang einer begeisterten und opferwilligen Volkserhebung. Man hatte eine Wiedergeburt des deutschen Reiches ersehnt und bekam statt dessen die offenkundige Selbstsucht und Zwietracht zunächst der größeren, dann der mittleren und kleineren deutschen Staten. „Hatte vorher der Eroberer den goldenen Reifen der deutschen Kaiserkrone zerbrochen und die Stücke als Dekorationen unter die Vasallen ausgeteilt, so waren die dominierenden Mächte jetzt in die Interessen der Vertriebenen eingetreten, und der Kongreß fand sich keineswegs berufen, aus den zerstreuten Fragmenten eine neue auszuschmieden, und die Höfe ächteten zwar insgesamt den großen Räuber der europäischen Gesellschaft, erklärten aber den Raub als gute Prise" (4, 75). War die Gesamtverfassung mißraten, so versuchte es die gekränkte Nation nun mit der Konstituierung der Einzelstaten, vorerst auch mit geringem Erfolge. Görres schildert nun die Verfassungskämpfe in den einzelnen Ländern, charakterisiert die in der napoleonischen Schule erzogenen Statsmänner mit ihrem liberalisierenden Despotismus, verspottet die „Gespensterseherei", die in Berlin endemisch geworden, überall Verschwörung, Aufruhr, Hochverrat witterte und gegen die Studenten zu Felde ziehe, zeichnet die historische und die rationalistische Partei in der Politik, macht auf die Gegensätze aufmerksam zwischen Katholicismus und Protestantismus, monarchischem und demokratischem Prinzip und spricht seine Befürchtungen und seine Hoffnungen aus von der

Zukunft der Nation. Sind die Farben auch zuweilen grell aufgetragen, so ist das Gesamtbild doch weniger leidenschaftlich gehalten als Burkes Betrachtungen über die französische Revolution. Man kann in vielen Dingen anderer Meinung mit ihm sein, aber man kann dennoch die Aufrichtigkeit und den sittlichen Ernst seiner Meinungsäußerung schätzen, wo man seine Ansichten verwerfen muß. Am Schlusse entwickelt Görres sein Ideal der deutschen Verfassung, auf welcher die Erfahrung des modernen französischen States nicht ohne Einfluß geblieben ist. Er baut von unten herauf und verlangt voraus Freiheit der Gemeinde, „sie muß völlig ungeirrt Recht weisen durch ihre Schöffen und ihre inneren Angelegenheiten verwalten durch ihre Magistrate und Vorstände, — so zwar, daß Bürgermeister und Schultheißen oder Friedensrichter, weil in ihnen sich das Monarchische an die Gemeinde knüpft, allein von der Regierung bestätigt werden" (4, 197). Darauf folgen in höherer Mittelstufe die gerichtlichen und die Verwaltungsbehörden der Bezirke und Provinzen in der Weise, daß je tiefer sie geordnet sind, um so mehr das demokratische Element, und je näher dem Centrum sie stehen, desto entschiedener das monarchische Element beachtet wird. Provinzialversammlungen sollen, wie im ganzen Lande das Reichsparlament, dazu dienen, die Institutionen ihre Wurzeln in die heimatliche Erde schlagen zu lassen. „Nur indem der gänzlich inhaltleere Formalism des heutigen Regierungswesens in solcher Weise Stoff und Inhalt erlangte, bekäme das monarchische Prinzip mit der Fülle erst die rechte Stärke und es hörten die Regierungen auf, bloß wie Irrlichter über einem gärenden Boden leise hinzuschweben. Nur erst, wenn sie aus einem so dunstigen Bestande einträten in ein frisches, grünendes und durch alle Triebe gekräftigtes Leben, würden sie in Eins mit ihm zusammenwachsen und so allein der von ihnen beseelte Stat wieder zu einem wahrhaften Organism sich erheben" (4, 201).

Dem stehenden Heere, dessen Dotation er mit der Civilliste verbinden will und das er mit dem „alten Heergefolge der

Waffengesellen des Fürsten" vergleicht und daher als „die eigentliche Domäne des monarchischen Prinzips" betrachtet, will er die Landwehr zur Seite stellen, in der ebenso wesentlich das demokratische Prinzip vorherrscht, die daher lediglich zur Verteidigung des Landes bestimmt und nur durch den Bürgereid gebunden wird.

Er spricht sich gegen das bloß mathematische und mechanische System der modernen Repräsentation und für eine organische Vertretung aus, welche sich an die naturgemäßen Gegensätze der uralten Stände (Lehrstand, Wehrstand und Nährstand) anschließe und dieselben nur zeitgemäß umbilde. Er fordert daher, daß der dritte Stand mit seinem neuen Verdienstadel und seinem neuen Lehrstand von heute und gestern her die gleichnamigen alten Stände (Adel und Klerus) nicht verdränge, sondern beide sich verbinde (4, 218).

Er will — im Gegensatze zu dem englischen Zweikammersystem — die drei Stände in Eine Kammer vereinigen und sie dort in drei Kurien ordnen. Die erste würde die Gemeinen zusammensetzen von Stadt und Land, Bürger und Bauern, je auf zwei Bänken; die zweite Kurie würde den Adel ebenfalls in zwei Bänke geteilt darstellen, Geburtsadel und Verdienst- (Beamten-) Adel; die dritte Kurie würde wieder aus zwei Bänken bestehen, der Geistlichen- und der Gelehrtenbank. Dabei erkennt er die Notwendigkeit an, dafür zu sorgen, daß nicht die Aristokratie der beiden letzten Kurien die erste Kurie der Bürger und Bauern unterdrücke.

Die Schrift Europa und die Revolution vom Jahre 1821 (Werke 4, 245 ff.) trägt denselben Grundgedanken auf die europäischen Verhältnisse über. Sie sucht ebenfalls einen vermittelnden Standpunkt zu gewinnen in dem Hader, der die Parteien des Glaubens und des Wissens, der Rationalisten und der Supernaturalisten, und die Anhänger der alten Ordnung von den Freunden der Neubildung trennt. Sein Herz und seine Phantasie ist mehr auf der Seite der ersteren, sein Verstand und die

Logik nötigten ihn, auch den zweiten Zugeständnisse zu machen. Ihm scheint Europa in einer fortwährenden inneren Auflösung begriffen, seitdem das Reich Karls des Großen, welcher die Einheit der Christenheit mit der Freiheit der Nationen und Stämme verbunden hatte, zerrüttet ward.

Er betrachtet das neuere Europa wie einen kranken, von dem Wechselfieber heimgesuchten Körper; er meint, Europa werde, „bald in den Schauern des Despotismus zähneklappernd, dann wieder von fliegender Revolutionshitze heiß überlaufen, immer kraftloser, hinfälliger und matter, und dies Fieber, das zuerst ein sekulares gewesen, habe sich in der Reformation auf Menschenalter eingezogen, sei in der Revolution auf Stufenalter zurückgegangen und jetzt beinahe jährig geworden und deute auf die stets zunehmende Verseichtung der Lebenskräfte, zugleich aber auch auf das Annahen der entscheidenden Krise" (4, 372). In dem Hohlspiegel seines Auges verzerren sich so die nahen Gegenstände bis zur Unkenntlichkeit, während die fernen ein weniger ungünstiges Ebenmaß zeigen.

Indem er die Aufgaben der verschiedenen europäischen Völker aufsucht, sieht er in Italien den Mittelpunkt für alle religiösen Verhältnisse. „Der alte Felsen hat fünfzehn Ellen hoch über die höchste Flut der neuen geistigen Überschwemmung herausgeragt und der Altar des neuen Bundes wird immer auf dieser Höhe des Ausganges stehen. Mag in diesem Lande wie allerwärts religiöse Gleichgültigkeit sich durch alle Stände verbreitet haben; mag die Priesterschaft selbst in eine Minderzahl von beschränkten Eiferern und Ungläubigen und eine Mehrzahl von Indifferenten sich verteilen; mag die Idee in Formen erstarrt, wie im Winterschlafe liegen: das alles ist bloß negativer Art und darum vorübergehend; die unvertilgbare Wurzel des Positiven, die sich unter der Umhülle verbirgt, bedarf nur eines Sonnenblickes, um fröhlich und schnell wieder auszuschlagen und bald die Blätterschirme wieder in den erwärmten Lüften auszubreiten" (4, 428). Ebenso sieht er in Frankreich die „Mitte und den Anschließungspunkt aller politischen Verhältnisse, und hat sich nach seiner Meinung England zum Mittelpunkt des großen Weltverkehrs erhoben. Seine katholische Neigung gravitiert nach dem Süden, aber der Verstand nötigt ihm das Bekenntnis ab, daß „Albion, ein zweiter Fels, im Norden stehe, worauf ein anderer Glaube eine andere Kirche aufgebaut, die ihren Gläubigen auch zugesagt, daß die Pforten des Abgrundes sie nie überwinden sollten" (4, 432).

In Spanien erblickt er den Widerschein der atlantischen Welt und den erblichen Adel der stolzen Gesinnung, und in Rußland, „dem Reiche der Slaven und der Sklaven, die allmählich der Freilassung entgegenreifen, das Land der Bauern und der stehenden Heere, aus dem Asien unaufhörlich herüberdroht" (4, 432). „Der Priester, der Statsmann, der Künstler, der Edelmann, der Bauer und Soldat, jeder hat seinen Mann gefunden, und es will sich anlassen, als ob der Deutsche allein leer ausgehe. Er war ehemals der Fürst, der über alle geherrscht; es scheint billig, da er für die Herrschaft zu klein und schwach geworden, sein Land aber, das einst das Reich der Mitte gewesen, zum Reich der Mittelmäßigkeit in allen Dingen herabgesunken, daß er, nachdem ihn die Geschichte aller seiner Würden entsetzt, jetzt allen diene als Söldner, Schreiber, Dienstbote, je nachdem die Umstände fallen wollen" (4, 433). Weil Deutschland zum Äußersten gekommen, so schließt er, daß es auch den Wendepunkt erreicht habe. Drohend warnt er, die wieder erwachende Volkskraft werde wie „ein mutiges Roß, dem feige Tyrannen das Herzblut abzuzapfen versucht und Mühlsteine an die Füße gebunden haben, mit einem Rucke sie von sich schleudern und frei und stolz die Rennbahn laufen, auch ohne Reiter, wenn sich keiner seiner wert befindet" (4, 449). Von der „Wiederbelebung des religiösen Gefühls" und davon, „daß der Katholicism wieder sein Haupt erhebe", erwartet er die beste Förderung solcher Wiedergeburt.

Die französische Revolution hatte den Stat auf die Gesellschaft gegründet, die Restauration versuchte es wieder mit der Ableitung aus der göttlichen Gnade. In der sogenannten Heiligen Allianz war die restaurierte Statsidee des Mittelalters, aber nicht mehr in der römisch-katholischen, sondern nun in der konfessionell verschiedenartigen aber durch das Christentum brüderlich geeinten Form der Familiengemeinschaft der christlichen Fürsten Europas, verkündet worden. Zwar entsprach die religiöse Färbung der heiligen Allianz der Gesinnung von Görres vollständig und er begrüßte dieselbe mit freudiger Hoffnung, aber bald wurde auch er gewahr, wie wenig sittlicher Ernst und wie wenig nachhaltige Kraft in dem Streben derer sei, welche die Ideen der heiligen Allianz verwirklichen sollten. In der Schrift, welche er im Hinblick auf den Kongreß in Verona darüber veröffentlichte, sprach er das und seine abschließende Meinung aus, daß nur durch „ein Zusammenwirken der Nation und ihrer Machthaber eine gründliche Wiedergeburt geschehen könne und der Kongreß der Fürsten zugleich ein Kongreß des Volkes und der Völker" sein sollte (5, 123). Seine Grundansicht über Religion, Wissenschaft und Kunst faßte er in das Wort zusammen: „Religion ist die Sonne im Geistigen, Wissenschaft wie Erde (!), der Mond wie Kunst. Man könnte sagen, im griechischen Altertume sei Sonnenfinsternis und im Protestantismus Mondsfinsternis gewesen" (5, 133): eine Ansicht, welche freilich nicht erklärt, weshalb da, wo das Sonnenlicht der katholischen Religion die unbestrittene und unbeschränkte Alleinherrschaft besaß, es auf der Erde und in der Wissenschaft recht dunkel war.

Die Ideale seiner Jugend waren an der rauhen Wirklichkeit zerplatzt wie Seifenblasen, die Hoffnungen des Mannes auf die christliche Restauration in der siechen Ohnmacht der Führer abgestorben. Nun ergab sich Görres enttäuscht, unbefriedigt und doch voll Sehnsucht immer tiefer der mystisch-resignierten Betrachtung der Geschichte.

Im Jahre 1827 zum Professor der Geschichte an der Universität München ernannt, wurde er hier bald einer der Führer der ultramontanen Partei. Seine publizistische Feder kam fast nur in Bewegung, wenn die Interessen der katholischen Partei in Frage standen. Der Stat hatte für ihn nur noch eine sekundäre Bedeutung, die wahre Grundlage der gesamten europäischen Ordnung schien ihm die Kirche zu sein; für die Restauration ihres Einflusses und ihrer Macht blieb er begeistert, die politischen Ideale der Jugend waren aufgegeben. In diesem Sinne kämpfte er für die Ausbreitung der katholischen Kongregation in Bayern wider die Angriffe vom „Plauderstuhl" der Kammern, wie er die politische Rednerbühne nannte, für die bischöfliche Unabhängigkeit in dem Kölner Streite gegen das willkürliche Einschreiten des Königs von Preußen im „Athanasius" und in den Triariern Leo, Marheinecke, Bruno Bauer (1838), für die Behinderung der Ehefreiheit der beiden Konfessionen — er nannte die gemischten Ehen „Bastardehen" —, für die Wallfahrt zum heiligen Rock in Trier (1845). In der „christlichen Mystik" (1836—42 in vier Bänden) erreichte diese aus Romantik, Wunderglauben, Spekulation und Poesie gemischte Lebensansicht ihren Höhepunkt. Er ahnte noch den Ausbruch der neuen Revolution, die kurz nach seinem Tode (29. Jan. 1848) Europa erschütterte. Ohne Hoffnung, daß in der nächsten Zeit seine Partei siegen werde, stieg er ins Grab.

Siebzehntes Kapitel.

Die konstitutionelle Statslehre und das Vernunftrecht. Benjamin Constant. Karl v. Rotteck. Karl Theodor Welcker.

Eine Zeit lang hatte es den Anschein, daß der Napoleonische Stat die erwartete neue Schöpfung sei, bestimmt die von der Revolution umgestürzte Weltordnung wieder aufzurichten, die Parteien zu versöhnen, die alten Institutionen, so weit sie noch lebensfähig, zu schützen und zugleich das neue Recht zu gründen, die modernen Ansprüche zu befriedigen. Die Napoleonische Gesetzgebung und die Napoleonische Verwaltung galten als die Meisterwerke der neuen Zeit und wurden auch in deutschen Ländern teils eingeführt, teils nachgebildet. Alle Statsgewalt war wieder in dem monarchischen Haupte in einer Fülle und Stärke individuell vereinigt, welche an das römische Kaisertum erinnerte; und doch war jedem Talente die Bahn eröffnet zu den höchsten Ehren und bewegten sich die Bürger mit Freiheit in ihren Gewerben. Die höhere Freiheit der Wissenschaft freilich fand keine Achtung und keinen Schutz, die parlamentarische Freiheit blieb unterdrückt, die büreaukratische Dressur beherrschte die öffentliche Erziehung. Der mechanische Geist der Militärordnung war auch in die politische Ordnung des States eingekehrt. Die Monarchie ähnelte der Despotie.

Aber die Ausbreitung der Napoleonischen Weltherrschaft, fortwährend bekämpft von dem stolzen und freien England, stieß endlich auf die von Gott gezogenen Schranken. Der civilisierte Kontinent hatte ihr nicht zu widerstehen vermocht; über die wilden Naturkräfte des russischen Ostens wurde sie nicht Herr. Nun erhoben sich auch die deutschen Völker. Dem vereinigten Europa erlag der gewaltige Imperator.

Es kam die Zeit der Restauration. Aber es war doch nicht mehr möglich, im Geiste des Bonald, Adam Müller, de Maistre und Haller die mittelalterliche Weltordnung mit ihrem religiösen Glauben und ihren Adelsprivilegien wieder herzustellen. Die Toten stehen auf Erden nicht wieder auf. Auch die restaurierten Fürsten mußten doch Zugeständnisse machen an die reale Macht der umgewandelten Zustände und an die idealen Forderungen der neuen Zeit. Die französische Charte Ludwigs XVIII. war der neue Vermittelungsversuch zwischen dem alten absoluten Königtume und der jungen Bürgerfreiheit, zwischen der repräsentativen Gesetzgebung und der centralen Verwaltung, zwischen dem alten Bourbonischen und dem neuen Napoleonischen Adel. Die französische Charte sollte die Revolution beendigen und den gesetzlichen Fortschritt ermöglichen, die Ordnung und die Freiheit verbinden, die konstitutionelle Monarchie als die moderne Statsform ins Leben führen.

Auch die konstitutionelle Idee fand ihre wissenschaftlichen Vertreter, und sie wurden eher verstanden und fanden allgemeinere Zustimmung als die Vertreter der Restauration. Unter den Franzosen, die hier vorangingen, nimmt Benjamin Constant den ersten Platz ein. Seine Schriften werden heute noch mit Interesse gelesen[1]).

Benjamin Constant, geboren zu Lausanne am 23. Oktober 1767, gehörte einer angesehenen Familie des Waadtlandes an, welches damals noch von der aristokratischen Republik Bern regiert ward. Seine Bildung war, nach der Art der waadtländischen Erziehung, von französischen und von deutschen Lehrern bestimmt. In Paris folgte er den Encyklopädisten, in Edinburg den Whigs, in Deutschland — wo er die Universität Erlangen

[1]) Die neueste Ausgabe unter dem Titel: Cours de politique constitutionelle par Benjamin Constant; avec une introduction et des Notes par Ed. Laboulaye. Paris 1861. 2 Bde.

besuchte — wurde er vornehmlich von den Werken Kants, Johannes Müllers und Schillers ergriffen. An dem Hofe zu Braunschweig erhielt er den Schliff der weltmännischen Form, der ihn zum Liebling der Salons machte und seinem Stil Glätte und Freiheit gab. Er suchte und fand in Paris die Wirksamkeit, die seinem Talente die schweizerische Heimat nicht gewähren konnte, und machte, im Jahre 1795 dahin zurückgekehrt, das alte französische Bürgerrecht seiner Familie geltend, denn seine Vorfahren waren als Reformierte aus Frankreich nach der Schweiz ausgewandert. Hier geriet er unter den bestimmenden Einfluß der Frau v. Staël, seiner zwiefachen Landsmännin, der er fortwährend aufs innigste befreundet blieb. Als Journalist und als Mitglied eines politischen Klubs nahm er Teil an den damaligen Parteikämpfen. Er griff die Terroristen an und unterstützte oder tadelte je nach dem Wechsel der Lage und seiner Stimmung das Direktorium. Als Napoleon diesem Regimente ein Ende machte, wurde Constant Mitglied des Tribunates. Gereizt von seiner Freundin und der Koterie um sie her, that er sich hier durch seine Opposition gegen den ersten Konsul hervor und wurde deshalb von diesem aus dem Tribunate gestoßen (1801), und als er fortfuhr, in der Presse Opposition zu machen, mit der Frau v. Staël aus Frankreich verwiesen. Er hielt sich nun meistens in Deutschland auf, vermählte sich mit einer Fürstin Hardenberg und schrieb in Hannover seine berühmte Schrift: De l'esprit de Conquête et de l'Usurpation[1]).

Sie war eine Anklage der Eroberungspolitik Napoleons vor der öffentlichen Meinung Europas. Er erklärte dieselbe für einen verderblichen Anachronismus und für eine Beleidigung der heutigen Kultur. Sie war überdem eine Streitschrift gegen die Usurpation, wie er nun die Selbsterhebung Napoleons nannte. Er verglich die Usurpation, d. h. die Thronbesteigung ohne Erbrecht durch den Gründer einer neuen individuellen Herrschaft mit

[1]) Die erste Ausgabe ist vom Dezember 1813 datiert. Bei Laboulaye ist die vollständigste vierte Ausgabe abgedruckt.

der ruhig fortgesetzten Erbmonarchie und hob die Vorzüge dieser vor jener in beredter Sprache hervor. Mit dem momentanen Hasse gegen den „Usurpator" verband sich in ihm der dauernde gegen alles Willkürregiment. Seine Liebe zum Frieden stützte sich auf die Verehrung des Gesetzes.

Seine Schrift über die Konstitution (Esquisse de Constitution), mit der Vorrede vom 24. Mai 1814, ist zwar nach der Erklärung Ludwigs XVIII. von Saint-Ouen (2. Mai), aber vor der Verkündigung der Charte (4. Juni) erschienen. Seine Darstellung des konstitutionellen Systems war nicht ohne Einfluß auf die Formulierung der neuen Verfassung. Er erklärte sich mit derselben wesentlich einverstanden und verteidigte sie bei jeder Gelegenheit.

Aber als Napoleon von der Insel Elba zurückkehrte und die Armee und die Nation ihm wieder zujubelte, als auch Napoleon versprach, in Zukunft konstitutionell zu regieren, da fiel auch Constant, untreu seinen Vorsätzen, von dem Könige ab und nahm die Ernennung zum Statsrat aus der Hand des „Usurpators" an. Damals erschienen seine „Principes de Politique" (Mai 1815). Aber die Bourbonen kehrten zum zweiten Male unter dem Beistande Europas zurück, und nun flüchtete Constant wieder nach England. Die Amnestie vom 5. September 1816 eröffnete auch ihm die Heimkehr nach Paris, und nun widmete er sich wieder mit großem Erfolge dem Journalistenberuf, der seiner Neigung und seinen Talenten am besten zusagte. Im Jahre 1819 kam er als Deputierter in die Kammer, in der ihn der Minister Villèle als seinen gefährlichsten Gegner betrachtete. In der Opposition war er immer frisch, gewandt, unermüdlich. Jede Blöße des Ministers benutzte er vortrefflich, häufig unerwartet, und durchweg mit einer Mäßigung und Eleganz in der Form, die seine Waffen nicht abstumpfte, aber seine Angriffe schärfer und seine Verteidigung sicherer machte. Unter der Regierung Karls X. sank sein Mut und seine Hoffnung. Er fing an, auf die Politik zu resignieren und sich mehr religiösen

Prüfungen und Gedanken zuzuwenden. In solcher gedrückten Stimmung überraschte ihn die Julirevolution von 1830. Er fürchtete mehr die Erhebung, als er von ihr hoffte. Aber sein Ruf hob ihn bald wider Willen auf die Höhe der damaligen Ereignisse. Der neue „Bürgerkönig“ ernannte ihn zum Statsrat und schenkte ihm 200 000 Franken, die er „unter der Bedingung annahm, daß er seine freie Meinungsäußerung beibehalten und auch die neue Regierung bekämpfen dürfe, wenn sie Fehler mache“. Das war das glänzende Abendrot seines Lebens. Die Aufregung der Revolution scheint den müden Körper vollends gebrochen zu haben. Er starb wenige Monate nachher am 8. Dezember 1830. Sein Leichenbegängnis war ungemein feierlich, und bei der ersten Julifeier 1831 wurde seine Leiche im Pantheon beigesetzt.

Constant ist ein glänzendes Bild jener zahlreichen konstitutionell-liberalen Partei, welche im zweiten bis vierten Jahrzehnt des neunzehnten Jahrhunderts und wie in Frankreich, so auch in den deutschen Kammern und in der Presse eine wichtige Rolle spielte. Er ist mehr Journalist als Statsmann, vortrefflich in der Opposition, wenig geschickt zur Verwaltung, empfänglich für edle Gedanken, voll humaner Gesinnung, klaren Blickes, gewandt in der Kritik, ein ausgezeichneter Publizist. Aber seine Gedanken gehen selten in die Tiefe, mit Behagen schwimmt er auf der Oberfläche der öffentlichen Meinung, die ihn treibt und hinwieder von ihm getrieben wird.

Er hat nicht Epoche gemacht durch die Findung und Begründung neuer Ideen über den Stat. Er folgt zumeist den früheren konstitutionellen Theorien; aber er ist durch die klare, krystallhelle Darstellung der alten Lehre und durch die feine und umsichtige Verarbeitung der Details von großem Einflusse geworden. Von einer organischen Erkenntnis des States, als eines lebendigen Wesens, ist er noch sehr weit entfernt. Er sieht in dem State nur eine große Maschine, angelegt für die gemeinsame Freiheit und Wohlfahrt der Menschen, deren verschiedene Kräfte (pouvoirs, Gewalten) wie die Räder und Hebel sorgfältig zu scheiden, aber auch so zu beschränken sind, daß sie neben und mit einander wirken können, ohne sich wechselseitig zu stören.

In Einem Gedanken aber ist er neu. Angeregt durch eine Äußerung von Clermont-Tonnere, bildete er die Idee des sogenannten pouvoir royal aus. Er hatte eingesehen, daß es der alten Theorie von den drei Gewalten — der gesetzgebenden, vollziehenden und der richterlichen — an einer Vermittelung und an einem Regulator fehle, welcher verhindere, daß nicht die eine die andere in ihrer Bewegung hemme und die allgemeine Wohlfahrt verwirre. Das Bedürfnis einer Macht, welche die Harmonie oder, wie er sie nannte, das Gleichgewicht jener Gewalten erhalte, führte ihn zu der Forderung einer von jenen verschiedenen Centralgewalt, die sich zunächst neutral verhalte, und deren Beruf lediglich sei, die ungestörte Thätigkeit der andern Gewalten zu schützen.

„Die drei politischen Gewalten sind drei Räder der Maschine, die zusammenwirken müssen, damit das Ganze sich bewege; aber wenn diese Räder in Unordnung geraten, sich durchkreuzen, an einander stoßen und sich im Wege sind, dann bedarf es einer Kraft, welche jedes von ihnen wieder an den rechten Platz stellt. Diese Kraft kann nicht in einem dieser Räder liegen, sonst würde es die andern zerstören; sie muß außerhalb und neutral sein, damit sie überall einschreite, wenn es nötig wird, und erhaltend und wiederherstellend wirke, ohne feindlich zu sein."

„Die konstitutionelle Monarchie hat den großen Vorzug, daß sie diese neutrale Kraft in der Person des Königs schafft, dessen Ansehen auf der Tradition und den Erinnerungen ruht und von der Macht der öffentlichen Meinung gestützt wird, den Grundlagen seiner politischen Gewalt. Er hat ein wahrhaftes Interesse, daß keine Gewalt die andere umstürze, vielmehr alle sich wechselseitig unterstützen, sich verstehen und in Harmonie wirken."

„Die gesetzgebende Gewalt ist bei den repräsentativen Versammlungen mit der Sanktion des Königs, die vollziehende Gewalt bei den Ministern, die richterliche bei den Gerichten. Die erste macht die Gesetze, die zweite sorgt für ihre allgemeine Ausübung, die dritte wendet sie auf den einzelnen Fall an. Der König steht inmitten dieser Gewalten als neutrale Vermittelungsmacht, ohne irgend ein Interesse, das Gleichgewicht zu stören, voll Interesse, es zu erhalten.

„Sehen wir die englische Verfassung. Kein Gesetz ohne die Mitwirkung des Parlamentes, keine Verfügung ohne die Unterschrift des Ministers, kein Urteil ohne den Ausspruch unabhängiger Gerichte. Aber wenn die Handlungsweise der vollziehenden Gewalt, das heißt der Minister, unregelmäßig wird, so entläßt der König dieselben. Wenn die Thätigkeit der repräsentativen Versammlung auf Abwege gerät, so löst der König dieselbe auf. Endlich, wenn die Gerichte verderblich handeln und etwa zu strenge Strafen verhängen, so ermäßigt der König diese Gefahr durch seine Gnade."

„Der Fehler aller Verfassungen war, daß sie keine neutrale Gewalt der Art geschaffen, sondern die volle Autorität, welche derselben gebührt, einer der aktiven Gewalten beigelegt haben. War sie der gesetzgebenden zugeteilt, so hat sich der Gesetzgeber um alles bekümmert, und tyrannische Willkür war die Folge. Wurde die Vollziehungsgewalt damit betraut, so ist der Despotismus entstanden" [1]).

Es war immerhin ein wissenschaftlicher Fortschritt, als Benjamin Constant einen der wesentlichen Mängel jener älteren Lehre von der **Trennung** der Gewalten erkannte und die verloren gegangene **Einheit** wieder aufsuchte. Da der Stat ein in sich verbundener Körper ist, so muß für das friedliche Zusammenwirken aller seiner Glieder gesorgt werden. Auch hatte er recht, diese einigende und repartierende Macht vorzugsweise

---

[1]) Esquisse de Constant c. 1. Principes de Politique c. 8. Edit. Laboulaye I, 18. 175.

in dem Centralorgan des States, also für den monarchischen Stat in dem Monarchen zu suchen. Aber indem er nur um so mehr die eigentliche Aktion außerhalb dieses Centralorgans in die Kammern und in die Ministerien versetzte und den Monarchen lediglich zur Ruhe und zur Neutralität verwies, geriet er mit der Geschichte der Kontinentalstaten und mit der höheren Idee der Monarchie in einen fast noch ärgeren Widerspruch als die ältere konstitutionelle Lehre.

Der Grundgedanke aller seiner Schriften ist die individuelle Freiheit. Am Abende seines Lebens schrieb er noch: „Ich habe vierzig Jahre lang dasselbe Prinzip verteidigt: Freiheit in allem, in der Religion, in der Philosophie, in der Litteratur, in der Industrie, in der Politik; und unter Freiheit verstehe ich den Triumph der Individualität, sowohl über die Autorität, welche durch den Despotismus regieren möchte, als über die Massen, welche das Recht beanspruchen, die Minderheit zum Sklaven der Mehrheit zu machen. Der Despotismus hat kein Recht; die Majorität hat das, die Minderheit zu nötigen, daß sie die Ordnung achte; aber alles, was die Ordnung nicht stört, alles, was dem inneren Leben angehört, wie die Meinung, alles, was in der Offenbarung der Meinung weder zu Gewaltthaten anreizt, noch die Äußerung einer anderen Meinung verhindert und dadurch anderen schadet, alles, was in der Industrie dem wechselseitigen Wetteifer ohne Hindernis Bewegung vergönnt, ist individuell und nicht von Rechtes wegen der gesellschaftlichen Macht unterworfen."

Vor allem spricht er für religiöse Freiheit. Religion ist ihm, wie seinem waadtländischen Landsmanne Vinet, wesentlich Sache des Individuums. Er verwirft daher ebenso die religiöse wie die bürgerliche Intoleranz in religiösen Dingen. Auch von der Statsreligion Rousseaus will er nichts hören. Aber er ist darum nicht irreligiös. Im Gegenteil, gerade die religiösen Fragen beschäftigen ihn ernstlich. Er ist überzeugt, daß die Religion bei der Freiheit ebenso gewinne wie die bürgerliche Gesellschaft. Er verteidigt selbst, im Gegensatze zu dem amerikanischen Systeme, daß der Stat die anerkannten Kirchen unterhalte. „Es ist mit der Religion wie mit den Landstraßen; mir ist's recht, wenn der Stat die Landstraßen unterhält, wenn er nur es jedermann frei läßt, einen Fußweg vorzuziehen" (Princ. de Polit. 17).

Die individuelle Freiheit mit Waffen zu ihrer Verteidigung, mit Schutzwehren gegen jede Gewalt auszurüsten, das ist das Ziel aller seiner Arbeit. Er konnte mit Recht sich seinen Wählern als den Repräsentanten eines Prinzips vorstellen: „Mich wählen, das ist die individuelle Freiheit, die Freiheit der Presse, die Sicherheit der richterlichen Garantien wählen."

Die natürliche Ordnung des States erscheint ihm, nach Laboulayes Ausdruck, wie eine Pyramide, aufgerichtet auf die Grundlage der individuellen Rechte, allmählich sich erhebend durch eine Kette von Verbindungen, persönlichen und lokalen, auf die hohe Spitze des statlichen Überblickes. Die Gesellschaft aber, wie sie die Revolution in Frankreich hervorgebracht hat, ist die umgekehrte Pyramide, der Stat mit seinem ungeheuren Gewicht ist als breite Basis in der Höhe und erdrückt das Individuum [1]).

Constant war kein Freund jener centralen Allgewalt. Darin bewährte sich doch seine Schweizernatur, daß er auch für Frankreich municipale Freiheit und einigen Föderalismus verlangte, freilich nicht den Föderalismus des Mittelalters, der den Stat in eine Menge von Stätchen zerbröckelt, aber er wollte, daß die Gemeinden in allen den Dingen frei und unabhängig vom State werden, welche die Gesamtinteressen nicht bedrohen. „Der wahre Patriotismus entspringt in der Heimat." In der Mannigfaltigkeit sah er mit Recht die Organisation und das Leben, in der Uniformität den Mechanismus und den Tod.

Eine mit Constant verwandte Erscheinung ist der Deutsche Karl v. Rotteck, zu seiner Zeit der populärste Führer der

---

[1]) Laboulaye in der Einleitung S. XXV.

freisinnigen Partei in den badischen Kammern und der gepriesenste Vorkämpfer der neuen politischen Ideen in Deutschland. Für Rotteck war freilich nicht wie für Constant die konstitutionelle Monarchie das höchste Statsideal. Er hatte sich mit dieser Verfassung befreundet, weil sie sich seinem republikanischen Ideale annäherte, nicht weil sie dasselbe darstellte. In dieser Hinsicht stand er den Statsphilosophen Rousseau und Siéyès noch näher als Constant. Vorzugsweise bestimmten ihn die spekulativen Rechtsideen. Viel entschiedener als das System der modernen Repräsentativverfassung mit monarchischem Centrum vertritt er das System des Vernunftrechtes. Ihm ist aber das Vernunftrecht nicht bloß wie seinem Lehrer Kant eine wissenschaftliche Theorie. Sein ganzes Leben ist der praktischen Durchführung desselben gewidmet. Seine Vorträge an der Universität, seine Bücher und publizistischen Arbeiten, seine Berichte und Reden in der Kammer dienen alle dieser praktischen Tendenz. Unter den deutschen Stämmen ist der alemannische von dem trotzigsten Freiheitssinne beseelt. Die Alemannen fast allein in Deutschland haben Republiken geschaffen und erhalten. Die modernen politischen Lehren fanden zuerst unter den Alemannen Anerkennung und Förderung; und sie vorzugsweise waren darauf bedacht, die Lehre ins Leben zu übersetzen. Deshalb erschienen sie zuerst als Vermittler der französischen Statstheorien und Statsexperimente für Deutschland. Ganz diesen Charakter hat der Alemanne Karl v. Rotteck.

Karl Wenzeslaus Rodecker von Rotteck — so lautet sein vollständiger Name — wurde zu Freiburg im Breisgau am 18. Juli 1775 geboren. Sein Vater, Karl Anton Rodecker, ein verdienstvoller Arzt in der Stadt und Professor an der Universität zu Freiburg, war von Kaiser Joseph II. in den Adelsstand erhoben worden. Die Mutter, Charlotte Poirot d'Ogeron, war aus Remiremont in Lothringen gebürtig und galt als ein „Ideal der Frauen". Der wohlgeartete Knabe erhielt eine humane und gebildete Erziehung und verlebte eine glückliche Jugend. Auch auf der Universität, welche er im Jahre 1790 bezog, waltete damals, nach ihrer Befreiung und Reinigung von den Jesuiten durch Kaiser Joseph II., ein heiterer und humaner Geist. Der junge Rotteck entschied sich da für die Rechtswissenschaft. Er hatte die Absicht, sich zum Advokaten auszubilden. Aber die herkömmliche Behandlung des römischen und des deutschen Rechtes befriedigte seine philosophische Neigung nicht. Er verwünschte den Tribonian und verachtete die „Juristerei", wie er die unphilosophische Verehrung und Anwendung der verworrenen positiven Rechtsvorschriften nannte. Um so lebhafter zogen ihn die kritischen Werke von Kant, die politischen von Montesquieu, Rousseau, Sieyès und das große Drama der französischen Revolution an, welches damals die Welt in Aufregung versetzte. Sein Verstand und sein Herz waren auf Seite der konstituirenden Nationalversammlung; die blutige Raserei des Konventes erschreckte und schmerzte ihn, aber sie vermochte ihn nicht in das Lager der Reaktion zu treiben. Selbst der royalistische Eifer seiner geliebten Mutter bekehrte ihn nicht. Seine Vaterstadt wurde von den Kriegszügen bald der Franzosen, bald der Österreicher heimgesucht. Während dieser Kämpfe war er nach Art der Breisgauer gut österreichisch gesinnt; als aber infolge des Friedens von Campo-Formio (1797) Freiburg und das Breisgau als bloßes Entschädigungsmaterial für einen italienischen Fürsten verwendet und an den Herzog von Modena veräußert wurden, da kam ihm seine Verehrung für das Haus Österreich wie eine blödsinnige Thorheit vor und er schrieb im Zorne über solche Schmach scharfe Worte.

Das Glück begünstigte den jungen Gelehrten, dem inzwischen die Aussicht auf die Advokatur getrübt worden war, so, daß er schon im Alter von 23 Jahren eine Professur an der Universität zunächst als Professor der Geschichte erhielt (1798). Seit dem Jahre 1810 arbeitete er an seiner allgemeinen Weltgeschichte, deren erster Band im Jahre 1812 erschien und sofort einen außerordentlichen Beifall fand. Voraus die Jugend griff gierig nach dem Buche, und das Interesse des Publikums verminderte sich nicht, als es in Österreich verboten und auch in Preußen ein Auszug aus demselben untersagt wurde. Es erlebte bis zu Ende der Dreißigerjahre eine Reihe von Auflagen. Über hunderttausend Exemplare sind ausgegeben, und das Buch ist in die meisten neueren Sprachen Europas übersetzt worden. Der Grund dieses Beifalles lag nicht darin, daß Rotteck neue Resultate der Geschichtsforschung eröffnet, noch darin, daß er es vorzugsweise verstanden hätte, den Geist der verschiedenen Perioden, Völker und Individuen richtig zu erfassen und getreu zu schildern; in diesen Beziehungen stand sein Werk weit hinter dem Johannes v. Müllers zurück. Aber die liberale Färbung und die politische Tendenz, verbunden mit einer allgemein verständlichen und feurigen Sprache, begeisterten die Jugend und fanden in der damaligen Stimmung der Nation einen lauten Widerhall.

Er selbst betrachtete die Geschichte wesentlich als eine Vorstufe zur Politik und vertauschte gerne im Jahre 1818 den Lehrstuhl der Weltgeschichte mit dem der Statswissenschaften. Schon in seiner Antrittsrede stellte er sich als den Vertreter der natürlichen Rechtsprinzipien und als einen entschiedenen Feind der historischen, auf die mittelalterlichen Überlieferungen gestützten Rechte dar. Er will nicht eine gewaltsame Umwälzung, aber er wendet sich mit Eifer gegen die, welche in der Reaktion das Heil der Gegenwart suchen. Er liebt die „philosophische Rechtswissenschaft" wie „die Braut seiner Jugend", und betrachtet die Geschichte, welche seine erste Liebe durch ihre ernsten Lehren geläutert und bekräftigt habe, als seine Freundin. Für die letztere empfindet er dankbare Anhänglichkeit, für die erstere heiße Liebe. Diese Liebe zum Vernunftrecht auch in den Zuhörern zu entzünden schien ihm die schönste Aufgabe für den akademischen Lehrer. Sein Lehrbuch des Vernunftrechtes und der Statswissenschaften in vier Bänden verbreitete seine Ansichten auch über den Bereich der Universität hinaus [1]). Indessen machte dieses

[1]) Die erste Auflage der Bände 1 und 2 erschien im Jahre 1829, die zweite im Jahre 1840; die beiden letzten Bände erschienen nur einmal 1834 und 1836.

zweite Hauptwerk viel weniger Aufsehen als die Weltgeschichte, und es half nicht einmal viel, daß Dr. Trummer mit frommer Wut über das gottlose Erzeugnis herfiel. Größer war der Erfolg des Statslexikons oder der Encyklopädie der Statswissenschaften, welche Rotteck im Jahre 1834 gemeinsam mit Welcker unternahm, deren Vollendung er aber nicht mehr erlebte.

Von großer Bedeutung war die parlamentarische Wirksamkeit Rottecks. In dem neu gebildeten Großherzogtum Baden, dem nun auch Freiburg einverleibt worden war, sollte ein erster ernsthafter Versuch gemacht werden, das konstitutionelle System auch für ein deutsches Land einzuführen. Der Großherzog Karl hatte unterm 22. August 1818, nach dem Vorbilde der französischen Charte Ludwigs XVIII. und der wenige Monate älteren bayerischen Verfassung, seinem Lande eine Verfassung als letztes Vermächtnis seines Lebens hinterlassen, nach welcher für die Gesetzgebung die Mitwirkung zweier Kammern erfordert ward. Rotteck nahm an den ersten Landtagen von 1819, 1820 und 1822 als Vertreter der Universität Freiburg in der Ersten Kammer einen lebhaften Anteil an dieser neuen Thätigkeit. Seine Stellung hier, mitten unter den Repräsentanten des Adels, welche sich nur schwer mit den neuen Zuständen befreundeten und durch ihre Erziehung, durch ihre hergebrachten Vorrechte und durch ihre Sitten mit Vorliebe sich an den Einrichtungen anklammerten, welche Rotteck als historische Anmaßung und mittelalterliches Unrecht verabscheute, war keine erfreuliche. Er war in diesem Kreise ein durchaus fremdartiges Element und stand häufig ganz allein mit seinen Ansichten. Auch Thibaut und später Zachariä, die für Heidelberg die Stimme in der Ersten Kammer führten, waren öfter Gegner als Kampfgenossen. Der ehrwürdige Generalvikar v. Wessenberg, welcher in der Kirche ebenso in liberalem Geiste zu reformieren suchte, unterstützte ihn wohl zuweilen, aber konnte doch nicht mit ihm Schritt halten, wenn die Leidenschaft für das Vernunftrecht ihn zu rücksichtsloser Opposition hinriß.

Nach der Auflösung der Kammern bewarb sich Rotteck um die Wahl zum Abgeordneten, da seiner Natur und Richtung die Zweite Kammer weit mehr als die Erste zusagte; aber der Einfluß der Regierung auf die Wahlen und der Druck, den die Beamten auf die Wahlmänner übten, waren damals noch so mächtig, daß ihr Widerspruch dem Oppositionsführer den Zutritt verschloß. Erst als die Pariser Julirevolution von 1830 die Stärke der liberalen Ideen wieder in dem Umsturze des absolutistischen Königsthrones gezeigt hatte und mit der Erhebung des Hauses Orleans der Sieg der konstitutionellen Partei neu gesichert schien, als dann der Großherzog Leopold, der in demselben Jahre den Thron bestieg, volle Wahlfreiheit gewährte, wurde Rotteck durch die Wahl von fünf Wahlbezirken auf den Schild erhoben und nahm nun in der Zweiten Kammer auf dem Landtage von 1831 den gefeiertesten Platz ein. Was er vor einem Jahrzehnte vergeblich gefordert hatte, das wurde nun gerne bewilligt. Hatte er früher gesäet, so war für ihn nun die Zeit der Ernte gekommen. Er war damals vielleicht der populärste Mann im Lande, und da ganz Deutschland mit gespannter Aufmerksamkeit dem noch neuen Schauspiel eines parlamentarischen Kampfes in Baden zusah, vielleicht in ganz Deutschland. Er vor allen wurde als der Hauptredner der liberalen Bewegung und als der kühnste und aufrichtigste Vertreter der konstitutionellen Freiheit gepriesen. Diese glänzende Zeit, in welcher Rotteck in Adressen und mit Geschenken gefeiert wurde, dauerte aber nicht lange. Nach dem Hambacher Fest (Mai 1832) wurden die Mittelklassen bedenklich gegen die Bewegung, welche sich zur deutschen Revolution zu überstürzen schien, und der deutsche Bundestag erließ nun seine Ausnahmsbeschlüsse vom 28. Juni 1832, um die Censur der Presse zu verschärfen, die politischen Vereine und Versammlungen zu verhindern, die Regierungsautorität zu steigern und die Entwickelung der konstitutionellen Statsverfassung zu hemmen. Die reaktionären Mittel und Tendenzen wurden überall in Deutschland verstärkt. Auch in Baden wurde diese Wendung verspürt, und die Aktien der Oppositionspartei, welche 1831 weit über Pari gestanden, sanken auf den Landtagen von 1833 und 1835 tief und tiefer unter Pari.

Noch im Jahre 1832 war Rotteck zugleich mit seinem Freunde und Gesinnungsgenossen Welcker seiner Lehrthätigkeit enthoben und in den Ruhestand versetzt worden. Die Ehrengaben, welche er nun aus verschiedenen Städten und Landgemeinden erhielt, bezeugten die Achtung und Liebe, welche er in manchen Kreisen fortwährend genoß. Aber trotzdem erhob sich sein Einfluß nicht mehr auf die frühere Höhe. Er blieb ein wichtiges und hochgeehrtes Mitglied des Landtages, er führte den alten Kampf mit den alten Waffen fort; aber er beherrschte die Lage nicht mehr.

Nach dem Landtage von 1840, auf welchem er nochmals „die Ausnahmsgesetze des Bundestags“ angegriffen und Wiederherstellung eines verfassungsmäßigen Regelrechtes gefordert hatte, erkrankte er und starb am 26. November 1840. Sein Artikel **Naturrecht** war seine letzte Arbeit für das Statslexikon[1]).

Rotteck sah in den großen Kämpfen der neuen Zeit, die er von der französischen Revolution an datierte, ein allgemeines Ringen des zu klarem Bewußtsein gelangten Vernunftrechts wider die Unvernunft des historischen Rechtes. In den früheren Perioden der Geschichte, sagt er, hat zwar auch die Unterdrückung des Vernunftrechtes durch das Satzungsrecht mehr oder minder heftige Kämpfe hervorgerufen, aber teils waren diese Kämpfe vereinzelt, nur auf einzelne Länder und Völker beschränkt, teils äußerte sich darin mehr ein instinktartiges Gefühl und eine Ahnung des ewigen Rechtes als dessen deutliche Erkenntnis[2]).

Indem Rotteck den Begriff des Vernunftrechtes begründet, folgt er zunächst der Leitung **Kants**. Er geht von der „**äußeren Freiheit**“ des Menschen aus, die nicht wie die innere ein

---

[1]) Das Leben Karl v. Rottecks, von seinem Sohne Hermann v. Rotteck, in den gesammelten und nachgelassenen Schriften Bd. 4. Pforzheim 1843.

[2]) Art. Naturrecht im Statslexikon S. 163.

Postulat der praktischen Vernunft oder eine Sache des Glaubens, sondern eine Thatsache sei, die sich den Sinnen und dem Verstande unzweifelhaft kundgebe. Zwischen dem Satze: „Ich bin frei“ und dem Satze: „Alle andern sind auch frei“ darf nun aber kein Widerstreit sein, damit meine Freiheit und die der anderen neben einander bestehen können, und die Regel, welche die Harmonie der äußeren Freiheit erhält, ist eben das Recht. „Recht ist alles, was der größtmöglichen Freiheit aller nicht widerspricht; Unrecht ist alles, was solchen Widerspruch in sich trägt.“ „Die Anerkennung dieses Prinzips kann man“, fügt er hinzu, „von allen Verständigen fordern oder voraussetzen; denn wer etwas Widersprechendes verlangte, wäre unvernünftig, und wer die größtmögliche Freiheit ausschlüge oder andern versagte, der wäre gleichfalls ein Unsinniger.“

Er unterscheidet scharf zwischen Recht und Moral und verlangt „völlige Trennung der beiden Gebiete“. „Das Moralgesetz hat die Würde des Handelnden, seine Tugend oder Heiligkeit zum Gegenstande. Es ruft dem Menschen sein kategorisches Sollen und Nichtsollen zu und besteht demnach im Befehlen und Verbieten, mithin in Beschränkung der Willkür auf die Bedingung der Harmonie mit seinen Geboten und dadurch mit sich selbst. Das Rechtsgesetz dagegen hat nicht die Übereinstimmung des Menschen mit sich selbst, sondern die Übereinstimmung oder den Nichtwiderspruch des äußeren Handelns aller in Wechselwirkung Stehenden unter einander zum Gegenstande, oder vielmehr die unter solcher Bedingung größtmögliche Freiheit aller.“ Das Recht ist demnach nicht ein System von Geboten und Verboten, sondern von Erlaubnissen und Nichterlaubnissen. Darin stimmt er Fichtes Äußerung bei: „In die Rechtslehre gehören nur Rechte (Erlaubnisse), in die Moral nur Pflichten“, obwohl er die Ichphilosophie Fichtes im übrigen bodenlos und ungenießbar erachtet. Er will die Kantische Formel des obersten Rechtsgesetzes verbessern, indem er folgende Formel vorschlägt: „Du darfst nach deinem Belieben handeln, d. h. thun und lassen was du willst, insofern solches Handeln nicht unvereinbarlich ist mit der gleichen äußeren Freiheit aller."

Nicht die Unvollkommenheit des Naturrechtes, sondern die Schwäche oder Verkehrtheit oder Schlechtigkeit der Menschen nötigen nach Rottecks Meinung zur Festsetzung positiver Rechte. Der Buchstabe des Gesetzes dient dazu, die Anwendung des Rechtes vor Zweifel zu schützen; aber er wirkt auch beschränkend auf die Geltung des natürlichen Rechtes und trübt öfter dessen Reinheit. Noch schlimmer erscheint ihm das Verderbnis des Rechtes durch das sogenannte historische Recht, welches nach seiner Ansicht mehr das Erzeugnis der Gewalt und der List als aus dem redlichen Bestreben entstanden ist, das natürliche Recht auszusprechen und zu sichern. Wenn man den Kampf für Einführung des Vernunftrechtes Revolution nennt, so erklärt er sich unbedenklich für die Revolution, im Gegensatze zu der Reaktion, für welche die Verteidiger des historischen Rechtes sich entscheiden. Die Revolution wird ihm so zu einem Prinzip und gleichbedeutend mit der praktischen Durchführung des Vernunftrechtes und der Ausreutung des widerstreitenden historischen Rechtes. Freilich verwirft er die widerrechtlichen Mittel, aber selbstverständlich legt er auch bei Beurteilung der Frage, welche Mittel erlaubt seien, nur den vernunftrechtlichen, nicht den historischen Maßstab an. Er bekennt sich später offen zum Radikalismus, welcher eher in der vollkommenen Herrschaft des Vernunftrechtes sein Ziel erkenne, im Gegensatze zum Konservatismus, welcher das bestehende, eben thatsächliche als vernünftiges Recht verteidige [1]). Von der vermittelnden Partei der Reform, welche nur das Veraltete in dem herkömmlichen Recht zu beseitigen, dagegen das Lebenskräftige darin zu erhalten und fortzubilden trachte, will er nichts wissen. Er findet die Unterscheidung des Veralteten und Lebensfrischen seltsam, wenn es sich um das Recht handle, und meint, es komme, wenn Recht oder Unrecht in Frage

---

[1]) Art. Historisches Recht im Statslexikon.

sei, nicht darauf an, ob etwas jung oder alt sei, kräftig oder schwach. Dem Vernunftrechte spricht er damit allgemeine Gültigkeit zu für alle Zeiten und alle Nationen, während das positive Recht nur eine beschränkte Geltung habe, und wenn es dem Vernunftrechte widerstreite, der Verbesserung bedürftig sei, wenn es in widerrechtlicher Weise zu Stande gekommen sei, offen bekämpft und beseitigt werden müsse [1]).

Man sieht, er löst den Rechtsbegriff völlig ab von der lebendigen Menschheit und ihrer Entwickelung. Derselbe ist ihm eine bloße spekulative Abstraktion, und darin bewährt er sich als eine echt radikale Natur, daß er die Zustände und das Leben der Völker rücksichtslos den abstrakten Sätzen unterwirft, die er durch Schlußfolgerung aus dem Prinzipe der gemeinen Freiheit ableitet. Er ist dabei durchaus in gutem Glauben und von kindlicher Naivität.

Da die ganze Gedankenreihe von den einzelnen Menschen ausgeht, so kann es nicht befremden, daß er den Stat auf Vertrag gründet, und zwar auf den Gesellschafts- oder Vereinigungsvertrag. Er unterscheidet denselben freilich von den andern privatrechtlichen Verträgen, indem der Inhalt desselben die Herstellung einer Gesamtpersönlichkeit und die Realisierung der Statsidee sei, welche wie die Ehre eine von der Individualwillkür unabhängige vernunftmäßige Bedeutung habe. Handhabung des Rechtsgesetzes, Sicherheit gegen Angriffe, Erstrebung evidenter allgemeiner Lebenszwecke (sinnliche, intellektuelle oder moralische), das betrachtet er als die Aufgaben und Zwecke des States (Bd. 2 § 6).

Darin weicht er aber von den früheren Vertragstheorien ab, daß er den sogenannten Verfassungs- und den Unterwerfungsvertrag verwirft. Sobald alle sich einigen, so wird der Gesamtwille wirksam. „Der Wille aller schafft die Gesellschaft, der Gesamtwille regiert dieselbe. Jener ist ein Vertrag, dieser ein

[1]) Vgl. außer den beiden genannten Artikeln im Statslexikon das Lehrbuch des Vernunftrechtes Bd. 1 Einleitung.

Gesetz." Als Organ des Gesamtwillens, der nicht identisch ist mit dem Willen aller, betrachtet er den Willen der Mehrheit. Durch den Vereinigungsvertrag hat sich jeder diesem Gesamtwillen unterworfen (Bd. 1 § 61). „Zur Aufstellung eines künstlichen Organes des Gesamtwillens, also eines positiv zu bestimmenden Hauptes der Gesellschaft und ebenso zur Festsetzung der Verfassung ist ein Vertrag aller mit allen einmal unnötig, sodann ungeeignet, endlich zu heillosen Folgerungen führend." Jede Verbesserung der Verfassung, meint er, wird dadurch zur Unmöglichkeit, und die Gesellschaft wäre außerdem der Vollgewalt des künstlichen Hauptes rettungslos preisgegeben (Bd. 2 § 19. 20).

Nur zum Vollzug des Verfassungsgesetzes hält Rotteck noch einen Vertrag für nötig, insofern das gewählte oder gesetzlich geordnete Oberhaupt sich der Gesamtheit gegenüber verpflichtet, die Gewalt auszuüben. Er nennt denselben Bevollmächtigungsvertrag (2, 21). Das natürliche Organ des Gesamtwillens ist ihm die Mehrheit, alle andern Organe erklärt er für künstlich. Sowohl das natürliche als das künstliche Organ des Gesamtwillens sollen in ihrem Zusammenwirken und Wechselwirken den wahren Gesamtwillen darstellen oder annähernd verwirklichen. Sie haben demnach jedes ein durch die Vernunft angewiesenes besonderes Feld (2, 25).

Die Einheit der Statsgewalt erkennt er insofern an, als die Einheit des States in der Idee sie erfordert; aber er behauptet, die personifizierte Statsgewalt könne nicht einheitlich sein, ohne in die Despotie zu verfallen. „Einig unter sich können und sollen wohl das natürliche und künstliche Organ des Gesamtwillens, d. h. Volk und Regierung sein; aber zur juristischen Einheit werden sie nur durch Einigung zu dem höheren Ganzen des States selbst. Im übrigen besteht eine Teilung der Macht und eine Zweiheit der Personen zwischen Volk und Regierung (2, 26).

Für die Verfassung spricht er den Grundsatz aus: „Keine Verfassung ist rechtlich, als welche die Herrschaft des allgemeinen Willens herstellt. Jede Verfassung ist in dem Maße mehr oder weniger unrechtlich oder rechtlich, als sie von jenem Ideal sich entfernt oder demselben sich nähert" (2, 58). Daß er die Demokratie als die natürliche Urform des States, die Monarchie und Aristokratie dagegen als künstliche Statsformen erklärt, ergibt sich aus seiner Grundanschauung. In allen diesen Arten erklärt er sich für die beschränkte und konstitutionelle wider die unbeschränkte und absolute Übertragung der Statsgewalt und heißt ganz allgemein jede der Rechtsidee sich annähernde, „die Herrschaft des wahren Gesamtwillens" anstrebende Verfassung Republik im Gegensatze zur Despotie einerseits und zur Anarchie andererseits (2, 60). In diesem Sinne sagt er: „Nur die Republik ist gerecht. Nur die Republik ist gut" (2, 68).

In der konstitutionellen Monarchie, von der er nicht bloß in seinem Vernunftrechte, sondern auch in der Fortsetzung zu Aretins konstitutionellem Statsrecht ausführlich handelt, sieht er jene Zweiheit von Statshaupt oder Regierung und Volk oder der Gesamtheit der Regierten verwirklicht. Die Landstände sind ihm nicht wie im Mittelalter eine Vertretung einzelner Individuen, Körperschaften, Stände, d. h. der privilegierten Klassen, sondern eine Repräsentation des gesamten politisch mündigen und vernunftrechtlich vollbürtigen Volkes. Sie sind gegenüber der Regierung ein Volksausschuß und setzen die Teilung der Gesellschaft in regierende und regierte Mitglieder voraus. „Sie haben nur die fürs Volk bei Aufstellung einer Regierung vorbehaltenen Rechte auszuüben, nicht aber selbst zu regieren. Sobald sie letzteres thun, so verlieren sie völlig ihren Charakter, wie ihre Stellung; sie wären dann nicht mehr die kontrollierende, sondern die selbst zu kontrollierende Autorität" (2, 77).

Das Repräsentativsystem gründet er auf die politische Mündigkeit der nach natürlichem Recht fähigen Bürger. Aber die Vertretung umfaßt auch die politisch Unmündigen. In dem Landtage, d. h. der Gesamtheit der Landstände, wird die Gesamtheit des Volkes (der Unterthanen) dargestellt. Sie erscheint hier als die eine Persönlichkeit, die Regierung als die andere. Die Zweiheit ist nicht eine feindliche, aber sie darf auch nicht identifiziert werden. Wenn die Regierung die Landstände mit sich identifiziert, d. h. unterjocht, so stehen die Landstände dem Volke gegenüber, mit dem sie eins sein sollten. Wenn umgekehrt die Landstände die Regierung unterwerfen, so hören sie auf wahre Landstände zu sein und werden selbst Regierung (2, 78). Von starker politischer Tragweite ist die Meinung, daß alle Rechte, welche nicht ausdrücklich an die Regierung übertragen worden oder nicht ausschließlich derselben angehören, als vorbehalten für das Volk und dessen Ausschuß zu betrachten seien (2, 83). Er schließt daraus zunächst auf das Recht der Initiative für die Gesetzgebung, auf das Recht der Kontrolle der Verwaltung, der Steuerbewilligung und Einwirkung auf den Statshaushalt u. s. f. (2, 83): Rechte der Kammern, die freilich auch anders begründet werden können. Viel gefährlicher für die Energie der Regierung ist die nicht ausgesprochene Folgerung, daß die Vermutung für den Vorbehalt spreche, denn dadurch wird die Bewegung der Regierung fort und fort mit Lähmung bedroht und das Mißtrauen der Regierten beständig angeregt.

Der Lehre von der Teilung der Gewalten widmet er einen besonderen Abschnitt. Ebenda findet er den Dualismus wieder, um den seine ganze Statslehre sich dreht. Er erkennt nur zwei Grundgewalten an, die gesetzgebende und die verwaltende (administrative, worin die vollziehende inbegriffen ist). Von der richterlichen sagt er, sie sei, insofern sie im Urteilen bestehe, keine Gewalt, und wenn sie als Handhabung des Rechtes gedacht werde, ein Zweig der Verwaltung. Ebenso verwirft er den Gedanken der inspektiven Gewalt und die Theorie Constants von der königlichen Gewalt. Die Einheit sucht er dadurch zu retten, daß er die Gesetzgebung als die vom Volke vorbehaltene und die Verwaltung als die vom Volke übertragene Gewalt erklärt. Jene kommt vornehmlich der Repräsentation, diese der Regierung zu (2, 67—74).

Er bekämpft auch gegen Aretin das sogenannte „monarchische Prinzip", d. h. den Satz, daß alle Statsgewalt in dem Monarchen vereinigt sei, und läßt diese Einigung nur für die übertragene, nicht für die vorbehaltene Gewalt gelten (2, 81). Aber im übrigen trägt er doch auf keine größere Beschränkung der königlichen Gewalt an, als sie in den neueren Verfassungen regelmäßig zugestanden ist.

Über die Einrichtung des Landtages spricht er den Grundsatz aus: „Er soll eine möglichst getreue Darstellung des Volkes und ein wahrhaft natürliches Organ der im Schoße der Gesamtheit lebenden Gesinnungen, Wünsche, Bedürfnisse und Forderungen sein" (2, 86); aber da er das Volk nicht als eine organische Person, sondern nur als die Gesamtheit der gleichberechtigten Statsbürger versteht, so bleibt er in der mathematischen Behandlung der Wahlfragen stehen. Er ist gegen das Zweikammersystem und eifert gegen jede besondere Vertretung der Geburtsaristokratie, darin viel demokratischer gesinnt als Benjamin Constant (2, 91. 92).

Damals machten seine Ansichten den Eindruck des Neuen, Kühnen, Idealen. Das Vorurteil der Zeit war geneigt, dieselben durchweg für liberal zu halten. Wer aber heute diese Schriften liest, dem fällt es auf, wie sehr inzwischen die politische Einsicht der Nation gewachsen und ihr Urteil gereift ist.

In mancher Beziehung verwandt mit Rotteck ist dessen langjähriger Kollege in Freiburg und sein Kampfgenosse in der badischen Kammer Karl Theodor Welcker, geboren in Oberhessen am 29. März 1790. Die akademische Laufbahn, die er gewählt, hatte ihn abwechselnd nach Gießen, Kiel, Bonn, zuletzt nach Freiburg geführt. In Bonn hatte er im Jahre 1819 die Bitterkeit erfahren, wegen „demagogischer Umtriebe" in Untersuchung zu geraten. Im Dezember 1830 richtete er an den Bundestag eine Petition um vollkommene und ganze Freiheit und erwarb überdem durch seine Motionen in der badischen Kammer und durch seine publizistische Thätigkeit, die freilich wie seine Reden zuweilen allzusehr ins Breite und Weite ging, aber von einem aufrichtigen Freisinn erfüllt war, eine Popularität, welche der Rottecks wenig nachstand. Dagegen entfremdete er sich die Regierung, und die anstößige Schroffheit einzelner Äußerungen, zu denen er sich hatte hinreißen lassen, gab dieser einen erwünschten Vorwand, ihn in der Ausübung seiner Professur einzustellen. Die Bewegung des Jahres 1848 trieb ihn nochmals in die Höhe; er wurde für kurze Zeit badischer Bundestagsgesandter in Frankfurt und nahm als Parlamentsmitglied an den Versuchen Teil, Deutschland eine Verfassung zu geben. Dann aber trat er bald wieder ins Privatleben zurück und siedelte nun nach Heidelberg über, wo er bis zu seinem Tode, am 10. März 1869, als geachteter und liebenswürdiger alter Herr sein otium cum dignitate verlebte.

Schon seine erste Jugendschrift: „Die letzten Gründe von Recht, Stat und Strafe" vom Jahre 1813 enthält die Grundgedanken auch seines späteren Systemes. Die spätere: „Universal- und juristisch-politische Encyklopädie und Methodologie" von 1829 ruht darauf. In dem Statslexikon, das er mit Rotteck gemeinsam herausgab, sind viele Artikel von ihm verfaßt.

Zu einer Zeit, als der Streit zwischen der naturrechtlichen und der historischen Schule noch nicht entbrannt war, hatte er schon das Bedürfnis empfunden, zur Begründung auch der naturrechtlichen Sätze die Geschichte zu benutzen, und den „philosophisch-historischen Weg" für seine Untersuchung gewählt. Er verhielt sich also nicht so feindlich wie Rotteck gegen das historische Recht und suchte eher eine Mittelstellung zu behaupten.

Seine Grundlagen erinnern einigermaßen an Vico: der Mensch steht hauptsächlich in drei Beziehungen, zur Sinnenwelt, zu der religiösen Gottesoffenbarung, zu der göttlichen Ordnung der Vernunft. Daher die drei Gesetze der Sinnlichkeit, des Glaubens und der Vernunft, welche wieder historisch den drei Lebensaltern entsprechen, die im irdischen Leben des Einzelmenschen und in dem Leben der Völker wahrgenommen werden, nämlich der Kindheit, dem Jünglingsalter, dem Mannesalter. Von dem Greisesalter nimmt er offenbar übertrieben an, daß es in die Kindheit zurückfalle, was doch nur von dem letzten Lebensalter des Greises gilt, der „über seine Tage gekommen ist“.

Die Gesetze, das Recht und den Stat der Sinnlichkeit findet er nun in der Despotie, welche sich zu Anfang und am Schluß der Volksgeschichte am ehesten finde, bevor der Sinn für das Göttliche und die Vernunft erwacht und nachdem die höheren Gesichtspunkte wieder vergessen, Religion und Tugend aufgebraucht und die Herrschaft des Egoismus hergestellt worden sei. In der Kindheitsperiode wirkt mehr die rohe Kraft, im Alter mehr die List. In jener steigt das Leben zum Besseren empor, in diesem geht es abwärts dem Grabe zu.

In dem Jünglingsalter herrschen Gesetze, Recht und Stat des Glaubens: Theokratie. Das Glaubensbekenntnis, nicht die Konstitutionsurkunde ist hier Grundlage des States, und das Gefühl der Abhängigkeit wie der Unterordnung unter die göttliche Leitung durchdringt das ganze Gemeinwesen.

In dem Mannesalter aber entwickelt sich die Vernunft, und es entsteht der Rechtsstat, d. h. der auf Vernunft und Willensfreiheit gegründete Stat. Er bestreitet die Hegelische Ansicht, daß das Sittengesetz als solches zum Statsgesetze werde, durch den Hinweis auf die subjektive Freiheit der Individuen, welche bei solchem äußern Drucke nicht bestehen könnte; er gibt aber ebenso wenig zu, daß das Naturrecht zwar von der Moral getrennt, aber unmittelbar auf sie gegründet werden könne. Er ist ferner nicht einverstanden mit der Kantischen Unterscheidung zwischen der äußeren und der inneren Freiheit, als der Grundlage des Unterschiedes von Recht und Moral; er erklärt sich gegen Spinoza und gegen Haller, welche aus der Macht das Recht ableiten, und bekämpft die Meinung Hugos, daß dasselbe nur aus den positiven Statsgesetzen entstehe.

Er erkennt den notwendigen Zusammenhang an zwischen dem Sittengesetze und dem Rechtsgesetze, aber erklärt, daß der für jedermann erkennbare allgemein gültige Inhalt das letztere von dem ersteren unterscheide. Den Zweck des States sieht er nach Anleitung der alten Philosophen in der „möglichsten Erreichung der Tugend und Humanität und durch sie der Glückseligkeit aller, durch und in der objektiven Rechtsform".

In der Encyklopädie bekommt seine Ansicht eine lebendigere Gestalt. Er erklärt da den Stat „als die höchste (souveräne) moralisch-persönliche, lebendige, einheitliche Gesellschaft", im Gegensatze zu den bloß mechanischen Vorstellungen vom Stat. Er beruft sich hier auf die Ansichten der Alten, insbesondere der hellenisch-stoischen Philosophie, welche auch die römischen Juristen bestimmt haben, und auf die christliche Ansicht, daß die Christenheit Ein Körper sei. Aber ungeachtet er den Stat als ein lebendiges und organisches Wesen auffaßt, erklärt er sich doch für die Annahme eines *ursprünglichen Rechts- und Statsvertrages*, freilich in anderem Sinne als Rousseau und Kant. Er versteht darunter nur die *freie Willensübereinstimmung, welche sich in der Anerkennung der natürlichen und sittlichen Notwendigkeit einer bestimmten Rechts- und Statsordnung kundgibt*; das heißt, er nennt das gemeinsame Rechts- und Statsbewußtsein, welches sich in der Gesetzgebung und in der Rechtsübung äußert, sicherlich nicht im Sinne der Römer, Vertrag. Er wirft der Kantischen Schule vor, daß ihre Statsansicht unlebendig, und der historischen und mystischen Schule, daß ihre Statsansicht unfrei sei. In der Vertragslehre sieht er voraus das Moment der freien Willensbestimmung, die er von bloßer Willkür unterscheiden will, die aber als *Vertragswille* gedacht der *individuellen* Selbstbestimmung und insofern der Willkür doch nicht entbehren kann. Wie in vielen andern Beziehungen seiner Statslehre bemerkt man auch hier gesunde Triebe und vortreffliche Anregungen, denen es nur an der nötigen Beschränkung und Ausbildung gebricht, um bleibende Erfolge zu sichern. Der Gemeinwille ist von Natur doch etwas anderes als der Vertragswille der einzelnen.

Der wirkliche Stat beruht nach Welcker auf einem Zusammen- und Wechselwirken der Natur, der Freiheit und der Geschichte. Er wird voraus bestimmt durch die allgemeinen Kräfte des Menschenlebens, durch die Abhängigkeit des Volkes von der Menschheit und ihrer Kultur, durch göttlichen Willen, höhere Ideen, naturmächtige Antriebe; je entwickelter das Volksleben wird, um so entscheidender wirkt der bewußte und freie Gemeingeist. Die ursprüngliche Souveränetät steht freilich Gott und der Natur zu, von denen Sinnlichkeit, Glauben und Vernunft ihr Gesetz empfangen haben: aber insofern die freie Anerkennung der selbständigen Persönlichkeit des Vereines notwendig ist, steht sie „der ganzen Nation oder allen selbständigen Bürgern im Vereine mit ihrer Regierung, überhaupt allen politischen Persönlichkeiten zu". Über die Verfassungs- und Regierungsform haben die Regierung und die regierte Nation zu entscheiden. Endlich die in der Regierungsbefugnis liegende oberste Gewalt kommt natürlich nur der Regierung, aber innerhalb der verfassungsmäßigen Schranken zu. So löst sich nach seiner Meinung der Streit über die Souveränetät friedlich auf.

Den modernen Repräsentativstat erklärt er für eine höhere Statenbildung als den antiken Stat, und sieht in der Mischung von monarchischen, aristokratischen und demokratischen Elementen einen Vorzug desselben.

Mit Rotteck stimmt er darin überein, daß er das regierte Volk auch als solches wie eine organische Person betrachtet und der Regierung gegenüber stellt. Er erklärt sogar den Begriff der konstitutionellen Regierungsform im Gegensatze zur nicht-konstitutionellen so, daß in jener „das regierte Volk zur Persönlichkeit und zur Sprache für seine Rechte und Bedürfnisse organisiert" sei[1]). Das eine Volk und der eine Stat wird so

[1]) Statslexikon über Statsverfassung Bd. 8.

in zwei Persönlichkeiten, die sich dann mißtrauisch gegenüber stehen, Regierung und Volk, in gefährlicher Weise gespalten, statt daß der natürliche Gegensatz von Regierung und Volk durch die Betrachtung geeinigt und versöhnt wird, daß sie beide nur zwei Seiten Eines Wesens und Eines Lebens sind, die Regierung nur die Eigenschaft der Unterlage Volk, und daß daher jene ohne dieses nicht bestehen kann und dieses ohne jene unvollkommen ist.

Achtzehntes Kapitel.

Die philosophische Statslehre Schellings und Hegels.

Gegen die bisherige naturrechtliche Statslehre erhob sich nun eine zweifache Opposition von Seite der deutschen Wissenschaft. Die eine ging von den Philosophen Schelling und Hegel, die andere von der historischen Rechtsschule aus. Die beiden Oppositionen warfen ihr vor, sie sei willkürlich, oberflächlich, im Widerspruche mit der Entwickelung der Geschichte; und in beiden war auch eine politische Abneigung bemerkbar gegen ihren Zusammenhang mit den Statsdoktrinen und Statsexperimenten der französischen Revolution. Sie kamen beide vorzüglich in der Zeit der Restauration zur Geltung.

Schelling (geb. 1775, gest. 1854), der Urheber der sogenannten Identitätsphilosophie, hat sich fast nur beiläufig und nur sehr unvollständig über den Stat geäußert — er war eine kontemplative und künstlerische, keine politische Natur; dennoch gab er den Anstoß zu einer veränderten Richtung der philosophischen Rechtswissenschaft. Wie stark derselbe war, läßt sich am besten daraus ermessen, daß Stahl vornehmlich durch den Einfluß Schellings angeregt wurde, sein Werk: „Die Philosophie des Rechts nach geschichtlicher Ansicht" zu schreiben[1]).

Anfänglich lehnte sich Schelling noch an Fichte an. Die „neue Deduktion des Naturrechts" von 1795 (Werke 1, 1, 245) ist noch nahe verwandt mit Fichtes Auffassung. Auch das „System des transcendentalen Idealismus" von

[1]) Erste Aufl. (Heidelberg 1810) Bd. 1 Vorwort.

1800 erinnert noch daran. Da schon betont Schelling mit Nachdruck den allgemeinen Willen im Gegensatze zum individuellen Willen. Aber was ist denn der allgemeine Wille? Die Früheren hatten geantwortet: die Übereinstimmung aller Einzelwillen oder der Wille der Mehrheit, oder der Durchschnittswille und im Grunde den Stat auf die Einigung, den Vertrag der Einzelwillen gegründet. Je mehr sich nun der pantheistische Grundcharakter seiner Philosophie ausbildete, desto entschiedener identifizierte sich in ihm der allgemeine Wille mit dem Allwillen, dem Willen der Weltseele, die sich in der Natur und in den Menschen offenbart, die den Stat hervorbringt. Der Stat war also für ihn nicht mehr eine willkürliche Einrichtung der Menschen, um wechselseitige Sicherheit zu schaffen, sondern ein Erzeugnis der göttlich-menschlichen Geschichte, nicht ein mechanisches System, sondern die Totalität der mannigfaltigen Lebenskräfte der menschlichen Gattung, keine nützliche Maschine, sondern ein herrliches Kunstwerk, nicht ein bloßes Mittel für die Einzelmenschen, sondern eine Lebensaufgabe und ein vielleicht vorübergehendes Ziel[1]) des Menschengeschlechtes. Er nannte den Stat die „Harmonie der Notwendigkeit und Freiheit, dessen vollkommene Erscheinung erreicht ist, sobald das Besondere und das Allgemeine absolut eins, alles was notwendig zugleich frei und alles frei Geschehende notwendig ist" (Werke 1, 5, 313 f.). Freilich war im Gegensatze zu der antiken Welt der Stat nicht mehr die alleinige Erscheinung der Art. Die Kirche war eine zweite. Schelling erklärte diese Zweiheit daraus, daß im State die reale, in der Kirche die ideale Seite entschiedener vortrete, wenngleich Stat und Kirche jede Organisation, Reales und Ideales zugleich enthalte[2]).

---

[1]) Joh. Jak. Wagner (Grundriß der Statswissenschaft und Politik, Leipzig 1805), ein Schüler Schellings, erklärte geradezu, im Gegensatze zu diesem, „der Stat sei nur eine Übergangsstufe und die vollendete Menschheit werde dieses Außenwerk abwerfen" (S. 2).

[2]) Vgl. vorzüglich die Vorlesungen über die Methode des akademischen Studiums, 1803; besonders die zehnte Vorlesung: Werke 1, 5, 306 f. —

Zu näheren Bestimmungen des States, seiner Verfassung, der Politik gelangte aber Schelling nicht. Er hüllte sich in vorsichtiges Schweigen, wenn er darüber gefragt ward, und hütete sich ängstlich davor, in politischen Streit zu geraten. Das Nachdenken über den Stat schien ihm gefährlicher als das Nachdenken über Gott, und das Streben nach Vervollkommnung des States fast vermessen. Wie Plato, dessen Republik er als „die einzige Auflösung der Aufgabe ansah, den Stat aus Ideen zu konstruiren", wünschte er, daß die Welt wieder dazu gebracht werde, den bestehenden Stat wie eine geheimnisvolle Emanation der göttlichen Offenbarung zu verehren. Er bedachte so wenig als Plato, daß es vergeblich versucht wird, in dem Zeitalter des gereiften Bewußtseins die gläubige Naivität der Kindheit wieder herzustellen.

Auch wirklichen Statsmenschen konnte vorerst die Schellingische Statsidee wohlgefallen. Es lag eine erhebende und begeisternde Kraft darin. Wenn der Stat wirklich „das unmittelbare und sichtbare Bild des absoluten Lebens" (Werke 1, 5, 316), d. h. die Gestaltung Gottes ist, so strahlt der Stat im vollen Sonnenglanze göttlicher Würde und Majestät. Weit entfernt, ein Mittel zu sein, wird er das vornehmste Ziel des Menschenlebens, die Erfüllung der Sehnsucht frommer Gemüter, einzugehen in die Seligkeit der Gottesgemeinschaft. Die bisher rätselhafte Einheit des Statsbewußtseins und des Statswillens ist dann erklärt durch die Einheit der Weltseele, welche zuerst in der Natur, dann in der Geschichte ihr einheitliches Leben mannigfaltig darstellt. Die Weltgeschichte hat nun ein höchstes bekanntes Ziel, die Bildung des States, als „des äußeren Organismus einer in Freiheit selbst erreichten Harmonie der Notwendigkeit und Freiheit" (Werke 1, 5, 307). Die Geschichte selbst, das notwendig freie Werden Gottes, ist ein Kunstwerk der Weltseele,

---

J. H. Fichte (Sohn), System der Ethik (Leipzig 1850) 1, § 80—86. — F. J. Stahl, die Philosophie des Rechtes (3. Aufl. Heidelberg 1856) 1, 377 ff.

in dem sich Reales mit dem Idealen einigt, und in dem State wird dieses Kunstwerk zu einem alles umfassenden Gesamtbilde erhoben. Ist denn eine tiefere und eine mächtigere Begründung des States denkbar?

Aber verdankt sie nicht ihre Tiefe eher der frommen Spekulation, welche, den menschlichen Zuständen und Schranken entrückt, sich in das Absolute, das Ewige versenkt, als dem klaren Verstande, der den irdischen Boden untersucht, auf welchem der wirkliche Stat stehen muß, und ihre Macht eher einer kühnen, dichterischen Phantasie als der wissenschaftlichen Erkenntnis? Einem politischen Denker mußten sich doch sofort erhebliche Zweifel gegen ihre Wahrheit ergeben. Vorerst die unleugbare Erhebung der Kirche über den Stat, welche notwendig aus der Schellingischen Lehre folgt, aber der modernen Entwickelung, welche hier über das Mittelalter hinaus fortgeschritten ist, entschieden widerspricht. Sodann und hauptsächlich der theokratische Grundcharakter der ganzen Statsansicht, welcher dem europäischen Völkerbewußtsein kindisch vorkommt, und die Unmöglichkeit, die realen menschlichen Statsinstitutionen aus dem pantheistischen Gottesbegriffe abzuleiten und zu erklären; daher auch die Unfruchtbarkeit und Unbrauchbarkeit der Lehre für das politische Leben, verbunden mit der Gefahr, welche aus jeder falschen Gleichstellung der Menschen mit Gott für die Klarheit des Denkens und für die Freiheit des Handelns entspringt. Die Staten hatten die größten Fortschritte in der Vervollkommnung gemacht, seitdem man gelernt hatte, den Stat menschlich zu begreifen und Religion und Politik, Moral und Recht, öffentliches und Privatrecht zu unterscheiden. Und nun sollten die Bedingungen veredelter Zustände wieder zerstört und die ursprüngliche orientalische Mischung, wenn auch in etwas veränderter Form, wieder hergestellt werden? Dennoch ließ sich nicht innerhalb der neuen Lehre eine Scheidung vornehmen. Man konnte nicht die Einheit und Hoheit des States retten, wenn die pantheistische Grundlage, auf der allein sie ruhte, geleugnet ward.

Jene standen und fielen mit dieser, denn sie waren bloße Folgen der Gleichstellung des Allgemeinen mit dem Besonderen, der ewigen Weltseele und der sterblichen Menschen, des Mensch werdenden, in den Menschen erst zu vollem Selbstbewußtsein kommenden Gottes.

Eine größere politische Bedeutung, freilich von sehr zweifelhaftem Werte, als Schelling, hat dessen schwäbischer Landsmann Hegel teils durch seine Schriften, teils und mehr durch seine Schüler erworben. Es gab eine Zeit, in der er in Preußen keine geringere Autorität übte als der Abt Sieyès in Frankreich zu Anfang der französischen Revolution. Er war der preußische Statsphilosoph im vollen Sinne des Wortes geworden. Die Hegelische Schule öffnete die Thüre zu mehr als Einem Ministerium und galt als eine beachtenswerte Empfehlung zum Vorrücken im Statsdienste. Die Spuren der dialektischen Dressur, durch welche er die jugendlichen Köpfe eingeübt hatte, sich in dem logischen Dreitakte der Thesis, Antithesis, Synthesis zu bewegen und bei der Betrachtung der realen Dinge immer wieder diesen dialektischen Prozeß vorzunehmen, der zuerst eine Kugel in die Höhe wirft, dann dieselbe durch eine zweite Kugel, ihr Gegenbild, ablöst und zuletzt mit der Geschwindigkeit eines Taschenspielers beide Kugeln in einer größeren dritten verschwinden läßt, die Spuren dieser Dressur sind nach Jahrzehnten noch in manchen amtlichen Ausführungen und in der Methode der preußischen Politik im vierten und fünften Jahrzehnt unsers Jahrhunderts wahrzunehmen. Wenn sich da nicht selten eine der übrigen Welt kaum verständliche, aber augenscheinlich unwirksame Reflexion und ein Selbstgenügen des geistreichen Gedankenspieles anstatt klarer, die That bestimmender Gedanken zeigten, so ist in der Hegelischen Philosophie zwar nicht die einzige Ursache, aber eine Mitursache dieser Erscheinung nicht wohl zu verkennen. Der mit Fichte beginnende spiritualistische Formalismus ist in dem Hegelischen System zu vollendetem Ausdrucke gelangt, und den Mangel an Realität und Lebenskraft, welcher durch Fichte charaktermäßig ausgefüllt wurde, hat Hegel durch ein reicheres gelehrtes Wissen nur scheinbar verdeckt, nicht ausgefüllt.

Georg Wilhelm Friedrich Hegel wurde am 27. August 1770 zu Stuttgart geboren, der Sohn eines kleinen Beamten. Er entwickelte sich ziemlich langsam. Als er, ein Zögling des Tübinger Stiftes, die Universität verlassen und das theologische Examen bestanden hatte (1793), wendete er sich nach der Schweiz. Seine Lehrer hatten ihm das Zeugnis mitgegeben, er sei „ein Mensch von guten Anlagen, aber mäßigem Fleiß und Wissen, ein schlechter Redner und ein Idiot in der Philosophie". Seine Mitschüler hatten ihn doch richtiger beurteilt, und der etwa fünf Jahre jüngere Schelling war schon damals sein Freund geworden.

In Bern, wo er eine Hauslehrerstelle in einem patrizischen Hause erhalten hatte, beschäftigte er sich mit ernsten, aber eher theologischen als philosophischen Studien. Er arbeitete damals an einem Leben Jesu. Nach Deutschland zurückgekehrt (1797), dachte er daran, als politischer Schriftsteller aufzutreten. Die französische Revolution, die Erfahrungen in Bern, die Lektüre von Montesquieu und Rousseau, die Beachtung der englischen Parlamentsverhandlungen waren nicht ohne Nachwirkung auf seinen Geist geblieben. Vor allem faßte er nun die würtembergischen Dinge ins Auge, für die er ein heimatliches Interesse und Verständnis hatte. Er verlangt Reformen und „Anerkennung der Menschenrechte". „Bei dem Gefühl eines Wankens der Dinge sonst nichts thun, als getrost und blind den Zusammensturz des alten, überall angebrochenen, in seinen Wurzeln angegriffenen Gebäudes zu erwarten und sich von dem einstürzenden Gebälk zerschmettern lassen, ist ebenso sehr gegen alle Klugheit als gegen die Ehre"[1]). Dann betrachtet er mit Wehmut das in sich zerfallende und von außen gedemütigte und beraubte deutsche Reich. Es „ist kein Stat mehr". Aber, meint Hegel,

[1]) K. Rosenkranz, Hegels Leben (Berlin 1844) S. 93 und R. Haym, Hegel und seine Zeit (Berlin 1857) S. 62 f.

es muß sich von neuem zu einem State organisieren, im Sinne der Repräsentativverfassung. Aber das kann es nicht mehr auf dem Wege der friedlichen Reform, es kann nur mit Gewalt durch einen glücklichen Kriegsfürsten geschehen. Die Erhebung des ersten Konsuls Napoleon in Frankreich (1799) regt den Wunsch in ihm auf, daß das österreichische Kaiserhaus sich ebenso erhebe und der Kaiser eine militärische Diktatur ergreife, um einen neuen deutschen Repräsentativstat zu gründen. Auf Preußen, das sich dem Absolutismus ergeben, hat er kein Vertrauen: „Kein Krieg Preußens kann fortan in der öffentlichen Meinung für einen deutschen Freiheitskrieg gelten", schrieb er im Jahre 1801[1]) nach dem Frieden von Lüneville, in dem Kaiser und Reich das deutsche linke Rheinufer an die französische Republik abgetreten haben. Wo aber nur die Gewalt eines Diktators, nicht der freie Geist helfen konnte, da war auch für den Beruf eines selbständigen politischen Schriftstellers kein Raum. Hegel ließ seine Vorarbeiten ungedruckt und wendete sich nun dem Reiche der Philosophie zu, in welchem er anfangs einen bescheidenen Platz einnahm, den völlig zu unterwerfen und zu beherrschen sein allmählich erwachter Ehrgeiz sich erkühnte.

Zuerst trat er öffentlich als Privatdozent der Philosophie in Jena auf (1801), gründete da gemeinsam mit Schelling das „kritische Journal der Philosophie", hielt Vorlesungen über Naturrecht und arbeitete, 1805 zum außerordentlichen Professor befördert, philosophische Werke aus, vorzüglich die „Phänomenologie des Geistes". Er hatte den letzten Druckbogen eben beendigt, als die Schlacht bei Jena (14. Okt. 1806) auch seine gelehrten Arbeiten mit wildem Kriegslärm unterbrach. Der Anblick Napoleons imponierte ihm gewaltig. „Den Kaiser — diese Weltseele — sah ich durch die Stadt zum Rekognoszieren hinausreiten. — Es ist in der That eine wunderbare Empfindung, ein solches Individuum zu sehen, das hier, auf Einem Punkt kon-

[1]) Haym a. a. O. S. 78 f.

zentriert, auf einem Pferde sitzend, über die Welt übergreift und sie beherrscht" (Brief an Niethammer). Obwohl er nur aus der Ferne zuschaute, so ging es ihm doch ähnlich wie Joh. v. Müller. Er konnte der gewaltigen Erscheinung nicht widerstehen.

Es ist daher nicht zufällig, daß auch er nun sich wieder nach dem Süden hingezogen fühlte. Das neue Königreich Bayern, dessen aufgeklärter Minister Montgelas eine moderne Administration einrichtete nach französischem Vorbilde, eröffnete den Männern der Wissenschaft neue Aussichten. Schelling und Niethammer waren vor ihm dorthin gegangen. Hegel folgte nach, anfangs nur eine Zeitungsredaktion in Bamberg übernehmend, dann zum Rektor eines Gymnasiums in Nürnberg ernannt (1808). Er hatte lange mit Nahrungssorgen gekämpft; nun kam er in eine günstigere Lage. Mit Pflichttreue und Eifer widmete er sich nun dem Erziehungsberufe, und verheiratete sich glücklich. Die freie Muße, die ihm die Schule verstattete, benutzte er zur Durchbildung seines philosophischen Systemes, das sich nun auch schärfer von Schelling abtrennte. Der philosophischen Romantik erklärte er offene Fehde. Seine Wissenschaft der Logik gewann eine neue Gestalt, die ihm eigene Methode wurde vollendet.

An dem Befreiungskampfe der deutschen Nation nahm er keinen Anteil. Gewöhnt, den Gang der Weltgeschichte als einen dialektischen Prozeß des denkenden Menschengeistes aufzufassen, hatte er kein Mitgefühl für die nationale Begeisterung. Er verhielt sich ihr gegenüber kalt, berechnend, mißtrauisch, und ließ sich dadurch nicht stören an dem Aufbau seiner Gedankenwelt.

Dagegen sehnte er sich wieder nach der akademischen Laufbahn zurück, die seiner Natur und seinem Ehrgeize besser zusagte als der Beruf eines Gymnasialvorstandes. Mit Freuden nahm er daher einen Ruf nach Heidelberg an (1816).

In die kurze Heidelberger Periode fällt eine politische Schrift Hegels, die Kritik der würtembergischen Ständeversammlung, welche in den Heidelberger Jahrbüchern von 1817 erschien (Werke 16, 219 f.). Er wurde dazu durch den würtembergischen Minister v. Wangenheim veranlaßt, und nahm darin entschieden Partei für die Regierung wider die Stände. Die Gelegenheit, seine in der Stille gewachsenen Ansichten über den Stat in einem konkreten Streitfalle auszusprechen, war ihm erwünscht.

Diesmal vertrat der König das Prinzip des modernen Repräsentativstates, die Stände dagegen das Prinzip der alten landständischen Verfassung. Als dieselben zuerst gegen König Friedrich, dessen despotische Willkür in der Napoleonischen Periode schwer auf dem Lande gelastet hatte, Widerspruch erhoben und ihr verbrieftes altes Recht entschlossen verteidigten, hatte die Opposition gegen die neue Verfassung einen guten Sinn. Aber seitdem der alte König wesentliche Zugeständnisse machte und nach seinem Tode der freier gesinnte Sohn, König Wilhelm, entschieden in die konstitutionelle Bahn einlenkte, wurde das trotzige Beharren auf dem unhaltbar gewordenen alten Rechte unverständig. Mit schwer fallenden Streichen geißelt Hegel diesen Fehler der Stände. Er wirft ihnen vor, „sie haben wie die französischen Emigranten nichts vergessen und nichts gelernt, sie scheinen diese letzten 25 Jahre, die reichsten wohl, welche die Weltgeschichte gehabt hat, und die für uns lehrreichsten, weil ihnen unsere Welt und unsere Vorstellungen angehören, verschlafen zu haben" (S. 266). Er bezeichnet es als die Hauptaufgabe der Zeit, die würtembergischen Lande „zu einem State zu errichten", im Gegensatze zu den vernunftwidrigen Zuständen des Mittelalters, und bemerkt, die Landstände haben von dieser Aufgabe noch keine Ahnung. Sie berufen sich auf die alten Verträge und wissen nicht, daß der Begriff des Vertrages wohl zwischen Privatberechtigten, aber nicht auf das Verhältnis von Fürst und Unterthanen paßt, daß vielmehr „der Zusammenhang von Regierung und Volk eine ursprüngliche, substantielle Einheit zur Grundlage ihrer Verhältnisse habe". „Der Grundirrtum der Stellung, die sich die würtembergischen Landstände geben, liegt hierin, daß sie von einem positiven Rechte ausgehen, sich ganz nur ansehen, als ob sie noch auf diesem Standpunkte ständen, und das Recht nur fordern aus dem Grunde, weil sie es vormals besessen haben. Sie handeln, wie ein Kaufmann handeln würde, der auf ein Schiff hin, das sein Vermögen enthielt, das aber durch Sturm zu Grunde gegangen ist, noch dieselbe Lebensart fortsetzen und denselben Kredit von anderen darauf fordern wollte; oder wie ein Gutsbesitzer, dem eine wohlthätige Überschwemmung den Sandboden, den er besaß, mit fruchtbarer Dammerde überzogen hätte und der sein Feld auf dieselbe Weise beackern und bewirtschaften wollte wie vorher."

„Man sieht in der Art, wie sich die in Würtemberg berufenen Landstände gehalten, gerade das Widerspiel von dem, was vor 25 Jahren in einem benachbarten Reiche begann, und was damals in allen Geistern widergeklungen hat, daß nämlich in einer Statsverfassung nichts als gültig anerkannt werden solle, als was nach dem Rechte der Vernunft anzuerkennen sei. Man konnte die Besorgnis haben, daß der Sauerteig der revolutionären Grundsätze jener Zeit, der abstrakten Gedanken von Freiheit, in Deutschland noch nicht ausgegoren und verdaut sei. Würtemberg hat das allerdings auch bis auf einen gewissen Grad tröstliche Beispiel gegeben, daß solcher böse Geist nicht mehr spuke, zugleich aber auch, daß die ungeheure Erfahrung, die in Frankreich und außer Frankreich gemacht worden ist, für diese Landstände verloren war, — die Erfahrung nämlich, daß das Extrem des steifen Beharrens auf dem positiven Statsrechte eines verschwundenen Zustandes und das entgegengesetzte Extrem einer abstrakten Theorie und eines seichten Geschwätzes gleichmäßig die Verschanzungen der Eigensucht und die Quellen des Unglücks in jenem Lande und außer demselben geworden sind. — Man mußte den Beginn der französischen Revolution als den Kampf betrachten, den das vernünftige Statsrecht mit der Masse des positiven Rechtes und der Privilegien, wodurch jenes unterdrückt worden war, einging:

in den Verhandlungen der würtembergischen Landstände sehen wir denselben Kampf dieser Prinzipien, „nur daß die Stellen verwechselt sind" (S. 264 f.).

Die Stände hatten sich auch auf den Willen des Volkes berufen, welches die alte Verfassung bewahren wolle. Darauf erwiderte Hegel: „Dies ist ein großes Wort; am meisten haben sich die Repräsentanten des Volkes zu hüten, dies Wort zu entweihen oder leichtsinnig zu gebrauchen. Es gehört zum Schwersten und darum zum Größten, was man von einem Menschen sagen kann, daß er weiß, was er will. Zu Volksrepräsentanten werden nur deswegen nicht die Ersten Besten aus dem Volke aufgegriffen, sondern sollen die Weisesten genommen werden, weil nicht das Volk weiß, aber sie wissen sollen, was sein wahrhafter und wirklicher Wille, d. h. was ihm gut ist" (S. 288).

Hegel hatte recht, den Landständen „Mangel an Statssinn" vorzuwerfen, aber sie konnten ihm dafür ebenfalls mit Recht „Mangel an Freisinn" vorwerfen. Für die Stände hatte er nur Worte des Tadels, des Hohnes, der Bitterkeit, für den König und seine Regierung nur Worte des Lobes, der Demut, der Dankbarkeit. Ganz und gar schrieb er als Anwalt der Regierung. Er war mit allem zufrieden, was dieselbe anbot; er hätte sich auch mit weniger als sie gewährte ebenso begnügt. Der Statsbegriff, den er aussprach, unterschied sich wohl von dem der französischen Revolution, er war einheitlicher und nahm mehr Rücksicht auf die geschichtliche Fortbildung, aber er unterschied sich noch mehr von der Auffassung des herkömmlichen positiven Rechtes. Er suchte sich in der Mitte zwischen den beiden Extremen zu halten und durch „konkreten Inhalt" die Lehre der Revolution, durch die Forderung der „Vernunftmäßigkeit" die Theorie der Reaktion zu überwinden. Dabei aber stellte er sich ganz auf den Standpunkt der Statsautorität, der Centralgewalt, der Regierung. Wie er früher in Napoleon den Schöpfer des souveränen neuen States bewundert hatte, so war er nun geneigt, den deutschen Königen die Schöpfung der deutschen Staten vertrauensvoll zu überlassen.

Es kann nicht befremden, daß nun die preußische Regierung den Philosophen für die Universität Berlin zu gewinnen suchte, noch daß Hegel gerne ihren Wünschen entsprach. In Berlin erst kam sein gesteigertes Selbstbewußtsein zu vollem Ausdrucke und zu weiter Anerkennung. Schon in seiner Antrittsrede (22. Okt. 1818) sprach er das hochmütige Wort aus: „Auf hiesiger Universität, der Universität des Mittelpunktes, muß auch der Mittelpunkt aller Geistesbildung und aller Wissenschaft und Wahrheit, die Philosophie ihre Stelle und vorzügliche Pflege finden." Da er die Deutschen als das „auserwählte Volk der Wissenschaft" pries und die Universität Berlin gleichsam als das Rom der Wissenschaft verherrlichte, so setzte er sich kühn auf den Thron der Philosophie und verkündete als ein neuer Geistespapst die Herrschaft über die Welt der denkenden Geister. Im Gegensatze zu der sogenannten kritischen Philosophie, die er verachtete, versprach er die positive Erkenntnis der Wahrheit: „Was im Leben wahr, groß und göttlich ist, ist es durch die Idee: das Reich der Philosophie ist, sie in ihrer wahrhaften Gestalt und Allgemeinheit zu fassen."

In Berlin vorzüglich bildete er die Rechts- und Statsphilosophie aus und veröffentlichte zuerst 1821 sein Buch darüber[1]) (Werke Bd. 8). Er hatte sich darin mit dem damaligen preußischen State aufs beste gestellt. Obwohl derselbe trotz der königlichen Versprechen kein Repräsentativstat geworden war, also dem Ideale Hegels widersprach, und obwohl eben damals die Restaurationstendenzen auch in Preußen zur Herrschaft gelangt waren und ein ängstliches und mißtrauisches Bevormundungssystem die wissenschaftliche Freiheit mit der Censur und das Universitätsleben mit Verfolgungen niederdrückte (Ministerkongresse in Karlsbad und Wien 1819), obwohl er den Stat als die

[1]) Grundlinien der Philosophie des Rechtes, oder Naturrecht und Statswissenschaft im Grundrisse, 2. Aufl. (1840) von Dr. E. Gans.

Verwirklichung der Sittlichkeit darstellte, so erlaubte er sich keinerlei Tadel über solche Zustände und Handlungen und hatte kein Wort der sittlichen Mahnung, sondern fand sich eben jetzt vorzüglich veranlaßt, jene beiden Sätze zu verkündigen:

Was vernünftig ist, das ist wirklich, und was wirklich ist, das ist vernünftig (Vorrede S. 17).

Sollte auch damit nur der Doppelgedanke ausgesprochen werden, daß die Idee (das Vernünftige) auch das Ewige und insofern das allein Wirkliche sei, was sich in den mancherlei Formen der Zeit darstelle, und hinwieder, daß es die Aufgabe der Philosophie sei, aus dem veränderlichen Scheine der äußeren Formen den bleibenden Ideenkern herauszuschälen: so waren diese Sätze doch augenscheinlich nicht dazu geeignet, das Streben nach Verbesserung irgendwie zu fördern, wohl aber die studierende Welt in einen trägen Quietismus einzulullen, eine kritiklose Unterwerfung unter das Bestehende zu empfehlen und über die trübe und armselige Realität den täuschenden Schein des Idealen auszugießen. Er erklärte, die Philosophie habe entfernt nicht die Aufgabe, aufzuzeigen wie der Stat sein soll, sondern nur die, zu zeigen wie er ist. „Was ist zu begreifen, ist die Aufgabe der Philosophie; denn das, was ist, ist die Vernunft" (S. 18). Was Wunder, wenn man in Preußen anfing, die Hegelische Statsphilosophie als die Idealisierung des preußischen Beamtenstates aufzufassen; die eitle Selbstspiegelung der einen und die Herrschsucht der anderen befanden sich bei dieser Annahme ganz vorzüglich; und auch Hegel gefiel sich in der Allianz der Statsautorität mit seiner Philosophie. Die Hegelische Rechtsphilosophie erinnert durch ihre kühnen, abenteuerlichen Formen und durch ihre Unbrauchbarkeit für das praktische Leben an Platons Republik; nur ist sie nicht wie diese ein farbenreiches Gemälde der künstlerischen Phantasie, sondern das kalte und strenge Luftgebäude eines riesigen Denkers.

Hegel begründet das Recht auf den Willen, „welcher frei ist". Wenn die Materie die Schwere selbst ist, so ist Wille und

Freiheit dasselbe. Das Recht ist „das Dasein des freien Willens“. Dabei denkt Hegel freilich nicht an den Sonderwillen der einzelnen, von dem die ältere Naturrechtslehre ausgegangen ist, sondern an den vernünftigen Willen. Auch er geht von pantheistischen Ideen aus. Der Geist ist das Absolute und der Wille ist nur die praktische Richtung des Geistes.

Freilich nur über eine Reihe von Stufen aufwärts entwickelt sich die Idee des an und für sich freien Willens.

Vorerst wird der Wille nur seiner selbst bewußt, ohne im übrigen einen Inhalt zu haben; d. h. er weiß sich selbst als Subjekt, als Person. „Der für sich seiende oder abstrakte Wille ist die Person.“ Indem ich mich in der Endlichkeit als „das Unendliche, Allgemeine und Freie (d. h. wohl als Gott) weiß“, bin ich Person. Das ist das Gebiet dessen, was Hegel abstraktes, auch formelles Recht nennt, in welches er die Begriffe: Eigentum, Vertrag, Unrecht und Verbrechen unterzubringen sucht. In Besitz und Eigentum sieht er die nach außen gewendete, in einer äußerlichen Sache sich offenbarende Freiheit; der Vertrag entsteht, indem die Person, sich von sich unterscheidend, in ein Verhältnis tritt zu einer anderen Person, und Unrecht und Verbrechen entspringen, indem der Wille als ein besonderer (individueller) sich von dem allgemeinen (der Menschheit, des Absoluten) trennt und diesem entgegentritt.

Die zweite Stufe ersteigt der Wille, indem er aus dem äußeren Dasein in sich reflektiert, als subjektive Einzelheit, gegen das Allgemeine. Hegel nennt diese Stufe die Sphäre der Moralität, indem er, wie überhaupt sehr oft, dem Worte einen nur seinem Systeme eigenen Sinn beilegt im Widerspruch mit dem gewöhnlichen Sprachgebrauche. Da spricht er von Vorsatz und Schuld, Absicht und Wahl, von dem Guten und dem Gewissen. Es ist weder ein Rechtsbegriff noch eine Rechtsinstitution darin; der Jurist kann damit gar nichts anfangen.

Bedeutender und für uns interessanter ist der dritte Teil, den Hegel unter dem Namen: die Sittlichkeit zusammenfaßt.

Hier offenbart sich „die Einheit und Wahrheit der beiden abstrakten Momente, des allgemeinen Willens in seinem abstrakten Begriffe und des Willens in seiner Besonderheit, die Freiheit, die zugleich sowohl Wirklichkeit und Notwendigkeit als subjektiver Wille ist". Auch auf dieser obersten Stufe wiederholt sich die Dreiteilung: die „Sittlichkeit" wird nämlich

I. als natürlicher Geist Familie genannt. — In der Familie wird die spröde Persönlichkeit aufgehoben, die Person will ihr Selbstbewußtsein als Aufgebung ihres Fürsichseins gewinnen und nicht als Person für sich, sondern als Mitglied einer Familie Person sein.

II. in ihrer Entzweiung und Erscheinung zur bürgerlichen Gesellschaft und gelangt endlich

III. im Stat, als der Einigung der freien Selbständigkeit des besonderen Willens und der allgemeinen und objektiven Freiheit, zur höchsten Vollkommenheit.

Mit der Familie beginnt Hegel die Reihe der höheren Rechtskreise, denn Organismen dürfen wir diese dürren abgezogenen Verstandesformeln nicht heißen. Wenn es schon auffällt, daß er das Familienrecht durch die ganze Zwischenstufe der Moralität von dem Privatrechte (Personenrechte) trennt, obwohl die Familie doch recht eigentlich das Gebiet der geschlechtlich ergänzten und der erweiterten Persönlichkeit ist, so hat er insofern eine ganz neue Richtung eingeschlagen, als er die bürgerliche Gesellschaft und den Stat, die bis dahin als dasselbe betrachtet wurden, zum ersten Male begrifflich trennt. Freilich nicht in dem modernen Sinne der Scheidung, welche die Gesellschaft als freiwilliges Aneinanderschließen der Individuen zu bestimmten einzelnen Lebenszwecken von dem State als der notwendigen, mit Autorität und Macht ausgestatteten Gesamtheit unterscheidet, sondern in völlig eigentümlicher Weise, so daß er Thätigkeiten, die jedermann als statlich betrachtet, wie voraus Rechtspflege und Polizei, seiner Gesellschaft zuschreibt. Er nennt gerade das Gesellschaft, was sehr viele vor ihm Stat genannt haben, d. h.

die Vermittelung der Einzelinteressen durch gemeinsame Einrichtungen, und sagt selbst, daß man dieselbe auch als „den äußeren Stat, Not- und Verstandesstat ansehen" könne.

Die bürgerliche, von der Selbstsucht bewegte Gesellschaft enthält wieder drei Momente:

1. Das System der Bedürfnisse: der Boden, auf dem die Nationalökonomie ihren Ausgang genommen hat und auf dem sich die Stände bilden. Hegel unterscheidet wieder drei: a) den „substantiellen" Stand, welcher sein Vermögen in Naturprodukten hat, den Bauernstand mit seinem patriarchalischen Leben, der auf Gott und die Natur vertraut; b) den „reflektierenden" oder den formellen Gewerbestand (Handwerker, Fabrikanten, Handelsleute), welcher die Formierung des Naturproduktes zu seinem Geschäfte und die Bedürfnisse und Arbeiten anderer vermittelt. Dieser Stand ist mehr als der erste zur Freiheit geneigt. c) den allgemeinen Stand, welcher die allgemeinen Interessen des gesellschaftlichen Zustandes zu seinem Geschäfte hat und der eben deshalb der direkten Arbeit für die Bedürfnisse enthoben sein muß, sei es weil er zureichendes Privatvermögen hat, sei es weil der Stat ihn schadlos hält (Lehr- und Beamtenstand).

2. Die Rechtspflege, d. h. welche dem Privatrechte objektive Wirklichkeit verschafft: a) indem sie was an sich Recht ist als Gesetz zum Bewußtsein bringt. Bei diesem Anlaß äußert er gegen Savigny das scharfe, aber nicht unwahre Wort: „Einer gebildeten Nation oder dem juristischen Stande in derselben die Fähigkeit abzusprechen, ein Gesetzbuch zu machen, d. h. den vorhandenen gesetzlichen Inhalt denkend zu fassen, wäre einer der größten Schimpfe, der einer Nation oder jenem Stande angethan werden könnte" (S. 267). b) dem Gesetz zum Dasein verhilft durch Bekanntmachung und Bewahrung in den Formen des Verkehres; c) als Gericht, welches als öffentliche Macht das Allgemeine im besonderen Falle verwirklicht auch im Gegensatze zu der subjektiven Empfindung. Hier spricht sich Hegel, was allerdings den altpreußischen Zuständen jener Zeit gegenüber

einigen Mut erforderte, für das Geschwornengericht aus, weil „der Ausspruch der Schuld oder Unschuld aus der Seele des Verbrechers gegeben sein solle“ (S. 285).

3. Die Polizei endlich hat die Einheit des Allgemeinen über das ganze Feld der Besonderheit hin zu verwirklichen. Sie sorgt für das besondere Wohl aller in allgemeiner Weise. „Die Gewerbefreiheit zum Beispiel darf nicht von der Art sein, daß das allgemeine Beste in Gefahr kommt“ (S. 291).

Den Übergang zum State findet Hegel in der Korporation, deren Zweck ein beschränkter, wie der des States ein allgemeiner ist.

III. Höher als diese Sphäre, auf welcher die Selbstsucht der einzelnen noch der Vermittelung bedarf, ist die oberste Stufe, der Stat, den Hegel erklärt als „die Wirklichkeit der sittlichen Idee, den sittlichen Geist, als den offenbaren, sich selbst deutlichen, substantiellen Willen, der sich denkt und weiß und das, was er weiß und insofern er es weiß, vollführt“ (S. 305). Im Grunde ist es die antike, hellenische Statsidee, die in Hegel eine neue Gestalt gewinnt. Er erkennt es als ein Verdienst Rousseaus an, daß er den Willen als Prinzip des States aufgestellt habe. „Allein indem Rousseau den Willen nur in Form des einzelnen Willens, wie nachher auch Fichte, und den allgemeinen Willen nicht als das an und für sich Vernünftige des Willens, sondern nur als das Gemeinschaftliche faßte, so wird die Vereinigung der einzelnen im State zu einem Vertrage und es folgen die weiteren bloß verständigen, das an und für sich seiende Göttliche und dessen absolute Autorität und Majestät zerstörenden Konsequenzen.“ Den entgegengesetzten Fehler habe Haller gemacht, indem er das an und für sich Unendliche und Vernünftige im State übersah und in der zufälligen äußerlichen Erscheinung die Substanz des States erblickte (S. 307 f.).

Es ist das Verdienst Hegels, daß er den Stat als die Offenbarung des selbstbewußten Geistes und als die herrlichste Erscheinung der Weltgeschichte erkannt hat; aber es ist eine gefährliche Überspannung dieser Wahrheit, daß er den

Stat zur Wirklichkeit der Vernunft selbst und zum sichtbaren Gotte gemacht und daher auch seine notwendigen Schranken verkannt hat.

Die Entwickelung des States durchläuft wieder drei Stadien:

1. Sie ist unmittelbare Wirklichkeit. Der individuelle Stat ist der sich auf sich beziehende Organismus und erscheint zunächst

A. als Verfassung oder inneres Statsrecht. „Der Stat ist die Verwirklichung der Freiheit nicht nach subjektivem Belieben, sondern nach dem Begriffe des Willens, d. h. nach seiner Allgemeinheit und Göttlichkeit. In den Staten des klassischen Altertumes findet sich allerdings schon die Allgemeinheit vor, aber die Partikularität war noch nicht losgebunden und freigelassen und zur Allgemeinheit d. h. zum allgemeinen Zwecke des Ganzen zurückgeführt. Das Wesen des neuen States ist, daß das Allgemeine verbunden sei mit der vollen Freiheit der Besonderheit und dem Wohlergehen der Individuen" (S. 315). „Der Stat ist Organismus, das heißt Entwickelung der Idee zu ihren Unterschieden. Diese unterschiedenen Seiten sind die verschiedenen Gewalten. Die politische Verfassung geht ewig aus dem State hervor, wie er sich durch sie erhält" (S. 324). Freilich versteht Hegel den Ausdruck Organismus anders als die neuere organische Statslehre. Wie ihm der Stat selbst zu einem bloßen Denkprozesse wird, so werden auch seine Statsgewalten zu bloßen dialektischen Wendungen. Energisch spricht er sich gegen die religiöse Begründung und Leitung des States aus. Religion ist Gefühl und Glauben, der Stat aber ist Wissen. Jene ist „Geist im Innern des Gemütes", dieser ist der Geist, „der sich im Wissen und Wollen eine Wirklichkeit verschafft" (S. 325 f.).

Hegel erkennt es unumwunden an, daß die Ausbildung der konstitutionellen Monarchie das weltgeschichtliche Werk der neueren Zeit sei, und tritt mit dieser Anerkennung allerdings dem Prinzip der absoluten Monarchie, das in Preußen damals in Geltung war, entgegen. Dabei verwahrt er sich dagegen, daß man die vernünftige Verfassung a priori geben dürfe, und springt plötzlich auf den geschichtlichen Standpunkt über: „Eine Verfassung ist kein bloß Gemachtes; sie ist die Arbeit von Jahrhunderten, die Idee und das Bewußtsein des Vernünftigen, inwieweit es in einem Volke entwickelt ist“ (S. 353). Er unterscheidet a) die fürstliche Gewalt, die zugleich das Einzelste und das Allgemeinste ist, die individuelle Erscheinung des States, die entscheidende Selbstbestimmung des States. Er bestreitet nicht die Volkssouveränetät in dem Sinne, daß ein Volk nach außen ein Selbständiges ausmache, und ist einverstanden mit dem Gedanken der Statssouveränetät auch nach innen. Aber er bekämpft die Volkssouveränetät, wenn sie den Gegensatz bedeute gegen die im Monarchen existierende Souveränetät. Das Volk ohne seinen Monarchen und ohne die Gliederung des Ganzen ist „die formlose Masse, die kein Stat mehr ist und der keine der Bestimmungen, die nur in dem in sich geformten Ganzen vorhanden sind, — Souveränetät, Gerichte, Obrigkeit, Stände und was es sei, noch zukommt“ (S. 360). Der Monarch ist das statliche „Ich will“, als Person gefaßt. „Hiermit soll nicht gesagt sein, daß der Monarch willkürlich handeln dürfe; vielmehr ist er an den konkreten Inhalt der Beratungen gebunden, und wenn die Konstitution fest ist, so hat er oft nicht mehr zu thun, als seinen Namen zu unterschreiben. Aber dieser Name ist wichtig: es ist die Spitze, über die nicht hinausgegangen werden kann. Man fordert daher mit Unrecht objektive Eigenschaften an dem Monarchen; er hat nur Ja zu sagen und den Punkt auf das I zu setzen“ (S. 363. 365). „Die Idee des von der Willkür Unbewegten macht die Majestät des Monarchen aus.“ Das Erbrecht ist wesentlich zur Idee des vollkommenen States. Dem Monarchen kommt das Begnadigungsrecht und die unbeschränkt freie Wahl seiner Ratgeber (Minister) zu, die allein verantwortlich sind. Die subjektive Rücksicht, die er nimmt, besteht in dem Gewissen, die objektive in dem Ganzen der Verfassung und Gesetze.

b) Die Regierungsgewalt erklärt er als „die Ausführung und Anwendung der fürstlichen Entscheidungen“ und überhaupt als das Fortführen und im Stande Erhalten des bereits Entschiedenen, der Gesetze, Einrichtungen, Anstalten für besondere Zwecke u. dergl. Ihr Geschäft ist die Subsumtion des Besonderen unter das Allgemeine. Die Festhaltung des allgemeinen Statsinteresses und des gesetzlichen erfordert die exekutiven Statsbeamten und die höheren beratenden Behörden, welche in den obersten, den Monarchen berührenden Spitzen zusammenlaufen. Die, welche sich in diese Arbeiten teilen, dürfen weder fahrende Ritter noch bloße Statsbediente sein. Sie machen den Hauptteil des Mittelstandes aus, „in welchen die gebildete Intelligenz und das rechtliche Bewußtsein der Masse eines Volkes fällt“. Deshalb macht der Mittelstand die Grundsäule des States in Beziehung auf Rechtlichkeit und Intelligenz aus (S. 380).

c) „Die gesetzgebende Gewalt betrifft die Gesetze als solche, insofern sie weiterer Fortbestimmung bedürfen, und die ihrem Inhalte nach ganz allgemeinen inneren Angelegenheiten.“ In ihr sind zunächst die zwei anderen Momente wirksam, das monarchische, als dem die höchste Entscheidung zukommt, — die Regierungsgewalt, als das mit der konkreten Kenntnis und Übersicht des Ganzen, sowie mit der Kenntnis der Bedürfnisse der Statsgewalt insbesondere, beratende Moment, — endlich das ständische Element. Das ständische Element dient dazu, „dem öffentlichen Bewußtsein als empirischer Allgemeinheit der Ansichten und Gedanken der Vielen Existenz“ zu verschaffen. Wie wenig Hegel geneigt war, die Bedeutung desselben zu überschätzen, und wie sehr er dem preußischen Beamtenstat seiner Zeit den Vorzug gab vor einem wirklichen Volksstate, zeigt am besten folgende Äußerung: „Die Vorstellung, die das gewöhnliche Bewußtsein über die Notwendigkeit oder Nützlichkeit der Konkurrenz von Ständen zu haben pflegt, ist vornehmlich etwa, daß die Abgeordneten aus dem Volke oder gar das Volk es am besten verstehen müsse, was zu seinem Besten diene, und daß es den unzweifelhaft besten Willen für dieses Beste habe. Was das erstere betrifft, so ist vielmehr der Fall, daß das Volk, insofern mit diesem Worte ein besonderer Teil der Mitglieder eines States bezeichnet ist, den Teil ausdrückt, der nicht weiß was er will. Zu wissen was man will, und noch mehr was die Vernunft will, ist die Frucht tiefer Erkenntnis und Einsicht, welche eben nicht Sache des Volkes ist. Die Gewährleistung, die für das allgemeine Beste und die öffentliche Freiheit in den Ständen liegt, findet sich nicht in der besonderen Einsicht derselben, — denn die höchsten Statsbeamten haben notwendig tiefere und umfassendere Einsicht in die Natur der Einrichtungen und Bedürfnisse des States, sowie die größere Geschicklichkeit und Gewohnheit dieser Geschäfte und können ohne Stände das Beste thun, wie sie auch fortwährend bei den ständischen Versammlungen das Beste thun müssen —, sondern sie liegt teils wohl in einer Zuthat von Einsicht der Abgeordneten, vornehmlich in das Treiben der den höheren Stellen ferner stehenden Beamten und insbesondere in dringendere und speziellere Bedürfnisse und Mängel, die sie in konkreter Anschauung vor sich haben, teils aber in derjenigen Wirkung, welche die zu erwartende Censur vieler und zwar eine öffentliche Censur mit sich führt, schon im voraus die beste Einsicht auf die Geschäfte zu verwenden. Was aber den vorzüglich guten Willen der Stände für das allgemeine Beste betrifft, so ist schon bemerkt worden, daß es zu der Ansicht des Pöbels gehört, bei der Regierung einen bösen oder weniger guten Willen vorauszusetzen" (S. 385). Als vermittelndes Organ stehen die Stände zwischen der Regierung und dem in die besonderen Sphären und Individuen aufgelösten Volke. Den „substantiellen" Stand will Hegel vorzugsweise durch die großen Majoratsherren vertreten sehen; die Bauern werden nur wenig geachtet, wo es die Verwirklichung der Vernunftsidee gilt. Ebenso will er für das andere bewegliche Element der bürgerlichen Gesellschaft doch wieder vorzugsweise Beamte eintreten lassen, die freilich hier durch das Zutrauen der Wähler erhoben werden. Gewiß war von einer so gebildeten Repräsentation am ehesten zu erwarten, daß sie das Bestehende auch vernünftig finde und sich dabei beruhige. Die Öffentlichkeit der Ständeversammlungen empfiehlt er hauptsächlich deshalb, damit die öffentliche Meinung, „in der Wahrheit und Irrtum unmittelbar vereinigt ist", klar werde. Über die Freiheit der Presse spricht er sich in so gewundener Weise aus, daß allfällig auch die Censur sich damit vertragen kann.

B. Der Stat hat aber auch Souveränetät nach außen. Der Stat als Individualität ist ein Für-sich-sein und tritt zu anderen Staten in ein selbständiges Verhältnis. Der Stat muß seine substantielle Individualität behaupten und seine Unabhängigkeit und Souveränetät erhalten. Darauf beruht das sittliche Moment des Krieges, der nicht als absolutes Übel zu betrachten ist. „Im Kriege wird mit der Eitelkeit der zeitlichen Güter und Dinge, die sonst eine erbauliche Redensart zu sein pflegt, Ernst gemacht"; er ist nötig für die sittliche Gesundheit der Völker, „wie die Bewegung der Winde die See vor der Fäulnis bewahrt" (S. 411).

2. Die zweite Stufe nennt Hegel: das äußere Statsrecht, welches von dem Verhältnisse selbständiger Staten ausgeht. Das Volk als Stat ist die absolute Macht auf Erden. Als Stat anerkannt zu sein ist seine absolute Berechtigung. Das Verhältnis zu anderen Staten wird daher durch Verträge, und da es keinen Schiedsrichter gibt, im Streit durch den Krieg bestimmt. Das Völkerrecht, zu dem Hegel so gelangt, hat Ähnlichkeit mit dem altrömischen Pantheon, welches die verschiedenen Nationalgötter aufnimmt, obwohl sie einander ausschließen. Er bemerkt wohl den tiefen Mangel einer wirklichen Einheit bei solchen prinzipiellen Widersprüchen. Er findet sie aber erst

3. auf der dritten Stufe, welche er die Weltgeschichte nennt, als das Weltgericht, welches der allgemeine Geist an den Volksgeistern vollzieht. Erst in der Weltgeschichte wird die

geistige Wirklichkeit in ihrem ganzen Umfange von Innerlichkeit und Äußerlichkeit entfaltet. Sie ist die Verwirklichung des allgemeinen Geistes, des Weltgeistes. Die Staten, Völker und Individuen, die ein besonderes Prinzip vertreten, werden durch ihr allgemeines Prinzip verbunden. Aber jede Entwickelungsphase des Weltgeistes bedient sich abwechselnd eines Volkes, welches dann als ein herrschendes für diese Epoche erscheint. „Um den Thron des Weltgeistes stehen die Volksgeister als die Vollbringer seiner Verwirklichung und als Zeugen und Zierraten seiner Herrlichkeit" (S. 428). In diesem Sinne unterscheidet Hegel vier welthistorische Reiche: 1. das orientalische „als unmittelbare Offenbarung des substantiellen Geistes". In dieser vom patriarchalischen Naturganzen ausgehenden Weltanschauung ist der Herrscher auch Hoherpriester oder Gott und die Statsverfassung zugleich Religion; 2. das griechische, das Wissen dieses substantiellen Geistes, zur individuellen Geistigkeit herausgeboren, zur Schönheit und zur freien und heiteren Sittlichkeit gemäßigt und verklärt; 3. das römische, in dem die Unterscheidung zur unendlichen Zerreißung wird des sittlichen Lebens in die Extreme persönlichen privaten Selbstbewußtseins und abstrakter Allgemeinheit; endlich 4. das germanische, das Prinzip der Einheit der göttlichen und menschlichen Natur, die Versöhnung als der innerhalb des Selbstbewußtseins und der Subjektivität erschienenen objektiven Wahrheit und Freiheit. Er deutet an, daß das höchste Ziel der Stat sei, als die Verwirklichung der Vernunft; aber er wagt nicht die Konsequenz seines Gedankens zu ziehen, nämlich die Forderung des „vernünftigen" Weltreiches. Der preußische Boden, auf dem er stand, mochte ihm dafür doch zu enge und zu unfruchtbar vorkommen. So beachtenswert die Wahrheit ist, daß die Weltgeschichte die Entwickelung des Weltgeistes und der Fortschritt der Menschheit sei — eine Wahrheit, die zugleich beruhigt und ermutigt —, so stört doch die ungenießbare Form, in welcher er dieselbe ausspricht, den Genuß ihrer Betrachtung.

Die Hegelische Philosophie betrachtete sich als das Wissen der absoluten Wahrheit, der Hegelische Stat erklärt sich als die Verwirklichung des absoluten Geistes. Sie verhielten sich also zu einander wie die christliche Religion und die christliche Kirche; denn der wissende Geist und der wollende Geist sind eins. So im Mittelpunkte des Weltgeistes nahm Hegel seinen Hochsitz ein, zwischen Vernünftigem und Wirklichem das Gleichgewicht erhaltend. Der Anspruch ist ungeheuer, geradezu göttlich. Aber die Weltgeschichte hat denselben nicht gebilligt. Die absolute Wahrheit hat sich nicht in den Formeln der modernen Scholastik einfangen und halten lassen, und der Menschengeist schritt lächelnd über den intelligenten und absoluten Beamtenstat hinweg, den ihm Hegel als seine endliche Bestimmung vorgehalten hat [1]).

Es gab, als Hegel schrieb, einen Stat, der die Ideen der Persönlichkeit, Freiheit, der konstitutionellen Monarchie nicht als bloße Gedankendinge hin und her erwogen und formuliert, sondern lebendig dargestellt hatte und daher zu dem mächtigsten Weltreiche herangewachsen war. Indessen auch da waren im Verlaufe der Zeit manche Institutionen in Verfall geraten, und das Bestehende, das inzwischen unvernünftig geworden war, bedurfte einer ernsten Reform. Sehen wir, wie sich Hegel, der sich so leicht bei dem Fallenlassen der preußischen Reformpläne beruhigt hatte, der englischen Reform gegenüber verhielt. In einer Reihe von Aufsätzen der preußischen Statszeitung sprach er sich über die englische Reformbill aus [2]). Da hebt er mit Vorliebe die Gründe gegen dieselbe hervor. Man liest es zwischen den Zeilen, denn vor deutlichen Schlüssen hütet er sich, daß er von der englischen Reform eine zweite Störung des Restaurationsschlafes besorgt, der ein Jahr zuvor durch die französische Julirevolution etwas unsanft geschüttelt worden war. So festgerannt hat er sich in die begriffsmäßige Konstruktion seines States, daß er

[1]) Vgl. die Kritik von Haym a. a. O. S. 365 f. Prantl im Deutschen Statswörterbuch Art. Hegel. J. H. Fichte, Ethik Bd. 1 § 90 f. Stahl, Rechtsphilosophie 1, 458 ff.

[2]) In den Werken 17, 424. Die Artikel erschienen zuerst 1831.

die monarchische Form der civilisierten Kontinentalstaten für weit vollkommener erklärt als die englische Verfassung, die nur „ein unzusammenhängendes Aggregat sei von positiven Bestimmungen“. Er sieht nicht, daß in England der statsmännische Geist und der Sinn für Freiheit die logischen Mängel mit gesundem Leben ebenso erfüllt, und daß der Mangel an beiden durch die Konsequenz des monarchischen Gedankens auf dem Kontinente nicht aufgewogen wird. Auch da wieder hat der Fortgang der Geschichte ihr Gericht geübt und das gerechtfertigt, was Hegel bekrittelt hatte, das aber verurteilt, was er als Vollkommenheit gepriesen hatte.

Indessen er erlebte dieses Urteil nicht mehr. Der Cholera, die verheerend in Berlin eingezogen war, erlag auch er, am 14. November 1831. Eine Zeit lang lebte die Hegelische Schule fort. Was sie auf anderen Gebieten geleistet, haben wir nicht zu prüfen. Auf dem Gebiete des States aber zeigte sich bald, daß die Hegelische Methode zwar den verschiedenartigsten Inhalt aufzunehmen vermöge, aber jederzeit in ein dialektisches Spiel mit Worten auflöse. Es entstand eine rechte und eine linke Seite, die bis zu den äußersten Extremen fortschritten und immer noch Hegelianer sein wollten. Für Hegel war das religiöse Offenbarungselement ein zurückgelegter Standpunkt, und Göschel suchte mit der strengsten Orthodoxie die Hegelischen Begriffe zu verbinden. Die revolutionäre Richtung hatte Hegel mit Verachtung behandelt und bei jedem Anlasse das Bestehende als das Vernünftige verteidigt, und nun wendeten die Hallischen Jahrbücher von Arnold Ruge und Echtermayer die Hegelische Dialektik an, um die Unvernunft der schlechten Zustände anzugreifen und eine radikale Umwälzung vorzubereiten. Allmählich bemerkte die Welt, daß die formale Methode eher der Scholastik und Sophistik Vorschub leiste als die politische Erziehung der Nation fördere. Einzelne vortreffliche Gedanken Hegels erhielten sich und gingen in das Bewußtsein der Zeit über. Das System aber verlor seine Anziehungskraft und die Hegelische Schule ging der inneren Auflösung entgegen.

Neunzehntes Kapitel.

Historische Rechts- und Statsschule. Savigny. Niebuhr. Dahlmann. Waitz.

Die Gründung der historischen Rechtsschule, als deren Stifter und Häupter Hugo, Savigny, Eichhorn und Niebuhr verehrt wurden, war ein epochemachendes Ereignis für die Geschichte der deutschen Wissenschaft. Ihre Hauptbedeutung liegt freilich auf dem Gebiete der privatrechtlichen Jurisprudenz; erst später wurden ihre Wirkungen auch in der Statswissenschaft empfunden. Die römische und die deutsche Rechtsgeschichte erhielten durch ihre historischen Untersuchungen und ihre Kritik eine neue Gestalt. Die nationale Eigentümlichkeit der Rechtsbildung überhaupt wurde nun wieder beachtet; aus der Vergangenheit wurde die Gegenwart erklärt, und mit dem Verständnisse auch die Achtung des positiven Rechtes — in ganz anderem Sinne, als Hegel das Wort braucht — neu belebt. Wenn das alles auch anfangs nur juristisch gemeint war, so konnte doch die Anwendung auf die Politik nicht ausbleiben.

Auch die historische Rechtsschule fand ihren Hauptsitz an der Universität Berlin, wohin Savigny und Eichhorn berufen worden, jener für römisches, dieser für deutsches Recht, und wo Niebuhr zuerst seine kritische Darstellung der altrömischen Geschichte vortrug. Nicht minder als die Hegelische Philosophie gehört auch sie dem Restaurationszeitalter an. Der Haß gegen die naturrechtliche Schule, in welcher sie die Theorie der französischen Revolution erblickte, war in beiden mächtig, beide hatten konservative Tendenzen, mit einzelnen liberalen Neigungen verbunden. Aber trotzdem lag zwischen beiden eine schroffe Kluft, und sie waren nicht gewillt, dieselbe zu überbrücken. Vielmehr traten sich der philosophische und der historische Positivismus feindlich entgegen, und der Zwiespalt der philosophischen und historischen Schule trieb die deutschen Gelehrten in zwei Lager, die sich wechselseitig befehdeten.

Es gehört nicht in den Plan dieses Werkes, diesen langjährigen Krieg zu beschreiben. So fruchtbar derselbe für die Fortbildung der Rechtswissenschaft geworden ist, so liegt die Einseitigkeit einer jeden der beiden Richtungen, wenn sie die andere ausschließt, nunmehr zu Tage. Wir haben es erfahren, daß die Spekulation, welche von dem Selbstbewußtsein des menschlichen Geistes ausgeht, leicht in leere Hirngespinste sich verirrt, wenn sie die Erfahrung der Geschichte mißachtet, und daß die Geschichte, wenn sie ihre Augen vor den Ideen verschließt, die an dem geistigen Horizonte der Menschheit wie Sterne leuchten, in dem Kirchhofe der alten Gräber gefangen bleibt.

Aber wir dürfen es nicht unterlassen, die Grundzüge der historischen Schule in ihrer Wirkung auf die Statswissenschaft zu zeichnen. In dieser Hinsicht sind voraus die beiden Freunde Savigny und Niebuhr zu beachten.

Friedrich Karl v. Savigny [1]), geboren am 21. Februar 1779 zu Frankfurt a. M., Professor des römischen Rechtes in Berlin seit der Gründung der Universität 1810 bis 1842, gestorben den 25. Oktober 1861, war ebenso ausgezeichnet als Lehrer wie als juristischer Schriftsteller. Unbestritten galt er als der erste der Romanisten seiner Zeit. Zum Statsmanne aber war er nicht geschaffen. Er bekleidete wohl eine Zeit lang das Ministerium für Revision der Gesetzgebung (1842—1848). Hatte er früher

[1]) Vgl. die Schriften: Essai sur la vie et les doctrines de Fr. Ch. de Savigny par Ed. Laboulaye. Paris 1842. Reinh. Schmid, Savigny und sein Verhältnis zur neueren Rechtswissenschaft. Deutsche Vierteljahrschrift 1862. Stintzing, Friedr. C. v. Savigny in den Preuß. Jahrb. 1862. Bluntschli, die neueren Rechtsschulen der deutschen Juristen. Zürich 1841; 2. Aufl. 1862. v. Bethmann-Hollweg, Savigny (Weimar 1867), und eine Reihe von Reden bei dem hundertjährigen Jubiläum seines Geburtstages 1879 von Stintzing, von Scheuerl, Bluntschli u. a.

unserer Zeit den Beruf zur Gesetzgebung abgesprochen, so schien die Erfolglosigkeit seines Amtes diese Zweifel nun zu bestätigen. Auch mit der Statslehre hat er sich nur beiläufig beschäftigt. Die eigentliche Domäne seiner Wirksamkeit war das Privatrecht und voraus das römische Privatrecht.

Aber seine Grundansicht über die Natur des Rechtes und die Rechtsbildung ist dennoch von großem Einflusse geworden auf die Betrachtung des States. Die historische Schule fand durch ihn ihren gediegensten und klarsten Ausdruck. Dieselbe ist doch etwas anderes als die Fortsetzung der Ideen Burkes oder der Weltansicht Johannes Müllers. Sie ist auf dem Boden der deutschen Jurisprudenz gepflanzt und durch eine strengere kritische Methode erzogen worden. Sie hatte ein formelleres, positiveres Gepräge erhalten.

Die berühmte Schrift Savignys: *Vom Beruf unserer Zeit für Gesetzgebung und Rechtswissenschaft*, zuerst gedruckt im Jahre 1814, ist von dem freudigen Siegesgefühle erfüllt, welches die Abwerfung der Napoleonischen Herrschaft und die Wiedergeburt des deutschen Nationalgefühles hervorgerufen hatten. Die französische Oberherrschaft hatte sich gestützt auf die Ideen der Revolution; in ihrer Niederlage schien sich der Unwert dieser Ideen zu offenbaren. Die deutsche Erhebung hatte einen großen Teil ihrer Kraft aus der Erinnerung an eine größere Vergangenheit der deutschen Nation geschöpft; damit war der geschichtliche Sinn wieder erwacht, und trat nun jenem „bodenlosen Hochmut“ entgegen, der seit der Mitte des achtzehnten Jahrhunderts die Völker erfaßt und nach „absoluter Vollkommenheit“ gestrebt hatte (Beruf S. 5). Die geschichtliche Wissenschaft verwarf nun jene naturrechtlichen Abstraktionen, die sich anmaßten, für alle Völker und alle Zeiten brauchbar zu sein, und betonte mit lebhafter Energie den *Zusammenhang zwischen der Vergangenheit und der Gegenwart* und den „*organischen Zusammenhang* des Rechtes mit dem *Wesen* und *Charakter* des *Volkes*“. Das Recht wurde nicht mehr als ein Produkt der menschlichen Vernunft, sondern als eine Seite der bestimmten Volkseigentümlichkeit aufgefaßt, wie die Sprache, die Sitte, die Verfassung. Es war die Aussprache des nationalen Rechtsprinzipes, die hier zuerst der allgemein menschlichen Begründung desselben entgegengesetzt wurde: freilich ohne daß die Schule es wagte, zu den Konsequenzen dieser Beschränkung zu stehen. Gegenüber der modern-französisch-menschlichen Formulierung berief sie sich wohl auf das nationale deutsche Selbstgefühl; gegenüber der antik-römisch-menschlichen Formulierung aber wagte sie nicht ebenso die deutsche Eigentümlichkeit zu schützen.

Der nationale Charakter des Rechtes erschien aber zugleich als ein geschichtlich bestimmter und erkennbarer. „Die geschichtliche Schule nimmt an", schrieb Savigny, als er die Zeitschrift für geschichtliche Rechtswissenschaft im Jahre 1815 eröffnete, „der Stoff des Rechtes sei durch die gesamte Vergangenheit der Nation gegeben, nicht durch Willkür, so daß er zufällig dieser oder ein anderer sein könnte, sondern aus dem innersten Wesen der Nation selbst und ihrer Geschichte hervorgegangen. Die besondere Thätigkeit jedes Zeitalters aber müsse darauf gerichtet werden, diesen mit innerer Notwendigkeit gegebenen Stoff zu durchschauen, zu verjüngen und frisch zu erhalten."

Es war eine Folge dieser Grundansicht, daß die historische Schule wieder die Bedeutung der instinktiven und gefühlsmäßigen Rechtsbildung, wie sie in den Gewohnheiten und Übungen des Volkes sichtbar ward, zu Ehren brachte und dem Gesetzesrechte gegenüber stellte. Das Werk des Gesetzgebers selbst bekam nun einen anderen Sinn. Die Aufgabe war nicht, ein neues Recht nach freiem Ermessen zu schaffen, sondern das alte Recht der Entwickelungsstufe gemäß auszusprechen, auf welcher sich das Volk zur Zeit befand [1]). Es lag aber dieser lauten

[1]) Äußerung des Grafen Portalis: „le législateur n'invente pas les lois, il les écrit".

Betonung der geschichtlichen Notwendigkeit auch die Übertreibung nicht ferne, welche die unbewußte Rechtsbildung der bewußten sogar überordnete und den Gesetzgeber mißleitete, die Arbeit seiner Denkkraft an die Ketten des Herkommens zu fesseln. Wenn es wahr ist, daß die Gegenwart auf der Vergangenheit ruht und sich nicht absolut von dieser lossagen kann, so ist es doch nicht minder wahr, daß die Formen der verschiedenen Zeitalter vergänglich sind und aus der ursprünglichen Tiefe des Menschengeistes von der Wandelung des Zeitgeistes geweckt auch neue Formen sich bilden. Der nach der Vergangenheit schauende Blick ist nötig, um den Boden zu prüfen, auf dem wir stehen; aber der nach der Zukunft gewendete ist nicht minder nötig, um zu entscheiden, wohin wir gehen. Alles Recht als wirkliches ist gegenwärtiges; die Vergangenheit ist nicht mehr, außer inwiefern sie in der Gegenwart fortwirkt; und die Zukunft ist noch nicht, außer inwiefern sie als Anlage in der Gegenwart schon ist. Die Gegenwart also ist die Verbindung von Vergangenheit und Zukunft. Sie allein ist wirklich. Das wurde auch von der historischen Schule oft nicht genug beachtet.

Sehr schön ist das Bild der verschiedenen Entwickelungsperioden des Volkes und seines Rechtes, welches Savigny gezeichnet hat. Darin vornehmlich zeigt sich die organische Natur beider, welche nun zuerst von der geschichtlichen Schule aufgedeckt wurde. Die naturrechtliche kannte nur tote Systeme von abstrakten Sätzen, welche immer dieselben blieben, und selbst Hegel, der sich über die frühere Rechtsphilosophie durch die Anerkennung von Entwickelungsstufen unterschied, verstand darunter doch nur die dialektische Bewegung des Gedankens, der die Gegensätze in ihm durchgeht und darüber hinauszuschreiten sich anstrengt. Die geschichtliche Auffassung aber erkannte das organische Wachstum der Volksindividualität, das Auf- und Niedersteigen aller Lebenskräfte von der Geburt bis zum Tode, ganz analog, wie wir es in den verschiedenen Lebensaltern des Einzelmenschen wiederfinden.

Die römische Rechtsgeschichte schien voraus diesen Lebenslauf der Rechtsbildung zu bestätigen; indessen Anklänge der Art ließen sich auch in der deutschen Rechtsgeschichte auffinden. Man kann im normalen Zustande, der freilich mancherlei Abweichung durch fremde Einflüsse erfahren kann, regelmäßige Altersperioden unterscheiden:

Erstens die Kindheit des Volkes und Rechtes. Das Bewußtsein ist zwar noch unentwickelt, um so lebhafter sind es der Instinkt und das Gefühl, und sie sind allgemeiner und gleichmäßiger verbreitet als später. Der Rechtssinn äußert sich nicht in abgezogenen Begriffen, sondern in anschaulichen Formen. Die Rechtssymbole sind mannigfaltig, formen- und farbenreich. Ein poetischer, gestaltender Zug belebt die Rechtsbildung, die sich voraus als Gewohnheit kundgibt.

Nun folgt die Periode der Jugend (adolescentia). „Bei steigender Kultur sondern sich die verschiedenen Thätigkeiten immer mehr, und was sonst gemeinschaftlich betrieben wurde, fällt jetzt einzelnen Ständen anheim. Als ein solcher abgesonderter Stand erscheinen nunmehr auch die Juristen.“ Diese sind indessen mehr noch Rechtskundige als Rechtsgelehrte. Eine geistig bewußte, energische Rechtshandhabung, die Rechtspraxis, entwickelt sich jetzt. Es ist ein schöpferischer, aber nicht mehr poetischer, sondern auf das Verständige und Zweckmäßige gerichteter Charakter wahrzunehmen. Die Rechtsbildung ist noch in vollem Saft. Im allgemeinen spricht sie sich in organischen Gesetzen, in Edikten der Obrigkeit, in Öffnungen und Weistümern der Weisen aus dem Volke aus, das als Umstand lebhaften Anteil nimmt und dessen Billigung noch unentbehrlich ist.

Die Jugendperiode gleitet allmählich in die der vollen Reife (juventus) über. Jetzt erst erhält die Rechtswissenschaft ihre vollendete Gestalt. Was frühere Zeiten geschaffen hatten, wird nun vollständig erkannt und in klaren Sätzen ausgesprochen. Das System erhält seine Abrundung und seine innere Ordnung. Aber auch die Gesetzgebung ist vorzüglich thätig, um zu sichten und aufzuräumen, zu erhalten und zu verbessern.

Später aber läßt im Alter (senectus) die Zeugungskraft nach und erlischt zuletzt. Es werden zwar auch da noch neue Gesetze gegeben, aber mehr äußerliche und willkürliche; die meisten suchen nur das Alte noch so gut es gehen will zu stützen. Die Säfte des Lebens vertrocknen allmählich und ein dürrer Formalismus nimmt überhand. Man achtet nicht auf den Geist der Institutionen, der entwichen ist, sondern nur auf den stehen gebliebenen Buchstaben. Waren die Rechtsformen der Kindheitsperiode poetisch-symbolisch, so sind die des Alters nun abstrakt und mechanisch. Die Wissenschaft hört ebenso auf und verwandelt sich in eine bloße Gelehrsamkeit, die keine Begriffe zu bestimmen, keine Entwickelung zu erklären versteht, sondern sich begnügt, die Überlieferung zu bewahren, Sammlungen zu veranstalten und den hergebrachten Autoritäten zu folgen.

Savigny hat nicht so bestimmt diese ganze Aufeinanderfolge der Perioden dargelegt, wie wir es hier thun, er hat vieles nur angedeutet[1]). Aber die obige Ausführung ist nur die Erfüllung des geschichtlichen Gedankens, den Savigny zuerst wieder ausgesprochen hat. Das Werden des Rechtes in Entstehen und Vergehen wurde nunmehr dem unveränderlichen Dasein des Rechts, wie die Philosophie es verstand, gegenüber und entgegen gesetzt; und zugleich wurde dieses Werden in seinem organischen Zusammenhange mit dem Wachstume des Volkes erfaßt.

In beiden waren sicherlich zwei lange verborgene Wahrheiten ans Tageslicht gebracht, die auch für die Statsverfassung und für die Politik wichtig genug waren. Der Irrtum, daß man in jedem Momente durch eine bloße Denkoperation und mit beliebiger Willkür einen Stat einrichten könne, ohne Rücksicht auf seine Geschichte zu nehmen, war nun bloßgelegt und die organische Erkenntnis des States vorbereitet. Das historische Prinzip

---

[1]) Vorzüglich in der Schrift: Vom Beruf u. s. f. S. 8 f.

hatte überdem die praktische Wirkung, daß es mit dem bestehenden Rechte und State insofern versöhnte, als es ihn verstehen und als ein Produkt der Geschichte ehren lehrte[1]), während die naturrechtliche Theorie nur zu leicht in einen unversöhnlichen Konflikt geriet mit der Wirklichkeit.

Sowie aber die historische Auffassung einseitig und absolut gelten will, so schlagen ihre Vorzüge in ebenso erhebliche Fehler um. Ihr Prinzip ist an sich dem Fortschritte nicht ungünstig, denn ihr Prinzip ist Werden, d. h. Entwickelung, Bewegung, Leben, nicht Stillstand. Aber wenn sie ausschließlich rückwärts in die Vergangenheit blickt, so wird sie ebenso reaktionär, als die naturrechtliche Ansicht, wenn sie ihr vermeintlich ewiges Recht rücksichtslos verwirklichen will, revolutionär wird. Die organische Betrachtung ferner von Stat und Recht kann, einseitig verstanden, zu dem Mißverständnisse der sogenannten Naturwüchsigkeit führen, welche die freie That der Individuen ausschließt. Die Geschichte der Völker darf aber nicht dem Wachstume der Pflanzen und nicht einmal dem Wachstume der Menschen gleichgestellt werden. Allerdings ist eine Seite derselben der Altersentwickelung vergleichbar und mit Naturnotwendigkeit bestimmt. Das Volk ist wirklich ein anderes in seiner ersten Jugend und in seinem reiferen Alter. Aber da es hinwieder aus Einzelmenschen besteht, in denen alle Lebensalter nicht bloß rassemäßig, sondern ebenso und mehr noch individuell dargestellt sind, und auf ein junges Volk alte Individuen, auf ein altes jugendliche Individuen einwirken können, so tritt zu der ersten naturnotwendigen Seite der Volksentwickelung eine zweite — vielleicht ganz andere Seite der individuellen Arbeit und der freien That hinzu und modifiziert ihre Richtung und ihren Inhalt. Diese zweite Seite hat die historische Schule zu wenig gewürdigt[2]);

---

[1]) Vgl. die Recension der Schrift v. Gönners in der Zeitschr. f. gesch. Rechtswissenschaft 1, 385.

[2]) Auch Savigny zu wenig, obwohl er selber vor diesem Fehler warnt. System des römischen Rechtes (Berlin 1840) 1, 31.

und es ist darin eine Hauptursache zu finden, weshalb sie auf dem Gebiete des States und der Politik nicht ebenso fruchtbar geworden ist wie auf dem des Privatrechtes.

Savigny schreibt die Recht bildende Kraft „dem Volke" zu, d. h. nicht einer unbestimmten Menge von zufällig zusammentretenden Einzelmenschen, sondern dem Naturganzen, das von einem gemeinsamen Geiste, dem Volksgeiste, beseelt ist. In diesem Sinne spricht er von Volksindividuen, und meint damit dasselbe, was unsere heutige Rechtssprache vorzugsweise Nation nennt, die durch gemeinsame Sprache, Recht und Sitte, d. h. durch gemeinsamen Geist und Charakter zu einer natürlichen Einheit verbundenen Familien und Individuen. „In dem einzelnen Volke offenbart sich der allgemeine Menschengeist auf individuelle Weise, und die Erzeugung des Rechtes ist seine gemeinschaftliche That"[1]). Indem dieses Volk (wir sagen die Nation) sich in sichtbarer und organischer Erscheinung zusammenfaßt und offenbart, entsteht der Stat. „Der Stat ist die leibliche Gestalt der geistigen Volksgemeinschaft, seine Erzeugung ist eine Art der Rechtserzeugung, ja sie ist die höchste Stufe der Rechtserzeugung" (System 1, 22). Er nennt den Stat auch „die organische Erscheinung des Volkes". Die große Wahrheit ist darin ausgedrückt, daß der Stat nicht bloß eine künstliche Maschine sei, um der Wohlfahrt der Individuen zu dienen, also nicht ein bloßes Mittel für unstatliche Zwecke, auch nicht eine bloße Gesellschaft von Einzelmenschen, sondern ein beseeltes Gesamtwesen. Aber die Begriffe Nation und Volk (als Stat) sind darin doch in höherem Grade identifiziert, als die Geschichte es rechtfertigt, welche bald von Einer Nation mehrere Staten gründen, bald mehrere Nationen oder deren Bruchteile von Einem State zusammenfassen läßt.

Mehr als Savigny hat sich Niebuhr mit der Statswissenschaft beschäftigt. Sowohl seine historischen Arbeiten als sein amtlicher Beruf leiteten ihn zum State hin. Seine römische

[1]) System des römischen Rechtes 1, 20.

Geschichte ist vorzüglich Entwickelungsgeschichte des römischen Statswesens, seine Vorlesungen über die französische Revolution haben einen politischen Charakter. Als Mitglied des Finanzministeriums, als Gesandter in Rom, als Statsrat war er in die Statspraxis eingeweiht. Ein besonderes politisches Werk hat aber auch er nicht geschrieben.

Barthold Georg Niebuhr[1]) war den 27. August 1776 zu Kopenhagen geboren, ein Sohn des orientalischen Reisenden Karsten Niebuhr. Seine erste Erziehung erhielt er aber zu Meldorf im Süddithmarschen, da wurde er für die alten Freiheitskämpfe der Dithmarscher Bauern wider den Adel begeistert; diese heimatliche Liebe zu bäuerlicher Volksfreiheit erwärmte sein Herz, als er in der Folge die Kämpfe der römischen Plebes wider die Patrizier beschrieb. Aber ebenso tief wurzelten in dem Jünglingsgemüte die entsetzlichen Nachrichten von den Greueln der französischen Revolution, welche in den Jahren 1793 und 1794 nach Meldorf und Kiel gelangten. Sein zartes Nervensystem wurde jederzeit in leidenschaftliche Aufregung versetzt, wenn er jener blutigen Ereignisse gedachte, und immer wieder frisch regte sich in ihm der heftige Haß der Revolution. Seine historischen Studien befreiten wohl den Geist von dieser Einseitigkeit; es blieb ihm nicht verborgen, daß nicht bloß die Fanatiker der Freiheit und Gleichheit, daß auch die Fanatiker der Religion und der Legitimität solche Greuel verübt haben. Aber seine Gefühle hielten nicht immer Schritt mit der Kritik des Verstandes und reagierten gelegentlich heftig gegen dessen Leitung. Auf seine Schüler machte jene Liebe zu gesetzlicher Volksfreiheit und dieser Abscheu vor der Revolution den Eindruck der Wahrheit und des sittlichen Ernstes und bewirkten daher vielfältige Nacheiferung.

Im Jahre 1806 wurde Niebuhr durch den genialen Minister Stein in den preußischen Statsdienst gezogen, nachdem er vor-

[1]) Lebensnachrichten über B. G. Niebuhr. 3 Bde. Hamburg 1838—39.

her in dänischen Diensten sich mit finanziellen und gelehrten Arbeiten beschäftigt und durch einen Aufenthalt in England (1798—1799) auch die Verhältnisse dieses freien States kennen gelernt hatte. Von da an blieb er dem preußischen State treu, mit dem ihn das furchtbare Unglück von Jena, das unmittelbar nach seinem Eintritte über Preußen kam, enger und fester verband, als es die Jahre einer ruhigen Arbeit vermocht hätten. Als Johannes Müller Berlin verließ, übernahm er dessen Stelle als Historiograph, und als die Universität Berlin gegründet wurde, arbeitete auch er mit an der geistigen Wiedergeburt, welche der Befreiung Preußens und Deutschlands von der Fremdherrschaft vorausging. Damals zuerst hielt er seine Vorlesungen über die römische Geschichte.

Es war das zunächst eine kühne That der historischen Kritik, welche die Geister befreite. Bisher hatte eine philosophisch-historische Orthodoxie unbestritten in der deutschen Wissenschaft und auf den Schulen geherrscht und es war die Jugend in einer stumpfsinnigen und knechtischen Verehrung der klassischen Autoritäten erzogen worden. Da machte er mit dem trivial klingenden aber inhaltschweren Satze: „Man muß die Geschichte als etwas Geschehenes verstehen“ den Unterschied klar zwischen Sage und Geschichte und deckte die mancherlei Widersprüche zwischen den überlieferten Erzählungen und der Wirklichkeit des Volkslebens auf. Er lehrte die Zeugnisse der Alten besser prüfen und würdigen. Seine Kritik war nicht frivol, nicht bloß verneinend, sie war von sittlichem Ernste und aufrichtiger Wahrheitsliebe beseelt, sie riß nieder, aber nicht um den Schutt zu vermehren, sondern um Raum zu gewinnen für dauerhaftere Bauten. Man kann ihm zuweilen ein Übermaß von Kühnheit und ein zu rasches Bilden gewagter Hypothesen, aber man kann ihm niemals mit Grund Umwälzungslust und eitle Neuerungssucht vorwerfen.

War der Geist der historischen Kritik gegenüber der Geschichte des Altertumes erwacht, so konnte er auch an der altjüdischen und der altchristlichen Geschichte nicht mit geschlossenen Augen vorübergehen. Aber hier kam bei Niebuhr der wissenschaftliche Geist mit seinem ängstlichen Gemüte in Widerspruch, den richtig zu lösen ihm doch der freie Mut fehlte. Er las die „heiligen Bücher“ absolut kritisch und äußerte wohl gelegentlich: „So lange man die Bibel nicht ebenso lese wie jedes andere Buch, werde man nicht zu einem wahrhaften Verständnis derselben gelangen.“ Er spottet zuweilen der modernen „Mystiker, bei denen aufgejuckte Gefühle herrschten“, und die kirchlichen Orthodoxen waren ihm zuwider. Aber die Indifferenten mochte er auch nicht leiden und gegen die Freigeister ereiferte er sich: er verehrte „den Mysticismus der Reformatoren“, ohne daran Teil zu haben. Zu einer positiven Ansicht über Gott und Welt war er nicht gelangt. In der Angst des Herzens, das mit dem Verstande nicht im Frieden war, kam er sogar zu der abenteuerlichen Erziehungsmethode des blinden Autoritätsglaubens. Er erließ für die Erziehung seines Sohnes Markus die Vorschrift: „Altes und Neues Testament soll er mit buchstäblichem Glauben vernehmen und fester Glaube an alles, was mir ungewiß oder verloren ist, von Kindesbeinen an in ihm gehegt werden“ (Brief vom 30. April 1817). Das verlangte derselbe Mann, der nach einer ähnlichen Äußerung sich nicht enthalten konnte hinzuzufügen: „Wo absolute Irreligiosität ist, Orthodoxie gebieten wollen, ist ebenso verderblich wie das absolute Festhalten der alten Statsformen oder vielmehr ihre Herstellung nach einer Revolution“ (Brief vom 15. August 1818). War denn nicht die buchstabengläubige Erziehung im Hause des gelehrten Kritikers ebenso unnatürlich und ebenso verderblich? Es ist das ein unleugbarer Charakterzug wenn nicht der ganzen historischen Schule, doch vieler Mitglieder derselben: ihre konservativen Intentionen arteten öfter in verderbliche Reaktion aus.

Neben der kritischen Wirkung war auch die politische Bedeutung der „römischen Geschichte“ nicht gering. Er führte die studierende Jugend ein in die Verfassungsgeschichte des States, dessen Recht und Politik zur Weltherrschaft gelangten, er enthüllte ihnen die Natur der inneren Parteikämpfe, er lehrte sie über politische Institutionen und deren Wandelungen nachdenken, er erfüllte sie mit dem Geiste republikanischer Tapferkeit und begeisterte sie für die Entfaltung eines freien Bürgertumes. Er wußte sehr wohl, wie bedeutend in unserer Zeit das Bürgertum und der Mittelstand sei, und er war stolz darauf, einer der ersten Vertreter derselben in Preußen zu sein. In dieser Gesinnung schlug er die angebotene Erhebung in den Adelsstand aus; er fürchtete, dadurch in Wahrheit erniedrigt zu werden.

Aber auch in dieser politischen Beziehung machten sich dann wieder sein Haß gegen die französische Revolution, die Furcht vor der Barbarei des Pöbels und eine jener halbwiderwilligen Scheu vor der kirchlichen Autorität ganz analoge Scheu vor der fürstlichen Autorität so heftig geltend, daß er auch hier zuweilen in eine reaktionäre Richtung sich hineintreiben und es geschehen ließ, daß sein Ehrenname mißbraucht wurde, um die Politik der Restauration und der Reaktion zu verteidigen. Ganz schuldlos an den Vorwürfen, welche der deutschen historischen Schule gemacht worden sind, daß sie gegenüber den Ideen, die unsere Zeit bewegen, in Vorurteilen befangen sei und wenn auch nicht mit Absicht den Mächten der Hemmung und des Rückschrittes in die Hände arbeite, ist auch Niebuhr nicht. Diese Ängstlichkeit nahm mit dem Alter zu.

Die Befreiungskriege entrissen ihn wieder den gelehrten Studien und trieben ihn neuerdings in den aufgeregten Strom des politischen Lebens hinein. Im Jahre 1814 schrieb er jene merkwürdige Denkschrift über „Preußens Recht gegen den sächsischen Hof". Der redliche, sittlich strenge, für das historische Recht sorgsam wachende Niebuhr verteidigte hier die Annexion von Sachsen durch Preußen mit denselben Gründen, mit welchen in unseren Tagen Cavour die Annexion der italienischen Fürstentümer an Piemont verfochten hat. Er leitete das Recht dazu aus dem Prinzipe der Nationalität ab, das er nun auf den Stat anwendete, wie es Savigny gleichzeitig auf das Privatrecht bezog: „Eine Nation hat ein ebenso bestimmtes Leben wie der einzelne Mensch; und das, wodurch jeder einzelne ihr angehört, gehört zu seinem höheren Dasein. Die Gemeinschaft der Nationalität ist höher als die Statsverhältnisse, welche die verschiedenen Völker eines Stammes vereinigen oder trennen. Durch Stammart, Sprache, Sitten, Tradition und Litteratur besteht eine Verbrüderung zwischen ihnen, die sie von fremden Stämmen scheidet und die Absonderung, die sich mit dem Auslande gegen den eigenen Stamm verbindet, zur Ruchlosigkeit macht. Hierüber hat zu allen Zeiten einstimmiges Urteil geherrscht, eben wie in Hinsicht der Einheit, welche aus dem Glauben entsteht. — Aus diesem Nationalitätsverhältnisse entstehen die Rechte einer Bundesversammlung, oder ihres Hauptes, zu ächten, wenn ein einzelner Stat der Nation untreu und zum Verräter an ihr, im Bündnis mit Fremden, wird. So wenig wie das Recht des States, das Recht der höchsten Gewalt, durch einen beschlossenen gesellschaftlichen Vertrag entstanden und begründet ist, sondern aus dem Wesen des States und dessen Notwendigkeit hervorgeht, so wenig ist dieses äußere Strafrecht aus Verträgen abzuleiten, sondern aus der Nationalität, welche in günstigeren Zeiten die Bundesverfassung geboren hat. Hier ist ein jus gentium im eigentlichen Sinn.“ Und ferner: „Die Zeit verwandelt sich, Reiche entstehen und werden mächtig, und die kleinen Gemeinden und Fürstentümer hören auf Staten zu sein. Denn ein Stat kann nur heißen, was in sich Selbständigkeit hat, fähig ist, den Willen zu fassen, sich zu behaupten und sein Recht geltend zu machen; nicht was einen solchen Gedanken gar nicht hegen kann, was sich einem fremden Willen anschließen und unterordnen muß und diesen ergreifen, wo er der eigenen Lebensfristung am günstigsten scheint. Solche geschützte Gemeinheiten mögen denen, die in Zeiträumen von Ruhe in ihnen leben, sehr gemächlich sein, günstig sogar für Litteratur und Künste: aber wer nur ihnen angehört, hat kein Vaterland und ihm gebricht es an dem Besten, was das Schicksal zur Ausrüstung des Mannes zu verleihen vermag. Denn nicht nur in der Knechtschaft ist die Hälfte des Mannes geraubt; ohne Stat und unmittelbares Vaterland gilt auch der Beste wenig, durch sie wird auch der Einfältige viel."

Auch die zweite politische Schrift Niebuhrs aus dieser Zeit: Über geheime Verbindungen im preußischen State und deren Denunciation (Berlin 1815) hat eine liberale Tendenz. Sie ist gegen den preußischen Inquisitor Schmalz gerichtet und warnt eindringlich vor politischen Ketzerverfolgungen und von der Anschwärzung unbescholtener Männer. Er verteidigt die Existenz politischer Parteien gegen die engherzigen Vorurteile und spricht die Wahrheit aus: „Politische Parteien müssen in jedem State entstehen, wo Leben und Freiheit ist; denn es ist unmöglich, daß sich lebendige Teilnahme nicht nach den individuellen Verschiedenheiten in ganz entgegengesetzte Richtungen verteile." Aber noch verwirft er politische Vereine als ungesetzlich und statsgefährlich, ganz vorzüglich aber alle geheimen Verbindungen. Wie Savigny dem Berufe unserer Zeit für die Gesetzgebung mißtraut, so hat er auch keinen Glauben an den Beruf der Zeit für die Repräsentativverfassung und hat eine Menge Bedenken gegen die konstitutionelle Monarchie. Die Unsicherheit und Bangigkeit inmitten der Zerstörung des Alten, das er für unwiederbringlich zerstört erklärt, und der vermeintlichen Unfähigkeit zu neuen Schöpfungen zittert auch durch diese Streitschrift durch: „Das Zeitalter hat sich im Kriege rüstig gezeigt, aber zum Bilden ist es unfruchtbar und träge, und je dringender das Bedürfnis, um so schwerer ist die Abhülfe." Wenn solche Männer so mutlos dachten, wie war es da möglich, eine zeitgemäße Erneuerung des States zu erwarten!

Seit 1816 finden wir Niebuhr als preußischen Gesandten in Rom. Die geistliche Mißregierung des Kirchenstates war ihm klar genug, und er war aufrichtig genug, die Zerstörung der Napoleonischen Herrschaft für ein Unglück Roms zu erklären. Überall roch er den Moderduft unheilbar verkommener Zustände.

Auf der anderen Seite betrachtete er die Revolutionen von Neapel und von Spanien wieder mit Abscheu und sprach sich heftig gegen „die Revolutionäre“ aus.

Im Jahre 1823 kehrte er nach Deutschland zurück und lebte fortan der Wissenschaft, für die seine Natur doch eher angelegt war als für die politische Praxis. Ganz unvorbereitet wurde er von der Pariser Julirevolution (1830) überrascht und erschreckt. Sie brachte ihn aus der Fassung, denn er hatte fest an die Überwindung der Revolution geglaubt. Er meinte, nun breche mit der Revolution die Barbarei ein und Europa versinke in die Roheit der entfesselten Leidenschaften. In solcher fieberhaften Stimmung zog ihm eine leichte Verkältung die tödliche Krankheit zu. Er starb am 2. Januar 1831.

Ganz auf geschichtlicher Grundlage steht das unvollendet gebliebene Buch von F. C. Dahlmann: Die Politik auf den Grund und das Maß der gegebenen Zustände zurückgeführt, dessen erster Band 1835 in Göttingen und wieder 1847 erschienen ist, aber keine Fortsetzung erhalten hat.

Dahlmann, geboren zu Wismar am 17. Mai 1785, war zuerst als Philologe in Kopenhagen aufgetreten und wurde 1813 als außerordentlicher Professor nach Kiel berufen. Zum Sekretär der schleswig-holsteinischen Prälaten und Ritterschaft im Jahre 1815 ernannt, verteidigte er die historischen Rechte dieser Stände und der deutschen Landschaft wider die dänische Regierung. Es war ein Kampf für urkundliches Recht und herkömmliche Freiheiten gegen den Absolutismus der modernen Statsgewalt. So wurde Dahlmann früh daran gewöhnt, vor allen Dingen die Begründung des Rechtes in der Geschichte zu erkennen und mit den gelehrten Untersuchungen auch die praktische Anwendung zu verbinden. Er hörte sich „gerne den Mann des Wortes und der That nennen“.

In Göttingen, wohin er 1829 als ordentlicher Professor der Statswissenschaften berufen wurde, schrieb er seine Geschichte der englischen und der französischen Revolution (1843 und 1845), in der Absicht, den politischen Geist der deutschen Nation durch die Vergegenwärtigung der mächtigen und furchtbaren Erlebnisse in England und Frankreich zu bilden. Ebenda verfaßte er auch sein statswissenschaftliches Hauptwerk: Die Politik, welches einen großen und nachhaltigen Einfluß vorzüglich auf höher gebildete Kreise und auf die historische Fortbildung der deutschen Statswissenschaft geübt hat. Wir können aber die achtungsvolle und dankbare Aufnahme, welche dieses Buch gerade bei wissenschaftlich gebildeten Männern gefunden und auch verdient hat, weder dem Reichtume an historischen Überblicken noch der Neuheit und der logischen Klarheit der ausgesprochenen Ideen zuschreiben; denn das beigebrachte historische Material ist eher dürftig als reich zu nennen, es ist fast nur die englische Verfassungsgeschichte und selbst diese nur sehr lückenhaft benutzt; die logische Anlage des Buches aber ist nicht geeignet, den Organismus des States übersichtlich darzustellen. Die vorgetragenen statsrechtlichen Ideen erheben sich zwar an einzelnen Stellen zu dem Größten und Herrlichsten, was jemals über den Stat gedacht worden ist, aber an manchen anderen Stellen erscheinen sie, selbst wenn man sie mit den Werken der abstrakt naturrechtlichen Schule vergleicht, dünn und nebelhaft. Wir sehen das Hauptverdienst des Buches teils in der historischen Methode, welche die Statsideen nicht, wie die meisten es damals noch thaten, aus abstrakten Axiomen herleitete, sondern in der Verkörperung historischer Staten aufzeigte, teils in dem sittlichen Ernste, mit welchem er die festen und ehrwürdigen Formen der Rechtsordnung mit den Bedürfnissen und Regungen der Volksfreiheit in Harmonie zu bringen sich bemühte, teils in dem Adel seiner Grundgedanken. In dem Stile ist etwas Markvolles, was auf Charakter hindeutet, und etwas Gedrungenes, woraus wir auf Energie schließen. Die Achtung davor hilft uns über eine gewisse Starrheit und zuweilen Geschraubtheit in den Formen hinweg, welche wir ohne jene Eindrücke kaum ertragen könnten.

Die Politik versteht er im Sinne der Alten als Statslehre überhaupt; er unterscheidet nicht die beiden Seiten des States, Statsrecht und Politik. Den Stat betrachtet er als „eine ursprüngliche Ordnung, nicht als eine Erfindung weder der Not noch der Kunst". In der Familie sieht er den Keim des States: „Die Urfamilie ist Urstat; jede Familie, unabhängig dargestellt, ist Stat" (3). Aber später unterscheiden sich Familie, Volk und Stat. Unter Volk versteht er die Stammverwandtschaft, was wir Nation heißen, und macht aufmerksam, daß die Geschichte weder jede Nation zu einem State werden lasse, noch den gewordenen Stat unvermischt bewahre. Der Stat ist also „etwas anderes geworden als bloß die Form des Volkes" (6). „Die übermächtige weltliche Ordnung, welche den Menschen in ein Volk setzt, indem sie ihn in einer Familie geboren werden läßt, nimmt ihre Macht nicht aus sich selber und hat ihren letzten Zweck nicht in sich. Sie dient vielmehr einer höher stehenden Ordnung, welche jedem einzelnen State und allen Staten mit einander überlegen ist. Wir glauben an ein großes gemeinsames Werk der Menschheit, zu welchem das einzelne Statenleben nur die Vorarbeiten liefert, an eine auch äußerliche Vollendung der menschlichen Dinge am Ende der Geschichte. Nichts auf der Erde steht der göttlichen Ordnung so nahe als die Statsordnung" (8. 9).

Er verwirft jede Darstellung des States, welche sich der historischen Grundlagen entäußert: „Der Idealist, zeit- und ortlos hinstellend, was den guten Stat bedeuten soll, löset Rätsel, die er sich selber aufgegeben hat. Die Politik muß, um lehrreich zu sein, ihre Aufgaben nicht wählen, sondern empfangen, wie sie im Drange von Raum und Zeit hervorgehen aus jener tiefen Verschlingung der gesunden Kräfte der Menschheit mit allem dem krankhaften Wesen, welches in der physischen Welt Übel, in der moralischen Böses heißt" (12). Aber so entschieden er an der geschichtlichen Grundlage festhält, so weiß er doch, daß die Geschichte in der Bewegung begriffen ist, und will nicht den Krebsgang gehen, aus der Gegenwart in die Vergangenheit zurück:

„Weil die Menschheit in jedem Zeitalter neue Zustände gebiert, so läßt sich kein Stat grundfest darstellen, außer mit den Mitteln und unter den Bedingungen irgend eines Zeitalters, außer gebunden an die Verhältnisse irgend einer unmittelbaren Gegenwart. Daher drängt alle Wandelung von Statssachen im Leben und in der Lehre zur Historie hin“ (15). „Für die Statsfragen der Gegenwart wird die Philosophie nicht viel mehr thun können als die Hauptsache, daß sie Sittlichkeit und Recht in einem viel höheren Dasein als dem menschlichen zu begründen fortfährt. Der Politik bleibt die würdige Aufgabe, mit einem durch die Vergleichung der Zeitalter gestärkten Blicke die notwendigen Neubildungen von den Neuerungen zu unterscheiden, welche unersättlich sei's der Mutwille, sei's der Unmut ersinnt“ (237).

In seiner politischen Gesinnung weiß sich Dahlmann vorzüglich als Vertreter des gebildeten Mittelstandes (des dritten Standes) und als Verehrer der konstitutionellen Monarchie. „Fast überall bildet ein weit verbreiteter, stets an Gleichartigkeit wachsender Mittelstand den Kern der Bevölkerung, er hat das Wissen der alten Geistlichkeit, das Vermögen des alten Adels zugleich mit seinen Waffen in sich aufgenommen. Ihn hat jede Regierung vornehmlich zu beachten, denn in ihm ruht gegenwärtig der Schwerpunkt des States, der ganze Körper folgt seiner Bewegung. Will dieser Mittelstand sich als Masse geltend machen, so hat er die Macht, die ein jeder hat, sich selber umzubringen, sich in einen bildungs- und vermögenslosen Pöbel zu verwandeln. Strebt er einseitig nach schützenden Einrichtungen, so mögen seine Mitglieder bedenken, daß nichts schützt, als was über uns steht, als was feststeht, erhaben über den wechselnden Willen der einzelnen, als was zugleich beschränkt“ (237).

Die konstitutionelle Monarchie faßt er aber insofern anders als die Franzosen auf, als er auch hier mehr von historischen als von abstrakten Voraussetzungen ausgeht und mehr die sittlichen Momente als die prinzipiellen Grundsätze hervorhebt. „Ehemals war die Meinung, die allgemeine Verfassung dürfe nur insoweit wirken, als die besonderen Rechte der Stände keinen Eintrag dadurch litten. Jetzt liegt in der Bahn des Lebens die Überzeugung, daß vor allem die Ordnung der Gesamtheit mit Einsicht und Gerechtigkeit zu erstreben sei; das einzelne soll sozusagen sein Dasein rechtfertigen durch seine thätige Stellung im Ganzen. Aber nicht die mechanische, nach Willkür wechselnde Einheit ist das Ziel, es gilt ein stetig einheitliches Leben für die Mannigfaltigkeit freier Volksentwickelung in diese Gebundenheit der Statsordnung einzuführen. Darum kann die Zukunft Europas keine Verherrlichung des unumschränkten Königtumes sein, aber sie ist, wenn stetige Entwickelung gelingen soll, geknüpft an den Bestand nicht bloß, sondern an die Macht der erblichen Königtümer" (141). „Dieselbe Macht der Geschichte, welche überall dahin, wo früher Dienste standen, das Geld gesetzt hat, welche an die Stelle der überlieferten Sitte die Gründe wägende Einsicht gesetzt hat, und eine öffentliche Meinung an die Stelle der Standesmeinung — eben sie ist es, welche die alten Landstände zusammenrücken heißt zu einer Volksvertretung, welche allgemein verbindliche Gesetze und Geldabgaben bewilligt, alle Regierungsrechte aber, der Stände und der einzelnen, an den besser erkannten Stat zurückstellt" (142).

Die feste liberal-konservative Gesinnung Dahlmanns hatte ihm das Vertrauen des Herzogs von Cambridge verschafft, und an der Ausarbeitung der hannoverischen Verfassung von 1833 hatte er einen großen Anteil. Um so bitterer war sein Schmerz, als er den Umsturz dieser Verfassung durch das Patent des Königs Ernst August von 1837 erlebte. Sein sittliches und sein Rechtsgefühl war bis auf den Grund verletzt. Er schrieb damals in der klassischen Schrift: Zur Verständigung S. 30: „Schweigend der Zerstörung aller menschlichen Ordnung zuzusehen, nur zu beten und zu seufzen, wo noch gesetzliche Mittel bleiben, oder zu sagen wie ein Beamter des Landes: „„Ich unterschreibe alles, Hunde sind wir ja doch!"" halte ich des Mannes, des Christen für unwürdig. Ich kämpfe für den unsterblichen

König, für den gesetzmäßigen Willen der Regierung, wenn ich mit den Waffen des Gesetzes das bekämpfe, was in der Verleitung des Augenblickes der sterbliche König im Widerspruch mit den bestehenden Gesetzen beginnt. Ich kann keine Revolution hervorbringen, und wenn ich es könnte, thäte ich's nicht; allein ich kann ein Zeugnis für Wahrheit und Recht ablegen gegen ein System der Lüge und Gewaltthätigkeit, und so thu' ich." In Folge seines Widerstandes wurde er, einer der berühmten Göttinger Sieben, aus seiner Professur verdrängt und aus dem Lande Hannover weggetrieben. Er ging nun nach Jena und arbeitete da seine Geschichte Dänemarks aus. Im Jahre 1842 erhielt er einen Ruf nach Bonn und fand hier wieder eine größere Wirksamkeit.

Indessen die Statswissenschaft erhielt durch ihn keine weitere Förderung. Mehr versuchte er seine Kraft in der politischen Praxis. Die Bewegung des Jahres 1848 brachte ihn in die Höhe. Als preußischer Vertrauensmann bei der Bundesversammlung und als Mitglied der deutschen Nationalversammlung in Frankfurt führte er eine gewichtige Stimme. Indessen entsprachen seine Kräfte nicht der ungeheuren Schwierigkeit der Aufgabe. Er war nicht der Mann, um in einer Revolution den Stat neu zu formen. Er stützte sich dabei vornehmlich auf die Meinung des dritten Standes, und übersah auf der einen Seite die Macht der Fürsten und ihrer Regierungen und auf der anderen Seite die großen Volksmassen, mit denen er keinen Rapport hatte noch suchte. Seine Haltung und Wirksamkeit war doktrinär. In einem normalen Parlamente konnte er eine bedeutende Stellung mit Ehren behaupten, zum leitenden Statsmanne in kritischer Zeit fehlte ihm vieles.

Dahlmann erhielt später an Georg Waitz einen ihm ebenbürtigen und geistig verwandten Nachfolger auf dem Lehrstuhle in Göttingen. Das neue Buch von Waitz: Grundzüge der Politik (Kiel 1862) ist von demselben sittlichen Geist erfüllt und ruht auf derselben geschichtlichen Grundansicht. Aber man wird es gewahr, daß die gewaltige Erschütterung des Jahres 1848 und die seitherigen Kämpfe für nationale Freiheit und Verfassungsrecht zwischen den beiden Büchern in der Mitte liegen. Das politische Bewußtsein ist seither nüchterner und klarer, das Urteil umsichtiger und besonnener und der Wille kräftiger und fester geworden. Dieses Wachstum ist augenscheinlich auch dem Buche von Waitz zu gute gekommen. Dahlmann hatte noch die Nation auf die konstitutionelle Monarchie, mit Beachtung des englischen Vorbildes, als das Streben einer ungewissen Zukunft aufmerksam gemacht. Waitz betrachtet nun die Repräsentativverfassung als selbstverständlich und sucht dieselbe sicherer auszubauen und in ihren Grundzügen vielseitiger darzustellen. In sechs Abschnitten: vom Wesen, von den Gliedern, von den Formen, von den Organen, von den Mitteln und Dienern, vom Leben des States spricht er eine Anzahl Sätze aus, die freilich noch der Begründung, Erklärung und Ausführung vielfältig bedürfen.

Seine Methode erinnert sehr an die Werke der historischen Juristenschule. Mit der ethischen Richtung verbindet sich die historische Kenntnis und Neigung. Aber obwohl die spekulative Statslehre mit Mißtrauen, um nicht zu sagen mit Geringschätzung, betrachtet und möglichst ignoriert wird, so werden doch viele Sätze als Grundgedanken ausgesprochen, welche nicht aus der Geschichte der einzelnen Staten begründet werden können, sondern nur von der philosophischen Anschauung der Menschennatur ihr Licht empfangen. So sagt er vom Wesen des States: „Der Stat ist die Institution zur Verwirklichung der sittlichen Lebensaufgaben der Menschen, insofern diese in dem Zusammenleben nach Völkern erfolgt. Der Stat ist kein natürlicher, er ist ein ethischer Organismus. Aus der Familie entwickelt sich auch der Stat; er entsteht, so wie die Familie sich zum Volke erweitert; er ist die Ordnung, welche dann in diesem waltet. Der Stat ist so die Organisation des Volkes. Doch fallen in der Geschichte Stat und Volk nicht immer, nicht regelmäßig zusammen. Beide,

Volk und Stat, sind der Geschichte übergeben; führen ihre Wege manchmal aus einander, doch haben sie ein natürliches Streben, sich zu begegnen. Die Frage nach der Vollkommenheit des States ist nur in dem Zusammenhange des geschichtlichen Lebens zu beantworten. Ein an sich bester oder vollkommener Stat kann nicht gedacht werden."

Wie Dahlmann, so versteht auch Waitz die Politik ganz allgemein als „die Lehre vom State", und mischt statsrechtliche Institute mit politischen Gedanken, ohne irgend die beiden Seiten des States, seine ruhende Ordnung (Statsrecht) und sein bewegtes Leben (Politik) zu unterscheiden. Die moderne Statswissenschaft hat aber dieser Unterscheidung einen großen Teil ihrer Fortschritte zu verdanken, und die Mischung muß daher als ein Rückfall in die frühere Unklarheit bezeichnet werden. Waitz wurde zu derselben vielleicht dadurch verleitet, daß er meinte, den Stat wesentlich als eine sittliche Institution erklären zu können. Man braucht Machiavelli nicht beizustimmen, wenn er die Politik völlig losreißt von dem Zusammenhange mit der sittlichen Weltordnung und für unabhängig erklärt von dem Rechte, und kann dennoch der Meinung sein, daß Machiavelli sich ein Verdienst um die Statswissenschaft erworben habe, indem er ihre Eigentümlichkeit und Selbständigkeit den Moralsystemen gegenüber begründet. Wenn in der Politik das sittliche Moment ausschließlich oder vornehmlich beachtet wird, so werden die eigentlichen Statsaufgaben vernachlässigt. Die Politik darf freilich nicht unsittlich sein, aber die Sittlichkeit allein bestimmt sie nicht und erklärt sie nicht.

Ein besonderes Interesse gewähren einzelne Ausführungen des Buches, wie insbesondere die über das Wesen des Bundesstates und über die Statsformen. Die Umgestaltung des nordamerikanischen Statenbundes von 1776 in den Bundesstat von 1785 und des schweizerischen Statenbundes von 1815 in den Bundesstat von 1848, sowie die deutschen Verfassungskämpfe gaben zu jener Untersuchung Anlaß und Stoff her. Waitz erklärt den Statenbund als einen Verband von Staten zur Erfüllung gemeinsamer Aufgaben, eine statliche Genossenschaft, in welcher die Einzelstaten fortwährend ihre völkerrechtliche Persönlichkeit behaupten und geltend machen, und nur in gewissen Gemeininteressen zusammenwirken. Der Umfang der gemeinsamen Angelegenheiten kann enger begrenzt oder weiter gezogen werden. Die Leitung derselben kann verschieden sein, nur daß jeder Stat als solcher an der Entscheidung Teil hat. Das regelmäßige Organ ist eine Gesandtenkonferenz, Tagsatzung, und die Hegemonie eines Einzelstates, Vorortes, ist eine statenbündliche Einrichtung. Der Bundesstat dagegen, von dem lehensmäßigen Statenreiche ebenso verschieden wie von dem Statenbunde, ist sowohl im ganzen als im einzelnen wirklicher Stat, d. h. Organisation des Volkes. Er teilt nicht die Gewalt und veräußert sie nicht; er unterscheidet nur die Aufgaben und weist die einen gemeinsamen nationalen dem Gesamtstate, die anderen besonderen den Einzelstaten zu. Beide sind als Staten organisiert, beide haben eine ihnen eigene (souveräne) Gesetzgebung, Regierung, Gericht. In dem Bereiche der einzelstatlichen Interessen ist der Einzelstat nicht minder selbständig und unabhängig als in dem Bereiche der gemeinsamen Nationalinteressen der Gesamtstat. Nur der Umfang, nicht der Inhalt und nicht das Recht der Souveränetät wird geteilt. Daher dürfen das Bundeshaupt und die Bundesregierung nicht abhängig sein von den Einzelstaten, und die Bundesversammlung muß eine Repräsentation des Gesamtvolkes sein in Volkshaus und Statenhaus.

Für die Unterscheidung der Statsformen erklärt er die Aristotelische Ansicht, daß die Natur des Hauptes entscheide, als bloß sekundär und fordert, daß vorerst auf das Verhältnis des Volkes zur Gewalt gesehen werde. In diesem Sinne unterscheidet er dann die Republik, in der das Volk selbst die Statsgewalt übt oder durch Beauftragte üben läßt; die Theokratie, welche die Statsgewalt auf ein höheres Wesen, auf

Gott zurückführt, und das Königtum, wenn die Statsgewalt einem einzelnen selbständig, aus eigenem Rechte, zusteht. Jede von diesen Arten, meint er, könne dann wieder monarchisch, aristokratisch oder demokratisch in ihrem Haupte organisiert sein. Waitz geht dabei von dem Gedanken aus, daß der Ursprung der Gewalt, die Ableitung derselben, entscheidend sei für die Art der Statsformen. Deshalb betrachtet er das altrömische Kaiserreich als Republik, weil der Kaiser seine Gewalt von dem römischen Volke ableitet, obwohl der monarchische Geist des Cäsarentums schon den Alten klar war. Als Anstoß für weitere Unterscheidungen ist seine Untersuchung wichtig und dankenswert; ihre Resultate können nicht befriedigen.

Zwanzigstes Kapitel.

Vermittelungsversuche. Ancillon und Radowitz. Karl Salomo Zachariä. Schmitthenner. Schleiermacher.

Wir fassen in dieser Gruppe von Statsweisen eine Anzahl Männer zusammen von sehr verschiedenem Werte und von mancherlei oft ganz entgegengesetzten Grundansichten und Tendenzen, die aber das mit einander gemein haben, daß sie alle mehr oder weniger glückliche Versuche machen, den alten Streit in der Wissenschaft und im Leben versöhnend auszugleichen. Ancillon und Radowitz nehmen einen romantischen, Karl Salomo Zachariä nimmt einen eklektischen Standpunkt ein; Schmitthenner versucht es, die philosophische mit der historischen Methode zu verbinden, Schleiermacher den Gegensatz dialektisch zu überwinden.

Ancillon und Radowitz haben beide durch ihre persönliche Beziehung zu dem preußischen Königshause und als preußische Statsmänner auch einen großen praktischen Einfluß ausgeübt. Ihre zu ihrer Zeit viel gelesenen Schriften dienten dazu, ihre politische Haltung zu begründen und zu illustrieren. Sie sind beide geistreich und formgewandt, sie verstehen die Kunst, allgemeine Ideen in klaren und kurzen Sätzen verständlich auszuprägen und zumal in den höheren Klassen in Umlauf zu setzen. Der historischen und philosophischen Bildung ihres Zeitalters sind beide mächtig. Sie gehören beide insofern der romantischen Richtung an, als ihre Ideale eine halb religiöse, halb mittelalterliche und dynastische Stimmung und Färbung haben, und doch wieder sind sie frei von jenem Fanatismus, dem wir bei Haller, Ad. Müller und Görres begegnet sind. Sie wollen zugleich dem modernen Leben dienen und an der Umbildung des neuen States Teil nehmen.

Ancillon ist weicher, schmiegsamer, gemäßigter als Radowitz. Dieser ist härter, vielseitiger, schroffer als jener. Der eine ist Protestant und daher geneigter, dem State sein Recht zu gewähren. Dieser ist ein gläubiger Katholik und darauf bedacht, seine Kirche und den Stat zu versöhnen. Zu einer durchgebildeten neuen Statslehre hat es keiner von beiden gebracht. Die aphoristische Form einzelner Betrachtungen über den Stat und statliche Dinge wird von beiden vorgezogen. Sie haben Bausteine geliefert zum Bau der Statswissenschaft, aber keine Gebäude aufgeführt.

In Friedrich Ancillon (geb. zu Berlin 30. April 1766, reformierter Prediger für die französische Gemeinde zu Berlin, seit 1806 Erzieher der königlichen Prinzen, Mitglied der Akademie, zuletzt Minister des Äußern seit 1831, starb 19. April 1837) tritt die Tendenz zur Vermittelung am deutlichsten hervor. Seine Schrift Über Souveränetät und Statsverfassungen (Berlin 1816) hat bereits diesen Charakter. Er wendet sich gegen die Rousseau'sche Volkssouveränetät mit der Bemerkung, „daß ein Volk vor der Souveränetät gar nicht existieren könne", und behauptet, die Souveränetät sei für das Volk, nicht durch das Volk geschaffen. Er erklärt sie als „die gesetzgebende Gewalt", die erst im State zur Verwirklichung komme, nicht dem State vorausgehe. Aber er will doch ebenso wenig die Hallerische Theorie gutheißen. „Der Stat existiert nicht, bevor das Volk existiert, sondern der Stat und das Volk bilden und entwickeln sich mit einander, so daß man den einen ohne das andere nicht begreifen kann" (S. 17). Indessen, statt diesen modernen Gedanken festzuhalten, läßt er sich wieder verleiten, dem modernen Volke die mittelalterlich-ständischen Institutionen aufzupfropfen.

Die große Macht des Zeitgeistes leugnet er nicht, aber er behauptet, die Vernunft müsse den Zeitgeist vor ihren Richterstuhl ziehen, und setzt auf den Stuhl der Vernunft „die Regierung". Er betrachtet die Revolution nun als überwunden und hofft, daß es den Regierungen gelingen werde, ein Zeitalter herbeizuführen, in welchem die Vernunft, die Freiheit und die Religion gemeinsam herrschen.

In der zweiten Schrift: Über die Statswissenschaft (Berlin 1820) spricht er aus, daß der Statsmann, welcher nur das Alte erhalten wolle, ebenso fruchtlos arbeite, wie der Statsmann verloren sei, welcher die Forderungen der Vergangenheit an die Gegenwart verkenne. „Die Notwendigkeit und die Freiheit teilen sich in das Gebiet der menschlichen Gesellschaft. Auf ihrem Antagonismus beruht das Leben des States, wie das Leben der einzelnen" (XIV).

Er nähert sich Kant, indem er den Zweck des States lediglich in dem „Schutze der Freiheit durch gesetzmäßigen Zwang" sieht; die politische Freiheit ist ihm nur ein Mittel zum Schutze der bürgerlichen Freiheit. Aber dann bietet er der historischen Schule wieder die Hand, indem er von dem jeweiligen Entwickelungsprozeß des States in seiner geschichtlichen Einheit alles abhängig macht.

Er erklärt sich für einen Freund der Repräsentativverfassung, aber nicht im Sinne von Sieyès, nicht nach Areal und Volkszahl. Er will vor allen Dingen Interessenvertretung, aber erkennt thatsächlich nur das Eigentum als Grundlage des Wahlrechtes an, und läßt die geistigen Interessen unvertreten, wenn sie nicht im Schutze des Eigentumes — gleichsam in dessen Gefolge — sich Zutritt verschaffen. Die Vertretung des Grundeigentumes, zumal des großen, soll vorzüglich die Kräfte der Erhaltung, die Vertretung des beweglichen Vermögens die Kräfte der Bewegung darstellen.

Ebenfalls noch in die Restaurationsperiode fällt das Werk: Zur Vermittelung der Extreme in den Meinungen (2 Bde. Berlin 1828. 2. Aufl. 1838). Da stellt er geradezu die entgegengesetzten Meinungen z. B. über den Charakter des jetzigen Zeitalters, über die öffentliche Meinung, die Presse, die Perfektibilität der Gesellschaft, die Revolution u. s. f. einander vorerst entgegen und sucht sie durch die entgegengesetzte Beleuchtung zu ermäßigen und zu versöhnen[1]).

Joseph Maria v. Radowitz, geboren den 6. Februar 1797, der Sohn eines katholischen Vaters und einer protestantischen Mutter, wendete sich schon als Knabe, trotz der anfänglich protestantischen Erziehung und Umgebung, der streng katholischen Richtung zu, der er bis zum Tode treu blieb. Auf französischen und westfälischen Schulen, insbesondere auch auf der polytechnischen Schule zu Paris erhielt er eine mathematisch-militärische Ausbildung, wurde Offizier zuerst in königlich westfälischen, dann — nach dem Falle Napoleons — in kurhessischen Diensten, bis er diese infolge des Zerwürfnisses zwischen dem Kurfürsten und seiner Gemahlin 1823 verließ, um in Berlin eine einflußreichere Stellung in der Artillerie anzutreten. Da wurde er bald der Freund des Kronprinzen und durch seine Heirat mit einer Gräfin Voß in den Kreis der in Preußen mächtigen Hofaristokratie aufgenommen. An dem „Politischen Wochenblatt" (1831—1837), welches damals den Prinzipienkampf „wider die Revolution" führte, beteiligte er sich. Das büreaukratische Beamtenregiment war vorzüglich die Zielscheibe seiner polemischen Artikel. Nach der Thronbesteigung des Königs Friedrich Wilhelm IV. stieg er rasch empor und erhielt als Vertrauter des Königs eine Reihe von Missionen. Im Jahre 1846 schrieb er die Gespräche über Stat und Kirche, welche der preußischen Verfassungsreform von 1847 vorarbeiteten. Den Standpunkt des absoluten königlichen Beamtenstates hat er als unhaltbar aufgegeben; aber er will ein göttliches Königsrecht, durch ständische Vertretung teils gehalten, teils beschränkt. Auch er ver-

---

[1]) Andere statswissenschaftliche Schriften sind: Nouveaux Essais de politique et de philosophie. 2 Vols. Paris et Berlin 1824. Über den Geist der Statsverfassungen und deren Einfluß auf die Gesetzgebung. Berlin 1825.

kündet Reformen, aber diese Reformen sind teils unzureichend, teils durch Prinzipien motiviert, welche von dem heutigen Bewußtsein verworfen sind. Seine Bemühungen, im Jahre 1847 in der Schweiz zu intervenieren, waren ebenso vergeblich wie die, „die deutsche Bundesverfassung zu reformieren". Die Revolution von 1848 verhinderte beides und brachte in Radowitz selber eine Umwandlung hervor. Er erkannte nun die Notwendigkeit der konstitutionellen Monarchie, die er früher bestritten hatte; aber in der Frankfurter Nationalversammlung ward er der Führer der äußersten Rechten. Er vorzüglich betrieb nun die Einführung des engeren Bundesstates unter preußischer Leitung als preußischer Minister; ohne Erfolg und Glück. Als der König die Anwendung militärischer Mittel nicht genehmigte, nahm er seine Entlassung (November 1850). In der Muße des Privatlebens schrieb er: Neue Gespräche über Stat und Kirche (Erfurt 1852) und gab seine Gesammelten Schriften heraus (Berlin 1852). Der Tod raffte ihn unerwartet weg (25. Dez. 1853)[1]).

Seine Statsidee sprach er im Jahre 1847 so aus: „Im großen und ganzen gab es im neueren europäischen Statswesen nur zwei Hauptgegensätze: die Beamtenregierung und die Repräsentativregierung. Das Dekret vom 3. Februar 1847 ist der erste Versuch, einen Standpunkt zu gewinnen, der außerhalb und oberhalb jener Gegensätze läge, die doch nur Formen desselben Statsabsolutismus sind. Dies ist der Sinn der ständischen Monarchie" (G. Schr. 4, 165). Daß derselbe in Folge der ungeschickten Ausführung mißlingen werde, sah er schon damals zu seinem Schmerze wohl ein.

Das Recht, sowohl des einzelnen als das der Staten, ist nach seiner Ansicht „kein Werk menschlichen Willens und Meinens, sondern eine Entwickelung göttlicher Willensakte. Diese treten

[1]) Frensdorf, J. v. Radowitz. 1850. J. v. Radowitz, wie ihn seine Freunde kennen. Karlsruhe 1850. v. Kaltenborn, Art. Radowitz im Deutschen Statswörterbuch.

entweder unmittelbar hervor in den Offenbarungen an die Menschheit und in dem Gewissen der einzelnen oder mittelbar in den Naturprozessen des geschichtlichen Verlaufes" (S. 188).

Nach 1848 formulierte er die Aufgabe für Preußen so: „Die Grundlage könnte jetzt nur das konstitutionelle Prinzip sein. — Parlamentarische Gesetzgebung, aber keine parlamentarische Regierung. Eine starke, freie monarchische Spitze. Die Bedingung des Gelingens war, daß Preußen die deutsche Nation wieder ins Leben einführte und an ihre Spitze trat" (S. 296).

In dem Siege der Reaktion von 1849 sah auch er nur den Rückfall in die frühere Zeit und den Anfang neuer Erschütterung.

An einer anderen Stelle unterscheidet er drei Grundansichten vom State: „Die erste sieht in ihm ein Erzeugnis der Zweckmäßigkeit, die zweite ein Postulat des menschlichen Willens, die dritte eine göttliche Einsetzung." Aber er ist der Meinung, keines der abstrakten Prinzipien in ihrer Vereinzelung genüge den Anforderungen des heutigen Statslebens. „Es bedarf daher der Versöhnung, der Ausgleichung, der Ergänzung des einen durch das andere, und das ist die Aufgabe" (S. 235).

Einen scharfen Gegensatz zu der romantischen Vermittelung bildet die nüchtern-verständige, vielseitig aufmerksame, kalt erwägende, bald diesen, bald jenen Standpunkt wählende Betrachtungsweise von Karl Salomo Zachariä. Sie vermittelt nicht, indem sie die Gegensätze überdeckt, sondern indem sie abwechselnd den Gegensätzen folgt. Sie hat daher einen eklektischen Charakter und, wenn der Ausdruck erlaubt ist, eine schillernde Färbung. Zachariä hat sich zuweilen selber mit Machiavelli und mit Montesquieu verglichen. Er wollte für seine deutschen Landsleute sein, was jener für die Italiener und dieser für die Franzosen. An Reichtum des positiven Wissens war er beiden überlegen, an der Fertigkeit des logischen Denkens, an der Gewandtheit, neue Gesichtspunkte zu entdecken, und an der Klarheit der Sprache beiden ebenbürtig. Aber die Größe jener erreichte er doch nicht. Es fehlte ihm dazu trotz aller Zähigkeit seines Strebens an der rechten Energie des Geistes wie des Charakters. Er behandelte die Statswissenschaft vorzüglich als Gelehrter, nicht als statsmännischer Kopf. Seine Schriften sind keine Thaten. So geistreich sie sind und so sehr man durch sie angeregt wird zum Nachdenken, sie geben doch weder der Wissenschaft noch dem Leben einen neuen Anstoß. Man findet sie interessant, sogar brillant und bleibt dennoch kalt dabei. Eben in der seltenen Gewandtheit, mit der er die Standpunkte und die Ansichten wechselte, lag dann für ihn auch eine Verlockung, je nach Umständen für verschiedene Parteien und sogar gleichzeitig als Vertreter ihrer entgegengesetzten Interessen aufzutreten und die Früchte seiner Wissenschaft für selbstsüchtige Zwecke zu verwerten oder sich in schillernder Farbenspiegelung eitel zu wiegen.

Das Leben Zachariäs verlief in der ruhigen Weise, die dem deutschen Gelehrtenleben eigen ist. Geboren den 14. September 1769 in der sächsischen Stadt Meißen, der Sohn eines Advokaten, erzogen noch in der alten Zeit der ständischen Abstufung und der landesherrlichen Willkür, wurde der Sohn zum Juristen gebildet. Nach den Universitätsstudien zu Leipzig 1792 wurde er Hofmeister eines jungen Grafen zur Lippe, dann Privatdozent in Wittenberg, damals noch einer kursächsischen Universität, 1796, vier Jahre später, außerordentlicher Professor des Lehenrechtes, im Jahre 1802 ordentlicher Professor daselbst und Beisitzer des dortigen Schöffenstuhles. Die Schlacht bei Jena brachte auch in die friedlichen Arbeiten des Universitätsberufes Unruhe und Schrecken, und Zachariä, dem es in dem neuen Treiben „unheimlich“ geworden, folgte gerne einem Rufe nach Heidelberg. Wittenberg war eine sächsische Landesuniversität, Heidelberg dagegen vorzugsweise eine deutsche, sogar eine Welt-Universität, deren weitere Aufgaben ihn lebhaft anzogen. Er blieb da, ein hochgeschätzter Lehrer, von Ostern 1807 bis zu seinem Tode,

27. März 1843. Auch das neue Statswesen, das eben erst aus mancherlei Elementen zu dem „Großherzogtum Baden" zusammengefügt war, die hier eingeführte Napoleonische Gesetzgebung, dann die konstitutionelle Statsverfassung boten ihm manches Interesse dar. Er freute sich über die wechselseitige Duldsamkeit der Katholiken, Lutheraner und Reformierten in der Pfalz. Im Jahre 1820 zum Abgeordneten der Universität in die erste Kammer, dann 1825 durch Volkswahl in die zweite Kammer gewählt, erhielt er auch an den Kämpfen und Arbeiten des parlamentarischen Lebens einen hervorragenden Anteil. Den demokratischen Tendenzen trat er hier entgegen und stand meistens auf der Seite der Regierung; die aristokratische Neigung und seine ganze Lebensstellung trieben ihn dahin. Selbst von reaktionären und verfassungsfeindlichen Ratschlägen ist er nicht frei zu sprechen. Aber er ließ sich nicht bewegen, ein eigentliches Statsamt anzunehmen; er wußte, daß er „vorzugsweise zum Professor tauge"; selbst die Kammerwirksamkeit gab er bald auf. Um so fruchtbarer war seine schriftstellerische Thätigkeit. Das Verzeichnis seiner Schriften beträgt nicht weniger als 148 Nummern, worunter freilich viele Rechtsgutachten, aber auch andere Werke von mehreren Bänden. Kurz vor seinem Tode wurde ihm der erbliche Adel mit dem Beinamen von Lingenthal verliehen, dessen Glanz freilich unter dem berühmt gewordenen Namen Zachariä zurückblieb[1]).

Von Bedeutung für die allgemeine Statswissenschaft sind hauptsächlich folgende Werke:

1. „Die Einheit des States und der Kirche, mit Rücksicht auf die deutsche Reichsverfassung von 1797." Er unterscheidet drei nützliche Systeme: das hierarchische, mit zwei äußeren Gewalten, der kirchlichen für die geistliche und der

[1]) Der biographische und juristische Nachlaß von Dr. K. S. Zachariä v. Lingenthal, herausgegeben von dessen Sohne (Stuttgart und Tübingen 1843), enthält eine kurze, aber reizend geschriebene Selbstbiographie. Vgl. die Charakteristik desselben durch R. v. Mohl, Statswissenschaft 2, 512 f.

weltlichen für die leibliche Wohlfahrt der Menschen, so jedoch, daß die Kirche dem State übergeordnet ist; sodann das territoriale, welches umgekehrt die Kirche dem State unterordnet; endlich das sogenannte kollegiale, welches weder die Kirche dem State, noch den Stat der Kirche unterwirft, sondern beide selbständig und frei erklärt. Sowohl die Gründe als die Folgen der drei Systeme werden geprüft. Obwohl der Verfasser sich gleichgültig stellt und nur zu berichten, nicht zu tadeln oder zu empfehlen scheint, so ist seine Darstellung unverkennbar dem dritten Systeme entschieden günstig. In derselben Richtung spricht er sich später in einem Aufsatze über das Statskirchenrecht der Rheinbundsstaten aus (Nachlaß S. 89 f.). Darin betrachtet er die Kirchen als bloße Glaubensgenossenschaften und den Stat, so weit die Rechtsordnung reicht, als unzweifelhaft übergeordnet. Nur den Glauben darf er nicht antasten, als eine ihm fremde Sache.

2. Über die Erziehung des Menschengeschlechtes durch den Stat. Leipzig 1802.

3. Statswissenschaftliche Betrachtungen über Ciceros wiedergefundenes Werk vom State. Heidelberg 1823. Die Schrift ist eine Perle der deutschen Litteratur. Für das klassische Altertum, vorzüglich das römische, empfand er die verehrungsvolle Liebe des eingeweihten Jüngers. Mit feinem Geschmacke folgt er den Gesprächen der Alten und nimmt daran Teil als ein Statsphilosoph der modernen Welt. Er vergleicht den antiken und den modernen Stat und macht auf die Unterschiede aufmerksam. Nirgends verhehlt er, daß er die Einherrschaft der Volksherrschaft vorziehe. Am Schlusse spricht er sich über seine Erwartungen für die nächste Zukunft aus: „Werden die europäischen Staten deutschen Ursprunges am Ende eine demokratische Verfassung erhalten, etwa von der Art derjenigen, welche in den nordamerikanischen Freistaten besteht? oder wird das Königtum in Verbindung mit der Aristokratie den Sieg davontragen? oder werden aus jenem Kampfe Verfassungen nach

Art der britischen hervorgehen?" (S. 267). Er ist der Ansicht, der Sieg der demokratischen Partei werde in Deutschland nicht möglich sein, weil er der ganzen Geschichte der Deutschen widerspreche. Ebenso hält er die unbeschränkte monarchische Verfassung mit Adelsregierung für unwahrscheinlich, weil sie mit der Bildung des Bürgerstandes und mit den Geldmächten der Neuzeit sich nicht vertrage. Die „einherrschaftliche Verfassung mit Reichs- oder Landständen betrachtet er nur als einen Übergang zu der mit einer Volksvertretung" und hält das englische Vorbild der Beschränkung der königlichen Gewalt teils durch eine Erbaristokratie (in der ersten Kammer), teils durch eine Wahlaristokratie für das Wahrscheinliche. Er hat das England vor der Reformbill vor Auge, und während er im ganzen richtig sieht, täuscht er sich in der Schätzung der aristokratischen und der demokratischen Elemente. Jene gelten ihm zu viel, diese zu wenig.

4. Dieselbe aristokratische Neigung veranlaßte ihn wohl, den großen Restaurator der römischen Aristokratie, Lucius Cornelius Sulla, zum Gegenstande seiner gelehrten und politischen Studien zu machen. Er schilderte ihn „als Ordner des königlichen Freistates" (Heidelberg 1834) zu einer Zeit, da auch in Deutschland die Versuche der Reaktion gegen die demokratische Bewegung von 1830 wieder im Schwunge waren. Wollte er warnen oder mahnen?

5. Das bedeutendste seiner Werke und gegenwärtig noch oft gelesen sind seine vierzig Bücher vom Stat, zuerst 1820—1832, dann umgearbeitet in sieben Bänden. Heidelberg 1839—1843. Es war das Schlußwerk seines Lebens, dem er hoffnungsvoll das Motto: non omnis moriar? als Frage vorsetzte.

Die vierzig Bücher werden in folgende sieben Teile eingereiht: I. 1—6. Vorschule der Statswissenschaft; II. 7—14. Allgemeine politische Naturlehre; III. 15—19. Verfassungslehre; IV. 20—26. Regierungslehre, 1. innere Seite; V. 27—30. Regierungslehre, 2. Völkerrecht; VI. 31—35. Regierungslehre,

3. Erziehung, Statsdienst; VII. 36—40. Regierungslehre, 4. Wirtschaft.

Die philosophische Grundlage ist die Kantische, wenngleich in manchen Partien Zachariä neue Wege zu gehen versucht; die geschichtliche oder vielmehr die Methode der Erfahrung ist eklektisch. Er greift, je nachdem sich die Erinnerung aufdrängt, rings umher in den gefüllten Speichern seiner Gelehrsamkeit und bringt so die verschiedenartigsten Anmerkungen zusammen. Er liebt es auch da, die Dinge bald nach dem Vernunft- oder wirklichen Rechte, bald nach dem geoffenbarten oder dem geistlichen Rechte zu betrachten.

Die Rousseau-Kantische Begründung des States aus dem Vertrage hat er nun aufgegeben. Er leitet den Stat vielmehr aus einer Rechtspflicht, aus dem Rechtsgesetze ab, aber er sucht aus der Vertragslehre doch den Sinn zu retten, daß jeder einzelne die Willkür habe, einen Stat zu verlassen, dem er nicht länger angehören will.

Als das Wesentliche der Statengründung erklärt er die Erhebung einer Statsgewalt und legt die Darstellung der Machtvollkommenheit, wie er den Ausdruck Souveränetät verdeutscht, seiner ganzen Statslehre zu Grunde. Die Machtvollkommenheit ist die Verwirklichung der Statsgewalt. Die Person, welcher sie zusteht, heißt der Herrscher, Souverän. Die Machtvollkommenheit ist die Idee des Absoluten, angewendet auf das Recht einer bestimmten Person. Sie umfaßt ein jedes nur überhaupt mögliche Recht, ihr sind keine anderen Grenzen gesetzt, als die, welche die Natur den Rechten der Menschen gesetzt hat. Denn der Statsherrscher ist eine Offenbarung, gleichsam eine Inkarnation des Rechtsgesetzes. Er ist der Urquell alles Rechtes in Beziehung auf diejenigen, welche seiner Gewalt unterworfen sind. Die Machtvollkommenheit ist ein unteilbares Recht. In Beziehung auf diese Eigenschaft ist die Einherrschaft unter allen Statsverfassungen die vollkommenste. Der Machtvollkommenheit und dem Statsherrscher kommt die Eigenschaft der Allgegenwart zu, ferner die

Eigenschaft der Ewigkeit. Der Statsherrscher ist der Herr des Volkes und der Herr des Landes, der Herr der Nationalkraft und der Eigentümer des Nationalvermögens (1, 82—93).

Es ist dieselbe Überspannung des statlichen Rechtes der Obrigkeit, welche wir bei Hobbes gefunden haben. Nur nimmt sie bei Zachariä eine pantheistische Form an. Der Statsherrscher ist die Inkarnation des States, und der Stat ist das göttliche All. Daneben huldigt er aber wieder der theistischen Grundansicht der christlichen Religion. Die Machtvollkommenheit kann kraft göttlichen Rechtes erworben werden; das geschieht, wenn die Menschen glauben, daß die Gottheit sich in ihrem Herrscher geoffenbart, oder daß sie ihn zur Herrschaft ermächtigt habe. Die Theokratie ruht auf diesem Glauben, der aber leicht durch den Kampf mit dem sich erhebenden Unglauben oder Irrglauben erschüttert oder durch Aberglauben verdorben wird.

Die Machtvollkommenheit kann aber auch nach dem weltlichen Rechte erworben werden. Hier polemisiert er gegen die Vorstellung, daß „das Volk schon von Rechtes wegen die Machtvollkommenheit habe". „Ein Volk ist ein Volk, weil die Menschen, aus welchen es besteht, einem Statsherrscher unterworfen sind. Wie kann man also behaupten, daß die Machtvollkommenheit dem Volke von Rechtes wegen zukomme, da das Volk der Machtvollkommenheit, welcher es unterworfen ist, erst sein Dasein verdankt?" (1, 104). Er vergißt bei dieser Frage freilich, daß der Statsherrscher ohne Volk noch weniger bestehen und keine Machtvollkommenheit haben kann. Vortrefflich zeigt er, daß die Machtvollkommenheit nicht ohne Macht sein, daß aber der Beherrscher eines States nicht schon deswegen ein rechtmäßiger Herrscher sei, weil er die Macht in den Händen habe. „Die Macht ist zwar die conditio sine qua non, aber nicht ein titulus imperii." Aber was ist denn der Rechtsgrund der Herrschaft? Zachariä behauptet, eine schlechthinige (absolute) Rechtfertigung gebe es überhaupt nicht, — er erinnert an die Platonische Statsidee, welche den vollkommenen Menschen als Herrscher erklärt, und meint, dieselbe habe im Christentum eine theokratische Verwirklichung gefunden —; es gebe nur eine bedingte Rechtfertigung: d. i. „derjenige herrscht rechtmäßig, dessen Herrschaft den Willen des Volkes — die Zustimmung der Mehrheit der Statsbürger — für sich hat“ (1, 110). Kaum meint man, er sei ganz in der Begründung des göttlichen Rechtes festgerannt, so springt er auf einmal auf den Boden des menschlichen Rechtes über; nachdem er den Begriff der Machtvollkommenheit als einen absoluten proklamiert hat, findet er nun, es lasse sich derselbe nur relativ rechtfertigen; eben hatte er die Ableitung der Herrschaft von dem Volkswillen verworfen und nun erklärt er den Volkswillen für die einzig mögliche Rechtfertigung der Herrschaft.

Eigentümlich ist denn auch seine Erklärung der Legitimität. Sie bedeutet nicht Herrschaft im Sinne des positiven Rechtes, denn dieses ist der Änderung preisgegeben, sondern Herrschaft im Sinne des durch das Herkommen, Alter geheiligten positiven Rechtes. Ganz richtig bemerkt er, es sei das ein Grundsatz des Statsrechtes und zwar des weltlichen Statsrechtes; denn wer sich auf einen göttlichen Machtbrief berufen könne, gegen den wirke auch der älteste Rechtstitel nichts; und er weiß wohl, daß auch die Legitimität des herkömmlichen Rechtes vergänglich ist.

Wenn er in der Begründung des States den Standpunkt des mittelalterlichen Rechtes vorzieht, so ist er dagegen bei der Betrachtung des Statszweckes den modernen Ansichten zugethan. „Wenn man die Bestimmung des Menschen während seines irdischen Daseins in die Ausbildung seiner physischen und moralischen Anlagen zu setzen hat, so sind die Staten, wo nicht das wirksamste, doch eines der wirksamsten Mittel, die Menschen zur Erfüllung dieser Bestimmung zu veranlassen und anzuhalten. Sie sind also Erziehungsanstalten, „Anstalten für die Kultur und Civilisation des menschlichen Geschlechtes“ (1, 156).

Man sollte denken, seine Auffassung der Machtvollkommenheit führe notwendig zur Allregiererei und zur Unfreiheit. Dennoch findet er wieder Haltpunkte, von denen aus er verlangt: „das Volk habe der Regierung alle die Geschäfte gutwillig abzunehmen, die es selbst mit Erfolg besorgen kann“, d. h. er verteidigt den Grundsatz der Selbstverwaltung der Regierten.

Zuweilen betrachtet er den Stat wie eine mechanische Einrichtung, deren Schwerpunkt in die Regierung verlegt sei; dann vergleicht er ihn wieder mit einem organischen Naturkörper und verteidigt die wichtige Forderung, daß jedes Glied im Statskörper sein eigentümliches Leben haben soll wie das Glied im Naturkörper, und daß daher jeder Zweig des öffentlichen Dienstes und ebenso jede Behörde und jeder Beamte einer gewissen Selbständigkeit genießen“ (2, 17).

Seit Bodin hat bis auf ihn kein anderer der Bedeutung der Rassengegensätze wieder mehr Aufmerksamkeit zugewendet als Zachariä. Er hebt die politische Begabung der kaukasischen Rasse hervor, welche sich dem Ideale der Menschheit am meisten annähere, aber ohne noch den durchgreifenden Unterschied der arischen und der semitischen Völker zu bemerken, der seiner Theorie von göttlichem und menschlichem Rechte eine andere Wendung gegeben hätte; er weiß, daß die mongolische Rasse der halb theokratischen, halb patriarchalischen Einherrschaft zugethan sei, daß die äthiopische Rasse das Äußerste in der Knechtschaft ertrage, daß die amerikanische (indianische) Rasse nur zu einer unvollkommenen, aber immer gemäßigten Einrichtung ihres Stammeswesens gelange. Neben den Rassen und den nationalen Einwirkungen, die er als physische Anthropologie zusammenfaßt, beachtet er auch die psychologischen Kräfte der menschlichen Natur in der psychischen Anthropologie und sucht den Zusammenhang beider mit dem State nachzuweisen. Endlich widmet er der geschichtlichen Betrachtung der Staten und Völker ein besonderes Buch.

In der Verfassungslehre widerlegt er vorerst die Einbildung so mancher Idealisten, daß es eine schlechthin vollkommene Verfassung gebe, die in sich selbst d. i. in ihren Formen die volle Bürgschaft für die gerechte Ausübung der Statsgewalt enthielte, und ist der Meinung, keine Statsverfassung habe schon an und für sich oder wegen ihrer Form einen rechtlichen Wert, sondern nur um ihrer Wirkung willen.

Indem er die verschiedenen Verfassungsformen beleuchtet, findet er reichlichen Anlaß, seinen Scharfblick zu üben. Daß er der Einherrschaft und zwar der Erbmonarchie den Vorzug gibt vor der Aristokratie und der Demokratie, kann nach den obigen Grundlagen nicht befremden. Er hält jene allein für eine natürliche, alle anderen für künstliche Verfassungen. Ausführlich bespricht er die konstitutionelle Monarchie, die er als Verbindung von Einherrschaft und Volksherrschaft erklärt, und deren Hauptwert er darin findet, daß der nie ausbleibende Parteikampf „die ausgezeichnetsten Männer, welche das Volk aufzuweisen hat, an die Spitze der öffentlichen Angelegenheiten stelle“ (3, 234). Er nimmt ohne Bedenken den Grundsatz der englischen Praxis, daß die Minister in der zweiten Kammer die Mehrheit der Stimmen haben müssen, in die Begriffserklärung der konstitutionellen Monarchie auf und behauptet ohne Schamröte, daß sowohl die Ministerial- als die Oppositionspartei berechtigt sei, alle und jede Mittel zu gebrauchen, physischen Zwang und Bedrohung mit physischem Zwang allein ausgenommen, um sich der Wahlen und der Stimmen zu versichern, also auch „Bestechungen, Begünstigungen und Verheißungen, Täuschungen und Vorspiegelungen“ (3, 232).

Aber auffallend ist es, daß er in der Lehre von der Trennung der drei Grundgewalten der radikalen französischen Doktrin folgt: „Das Volk beschließt, der Fürst vollzieht.“ Der Krone räumt er nur ein Veto ein, die gesetzgebende Gewalt schreibt er wesentlich der Volksvertretung zu. Er verkennt hier völlig das organische Verhältnis der Gewalten.

Er erklärt die konstitutionelle Monarchie in zweifachem Sinne als Repräsentativverfassung: „Das Volk wird von der Versammlung seiner Abgeordneten, der Fürst von seinem Ministerio vertreten“ (3, 242).

In der Rüstkammer Zachariäs wird, wie man sieht, jede Partei für jede Meinung gut gearbeitete Waffen holen können. Ob dieselben sich damit wechselseitig verwunden, kümmert ihn so wenig, als die alten Römer, wie sich die mancherlei Götter im Pantheon vertragen. Verwandt mit diesem Werke Zachariäs sind die fast gleichzeitig erschienenen zwölf Bücher vom State von Friedrich Schmitthenner (geb. 17. März 1796, gest. 10. Juni 1850, Professor der Stats- und Kameralwissenschaften an der Universität Gießen), die freilich nur stückweise erschienen sind. Stat zwölf Büchern besitzen wir nur sechs, und zwar 1. Einleitung, 2. Geschichte der Statswissenschaften, 3. Ethnologie, 4. Naturrecht, 5. Nationalökonomie, sämtlich im ersten Bande, Gießen 1839. Das 6. Buch, die Statswissenschaft, fehlt; es hätte den zweiten Band füllen sollen. Vorhanden ist wieder das 7. Buch: „Allgemeines Statsrecht“, welches als dritter Band erschienen ist, Gießen 1843[1]).

Schmitthenner sucht der historischen und der philosophischen Methode gerecht zu werden, so jedoch, daß er für die verschiedenen Statsfragen bald die eine, bald die andere ausschließlich befolgt. Indem er den Statsbegriff erörtert, hält er sich an die spekulativen Ideen. Er gründet den Stat auf die bürgerliche Gesellschaft, die er aus den Bedürfnissen der Menschen nach Verbindung entstehen läßt. „Ein Volk ist im Privatleben nur eine Menge oder ein System von einzelnen; erst in dem öffentlichen Leben, das sich über jenem bildet, erlangt er eine gemeinsame Persönlichkeit und wird ein ethisches Individuum. Der Stat ist die durch eine Regierung geleitete bürgerliche Gesellschaft“ (1, 3). Mit Absicht hebt er die Notwendigkeit

---

[1]) Schon früher hatte Schmitthenner in einer kleinen Schrift: Über den Charakter und die Aufgaben unserer Zeit in Beziehung auf Stat und Statswissenschaft (Gießen 1832) seinen Statsbegriff dargestellt und einen verdienstlichen Grundriß der Geschichte der Statswissenschaft geschrieben. Derselbe ist in die XII Bücher aufgenommen.

der Regierung in der Begriffsbestimmung hervor. Im engeren Sinne nennt er ebenfalls Stat das System von Organen des öffentlichen Lebens, d. h. die Regierung als die eine, übergeordnete Seite des States im weiteren Sinne, der auch das regierte Volk umfaßt. Er widerlegt die atomistische Meinung, daß der Stat ursprünglich ein Werk des freien Vertrages sei, oder gar eine Erfindung, wie eine Brandkasse, aber er erklärt auch die Schelling-Hegelische Ansicht für einseitig, welche den Stat als eine notwendige Naturerscheinung oder als einen bewußtlosen (?) ethischen Prozeß erklärt. Ihm ist der Stat voraus „ein ethisches Postulat, d. h. eine sittlich-notwendige Erscheinung, deren natürliche Bedingungen zwar mit ihrer Idee gesetzt sind, deren Existenz aber an den menschlichen Willen gebunden ist. Das Treten in den Stat ist für den Menschen nicht Sache des Beliebens, sondern Pflicht. Dabei wird vorausgesetzt, daß der Gedanke des States, d. i. die Idee, welche realisiert werden soll, außer dem einzelnen Menschen vorhanden sein muß, weil die Realisation einer Idee, die der Mensch sich beliebig setzt, nimmer Pflicht für ihn sein kann. Die Statsidee läßt sich betrachten als die im göttlichen Geiste oder im Zwecke des Weltganzen und im besonderen in der menschlichen Natur vorgezeichnete Form des Zusammenlebens der Menschen. Ihre Realisation aber besteht darin, daß die Menschen selbst ihr gemeinsames Handeln der Form gemäß gestalten“ (1, 19). Ursprünglich entsteht der Naturstat in unbewußter Weise, in Anlehnung an die Familie. Aber allmählich erwacht das freie Bewußtsein und die spätere Statenbildung wird ein Werk der Kunst. Für diese sekundäre Statenbildung gibt Schmitthenner den Vertrag zu: „Eine Unterwerfung Freier erzeugt nur dann Verbindlichkeiten, wenn sie mit Freiheit d. h. mit Einwilligung geschieht; die einzige vernunftgemäße, gerechte und sichere Basis der Herrschaft eines einzelnen oder einer Dynastie über ein mündiges Volk ist daher der Vertrag“ (1, 29). Zu der mittelalterlichen Spaltung des States in Fürst und Stände paßt diese Annahme wohl, aber mit der Einheit des Volkes und States in der modernen Welt ist dieselbe ebenso wenig vereinbar als die Rousseau'sche Begründung des Urstates.

Ein Fortschritt ist es, daß Schmitthenner den Stat als einen „ethischen Organismus“ bezeichnet. Es ist ihm deutlich, daß derselbe weder ein Aggregat sei von einzelnen, wie ein Steinhaufen, noch ein Mechanismus, d. h. ein System von thätigen Kräften, die das Prinzip ihres Bestehens außer sich haben, sondern ein Organismus, welcher dieses Prinzip als bewegende Seele in sich trägt. Ethisch heißt er ihn im Gegensatze zu dem natürlichen Organismus, weil seine Funktionen durch den Willen bewegt werden und das Ethos die Gestaltung des Willens ist (1, 4).

Das Volk ist ein solcher ethischer Organismus, der sich in Sprache, Religion und Recht manifestiert. Vorzugsweise die kaukasische Rasse und der arische Stamm hat sich in Völker geschieden, die eine ihrer Individualität angemessene Verfassung verlangt haben. Als souveräne Mächte stehen sie neben einander, ohne jemals zu einer realen Einheit zu kommen. Er hält die Universalmonarchie, die Theokratie über die Welt und den völkerrechtlichen Bundesstat für unmöglich.

Den Zweck des States bezeichnet er mit Platon als die Autarkie, oder mit Aristoteles das höchste allgemeine Wohl, und verlangt von dem State, daß er die sinnlichen Bedürfnisse der menschlichen Natur durch die Statsökonomie, die sittlichen durch Gewährung von Freiheit und Recht und die geistig-intellektuellen durch Förderung der Kultur befriedige. Für die Entwickelung der Völker nimmt er vier Kulturstufen an: 1. die des Jägerlebens, in welcher die Ansätze zu einer bürgerlichen Gesellschaft noch sehr gering sind; 2. die des Hirtenlebens, in der sich Stämme und Horden mit patriarchalischer Leitung bilden; 3. die des Ackerbaues, welche die Gemeinde befestigt und das patrimoniale Prinzip an die Stelle des patriarchalischen setzt; 4. die der Gewerbe, des

Handels, der Kunst und Wissenschaft, welche die Stadt hervorbringt, und aus welcher zuerst der Stat erwächst.

Wenn seine allgemeinen Begriffe vorzüglich auf der griechischen Statsphilosophie ruhen, so beschränkt sich sein historischer Unterbau der Statsverfassung fast ausschließlich auf den antiken römischen Stat und auf das mittelalterliche Feudalsystem. Er hat dabei die Sprach- und Rechtsaltertümer wohl benutzt und manche scharfsinnige Bemerkung eingestreut; aber so lehrreich im einzelnen die Darstellung ist, so verschwimmend sind in ihr die Bilder aus verschiedenen Zeiten, so daß weder der Gegensatz der Zeitalter noch die organische Einheit der einzelnen Gesamtbilder zu rechter Geltung gelangen. Die Ausführung bleibt so hinter dem Prinzipe des Autors zurück.

Von der Bedeutung des allgemeinen Statsrechtes, das er auch ideales nennt, hat er eine hohe Meinung. Er datiert den modernen Stat von dem Erwachen des wissenschaftlichen Bewußtseins. „Von dem Augenblicke an, wo die Idee des States erkannt ward, verrät eine neue Sprache in der Politik, daß neue Begriffe herrschen und walten. Die sinnliche Anschauung des Landes verschwand vor der geistigeren des States, der Ausdruck landesherrliche Rechte vor demjenigen Statsgewalt, der Begriff der Landsassen vor dem des Statsbürgers, sowie derjenige des Landrechtes vor dem des Statsbürgerrechtes. Es erfolgte bald still, wie sich von selbst verstehend, bald laut proklamiert eine Metamorphose aller politischen Institute“ (3, 201).

Den Rechtsgrund der Statsgewalt sieht er in dem State, und nicht umgekehrt den Rechtsgrund des States in der Souveränetät der Individuen. Da aber der Stat ein ethischer Organismus ist, so ist auch die Statsgewalt durch sittliche Regeln begrenzt. Überdem kann sie durch positiv rechtliche, geschichtliche Statsregeln beschränkt sein. Nur verweist er die Darstellung der letzteren Schranken in das positive Statsrecht, ohne zu beachten, daß die Statsidee selber ihre natürlichen Rechtsschranken hat.

Eigentümlich ist seine Theorie von den Unterscheidungen der Statsgewalt, die dem Wesen nach Eine, sich mannigfaltig offenbart. Er unterscheidet

1. nach der Äußerung die beschließende und die executive, und versteht unter jener das Recht zu verpflichten (jus obligandi) und unter dieser die materielle Gewalt, die Bestimmungen der beschließenden Gewalt in der Wirklichkeit zu vollziehen. Zu jener rechnet er aber nicht allein die Gesetzgebung, der das Recht Verträge zu schließen sich anreiht, und das Recht der Verordnungen, sondern ebenso die richterliche Gewalt, d. h. das Recht nach den objektiven Normen oder auch nach billigem Ermessen über das subjektive Recht zu entscheiden. Die Befugnis Anstalten zu errichten nennt er institutive Gewalt und betrachtet sie als einen Teil der Exekutivgewalt, welche bei der ganzen Grundansicht offenbar zu einer bloß dienenden und sekundären Gewalt, auch den Gerichten gegenüber, erniedrigt wird.

2. Nach dem Objekte, in Beziehung auf welches sie sich äußert, teilt er die Statsgewalt in Personal- und Territorialgewalt;

3. nach den Seiten des Statslebens, in denen sie sich äußert, in äußere und innere; und

4. nach den Momenten des Statszweckes in Rechts- und Wohlfahrtsgewalt. Die erstere erscheint wieder als Gesetzgebung oder als Gericht, die letztere als Finanzgewalt, Statswirtschaftsgewalt, Wohlfahrtspolizei und Kulturgewalt.

Diese logische Unterscheidung der verschiedenen Funktionen hindert ihn aber nicht, die Verfassungsorgane mehr nach der historischen Entwickelung zu ordnen. Da gelangt die Regierung, als das Centralorgan für die Statsgewalt, in die oberste Stellung. Ihr werden die gesetzgebenden Versammlungen beigeordnet, und die Gerichte erhalten die beschränkte Aufgabe der Rechtspflege. Die Funktionen und die Organe gehen also aus einander und durchkreuzen sich. Schmitthenner meint, das sei teilweise auch in dem natürlichen Organismus so, noch eher aber ertrage das der ethische Organismus. In Wahrheit aber ist diese Behandlung der Funktionen unorganisch, und die moderne Statsentwickelung, welche gleichmäßige Sonderung der Organe und der Funktionen verlangt, rationeller als die antike und mittelalterliche, welche demselben Organe die verschiedenartigsten Funktionen zumutet. Im einzelnen finden sich übrigens in allen diesen Abschnitten vortreffliche Bemerkungen.

Schmitthenner verlangt eine mächtige Centralgewalt; er sieht in ihr „die Seele des States, von der die Bewegung des öffentlichen Lebens ausgeht". Er warnt davor, daß man die Regierung mit der bloßen Verwaltung verwechsele, und betrachtet die exekutive Gewalt nur als einen Teil der Regierungsgewalt, nicht einmal als ihren Kern. Das Verordnungsrecht und das Recht der Gesetzgebung — letzteres nur an die Zustimmung des Volkes gebunden — kommt ihr zu, wenn der Stat eine Monarchie ist, ebenso die Aufsicht über die Gerichte, das Begnadigungsrecht u. s. f. Aber zugleich redet er der Institution von Organen der Volksrepräsentation das Wort, damit auch die politische Volksfreiheit der Centralgewalt gegenüber Garantien erhalte, und erinnert daran, daß das konstitutionelle System schon in den ältesten germanischen Verfassungen begründet, insofern also keine Erfindung der neuen Zeit sei. Nur der Gedanke der Nationalrepräsentation in dem Sinne, daß nicht besondere korporative, sondern die allgemeinen Rechte und Interessen der Nation vertreten und gewahrt werden, sei ein Erzeugnis der neuen Zeit. Etwas schüchtern freilich behandelt er diese Fragen. Man spürt es, daß die konstitutionelle Monarchie damals in Deutschland noch eine sehr bedrohte und kümmerliche Existenz hatte, und daß die beiden deutschen Großmächte noch eine absolute Regierungsgewalt behaupteten. Im ganzen aber geht ein edler Geist sittlicher Erhebung durch das Buch, dessen politische Haltung eine liberal-konservative ist.

Eine eigentümliche Stellung nimmt Friedrich Schleiermacher (geb. den 21. Nov. 1768 zu Breslau, gest. 12. Febr.

1834 als Professor in Berlin)[1]) unter den Statsphilosophen ein. Er beschäftigte sich mit dem State nicht als Theologe, sondern als ethischer Philosoph. Seine Statslehre, die leider nur in Bruchstücken vorliegt, nimmt wenig Notiz von den Arbeiten der anderen und vermeidet es schon deshalb, in ihre Händel verwickelt zu werden; aber sie behauptet einen Standpunkt außerhalb der Parteien, von dem aus manche Streitfrage ihre Bedeutung verliert und neue Aussichten sich öffnen.

Zuerst sprach sich Schleiermacher in einer Abhandlung über die Begriffe der verschiedenen Statsformen aus, welche er am 24. März 1814 in der Berliner Akademie vorlas[2]). Er erkennt an, daß der Stat „ein Gebilde des Menschen selbst" sei; aber er bestreitet, daß der Stat von den Menschen willkürlich gemacht werde, „denn es ist eine grobe Verwechselung dessen, was durch die menschliche Natur wird, mit dem, was der Mensch macht". Nachdem er die starren Formen der hellenischen Begriffe Demokratie, Aristokratie, Monarchie durch seine dialektische Kunst in Bewegung versetzt und durch Aufzeigen der Übergänge aus der einen in die andere die Kluft zwischen ihnen überbrückt hat, und nachdem er den modernen Gegensatz der drei Statsgewalten einer kritischen Prüfung unterworfen und gefunden hat, daß die richterliche Gewalt sich nicht neben den beiden anderen, der gesetzgebenden und der vollziehenden, behaupten könne, unternimmt er es, die verschiedenen Statsformen genetisch zu erklären.

Er fragt: „Auf wie verschiedenerlei Weise kann ein Stat entstehen?" und versteht das so: „Indem sich ein Stat bildet, was entsteht, das vorher noch nicht dagewesen? Dieses aber scheint nicht schwer zu beantworten. Das immer schon vorher Dagewesene, der Stoff gleichsam des States, ist ein Volk, eine naturgemäß zusammengehörige und zusammenlebende Masse, ohne Volk kein Stat. Der Stat aber ist die Form des Volkes, das Volk ist nur völlig ausgebildet, wenn sich diese Form rein und

[1]) Aus Schleiermachers Leben. 3 Bde. Berlin 1858—61.

[2]) Philosophische und gemischte Schriften 2, 246 ff.

vollendet in ihm darstellt. Aber das Volk ist eher als diese Form an ihm sichtbar wird; seine ersten Zustände sind nur Annäherungen zu derselben. Rücken wir nun die Punkte so nahe als möglich zusammen: ein schon vorgeschrittenes Volk, dem gleichsam nur noch das rechte Wort fehlt, um die Form des States zu finden und einen gleichsam frisch und möglichst leicht aus jenem Zustande hervorgegangenen Stat, so wird in diesem fast ganz dasselbe sein wie in jenem. Die Geschäfte, die die Nachbarn in der Horde trieben, werden die Bürger im State forttreiben. Nur dies erscheint als der schneidende Unterschied: vorher, wenn sie dasselbe trieben, war es bewußtloser Instinkt, fortgepflanzte Gewohnheit, jetzt ist es eine mit Bezug auf die Bedürfnisse des Ganzen unternommene und verteilte Arbeit. Was da war, ist nun auch ausgesprochen: die bewußtlose Einheit und Gleichheit der Masse hat sich in eine bewußte verwandelt, und diese Entstehung des Bewußtseins der Zusammengehörigkeit ist das Wesen des States. Allein wie es kein Bewußtsein gibt als nur mit dem Gegensatze zugleich, so besteht auch im Volke das Bewußtsein seiner Zusammengehörigkeit nur im Gegensatze — von herrschenden und beherrschten, von Regierung und Unterthan; dieser irgendwie gebildete Gegensatz ist das wesentliche Schema des States" (S. 261).

Nach den verschiedenen Stufen, in denen sich dieses Statsbewußtsein entwickelt, d. h. aus dem Nichtstate der Stat entsteht, unterscheidet er nun die Statsformen. In der Demokratie erwacht die gleichartige Volksmasse gleichmäßig zu dem politischen Bewußtsein; aber weil in jedem einzelnen Gemeingeist und Privatinteresse sich unmittelbar und immer berühren, wird der Gegensatz zwischen beiden nur schwach hervortreten. „Der Bürger in der Volksgemeinde vergißt nicht seine Werkstatt und bezieht seine beratende Stimme mit auf sein Geschäft; der Bürger in der Werkstatt vergißt die Gemeinde nicht und bezieht sein Geschäft mit auf seine politische Würde."

Wenn dagegen eine an sich gleichartige Masse von dem statenbildenden Anstoße ungleichförmig berührt wird, so kann es ein einzelner sein, oder ein Teil, der eben deshalb die Leitung ergreift; dort ist es Monarchie, hier Aristokratie, die entsteht. Diese Formen gehen leicht in einander über, wie wir das in den hellenischen Staten gesehen haben. Das ist die Weise, wie kleine Völkerschaften zu Staten werden. Größere Staten dagegen setzen ungleichartige Massen voraus, und sogar kleinere Staten, welche durch eine mächtigere Völkerschaft unterworfen werden. Dann entsteht eine große Aristokratie, in welcher der herrschende Stamm noch immer seine Privatinteressen leicht mit den nationalen Volksinteressen verwechselt, die beherrschten Stämme aber nur Unterthanen sind.

Wenn aber das große Volk endlich zu vollem Bewußtsein seiner Einheit kommt und diese Einheit in dem Könige lebendig erscheint, so ist in diesem „höchsten State jener Gegensatz am stärksten gespannt", indem sich der König als reine Obrigkeit und die Bürger als reine Unterthanen gegenüber stehen. „Darum muß aber auch der Regent durchaus frei sein von jedem Privatinteresse."

Auch das Leben des States teilt sich in zwei verschiedene Arten der Thätigkeit; die eine beginnt „in der Peripherie am Leibe, d. h. bei den Unterthanen, und endigt im Regenten, und die andere fängt im Regenten, dem Geiste und Mittelpunkte, an und endigt im Umkreise bei den Unterthanen. Die erste ist die gesetzgebende Funktion, die andere die vollziehende." Dieser Gegensatz der Thätigkeiten kommt in allen Staten vor, er ist daher kein Unterscheidungsmerkmal der verschiedenen Statsformen. Aber in dem State der obersten Ordnung nehmen doch die Unterthanen sowohl an den Anfängen der Gesetzgebung als an den Ausgängen der Verwaltung einen Anteil, und es besteht zwischen dem Regenten und den Regierten eine regelmäßige Kommunikation, welche die Einheit beider im State sichert.

Die weltgeschichtliche Stufenfolge ist nach Schleiermachers Meinung: Demokratie (Hellas), Aristokratie (Rom, Mittelalter) und Monarchie (moderner Stat), und sie erscheint ihm zugleich als Stufenfolge des gesteigerten Statsbewußtseins. Andere kehren diese Folge um und nehmen an, daß zuerst in Einem alle überragenden Helden, dann in den höheren Klassen, zuletzt in dem gesamten Volke das politische Bewußtsein aufgehe und sich dort zu obrigkeitlicher Herrschaft über andere und hier zur Selbstbeherrschung entfalte. Für den spekulativen Gedanken sind beide Wege offen, und die Geschichte hat nicht immer denselben Weg eingeschlagen. Auch kann man die absolute Scheidung von Obrigkeit und Unterthanen in den Personen für unnatürlich und für gefährlich halten, indem auch der Monarch doch nie ganz aufhört Privatperson zu sein und in einem freien Lande auch die Unterthanen zu den öffentlichen Angelegenheiten mitwirken und sogar obrigkeitliche Funktionen üben. Das Verdienst Schleiermachers aber, die entscheidende Bedeutung des einheitlichen Statsbewußtseins im Gegensatze zu dem Privatbewußtsein hervorgehoben und auf die Entwicklungsstufen in demselben aufmerksam gemacht zu haben, bleibt trotzdem bestehen und ist dankbar anzuerkennen.

Schleiermacher hat noch einige andere akademische Abhandlungen geschrieben, die sich auf die Statswissenschaft beziehen, eine über den Beruf des States zur Erziehung (Werke 3, 3 S. 227) und eine andere über die verschiedene Gestaltung der Statsverteidigung (ebenda S. 252).

Der Statslehre (Werke 3, 8), die nicht für den Druck ausgearbeitet, sondern nur aus Kollegienheften herausgegeben worden ist, liegen die älteren Abhandlungen zu Grunde. Sie ist in Verfassung, Verwaltung und Verteidigung des States eingeteilt. Leider sind alle diese Abschnitte sehr aphoristisch gehalten. Man sieht, er kam an den meisten Stellen nicht über die ersten Ansätze zu neuen Untersuchungen hinaus.

Einundzwanzigstes Kapitel.

Kritische Arbeiten von Robert v. Mohl. Baron Eötvös. Thomas Buckle. Konstantin Frantz.

Die Gruppe von wesentlich kritischen Autoren schließt sich unmittelbar an die vorige Gruppe der vermittelnden Schriftsteller an. Der Glaube an die weltgestaltende Spekulation ist erschüttert, aber auch die Zuversicht auf die Festigkeit der historischen Institutionen untergegangen. Die Erfahrungen des neunzehnten Jahrhunderts mit ihren Wechseln und ihren fortgesetzten Kämpfen sind dem Gefühle der Sicherheit auch der politischen Wissenschaft nicht günstig. Diesem Zustande entspricht die skeptische und kritische Richtung in der Wissenschaft. Man versucht durch schärfere Beobachtungen und durch sorgfältiges Erwägen sich zurechtzufinden.

Voraus ist hier an Robert v. Mohl[1]) (geb. zu Stuttgart den 17. August 1799, 1824—1845 Professor in Tübingen, 1847—1861 in Heidelberg, dann badischer Gesandter am deutschen Bunde 1861—1866, gest. in Berlin 5. Nov. 1875) zu erinnern. Sein großes Werk: Die Geschichte und Litteratur der Statswissenschaften (in drei starken Bänden, Erlangen 1855—1858) ist ein unentbehrliches Hülfsmittel der Orientierung in den verirrlichen Anlagen und Pflanzungen der Statswissenschaften. Eine so reiche Bücherkenntnis, eine so vielseitige Belesenheit auf dem ganzen Gebiete der Statswissenschaften ist wohl noch nie dagewesen. In gewissem Sinne ist das Buch

[1]) Hermann Schulze, Robert v Mohl. 1880.

ein raisonnierender Katalog der statswissenschaftlichen Litteratur, eine Einleitung zur Benutzung einer statswissenschaftlichen Bibliothek. Aber die litterar-historische ist nicht die einzige Bedeutung des Werkes, wenngleich sie die überwiegende ist. Manche Abhandlungen, die darin abgedruckt sind, sind auch von selbständigem Werte, und überall sind kritische Bemerkungen in die Darstellung der Litteratur eingeflochten, welche von der feinen Beobachtung, dem verständigen Urteile, dem billigen und humanen Sinne und dem Wahrheit und Freiheit liebenden Streben des Autors Zeugnis geben.

In demselben Geiste geschrieben, aber zugleich die selbständige Meinung des Verfassers ausführend sind die später erschienenen Werke desselben:

1. Encyklopädie der Statswissenschaften (Tübingen 1859) und
2. Statsrecht, Völkerrecht und Politik (3 Bde. Ebenda 1860. 1862. 1869).

Die Encyklopädie gibt einen Überblick über das Gebiet der eigentlichen Statswissenschaften. Wenn er dabei die dogmatischen Statswissenschaften von den historischen trennt, so hat diese Trennung eher eine Bedeutung für die Methode des Unterrichtes als für die Wissenschaft. Denn sowohl die philosophische als die historische Prüfung und Darstellung sind nur zwei Wege der Erkenntnis, zwei Methoden der wissenschaftlichen Arbeit, zwei verschiedene Standpunkte, aus denen man die Dinge ansieht. Das Recht selbst aber ist nicht entweder ein historisches oder ein philosophisches. Da alles Recht Verbindung ist von Idee und Realität, da alles Recht einen geistigen Gehalt und eine leibliche Erscheinungsform hat, so kann die Wissenschaft vom Recht weder der philosophischen noch der historischen Betrachtung entbehren. Sein geistiger Gehalt bringt es notwendig mit der Philosophie, seine Erscheinungsform notwendig mit der Geschichte zusammen.

Den Stat betrachtet Mohl als ein einzelnes Glied in einer Reihe von Lebenskreisen, die er von den Einzelmenschen ausgehend als die Sphären des Individuums, der Familie, des Stammes, der Gesellschaft, des States, der Statenverbindung aufzählt. Dabei betont er den Begriff der Gesellschaft, den er vom State trennt, und unter den er sowohl die nationale als die religiöse Lebensgemeinschaft unterbringt. Er ist überhaupt der Meinung, daß die Statswissenschaft erst durch die Ausbildung der Gesellschaftswissenschaft ihre nötige Beschränkung und Ergänzung erhalte, und will sogar zwischen Statsrecht und Privatrecht als ein drittes Glied das Gesellschaftsrecht in die Mitte schieben.

Es ist zuzugeben, daß die neuere Unterscheidung der Gesellschaft als der nicht organisierten Lebensgemeinschaft der Individuen von dem State ein Fortschritt der Wissenschaft sei und daß die frühere Vermengung der beiden Begriffe, die bloß gesellschaftliche Auffassung des States ein Hauptmangel der älteren Statslehre sei. Überdem ist anzuerkennen, daß die Gesellschaft auch für die Politik von großer und eigentümlicher Bedeutung ist. Aber die Vorstellung, daß es ein Gesellschaftsrecht gebe, welches weder öffentliches noch Privatrecht sei, ist völlig unhaltbar, denn das Recht hat es nur mit der organisierten Gemeinschaft zu thun, und diese Arten der Gesellschaft gehören entweder, wie z. B. die Handelsgesellschaften, ganz dem Privatrechte an, oder sie haben, wie z. B. viele Körperschaften und Kollegien, einen wesentlich öffentlich-rechtlichen Charakter. Es findet sich weder eine Rechtsidee noch eine Rechtsform in allen diesen Gesellschaften, die nicht entweder öffentlich-rechtlich oder privatrechtlich wäre[1]).

Da die unteren Lebenskreise weder die nötige Autorität haben, um Zweifel und Streit zu beseitigen, noch die erforderliche Macht, um jeden Widerstand zu überwältigen; da ferner die Gesellschaft keine feste Gestalt und nur ein teilweises, bruchstückliches

---

[1]) Vgl. die Ausführung von Mohl in der Gesch. d. Statsw. 1, 67 ff.; Encyklopädie § 1 u. 5. Bluntschli in der Krit. Überschau 3, 229 f. und H. v. Treitschke, die Gesellschaftswissenschaft, ein kritischer Versuch. Leipzig 1859.

und zufälliges Zusammenleben ist: so ist der Stat nötig, der Einzelne, Familien, Stämme und die gesellschaftlichen Kreise zusammenfaßt. Er nennt zwar den Stat auch einen Organismus, aber denkt sich darunter nicht ein belebtes Wesen, nicht eine Person, sondern nur ein System von Einrichtungen und faßt daher auch den im State sich offenbarenden Gesamtwillen nur als den maßgebenden Einzelwillen. Der ganze Gedanke der Volksindividualität erscheint ihm mystisch und unverständlich. Das Volk ist ihm nur eine zum State vereinigte Menschenmenge; die Bürger sind „Teilnehmer" am State. „Die Gesamtheit der Teilnehmer des States bildet die Nation" (S. 119). Es erscheint ihm daher der Stat auch nur als ein Mittel für die gemeinsamen Lebenszwecke der Menschen, und da diese mehrere und verschiedene sein können, so verwirft er auch die Beschränkung des einen Statszweckes.

Wenngleich diese allgemeinen Lehren noch großenteils auf dem Kantischen Standpunkte stehen, so haben sie doch im einzelnen manches neue Licht erhalten und dienen durch ihre nüchternverständige Kritik als Mahnung zur Besonnenheit und Klarheit.

Wie Kant bezeichnet er den modernen Stat als Rechtsstat und stellt ihn der Theokratie und dem antiken, klassischen State entgegen. Von der Theokratie unterscheidet sich der Rechtsstat „insoferne dem gegenwärtigen Leben auf der Erde ein Selbstzweck und zwar als solcher die möglichst vollständige Ausbildung aller menschlichen Kräfte eingeräumt und die Ordnung des Zusammenlebens in diesem Sinne verlangt wird, das Glaubensleben aber nur als eine einzelne Seite dieser Entwickelung betrachtet wird. Von dem State der alten Völker aber insoferne, als der Zweck und der Nutzen des States nicht erst in einem gedeihlichen Gesamtleben, sondern in der unmittelbaren Befriedigung des einzelnen und der besonderen gesellschaftlichen Kreise gesucht wird" (S. 101). Er sieht, wie die älteren Statsphilosophen, auch hier nur die Einzelmenschen und ihre mancherlei gesellschaftlichen Verbindungen, aber er versteht das Wort Rechtsstat doch in viel weiterem Sinne als Kant, indem er nicht bloß das Rechtsgesetz, sondern ebenso die verschiedensten Wohlfahrtszwecke mitumfaßt. Daß die Kirche nicht eine dem State ebenbürtige Erscheinung sei, versteht sich bei dieser Grundansicht von selbst. Er weist ihr nur unter den gesellschaftlichen Lebenskreisen einen Platz an.

Eine Besonderheit seines Systemes ist die, daß er zwischen das Statsrecht und die Statskunst (Politik) noch als ein drittes Glied die Statssittenlehre in die Mitte schiebt. Gerecht, sittlich und klug; rechtmäßig, gut und zweckmäßig, das sind die drei Richtungen, nach denen er den Stat erkennen will. Es ist die Dreiteilung des Thomasius in neuer Gestalt. Aber Statsrecht und Politik sind wesentlich Statswissenschaften, weil sie den Stat selbst zur Grundlage und zum Gegenstand der Betrachtung haben; die sogenannte Statssittenlehre findet ihre Begründung außerhalb des States und ist nur Anwendung des allgemeinen Sittengesetzes auf dem Bereiche des Statslebens. Sie ist daher so wenig eine Statswissenschaft im eigentlichen Sinne als die Mathematik in ihrer Anwendung auf den Stat als Statsmathematik oder die Physik und die Chemie als Statsphysik und Statschemie. Das Statsrecht und die Politik sind überdem mit der sittlichen Weltordnung tief und innerlich verflochten und in keiner Weise völlig davon loszutrennen. Deshalb darf auch unseres Erachtens die Statssittenlehre ihnen nicht als ein Drittes entgegengesetzt werden.

Mag man übrigens gegen das System der Encyklopädie noch so viel Bedenken haben, das hindert nicht, den wertvollen Inhalt hoch zu schätzen, der in die Formen dieses Systemes gegossen ist. Sowie es sich um Ausführung der Gedanken in dem beschränkten Rahmen eines besonderen Institutes oder eines begrenzten Zweckes handelt, dann zeigen sich die vielseitige Bildung Robert v. Mohls und die klare praktische Erörterung in ihrem Glanze. Diese Vorzüge zeichnen denn auch die Monographien aus, die er in dem zuletzt genannten Werke über Statsrecht, Völkerrecht und Politik gesammelt hat. Die kritische Betrachtung der repräsentativen Monarchie und der repräsentativen Demokratie im ersten Bande, die Charakteristik deutscher Parteien, deutscher Fürsten und Stände, des Ordenswesens, des Verhältnisses des States zur Kirche, ganz vorzüglich aber die ausgezeichnete Monographie über die Abfassung der Gesetze, sämtlich im zweiten Bande, und die Betrachtungen über Erziehung, Statsdienst und die Arbeiterfrage im dritten Bande regen überall das Nachdenken an, klären vieles auf und bringen manche Untersuchung zu endgültigem Abschluß.

Eine Reihe von anderen statswissenschaftlichen Werken Mohls, insbesondere das Statsrecht des Königreichs Würtemberg (Tübingen, zuerst 1829, dann 1840), die Polizeiwissenschaft (3. Aufl. Tübingen 1866) und das deutsche Reichsstatsrecht (Tübingen 1873) gehören der Wissenschaft des besonderen Statsrechtes an.

Eine wesentlich kritische Arbeit ist ferner das Werk des ungarischen Barons Joseph Eötvös (geb. zu Ofen 3. Sept. 1813, später ungarischer, seit 1867 Minister des Kultus, gest. 3. Febr. 1871): Der Einfluß der herrschenden Ideen des neunzehnten Jahrhunderts auf den Stat. Leipzig 1854. 2 Bde.

Baron Eötvös vereinigte in seiner Person die Eigenschaften des Gelehrten, Schriftstellers und des praktischen Statsmannes. In seinem Vaterlande Ungarn stand er als gewesener Minister des öffentlichen Unterrichtes, als Präsident der Akademie der Wissenschaften in Pesth, als Führer der liberalen Nationalpartei neben Deák mit an der Spitze seines Volkes und behauptete als Schriftsteller und Denker auch unter den deutschen Statsweisen einen hervorragenden Rang. Man hat einen weiten Gesichtskreis von der Höhe seiner Villa auf dem Schwabenberg über das Donaugebiet, die Hauptstädte Pesth und Ofen, die Pusten, die Berge. Es ist in seinen Schriften etwas davon zu verspüren.

Die Erschütterung des Jahres 1848 hat auf ihn einen starken Eindruck gemacht. Die plötzliche Ausbreitung der Revolution fast über das ganze civilisierte Europa ist eine Erscheinung, deren Grundursache nicht in bestimmten Landesübeln, sondern nur in der allgemeinen Geistesbewegung entdeckt werden kann. In dieser Absicht untersucht Eötvös zunächst die gangbaren Vorstellungen von Freiheit, Gleichheit, Nationalität. Er findet, daß alle drei Ideen, wie sie gewöhnlich verstanden werden, einander wechselseitig widersprechen, daß ihre Realisierung ohne Zerstörung der bisherigen Statsformen unmöglich sei, endlich daß, wenn auch ihre Verwirklichung möglich wäre, dieselbe der Menschheit keine Befriedigung gewährte. Dabei nimmt er an, daß man unter politischer Freiheit meistens nur die Volkssouveränetät, unter Gleichheit vorzüglich gleiche Beteiligung aller an der Statsleitung und unter Nationalität bald die Alleinherrschaft einer Nation, bald die Gleichberechtigung der verschiedenen Nationalitäten verstehe. Er ist der Meinung, daß die drei Ideen ein notwendiges Ergebnis wahrer Civilisation seien und richtig verstanden und im State verwirklicht, ebenso allgemeine Zufriedenheit hervorbringen würden, wie ihre mißverständliche Anwendung das Unglück unserer Zeit sei. Er sieht ziemlich düster. Er glaubt unsere ganze Civilisation ernstlich bedroht und vergleicht unsere Zeit mit der des römischen Reiches unter den letzten Cäsaren, nur daß damals die Umgestaltung mit der Religion begonnen habe und gegenwärtig mit der Auflösung des Statsbegriffes anfange. Aber er glaubt zugleich, daß die Menschheit noch im Fortschritte begriffen sei, und hofft noch, daß die wahren Begriffe von Freiheit, Gleichheit und Nationalität über die falschen den Sieg erkämpfen werden. Offenbar hat auf seine Kritik auch das berühmte Werk von Tocqueville: La démocratie en Amérique einen Einfluß geübt. Aber der ungarische Baron steht den demokratischen Tendenzen mißtrauischer und feindlicher gegenüber als der französische Marquis. Ausführlich stellt er die Mängel der Rousseau'schen Statslehre dar und macht auf die Fiktionen und Täuschungen des demokratischen Wahlsystemes, auf die freiheitzerstörenden Wirkungen der statlichen Allgewalt und auf die kommunistischen Konsequenzen der falschen Gleichheit, auf die zerstörenden Wirkungen des nur auf die Sprachen gestützten Nationalitätsprinzipes aufmerksam. In alledem erkennen wir den echten ungarischen Edelmann.

Indem er die Natur des States untersucht, hebt er den Unterschied hervor zwischen dem Rechtsgrunde und der Entstehung der Staten. Diese ist eine historische Thatsache, jener ist eine Frage an die Vernunft. „Der Fehler, den die meisten Theorien begangen haben und der die Quelle der größten Irrtümer geworden ist, besteht darin, daß fast alle diese Theorien die Frage, wie der Stat entstanden sei, und jene, durch welchen Grund das Bestehen desselben gerechtfertigt werde, nicht von einander getrennt haben" (2, 60). Er ist der Meinung, der Statsvertrag erkläre die Entstehung der Staten nicht, sei aber als vernünftiger Rechtsgrund ihres Bestandes nicht anzufechten, denn der freie Willen der Statsgenossen sei der einzig verständliche und überdem mit der Annahme einer höheren Weltordnung vereinbare Rechtsgrund. Wird diese Unterscheidung alle Zweifel wirklich zu heben im Stande sein? Übt der Rechtsgrund, der den Bestand rechtfertigt, nicht auch seine Wirkung auf den Fortbestand und somit stillschweigend wieder auf die Entstehung des States aus? Kann denn wirklich der Vertrag der vielen einzelnen die Einheit des Statswillens erklären?

Wie der Stat auf den Einzelwillen begründet wird, so wird der alleinige allgemeine Zweck des States in der „Sicherheit der einzelnen" gefunden. Wie Mohl sieht auch Eötvös den Stat wesentlich als ein Mittel an, wodurch die einzelnen gewisse persönliche Zwecke zu erreichen suchen, und da niemand zur Erreichung seiner persönlichen Zwecke sich früher entfernterer Mittel bediene, bis er die näherliegenden als ungenügend erkannt hat, so schließt er daraus, „daß nur das als allgemein anerkannter Zweck des States betrachtet werden könne, was nach der Ansicht aller durch die Kraft der einzelnen oder die Thätigkeit kleinerer Gesellschaften nicht erreicht werden kann" (2, 95). Zwar soll sich die Sorge des States auf alle geistigen, moralischen und materiellen Güter seiner Angehörigen ausdehnen, aber Eötvös ist der Meinung, daß es nicht eine Statsaufgabe sei, dem einzelnen diese Güter zu verschaffen, sondern nur, den Besitz derselben, den sich die einzelnen selbst erworben haben, zu sichern. Es ist wieder derselbe Gedanke, den früher Wilhelm v. Humboldt ausgeführt hat, der später auch in dem Engländer Mill einen sehr beredten Verteidiger erhalten hat, für den neuerlich wieder der Franzose Eduard Laboulaye[1]) in geistreicher Weise eingetreten ist. Die Sicherstellung der individuellen Freiheit erscheint ihnen allen als die einzige oder doch als die Hauptaufgabe des modernen States. Die Übereinstimmung so gewichtiger Stimmen aus verschiedenen Nationen und der Beifall, den dieser Gedanke in großen Kreisen der gebildeten Mittelklassen findet, sind Zeichen dafür, daß damit eine charakteristische Eigenschaft der modernen Tendenzen bezeichnet wird; aber die ganze Geschichte sowohl der Statswissenschaft als der Staten beweist hinwieder, daß diese individualistische Statsidee einer tieferen Einsicht in die Natur des States und den wirklichen Bedürfnissen auch der heutigen Völker ebenso wenig genügt als die entgegengesetzte kommunistische Rechtsidee. Wenn diese die individuelle Freiheit der Gesamtheit zum Opfer bringt, so macht jene die Existenz des Ganzen zu einem bloßen Mittel für die Befriedigung der Individuen. Die eine macht den Stat zum Knechte der Privatpersonen, die andere macht die Privaten zu Hörigen des States.

Wenn wir anerkennen, daß die Sicherung der individuellen Freiheit eine der Lebensaufgaben des neuen States ist, so können wir einem großen Teile der gründlichen Untersuchung über die notwendigen Grenzen der Statsgewalt beistimmen. Es ist viel

---

[1]) In der Schrift: Paris en Amérique (Paris 1863) und in der Schrift: d'État et ses limites (Paris 1863).

Beachtenswertes in der Kritik der übertriebenen Centralisation, wie sie vorzüglich in Frankreich besteht, und es verdient unseren Dank, daß Eötvös im Gegensatz dazu auf „das Prinzip der Selbstregierung“ (besser Selbstverwaltung) als das wahre Heilmittel gegen Revolution und Despotie nachdrücklich hinweist. Unsere Zeit bedarf großer und mächtiger Staten und diese zu ihrer Existenz und Wirksamkeit großer, nach Eötvös' Meinung sogar innerlich-absoluter Gewalt. Aber damit die Staten nicht dem Hauptverlangen der Neuzeit nach freier Äußerung der individuellen Kräfte herrschsüchtig entgegentreten, ist der Umfang der statlichen Wirksamkeit zu begrenzen. Je fester in sich der Stat und je kräftiger er organisiert ist, um so eher kann er auch selbständige Gemeinden und freie Associationen ertragen und gewähren lassen, und diese sind nötig, damit die Freiheit der Individuen nicht von der Allgewalt des States erdrückt werde.

Hatte die kritische Richtung der Wissenschaft mit Vorliebe von allgemeinen philosophischen Begriffen aus operiert, an welchen sie die Zustände bemaß, so fing nun auch das Vorbild der Naturwissenschaft, welche durch die aufmerksame Betrachtung der äußeren Erscheinungen folgenreiche Entdeckungen gewonnen hatte, an, zur Nachahmung zu reizen.

Die heutige Naturwissenschaft beobachtet mit Vorliebe die sogenannte induktive Methode der Forschung, das heißt sie betrachtet voraus die sinnlich wahrnehmbare Erscheinung, zerlegt dieselbe, wenn sie zusammengesetzt ist, in ihre äußerlich trennbaren Bestandteile, vergleicht die eine Erscheinung mit anderen, sei es gleichartigen, sei es in dieser oder jener Hinsicht verschiedenen Erscheinungen, schließt aus der offenbaren Wirkung auf die verborgene Ursache und prüft hinwieder die Richtigkeit der Beobachtung und des Schlusses an den Wirkungen, welche dieselbe Ursache im Experimente hervorbringt. Ist in der Bestimmung des in den Wirkungen offenbar gewordenen Gesetzes vielleicht nicht die ganze Wahrheit, so ist doch jedenfalls ein Stück Wahrheit gefunden worden, und die Untersuchung hat einen festen Boden gewonnen, von dem aus sie in dem Dunkel weiter vordringt.

Wird diese Methode auf die Statswissenschaft angewendet, so wird sie vorzugsweise die Statistik als Grundlage benutzen müssen, und sie wird aus der Betrachtung und Vergleichung massenhafter Zahlen, welche die sichtbaren Erscheinungen zusammenfassen, Ergebnisse zu ziehen suchen. Auf diese Weise können in der That verbreitete Irrtümer thatsächlich widerlegt und unbekannte Gesetze sachlich mindestens wahrscheinlich gemacht, vielleicht erwiesen werden.

Immer aber darf man nicht, wie das freilich oft geschehen ist, einen wichtigen Unterschied zwischen den Natur- und den sogenannten Geisteswissenschaften übersehen. Die stillschweigende Voraussetzung jener naturwissenschaftlichen Methode ist, wie John Stuart Mill in seinem Systeme der Logik vortrefflich gezeigt hat[1]), die Regelmäßigkeit der Naturerscheinungen und die Stätigkeit der Naturgesetze, welche zwar erfahrungsmäßig erkannt, aber im letzten Grunde doch nur aus der Einheit und Harmonie des großen Naturlebens erklärt wird. Überall, so weit unsere Kenntnis der Natur reicht, bringen dieselben Ursachen immer dieselben Wirkungen hervor. Das Gesetz der Naturnotwendigkeit herrscht auf diesem Gebiete mit unabwendbarer und unverkennbarer Macht. Überdem läßt sich die unendliche Mannigfaltigkeit der Erscheinungsformen in der Regel auf wenige Grundgesetze zurückführen, welche mit mathematischer Sicherheit zu berechnen sind. Das physikalische Gesetz der Schwere z. B. oder das chemische der Affinität gewisser Körper kommt, wo es einmal erkannt ist, unter denselben Voraussetzungen immer wieder genau in derselben Weise zur Geltung.

Nicht ebenso verhält es sich aber auf dem Gebiete des Menschenlebens und der sogenannten Geisteswissenschaften. Zwar übt auch auf den Menschen die große ihn umfangende

[1]) J. St. Mill, System of Logic. London 1843. Ins Deutsche übersetzt von Dr. J. Schiel. Braunschweig 1850.

Natur eine mächtige Wirkung aus, und insoferne ist er den stätigen Naturgesetzen ebenfalls unterworfen und wird die von der Naturwissenschaft vorausgesetzte Regelmäßigkeit und Notwendigkeit der Wirkungen aus bestimmten Ursachen in ihm ebenfalls sichtbar. Z. B. die Einflüsse des Klimas und der Temperatur haben unter Umständen eine und dieselbe zwingende Macht. Indessen sogar da zeigt sich schon eine gewisse, wenngleich beschränkte Widerstandsfähigkeit der Menschennatur gegen die Einflüsse der makrokosmischen Natur. In höherem Grade noch als die Tiere, die ebenfalls ein ihnen eigenes Sonderleben haben, im Unterschiede von dem makrokosmischen Naturleben, vermögen die Menschen auch den Einflüssen des Klimas entgegenzuwirken. Die Blutwärme des menschlichen Körpers bleibt wesentlich dieselbe, ob der Mensch in der sonnigen und heißen Atmosphäre des Tropenlandes oder in den von Eis starrenden trüben Polargegenden wohnt. Nur deshalb kann der Mensch in beiden Zonen leben.

Die besondere Menschennatur ferner hat auch ihre psychischen und physischen Gesetze, welche mit einer gewissen Regelmäßigkeit die Entwickelung des Menschenlebens bedingen. Eine geistig nötigende Gewalt ist auch in der menschlichen Logik nicht zu übersehen, und die Altersstufen haben ähnlich den physikalischen Naturgesetzen ihre notwendige, von dem Willen nicht abhängige Folge. Aber diese Gesetze der Menschennatur, besonders die entscheidenden der menschlichen Seele, sind nicht weder mit derselben mathematischen Sicherheit aus einzelnen Erscheinungen abzuleiten, noch mit Instrumenten so genau zu bemessen wie jene Gesetze der äußeren Natur. Es ist hier schwieriger, gefährlicher und trügerischer zu experimentieren. Der innere Organismus der Seele ist an sich eine Mannigfaltigkeit von Kräften zu persönlicher Einheit verbunden und oft gar nicht zu ermitteln, welche Seelenkräfte und in welchem Verhältnisse verschiedene Kräfte zu bestimmten Thaten und Werken zusammengewirkt haben. Die wissenschaftliche Forschung darf daher hier am wenigsten von dem einheitlichen Selbstbewußtsein des menschlichen Geistes absehen, welches ja die unerläßliche Grundbedingung alles menschlichen Denkens und Forschens ist. Schon deshalb darf die Wissenschaft vom Menschen und vom State die deduktive Methode, der Schlußfolgerung aus dem Selbstbewußtsein des Geistes und den Prinzipien, die mit demselben gegeben und in demselben enthalten sind, nicht vernachlässigen.

Zu jenen relativ regelmäßigen Gesetzen der menschlichen Seele tritt nun überdem das Moment der individuellen Freiheit hinzu, welches in der Geschichte des Einzellebens wie des Völkerlebens eine Hauptrolle spielt. Wenn man daher in der Welt- und Statengeschichte nur jene Gesetzmäßigkeit sieht und die freie That der Individuen nicht mitbeachtet, so verneint man das Eigenste und Geistigste im Menschenleben und macht überdem eine falsche Rechnung. Deshalb muß selbst die induktive Methode auf diesem Gebiete einen anderen Charakter annehmen. Zunächst freilich ist sie Analyse der thatsächlichen Zustände, insbesondere der statistischen Verhältnisse, dann aber wird sie zur historischen Forschung und Kritik gesteigert, und als solche verbindet sie sich mit der deduktiven, oder philosophischen Methode, welche an die Natur des Geistes und seines Bewußtseins anknüpft und durch logische Schlüsse aus höheren Prinzipien ihre Ergebnisse ableitet. Die erste geht von der mannigfaltigen Erfahrung, die letztere von der Geisteseinheit aus. Jene schließt aus der Peripherie auf das Centrum, diese vom Centrum auf die Peripherie; jene von außen nach innen, diese von innen nach außen. Beide Methoden haben also hier ihre Berechtigung, sie ergänzen sich und dienen wechselseitig zur Kontrolle und Probe. Übersehen wir die ganze Geschichte der Statswissenschaften, so werden wir daraus vor allem die Lehre entnehmen: Nur die Verbindung des philosophischen Denkens und der historischen Forschung, und nicht die einseitige Verfolgung der einen oder der anderen Methode gewährt Sicherheit für die gefundene Wahrheit.

Wie gewagt und trügerisch die Schlüsse sind, zu welchen eine einseitige Nachahmung der naturwissenschaftlichen Methode auf dem Gebiete der Völkergeschichte führt, zeigt das merkwürdige, auch ins Deutsche übersetzte Buch des Engländers Henry Thomas Buckle: Geschichte der Civilisation in England [1]).

Buckle, geboren am 24. November 1821 zu Lee in der Grafschaft Kent, war der Sohn eines reichen Kaufmannes, der starb, als jener noch ein Knabe war. Ein Gehirnleiden verhinderte ihn an regelmäßigem Schulbesuche. Um so eifriger betrieb er später als Autodidakt die Studien. Mit Vorliebe lernte er, aber in ganz origineller Weise, eine große Zahl moderner lebender Sprachen und beobachtete er im Umgange mit Menschen und auf weiten Reisen die Zustände der verschiedenen Völker und Länder. Er starb den 29. Mai 1862 in Damaskus.

Hatte Hegel früher die Weltgeschichte wie einen logisch-dialektischen Prozeß behandelt, so betrachtet Buckle jetzt dieselbe wie eine naturnotwendige Wirkung und führt seine Beweise wie Rechenexempel aus statistischen Tabellen. Freilich erscheint es dann wie eine Selbstverhöhnung des wissenschaftlichen Grundgedankens, wenn der ideale, von selbstbewußtem Denken und Wollen ausgehende Hegel schließlich zu bloßer Erhaltung der bestehenden Zustände kommt und der von der wäg- und zählbaren Materie aus schließende realistische Buckle ein eifriger Vertreter des gesellschaftlichen Fortschrittes und der persönlichen Geistesfreiheit ist.

Das Werk ist übrigens nicht vollendet. Die Arbeit wurde durch den frühen Tod des originellen und fleißigen Forschers unterbrochen. Bisher schilderte er mehr noch die schottische und die französische als die englische Civilisation. Einige einleitende Kapitel besonders sind von allgemeiner Bedeutung über die statistische Grundlage, über den Einfluß der Landesnatur und der Nahrung, über die Wechselwirkung der moralischen und der intellektuellen Gesetze, welche letzteren er wieder nicht a priori

---

[1]) History of civilisation in England. 2 Bde. 2. Ausg. London 1858—1862. Übersetzt von A. Ruge, Leipzig 1860.61. Alf. Henry Huth, the life and writings of H. Th. Buckle. 2 Bde. London 1880.

aus dem menschlichen Selbstbewußtsein, sondern a posteriori aus der äußeren Geschichte darstellt, über den Einfluß der Religion und der Litteratur auf den Stat.

In alledem ist viel Merkwürdiges. Die Masse der angesammelten Thatsachen und statistischen Belege hat einen gewissen Wert, obgleich vieles unsicher erhoben ist. Das Material ist mit Scharfsinn geordnet und benutzt. Manche dunkle Partie der neueren Geschichte empfängt ein neues Licht. Aber wenn die mathematische Sicherheit in naturwissenschaftlichen Schriften überzeugt, so wirkt dieselbe hier geradezu entgegengesetzt. Sie ruft überall Zweifel hervor gegen ihre Begründung und viele Ergebnisse sind augenscheinlich falsch. Historische Vorgänge sind eben doch noch weniger mathematische Rechnungen als logische Schlußfolgerungen; der mitwirkende und oft entscheidende individuelle Menschengeist, die Erinnerungen, Gedanken, Leidenschaften, Thaten der einzelnen lassen sich nicht abzählen noch abwägen.

Unter den Deutschen hat es Konstantin Frantz in seiner „Vorschule der Physiologie der Staten“ (Berlin 1857) versucht, jene naturwissenschaftliche Methode anzuwenden. Er geht von der Betrachtung der Physis des States und von bekannten Thatsachen aus und will es vermeiden, aus allgemeinen Begriffen zu schließen. Indessen kann er sich der Einflüsterungen des eigenen Geistes doch nicht entziehen und ist viel zu beweglichen Sinnes, um den streng gemessenen Schritt der induktiven Methode einzuhalten. In dem Statskörper sieht er einen „künstlichen Organismus“, warnt aber vor einseitig organischer Auffassung, indem der Stat, und voraus der moderne Stat, auch der mechanischen Einrichtungen bedürfe und schließlich doch die geistige Erfahrung des States die organische und die mechanische Betrachtung beherrsche.

Der Gegensatz zwischen dem Gemeinbewußtsein und dem individuellen Selbstbewußtsein ist ihm nicht verborgen; aber er erklärt denselben in einer sehr seltsamen, fast wunderbaren Weise. Er vermutet nämlich in Anlehnung an altjüdische

Traditionen, ursprünglich sei nur das Gemeinbewußtsein wach gewesen, das Individualbewußtsein aber habe geruht. Während aber die Theologen in dem „Sündenfall“ das Erwachen des Selbstgefühles zu finden glauben, meint er in der „großen Katastrophe der Völkerscheidung“ den Riß zu entdecken, welcher durch das menschliche Gemeinbewußtsein hindurchging und das Individualbewußtsein wach rief. Er meint, das erstere habe sich seitdem als Statsbewußtsein nur teilweise erhalten. Diese Annahme setzt indessen die Anlage beider Arten des Bewußtseins in der ursprünglichsten Menschennatur voraus und erklärt sie nicht. Sie steht überdem mit dem Gange der Weltgeschichte im Widerspruche, welche bei jedem großen Fortschritte der Civilisation auch eine Erhöhung sowohl des individuellen Selbstbewußtseins als des menschlichen Gemeinbewußtseins zeigt.

Gerne setzt er die reale Macht geschichtlicher Thatsachen den Zeitideen entgegen und nimmt mit Vorliebe den besonderen Bestand eines bestimmten States in Schutz gegen die allgemeinen Prinzipien, aus welchen eine Fortbildung gefordert wird. So schreibt er auch dem stärksten politischen Triebe unseres Zeitalters, dem Prinzipe der Nationalität, keine statengründende Kraft zu, weil sich die Nationalität nicht in Über- und Unterordnung äußere, sondern nur die Bedeutung habe eines „Materials der politischen Organisation“. Eher originell als befriedigend ist seine Lehre von den Statsgewalten. Er unterscheidet entsprechend den vier Funktionen des Statskörpers, der sich regiert und wehrt, der Gesetze gibt und Recht spricht, vier Statsgewalten: die Regierung, die er allen anderen — sogar der Gesetzgebung, d. h. den Teil dem Ganzen überordnet, die Gesetzgebung, die Militärgewalt und die richterliche Gewalt. Es mochte die Vorstellung einer relativ selbständigen, als Macht auch der Regierungsgewalt gegenüberstehenden Militärgewalt eine Zeit lang auch in dem früheren preußischen State noch einige Anhaltspunkte finden; die übrige civilisierte Welt aber und auch das deutsche Reich hat schon seit langem diese Einrichtung, deren

Konsequenz zur Prätorianer- und Janitscharenwirtschaft und Säbelherrschaft führt, verworfen und das Heer, das bestimmt ist, die Politik des regierenden Kopfes gewaltsam durchzuführen, wenn die friedlichen Mittel nicht ausreichen, wie die Polizei der Regierungsgewalt vollständig untergeordnet.

In seiner anderen statswissenschaftlichen Schrift: Kritik aller Parteien (Berlin 1862) hat dann Frantz jene einseitig naturwissenschaftliche Methode wieder verlassen. Er fährt hier mit einer scharfen Kratzbürste über die konservative und die liberale Partei, über die Konstitutionellen, die Demokraten und die Ultramontanen her und striegelt alle Parteien mit den verschiedensten Argumenten. Das originelle Buch ist jedenfalls viel gesunder und geistreicher als das Stahlische Werk über die Parteien, obwohl auch hier wieder neben feinen Beobachtungen und wichtigen Wahrheiten einzelne wunderliche biblische, königliche und militärische Schrullen sich finden, wie sie außerhalb der Atmosphäre der Berliner Bildung schwerlich entstehen und gedeihen. Auch dem positiven Grundgedanken des Buches, der Verherrlichung des „föderativen Prinzipes“ kann man einen großen Wert beilegen und trotzdem vollständig bestreiten, daß damit ein politisches Parteiprinzip gewonnen werde. Der Föderalismus ist eine organische Verbindung der partikularistischen und der kollektiven Verfassungsrichtung und steht an allgemeiner Geltung und politischer Bewegungskraft jedenfalls hinter den Prinzipien des Liberalismus und des Konservativismus zurück, deren Ausartung eher als deren tiefere Natur Frantz geschildert hat.

Das Buch von Frantz: Das neue Deutschland (Leipzig 1871) ist eine politische Streitschrift, in welcher die Unzufriedenheit des Verfassers über die Neugestaltung des deutschen Reiches sich ausspricht. Wenn er in der militärischen Herrschaft Preußens über Deutschland nicht die Erfüllung der nationalen Ideale erkennt, so hat er wohl recht; aber noch viel weniger kann die Erhaltung der deutschen Dynastien und der scheinbar souveränen Länderstaten, für die er streitet, das höchste Ziel deutscher Politik sein.

Zweiundzwanzigstes Kapitel.

Religiös-politische Richtung. Heinrich Leo. Friedrich Julius Stahl. Ferdinand Walter.

Der Historiker Professor **Heinrich Leo** (geboren im Jahre 1799, Professor der Geschichte in Halle) hat in seinen Geschichtswerken, insbesondere in seiner **Universalgeschichte** (6 Bde., Halle 1839—1844), mit Vorliebe die Statsideen und die Statseinrichtungen dargestellt und daraus allgemeine politische Lehren hergeleitet. Er hat überdem in einer leider ein Bruchstück eines größeren Werkes gebliebenen Schrift: **Studien und Skizzen zu einer Naturlehre des States**, erste Abteilung (Halle 1833), zu einer neuen Statslehre den Grund zu legen versucht. Seine früheren und seine späteren Schriften haben nicht dieselbe Farbe, wenngleich man sich bald überzeugt, daß es nicht eine Änderung des Charakters, sondern vielmehr der Ansichten sei, die sich im Laufe eines langen den Studien zugewendeten Lebens gerade bei geistreichen Männern leichter als bei beschränkten zeigt. Anfangs war er freier und rationalistisch gesinnt; allmählich aber nahm der Haß gegen die französische Revolution, die er wie das Reich der Hölle auf Erden schildert, seine Seele ein; das leidenschaftliche Gemüt unterdrückte den Widerspruch des Verstandes, und „der Eifer für die Sache des Herrn" verdrängte zuletzt die unbefangene menschliche Erwägung. Leo wurde einer der Führer der sogenannten preußischen „Königstreuen", welche lebhaft an die „Königsfreunde" unter Georg III. erinnern, und ein eifriger Verteidiger jener wunderlichen Mischung aus jüdischer Theokratie, straffer militärischer Zucht, lehensmäßiger Oberherrlichkeit über die kleinen Herren, vererbtem Absolutismus und modernen Gelüsten, aus welchen Elementen nach den Ansichten einer am Hofe und in der Beamtung einflußreichen Partei die preußische Königskrone zusammengesetzt wird.

Für die Geschichte der Statswissenschaften hat besonders jene frühere kleine Schrift einen bleibenden Wert. Schon hier erklärt er den Stat als „ein Kunstwerk göttlichen Ursprunges, um so reiner, je weniger noch sich frei ihm gegenüberstellende Reflexion sich seiner bemächtigt hat, je naturwüchsiger noch seine Entwickelung gewesen ist. Der Stat ist unmittelbar mit dem Menschen gegeben. Die Erfindung des States hat, wenn ich davon reden hörte, immer den Eindruck auf mich gemacht, wie Sancho Pansas Lob der Erfindung des Schlafes“ (S. 1. 2).

Wenn Priester oder Dichter den Stat als unmittelbares Gotteswerk verkünden und preisen, so verstehen wir das; wenn aber der Geschichtschreiber, vor dessen Augen die Wirkungen menschlicher Gedanken und Leidenschaften in der Bildung, der Umwandelung und dem Untergange der Staten sichtbar erscheinen, diese unmittelbare menschliche Begründung wegleugnet und die mittelbare Begründung durch Gott, der den Statstrieb in die Menschennatur gepflanzt hat, an ihre Stelle setzt, so können wir darin keine wissenschaftliche Wahrheit entdecken. Der Stat wächst doch nicht mit derselben Naturnotwendigkeit wie das Schneckenhaus um die Völker her. Der Stat ist in höherem Grade ein Werk der Kultur als der Natur, und gerade deshalb ist die bloß instinktive oder gefühlsmäßige Statenbildung der geistesbewußten nicht über- sondern untergeordnet.

Leo nennt Naturlehre des States die Betrachtung der verschiedenen natürlichen und geistigen Elemente und Momente des Statenlebens, wie sie gewissermaßen ein System von Gefäßen bilden und beschäftigen, in denen der Geist der Völker gefaßt ist und sich bewegt, wie das Blut in den Adern. Er unterscheidet den organischen Stat, in welchem das Gesamtleben die Glieder durchdringt, von dem mechanischen, der nur durch äußeren Zwang zusammengehalten wird; ferner die systematischen Staten, welche den verschiedenen Ständen und Richtungen Raum gewähren, und die unsystematischen, in denen das nicht geschieht. Endlich nennt er Elementarstaten die, welche entweder einseitig auf ein organisches oder ein mechanisches Element gestützt sind. Als solche führt er an:

A. Organische Elemente: 1. Herrschaft der Familien- und Stammeshäupter mit beweglichem Eigentume. Nomadenstaten. (Altjüdischer Stat.)

2. Herrschaft derselben in Verbindung mit Grundbesitz. Patriarchie mit Ackerbau. (Altgermanische Staten.)

B. Mechanische Elemente: 3. Furcht vor geistiger und geistlicher Gewalt. Hierarchie. (Meroë.)

4. Die reine Intelligenz, das abstrakte Denken als Basis des States. Ideokratie. (Robespierres Stat.)

5. Herrschaft der sinnlichen Gewalt des siegenden Heeres. Militärstat. (Römisches Imperatorenreich.)

6. Herrschaft des Geldes. Banquiersherrschaft. (Florenz.)

Wird die einseitige Herrschaft eines dieser Elemente im Kampfe mit anderen Elementen, die sich regen, gebrochen, so entstehen daraus neue Gebilde. Entweder tritt nur ein anderes Element an seine Stelle, oder der Kampf endigt damit, daß ein organisch-systematischer Stat entsteht, in welchem die verschiedenen Elemente mit einander in geordneter Weise bestehen.

Das Buch ist nun vornehmlich der Betrachtung der Elementarstaten gewidmet und im einzelnen voll feiner und geistreicher Bemerkungen, aber zuweilen auch entstellt durch Ausbrüche einer rohen Wildheit, die sich als ursittliche und naturwüchsige Wahrhaftigkeit gebart. Er betrachtet die Ehe, die Blutrache, die Dienstbarkeit als Elementarverhältnisse, welche auf das Gemeinwesen einen Einfluß haben. Er ist so weitherzig, um die politische Ehe der germanischen Fürsten mit mehreren Frauen zu entschuldigen, und hinwieder so eng, um die katholische sakramentale

Strenge des Eherechtes der protestantischen Ermäßigung dieser Strenge weit vorzuziehen; er findet den Konkubinat und die morganatische Ehe weniger unsittlich als die „sentimentale" Ehe, die auf freier Zuneigung der Individuen beruht. Die „freie Dienstbarkeit in Nordamerika" heißt er „eine Art Greuel", und findet sich mit der Sklaverei der südlichen Staten leicht durch die zweifache Erwägung ab, daß sie „eine Gewähr der Demokratie mit gebildeter Erfüllung" sei, und daß durch sie „die Negerstämme zu welthistorischen Ehren kommen".

Ferner zeigt er, wie die Begründung des States auf das Grundeigentum entweder zur Herrschaft eines Grundadels führe, wie bei den Germanen im Mittelalter, oder zu patriarchalischer Stammesgenossenschaft, wie in der schottischen Klanverfassung, deutet aber die dritte mögliche Form der Markgenossenschaft freier und gleicher Bauern, die eigentliche Bauerngemeinde, wie bei den Schweizern, Friesen, Norwegern, nur nebenbei und unsicher an. Im Priesterstate wird das Grundeigentum großenteils Tempelgut und die Masse der kleinen Bauern gerät in drückende Dienstbarkeit. Die Ideokratie verträgt sich schwer mit dem Bauernstande; der Militärstat dagegen verlangt Ausstattung der Heerführer mit Domänen und begünstigt die Bauernwirtschaft, und daher das echte immobile Eigentum; der Handelsstat endlich kennt keine Bauern mehr, sondern nur rationelle Landwirte, wie in Venedig, in Holland und England.

Die Bedeutung des Geldes für die Einrichtung des States zeigt sich erst, wenn die patriarchalischen Zustände überschritten sind. Auch der Priesterstat sucht die Gewerbs- und Geldmänner in kastenmäßiger Unterordnung festzuhalten, und als das nicht mehr möglich ist, den Handel und die Geldwirtschaft an die Priestergenossenschaft selber zu bringen; die Ideokratie verhält sich bald gleichgültig dazu, bald legt sie ein Gewicht auf die Industrie, wie im Saint-Simonismus. Der Militärstat sucht sie auszubeuten und ist deshalb genötigt, sie gewähren zu lassen. So haben Ludwig XIV., Peter der Große, der Große Kurfürst und Friedrich II. von Preußen „Industrie und Kommerz gefördert, aber lediglich von dem Gesichtspunkte der vermehrten Statskräfte". Wo dieses Element herrscht, da entsteht der Handelsstat, in welchem die reichen Kauf- und Gewerbeherren zur Herrschaft gelangen, bis dann zuweilen aus dieser Geldaristokratie eine Oligarchie der großen Banquiers hervorragt und der Reichste und Mächtigste sich zum Fürsten emporschwingt. Der Prinzipat des Mediceischen Hauses ist so erworben worden. Der Handelsstat, sich selber überlassen, führt „zu einer moralischen Auflösung, bei welcher selbst die Familienverhältnisse zur Ware werden" (S. 132). Nur die Genossenschaften sichern die Ehrbarkeit.

Die auf den Sieg gegründete Gewalt hat einen mechanischen Charakter — „aus bloßer Gewalt wird nie Recht; beide Begriffe, Recht und Gewalt, stehen einander wie Himmel und Hölle entgegen"; aber die so gegründete Unterordnung wird doch durch die Anerkennung der Besiegten zu Recht. Leo unterscheidet die Herrschaft eines siegreichen Nomadenvolkes (Hunnen und Mongolen), des Heerbannes der Markgenossen (Schweizer Vogteien), den Sieg der Burgherren und der Ritterschaft (deutsche Adelsherrschaft), eine Kriegerkaste im Priesterstat, das Heer der Ideokratie, das Heer der eigentlichen Militärstaten, welche vorzugsweise des Berufs- und Soldheeres bedürfen (römisches Kaisertum, Türkei), und das Werbeheer der Geldstaten (Karthago, Venedig, Holland). Er spricht sich gegen die allgemeinen „Kriegsfronen" der neueren Zeit und für ein Soldheer aus, von geborenen Soldaten, den Wildfängen des bürgerlichen Lebens, gebildet.

Den Priesterstat basiert Leo vornehmlich auf die religiöse Furcht vor moralischer Vernichtung und Unseligkeit, und zeigt, wie die Priesterherrschaft zu einer stolzen, abgeschlossenen, unveränderlichen und daher starren und drückenden Statsordnung führe.

Die Ideokratie gründet Leo auf den Fanatismus der Ansicht und stellt hier den jüdischen Stat nach dem Exile mit dem revolutionären State Robespierres zusammen. Sie entsteht nur nach kranken Zuständen, wenn die natürlichen Elemente Verschränkungen erlitten haben, ist daher nichts natürlich Erwachsenes, was sonst der organische Stat nach seiner Meinung ist, gleich „irgend einem Gewächs".

Man sieht, diese Naturlehre ist nicht mark- und saftlos, wie so manche abstrakte Statstheorie; aber sie gehört früheren, noch roheren Zeiten an, sie ist im Widerspruche mit dem Fortschritte des Menschengeistes zur Freiheit und zur Humanität. Jene erscheint ihm wie ein Abfall von Gott und der Natur, diese wie weichliche und lumpige Sentimentalität.

Der entschiedenste und geistreichste Vertreter einer theologisierenden Rechts- und Statsphilosophie der neueren Zeit ist nicht Leo, sondern Stahl, der auch alle früheren Repräsentanten derselben Richtung überragt.

Friedrich Julius Stahl, der aus einer jüdischen Familie stammt, wurde zu München geboren am 16. Januar 1802, erhielt eine wissenschaftliche Schulbildung, trat dann (1819) in die christliche, zunächst die lutherische Kirche ein und widmete sich, nach Vollendung der Universitätsstudien, die er in Würzburg, Heidelberg und Erlangen betrieben hatte, dem Berufe eines akademischen Lehrers. Erst trat er als Privatdozent an der Universität München auf (1827), wurde dann (1832) als außerordentlicher Professor nach Würzburg und bald darauf, noch in demselben Jahre, als ordentlicher Professor nach Erlangen ernannt, nachdem der erste Band seiner „Philosophie des Rechtes nach geschichtlicher Ansicht" (Heidelberg 1830) die Aufmerksamkeit der gebildeten Welt auf ihn gezogen hatte. Die neue „christliche Statslehre" entsprach den Herzensneigungen des Königs Friedrich Wilhelm IV. von Preußen, der ihn 1840 nach Berlin berief und ihm da einen weiteren Wirkungskreis eröffnete. In Bayern hatte Stahl zwar teilweise konstitutionelle Begriffe und Sitten angelernt, aber zugleich wußte er mit großer Gewandtheit sich den Wünschen des Königs von Preußen anzuschmiegen, dem das konstitutionelle Wesen wenig zusagte, und verband sich in Berlin mit der am Hofe einflußreichen Adelspartei. In dem vereinigten Landtage von 1847 hatte er noch keine Stimme; aber als nach der Revolution von 1848 das Zweikammersystem eingeführt wurde, erhielt er bald als Mitglied des Herrenhauses die geistige Führerschaft der sogenannten Konservativen, und behielt dieselbe bis zu seinem Tode am 10. August 1861 bei. Er vor allen verstand es, die Tendenzen der königlichen Romantik und die Ansprüche des ritterschaftlichen Adels in wissenschaftliche Formeln zu fassen und mit dialektischer Gewandtheit die Blößen der Gegner darzulegen. Auch auf dem kirchlichen Gebiete trat er auf die Seite der hergebrachten Autorität und benutzte seine Stellung in dem Oberkonsistorium, um die moderne Union zu lockern, den alten lutherischen Konfessionalismus zu stärken und vor allen Dingen die Herrschaft der orthodoxen Geistlichkeit über die Laienwelt zu erneuern und zu befestigen. Der Sturz des Ministeriums Manteuffel und die Erhebung eines liberalen Ministeriums im Jahre 1858 machten freilich einen Riß in dieses dunkle Gewebe. Dabei war er aber durchaus nicht ein leidenschaftlicher Gemütsmensch, kein hitziger Fanatiker, dessen Glaubenseifer alle Zügel des Verstandes abwirft. Vielmehr begegnen wir in seinen Schriften und in seinem Leben immer einem nüchternen, kalt berechnenden Verstande. Mag man in seiner geschichtlichen Bildung manche Lücken bemerken und ihn überhaupt trotz Amt und Würde (als Mitglied der Berliner Juristenfakultät und als Kronjurist) nicht als einen echten Juristen gelten lassen, so besaß er doch eine reiche philosophische Bildung und handhabte die Waffen des Wortes mit der Zuversicht eines überlegenen Parteiführers. Vielleicht fehlte ihm eine Haupteigenschaft des großen Redners, das „pectus facit disertum“, aber sicher war er trotzdem der interessanteste und der gefürchteteste Redner des ganzen Herrenhauses. Sein wissenschaftliches Hauptwerk, die Philosophie des Rechtes (zuerst erschienen 1830—1833 in drei Bänden, zuletzt in dritter Auflage 1854—1856), ist epochemachend für die Geschichte der Statswissenschaft. So groß ihre Mängel und so schädlich die falschen Impulse sind, welche sie gegeben hat, das unbestreitbare Verdienst derselben, eine Menge von Irrtümern weggescheucht und weggeräumt, viele neue Gesichtspunkte eröffnet und manche verkannte Wahrheit hervorgezogen zu haben, muß dankbar anerkannt werden.

Sowohl Savigny als Schelling haben als Lehrer einen Einfluß auf die geistige Erziehung Stahls gehabt. Er schrieb seine Rechtsphilosophie „nach geschichtlicher Ansicht" und erklärte ausdrücklich, durch Schelling dazu angeregt worden zu sein. Trotzdem ist sein Werk ein selbständiges, und man hatte unrecht, seine Statslehre als „Neoschellingianismus" zu bezeichnen, während es bekannt genug ist, daß Schelling überhaupt keine Statslehre erzeugt hat[1]). Von Anfang an trat Stahl der naturrechtlichen Lehre mit schroffer Feindschaft entgegen. Er wollte „dem Rationalismus einen ewigen Denkstein setzen und ihn auf seinem eigenen Gebiete mit seinen eigenen Waffen durch die strengste, genaueste Gedankenfolge bekämpfen".

Der erste Band des Werkes ist der Kritik der bisherigen Statsphilosophie gewidmet. Er wird daher auch „Geschichte der Rechtsphilosophie" genannt. Voraus bekämpft Stahl hier das alte Naturrecht. Er wirft der Methode vor, sie betrachte die Vernunft mit Unrecht als die Quelle des Rechtes und verwickle sich in den unlösbaren Widerspruch zwischen der Vernunfteinheit und der unübersehbaren Mannigfaltigkeit der wirklichen Zustände. Er leugnet, daß diese Mannigfaltigkeit aus jener Einheit zu erklären sei; er meint, durch den Rationalismus werde die Sittlichkeit in bloße Denkrichtigkeit aufgelöst, und der Inhalt des Ethos, welcher aus der Vernunft abgeleitet werde, könne nicht anders als negativer Natur sein. Die Revolution wird als ein System und als die Verwirklichung und Vollendung des Naturrechtes dargestellt. „Die Revolution ist keine bloße Gewaltthat

[1]) In der Vorrede zur zweiten Auflage spricht sich Stahl selbst näher über sein Verhältnis zu Schelling aus.

und Umwälzung, sie ist ein statsrechtlich-politisches System. Auch das, was man Liberalismus nennt, ist nichts anderes als dieses System der Revolution, die Wirkung eben der Prinzipien, auf welchen das Naturrecht beruht" (1, 289). Zwar will er nicht ganz ein Vertreter der Reaktion sein. Er preist „die Humanität als Zierde unseres Zeitalters" mit ihren wohlthätigen Wirkungen, und weiß, daß dieselbe eine Frucht der neueren Wissenschaft ist. Aber auch diese Freude wird ihm verbittert durch die abstrakte Freiheit und Gleichheit, welche die Welt verwirren, und durch die Frechheit der Denker, welche sich wider die alten Autoritäten auflehnen.

Besonders lehrreich ist seine Kritik Hegels. Er folgt diesem in seinen dialektischen Sprüngen, Wendungen und Schlichen Schritt für Schritt, und da er selber ein gewandter Dialektiker ist, so glückt es ihm, manche Täuschung aufzudecken. Er greift das dialektische Gesetz Hegels selber an, das Gesetz der Gegensätze und ihrer Einigung, freilich ohne den logischen Grundfehler darin zu entdecken, und führt mit Glück den Beweis, daß Hegel ganz vergeblich sich abmühe, seine Logik und deren dialektische Bewegungen mit der wirklichen Welt und ihrer Geschichte gleichzustellen. „Der objektive Idealismus Hegels ist nicht minder eine bloße Traumwelt als der subjektive Fichtes, aber überdies noch ohne einen Träumenden" (1, 456). Von der realen Seite betrachtet erscheint ihm die Hegelische Rechtsphilosophie ebenso unbefriedigend. Persönlichkeit und Freiheit lösen sich in ihrem pantheistischen Systeme zu der abstrakten Denksubstanz und ihrer notwendigen Thätigkeit auf, d. h. sie verlieren ihren lebendigen Gehalt und werden bloße Denkformeln.

In dem folgenden Bande, in zwei Abteilungen, entwickelt Stahl die eigene Rechts- und Statslehre „auf der Grundlage christlicher Weltanschauung". Überzeugt von der Nichtigkeit und Gefährlichkeit der ganzen auf die Autorität der „hochmütigen" Vernunft basierten neueren Philosophie, fordert er „Umkehr der Wissenschaft" zum Glauben an die geoffenbarte Wahrheit der christlichen Religion, und verlangt die Erneuerung jener ungetrübten Einheit von Theologie und Philosophie, wie sie im Mittelalter Thomas von Aquin dargestellt hatte.

Im Gegensatze zu der pantheistischen Weltanschauung der neueren Philosophie geht er von „der Persönlichkeit Gottes" aus, als dem Prinzipe der Welt, und leitet die Persönlichkeit und die Freiheit des Menschen von der göttlichen Persönlichkeit und Freiheit ab. Aus der weltschaffenden Thätigkeit Gottes entspringt die Sphäre der Sittlichkeit (Moral); sie ist „die Vollendung des Menschen in ihm selbst oder die Offenbarung des göttlichen Wesens im Menschen"; und aus der weltumschließenden Thätigkeit Gottes entsteht die Sphäre der Religion, d. h. „das Band des Menschen zu Gott, die völlige Hingebung, die persönliche Einigung mit Gott" (2, 1, 71). Die Welt erscheint so religiös als Gottesgemeinde und sittlich als „das Ethos der menschlichen Gemeinexistenz", dessen „christliches" Ideal „das Reich Gottes" ist. Beides ist nach Stahl im Grunde eins, weil die menschliche Gemeinexistenz in ihrer idealen Vollendung ewig von Gott ausgeht und auf ihn zurückführt, und so der Gemeinwille wie der Einzelwille von Gott völlig durchwohnt wird; d. h. Stahl verwandelt schließlich die menschlich-freie Sittlichkeit in die religiöse Gebundenheit an Gott; sein Ideal ist daher die Theokratie. Er betrachtet schon das relative Sichselbstsetzen der Menschen Gott gegenüber — die absolute Selbständigkeit der Menschen kann nur ein Thor behaupten — wie eine Sünde, wie eine Auflehnung gegen die göttliche Weltordnung. Indessen da Gott diese Freiheit dem Menschen eingepflanzt hat, so hat er sie auch gewollt, und die Weltgeschichte liefert sicher den Beweis nicht dafür, daß Gott an der Hingebung der semitischen Völker an das Gottesreich mehr Gefallen gefunden habe als an der menschlich-freien Selbständigkeit der arischen Völker.

Wie gelangt er nun zu der Begründung des Rechtsbegriffes? Er hatte früher die eigenen Zweifel durch die theologische Doktrin, daß das Recht nur eine Ordnung für die gefallene Welt sei, eher beschwichtigt als überwunden. In der neuesten Auflage aber gelangte er doch zu einer klareren und idealeren Auffassung: „Das sittliche Gebot hat zwei Beziehungen, das Ebenbild Gottes im Menschen und die Weltordnung Gottes im Menschengeschlechte. Jenes ist Gottähnlichkeit, die Heiligung; dieses ist die Gestalt und Ordnung, welche Gott für das gesamte Menschengeschlecht in seinem Zusammenleben bestimmt. Auf jenem beruhen die Tugenden, auf diesem die Institutionen. Das Ebenbild Gottes im Menschen zu erhalten ist nun bloß die Sache Gottes durch seine Gebote und seine innere Macht im Gewissen, und der freien Erfüllung des Menschen. Aber die Weltordnung Gottes im Menschengeschlechte soll zugleich auch die menschliche Gemeinschaft selbst erhalten durch eine menschliche Ordnung, die sie aufrichtet und der sie alle einzelnen mit äußerer Macht unterwirft, und diese Ordnung ist — das Recht“ (2, 1, 191).

Vor Gott ist kein Dualismus von Recht und Moral. Der Dualismus hat seinen Grund darin, daß das Volk, beziehungsweise die Obrigkeit, die Aufgabe hat, die menschliche Gemeinordnung selbständig einzurichten und zu schützen. „Das Recht ist sonach die Lebensordnung des Volkes und der Gemeinschaft der Völker zur Erhaltung von Gottes Weltordnung. Es ruht auf dem Gemeindasein, im Unterschiede des individuellen Daseins, und wird verwaltet durch die menschliche Obrigkeit, im Unterschiede der unmittelbaren göttlichen Gebote. Es ist eine menschliche Ordnung, gegründet auf Gottes Ermächtigung“ (S. 194). Die Liebe kann wohl den Zwang ersetzen, aber nicht das Recht, denn die Wirksamkeit des Rechtes ist die Kraft der Gestaltung und „die Liebe ist nicht gestaltend“ (?) (S. 203). „Das Recht entsteht durch die menschliche Gemeinschaft, durch Volk und Obrigkeit, aber mit dem Bewußtsein der Notwendigkeit und einer Ermächtigung in Gottes Ordnung. Es entsteht nämlich entweder durch die Festsetzung der Obrigkeit, als sie den Beruf hat, von Gottes wegen die Ordnung zu handhaben, — durch Gesetz, oder aber durch Beobachtung im Volke mit dem Bewußtsein, daß eine Norm zu der Rechtsordnung gehört, der man von Gottes wegen unterthan ist, — durch Gewohnheit und Herkommen" (S. 234).

Es ist im Grunde die semitische Weltansicht, welche in der Stahlischen Stats- und Rechtslehre wieder auflebt, freilich gehoben und erweitert durch arisch-europäische Bildungsmomente. Sie ist vielleicht die vollkommenste Anwendung jener religiösen Grundansicht über Recht und Stat. Aber gerade deshalb befriedigt sie nicht das heutige Bewußtsein der civilisierten Völker. Es ist zu viel Berufung auf Gottes Gebot und zu wenig menschliche Freiheit darin. Ganz bezeichnend für seine Meinung ist es, daß er die höchste und klarste Aussprache des Volksgeistes in der Rechtsordnung, die Abfassung von Gesetzbüchern und Verfassungen, mit entschiedenem Mißtrauen und Abneigung betrachtet. Es ist ihm peinlich, zu sehen, wie die modernen Staten ihre gemeinsame Ordnung als „ein bewußtes, durchdachtes Menschenwerk" festsetzen, und er nennt die Kodifikation „eine unnatürliche, eine üble Form des Rechtszustandes".

Die Lehre vom Stat gründet er auf den Gedanken „des sittlichen Reiches. Dieser ist bewußte, in sich einige Herrschaft nach sittlich-intellektuellen Motiven über bewußte, frei gehorchende Wesen, damit auch diese geistig einigend — er ist demnach Herrschaft von persönlichem Charakter nach jeder Beziehung, ein Reich der Persönlichkeit" (2, 2, 1). In diesem Begriffe des sittlichen Reiches ist „die Notwendigkeit einer über den Menschen schlechthin erhabenen Autorität, das ist eines Anspruches auf Gehorsam und Ehrfurcht, welcher nicht bloß dem Gesetze, sondern einer realen Macht außer ihnen, der Obrigkeit (Statsgewalt) zukommt (Prinzip der Legitimität im Gegensatze zur Volkssouveränetät), und zugleich die Notwendigkeit eines sittlich verständigen Inhaltes, welcher das unwandelbare Wollen, daher auch die Schranke dieser Autorität ist, das ist Notwendigkeit des Gesetzes des States, das durch die Geschichte überkommen über Fürst und Volk steht, und nur nach seinen eigenen Bedingungen abgeändert werden kann (konstitutionelles Prinzip im wahrhaften Sinn); endlich die Anerkennung der Nation (der Gehorchenden) als einer sittlichen Gemeinschaft, deshalb selbständig, frei gehorchend, dem Gesetze nur als Ausdruck und Forderung ihres eigenen sittlichen Wesens unterworfen, aus dem es ursprünglich durch Sitte und Herkommen hervorgeht und an dem es bei späterer Fortbildung mittels der Zustimmung der Landesvertretung erprobt wird (Repräsentativprinzip im wahrhaften Sinn)" (2, 2, 3).

Stahl unterscheidet das sittliche Reich von dem sittlichen Organismus. Er sagt, die Herrschaft des States sei wohl ein sittlicher Organismus, aber nicht der Stat selbst, d. h. „die Masse der Menschen in ihrer gesonderten Beherrschung". Was die Früheren Gesellschaft nennen, ist für ihn ein sittliches Reich. Er bedarf dieses Begriffes und dieser Unterscheidung, um die ihrer Natur nach organische Statsordnung mit Hülfe der eingebildeten Göttlichkeit wie einen Luftballon über die niedere Sphäre des festen Bodens und über die Menge der zum Himmel aufschauenden Menschen stolzen Fluges zu erheben.

Nun untersucht Stahl „die sozialen Elemente des States". Vorerst die Gemeinde. Er spricht sich für die Selbstverwaltung der Gemeinde aus mit Unterordnung unter den Stat, im Gegensatze zu dem älteren Systeme, welches die Gemeinden als Staten im State gewähren ließ, und zu dem französischen Systeme, welches sie zu bloßen örtlichen Verwaltungsbezirken des States niederdrückt. Sodann die Stände und die Volkswirtschaft. Er erklärt die Stände aus der Teilung der Arbeit, welche verschiedenen Lebensberuf und Lebensstellung hervorgebracht habe; dabei legt er wunderlicherweise ein großes Gewicht auf die altjüdische Vorstellung von „dem Fluche der Arbeit", die doch glücklicherweise schon längst durch die würdigere Idee „des Segens der Arbeit" verdrängt worden ist. Vorzüglich verteidigt er die Bedeutung des Adels, und zwar als Grund- und

Standesadel zugleich, und empfiehlt die Umgestaltung der patrimonialen in eine mit öffentlichen Rechten ausgestattete Grundherrschaft. Die englische Einrichtung des Friedensrichteramtes hält er für vortrefflich, aber auf deutsche Zustände da nicht übertragbar, wo alle Gutsherrschaft zerstört und die Beamtenherrschaft an ihre Stelle getreten sei. Den „Geist des Junkertums mit seinem Kastenstolz, Müßiggang und Eigennutz und seiner Stumpfheit für ideale Ziele“ verwirft auch er, und ebenso alle bloßen privatrechtlichen Privilegien; aber er ist ein so eifriger Vertreter der preußischen Ritterschaft, die das Junkertum noch nicht von sich abgestreift hat, daß er, indem er für eine politische Aristokratie zu sprechen meint, in Wahrheit den Tendenzen des Junkertums dienstbar wird.

Als Zweck des States bezeichnet er „die Verwirklichung des sittlichen Reiches“, insbesondere und vornehmlich das Recht und die Gerechtigkeit, aber nicht die äußere Ordnung allein, sondern auch Förderung des Menschen und der Nation, Handhabung der Gebote Gottes. Er ist „der Erhalter der zehn Gebote, der Hüter beider Tafeln“ (2, 2, 146). Wenn er sich zunächst als ein sittliches Reich der menschlichen Gemeinschaft darstellt, so ist er doch „zugleich eine göttliche Institution“. Er gesteht zu, daß sich der Stat nicht auf Gottes unmittelbare That gründe, aber behauptet trotzdem, daß „nicht bloß der Stat überhaupt Gottes Gebot sei, sondern daß überall die bestimmte Verfassung und die bestimmten Personen der Obrigkeit Gottes Sanktion haben“ (S. 177). Er verwechselt auch hier die religiöse Neigung, in der Geschichte voraus eine „göttliche Fügung“ zu verehren, mit dem politischen Gedanken, der voraus die freie menschliche That erkennt, und meint das Zeugnis der Weltgeschichte mit der Berufung auf den Apostel Paulus zu entkräften, dessen politische Ideen die seiner Nation, das ist theokratisch waren, und der als Apostel der Religion und nicht als Gesetzgeber schrieb.

Die gefährliche Mischung von göttlicher Autorität und menschlicher Übung derselben zeigt sich vorzüglich in den Abschnitten über das Königtum und über das monarchische Prinzip. Im entschiedensten Widerspruche mit dem König Friedrich II., der das Königtum als Amt erklärt, identifiziert Stahl den Stat und den Fürsten in dem Sinne, daß das Recht des States vollständig zum Rechte des Fürsten wird. „Im Fürsten wird der Stat persönlich, ohne den Fürsten ist er keine Person.“ Allerdings will auch Stahl nicht die Patrimonialherrschaft des Mittelalters erneuern, er betrachtet das Recht des Königs nicht als Privatrecht, sondern als öffentliches Recht; aber er idealisiert doch nur das dynastische Prinzip mit seiner patrimonialen Grundlage zum Statsprinzip. Der durch das Erbrecht bezeichnete König gilt ihm daher mehr als König als der Stifter der Monarchie, der geborene mehr als der gekorene, weil nach dem Sprichworte Gott den Erben macht, und nicht der Mensch, zu der Erhebung eines Fürsten aber durch Wahl auch die Unterthanen mitwirken. Er tadelt das Streben der heutigen Welt, gegen die Mängel und Gefahren der Erbmonarchie Garantien zu suchen, und meint, die Völker müssen das Unglück eines unfähigen und unwürdigen Regenten mit Geduld und Demut ertragen, „weil das der Fluch des zeitlichen Daseins im Gegensatze zum ewigen sei, daß die Menschheit nicht in Gott ist und von ihm selbst beherrscht wird“ (S. 243). Es ist dieselbe Meinung, welche die Blitzableiter, die Feuerspritzen und die Versicherungsanstalten verwirft, weil sie in die göttliche Fügung frevelnd eingreifen.

Es ist eine logische Folge seiner ganzen Grundanschauung, daß er den ursprünglichen religiösen Ausdruck der Demut, das „von Gottes Gnaden“ zum Rechtsprinzipe des göttlichen Rechtes und der Legitimität umbildet. „Jenes bedeutet, daß die Autorität, kraft der der König herrscht, diese, daß seine Throngelangung von Gott ist. Sie sind das christliche Prinzip des States. Als solches sind sie weltgeschichtlich dem Prinzipe der Revolution, der Volkssouveränetät gegenüber getreten. Sie geben der Statsherrschaft jene überirdische Weihe, wie sie sich nur in der Monarchie findet. Dieses Prinzip stellt sich aber in seiner Wahrheit und Reinheit erst dann heraus, wenn der patrimoniale Charakter überwunden ist, wenn der Fürst die Gewalt nicht mehr als sein menschliches Eigentum und darum nach Willkür, sondern als seine göttliche Mission und darum nach der Notwendigkeit des States besitzt und vererbt" (S. 251).

Indessen folgert er doch nicht aus der göttlichen Vollmacht des Königtumes dessen Unumschränktheit. Er behauptet nur, daß der Besitz der königlichen Gewalt sich auf göttliche Fügung gründe, nicht daß der König der Stellvertreter Gottes sei; er folgert nur daraus, daß diese Gewalt ihm nicht vom Volke genommen werden könne, noch nach dem Willen des Volkes gebraucht werden müsse, nicht aber, daß sie keine Schranke habe. Er gibt zu, daß das Gesetz dem Könige nicht bloß eine Gewissensschranke, sondern „eine äußere statsrechtliche Schranke" sei. Aber „innerhalb des Gesetzes muß seine Herrschaft frei bleiben. Wo nicht mehr das Gesetz gebietet, sondern nur Menschen mit ihrem persönlichen Urteil entscheiden können, da hat der König zu gebieten, nicht andere Menschen (Minister, Stände). Die Beamten, die ihm hierbei zur Ausführung seiner Befehle dienen, dürfen nicht dafür verantwortlich sein" (S. 259). Er legt also alle, auch die thatsächliche Gewalt in die Hand des Königs; der Beirat der Minister, die Meinung der Volksvertretung erscheinen hier nur unwesentlich und völlig untergeordnet, die göttliche Beleuchtung und Erleuchtung ist nur dem Könige zugewendet. „Der Abglanz von oben ruht auf ihm", und nach Stahls Meinung nur auf ihm. In die tiefen dunkeln Niederungen des Volkes dringt der göttliche Strahl nicht, er erglüht nur auf den Spitzen der Berge. Was für verderbliche Wirkungen diese spezifische Vergöttlichung des Königtumes in der Einbildung hochmütiger Priester oder beschränkter Fürsten, in der Ausbeutung schlauer Höflinge und bald in der knechtischen Demut der Untergebenen, bald in dem empörten Widerspruch der freier gesinnten oder aufgeregten Volksklassen habe, wird von Stahl nicht beachtet, obwohl das göttlich-menschliche Gericht der Weltgeschichte dieselben seit zwei Jahrhunderten als furchtbare Warnungen und Mahnungen den Fürsten und Völkern eingeprägt hat.

Aus der sittlichen Natur des States folgert Stahl die Forderung, daß der Gehorsam gegen das Königtum „frei, selbständig, innerlich sei". Die politische Freiheit findet nach ihm ihre Erfüllung im Gehorsam, während gewöhnlich umgekehrt der Gehorsam nur als eine Bedingung der Freiheit und die Freiheit als Ziel der Statsordnung verehrt wird. Aber immerhin übergeht er das Bedürfnis der politischen Freiheit nicht und verlangt um dieser willen „als Organ der Vertretung und Mitwirkung die Reichsstände". „Ihre Bedeutung ist demnach, daß sie die Rechte und Interessen des Volkes wahren und die Volksexistenz lebendig darstellen. Sie sind dem Könige gegenüber auch als Versammlung Unterthan, dem Volke gegenüber Obrigkeit" (S. 321). Er fordert Vertretung nach Ständen, d. h. nach politisch gesonderten großen Gruppen (Grundaristokratie, Städte, Landgemeinden, Nationalkirche), und polemisiert sowohl gegen die radikale Vertretung, die keine Rücksicht nimmt auf Stand und Besitz, als gegen die privatrechtliche Theorie Hallers, der die alt-landständische Verfassung restaurieren will. Er widmet dem älteren und dem neueren Ständewesen ein besonderes Kapitel und erklärt sich gegen die feudalistische Auffassung, die sich mit der modernen Statseinheit nicht verträgt. In der Erhebung der ständischen Gliederung zur nationalen Einheit sieht er einen geschichtlichen Fortschritt.

So viel ich sehe, hat er zuerst[1]) das monarchische und das parlamentarische Prinzip einander entgegengesetzt und dadurch für die späteren Verfassungsstreitigkeiten, voraus in Preußen, eine dogmatische Begründung geschaffen. Er nennt

[1]) In einer Flugschrift von 1845, die er später in seine Rechtsphilosophie aufnahm.

das erstere auch das deutsche und das letztere das englische Statsprinzip. Alle konstitutionelle Monarchie beruht aber auf einem Zusammenwirken der verschiedenen Potenzen in dem Volksleben, und die Frage, ob das thatsächliche Schwergewicht der Verfassung bei dem Könige oder dem Oberhause oder dem Unterhause zu finden sei, ist weniger eine Frage des Rechtes als der politischen Entwickelungsstufe und der Macht der Umstände. Auch in England hat das in verschiedenen Zeiten gewechselt, ohne daß die Verfassung deshalb eine andere geworden ist. Die Frage ist eine politische, nicht eine statsrechtliche. Indem Stahl den Gegensatz zu einem prinzipiellen steigert und zu einem statsrechtlichen verschärft und die Monarchie gegen die parlamentarische Politik mit Mißtrauen und Feindschaft erfüllt, hat er eine bedeutende Schuld an den unseligen Hader auf sich geladen, welcher den inneren Frieden manches deutschen States gestört und die Fortbildung eines harmonischen Verfassungslebens lange gehemmt hat. Die Initiative der Kammern, welche auf dem Kontinente nur eine sehr bescheidene Bedeutung hat und nur in seltenen Fällen die entscheidende Initiative der Regierung ergänzt, wird dann wie eine Verletzung des monarchischen Prinzipes gerügt, die unentbehrliche Teilnahme der Kammern an dem Gesetzgebungsrechte zu einer bloßen untergeordneten Beihülfe in der Ausübung desselben durch den Fürsten herabgedrückt, das Recht der Bewilligung von Steuern und Militärgesetz möglichst unwirksam und die Verantwortlichkeit der Minister den Kammern gegenüber erfolglos gemacht, und das alles lediglich der Fiktion von der göttlichen Ermächtigung des Königs zuliebe. Auch hier vertritt Stahl wieder das patrimoniale Prinzip der ausschließlich fürstlichen Landesherrschaft, und es ist ein vergebliches Bemühen, dasselbe zu einem öffentlich-statsrechtlichen aufzublähen. Das monarchische Prinzip, welches Stahl verkündet, ist das Prinzip der beschränkten Monarchie im Geiste der Restaurationsperiode nach 1815, aber es entspricht weder dem ständischen Fürstentume des Mittelalters, noch dem modernen Statsrechte der neueren deutschen Verfassungen. Es ist nur eine ermäßigte Absolutie. Die absolute Monarchie erscheint daher Stahl nicht als eine civilisierter und edler Völker unwürdige, sondern als „eine rechtsbegründete, jeder anderen Statsform ebenbürtige“ Verfassung, und fast bedauert er, daß sie nur für Österreich unentbehrlich, für Preußen nicht mehr haltbar geworden sei. Daß auch Österreich genötigt ward, zu der konstitutionellen Statsform als der Rettung aus schwerer Bedrängnis seine Zuflucht zu nehmen, hat er freilich nicht mehr erlebt. Mit entschiedener Ungunst behandelt er die Republik, und die Demokratie nennt er „die schwächste, bürgschaftloseste unter allen Verfassungen“.

In demselben Geiste wie die Statslehre ist die Parteienlehre Stahls gedacht. Er hielt in Berlin seit 1850 wiederholt Vorlesungen über: die gegenwärtigen Parteien in Stat und Kirche. Dieselben sind erst nach seinem Tode gedruckt worden (Berlin 1863). Während die meisten verständigen Leute in allen Kulturlanden weder die Revolution, noch die Legitimität als Statsprinzip wollen, stellt Stahl frischweg die kecke Behauptung auf, alle statlichen und kirchlichen Parteien lassen sich auf den einen Gegensatz der

Revolution und Legitimität

zurückführen. Nicht etwa nur die Radikalen, sondern ebenso die Liberalen werden von ihm als Partei der Revolution zusammengefaßt, obwohl die Liberalen die Reform der Revolution entschieden vorziehen und selbst unter den Radikalen nur die Extremsten die Revolution als Statsprinzip proklamieren. Freilich versteht er unter Revolution nicht den gewaltsamen Umsturz der hergebrachten Ordnung, überhaupt keinen Vorgang, was doch das Wort bedeutet, sondern ein System: „Empörung ist Abwerfung einer bestimmten bestehenden Herrschaft, Revolution ist Umkehrung des Herrscherverhältnisses selbst, daß Obrigkeit und Gesetz grundsätzlich unter den Menschen stehen, statt über ihnen“ (S. 2). Unter „der Partei der Legitimität“ dagegen begreift er „alle diejenigen, welche ein Höheres, unbedingt Bindendes, eine gottgesetzte Ordnung anerkennen über dem Volkswillen und über den Zwecken der Herrscher — gegebene Autorität, geschichtliches Recht, natürliche Gliederungen" (S. 3). Der ganze Kampf der neueren Zeit erscheint ihm als ein Kampf „um die Entscheidung, wer der Herr der sittlichen Welt sei, die Ordnung Gottes oder der Wille des Menschen".

Wenn man den Gegensatz anders benennt und als Kampf zwischen

menschlichem Rechte und göttlichem Rechte

auffaßt, so hat derselbe allerdings eine gewisse Wahrheit. Nur verliert dann der Ausdruck seinen gehässigen Beigeschmack. Jeder Fortschritt in der Wissenschaft und in der Rechtsbildung und Politik ist bedingt durch menschliche Geistesarbeit, und diese ist ohne menschliches Selbstbewußtsein nicht denkbar. Aber gerade dagegen richtet sich Stahls unversöhnlicher Haß. Er denkt sich die verständige Geistesarbeit des Menschen immer wie eine strafbare Empörung gegen Gott, wie eine ruchlose Himmelsstürmerei, und bringt so in die Rechts- und Statswissenschaft den Glaubenseifer und die Verdammungssucht der geistlichen Ketzerrichter.

Stahl datiert die Partei der Revolution von der französischen Revolution von 1789 und macht dieselbe insgesamt verantwortlich für alle Irrtümer der konstituierenden Versammlung und für alle Ausschweifungen und Greuel des Konventes und der Jakobiner: was ebenso ungerecht und unwahr ist, als wenn jemand alle Ausschweifungen der Höfe und alle Missethaten der Inquisition und der Sanfedisten als notwendige Folgerung des Prinzipes der Legitimität darstellte. Nicht die Prinzipien, sondern die Leidenschaften der Menschen erklären die Verbrechen.

Der Gegensatz der menschlich-vernünftigen und der religiösgläubigen Auffassung des Rechtes und des States ist überdem nicht durch die französische Revolution in die Welt gekommen. Er ist nicht minder klar von Friedrich dem Großen gegenüber Ludwig XIV. ausgesprochen worden. Man könnte ihn also noch eher von 1740 als von 1789 datieren. Ja, er beherrscht schon das Altertum. Es ist ebenso der uralte Gegensatz der

europäischen und der asiatischen

wie der Gegensatz der

modern-politischen und der mittelalterlich-religiösen Ideen.

Im einzelnen ist die Darstellung wieder durchweg gewandt und geistreich, zuweilen glänzend und blendend, öfter lehrreich und fruchtbar, aber auch nicht selten sophistisch und irreführend. Durchweg nimmt er für die historischen Mächte Partei und bekämpft die Regungen des modernen Volkslebens. Die Sündhaftigkeit sieht er vorzugsweise auf Seite der Liberalen und der Volksklassen, und ist beflissen, die Fehler der Aristokratie und der Machthaber zu beschönigen. Seine „christliche“ Parteienlehre nimmt geradezu die entgegengesetzte Richtung von Christus, dessen scharfer Tadel sich vornehmlich gegen die Pharisäer, die Legitimisten von damals, und gegen die Herren dieser Welt gerichtet, und der sich voraus der Armen und Niederen erbarmt und die unteren Volksklassen geistig aufgerichtet hat. Am deutlichsten zeigt sich das bei seiner Schilderung derjenigen Parteien, welche er „die natürlichen Träger der Legitimität“ nennt. Im Gegensatze zu den „natürlichen Trägern der Revolution“, welche er in dem Bürgertume, der Volksmasse, den Arbeitern und dem Proletariate, d. h. nahezu in dem ganzen Volke findet, bezeichnet er als Träger der Legitimität: die Fürsten, den Adel, die Armee und die Geistlichkeit. Das heißt, nur die herrschenden Klassen sind ihm unverdächtig: auf sie allein stützt er seinen Stat; alle Volksklassen, Bürger, Bauern, Arbeiter, sind der Demokratie, des Sozialismus, der Revolution verdächtig. Dort ist die Autorität, hier die Majorität; dort der Hammer, hier der Amboß. Wohin eine derartige Parteipolitik führt, das haben die Stuarts in England und die Bourbonen in Frankreich und Italien erfahren. Sie ist für die Fürsten noch viel gefährlicher als für die Völker, und eher ein Reiz als ein Heilmittel der Revolution.

Stahl hat seine „christliche" Statslehre aus der religiösen Spekulation im Sinne der erneuerten lutherischen Orthodoxie abgeleitet. Auch die „katholische" Auffassung hat neue Vertreter gefunden. Insbesondere hat der Bonner Professor Ferdinand Walter[1]) (geb. 30. Nov. 1794 zu Wetzlar, gest. 13. Dez. 1879 zu Bonn) in seinem Werke: „Naturrecht und Politik" (Bonn 1863) wieder den christlichen Standpunkt für seine Statslehre gewählt. Walter ist vielseitiger gebildet als Stahl und schon um deswillen vorsichtiger in seinen Meinungen. Er hat sich mit römischer Rechtsgeschichte, deutscher Rechtsgeschichte, dem Kirchenrechte noch mehr und früher als mit Naturrecht und Politik beschäftigt und über alle diese umfassenden Lehren gangbare und nützliche Bücher geliefert. Auch um die Quellen der germanischen Volksrechte und Gesetze hatte er sich Verdienste erworben. Obwohl er zu der katholischen Partei hinneigte, war er doch nicht so beschränkt und nicht so zelotisch wie die meisten Ultramontanen, und das lange Leben in den preußischen Rheinlanden hatte ihn mit manchen Einrichtungen des modernen Rechtes und States, welche zuerst von Frankreich dahin verpflanzt wurden, versöhnt; er wurde nicht wie Stahl von dem blinden Hasse gegen die Revolution gestachelt und verhetzt. Seine Darstellung ist daher kälter, gemäßigter und klüger, wenn auch nicht so an- und aufregend wie die Stahls.

Die „Notwendigkeit des christlichen Standpunktes" begründet er mit der unbestrittenen Thatsache, „daß das Christentum durch die Macht, die es auf das Gemüt und die Erkenntnis der Menschen ausübte, auch die äußere Rechtsordnung mit einem neuen Geiste belebt und derselben ein eigentümliches Gepräge aufgedrückt habe. Es lebt in den Einrichtungen der Gegenwart wie in den Tendenzen der Zukunft" (§ 7). Daraus folgt aber unseres Erachtens nur, daß die Statswissenschaft das Christentum nicht ignorieren dürfe, daß sie dasselbe vielmehr mit anderen auf

---

[1]) Selbstbiographie. Bonn 1865.

das heutige Leben wirkenden Ursachen, wie z. B. dem Einflusse der Philosophie und der Naturwissenschaft oder den Grundbedingungen des wirtschaftlichen Daseins, in Betracht zu ziehen habe, aber durchaus nicht, daß das Recht vom christlichen Standpunkte aus zu begründen und infolgedessen von der Religion abhängig zu erhalten sei. Wenn wir behaupten, der Stat ist menschlich, so sagen wir nicht, er ist gottlos. Der religiöse Sinn faßt die Familie, den Stat, die Menschheit „als von Gott gewollte, mithin göttliche Ordnungen" auf, aber der menschliche Rechtssinn muß sich ihrer menschlich bewußt werden, um sie zu einem Bestandteile der Rechtsordnung zu machen, welche auch für die Nichtgläubigen gilt und auch von solchen gehandhabt wird, die nicht wie Walter „die unerkannten Wahrheiten gläubig von der positiven Offenbarung vernehmen" (§ 14). Man mag das noch so vorsichtig verklausulieren, im Grunde ist es doch wieder die mittelalterliche Ansicht, die uns hier entgegentritt, mit ihrer Mischung von Religion und Recht, mit ihrer Unterordnung der Vernunft unter die Autorität der Kirche, mit ihrem unentwickelten Geistes- und Statsbewußtsein.

Sehr oft verweist Walter auf die Theorien der katholischen Priester; Thomas von Aquin ist ihm eine große verehrungswürdige Autorität auch für die heutige Rechtsphilosophie, und er verteidigt die Jesuiten gegen den Vorwurf, daß sie die Erfinder der Volkssouveränetät seien, gibt aber zu, daß sie sich, „der falschen Zeitrichtung folgend, teilweise in irrige Abstraktionen verirrt haben" (§ 252). Allerdings haben die Jesuiten Bellarmin und Suarez auch die Statsgewalt in letzter Instanz von Gott abgeleitet, aber zunächst doch vom Volke, welchem Gott die Macht überlassen und welches dieselbe an die Führer übertragen habe. Nicht in der allgemeinen, aber in der konkreten Begründung und in der praktischen Wirksamkeit stimmen sie also doch mit den Anhängern der Volkssouveränetät zusammen.

Eine Eigentümlichkeit des neuen Walter'schen Buches ist es, daß er auch dem Menschen als unsterblichem Wesen ein besonderes Kapitel zuweist. Freilich führt ihn die Rücksicht auf Unsterblichkeit von dem State ab und der Kirche zu. Ganz im Sinne der mittelalterlichen Lehre erscheint ihm der Stat nur als eine irdische, auf irdische Ziele gerichtete Anstalt, die Kirche dagegen auch mit der Sorge für die Unsterblichkeit betraut. Auffallenderweise ist diese Ansicht, welche unvermeidlich zu der Überordnung der Kirche über den Stat leitet, auch bei solchen nicht selten zu finden, welche diese Folgerung entschieden bekämpfen. Nach unserer Meinung leidet diese Grundansicht an dem Fehler, daß sie nicht denselben Maßstab an die Kirche und an den Stat anlegt. Als eine sichtbare Organisation und Anstalt ist die Kirche ebenso menschlich und irdisch beschränkt wie der Stat. Wenn man aber an die sogenannte unsichtbare Kirche denkt, oder auch nur an die Einwirkungen der Kirche auf das Geistesleben und insofern auf die Unsterblichkeit, so läßt sich mit demselben Rechte ein idealer unsichtbarer Stat, d. h. die freie Gemeinschaft der selbstbewußten Geister denken und wird man nicht bestreiten können, daß auch der Stat durch seine Bildungskraft auf die unsterblichen Geister einwirkt. Indessen hat es unsere „diesseitige" Rechts- und Statslehre nicht damit zu thun. Sie muß sich bescheiden, das festzustellen, was äußerlich erkennbar geworden und unter irdischen Menschen mit menschlichen Mitteln zu handhaben ist.

Dreiundzwanzigstes Kapitel.

Religiöser und politischer Charakter des Zeitalters. A. Gesellschaftliche Gruppe. Krause. Ahrens. Tocqueville. Gneist. Stein. Schäffle. Fröbel.

Die theologische Richtung, welche Stahl vorzüglich der Statswissenschaft zu geben versucht hat, ist wirklich „die Umkehr der Wissenschaft". Würde sie herrschend werden, so hätte der menschliche Geist seit Jahrhunderten vergeblich gearbeitet und die Welt sänke wieder in die naive Gläubigkeit des Mittelalters, oder was schlimmer wäre, in die orthodoxe Geistesknechtschaft des siebzehnten Jahrhunderts zurück. Ist das wirklich zu besorgen? Sollte die Zukunft unserer Wissenschaft die Wiederkehr ihrer Kindheit sein? Mir ist die Verneinung dieser Fragen unzweifelhaft. Aber um so nötiger wird es sein, die sonderbare Erscheinung zu erklären, daß ein so geistreicher Denker wie Stahl zu so verkehrter Richtung den Anstoß hat geben können.

Keinem Beobachter der neueren Geistesströmung wird die Bemerkung entgehen, daß die heutige europäische Welt wieder religiöser geworden ist, als sie in dem vorhergehenden Zeitalter gesinnt war. Die ganze Litteratur, die weltliche nicht minder als die kirchliche, deutet auf diese Umstimmung hin, und die gebildeten Klassen haben angefangen, an religiösen Fragen wieder einen Anteil zu nehmen, den sie vor einem Jahrhunderte verächtlich abgelehnt hätten.

Kaum aber hatten die alten hierarchischen Gewalten diese veränderte Gemütsrichtung bemerkt, so suchten sie sich derselben zu ihren Zwecken zu bemächtigen und die Wiederherstellung der kirchlichen Glaubensherrschaft darauf zu stützen. Innerhalb der katholischen Kirche gelangte die ultramontane Partei zu einer Macht, wie seit Jahrhunderten nicht mehr; die Abhängigkeit der Pfarrer von den Bischöfen und der Bischöfe von dem päpstlichen Stuhle wurde strenger und härter als je, und die jesuitische Theologie, welche die „Umkehr der Wissenschaft" auf ihre Fahne schrieb, erhielt in den heiligen Kollegien Roms die entscheidende Stimme. Ebenso unternahmen es in den protestantischen Kirchen die regierenden Oberkirchenräte, eine priesterliche „Schlüsselgewalt" wieder aufzurichten, welche dem innersten und stärksten Freiheitstriebe des Protestantismus widerstreitet.

Dieser kirchlichen Reaktion gehört denn auch die theologisierende Statslehre an, welche in höchsten Kreisen Berlins eine ähnliche einflußreiche Stellung erhielt, wie die Theologie der Jesuiten in dem päpstlichen Rom. Die beiden Erscheinungen sind nahe verwandt. Indessen ist die römische in sich folgerichtiger und mit ihr verglichen das göttliche Recht Stahls eine Halbheit. Wenn wirklich die obrigkeitliche Gewalt etwas spezifisch Göttliches, dem menschlichen Verstande Unbegreifliches, über dem Volke und über dem State Erhabenes und daher nicht von Volk und Stat Beschränktes und Bestimmtes ist, was nur geglaubt, aber nicht gewußt werden kann, dann entspricht es dem einmal erhitzten religiösen Gefühle doch noch besser, diese göttliche Vollmacht und Hoheit vorzugsweise in Einem religiösen Oberhaupte, d. h. in dem Papste zu verehren, dem obersten und nächsten Stellvertreter Gottes in der Christenheit. Denn der Papst kann sich doch für seine Autorität auf eine religiöse Offenbarung stützen, welche der statlichen Autorität entgeht, und im Papste ist doch die Einheit gewahrt, während die vielen fürstlichen Stellvertreter des Einen Gottes nur ein widerspruchvolles Reich Gottes darzustellen vermögen. Wenn aber einmal der Verstand von dem Glauben gebunden und jede Kritik mit der Berufung auf das Geheimnisvolle und Unerklärliche niedergeschlagen wird, dann wüßten wir nicht, weshalb die welthistorische Autorität des Papsttumes weniger Unterwerfung der Vernunft und weniger Glaubensherrschaft ansprechen dürfte als irgend ein protestantisches Theologenkollegium.

Indessen diese hierarchischen und theokratisierenden Parteien haben sich über den Grundcharakter unseres Zeitalters arg getäuscht, und deshalb hat dieser momentan glückliche Sturmlauf der Reaktion keine Hoffnung auf dauernden Erfolg. Die heutigen Völker sind wohl religiöser, aber deshalb nicht wieder pfäffisch geworden. Dem Geiste unserer Zeit ist der Gedanke der mittelalterlichen Hierarchie nnd Theokratie nicht minder fremd und zuwider als dem Jahrhunderte der Aufklärung. Das politisch-menschliche Selbstbewußtsein des modernen States ist seither um nichts schwächer oder unsicherer geworden; im Gegenteile, es hat an Klarheit, Macht und Ausbreitung stätig zugenommen. Von allen Arten der Verfassung ist daher den heutigen Völkern die Priesterherrschaft die verhaßteste und nächst ihr die Regierung von pfäffisch gesinnten Laien. Sie fühlen sich durch dieselbe geradezu entehrt und gleichsam entmannt. Der wiederbelebte religiöse Ernst unserer Zeit ist voraus ein sittlicher Ernst, die aufrichtige Gewissenhaftigkeit gilt ihr mehr als der blinde Glaube. Ihre Religiosität ist daher keine Feindin der Geistesfreiheit und maßt sich weder an, den Stat zu leiten, noch zieht sie sich weltflüchtig von dem öffentlichen Leben zurück. Sie schwärmt nicht für die geistlichen Orden und verbirgt sich nicht hinter den Klostermauern. Sie ist nicht mehr so wundersüchtig und nicht so abergläubisch wie in früheren Jahrhunderten und sie ist überdem bescheidener, gemeinnütziger und humaner geworden. Von ihr also hat der moderne Stat keine Gefahr, sondern eher Unterstützung zu erwarten. Die Anmaßung, den Stat im Namen Gottes zu beherrschen, ist ihr völlig fremd.

Wodurch unterscheidet sich aber der politische Charakter unseres Zeitalters von den früheren Entwickelungsperioden? Die Frage läßt sich heute (1881) sicherer beantworten als vor zwanzig Jahren, denn bereits ist der größte Teil seines Kreislaufes zurückgelegt und es naht dasselbe seinem Ende zu.

Kann das nächst vorhergehende Zeitalter als das der Revolution und darauffolgender Restauration bezeichnet werden, so hat das gegenwärtige Zeitalter unverkennbar den Charakter der Nationalität. Waren früher abgezogene Begriffe von Menschenrechten, insbesondere der Freiheit, der Gleichheit und der Brüderlichkeit die leitenden Ideen, welche alle Versuche neuer Statenbildung und die Umwandlung der mittelalterlichen Statswesen in die modernen bestimmten, so hat in dem heutigen Zeitalter das Gefühl der Nationalität und das Streben der Nationen, selbständige Völker zu werden, die Politik vorzugsweise erfüllt. Die Gründung des Königreiches Italien und des deutschen Reiches, wie die Kämpfe der verschiedenen Nationalitäten unter der österreichisch-ungarischen Monarchie, die Ablösung der rumänischen, serbischen und bulgarischen Stämme und Länder von der Türkei, wie die Ausdehnung des hellenischen States, aber auch das Einheitsstreben in der nordamerikanischen Union und selbst in Japan bezeugen alle die Macht des nationalen Gedankens. Es ist so der weite Rahmen der naturrechtlichen Begriffe mit vollerem Inhalte und Leben erfüllt worden.

Die Nationalität schließt aber die Internationalität nicht aus, sondern findet in ihr die nötige Ergänzung und Beschränkung. Wenn jene stärker gewirkt und die Leidenschaften der Völker mächtiger bewegt hat, so hat doch auch diese Idee in der Wissenschaft und zum Teil in der völkerrechtlichen Praxis Fortschritte gemacht. Die begonnene, wenngleich noch nicht durchgeführte Ausbreitung des Völkerrechtes auch über die nichtchristlichen Reiche und Völker der Erde und die sehr vermehrten internationalen Beziehungen aller Nationen durch Posten, Telegraphen, Schiffahrt, Eisenbahnen haben einen völkerrechtlichen Schutz erhalten, und es ist wenigstens der Versuch gewagt worden, sogar den Krieg durch das Kriegsvölkerrecht zu civilisieren. Muß die nationale Richtung als primär und entscheidend anerkannt werden, so schließt sich doch die internationale Bewegung daran an und verheißt größere zukünftige Erfolge.

Nicht minder charakteristisch ist die allgemeine Ausbreitung der Repräsentativverfassung für unser Zeitalter. Hatte die französische Revolution grundsätzlich mit dem überlieferten Absolutismus des Königtumes gebrochen und die Herrschaft der privilegierten Stände abgeschüttelt, so hatte sie sich anfangs einer nicht minder absoluten Herrschaft des Demos und der Klubs unterworfen und war schließlich von einem modernen Imperator gebändigt und geknechtet worden. In der Restaurationszeit wurde in den meisten europäischen Ländern wieder eine möglichst unbeschränkte Regierungsgewalt der legitimen Fürsten hergestellt, eine Volksvertretung überhaupt nicht mehr gestattet oder ihr Einfluß möglichst herabgedrückt. Die Repräsentativverfassung wurde von den Machthabern als revolutionär mißachtet, und in den Kammern, wo sie noch bestanden oder neu eingeführt waren, zeigte sich die entgegengesetzte Neigung der Opposition, die Regierungsgewalt zu schwächen, und wurde die systematische Opposition für das Kennzeichen liberaler Gesinnung gehalten.

Heute ist die Notwendigkeit und die Berechtigung der Repräsentativverfassung in Europa und in Amerika allgemein anerkannt, und die absolute Regierungsform, wo sie noch fortdauert, wird als eine seltene, auf die Dauer nicht haltbare Ausnahme betrachtet. Die Kulturnationen sind alle der Meinung, daß den Völkern ein Anteil an der Selbstordnung des States und der Gesetzgebung und eine Kontrolle der Verwaltung gebühre — „ohne Zustimmung der Volksvertretung kein Gesetz" — und die Fürsten haben die frühere Vorstellung, daß der Stat ihnen wie ein Eigentum zugehöre, als Irrtum erkannt und bekennen offen ihre Pflicht gegen den Stat.

Der frühere feindliche Gegensatz der Obrigkeit und der Unterthanen hat so der Verbindung beider Teile zu dem gemeinsamen State weichen müssen, und die heutigen Völker wollen gleichzeitig eine starke Regierung und eine bedeutsame und ernste Mitwirkung der Volksvertretung. Die Statsgewalt selber fühlt sich in dem Grade sicherer und mächtiger, in welchem sie mit den Gefühlen und dem Streben der großen Volksklassen einverstanden erscheint. Die alte Demokratie wollte selber regieren, die neue Demokratie will aber sich gut regieren lassen. Zu jenem war sie meistens unfähig, auf dieses hat sie einen gerechten Anspruch. Regierungsautorität und Volksfreiheit sind daher nicht mehr Widersprüche, die sich wechselseitig bekämpfen und ausschließen, sondern Gegensätze, die zusammengehören.

Das Revolutionszeitalter hatte, von dem französischen Nationalgeiste geführt, die Gleichheit höher geschätzt als die Freiheit und dabei überdem für die absolute Gleichheit der allgemeinen Menschenrechte sich begeistert. Unser Zeitalter hat innerhalb des Volkes zwischen den verschiedenen Klassen unterscheiden gelernt, ohne das gemeinsame Statsbürgerrecht wieder nach Ständen zu spalten, und manche Vorurteile einer unmöglichen Gleichheit abgestreift.

Entschiedener als früher ist überdem die organische Natur des Volkes als einer lebendigen Gesamtperson in dem allgemeinen Bewußtsein klar geworden und daher auch der Organismus der Statsverfassung erkannt worden.

Alle diese Wandelungen in den Ideen haben denn einen bedeutenden Einfluß gehabt auf die Ausbreitung und Vervollkommnung sowohl der konstitutionellen Monarchie auf dem europäischen Kontinente als der repräsentativen Republik in Amerika und in Europa.

Daß die Sorge für die unteren Volksklassen, welche weniger als die gebildeten Mittelstände fähig sind, sich selber zu helfen, und auch nur mittelbar durch ihre Wahlrechte, nicht unmittelbar durch ihre Geistesarbeit an der Leitung der öffentlichen Angelegenheiten sich beteiligen können, die Hauptaufgabe und die dringendste Pflicht der Statsregierung und Statsverwaltung sei, wurde zwar in unserem Zeitalter deutlicher als in dem früheren erkannt, aber dasselbe hat doch noch nicht verstanden, diese Aufgabe zu erfüllen, und die Lösung des Problemes großenteils der folgenden Generation zurückgelassen.

Dagegen hat die Unterscheidung von **Stat** und **Gesellschaft**, **öffentlichem Rechte** und **Privatrechte**, **Volksfreiheit** und **individueller Freiheit** große Fortschritte gemacht und ist die **gesellschaftliche Selbstverwaltung** in allen privaten Lebensverhältnissen mehr und voller anerkannt worden als früher.

Die heutige Statswissenschaft hat ebenso die frühere Einseitigkeit des empirischen oder des spekulativen Standpunktes und der philosophischen oder historischen Methode allmählich überwunden.

Indem ich versuche, in ähnlicher Weise, wenn auch kürzer, die Schriftsteller dieses Zeitalters wie die früheren Vertreter der allgemeinen Statswissenschaften zu charakterisieren, empfinde ich die große Schwierigkeit einer gerechten Beurteilung und einer richtigen Darstellung. Ich werde auch kaum dem Vorwurfe der Parteilichkeit entgehen. Der eine wird diesen Namen vermissen, der andere jenen, und auch an der andeutenden Charakteristik werden manche Mitlebende Anstoß nehmen. Das entscheidende und berichtigende Urteil ist jedenfalls erst den Nachkommen möglich. Und doch darf ich mich der Aufgabe nicht entziehen; die Geschichte der Statswissenschaft kann nur, wenn sie auf die Gegenwart fortgeführt wird, in ihrem Zusammenhange und in ihrer fortschreitenden Wirksamkeit überschaut werden. Ich werde daher wenigstens einige noch lebende Schriftsteller, allerdings vorzüglich solche, deren Hauptthätigkeit abgeschlossen ist, nicht auch die jüngeren, im Aufstreben begriffenen, noch charakterisieren und habe mich daher im Gegensatze zu den früheren Auflagen dieses Werkes entschlossen, auch meinen persönlichen Anteil neben dem der anderen zu erwähnen und auch meine Stellung anzudeuten.

Ein ganz allgemeiner Charakterzug der heutigen Wissenschaft ist die überall wahrgenommene Verbindung der **philosophischen** mit der **geschichtlichen** Methode, wenngleich bei den einen Schriftstellern die philosophische, bei den anderen die geschichtliche Betrachtung überwiegt. Freilich treten hinwieder die verschiedene

Behandlung der Philosophie und der Geschichte je nach der Nationalität und der individuellen Art der Autoren hervor. Ich unterscheide folgende Gruppen:

A. Den Unterschied zwischen Stat und Gesellschaft heben mit Entschiedenheit hervor Krause, Ahrens, Tocqueville, Gneist, Stein, Schäffle, Fröbel, die insofern eine Gruppe bilden.

Friedrich Krause (geb. 6. März 1781 in Sachsen-Altenburg, gest. 27. Sept. 1832) unternahm es, die philosophischen Grundlagen einer neuen Gesellschafts- und Statslehre zu legen[1]). Krause, der anfangs aus der Schule Schellings hervorgegangen, später ein selbständiges System ausgebildet und manche bedeutenden Schüler gewonnen hat, dringt bei jeder Gelegenheit darauf, die deduktive Methode, welche von allgemeinen Begriffen ausgeht und logische Folgerungen entwickelt, mit der induktiven und analytischen Methode zu verbinden, welche die thatsächlichen Erscheinungen wahrnimmt und in ihre Bestandteile zerlegt. Er ist von einem hohen Menschheitsideale erfüllt, für dessen Verwirklichung im Geiste einer edeln Humanität zu wirken er als eine Hauptaufgabe des Freimaurerbundes ansieht. Der Lebensordnung der Menschen schreibt er eine göttlich-menschliche Natur zu, in welcher der göttliche Wille und die menschliche Freiheit zusammenwirken. Der Begriff der menschlichen Gesellschaft ist ihm der höhere und weitere als der des States, und er versucht es, diese Gesellschaft, die alle Nationen zu der einen Menschheit brüderlich zusammenfaßt, in ihren höchsten Lebenszwecken, Religion, Wissenschaft, Kunst, Unterricht, Erziehung, Sittlichkeit — jede Seite besonders — organisch zu ordnen und zu gliedern.

Der Stat ist ihm nur eine Ordnung für das Recht, aber er versteht das Recht nicht bloß in dem negativen Sinne von Kant, wonach das Recht nur eine Grundbedingung des gesicherten Nebeneinanderseins der Individuen ist, sondern in dem positiven,

---

[1]) Handschriftlicher Nachlaß. Leipzig 1836/37. Ahrens, Art. Krause im Deutschen Statswörterbuch.

daß das Recht die „Möglichkeiten" der Entwickelung fördere und die äußeren Beziehungen der Menschen zu der Gemeinschaft wie zu den vorhandenen Gütern der Natur und den Zwecken der Personen und der Güter gemäß regele. Das Ziel ist die menschliche Statenkonföderation.

Der bedeutendste Schüler von Krause war Heinrich Ahrens (geb. 14. Juli 1808 im Hannoverischen, seit 1834 Professor in Brüssel, dann in Graz, seit 1859 in Leipzig, starb 2. August 1874). Seine naturrechtlichen, rechts- und statsphilosophischen Schriften[1]) sind nicht bloß in Deutschland, sondern ebenso in anderen Ländern durch Übersetzungen weit verbreitet und vielfältig beachtet worden. Krause schon hatte das Recht und den Stat als Organismus gefaßt, und Ahrens, der sich in seiner Jugend auch vielfältig mit Psychologie beschäftigt hatte, versucht nun, die „organische Statslehre" auszubilden.

Das Krause'sche System, welches den Schriften von Ahrens zu Grunde liegt, sucht überall die Harmonie herzustellen zwischen Religion, Moral und Recht und strebt eine Versöhnung an der Lehren des Christentums mit den Wahrheiten, die durch die freie Vernunftforschung gefunden worden sind. Es will auf den ganzen Menschen wirken, alle guten und sittlichen Lebenskräfte in ihm wecken und die Menschheit ihrem letzten und höchsten Ziele zuführen.

In diesen Schriften überwiegt ohne Zweifel die philosophische Betrachtung noch entschieden, aber überall sind gute Anfänge gemacht und neue Gesichtspunkte gewonnen. Die künstliche Verflechtung freilich der verschiedenartigen abstrakten Begriffe wirkt wohl zuweilen verwirrend ein, und die brüderlich humane Gesinnung vermag nicht immer diese Verwirrung zu lösen. Der Organismus wird eher äußerlich und gewissermaßen gegenständlich und nicht entschieden genug persönlich und psychologisch verstanden,

---

[1]) Cours de Droit naturel. Zuerst Paris 1837. Rechtsphilosophie oder das Naturrecht. Wien 1851. Naturrecht oder Philosophie des Rechtes und States, auf Grundlage des ethischen Zusammenhangs von Recht und Kultur. 2 Bde. Wien 1870.

obwohl auch hier einzelne Grundgedanken der letzteren Richtung vielversprechende Keime treiben.

Im Gegensatze zu dieser vorzugsweise in allgemein menschlichen Betrachtungen philosophierenden Richtung hält sich der Graf Alexis de Tocqueville[1]) (geb. 29. Juli 1805, gest. 16. April 1859), obwohl er auch philosophisch denkt, doch zunächst an die Beobachtung und Erforschung der wirklichen Zustände einzelner Völker und Staten.

Tocqueville will ebenfalls die politischen Ideen ergründen und verstehen lernen, welche in unserer Zeit die Völker bewegen. Aber er hat kein Vertrauen in die bloße Begriffskonstruktion und in die abstrakte Spekulation. Um sicher zu urteilen, untersucht er die Thatsachen, in denen sich jene Ideen verkörpern oder abspiegeln. Er bemerkt, daß die Ideen der Freiheit und Gleichheit, welche einst die Franzosen zur Zeit der ersten großen Revolution bewegt hatten, sich im Leben oft widersprechen, und war trotzdem überzeugt, daß in unserer Zeit die Freiheit ohne Gleichheit nicht mehr möglich und nicht mehr haltbar sei, wie sie es im Mittelalter wohl gewesen war, und daß hinwieder die Gleichheit ohne die Freiheit wertlos und nur eine Sklaverei aller einzelnen wäre. Er fürchtet, daß die Freiheit von der Gleichheit unterdrückt werde, und da er die Macht der demokratischen Idee in der Julirevolution von 1830 erfahren hatte, so entschloß er sich, die Demokratie in dem Lande aufzusuchen und zu studieren, in welchem sie zuerst zu großartiger Macht herausgewachsen ist, d. h. in den Vereinigten Staten von Amerika. Sein berühmtes Werk: La Démocratie en Amérique, zuerst Paris 1835, ist das Resultat dieser Studien.

Der Gegensatz der nordamerikanischen und der französischen Institutionen und Ideen, den Laboulaye in seinem „Paris en Amérique" so lebhaft schildert, hatte schon früher den Geist von Tocqueville aufgeregt. Er erkannte, daß die absolute Centralisation seines Vaterlandes wohl die Gleichheit erhalte, aber die

[1]) Vgl. Ed. Laboulaye, l'état et ses limites (Paris 1863) p. 138 s.

Freiheit erdrücke, und daß die Amerikaner deshalb frei seien, weil sie nicht von der Statsgewalt jederzeit Hülfe begehren und erwarten, sondern sich mit eigenen Kräften selber zu helfen suchen. „Selbstthätigkeit ist Freiheit.“ Obwohl einer hocharistokratischen Familie entsprossen und ein entschiedener Feind aller Volksschmeichelei wollte er dennoch seine Landsleute zu wirklicher Freiheit erziehen helfen. Er war ein Freund selbständiger und selbstthätiger Gemeinden; er verlangte volle Preßfreiheit für jedermann, religiöse Bekenntnisfreiheit, Garantien für die richterliche Unabhängigkeit, damit die Individuen ihre Kräfte selber brauchen lernen und dadurch die Gesellschaft bereichert und verbessert werde. Vor allen Dingen aber verlangte er, daß die Statsgewalt ihrer Grenzen bewußt und innerhalb dieser Grenzen zurückgehalten werde. „Ich wollte, die Souveräne würden etwas mehr daran denken, die Menschen groß als mit den Menschen große Werke zu machen, und den Arbeiter höher schätzen als die Arbeit; sie sollten sich allezeit daran erinnern, daß kein Volk auf die Dauer stark sein kann, wenn jeder einzelne in ihm schwach ist, und daß es mit keinen Statsformen gelingen wird, ein energisches Volk aus schwachherzigen und weichen Bürgern zu bilden“ (II, 396).

Die Demokratie, welche im Jahre 1848 in Paris sich der Gewalt bemächtigte, beachtete seine warnende Stimme ebenso wenig, als die Regierung Louis Philipps auf sie gehört hatte. Als Deputierter, als Minister des Äußern, als Mitglied der gesetzgebenden Versammlung war Tocqueville immer unter den Freunden der Freiheit, aber nicht einer wilden anarchischen, sondern einer maßvollen Freiheit. Aber er besaß weder die Energie, noch den Ehrgeiz eines leitenden Statsmannes. Als am 2. Dezember 1851 Napoleon III. die Versammlung aufhob und die Zügel der Diktatur ergriff, zog sich Tocqueville auf sein Landgut zurück.

In der Muße des Privatlebens schrieb er das zweite Werk über die alte Regierungsweise (L'ancien régime. Paris

46*

1856). Zur Verwunderung der Franzosen, die das ganz vergessen hatten, zeigte er ihnen, daß die Centralisation der Verwaltung, welche seit der Revolution auf die Spitze getrieben worden, schon von den alten Königen angebahnt, und daß eine Reihe von Einrichtungen und politischen Bestrebungen des modernen französischen States ihre Wurzeln und Keime in der vorrevolutionären Königszeit haben. Die Einheit und die Statsgewalt waren in Frankreich von jeher mächtiger als die Freiheit. Die Revolution brachte nur die Richtung zum Abschlusse, welche die Nation und ihre Könige schon seit Menschenaltern eifrig verfolgt hatten. Nachdem er so den Zusammenhang zwischen der neuen und der alten Zeit wieder hergestellt hatte, wollte er ihren Unterschied darstellen. Aber ein früher Tod schnitt die Ausführung dieses Vorsatzes ab, und bis heute hat Tocqueville keinen ihm ebenbürtigen Nachfolger gefunden, der die Aufgabe erfüllte.

Wie Tocqueville die amerikanische Demokratie als Gesellschaft und als Stat studiert hatte, so studierte er auch die englische Aristokratie und teilte seine Ergebnisse in Briefen mit. Auch diese Arbeit zeugt für seine seltene Beobachtungsgabe und für seine geistvolle Erfassung und Darstellung der charakteristischen Unterschiede. Die Schattenseite der englischen Selbstverwaltung entging seinem Scharfblicke nicht neben ihrer Lichtseite, und er fand doch die gleichmäßige und gutgeschulte französische Administration in mancher Hinsicht nützlicher und vor allem gleichmäßiger als die gelegentliche und verschiedenwertige Beschäftigung der englischen Aristokratie mit der Polizei.

Dem großen französischen Schriftsteller ist der deutsche Rechts- und Statsgelehrte Rudolf Gneist (geb. 13. August 1816 zu Berlin, Professor an der Universität Berlin seit 1844 und Mitglied des preußischen Abgeordnetenhauses und des deutschen Reichstages) an die Seite und gegenüber zu stellen. In ähnlicher Weise, wie Tocqueville die Demokratie in Amerika studiert hatte, hat Gneist, um sich in der neuen Verfassung und Entwickelung Preußens zur konstitutionellen Monarchie zurechtzufinden, die parlamentarische Monarchie in ihrem Mutterlande England studiert. Auch er hielt sich dabei so wenig als Tocqueville an die bloße Rechtsform der englischen Verfassung und Gesetze, sondern untersuchte die Grundlagen derselben in der englischen Gesellschaft und insbesondere auch den Unterbau des Parlamentes in der Verwaltung der Grafschaften und Gemeinden und in den korporativen Bildungen.

Die Schriften Gneists sind nicht in so glänzender und krystallheller Sprache verfaßt wie die Tocquevilles, aber sie sind nicht minder reich an Gedanken und es ist darin ein reicherer Stoff von Gesetzeskunde verarbeitet. Tocqueville hat mehr als Politiker gedacht und geschrieben, Gneist mehr als Jurist und Verwaltungsmann.

Seine früheren statswissenschaftlichen Hauptwerke: Das heutige englische Verfassungs- und Verwaltungsrecht[1]), sodann das Buch: Verwaltung, Justiz und Selbstverwaltung nach englischen und deutschen Verhältnissen (Berlin 1869) und das Buch: Selfgovernment, Kommunalverfassung und Verwaltungsgerichte in England (3. Aufl. Berlin 1871) behandeln zunächst das positive öffentliche Recht eines bestimmten States, nicht die allgemeine Statslehre. Insofern liegen sie außerhalb des Bereiches einer Geschichte der allgemeinen Statswissenschaft. Aber für die moderne Statenbildung und Statslehre ist die englische Verfassung von so eminenter Wichtigkeit und Gneist hat dieselbe so gründlich untersucht, so vielseitig beleuchtet und so bedeutende allgemeine Lehren daraus gezogen, daß sein Werk nicht ohne erheblichen Einfluß bleiben konnte auf die Behandlung der allgemeinen Statslehre.

Überall unterscheidet Gneist den Stat und die Gesellschaft, deren Interessen oft aus einander gehen, die aber in unaufhörlicher Wechselwirkung einander bestimmen. Aufgabe des

[1]) Zuerst in zwei Bänden und einem Beilagebande (Berlin 1857—1863), später als englisches Verwaltungsrecht (2 Bde. Berlin 1867).

States ist es, die egoistischen und einander bekämpfenden Klassen der Gesellschaft durch das feste Band der gemeinsamen Rechtsordnung zusammenzuhalten, zur Beachtung des Friedens zu nötigen und das Recht des Ganzen und der Gemeinschaft zu wahren. Ich betrachte die scharfe Unterscheidung von Stat und Gesellschaft als einen wichtigen Fortschritt der Wissenschaft, wenngleich ich der Meinung bin, daß Gneist die Gesellschaft zu sehr als bloße „Erwerbsgesellschaft“ auffaßt, so daß ihre gemeinnützige Thätigkeit und ihre Kulturarbeit nicht zu rechter Geltung kommen.

Zuerst hat Gneist die geschichtlichen Grundlagen des englischen Parlamentes, die Verfassung der englischen Korporationen aufgedeckt und den Zwischenbau zwischen dem Parlamente und den Gesellschaftsklassen in der Selbstverwaltung der Grafschaften sorgfältiger dargestellt. Er betrachtet die englische Verfassung als ein Aggregat von Korporationen. In England sind die Korporationen in historischer Kontinuität die Bildungsformen des öffentlichen Rechtes, in welchen zuerst der Adel die Reichsstandschaft, dann die Gentry die parlamentarische Verfassung, endlich die neuen Mittelstände ihren Anteil an dem State errungen haben. Die Verbände der Grafschaften, der Städte und der Ortschaften einigen verschiedene Berufs- und Bildungsklassen und vermeiden dadurch den verderblichen Ständekampf, welcher die Kontinentalstaten seit dem Mittelalter verwirrt und zerrüttet hat. In ihnen ist der Sitz des englischen Selfgovernment. An ihrer Spitze steht die durch Vermögen und Bildung einflußreiche, in der Übung öffentlicher Pflichten geübte Gentry. Der solide Bau des Gerichtswesens und der von den Friedensrichtern gehandhabten Polizei macht es möglich, daß die Parteiregierung nicht in Unterdrückung ausarte. (Sollte nicht der aristokratische Charakter und der ererbte Sinn für gesetzliche Freiheit noch einen größeren Anteil daran haben?)

Im ganzen hat die Darstellung von Gneist einen konservativen Charakter, aber konservativ im guten Sinne des Wortes.

Bei jeder Gelegenheit hebt er das Bedürfnis einer festen Rechtsordnung hervor und vertraut dabei mehr den geschichtlichen Bedingungen derselben als den idealen Anforderungen; er sieht in der unantastbaren Krongewalt das wahre Centrum des States, die formelle Einigung und Heiligung der Rechtsordnung, eine unentbehrliche Abwehr des Parteiübermutes; er nennt das Oberhaus „den erblichen Statsrat des Königs, eine notwendige Schranke gegen Übergriffe der wechselnden Majorität, und — wenn man von einigen Ausnahmen absehe — auch den wirklichen Hort der Verfassung"; in dem Zusammenhange mit den korporativen Verbänden, in denen Besitz, Bildung, politische Pflichtübung vorzugsweise oder ausschließlich geeinigt sind, erkennt er die gesunden Wurzeln der großen Bedeutung des Unterhauses; der Erneuerung des Statsrates (privy council) redet er im Interesse gediegener Statsleitung und zur Beschränkung der Parteiherrschaft das Wort; die Regierung nach Gesetz, nicht nach Willkür, und die Unterordnung auch der Korporationen unter das Statsgesetz erklärt er für die notwendige Voraussetzung des modernen States. Vor nichts warnt er eindringlicher als vor der unseligen Scheidung der politischen Rechte und der politischen Pflichten. Er erklärt „die Entwöhnung der höheren Stände von den persönlichen Lasten des Statswesens" als den Grund ihres politischen Verfalles auf dem Kontinente, und die Gewöhnung der höheren Stände in England an persönliche Amtspflichten in Verbindung mit gleichmäßiger Gewöhnung aller Klassen an die Steuerpflicht als die Grundlage der Herrschaft der Gentry. „Selfgovernment heißt in England die Verwaltung der Kreise und Ortsgemeinden nach den Gesetzen des Landes durch Ehrenämter der höheren und Mittelstände mittels Kommunalgrundsteuern" (2, 828 und oft wiederholt).

Eine bloße Nachbildung der englischen Verfassung erscheint ihm übrigens weder möglich noch rätlich. Er hat kein Vertrauen zu bloßen Parlamentsformen und ist der Meinung, Deutschland dürfe weder dem englischen noch dem französischen Beispiele folgen, zumal es „in der geistigen, sittlichen und wirtschaftlichen Entwickelung der Massen des Volkes sowohl England als Frankreich überlegen“ sei. Aber er polemisiert gern gegen die rationalistische Statslehre, vorzüglich der französischen konstitutionellen Schule, und neigt sich doch den korporativen Grundgedanken der englischen Verfassung mit Vorliebe zu. Die „Ideen“ schätzt er gering, die „Institutionen“ über alles. Geradezu verhaßt ist ihm die kaufmännische Vorstellung vom State als einer bloßen Aktiengesellschaft. Er fürchtet, daß diese Ansicht auch in England, seit der Reformbill, eine gefährliche Verbreitung erlangt habe, und obwohl er die Rechtmäßigkeit und die Maßhaltung der Reformbill anerkennt und ausdrücklich auf die ebenso notwendige als wohlthätige Folge derselben, die erhöhte Fürsorge für die arbeitenden Klassen, hinweist, so erachtet er dennoch „eine Zersetzung der englischen Verfassung“ als eine höchst bedenkliche Folge dieser Reform. Als Symptome dieser Zersetzung zählt er auf: die veränderte Stellung des Ministerrates, dessen gesteigerte Gewalt schwerlich die alte Abhängigkeit von den Parlamentsmajoritäten ertrage, die veränderte Stellung des Unterhauses, welches seit der zunehmenden Soldbeamtung zum Teil den alten Zusammenhang mit der verwaltenden Gentry verliere, die Zersetzung der historischen Parteien und ihre Umwandelung in Prinzipien- und etwa noch Interessenparteien, die wachsende Unstätigkeit der Wahlkörper, den wachsenden Einfluß der öffentlichen Meinung und der Tagespresse. Er meint sogar, die Rettung könne auch in England nur von einem königlichen „Ich will“ kommen.

Ich zweifle, daß diese düstere Ansicht mit den Thatsachen übereinstimme. Wenn auch von der sogenannten Manchesterpartei und von manchen neueren englischen Schriftstellern der Stat wie eine Aktiengesellschaft betrachtet und zuweilen wie eine mit Geldbeiträgen erkaufte Maschine, um den Privatpersonen möglichst viel Genüsse zu sichern, behandelt wird, so ist doch nicht wegzuleugnen, daß die englische Gesetzgebung seit der Reformbill zur Beseitigung zahlreicher Mißbräuche jeder Art, zur Überwindung der Barbarei, zur Entwickelung der persönlichen und bürgerlichen Freiheit mehr als in irgend einer anderen Periode der englischen Geschichte geleistet hat, und daß in dieser Zeit die Statsehre und die Statsmacht daneben in voller Kraft erhalten worden sind. Mir scheint die Hauptgefahr eher in dem Übermaße des aristokratischen Reichtumes und aristokratischer Herrschaft zu liegen.

Wenn die Franzosen, im Bewußtsein ihrer klaren Logik, geneigt sind, die mannigfaltigen historischen Bedingungen des gegenwärtigen States zu mißachten und einer abstrakten Statsidee nachzugehen, so sind die Engländer von Hause aus zu der entgegengesetzten Einseitigkeit geneigt, d. i. die modernen logischen Ideen zu wenig und die geschichtlichen Institutionen zu hoch zu schätzen. Indem sie in neuerer Zeit anfangen kritischer zu verfahren, die Verwaltung nach Zweckmäßigkeitsgründen einzurichten, der Strömung der öffentlichen Meinung freien Lauf zu verschaffen, überall das Licht der Presse leuchten zu lassen, nach Prinzipien auch die Parteien zu unterscheiden, so folgen sie in allen diesen Dingen nur der geistigen Bewegung des neunzehnten Jahrhunderts und der Entwickelung des modernen States, der die Korporationen erträgt und ihnen Freiheit verstattet, aber der im Grunde doch nicht mehr wie der mittelalterliche Stat auf Korporationen ruht, und der vor allen Dingen seiner selbst bewußt werden, nicht instinktiv fortwachsen will.

Überdem hat Gneist eine große Anzahl durchweg reformatorischer Schriften über preußisches und deutsches Verfassungs- und Verwaltungsrecht verfaßt[1]) und wiederholt fördernd auf die neuere Reichs- und Landesgesetzgebung seines Vaterlandes eingewirkt. Insbesondere verdankt die Einführung der Verwaltungsrechtspflege ihm hauptsächlich ihren Impuls und ihre Richtung.

---

[1]) Freie Advokatur. Berlin 1867. Die preußische Kreisordnung 1870. Die Selbstverwaltung der Volksschule. 1869. Die Eigenart des preußischen States. 1873. Gesetz und Budget. 1879.

Von durchaus allgemeiner Bedeutung ist seine Schrift: Der Rechtsstat[1]). Er versteht unter dem Rechtsstate, dessen Verwirklichung unsere Zeit anstrebt, nicht etwa, daß der Stat ausschließlich die Rechtsbildung bezwecke und die Rechtspflege handhabe, keineswegs einen bloßen Justiz- und Juristenstat, er versteht den Rechtsstat in dem Sinne, daß der Stat durch seinen Organismus und durch seine Gesetze und seine Verwaltung unter rechtlichen Bedingungen und in rechtlichen Formen seine Aufgaben erfülle und insbesondere die gesellschaftlichen Klassen im Genusse ihrer Freiheit sichere, aber zugleich an Unterdrückung je der Schwächeren verhindere und im Gegensatze zu der individuellen Mannigfaltigkeit des Einzellebens die Hoheit und Macht der Gemeinschaft bewähre. In der Wiederverbindung der Gesellschaft mit dem State (der konstitutionellen Verfassung) sieht er die Hauptaufgabe der Zeit und die Erfüllung derselben eben in der Ausbildung des Rechtsstates. Er versteht ferner unter dem Rechtsstate einen ausreichenden Rechtsschutz auch in dem Gebiete des öffentlichen Rechtes, den jeder ansprechen und erhalten kann. Die sogenannte Verwaltungsrechtspflege ist die reife Frucht, die er von dem Baume des Rechtsstates pflücken will. Es tritt auch in dieser Schrift, wie in den früheren, die Vorliebe des Autors für verbindende statliche Zwischenglieder hervor zwischen Gesellschaft und Stat. Mit besonderem Nachdruck verlangt er, damit der Beamtenstand seine Unparteilichkeit bewahre und nicht durch wechselnde Parteiminister verdorben und charakterlos werde, neben der gesicherten Stellung der Beamten die Ergänzung derselben durch königliche Ehrenämter aus der Gesellschaft und die Ausbildung einer Rechtspflege, welche eine gesetzliche Verwaltung sichert.

Während die konstitutionelle Statslehre von der Gesellschaft auszugehen pflegt und den allgemeinen Gesetzeswillen durch Mehrheitswahlen aller Bürger und Mehrheitsabstimmungen der Ver-

[1]) Zuerst Berlin 1872, 2. Aufl. 1879.

tretung hervorbringen will und sodann durch die Teilung und Trennung der Gewalten für eine gerechte und mäßige Anwendung der Gesetze sorgt, aber mit logischer Notwendigkeit eine Parteiherrschaft hervorbringt, welche die Minister von den wechselnden Mehrheiten in den Kammern und die Beamten ebenso von den Ministern abhängig macht und selbst wo sie eine relative Selbständigkeit den Departementen und Städten einräumt, diese immer wieder einer engeren Parteiherrschaft unterwirft, mißtraut Gneist der Fähigkeit der Gesellschaft, das Recht zu bilden und zu handhaben. Der preußische Statssinn ist in ihm so energisch und die preußische Erfahrung so bestimmend, daß er voraus in dem Königtum, als dem festen, über den Parteien erhabenen, ausschließlichen statlichen und alle Statsmacht konzentrierenden Statshaupte, den Halt sucht, den die Parteien nicht gewähren können, und von den zeitgemäßen Reformen, die aus der Initiative des Königs hervorgehen, die Lösung des Problemes erwartet. In allen Stufen und Richtungen des Statslebens aber will er, wohl bewußt, daß die Zeit des absoluten obrigkeitlichen States vorüber ist, Mitwirkung der Bürger mit den Berufsämtern, d. h. Durchführung der Repräsentativverfassung.

Mit unermüdlichem Eifer hebt Gneist, im Gegensatze zu der revolutionären Doktrin, die immer nur von Rechten der Bürger und der Nationen spricht, die Pflichten eines jeden gegen den Stat und den Pflichtcharakter des ganzen öffentlichen Rechtes hervor. Es ist das meines Erachtens sein Hauptverdienst und die Erweiterung des modernen Statsprinzipes, das zuerst Friedrich der Große im Namen des preußischen Königtumes verkündet hat.

In mancher Hinsicht steht ein anderer bedeutender deutscher statswissenschaftlicher Schriftsteller mit Gneist auf demselben Standpunkte, nämlich Lorenz v. Stein (geb. 15. Nov. 1815 zu Eckernförde, anfangs in dänischem Statsdienste, seit 1846 Professor in Kiel, seit 1855 Professor der Statswissenschaften in Wien). Schon frühe hatte Stein in Paris die soziale Philosophie von Saint-Simon und den Fourierismus studiert und dann die französischen Systeme des „Sozialismus und des Kommunismus“ (2 Bde. Leipzig 1844) geschildert. Das Werk wurde umgearbeitet zu der „Geschichte der sozialen Bewegung in Frankreich von 1789 bis auf unsere Tage“ (3 Bde. Leipzig 1849/51). Stein sah in den wirtschaftlichen Zuständen und Bestrebungen, in der Verteilung des Besitzes und den Gegensätzen der Arbeit die Grundlage, von der aus der heutige Stat zu begreifen sei.

Während Gneist den Stat vorzugsweise als Jurist betrachtet, so sieht Stein den Stat vornehmlich als Nationalökonom an. Diese wirtschaftliche Betrachtungsweise ist so mächtig in ihm, daß er sogar die Neigung verrät, das ganze bürgerliche Recht auf nationalökonomische Grundlagen zu stellen und nach wirtschaftlichen Rücksichten umzubilden. Seine meisten Schriften haben daher einen nationalökonomischen Inhalt und kommen hier nicht weiter in Betracht. Mehrere wichtige Schriften aber beschäftigen sich mit der Verwaltung des States, vor allen sein Hauptwerk: Die Verwaltungslehre (7 Bde. Stuttgart 1865/68) und das kürzere: Handbuch der Verwaltungslehre (zuerst 1872).

Stein ist in der Hegelischen Logik und Dialektik geschult. In den früheren Schriften des vielseitigen und geistreichen Mannes wirkt die Hegelische Manier der Dreiteilung und einer künstlichen Begriffskonstruktion noch zuweilen störend; in den späteren Werken spricht sich der Autor unbefangener und freier aus.

Den Stat faßt er als eine organische Gemeinschaft der einzelnen, als eine Gesamtperson auf, welche in drei Organe gegliedert ist: 1. das Statsoberhaupt, 2. den Statswillen und 3. die That des States.

Es ist charakteristisch und entspricht der deutschen Grundansicht, daß Stein das Haupt voranstellt, als das Organ, in welchem das Leben des States sich über alle Besonderheit und alle Interessen einzelner Klassen erhebt und sich als persönliche Einheit fühlt und zur Geltung bringt.

Für die Organisation des **Statswillens** in unserer Zeit charakteristisch ist nach Stein, daß hier der persönliche Wille des Statshauptes ergänzt wird durch den Willen des Volkes in seiner organischen Vertretung. Der moderne Rechtssatz heißt: „Kein Gesetz ohne Mitwirkung der Volksvertretung". Die politische Freiheit besteht vornehmlich darin.

Die **That** des States ist die Verwirklichung des Statswillens in den thatsächlichen Lebensverhältnissen. Sie muß den unaufhörlichen Wechsel der Bedürfnisse beachten. Die vollziehende Gewalt noch ist anfangs einheitlich und persönlich, als **Regierung**. Indem sie sich im einzelnen verzweigt, wird sie **Verwaltung**.

Eigentümlich ist die Auffassung, daß die **Vereine** ebenso wie das, was Stein **Selbstverwaltung** nennt, zur vollziehenden Gewalt gehören; denn die Vereine bilden sich aus dem freien Zusammenwirken der gesellschaftlichen Interessen und Parteigruppen und können wohl von der Statsgewalt genötigt werden, die gesetzlichen und rechtlichen Schranken zu achten, nicht aber vom State aus erfüllt, bestimmt und beherrscht werden. Die Selbstverwaltung betrachtet er als die Übernahme der Regierungsfunktionen, so weit solche durch besondere Interessen und örtliche Verhältnisse modifiziert werden können. Zu diesen wenig annehmbaren Meinungen ist er durch die Kategorie Wille und That (vouloir et pouvoir) verleitet worden, die selber um so anfechtbarer ist, als die statliche That den statlichen Willen in sich schließt.

Stein ist bestrebt, auch die Freiheit der Gesellschaft und der Individuen zu achten und zu schützen, aber seine Vorstellung von der weitgehenden Verordnungsgewalt der Regierung und, so weit nicht die Verfassung und die Gesetze das Statshaupt beschränken, von einer dann unbeschränkten und unverantwortlichen Verfügungsgewalt desselben gefährdet und bedroht doch die allgemeine Freiheit in bedenklicher Weise.

Indem Stein die verschiedenen Aufgaben und Thätigkeiten der Verwaltung durchgeht und beleuchtet, vergleicht er öfters die englische, die französische und die deutsche Methode der Verwaltung. Im einzelnen finden sich nützliche Aufschlüsse und brauchbare Bemerkungen in Menge. Er ergänzt so in würdiger Weise die Werke von Mohl und Gneist.

Am entschiedensten hat unter den Schriftstellern, welche den gesellschaftlichen und volkswirtschaftlichen Standpunkt vorzugsweise beachten, Albert E. Fr. Schäffle (geb. 24. Febr. 1831 zu Nürtingen in Würtemberg, 1860 Professor in Tübingen, 1868 in Wien und kurze Zeit 1871 Minister in dem österreichischen Ministerium Hohenwart) den Stat aus der Entwickelung der Gesellschaft zu erklären und zu bestimmen unternommen.

Das Hauptwerk von Schäffle „Bau und Leben des sozialen Körpers" (4 Bde. Tübingen 1875—1878) ist eine Naturlehre der Gesellschaft, in welcher der Stat zwar eine wichtige Stelle, aber doch nur neben anderen Faktoren einnimmt. Er untersucht die gesellschaftlichen Zustände der Menschen in ihren elementaren Bestandteilen und in ihrer Entwickelung nach ihren realen und idealen, physischen und psychischen Seiten, nach Analogie der natürlichen Organismen. Seine Statslehre ruht auf dieser allgemeinen sozialen Unterlage. Der Mensch ist voraus ein geselliges, dann wird er erst ein statliches Wesen.

Die äußere Natur, in welcher die Menschen leben und einen Wohnsitz erwerben, das Land, sodann die sachlichen Güter, an welchen das Volk und die Individuen ein Vermögen schaffen, endlich die aktive Persönlichkeit der einzelnen und ihrer Verbindungen zu größeren Gemeinschaften sind nach Schäffle die Urelemente der Gesellschaft. Die Familie ist die nächste vitale Einheit des sozialen Körpers, die „soziale Gewebezelle" (1, 213). Sodann entstehen zusammengesetzte Gebilde, Verbände von Personen (Familien) und von Gütern, für das Niederlassungswesen, den Schutz des Vermögens und der Personen, für den Haushalt der Güter und seinen Stoffwechsel, für die technische Veranstaltung, civile und militärische und für die geistige Leitung. Nachdrücklich macht er aufmerksam auf den gefährlichen Krankheitszustand dieser Gewebe, der aus Hypertrophie der einen Zellen, Atrophie der anderen Zellen für den ganzen Körper entsteht (1, 262).

Indem die individuellen Geistesäußerungen zu kollektiver Geistesthätigkeit verbunden werden, entsteht etwas anderes als eine bloße Anhäufung jener, es entsteht eine Gesamtkraft und ein Gemeingeist in Denken, Fühlen und Wollen. Die Völker nennen diesen Kollektivgeist nicht unrichtig „Volksgeist" und unterscheiden ihn von dem individuellen Geiste der einzelnen. Nicht notwendig ist dieser Volksgeist wie im State organisiert; er wirkt auch im Publikum, in der öffentlichen Meinung, in der Presse. Schäffle tritt der Vorstellung von Rousseau entgegen, daß der Wille aller, oder gar der Wille der größeren Menge der allgemeine Wille sei. Jener kann wohl nur entweder „ein verwaschener Kompromiß sein oder ein Akt der momentanen Leidenschaft". Um auf der einen Seite einem unberechtigten Absolutismus einzelner und auf der anderen Seite der Herrschaft der Parteiführer und Demagogen zu entgehen, verteidigt er die Mitwirkung auch der großen Volksklassen in den Wahlen und jedermanns bei der Vorberatung, aber hält eine bessere Organisation der ersteren und der zur Entscheidung berufenen Körper für unerläßlich (1, 568).

Den Begriff der juristischen Personen gründet er wieder auf die sozialen, zugleich physischen Verbände und psychischen Gemeinschaften (1, 639. 648). Recht und Moral betrachtet er als zwei Seiten der ethischen Ordnung, die eine nach außen, die andere nach innen gekehrt, und den Stat für berufen, sowohl das Recht mit seiner Macht zu schützen, als dasselbe im Gesetze klar zu stellen und fortzubilden. Der Stat ist „Rechtshort" als Träger der Kollektivmacht und Subjekt des Kollektivwillens (1, 663. 671). „Für den sozialen Körper stellt der Stat dasselbe dar, was für den organischen Körper die centrale Partie des motorischen Nervensystemes samt den diesen motorischen Nerven untergeordneten Muskelorganen der animalen (einheitlichen, centralen) Bewegung." Ähnlich wie früher schon Althus läßt Schäffle den Stat naturgemäß aus der fortschreitenden sozialen Verbindung der Zellengewebe herauswachsen, als „die Korporation der Korporationen" (1, 763). Aber seine Gesellschaft, welche die Grundlage des States ist, geht auch in ihrem organischen Wachstume weit über den Stat hinaus und strebt als Ziel eine die Menschheit verbindende Civilisation an (1, 826). Die soziale Organisation ist von höherer Art als die Organisation der natürlichen Organismen, und eine höhere, weil geistigere Ordnung. „Der soziale Körper darf daher nicht als Tierstat betrachtet, die Soziologie nicht als ein Teil der Zoologie behandelt werden" (1, 828). Er wiederholt die Stufen, über welche die organische Zusammenstellung von Stoff und Bewegung fortgeschritten ist, aber in höherer Potenz, in Steigerung des Umfanges und der Intensität der Gemeinschaft (1, 840).

Das ganze Werk hat eher einen naturwissenschaftlichen als einen statswissenschaftlichen Charakter. Unverkennbar haben die neueren Forschungen von Darwin und Häckel einen starken Einfluß auf dasselbe ausgeübt. Das soziale Entwickelungsgesetz, das Schäffle verkündet (2, 55), einer „fortschreitenden Gesellschaftsbildung (Civilisation) als höchstes Ergebnis der vervollkommnenden Auslese der menschlichen Daseinskämpfe" ist offenbar eine Nachbildung des Darwinischen Entwickelungsgesetzes; aber diese Nachbildung hat trotzdem einen originellen Charakter. Auch wer manche Grundanschauung des Verfassers nicht teilt und an der künstlichen Systematik kein Gefallen findet, wird doch aus dieser „physisch-psychischen" Betrachtung der Gesellschaft, der Soziologie vielseitige Anregung und einen Reichtum bedeutender Gedanken schöpfen, welche ihn für die schwere Arbeit des Lesens belohnen.

Die Wahrnehmung, daß der Verfasser durch seine Lehre schließlich einer großen sozialistischen, die heutige Rechtsordnung bedrohenden Umgestaltung vorarbeite, mag wohl zur Vorsicht mahnen und vor leichtfertiger Folge warnen; aber es ist anzuerkennen, daß die Forschung mit wissenschaftlichem Ernste durchgeführt worden ist.

Der für uns wichtigste Band ist der vierte, der auch als „Encyklopädie der Statslehre“ erschienen ist, ungeachtet auch hier die Rücksicht auf die Gesellschaft überwiegt. Den Volks- und Statsgeist sucht Schäffle aus der Verbindung der Individualgeister und aus dem Zwang und Drang der sozialen Auslese zu erklären, welche immer neu ein zusammengehöriges, einheitlich gestimmtes und gleichartig gestimmtes Ganzes lebendiger und ruhender Verstandes-, Gefühls- und Willensenergien hervorbringt (4, 55 vgl. mit 1, 418). Dieser Gemeingeist hat in sich Gegensätze, Reibungen und Ausgleichungen und ist in beharrlicher Wandelung begriffen. In demselben gewinnen durch geistige, physische und materielle Übermacht die herrschenden und leitenden Subjekte über die Massen Autorität (4, 61). Bei fortschreitender Kultur entstehen zahlreichere Autoritäten, je in spezielleren Kreisen.

Da der Stat nichts anderes ist als ein Organ des Gemeinwesens zur Willens- und Machteinheit, so ist der Stat selber abhängig von der Art und der Entwickelung der Machtverhältnisse, wie sie durch die Arbeit der sozialen Auslese sich geschichtlich vollzieht (4, 273). Die Verfassungs- und Regierungsformen sind nur der Ausdruck und gleichsam die Verkörperung der thatsächlich vorhandenen Machtschwerpunkte in der Gesellschaft. „Den Höhepunkt der Entwickelung wird einst ein berufsanstaltlich vollständig durchgebildeter Gesellschaftskörper erreichen. In ihm wäre die leitende Macht Resultante aller Kräfte einer vollständigen Gesellschaftsgliederung. Die Lust und die Kraft des Gewaltmißbrauches wären auf ein Minimum herabgesetzt. Von Herrschaft wäre dann überhaupt nicht mehr die Rede, sondern nur von politischer Berufsarbeit“ (4, 279). So löst sich der Stat in der zukünftigen Gesellschaft auf.

In der Darstellung der Regierungsformen finden wir viele beachtenswerte Bemerkungen, vornehmlich im Anschlusse an Aristoteles. Die absolute Monarchie ist gestürzt worden durch ihre eigenen Fehler und durch die wachsende Macht des dritten Standes, die konstitutionelle Monarchie kann sich nur erhalten, wenn nicht der statliche Schwerpunkt von ihr auf die Volksvertretung oder auf eine Aristokratie übergeht. Schneidige und bittere Bemerkungen macht er gegen die „Geldaristokratie, die sogenannte Plutokratie" (S. 292. 306), und nach dem Vorgange von Rohmer erklärt er den Schutz des vierten Standes als die Hauptaufgabe und die beste Stütze der Erbmonarchie (S. 295).

Die Volksherrschaft (Demokratie) ist nach Schäffle die einzige Statsform, welche „die volle Entwickelung der ganzen geistigen und materiellen Kraft des Volkes, allgemeinen Bürger- und Freiheitssinn ermöglicht und die Statsinteressen dem Verständnis und dem Herzen aller Bürger nahe legt" (S. 311); aber dieses Ideal hat als Voraussetzung Bildung, Tugend, Selbstbeherrschung, annähernde Gleichheit der Vermögen und berufsständische solide Gliederung. Die gute Demokratie ist ohne einen wohlhabenden, gebildeten Mittelstand unmöglich, aber das soziale Entwickelungsgesetz verheißt die endliche Ausbildung dieser Voraussetzungen (S. 317).

Gegen eine brutale Mehrheitsherrschaft und die Ochlokratie spricht sich Schäffle sehr entschieden aus.

Diese Sozialwissenschaft entspricht der Neigung der Zeit, wie aus den Atomen die Welt, aus den Zellen den Tierkörper, so aus dem Zusammenwirken der Individuen die höheren Gesamtkörper der Staten und der wachsenden Menschheit zu erklären. Aber mir scheint, daß sie eher das Gesellschaftsleben als das Statsleben zu begründen vermöge, und daß ihre Entwickelungsstufen wohl zugleich Fortschritte der Civilisation bedeuten und mittelbar von Einfluß sind auf die Statengeschichte, aber daß der Stat und seine Entwickelung einer geistigen Einheit bedarf, welche die Soziologie nicht kennt.

Ebenfalls in der Weise des „politischen Darwinismus" und auf dem Boden der Gesellschaft sind mehrere Bücher von Julius

Fröbel erschienen (geb. 1805 zu Griesheim in Schwarzburg-Rudolstadt, 1833—1844 Professor in Zürich, dann Journalist und Führer der radikalen und demokratischen Partei in der Schweiz und in Deutschland, 1848 Mitglied der deutschen Nationalversammlung, in Wien 1848 verurteilt und begnadigt, nach 1849 als Flüchtling in Amerika, seit 1862 in Wien als Vertreter der großdeutschen Politik, 1866 in München Leiter der Süddeutschen Presse im Sinne der bayerischen Regierung, mit gemäßigt liberaler und dem Norddeutschen Bunde freundlicher Tendenz, seit 1873 deutscher Konsul in Smyrna), insbesondere die Theorie der Politik (Wien 1861—64. 2 Bde.), Die Wirtschaft des Menschengeschlechtes auf dem Standpunkte der Einheit idealer und realer Interessen (3 Bde. Leipzig 1870—76) und das neueste Buch: Die Gesichtspunkte und Aufgaben der Politik (Leipzig 1878).

Der vielgewanderte und vielgewandelte Publizist ist in seinem wechselvollen Leben um manche radikale Illusion ärmer, aber um viele Lebenserfahrungen reicher geworden. Seine Schriften, insbesondere auch die letzte „Streitschrift an die Parteien", in denen er auch die Vorurteile der „Liberalen" heftig angreift, haben zwar eher einen journalistischen Stil als ein wissenschaftliches Gepräge, aber sie sind frei von scholastischer Beschränktheit und reich an anregenden, oft auch aufklärenden Gedanken.

Viel entschiedener als Schäffle betont er die Souveränetät des States und ist keineswegs wie dieser gewillt, denselben als eine Organisation verbundener Zellengewebe zu erklären. Er betrachtet auch nicht den Stat der Gesellschaft untergeordnet, sondern vielmehr die Gesellschaft samt Kirche und Schule dem State untergeordnet. Der Stat ist nicht in der Gesellschaft, sondern die Gesellschaft ist im State (Aufg. d. Pol. S. 71).

Dennoch betrachtet er vorzugsweise die gesellschaftlichen Aufgaben des States für die wirtschaftlichen und Kulturinteressen. Erst am Schlusse kommt er auf das Recht zu sprechen, das er von der Politik abhängig erklärt, und auf die Verfassung, deren

47*

repräsentativen und gouvernementalen Grundcharakter in der modernen Monarchie wie in der heutigen Republik er anerkennt. Es ist ihm aus der Erfahrung klar geworden, daß die Regierung keine Parteiregierung sein darf, wenngleich sie genötigt ist, starke Parteien, insbesondere parlamentarische Mehrheiten zu berücksichtigen und mit ihnen zu rechnen (S. 421). Deshalb erklärt er es auch für einen Organisationsfehler, wenn das Statsoberhaupt in der Wahl der Minister an parlamentarische Mehrheiten gebunden wird (S. 425).

Dem Selbstgefühle mehr als Eines großen Volkes wird die Vorstellung wenig schmeichelhaft erscheinen, daß die heutige Statenwelt nach Fröbel vornehmlich in drei Gruppen zerfalle: die europäische, die russische und die amerikanische (Vereinigte Staten), und doch kann es nicht schaden, wenn die europäischen Völker fortwährend an ihre innere Zusammengehörigkeit und ihre gemeinsame Weltbestimmung erinnert werden, und daß die Eifersucht oder gar der Rassenhaß der germanischen und romanischen Mächte in Europa weder notwendig noch nützlich seien.

Die Begriffe Nation und Volk mischt Fröbel übrigens wieder durch einander, obwohl ihre Unterscheidung — gleichviel, ob man den französisch-englischen oder den deutsch-italienischen Sprachgebrauch vorzieht — doch ganz unentbehrlich ist für das Verständnis der nationalpolitischen Bestrebungen und Kämpfe.

Zum Schlusse kann ich mein Bedauern nicht unterdrücken, daß zwei so hochgebildete und geistreiche Schriftsteller wie Schäffle und Fröbel ihre Sprache, jener zuweilen durch schwäbische Derbheit, dieser durch journalistische Säure unschön und unfein beflecken, sowie daß jener sich durch seinen Preußenhaß sogar zu dem Wahne verleiten läßt, daß Deutschösterreich von preußischer Eroberung bedroht werde, und dieser durch seinen Russenhaß gereizt wird, die Fortdauer der Türkenherrschaft in Europa für wünschenswert zu halten.

Vierundzwanzigstes Kapitel.

B. Statliche Gruppe. Stuart Mill. Franz Lieber. Eduard Laboulaye. Friedrich Rohmer und Theodor Rohmer. Bluntschli. Laurent.

Wie Fröbel in der gesellschaftlichen Gruppe von neueren Autoren der Statswissenschaft den Übergang bildet zu der spezifisch statlichen Gruppe, so vermittelt John Stuart Mill, indem er ebenfalls von gesellschaftlichen Erwägungen ausgeht, aber sich ganz der Beleuchtung von statlichen Fragen hingibt, hinwieder von der letzteren Seite her die beiden Gruppen.

John Stuart Mill, geboren zu London 20. Mai 1806, dessen Vater durch die Geschichte von Britisch-Indien und durch philosophische und nationalökonomische Schriften sich einen wissenschaftlichen Namen erworben hatte, war schon in seiner Jugend mit nationalökonomischen, logischen und politischen Problemen beschäftigt und hatte als Redaktor der „London und Westminster Review" seine schriftstellerische Fähigkeit bewährt. Früher im Dienste der Ostindischen Kompanie, war er 1865—1868 Mitglied des Parlamentes. Er starb in Avignon 8. Mai 1873. Sein Werk über die Logik hat auch in Deutschland Anerkennung gefunden. Uns interessieren vornehmlich seine politischen Schriften, unter denen die berühmteste die über Freiheit[1]) und über Repräsentativverfassung[2]) sind.

---

[1]) On liberty. London 1859. Übersetzt von Dr. Pickford, Frankfurt 1860. Werke, 12 Bde., übersetzt und herausgegeben von Gomperz. Leipzig 1868—1880. Bd. 1.

[2]) Consideration on representative government. London 1861. Übersetzt von Dr. F. A. Wille, Zürich 1862. Bei Gomperz Bd. 8, übersetzt von Wessel.

In der Schule Benthams erzogen, huldigt Mill radikalen Vorstellungen von Stat und Recht, aber sein Radikalismus wird sehr ermäßigt durch die Rücksicht auf das praktische Bedürfnis. Er ist kein Freund der abgezogenen spekulativen Ideen, für welche französische oder deutsche Radikale schwärmen; die englische Denkweise gibt seinen Gedanken die Richtung auf das Brauchbare und Nützliche. Auch in der Schrift von der Freiheit geht er nicht von der Betrachtung der menschlichen Willensfreiheit und ihrem Gegensatze zu der Naturnotwendigkeit aus, sondern er betrachtet die Freiheit in ihrer praktischen Seite als selbstbestimmtes Handeln, ohne durch ein Machtgebot anderer gehemmt zu werden, d. h. als gesellschaftliche, rechtliche und politische Freiheit.

Seine Betrachtungen über die Gedanken- und Rede- (Preß-) freiheit schildern ebenso beredt als zutreffend die Wirkungen derselben. Nur durch die allezeit erneuerte Prüfung und durch den Kampf der Meinungen werden hergebrachte Irrtümer überwunden und alte Wahrheiten richtiger erkannt, von dem Roste des Mißverständnisses gereinigt und fruchtbar gemacht. Dem naiven Vorurteile, daß die Wahrheit im Kampfe mit der Verfolgung notwendig siege, hält er das widersprechende Zeugnis der Geschichte entgegen, welche sehr oft auf Jahrhunderte hin Wahrheiten mit Gewalt zu wirken verhindert hat. Der mit der Macht alliierte Irrtum kann freilich nie eine Wahrheit vernichten und unwahr machen, aber er kann dieselbe zurückdrängen und ihre Ausstrahlung unmöglich machen. Lebhaft verteidigt er das Recht der eigenartigen Persönlichkeit gegen die Tyrannei nicht bloß des gleichmachenden Gesetzes, sondern gegen die verderblichere und allgemeinere Nivellierungssucht der öffentlichen Meinung und einer despotischen Sitte. An dem Beispiele von China zeigt er, wie sehr die Unduldsamkeit gegen originelle Menschen die Vervollkommnung der Gesellschaft erschwere und die Mittelmäßigkeit befördere. In seiner Betrachtung über die Grenzen der gesellschaftlichen und statlichen Macht gegenüber der freien Persönlichkeit nähert er sich den Ansichten Wilhelm v. Humboldts. Er erklärt den Stat nur für berechtigt, die individuelle Freiheit zu beschränken, „wo ein bestimmter Nachteil oder die bestimmte Gefahr eines ungerechtfertigten Schadens für andere einzelne oder die Gesamtheit sich aus ihrer Übung ergibt“. Die Nützlichkeit gilt ihm nach Benthams Lehre als „letzter Prüfstein auch der ethischen Fragen“.

Bedeutender noch ist die zweite größere Schrift, die Betrachtungen über die Repräsentativverfassung. Sie ist ebenfalls reich an originellen Gedanken und Ansichten.

Als Maßstab für die Güte einer Verfassung und Regierung betrachtet er nicht den Grad der gesicherten Ordnung und Macht, noch den Grad des Fortschrittes zum besseren, sondern den Grad, „in welchem sie die guten Eigenschaften unter den Regierten insgesamt und in den einzelnen zu vermehren streben, weil diese Eigenschaften die einzige in dem ganzen Getriebe arbeitende Bewegungskraft liefern“, und als zweiten Maßstab daneben „die Eigenschaft des Getriebes selbst, d. h. den Grad, in welchem es geeignet ist, Vorteil aus der Summe der vorhandenen guten Eigenschaften zu ziehen und sie für den rechten Zweck wirken zu lassen“. In beiden Beziehungen erscheint ihm die Repräsentativverfassung als die beste, weil sie alle vorhandenen Kräfte aller einzelnen zu möglichster Geltung bringt und zugleich für die allgemeine Wohlfahrt verwendet. Er schwankt aber in der Begriffsbestimmung, indem er die Repräsentativverfassung zuweilen mit der Demokratie identifiziert und dann wieder ausführt, daß die Mehrzahl der Bürger doch nicht selbst regieren, sondern sich gut regieren lassen wolle. Der Unterschied der repräsentativen Monarchie und der repräsentativen Republik wird daher gelegentlich verwischt.

Er macht darauf aufmerksam, daß von den drei Gliedern, welche in England zusammen die höchste Gewalt besitzen, König, Haus der Lords und Haus der Gemeinen, ein jedes, wenn es seine Befugnis einseitig und bis zum äußersten verfolgte, das ganze Triebwerk des States in Verwirrung und zum Stillstande bringen könnte; und er weist nach, daß nicht das geschriebene Recht, sondern die politische Einsicht und Moral aller Teile zu mäßigem Gebrauche der Rechte bestimme und zur Verständigung treibe.

Die Einrichtungen der Repräsentation, insbesondere das Wahlsystem prüft er dann im einzelnen, wie ein Techniker die Teile einer Maschine und ihre Zusammensetzung prüft. Dabei befürwortet er mit Wärme die Reform des Wahlsystemes, welche Thomas Hare im Interesse des Stimmrechtes auch der Minderheiten vorgeschlagen hatte.

Das Kapitel über die Regierung von Nebenländern (z. B. Ostindien) durch einen freien Stat deckt manche Grundmängel dieser unvollständigen Statenbildung auf, insbesondere die des unvermeidlichen Mißverständnisses der Regierenden über die Bedürfnisse der regierten fremden Bevölkerung, des natürlichen Mißtrauens dieser gegen jene und der falschen Richtung der Verantwortlichkeit statt dem regierten Volke gegenüber vor dem regierenden Volke.

Mill ist auch bekannt als einer der Hauptverfechter des Frauenstimmrechtes und der sogenannten Frauenemanzipation[1]). Indem er hier allen Scharfsinn und alle Beobachtungsgabe seines Geistes aufwendet, um die verlangte „Reform" (?) zu begründen, handelt er auch nach den Wünschen und Ansichten seiner Frau. Die Bewegung, welche damals in Amerika entstand, hat seither keine großen Fortschritte gemacht, und es ist schwerlich zu beklagen, daß die Frauen, deren moralischen und mittelbaren Einfluß auf das öffentliche Leben wir keineswegs gering schätzen, sich nicht in größeren Massen haben hinreißen lassen, ihren Hauptberuf für die Familie zu vernachlässigen, die politischen Parteikämpfe mit ihrer leidenschaftlichen Teilnahme zu verschlimmern, das männliche Statsbewußtsein durch weibliche Autoritätssucht zu trüben und den Stat teils zu verwirren, teils in Abhängigkeit von der Kirche zu bringen.

[1]) Ein Aufsatz Mills über Frauenemanzipation ist 1851 in dem Westminster Review erschienen; übersetzt von Freund in den Werken Bd. 12.

Ebenfalls wie Mill hat auch der Deutsch-Amerikaner Franz Lieber die beiden großen Fragen der bürgerlichen Freiheit und der Repräsentativregierung näher geprüft. In Lieber verbinden sich die philosophisch-historische Bildung des Deutschen mit der publizistisch-praktischen des Nordamerikaners. Vorzugsweise wird er aber von ethischen Prinzipien und Betrachtungen bestimmt.

Lieber war zu Berlin geboren den 18. März 1800. Noch als Gymnasiast beteiligte er sich an dem preußischen Freiheitskriege gegen Napoleon I. Der für Freiheit und für die Einigung Deutschlands früh begeisterte Jüngling erfuhr aber die Bitterkeit der zu Anfang der Zwanzigerjahre in Preußen herrschenden reaktionären Politik und der Polizeiwillkür und entzog sich der unwürdigen Quälerei durch die Flucht. Dann ging er als Philhellene nach Griechenland, um für die Befreiung desselben gegen die Türken zu kämpfen, ward aber durch die harte Erfahrung von seinen Illusionen geheilt und kehrte bald wieder nach Westeuropa zurück. In Rom wurde er von dem preußischen Gesandten Niebuhr freundlich aufgenommen und lebte längere Zeit als Hauslehrer in dessen Hause. Da fand er vielfältige Gelegenheit, seine historischen und politischen Studien fortzusetzen. Noch war aber in seiner Heimat für ihn kein freier Raum, und er wanderte nach England und bald darauf (seit 1827) nach Nordamerika aus, wo er als Professor der Statswissenschaften seit 1835 in Columbia, seit 1858 in New York und als Schriftsteller eine hochgeachtete Stellung und einen großen Ruf erwarb. Während des Bürgerkrieges verfaßte er 1863 die Instruktion des Präsidenten Lincoln für die amerikanische Armee, die erste Kodifikation des Kriegsvölkerrechtes. Er starb zu New York den 2. Oktober 1872.

In seinen Schriften wie in seiner wissenschaftlichen Grundanschauung verbinden sich Idealität und Realismus, philosophischer Weitblick und die Kenntnis geschichtlicher Vorgänge, europäische Schule und amerikanische Lebenserfahrung zu einem harmonischen Ausdrucke. Er betrachtet den Stat und seine Entwickelung mit Vorliebe aus einem ethisch-politischen Standpunkte, so daß ihm zuweilen moralische Vorschriften und Rechtsgesetze in eins zusammenfließen.

Den Amerikanern hat er durch das Werk: Manuel of political ethics (zuerst Boston 1838/39. 2 Bde.) das ideale sittliche Moment klar gemacht und ihrer Beachtung empfohlen. Den Deutschen hinwieder hat er von dem amerikanischen Volks- und Statsbewußtsein aus einen Einblick verschafft in den englisch-amerikanischen Begriff der „bürgerlichen Freiheit und Selbstverwaltung“[1]).

Robert v. Mohl hat eine Statssittenlehre als die Ergänzung des Statsrechtes und der Politik verlangt. Lieber hatte diesen Wunsch bereits erfüllt und wirklich eine Statssittenlehre geschrieben. „Je freier ein Volk ist, d. h. je mehr die Individuen ihre Handlung selbst bestimmen, um so notwendiger wird es, daß sie sich ihrer statlichen Pflichten bewußt werden“ (1, 77). Überall verbindet er Rechte und Pflichten. Lieber deckt die Wurzeln aller Rechtsordnung in der sittlichen Weltordnung auf und zeigt, daß jene zu Grunde gehen müßte, wenn dieser Zusammenhang abgebrochen würde. Der Deutsche ist von jeher geneigt, auch in der Politik zu moralisieren; es wird ihm schwerer, die Dinge lediglich aus dem statlichen Standpunkte zu betrachten. Insofern war Lieber, darin ein echter Deutscher, vorzüglich berufen, die Vernachlässigung des moralischen Elementes in der politischen Erwägung als fehlerhaft zu rügen und nachzuweisen, daß die ausschließliche Beachtung der Zweckmäßigkeit und Nützlichkeit einer Maßregel oder That, wenn sie von dem bleibenden Gesetze der Sittlichkeit abweiche, verwerflich sei. Auf der anderen Seite aber hat er als Amerikaner auch die reellen Verhältnisse und das praktische Geschick im Handeln besser würdigen gelernt. Um deswillen sind seine Schriften durch ihre Verbindung idealer und moralischer mit realen und praktischen Rücksichten aus-

---

[1]) On civil liberty and self-government. Philadelphia 1838. Nach der zweiten Auflage übersetzt von Dr. Franz Mittermaier. Heidelberg 1860.

gezeichnet und einigen so die Vorzüge der beiden Nationen, welchen sein Leben angehört hat.

Nicht immer unterscheidet er scharf zwischen Rechtspflicht und sittlicher Pflicht. Zuweilen betrachtet er die bloße sittliche Vorschrift ähnlich einem Rechtsgesetze. Die öffentliche Meinung z. B., die doch nur eine sittliche und geistige und nicht eine wirkliche Rechtsmacht ist, betrachtet er, wie wenn sie das wäre. Sein Wahlspruch: „Kein Recht ohne Pflicht“ hat daher einen ganz anderen Sinn als der von Gneist: „Öffentliches Recht ist öffentliche Pflicht“. Lieber denkt dabei eher an die Erfüllung des Rechtes mit moralischem Pflichtgefühle, Gneist mehr daran, daß öffentliches Recht als Befugnis zugleich Pflicht gegen die Gemeinschaft, den Stat sei (Buch 3 Kap. 1 u. 2).

Lieber betrachtet in dem schönen Buche die verschiedenen statlichen Lebensaufgaben und weist überall die große und entscheidende Bedeutung nach sittlicher Motive und patriotischer Tugend. Auch die „Freiheit“ erscheint ihm deshalb als höchstes Gut, weil sie am vollsten der göttlichen Ordnung entspricht, welche die freieste Entfaltung aller Kräfte in dem Menschen in Gedanken und Thaten verlangt, weil nur der freie Mann wirklicher Mann ist (2, 145).

Die Schrift über die Freiheit betrachtet so wenig als die von Mill die menschliche Freiheit überhaupt, sondern nur die statliche Freiheit. Aber sie stellt sorgfältiger die Schutzwehren dar, welche die angelsächsische Nationalität vorerst in England, dann in Nordamerika ausgebildet hat, um die persönliche Freiheit selbst gegen den Mißbrauch der Statsgewalt wirksam zu verteidigen. Lieber beachtet daher die gesetzlichen Rechtsmittel im einzelnen und die Entwickelung der neueren Selbstregierung und Selbstverwaltung mehr noch wie ein Jurist[1]) und ein praktischer Politiker, als Historiker, nicht als philosophischer Reformer. Darin

[1]) Ausführlicher ist das geschehen in dem gründlichen Werke von James Peterson: Commentaries on the liberty of the subject and the Laws of England relating to the security of the Person. 2 Bde. London 1877.

sehe ich seinen Unterschied von Mill, mit dem er sonst manches gemein hat. Die Institutionen gelten ihm mehr als die abstrakten Prinzipien.

Ein originelles Buch Liebers ist die „Legal and political Hermeneutics“ (3. Aufl. St. Louis 1880), die gründlichste Untersuchung über die Auslegung der Gesetze je nach ihren verschiedenen Arten und Wirkungen.

Auch in seinen Vermischten Schriften[1]) finden sich viele Abhandlungen von allgemeinem statswissenschaftlichen Interesse, besonders in dem zweiten Bande („Contributions to political Science“), so die Vorlesungen über die Entstehung und das Wachstum der nordamerikanischen Verfassung, über Nationalismus und Internationalismus, über englische und französische Freiheit, über die Täuschungen der amerikanischen Schutzzöllner.

An die beiden germanischen Vertreter der modernen bürgerlichen Freiheit schließt sich würdig der Romane Eduard Laboulaye an (geb. 13. Jan. 1811 zu Paris, seit 1849 Professor an dem Collège de France und seit 1875 Senator). Laboulaye hat zuerst seine Landsleute mit den Arbeiten der deutschen rechtsgeschichtlichen Schule näher bekannt gemacht und vielfältige Anregung zu rechtsgeschichtlichen Studien in Frankreich gegeben. Die drei auf einander folgenden geschichtlichen Zeitschriften (Revues historiques de Droit et de Législation, Paris seit 1855) sind vornehmlich ihm zu verdanken. Er verfährt aber nicht einseitig geschichtlich, sondern verbindet mit der historischen die rationalistisch prüfende und politisch raisonnierende Methode, wie die Franzosen das lieben. Dann hat er sich mit Vorliebe dem Studium der nordamerikanischen Freistaten hingegeben und den kühnen Versuch gewagt, in seinem an centrale Statsverwaltung gewöhnten Lande und in seinem eher für bürgerliche Gleichheit als für bürgerliche Freiheit begeisterten Volke den Sinn für amerikanische Selbsthülfe und Selbstverwaltung zu wecken und die individuelle Frei-

[1]) Miscellaneos writings. Philadelphia 1881. 2 Bde.

heit auch der Minderheiten zu verteidigen. Er hat so gelegentlich auch ernste Wahrheiten in der heiteren Gestalt der Satire, aber immer mit dem feinen Geschmacke und in der klassischen Sprache des Parisers dargestellt.

Sein Paris in Amerika[1]) schildert mit Humor die sonderbaren Eindrücke, die ein plötzlich nach Amerika versetztes Pariser Kind in der amerikanischen Gesellschaft empfangen muß; aber er schildert den Gegensatz so, daß das Leben in Amerika ebenso natürlich, frei und zweckmäßig als das in Paris künstlich, unfrei und thöricht erscheint. In dem Prinz Pudel[2]) charakterisiert er in fabelhaften Bildern die Regierung Napoleons III. und die rhetorischen Taschenspielerkünste des Vizekaisers Rouher. Er ist ein Freund des Friedens, aber er sieht den künftigen Krieg mit Deutschland voraus. Freilich kann er sich gar nicht als möglich denken, daß das französische Heer, das „erste Heer der Welt“, von den Deutschen geschlagen werde. Als das dennoch in dem für Frankreich unglücklichen Kriege von 1870/71 geschah, erfüllte der patriotische Schmerz seine Seele mit solcher Verbitterung gegen die Sieger und gegen die deutsche Nation, daß seine frühere wissenschaftliche Unbefangenheit verloren ging. Hoffentlich wird er sie in dem höheren Alter und bei ruhigerer Betrachtung der Ereignisse, in welchen die Weltgeschichte und ihre göttliche Leitung ihre Macht offenbart haben, wiederfinden. Es hat eine Zeit gegeben, in welcher Lieber in New York, Laboulaye in Paris und Bluntschli in Heidelberg enge verbunden waren. Der Krieg von 1870/71 hat diesen Bund gelöst.

In der Schrift über „la liberté religieuse“ (Paris 1859) zeigt er sich als einen warmen und weitherzigen Freund der religiösen Freiheit, aber zugleich als Gegner der radikalen Trennung von Kirche und Stat, als Verehrer von Channing und als Gegner des Dogmas der unbefleckten Empfängnis und der jesuitischen Reaktion.

---

[1]) Paris en Amérique. Zuerst 1863.

[2]) Prince Caniche. Paris 1868. Übersetzt in den Gesammelten Werken Bd. 1. Heidelberg 1868.

Das Buch: L'état et ses limites (Paris 1863) erinnert an die frühere Untersuchung Wilhelm v. Humboldts über dasselbe Thema. In der Schrift: Le parti libéral, son programme et son avenir (Paris 1864) stellt er als Liberaler die liberalen Ideen und Bestrebungen in klarer Formulierung dar. Seine politische Denkart erinnert an die Werke von Benjamin Constant, die er auch neu herausgab (Cours de Politique. Paris 1861. 2 Bde.). Wie dieser ist er ein entschiedener Gegner der Napoleonischen Autokratie und ein Freund der auf die gebildeten Mittelklassen basierten Volksvertretung und Regierungsform. Nur die repräsentative Monarchie mit wechselseitiger Beschränkung der verschiedenen Gewalten und gesicherten Freiheiten der Bürger, oder die damit nahe verwandte repräsentative Republik erkennt er als menschenwürdige Verfassungen für unsere Zeit an. Er bestreitet, daß das allgemeine Stimmrecht ein natürliches Recht der einzelnen Bürger sei, und leitet das Stimmrecht lediglich von dem State ab, für den allein es einen Sinn habe. Aber er kämpft wie Mill auch für das Stimmrecht der Frauen, welches schwerlich dem State förderlich wäre. Vermutlich hat auch ihn, wie Mill, der Einfluß einer begabten Frau zu dieser Schwenkung verführt. Ebenso hat er später in der Frage des höheren Unterrichtes und der akademischen Grade die Plane der Ultramontanen unterstützt, welche die Beihülfe der Liberalen geschickt benutzten, um den Kampf wider den modernen Stat und die weltlich-freie Bildung mit dem Rüstzeuge liberaler Grundrechte sicherer zu führen.

Krause schon hatte mit der philosophischen die geschichtliche Betrachtung verbunden und überdem den Gedanken gefaßt, den Stat psychologisch zu erklären. Viel durchgreifender und entschiedener aber unternahm es Friedrich Rohmer, zugleich die Statslehre und die Statspraxis in ihren Grundgesetzen aus der Psychologie zu begründen.

Das Leben Friedrich Rohmers [1]) (geb. zu Weißenburg in Franken 21. Febr. 1814, der Sohn eines Stadtpfarrers,

[1]) Artikel in Bluntschlis Deutschem Statswörterbuch.

gest. zu München 11. Juni 1856) ist nur wenigen näher, dem großen Publikum kaum anders als durch abenteuerliche Sonderbarkeiten und verleumderischen Klatsch bekannt. Dennoch ist die Rohmerische Wissenschaft in weit höherem Grade als irgend eine andere Wissenschaft eines anderen Autors mit seiner eigenartigen, durchaus genialen Persönlichkeit und seinem Leben enge verwachsen und ohne Kenntnis dieses Lebens kaum recht verständlich. Bald die logischen und spekulativen Grundfragen der Menschheit, die Unterlage und die Eigenschaft des Seins, in seinem Geiste erwägend und selbst in der Sisyphusarbeit, wenn der auf die Höhe geschleppte Stein wieder in die Tiefe stürzte, nie verzagend, bald aus seinem mächtigen Selbstbewußtsein die Erkenntnis der menschlichen Seele, ihrer Grundkräfte und ihrer Entwickelungsphasen schöpfend, dann wieder die Geschichte der Völker überschauend und auf die politischen Ereignisse und Stimmungen der Gegenwart feinhörig und feinfühlig aufmerkend, gelegentlich auch, wie zur Erholung von den Qualen des angestrengten Denkens, in den rauschenden Strom der Bewegung eingreifend oder in unbefriedigenden Genüssen für den Augenblick Ruhe suchend, in solchem stäten Wechsel hat er ein wenig glückliches Leben vollbracht, dessen reiche Früchte nur langsam in der Nachwelt wachsen und reifen werden.

Wenn erst dieses Leben, dessen Darstellung ich als eine Hauptaufgabe meines Alters betrachte, bekannt geworden sein wird, dann wird auch das Verständnis für die Rohmerische Psychologie erleichtert und diese selber, die ebenfalls noch auf eine wissenschaftliche Darstellung harrt, eher Eingang und Beachtung finden. Die menschliche Seele ist nach Rohmer ein durchaus logisch geordneter Organismus von sechzehn Grundkräften, zur Hälfte Geisteskräften, deren Sitz im Kopfe, und zur Hälfte Gemütskräften, die im Leibe wohnen, wieder jeder Teil zur Hälfte aktiv und zur Hälfte passiv geartet, ebenso zur Hälfte nach außen gewendet, wie die acht Sinne (vier des Kopfes und vier des Leibes), und zur Hälfte nach innen gerichtet. Nicht der Körper schafft die Seele, sondern die Seele bildet den Körper aus, in dem sie lebt und der ihr dient. Ebenso erklärt sich die Entwickelung aus dem in regelmäßiger Folge sich drehenden Hervortritt je einer der sechzehn Urkräfte, welche dann relativ den Fortgang des ganzen Organismus so lange bestimmt, bis ihre Zeit vollendet ist, das Rad seinen Umschwung vollzogen hat und die folgende Kraft die Führung übernimmt. So bilden die untergeordneten und eher rezeptiven als produktiven Geistes- und Gemütskräfte, wieder je vier, die beiden Altersstufen der Kindheit und des Greisenalters und bestimmen die übergeordneten, schöpferischen und erhaltenden Geistes- und Gemütskräfte, je zu vier, den Charakter der mittleren Lebensalter des jungen und des vollen Mannes (adolescens et juvenis). Der ganze Organismus mit seinen über-, unter- und nebengeordneten mannigfaltigen Kräften und seiner regelmäßigen Bewegung macht einen mathematisch sicheren und mechanisch geregelten Eindruck, und doch ist er durchaus nicht materiell, sondern ganz und gar geistig gedacht und begriffen. Er spiegelt sich und erscheint in dem physischen Organismus, aber er ist wesentlich psychisch.

Da nun der Stat aus Menschen besteht und die Menschheit wie die Völker als menschliche Gesamtwesen aufzufassen sind, so muß sich diese psychologische Wissenschaft von den sechzehn Grundkräften und ihrer Aufeinanderfolge, wenn sie wahr ist, auch in der Erkenntnis des States bewähren. Diesen Beweis zu führen versuchten mehrere aus der Rohmerischen Grundanschauung hervorgewachsene Schriften.

Die erste, von dem jüngeren Bruder Theodor Rohmer, der sein ganzes Leben dem älteren Friedrich mit seltener Hingebung gewidmet und seine bedeutenden Geisteskräfte in dessen Dienste aufgezehrt hat (er starb einige Wochen nach seinem Bruder) — die erste von Theodor Rohmer verfaßte Schrift: Deutschlands Beruf in der Gegenwart und Zukunft (Zürich 1841), ist die jugendlich begeisterte Verkündigung des neuen rettenden Prinzipes zur Erhebung Deutschlands und zur Befriedigung der

Welt. Die neue Spekulation verheißt „einen Gott, welcher schrankenlos und unendlich und dennoch für uns ein persönlicher" sei, und die neue Psychologie verspricht „eine Wissenschaft, welche die in den Individuen und den Völkern wirkenden Geistes- und Gemütskräfte erkennt, ihre naturgemäße Ordnung und ihre Entwickelung begreift", und sieht in dem State zugleich „ein Abbild Gottes und der Menschheit". Das Buch ist reich an interessanten geschichtlichen, psychologischen und politischen Betrachtungen über die europäischen Nationen und vorzüglich die Deutschen, denen es eine große Zukunft, aber auch gewaltige Aufgaben in nahe Aussicht stellt. Aber es hat durch seine Hinweisung auf Friedrich Rohmer, den Begründer der neuen Wissenschaft von der Welt, als gleichsam den deutschen Messias einen Beigeschmack von Schwärmerei und Phantasterei bekommen, welcher es für viele ungenießbar machte. Die jugendliche Gärung mit ihren Illusionen war noch nicht abgeklärt.

Eine unmittelbare Anwendung der Rohmerischen Psychologie war die Lehre von den politischen Parteien (Zürich 1846), ebenfalls von Theodor Rohmer bearbeitet. Die vier Hauptparteien werden durch dieselbe auf die menschliche Natur begründet und aus denselben Eigenschaften erklärt, welche den Organismus der menschlichen Seele und die Altersentwickelung bestimmen.

Der Radikalismus mit seinen rezeptiven Talenten, seiner Neuerungssucht, seiner Begeisterung für Grundrechte und abstrakte Idole, seinem vorwärtsstürmenden Eifer und seiner Unreife wird aus der Herrschaft der Geistes- und Gemütskräfte erklärt, welche das Knabenalter bestimmen. Ihm wird der wahre Liberalismus übergeordnet als die höchste, jugendlich-männliche Erscheinung (adolescentia), in welcher die geniale Energie des Gemütes und der ernste besonnene Wille zugleich mit dem die realen Verhältnisse erkennenden Verstande und der Schöpferkraft des Geistes wie in dem Leben des jungen Mannes zur Geltung kommen. Dem erfahrungsreichen, weisen, festen, erhaltenden Charakter des vollen Mannesalters (juventus) entspricht sodann der echte

Konservativismus. Ihm untergeordnet, nicht seine konsequente Fortbildung ist endlich der Absolutismus, welcher die Züge des höheren, zwar formgewandten, geschäftskundigen, berechnenden, aber nicht mehr produktiven Greisenalters an sich trägt.

Die Verbindung der wahrhaft Liberalen mit den wahrhaft Konservativen, d. h. der schöpferischen und der erhaltenden Kräfte, und die Unterordnung der beiden extremen, ihrer Natur nach eher passiven als aktiven Parteien des knabenhaften Radikalismus und des greisenhaften Absolutismus wird als die dringende Hauptaufgabe einer gesunden und fruchtbaren Politik bezeichnet, welche durch das Vortreten der Extreme aufs schwerste geschädigt und bedroht wird.

Weil diese bedeutende Schrift zur Zeit heftiger Parteikämpfe in der Schweiz geschrieben ward, an welchen auch die Brüder Rohmer einen vorübergehenden Anteil genommen hatten, und weil die bitteren Erfahrungen dieses Streites auch auf die erste Formulierung nicht ohne Einfluß geblieben waren, so wurde das wissenschaftliche Werk als eine bloße Parteischrift mißverstanden und geschmäht. Seine Grundgedanken haben aber in vielen Ländern Beachtung und Anerkennung gefunden. Eine zweite neue Darstellung dieser psychologischen Parteienlehre, mit Beachtung der seitherigen Erfahrungen, habe ich in der Schrift: Charakter und Geist der politischen Parteien (Nördlingen 1869) unternommen, welche in mehrere neuere Sprachen übersetzt und deren Inhalt auch in den dritten Band meiner Lehre vom modernen Stat (Politik. Stuttgart 1876) aufgenommen worden ist.

Eine andere Anwendung der Rohmerischen Psychologie war die auf den Statsorganismus, welche in dem Buche: Psychologische Studien über Stat und Kirche (Zürich 1844) von Bluntschli versucht wurde. Das Buch setzte die Kenntnis der Psychologie voraus, die nicht vorhanden war, und konnte deshalb wenig wirken. Von manchen, die davon Notiz nahmen, wurde es wie eine seltsame Verirrung eines sonst nicht unverständigen Mannes betrachtet. Erst als die Fortbildung der hier zuerst besprochenen Gedanken ohne ausdrückliche Bezugnahme auf die Rohmerische Psychologie dargelegt wurden, fanden sie willigere Aufnahme.

Ein besseres Verständnis dagegen hatten manche andere Rohmerische Schriften gefunden, welche unmittelbar in die Zeitinteressen eingriffen, wie insbesondere die Schrift über und gegen den Ultramontanismus in Bayern (München 1847), welche die Natur und Wirkungen der ultramontanen Partei scharf und klar zeichnet, ferner: Der Vierte Stand und die Monarchie (München 1848), welche die Krone auf die großen Volksklassen als die Quelle ihrer Macht und den wichtigsten Gegenstand ihrer Sorge hinweist. Napoleon III. hat ein paar Jahre später diese Idee für seine Zwecke ausgenutzt und sich dadurch zum Herrn von Frankreich gemacht. Endlich die Schrift über Deutschlands alte und neue Büreaukratie (München 1848), welche das eingewurzelte Übel in seinen Eigenschaften und schädlichen Wirkungen schildert.

In den letzten Jahren seines Lebens zog sich Rohmer fast ganz von der Politik zurück, die ihn auch früher nur in zweiter Linie beschäftigt hatte, um im Gegensatze zu Theismus und Pantheismus, die er beide als mit Irrtümern behaftet erkannt hatte [1]), mit seinem Gottesbewußtsein ins Reine zu kommen. Wenige Jahre vor seinem Tode enthüllte sich ihm endlich nach heftigen inneren Kämpfen der makrokosmische Gottesbegriff in der gewünschten logischen Klarheit [2]).

An dieser Stelle wird nun der eigenen Leistungen in Kürze zu gedenken sein.

---

[1]) (Theodor Rohmer) Kritik des Gottesbegriffes in den gegenwärtigen Weltansichten. Nördlingen 1856.

[2]) Dargestellt in den zwei Schriften: Gott und seine Schöpfung (1857), Der natürliche Weg des Menschen zu Gott (1858) und revidiert in dem Werke: Fr. Rohmers Leben und Werke, Bd. 1: Die Wissenschaft von Gott. Nördlingen 1871.

Johann Kaspar Bluntschli, geboren 7. März 1808, hatte seine wissenschaftliche Ausbildung erst in Zürich, dann auf den Universitäten Berlin und Bonn erhalten, als Schüler Savignys und Niebuhrs und Anhänger der historischen Juristenschule. Seine erste statswissenschaftliche Schrift: Das Volk und der Souverän (Zürich 1831) vertritt noch ganz die Ansichten der geschichtlichen Schule. Noch bevor er Friedrich Rohmer kennen lernte, hatte er sich durch seine Lebenserfahrung davon überzeugt, daß die geschichtliche Richtung, wenn sie einseitig betrieben werde, unzureichend sei und auf Irrwege führe. In der Schrift: Die neueren Rechtsschulen der deutschen Juristen (Zürich 1841, 2. Aufl. 1862) ist der Gedanke ausgeführt, daß der Streit der beiden Schulen, der philosophischen und der geschichtlichen, dadurch erledigt werde, daß beide Methoden zwei notwendigen Richtungen des menschlichen Denkens und Erkennens folgen und sich wechselseitig ergänzen und berichtigen müssen. Als sodann die Kritische Überschau der deutschen Gesetzgebung und Rechtswissenschaft zu München 1853 gegründet wurde, konnte Bluntschli im Namen der Herausgeber bereits erklären: „Während in anderen Wissenschaften der Gegensatz der historischen und der philosophischen Methode noch als ein feindlicher erscheint, ist derselbe auf dem Gebiete der Rechtswissenschaft schon seit einiger Zeit zu einer friedlichen Vermittelung gelangt. — Wir wissen es nun, daß die Historie ohne Leben ist, wenn ihr das Wesen des inneren Geistes verschlossen bleibt, und daß die Philosophie eine Träumerin ist, wenn sie die leibhafte Gestaltung der Dinge nicht beachtet, in denen der Geist sich offenbart." Damit war eine neue Entwickelungsperiode der Rechtswissenschaft bezeichnet. Zugleich aber wurde anerkannt, daß gerade die allgemeine Statswissenschaft noch sehr der ergänzenden historischen Betrachtungsweise bedürfe, indem sie bisher zu einseitig als philosophisch-spekulative Wissenschaft betrieben worden.

In diesem Sinne wurde die Darstellung des Allgemeinen

Statsrechtes unternommen und erschien zuerst im Jahre 1852 zu München, wo Bluntschli seit 1848 bis 1861 den Lehrstuhl der Universität für deutsches Privatrecht und für Statswissenschaft inne hatte, mit dem Beisatze „geschichtlich begründet", der später, als die neue Richtung anerkannt war, besser wegblieb, indem das Buch wesentlich auf einer Verbindung der beiden Methoden beruht.

Das Buch wurde mehrere Male neu aufgelegt und dann in der fünften Auflage zur Lehre vom modernen Stat umgearbeitet; erster Band: Allgemeine Statslehre, zweiter Band: Allgemeines Statsrecht. Zu diesen beiden Bänden kam nun in Heidelberg, wohin Bluntschli 1861 als Professor der Statswissenschaften berufen war, als dritter: Die Politik neu hinzu (Stuttgart 1875/76). Das Werk ist auch durch v. Riedmatten ins Französische übersetzt worden (Paris 1877—79 und 2. Aufl. 1881) und ebenso ins Italienische, Russische und Japanesische.

Als charakteristische Eigenschaften des Buches sind hervorzuheben: vorerst die scharfe Hervorhebung der Unterschiede zwischen dem antiken, dem mittelalterlichen und dem modernen Statsbegriffe und die Klärung des modernen Statsbewußtseins. Ferner werden die Begriffe Nation (im deutschen Sinne) als erbliche Kulturgenossenschaft und Volk als Statsgemeinschaft unter sich und gegenüber der Gesellschaft unterschieden. Der Stat wird als die organisierte Volksperson eines bestimmten Landes erklärt, aber noch die höhere Zukunftsidee der zu einem Statenbunde zu organisierenden Menschheit (Weltreich) verteidigt. Die Entstehung des States wird im Gegensatze zu der Vertragstheorie aus dem in den Stämmen und Nationen sich regenden Bedürfnis des Gemeinlebens, aus der natürlichen Anlage der Menschen zum State, d. h. dem Statstriebe und dem zuerst in hervorragenden Führern (Patriarchen), Helden, Fürsten, dann auch in der Aristokratie, endlich in den Völkern erwachenden aktiven Statsbewußtsein erklärt. Das Buch hebt die geistige Doppelnatur des Menschen hervor, welcher sowohl einen Individualgeist in sich hat, der sich eigenartig fühlt und dem State gegenüber Freiheit verlangt, als von einem in seiner Rasse wirksamen Gemeingeiste bestimmt wird, und so aus Rasse und Individuum besteht. Daraus erklären sich teils die Natur des einheitlichen Statswillens, im Unterschiede von der Summe der verschiedenen Individualwillen, teils die Reibungen, Kämpfe und Fortschritte der menschlichen Geschichte. Als eigentlicher Statszweck wird voraus die **Entwickelung des Volkslebens** und erst in zweiter Linie die **Förderung der gesellschaftlichen Wohlfahrt** bezeichnet.

Statsrecht und **Politik** werden nur als zwei Seiten des einen lebendigen States erkannt, in dem sie notwendig verbunden sind, jenes als feste, dauernde, aber entwickelungsfähige und in stäter Entwickelung begriffene Statsordnung, diese als das wechselnde Statsleben, oder wie v. **Holtzendorff**[1]) besser sagt, „Statspraxis" erklärt. Dadurch tritt der Verfasser mit Absicht auch der einseitig juristischen Methode entgegen, welche das Statsrecht wie ein von dem lebenden State abgelöstes System abstrakter unveränderlicher Gesetze schulmäßig behandelt und in Gefahr gerät, das Statsleben zu schädigen und zu fesseln, während doch alles öffentliche Recht dem State dienen soll.

Die Statsformen werden in Anlehnung an Aristoteles unterschieden, der Aristotelischen, auf der **Art des Statshauptes** beruhenden Einteilung aber in Monarchie, Aristokratie, Demokratie die antiquierte Theokratie angereiht, und eine **ergänzende** Einteilung nach dem **Rechte der Regierten** in unfreie, halbfreie, vollfreie Staten ergänzend und berichtigend hinzugefügt. Ebenso werden die neueren zusammengesetzten Statsformen dargestellt.

Vorzugsweise werden die beiden modernen Statsformen, die repräsentative Monarchie und die repräsentative Republik, beide zuerst von Engländern und Nordamerikanern ausgebildet, aber der nationalen Umgestaltung fähig und bedürftig, näher beleuchtet.

---

[1]) Prinzipien der Politik. Berlin 1869, 2. Aufl. 1879.

Der Organismus des States, die Sonderung und Verbindung der verschiedenen statlichen Thätigkeiten, wird zwar nicht mehr so apodiktisch wie in den psychologischen Studien aus den sechzehn Grundkräften der menschlichen Seele abgeleitet, aber immerhin aus den verschiedenen geistigen und gemütlichen Bedürfnissen und Fähigkeiten der menschlichen Natur und ihrer natürlichen Ordnung begründet, so daß der Statskörper doch in gewissem Sinne als ein für die Zwecke des Gemeinlebens geschaffenes Abbild des Menschen erscheint.

Die gesetzgebende Gewalt, welche dem gesamten organisierten Volke in Haupt und Gliedern gebührt, wird als allgemeine Rechtsmacht den übrigen, einzelnen Organen zugewiesenen Funktionen gegenüber gestellt, diese aber nach vier Hauptgruppen: Regierung (politische Regierung und normative Verwaltung, nicht bloße Exekution), Gericht, Kulturpflege und Wirtschaftspflege geordnet. Nachdrücklich wird der oft übersehene Unterschied hervorgehoben zwischen den obrigkeitlichen Ämtern, welche eine zwingende Autorität üben (imperium oder jurisdictio), und den Pflegeämtern (Kultur und Wirtschaft), welche solche Gewalt nicht haben, sondern nur durch ihre Sorge und ihre Arbeit den gemeinen Interessen dienen. Einer der ersten in Deutschland verlangte der Verfasser auch die Ausbildung besonderer Verwaltungsgerichte zum Schutze des öffentlichen Verwaltungsrechtes, welche seither eingeführt worden und noch im Wachstume begriffen sind.

Den Beziehungen des States zur Kirche widmet das Buch eine besondere Aufmerksamkeit, indem es die verschiedenen geschichtlichen Grundformen dieses Verhältnisses unterscheidet und zugleich aus dem modernen Statsbewußtsein heraus die Rechte der Kirchenhoheit, als einer einzelnen Anwendung der Statshoheit im einzelnen, entwickelt. Im State erkennt der Autor den Mann im großen, in der Kirche die Frau im großen. Im State überwiegt der freie Volksgeist, in der Kirche das Gemüt, das sich zu Gott sehnt.

Die politischen Parteien werden psychologisch erklärt, und als politische Hauptaufgabe die Unterordnung der Extreme, sowohl der radikalen als der absolutistischen, unter die höheren und männlicheren Mittelparteien der Liberalen und der Konservativen verlangt. (Siehe oben S. 753 ff.)

In einer kürzeren und populärer gehaltenen Fassung wurde die deutsche Statslehre für Gebildete herausgegeben (Nördlingen 1876, 2. Aufl. 1880).

In Mitredaktion seines Freundes Karl Brater und mit Beihülfe einer großen Anzahl deutscher Gelehrter gab Bluntschli sodann das deutsche Statswörterbuch heraus, in elf starken Bänden (Leipzig und Zürich 1857—1870). Von ihm sind viele prinzipielle Artikel und Charakteristiken von Statsmännern und Statsweisen. In der Wissenschaft und in der praktischen Politik war Bluntschli ein Vertreter und Vorkämpfer des Nationalitätsprinzipes, welches in unserem Zeitalter so mächtig geworden ist. Er hatte dasselbe schon in der Schrift über die deutschen Juristenschulen als die leitende Idee der heutigen Völker verkündet. In einer besonderen Schrift: Die nationale Statenbildung und der moderne deutsche Stat, hatte er die Anwendung der Idee auf die deutsche Nation besprochen und die Gründung und Aufgabe des deutschen Reiches mit Liebe geschildert. Aber keineswegs billigte er die doktrinäre Überspannung des nationalen Prinzipes und wies nach, wie die gesamte bisherige und unzweifelhaft auch die künftige Statenbildung doch nicht einen ausschließlich nationalen Charakter habe und haben könne, wie noch andere geistige und physische Faktoren und Rücksichten mitwirken. Er führte aus, daß manche Nationalität die Kraft zu selbständiger Statenbildung nicht besitze und nur im Anschluß an andere Nationen Befriedigung finde, daß andere Nationen zu groß und reich seien, um in Einem State ihr ganzes Wesen darstellen zu können, und daher sich spalten und verschiedene Staten mit verschiedener Verfassung gründen. So entschieden er unser Zeitalter als das „nationale“ benannte, so fand er doch die notwendige Ergänzung in der Anerkennung des internationalen Zusammenhanges aller Völker und widmete sich später mit Vorliebe der Fortbildung des Völkerrechtes[1]).

Eine Reihe seiner Schriften endlich beachtet den Einfluß der religiösen Ideen auf den Stat und hinwieder der nationalen Idee auf das kirchliche Leben[2]).

Zum Schluß dieser Geschichte der neueren Statswissenschaft mag noch als Repräsentant der Humanitätsidee mein Freund Professor François Laurent in Gent eine Stelle finden. Das Hauptwerk desselben: Études sur l'histoire de l'humanité, wie es jetzt richtiger benannt wird, — ursprünglich hieß es: L'histoire du Droit des Gens — in 18 Bänden (Bruxelles et Paris 1861—1870), stellt die Entwickelung und Wirkung der großen die Menschen leitenden Ideen in der Aufeinanderfolge der weltgeschichtlichen Zeitalter dar. Eine Übersicht der Titel der einzelnen Bände gibt den besten Aufschluß über den Inhalt: 1. Orient. 2. Griechenland. 3. Rom. 4. Das Christentum. 5. Die Barbaren (Germanen) und der Katholicismus. 6. Papsttum und Kaisertum. 7. Lehenswesen und Kirche. 8. Reformation. 9. Religionskrieg. 10. Die Nationalitäten. 11. Königliche Politik. 12. Philosophie des XVIII. Jahrhunderts. 13 und 14. Die französische Revolution. 15. Imperatorentum. 16 und 17. Die Religion der Zukunft und der Katholicismus. 18. Die Philosophie der Geschichte.

Laurent glaubt an eine göttliche Leitung der Weltgeschichte, die er in ihrem, den Menschen anfangs verborgenen Walten aus

---

[1]) Bluntschli, Das moderne Völkerrecht der civilisierten Staten. Nördlingen 1867, 3. Aufl. 1878. Französische Übersetzung von Lardy. 3. Aufl. Paris 1881, auch ins Russische, Spanische, Chinesische übersetzt.

[2]) Bluntschli, Altasiatische Gottes- und Weltideen in ihren Wirkungen auf das Gemeinleben der Menschen. Nördlingen 1866. Mohammed und sein Reich. Einwirkung der Nationalität auf die Religion und kirchliche Dinge. Über das Verhältnis des modernen States zur Religion, in den Gesammelten kleinen Schriften. Zweiter Band. Nördlingen 1881.

dem großen Gange des Schicksals nachweist. Aber zugleich ist er von dem Bewußtsein menschlicher Freiheit erfüllt und hebt überall auch die freie That der Menschen und ihre Verantwortlichkeit hervor. Die Weltgeschichte erscheint ihm so als das Ergebnis der bald zusammen-, bald abwechselnd wirkenden freien That Gottes und der Menschen. Sie ist nicht ein zufälliges, anarchisches Spiel mannigfaltigster Kräfte, sondern eine innerlich verbundene, wohlgeordnete Entwickelung des Lebens der Menschheit und in stätigem Fortschritte begriffen zu dem letzten Ziele, der Bestimmung der Menschheit.

Ein vorurteilsfreier, nur der Wahrheit dienender, lichtvoller Geist erhellt das reichhaltige Werk in allen seinen Teilen. Mit Liebe stellt Laurent die Gedanken dar, welche die Menschengeschichte bewegen und fördern. Mit Milde, aber zugleich mit Gerechtigkeit beurteilt er die religiösen und intellektuellen Verirrungen der Menschen, welche von Zeit zu Zeit von der richtigen Bahn ablenken. Mit umfassendem, eisernem Fleiße hat er in den Originalwerken der früheren Zeiten den Stoff gesammelt, den er für die philosophische Betrachtung benutzt. Er ist in eminentem Sinne ein philosophischer Geschichtschreiber. Die äußeren Ereignisse haben für ihn nur insofern einen Wert und ein Interesse, als in ihnen Ideen sichtbar werden. Sind sie nur brutale Thatsachen ohne ideale Bedeutung, so kümmert er sich nicht um dieselben.

Der Maßstab, mit dem er die Menschen und ihre Zustände bemißt, ist ein geistiger und ein sittlicher. Er ist ausgesprochener Idealist, aber keineswegs ein Phantast und Enthusiast, denn überall beachtet er mit Sorgfalt die Verwirklichung der Ideen in dem realen Menschenleben.

Er ist für die Geistesfreiheit als die höchste und entscheidende Freiheit begeistert und bekennt sich selber als „Freidenker“ (libre penseur). Aber auch das Gottesbewußtsein ist sehr lebendig und urkräftig in seiner Seele und er ist zugleich eine frei denkende und eine tief religiöse Natur.

Indem er auch die verschiedenen Religionen prüft und frei beurteilt, sucht er denselben gerecht zu werden, ohne sich einer gefangen zu geben. Er scheut sich nicht, auch die christliche Religion als Philosoph zu betrachten, und hat insbesondere gegen das hergebrachte christliche Dogma vieles zu erinnern. Nachdrücklich betont er den unstatlichen Geist und die unstatliche Wirkung der christlichen Religion. In besonderen Schriften hat er insbesondere die Anmaßung der römisch-katholischen Hierarchie gegenüber dem State und die Herrschaftsansprüche des Papsttumes und des Klerus mit Energie bekämpft[1]). Am ehesten sympathisiert er mit der freieren Richtung des Protestantismus und erwartet von ihr vorzüglich den nächsten Fortschritt in der Entwickelung des religiösen und kirchlichen Gemeinlebens.

Er beurteilt die leitenden Ideen der Menschheit immer je nach ihrem inneren Wahrheitsgehalte und nach ihrer äußeren Wirkung auf die Vervollkommnung der menschlichen Zustände. Er steht so auf einem jener hohen schwer zu ersteigenden Bergesgipfel, von welchen der Mensch in reiner Luft entzückende Aussichten genießt über den Reichtum und die Mannigfaltigkeit menschlicher Geistesarbeit und die Glück verheißenden Ziele der menschlichen Gesittung in der Ferne zu erblicken glaubt. Die wenigen Individuen, welche solche Höhe zu ersteigen wagen, sind als Führer nützlich und wertvoll für die Massen, welche genötigt sind, in den Tiefen zu wandern.

[1]) L'église et l'état. 3 Vols. Bruxelles 1858—1863. Außer diesem Hauptwerke noch eine Anzahl von Streitschriften.

www.ingramcontent.com/pod-product-compliance
Lightning Source LLC
LaVergne TN
LVHW092119300926
849161LV00002B/181